普通高等教育系列教材

工程力学

（静力学与材料力学）

第2版

顾晓勤　谭朝阳　编著

机械工业出版社

本书内容包括质点和刚体静力学受力分析、力系简化、摩擦、平衡方程及应用，材料的基本变形即拉伸和压缩、剪切和挤压、扭转、弯曲，以及压杆稳定、复杂应力状态、强度理论、组合变形的强度计算、动载荷和交变应力、材料持久极限和疲劳理论等内容。书末附有习题简答。

使用本书推荐学时数为48~64，读者对象为应用型高校学生。

图书在版编目（CIP）数据

工程力学：静力学与材料力学/顾晓勤，谭朝阳编著．—2版．—北京：机械工业出版社，2019.2（2025.6重印）

普通高等教育系列教材

ISBN 978-7-111-61447-0

Ⅰ.①工…　Ⅱ.①顾…②谭…　Ⅲ.①工程力学-高等学校-教材②静力学-高等学校-教材③材料力学-高等学校-教材　Ⅳ.①TB12

中国版本图书馆CIP数据核字（2018）第263640号

机械工业出版社（北京市百万庄大街22号　邮政编码100037）
策划编辑：张金奎　责任编辑：张金奎
责任校对：刘　岚　封面设计：张　静
责任印制：张　博
北京铭成印刷有限公司印刷
2025年6月第2版第15次印刷
169mm×239mm · 26印张 · 490千字
标准书号：ISBN 978-7-111-61447-0
定价：67.80元

电话服务	网络服务
客服电话：010-88361066	机　工　官　网：www.cmpbook.com
010-88379833	机　工　官　博：weibo.com/cmp1952
010-68326294	金　　书　　网：www.golden-book.com
封底无防伪标均为盗版	机工教育服务网：www.cmpedu.com

第2版前言

本书第1版于2014年出版，4年来使用量一直保持在高位，受到100多所高校师生的欢迎。

考虑到近年来学生作业的实际情况，第2版增加了习题简答，以提高学生的学习效率。同时，为更好地提升育人效果，在绪论部分加入了思政元素，读者可以扫描相应的二维码观看学习。其他内容有少量修改。

本书第1版为单色印刷，第2版采用双色印刷，以突出重点。

本书可作为应用型高校“工程力学”课程的教材，推荐学时数为48～64。对于多学时“工程力学”课程，可选用顾晓勤、谭朝阳编写的由机械工业出版社出版的《理论力学》和《材料力学》。

本书的文字编写由顾晓勤、谭朝阳完成，电子课件由谭朝阳完成。联系电子邮箱：872932911@qq.com。

限于编者水平，书中难免会有缺点和不足之处，恳请读者批评指正。

编　者

2019年2月

第1版前言

随着高等教育大众化、普及化的进程，应用型本科学生越来越多，他们对工程力学课程的要求与研究型大学学生的要求有所不同。针对上述情况，编者结合20多年的教学实践，在机械工业出版社的帮助下，编写了本书。

本书充分考虑当前应用型本科学生的生源特点和实际情况，在保持基本理论、基本概念的同时，突出应用性，借鉴国内外同类教材的优点，注意理论联系工程实际。本书的编写目标是在有限的时间内，使学生掌握质点和刚体静力学受力分析、力系简化、摩擦、平衡方程及应用，材料的基本变形即拉伸和压缩、剪切和挤压、扭转、弯曲，以及压杆稳定、复杂应力状态、强度理论、组合变形的强度计算、动载荷和交变应力、材料持久极限和疲劳理论等内容，为专业课程学习打好基础。

本书可作为应用型本科“工程力学”课程的教材，推荐学时数为48~64。对于多学时的“工程力学”课程，可以选用顾晓勤、谭朝阳编写的《理论力学》和《材料力学》；或者顾晓勤、刘申全主编的《工程力学Ⅰ》和《工程力学Ⅱ》，均由机械工业出版社出版发行。

本书的文字编写由顾晓勤、谭朝阳完成，电子课件由谭朝阳完成。教师可登录机械工业出版社教育服务网（www.cmpedu.com）免费注册下载使用。

应用型本科教材建设目前仍处于探索阶段，由于编者水平所限，书中难免会有缺点和不足之处，恳请读者批评指正。

编　者

2013年12月

目　录

绪　论

固体的移动、旋转和变形，以及气体和液体的流动等都属于**机械运动**。力学是研究物体机械运动的科学。机械运动是最简单的运动形式之一，此外物质还有发热、发光，发生电磁现象、化学过程，以及更高级的人类思维活动等各种不同的运动形式。力学分为三个部分：**质点和刚体力学**、**固体力学**和**流体力学**。力学不具有某些工程学科的经验基础，即不依赖于经验和独立观测；力学严谨、强调演绎，看上去更像是数学，但是力学不是抽象的纯理论学科。力学研究物理现象，其目的是解释和预测物理现象，并以此作为工程应用的基础。

力使物体运动状态发生改变的效应称为**力的外效应**；而力使物体形状发生改变（即变形）的效应称为**力的内效应**，属于固体力学范畴。当讨论力的内效应时，主要在物体受到平衡力系状态下进行分析。**工程力学**学科涉及众多的力学分支及广泛的工程技术内容，本课程只是其中最基础的部分，即静力学和材料力学的基础部分。

工业革命以来，由于科学发展和工程技术的需要，逐步形成了现代的力学学科，计算机技术的日益普及，更是推动了工程力学数值计算的发展。许多工程实例，如水电工程（图0-1）、桥梁（图0-2）、建筑物（图0-3）、海洋工程

图0-1　三峡大坝

（图0-4）、航空航天（图0-5）、工程机械（图0-6）等，研究和设计过程中都离不开工程力学知识。

a)

b)

图0-2 桥梁

a）江阴长江大桥 b）港珠澳大桥

a)

b)

图0-3 建筑物

a）北京奥运会主会场 b）上海东方明珠

图0-4 海洋工程

a)

b)

图 0-5　航空航天领域

a）大型客机　b）国际空间站

图 0-6　工程机械

力学及工程应用视频链接如下：

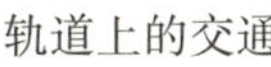
轨道上的交通

冯如的飞机

神舟一号返回舱

深海蛟龙

风力发电

大跨径拱桥技术

硬岩掘进机

乌东德水电站

力学可以追溯到古希腊亚里士多德和阿基米德时代，我国古代也有关于力学研究的文献记载。到了17世纪，牛顿提出三定律和万有引力定律，后来达朗贝尔、拉格朗日和哈密顿给出了这些原理的其他形式。讨论固体材料的力学也起源于17世纪，当时研究对象主要是木材和石料，伽利略研究了梁横截面上正应力的分布规律。到了19世纪中叶，研究对象转变为以钢材为主体的金属材料。钢材的特点，使连续均匀、各向同性等基本假设以及线弹性问题的胡克定律成为当今变形体材料力学的基础。固体力学包括材料力学、弹性力学、塑性力学等学科。到了20世纪，材料力学形成两大流派：欧美材料力学体系，其代表为美国斯坦福大学铁木辛柯教授1930年所著的《材料力学》；苏联工科院校材料力学体系，其代表为列宁格勒铁道学院别辽耶夫教授1932年所著的《材料力学》。

从20世纪50年代开始，计算机得到飞速发展，应用不断普及，这对于工程力学的发展起到了巨大的推动作用。在力学理论分析中，人们可以借助计算机推导复杂公式，从而求得复杂的解析解；在实验研究中，计算机不仅可以采集和整理数据、绘制实验曲线、显示图形，还可以帮助人们选用最优参数。

近几十年来，先进制造技术不断出现，工程中除了使用钢铁等金属材料外，聚合物、复合材料和工业陶瓷等材料越来越多地被采用，工程力学研究的对象进一步扩展，非金属材料力学也成为较多学时的工程力学课程的一个组成部分。

第一节 刚体、变形体的概念

工程中涉及机械运动的物体有时十分复杂，在研究物体的机械运动时，必须忽略一些次要因素的影响，对其进行合理的简化，从而抽象出力学模型。

当所研究物体的运动范围远远超过其本身的几何尺度时，物体的形状和大小对运动的影响很小，这时可将其抽象为只有质量而没有体积的**质点**。由若干质点组成的系统，称为**质点系**。质点系中质点之间的联系如果是刚性的，这样的质点系称为**刚体**；如果联系是弹性的，质点系就是**弹性体**或**变形体**；如果质点系中的质点都是自由的，这时质点系便是**自由质点系**。

实际物体在力的作用下都将发生变形。若物体受力后变形极小，或者虽有变形但对整体运动的影响微乎其微，则可以忽略变形，将物体简化为刚体。同时需要强调，当研究作用在物体上的力所产生的变形，以及由变形而在物体内部产生相互作用力时，即使变形很小，也不能将物体简化为刚体，而应是变形体。

质点、刚体与变形体都是实际物体的抽象力学模型，不是绝对的。例如，对于一个航天器，当讨论轨道运动时，视航天器为质点；当讨论姿态运动时，视航天器本体为刚体，附加天线等为弹性体。又如当讨论地球绕太阳运动时，视地球为质点；当讨论地球自转时，视地球为刚体；当讨论地震时，必须将地球看作变形体。

第二节　本课程的任务

“**工程力学**”课程作为大学生的一门技术基础课，本书只讨论工程力学学科中最基础的内容，主要涉及质点和刚体静力学、固体材料力学基础。

静止是机械运动的一种特殊形式。工程中把物体相对于地球静止或做匀速直线运动的状态称为物体的平衡状态。**静力学**主要研究物体的受力分析方法和力系的简化方法，研究物体在力系作用下平衡的规律及其应用。

材料力学所研究的仅限于杆、轴、梁等物体，其几何特征是纵向尺寸远大于横向尺寸。大多数工程结构的构件或机器的零部件都可以简化为杆件，如图0-7、图0-8所示。

图0-7　高架交通

图0-8　车辆结构

在确定构件的受力大小、方向后，需要进一步分析这些构件能否承受这些力，能否在外力作用下安全可靠地工作。对机械和工程结构的组成构件来说，为确保正常工作，必须满足以下要求：

1）杆件具有足够的抵抗破坏的能力，使其在载荷作用下不致被破坏，即要求它具有足够的**强度**。例如，吊起重物的钢索不能被拉断；啮合的一对齿轮在传递载荷时，轮齿不允许被折断；液化气储气罐不能爆破；飞机的机翼不能断裂。为了保证构件正常工作，在外力作用下，往往也不允许构件产生永久变形。

2）杆件具有足够的抵抗变形的能力，使其在载荷作用下所产生的变形不超过工程上所允许的范围，即要求它具有足够的**刚度**。例如，图0-9所示的车床主轴如果变形过大，将破坏主轴上齿轮的正常啮合，引起轴承的不均匀磨损及噪声，影响车床的加工精度。所以刚度要求是指构件应有足够的抵抗变形的能力。

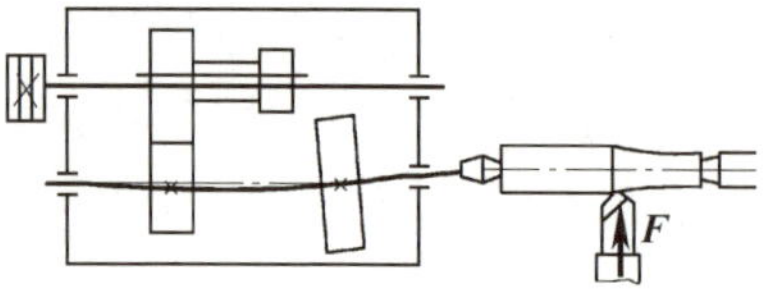

图 0-9 车床主轴受力变形

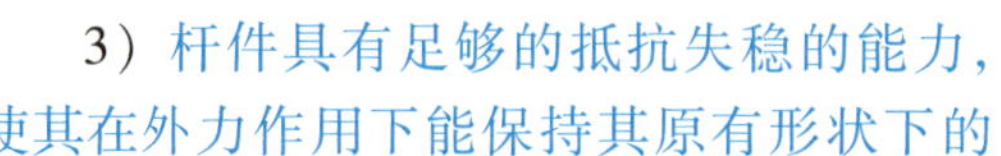

3）杆件具有足够的抵抗失稳的能力，使其在外力作用下能保持其原有形状下的平衡，即要求它具有足够的**稳定性**。例如千斤顶的螺杆（图 0-10a）、内燃机的挺杆（图 0-10b）等，工作时应始终保持原有的直线平衡状态。

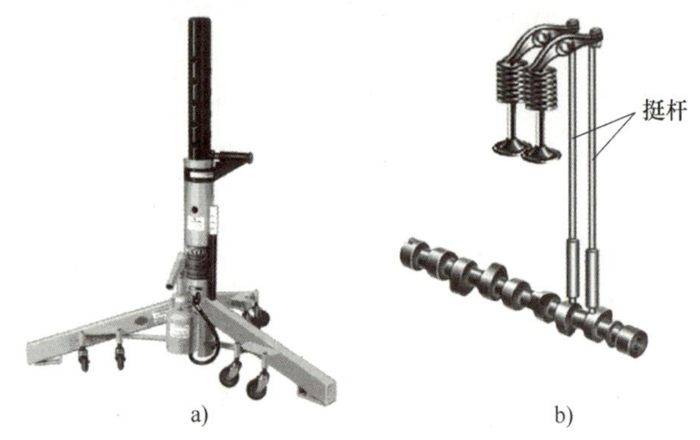

图 0-10 保持直线平衡的杆件

a）飞机千斤顶 b）内燃机挺杆

研究杆件的强度、刚度和稳定性，是材料力学的任务。需要指出的是，在研究构件的强度、刚度和稳定性时，研究对象不再是刚体而是可变形固体。

在保证构件满足强度、刚度和稳定性三个条件的同时，还要考虑节省材料、实用和价廉等经济要求。在机械设计中，利用材料力学知识，可以在相同的强度下减少材料用量，以达到优化设计、降低成本、减轻重量等目的。

工程力学研究方法有理论方法、实验方法和计算机数值分析方法。在解决工程实际中的力学问题时，首先从实践出发，经过抽象化、综合、归纳，运用数学推演得到定理和结论，对于复杂的工程问题往往借助计算机进行数值分析和公式推导，最后通过实验验证理论和计算结果的正确性。

在学习工程力学过程中，要注意观察实际机械设备工作情况，以及日常生活中的力学现象，对力学理论要勤于思考、多做练习题，做到熟能生巧。通过掌握领会本课程的内容，为学习后继课程打好基础，并能初步运用力学理论和方法解决工程实际中的技术问题。

第一篇　静　力　学

静力学研究物体在力系作用下平衡的普遍规律，即研究物体平衡时作用在物体上的力应该满足的条件。静力学主要研究三方面的问题：①物体的受力分析；②力系的等效与简化；③力系的平衡条件及应用。

所谓力系，是指作用于物体上的一群力。

所谓平衡，是指物体相对于惯性参考系（如地面）处于静止或匀速直线运动。例如，在地面上静止的建筑物，做匀速直线运动的车辆等，都处于平衡状态。

静力学是动力学的特例，因此力系的简化理论和物体受力分析的方法也是研究动力学的基础。

静力学的理论和方法在工程中有着广泛的应用：土木工程中房屋、桥梁、水坝、闸门；许多机器零件和结构件，如机器的机架、传动轴、起重机的起重臂、车间桥式起重机的横梁等，正常工作时处于平衡状态或可以近似地看作平衡状态。为了合理地设计这些零件或构件的形状、尺寸，选用合理的材料，往往需要首先进行静力学分析计算，然后对它们进行强度、刚度和稳定性计算。所以静力学的理论和计算方法是土木工程、机械零件和结构件静力设计的基础。

第一章

静力学基础

第一节　静力学的基本概念

一、力的概念

物体间的作用形式是多种多样的，大致可分为两类：一类是通过场起作用，包括重力、万有引力、电磁力等；另一类是由物体间的接触而产生的，如物体间的压力、摩擦力等。

人用手拉悬挂着的静止弹簧，人手和弹簧之间有了相互作用，这种作用引起弹簧运动和变形。运动员踢球，脚对足球的力使足球的运动状态和形状都发生变化。太阳对地球的引力使地球不断改变运动方向而绕着太阳运转。锻锤对工件的冲击力使工件改变形状。人们在长期的生产实践中，通过观察分析，逐步形成和建立了力的科学概念：力是物体之间的相互机械作用，这种作用使物体的运动状态发生变化或使物体形状发生改变。

在力学中，我们抛开力的物理本质，只研究其表现，即力对物体的效应。力对物体的效应表现为两个方面：一是使物体的运动状态发生改变，叫作力的外效应；二是使物体的形状发生改变，叫作力的变形效应或内效应。在本篇静力学中采用刚体模型，因而只研究力对物体的运动效应。

实践证明，力对物体的内外效应取决于三个要素：①力的大小；②力的方向；③力的作用点。

力的作用点表示力对物体作用的位置。力的作用位置在实际中一般不是一个点，而往往是物体的某一部分面积或体积。例如人脚踩地，脚与地之间的相互压力分布在接触面上；物体的重力则分布在整个物体的体积上。这种分布作用的力称为**分布力**。但有时力的作用面积不大，例如钢索吊起机器设备，当忽略钢索的粗细时，可以认为二者连接处是一个点，这时钢索拉力可以简化为集中作用在这个点上的一个力。这样的力称为**集中力**。由此可见，力的作用点是力的作用位置的抽象化。

为了度量力的大小，必须首先确定力的单位，本书采用国际单位制，力的大小以牛［顿］（N）或千牛［顿］（kN）为单位。

在力学中要区分两类量：标量和矢量。在确定某种量时，只需一个数就可以确定的量称为**标量**。例如长度、时间、质量等都是标量。在确定某种量时，不但要考虑它的大小，还要考虑它的方向，这类量称为**矢量**，也称**向量**。力、速度和加速度等都是矢量。矢量可用一具有方向的线段来表示。如图1-1所示，线段的起点A（或终点B）表示力的作用点，沿力矢顺着箭头的指向表示力的方向；线段的长度（按一定的比例尺）表示力的大小。本书中用黑体字母表示矢量，而以普通字母表示该矢量的模（即大小）。图1-1中$\boldsymbol{F}$表示力矢量，F表示该力的大小（$F=600\text{N}$）。第二篇"材料力学"部分中涉及的力，一般只研究力的大小，故用普通字母F来表示。

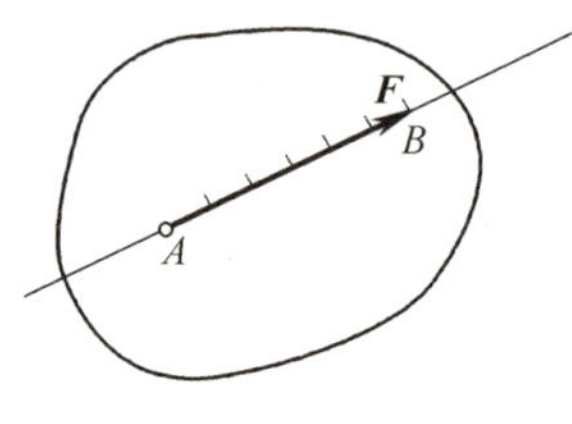

图1-1 力的表示

力系是指作用在物体上的一群力。作用在物体上的一个力系如果可以用另一个力系来代替而效应相同，那么这两个力系互为**等效力系**。若一个力与一个力系等效，则这个力称为该力系的合力。

二、质点和刚体的概念

如果仔细地考虑物体的机械运动，则运动情况总是比较复杂的。例如物体的落体运动，一方面物体受到重力作用，另一方面它还受到空气的阻力，而空气阻力又与落体的几何形状、大小及下降速度有关。但是在许多情况下，阻力所起的作用很小，运动的情况主要取决于重力，因而可以忽略空气阻力，这样物体的运动就可看作与几何形状、大小等无关。类似的例子很多，概括这些事实，可以看到，在某些问题中，物体的形状和大小与研究的问题无关或者起的作用很小，是次要因素。为了首先抓住主要的因素和掌握它的基本运动规律，有必要忽略物体的形状和大小。这样在研究问题中，不计物体形状、大小，只考虑质量并将物体视为一个点，即**质点**。质点在空间占有确定的位置，常用直角坐标系中x、y、z值表示。

力对物体的外效应是使物体的运动状态发生变化，力对物体的内效应是使物体发生变形。物体受力后总会发生变形，有些元件的变形还相当显著，例如弹簧受力后的平衡位置（图1-2b）与初始位置（图1-2a）相比，弹簧的长度及方位都有了不可忽视的改变。在撑竿跳运动员起跳后的过程中，撑竿也会呈现明显的弯曲变形。力学中把这类情况归结为大变形（或有限变形）问题。

但是在通常情况下，机械零件、工程中的结构件在工作时，受力产生的变形是很微小的，往往只有用专门的仪器才能测量出来。例如，一根受拉的钢杆，当载荷控制在允许范围内时，杆长的变化不超过原长的千分之几；一般的公路桥梁，在自重及外载荷作用下铅垂方向的位移仅为桥梁跨度的1/500～1/700。力学中把这类情况归入小变形（或无限小变形）问题。在很多工程问题中，这种微小的变形对于研究物体的平衡问题影响极小，可以忽略不计。这样忽略了物体微小的变形后便可把物体看作刚体。我们把刚体定义为由无穷多个点组成的不变形的几何形体，它在力的作用下保持其形状和大小不变。刚体是对物体加以抽象后得到的一种理想模型，在研究平衡问题时，将物体看成刚体会大大简化问题的研究。

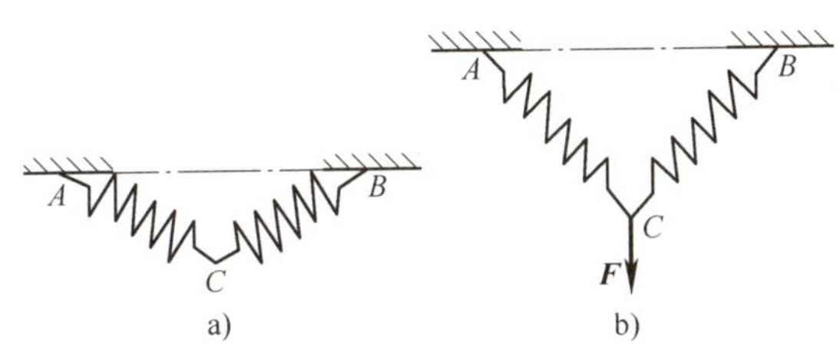

图1-2 弹簧受力前后的情况
a）初始位置 b）平衡位置

同一个物体在不同的问题中，有时可看作质点，有时要看作刚体，有时则必须看作变形体。例如当研究月球运行轨道时，月球可看作质点；当研究月球自转时，月球要看作刚体。同样，当研究车辆离出发点距离时，车辆可看作质点；当研究车辆转弯时，车辆可看作刚体；当研究车辆振动时，车辆的一些部件则要看作变形体。

三、平衡的概念

物体相对于地面保持静止或匀速直线运动的状态称为物体处于平衡状态。例如桥梁、机床的床身、高速公路上匀速直线行驶的汽车等，都处于平衡状态。物体的平衡是物体机械运动的特殊形式。平衡规律远比一般的运动规律简单。

如果刚体在某一个力系作用下处于平衡，则此力系称为**平衡力系**。力系平衡时所满足的条件称为**力系的平衡条件**。力系的平衡条件，在工程中有着十分重要的意义。在设计工程结构的构件或做匀速直线运动的机械零件时，需要先分析物体的受力情况，再运用平衡条件计算所受的未知力，最后按照材料的力学性能确定几何尺寸或选择适当的材料品种。有时对低速转动或直线运动加速度较小的机械零件，也可近似地应用平衡条件进行计算。人们在设计各种机械零件或结构物时，常常需要进行静力分析和计算。平衡规律在工程中有着广泛的应用。

第二节 静力学公理

人们在长期的生活和生产活动中，经过实践、认识、再实践、再认识的过程，不仅建立了力的概念，而且总结出力所遵循的许多规律，其中最基本的规律可归纳为以下五条。

一、二力平衡原理

受两力作用的刚体，其平衡的充分必要条件是：**这两个力大小相等，方向相反，并且作用在同一条直线上**（图1-3）。简称此两力等值、反向、共线。即

$$\boldsymbol{F}_1 = -\boldsymbol{F}_2$$

上述条件对于刚体来说，既是必要又是充分的；但是对于变形体来说，仅仅是必要条件。例如，绳索受两个等值反向的拉力作用时可以平衡，而两端受一对等值反向的压力作用时就不能平衡。

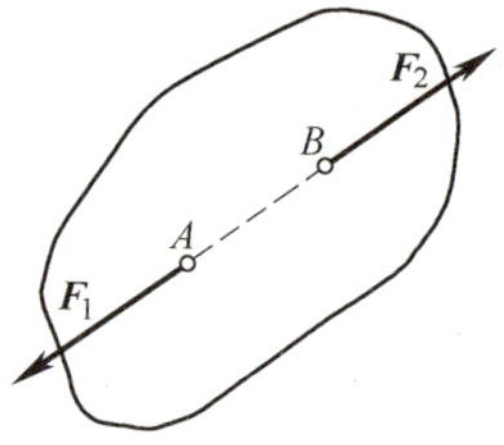

图1-3 二力平衡

在两个力作用下处于平衡的刚体称为**二力体**。如果物体是某种杆件或构件，有时也称为**二力杆**或**二力构件**。

二、加减平衡力系原理

在作用于刚体上的任何一个力系上，加上或减去任意的平衡力系，并不改变原力系对刚体的作用效果。

由二力平衡原理和加减平衡力系原理这两条力的基本规律，可以得到下面的推论：作用在刚体上的一个力，可沿其作用线任意移动作用点而不改变此力对刚体的效应。这个性质称为**力的可传性**，说明力是滑移矢量。在图1-4中，作用在物体A点的力$\boldsymbol{F}$，将它的作用点移到其作用线上的任意一点B，而力对刚体的作用效果不变。特别需要强调的是，当必须考虑物体的变形时，这个性质不再适用。例如图1-5所示的拉伸弹簧，力$\boldsymbol{F}$作用于A处与作用于B处效果完全不同。

根据力的可传性，**作用在刚体上的力的三要素为大小、方向和作用线的位置**。这样力矢就可以从它作用线上的任一点画出。

本篇研究刚体静力学，故在本篇以后的叙述中，“物体”也代表“刚体”。

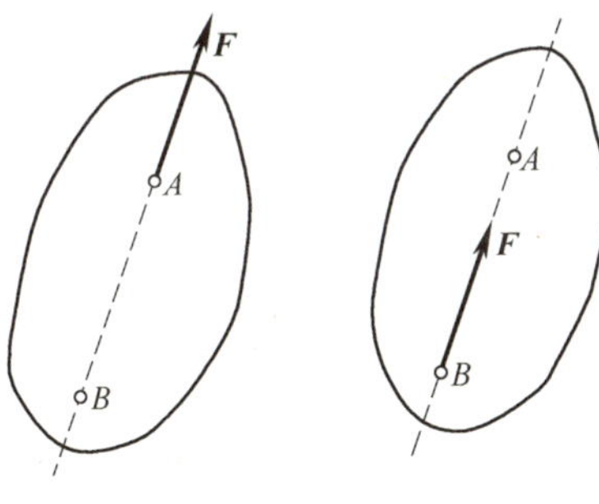

图 1-4　力的滑移

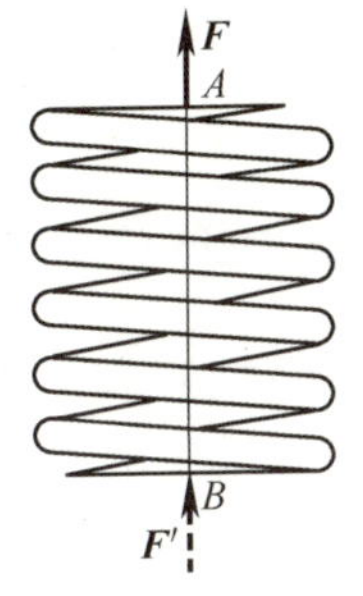

图 1-5　拉伸弹簧

三、力的平行四边形法则

作用在物体上同一点的两个力可以合成为一个合力，合力也作用于该点，其大小和方向由两分力为邻边所构成的平行四边形的对角线表示。图 1-6 中 $\boldsymbol{F}$ 表示合力，$\boldsymbol{F}_1$、$\boldsymbol{F}_2$表示分力。这种求合力的方法，称为矢量加法，用公式表示为

$$\boldsymbol{F}=\boldsymbol{F}_1+\boldsymbol{F}_2$$

上述求合力的方法，称为**力的平行四边形法则**。

为了方便起见，在用矢量加法求合力时，可不必画出整个平行四边形，而是从 A 点作一个与力 $\boldsymbol{F}_1$大小相等、方向相同的矢量$\overrightarrow{AB}$，如图 1-7 所示，过 B 点作一个与力 $\boldsymbol{F}_2$大小相等、方向相同的矢量$\overrightarrow{BC}$，则$\overrightarrow{AC}$就是力 $\boldsymbol{F}_1$和 $\boldsymbol{F}_2$的合力 F。这种求合力的方法，称为**力三角形法则**。

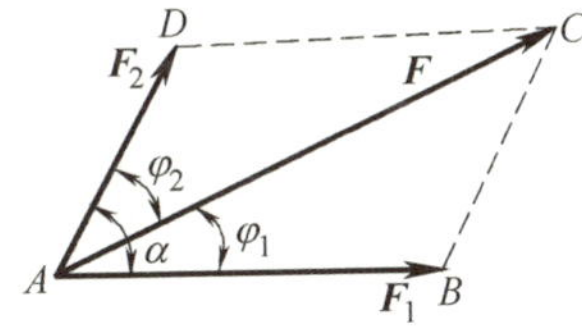

图 1-6　力的平行四边形法则

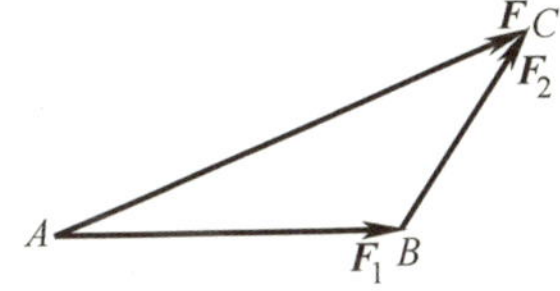

图 1-7　力三角形法则

推论（三力平衡汇交定理）：**当刚体受三个力作用（其中两个力的作用线相交于一点）而处于平衡时，则此三力必在同一平面内，并且它们的作用线汇交于一点。**

证明：图 1-8 中，刚体上 A、B、C 三点，分别作用着互成平衡的三个力 $\boldsymbol{F}_1$、$\boldsymbol{F}_2$、$\boldsymbol{F}_3$，它们的作用线都在平面 ABC 内但不平行。$\boldsymbol{F}_1$与 $\boldsymbol{F}_2$的作用线交于 O 点，根据力的可传性原理，将此两个力分别移至 O 点，则此两个力的合力 $\boldsymbol{F}$ 必定在此平面内且通过 O 点。而 $\boldsymbol{F}$ 必须和 $\boldsymbol{F}_3$平衡。由力的平衡条件可知 $\boldsymbol{F}_3$与 $\boldsymbol{F}$

必共线，所以 F_3 的作用线亦必通过力 F_1、F_2 的交点 O，即三个力的作用线汇交于一点。

四、作用和反作用定律

两个物体间相互作用的一对力，总是同时存在并且大小相等、方向相反、作用线相同，分别作用在这两个物体上。这就是作用和反作用定律。

例如车刀在加工工件时（图1-9），车刀作用于工件上切削力为 F，同时工件必有反作用力 F' 加到车刀上。F 和 F' 总是等值、反向、共线。

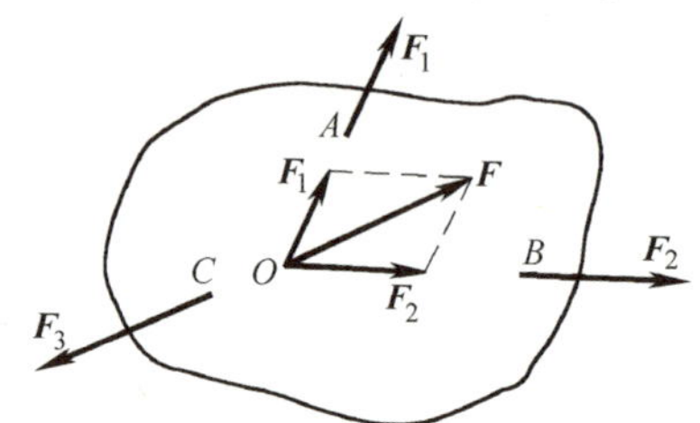

图1-8 三力作用于刚体

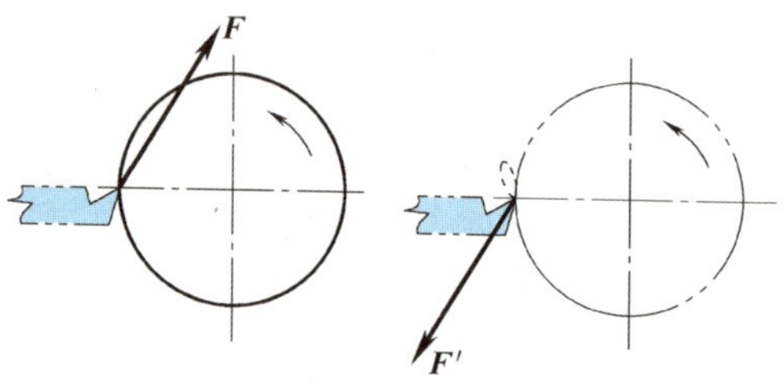

图1-9 车刀加工工件时的作用力和反作用力

机械中力的传递，都是通过机器零件之间的作用与反作用的关系来实现的。借助这个定律，我们能够从机器一个零件的受力分析过渡到另一个零件的受力分析。

特别要注意的是，必须把作用和反作用定律与二力平衡原理严格地区分开来。作用和反作用定律是表明两个物体相互作用的力学性质，而二力平衡原理则说明一个物体在两个力作用下处于平衡时两个力应满足的条件。

又如图1-10a所示的绳索悬挂一小球，小球的重力为 mg，绳索的重量略去不计，分别考察小球和绳索所受的力。小球受重力 mg 和绳索向上的拉力 F_{TA} 的作用，如图1-10b所示。绳索在 A 端受小球施加的向下的拉力 F'_{TA} 和顶棚施加的向上的拉力 F'_{TB}，如图1-10c所示。图1-10b、c中，mg 和 F_{TA}、F'_{TA} 和 F'_{TB} 都分别是作用于一个物体上的一对平衡力。而 F_{TA} 和 F'_{TA} 是分别作用于两个物体上的作用力和反作用力。切不可将二力平衡中的一对力与作用力和反作用力的一对力混淆。

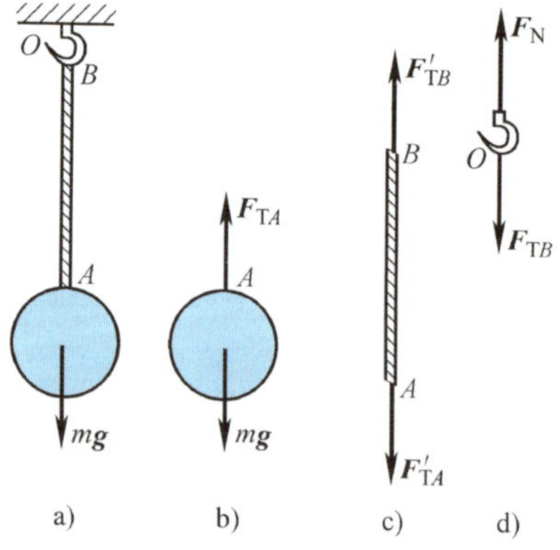

图1-10 绳索吊起小球

五、刚化原理

变形体在某一力系作用下处于平衡，如将此变形体刚化为刚体，其平衡状态保持不变。

此公理提供了把变形体视为刚体模型的条件。如图 1-11 所示，绳索在等值、反向、共线的两个力作用下处于平衡，如果将绳索刚化为刚体，其平衡状态保持不变。反之不一定成立。例如刚体在两个等值、反向的压力作用下平衡，如果将它用绳索代替就不能保持平衡了。

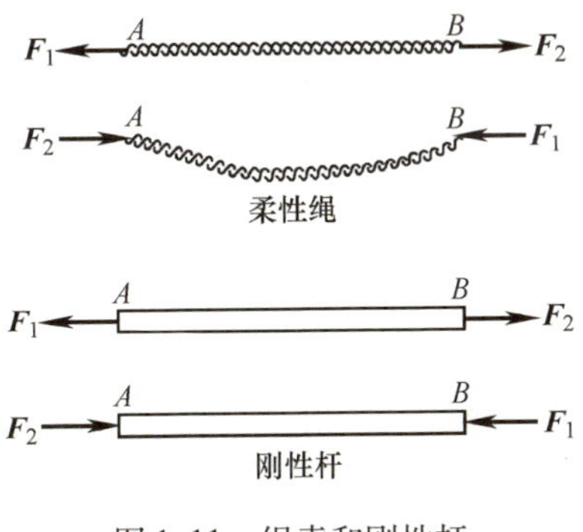

图 1-11　绳索和刚性杆

由此可见，刚体的平衡条件是变形体平衡的必要条件，而非充分条件。在刚体静力学的基础上，考虑变形体的特性，可以进一步研究变形体的平衡问题。

以上最基本的五条规律也称为**静力学公理**，这些公理不可能用更简单的原理去代替，也无须证明而被大家所公认。静力学公理概括了力的基本性质，是建立静力学理论的基础。

第三节　约束和约束力

在空间自由运动、其位移不受限制的物体称为**自由体**。例如飞行中的飞机、热气球、火箭等。而某些物体的位移受到事先给定的限制，不可能在空间自由运动，这种物体称为**非自由体**。例如，高速铁路上列车受铁轨的限制只能沿轨道方向运动；数控机床工作台受到床身导轨的限制只能沿导轨移动；电动机转动轴受到轴承的限制只能绕轴线转动。事先给定的限制物体运动的条件称为**约束**。对非自由体的某些位移起限制作用的周围物体也可称为约束。例如铁轨对列车，导轨对工作台，轴承对转动轴等都是约束。

既然约束能够限制物体沿某些方向的位移，因而当物体沿着约束所限制的方向有运动趋势时，约束就与物体之间互相存在着作用力。约束作用于物体以限制物体沿某些方向发生位移的力称为**约束力**。约束力以外的其他力统称为**主动力**，例如电磁力、切削力、流体的压力、万有引力等，它们往往是给定的或可测定的。约束力的方向必与该约束所能阻碍的运动方向相反。应用这个准则，可以确定约束力的方向或作用线的位置。例如地面对人的约束是阻碍人向地下运动，其约束力只能向上。约束力的大小往往是未知的，在静力学问题中，约束力与主动力组成平衡力系，因此可根据平衡条件求出约束力。

机械中大量平衡问题是非自由体的平衡问题。任何非自由体都受到约束力的作用，因此研究约束及其约束力的特征对于解决静力平衡问题具有十分重要的意义。下面介绍在工程实际中常遇到的几种基本约束类型和确定约束力的方法。

一、柔索约束

工程中的钢丝绳、皮带、链条、尼龙绳等都可以简化为柔软的绳索，简称**柔索**。讨论非常简单的绳索吊挂物体情况，如图1-12a所示。由于柔软的绳索本身只能承受拉力（图1-12b），所以它给物体的约束力也只能是拉力（图1-12c）。因此，柔索对物体的约束力，作用在接触点，其方向沿着柔索背离物体（即柔索承受拉力）。通常约束力用$\boldsymbol{F}_{\mathrm{T}}$或$\boldsymbol{F}_{\mathrm{S}}$表示。图1-13所示为钢丝绳起吊重物。再讨论铁链吊起减速箱盖（图1-13′a）。箱盖重力$\boldsymbol{G}$，将铁链视为柔索，只能承受拉力，根据约束力的性质，铁链作用于箱盖的力为$\boldsymbol{F}_{SB}$、$\boldsymbol{F}_{SC}$，铁链作用于圆环A的力为$\boldsymbol{F}_{TB}$、$\boldsymbol{F}_{TC}$、$\boldsymbol{F}_{\mathrm{T}}$，其方向如图1-13′b所示。

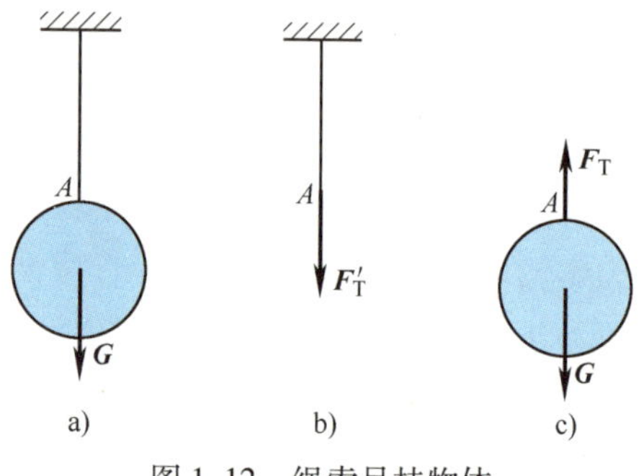

图1-12 绳索吊挂物体

图1-13 钢丝绳起吊重物

传送带同样只能承受拉力。当绕过带轮时，约束力沿轮缘的切线方向，如图 1-14 所示。

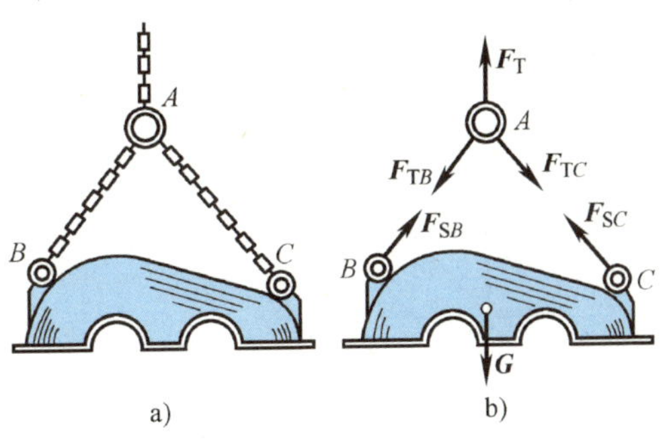

图 1-13′　铁链吊起减速箱盖

二、具有光滑接触表面的约束

在所研究的问题中，如果两个物体接触面之间的摩擦力很小，可以忽略不计时，则认为接触面是光滑的。例如支撑物体的固定平面（图 1-15）、啮合齿轮的齿面（图1-16）、直杆搁置在凹槽中（图 1-17）、重为 $\boldsymbol{G}$ 的光滑圆轴搁在 V 形铁上（图 1-18）。讨论图 1-15、图 1-16 所示情况，支承面不能限制物体沿约束表面切线的位移，只能阻碍物体沿接触表面法线方向的位移。因此，光滑接触面对物体的约束力，作用在接触点处，作用线方向沿接触表面的公法线，并指向物体（即物体受压力）。这种约束力称为**法向约束力**，用 $\boldsymbol{F}_N$ 表示，如图 1-15 和图 1-16 所示。图 1-17 中直杆在 A、B、C 三点受到约束，按照光滑接触面的性质，约束力 $\boldsymbol{F}_{NA}$、$\boldsymbol{F}_{NB}$ 和 $\boldsymbol{F}_{NC}$ 的方向分别沿相应接触面的公法线方向。图 1-18 中，圆轴受到 V 形铁的约束力为 $\boldsymbol{F}_{NA}$、$\boldsymbol{F}_{NB}$，它们的方向垂直于相应的接触面。

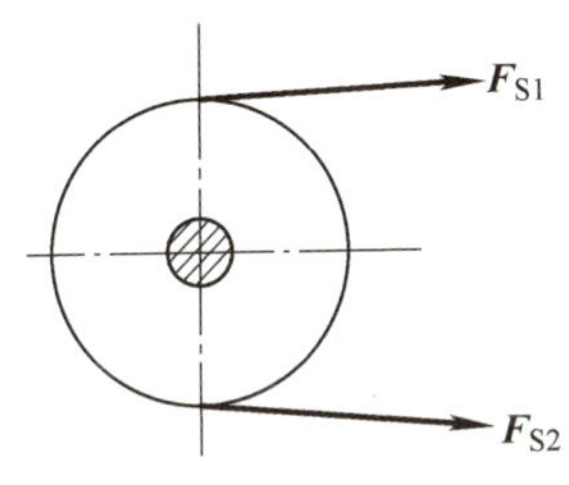

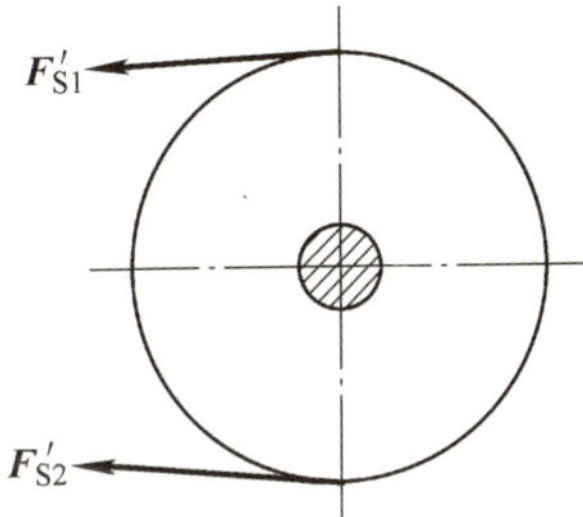

图 1-14　带轮受力

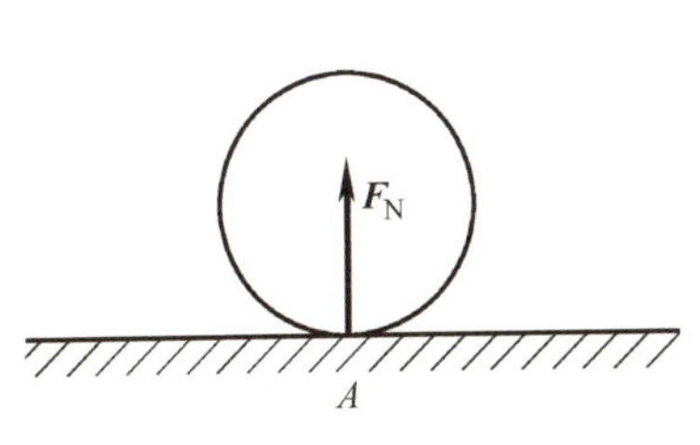

图 1-15　圆球法向受力

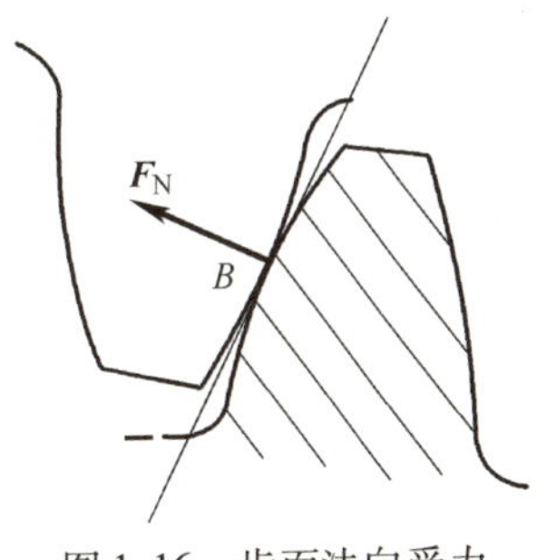

图 1-16　齿面法向受力

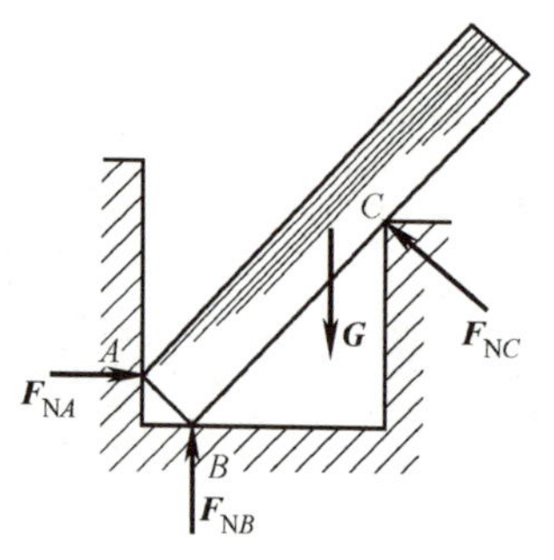

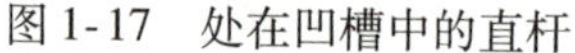
图1-17 处在凹槽中的直杆

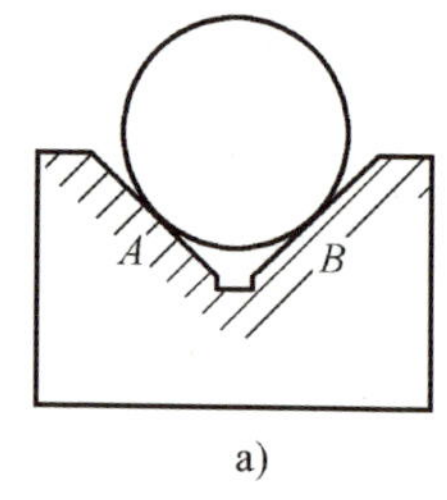

a)

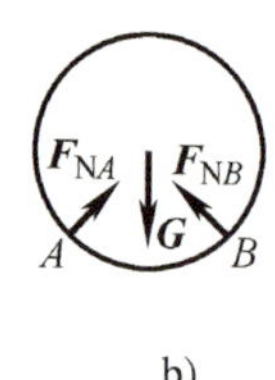

b)

图1-18 V形铁上的光滑圆轴

三、光滑圆柱铰链约束

光滑圆柱铰链约束是由两个带有圆孔的构件并由圆柱销钉联接构成。它在机械工程中有许多具体应用形式。

1. 光滑圆柱销钉联接

这类铰链用圆柱形销钉 C 将两个物体 A、B 联接在一起，如图1-19a所示，并且假定销钉和钉孔是光滑的。这样被约束的两个构件只能绕销钉的轴线做相对转动，这种约束常采用图1-19b、c所示的简图表示。

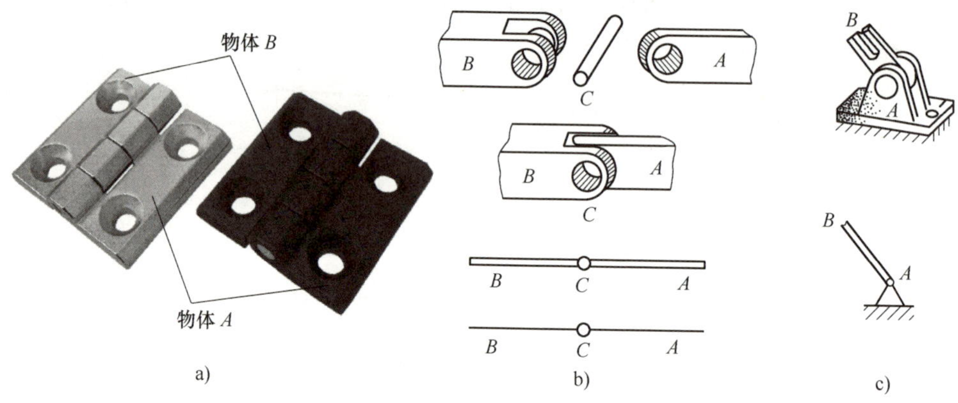

a) b) c)

图1-19 圆柱形销钉

在图1-20中，如果忽略不计微小的摩擦，销钉与物体实际上是以两个光滑圆柱面相接触的。当物体受主动力作用时，柱面间形成线接触，若把 K 点视为接触点，按照光滑面约束力的特点，可知销钉给物体的约束力应沿接触点 K 的

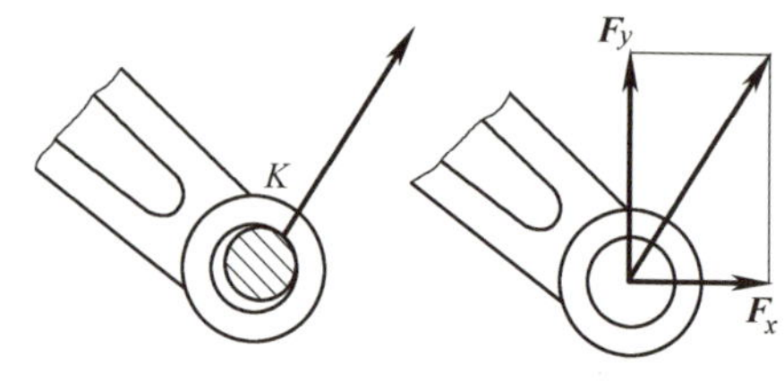

图1-20 销钉的作用力

公法线方向，必通过销钉中心（即铰链中心），但因主动力的方向不能预先确定，所以约束力的方向也不能预先确定。由此可得如下结论：圆柱形销钉联接的约束力必通过铰链中心，方向不定。约束力用两个正交分力 $\boldsymbol{F}_x$、$\boldsymbol{F}_y$来表示。

机械工程中采用圆柱销钉联接的实例很多，图 1-21 所示为曲柄滑块机构的简图。曲柄 *OA* 与连杆 *AB*、连杆 *AB* 与滑块 *B* 是分别用光滑圆柱销钉联接起来的。

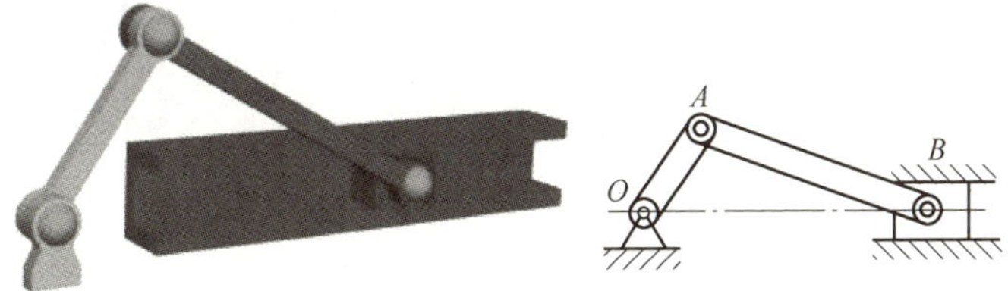

图 1-21　曲柄滑块机构

需要指出，对光滑圆柱销钉联接的两个构件进行受力分析时，通常把光滑圆柱销钉看作固定在其中一个构件上，一般不画销钉受力图，只有在需要分析圆柱销钉的受力时才把销钉分离出来进行单独研究。

2. 向心轴承

轴承是机器中常见的一种约束，它的性质与铰链约束相同，只是在这里轴本身是被约束的物体，向心轴承包括**向心滑动轴承**（图 1-22）和**向心滚动轴承**（图 1-23）。向心轴承在受力分析上与光滑圆柱销钉联接相同。对于向心滑动轴承，转轴的轴颈受到约束力 $\boldsymbol{F}$ 的作用，约束力 $\boldsymbol{F}$ 的作用线在垂直于轴线的对称平面内，其方向不能预先确定，故采用两个正交分力 $\boldsymbol{F}_x$、$\boldsymbol{F}_y$表示。同样，对于向心滚动轴承，在垂直于轴线的平面内，轴承只限制轴的移动而不限制轴的转动，所受约束性质与光滑圆柱销钉联接相同，约束力可用两个正交分力 $\boldsymbol{F}_x$、$\boldsymbol{F}_y$表示。

图 1-22　向心滑动轴承

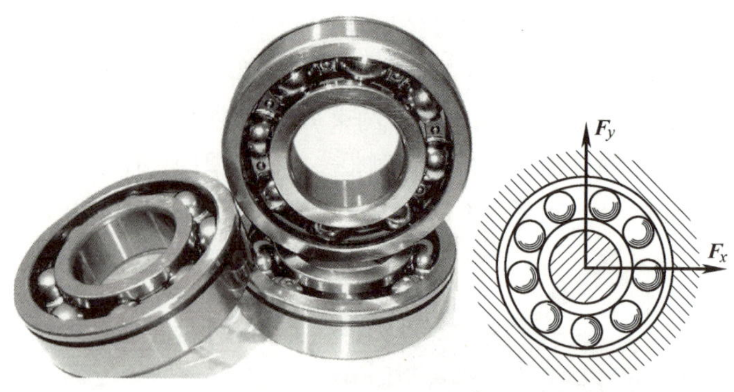

图 1-23 向心滚动轴承

3. 固定铰链支座

工程中常用铰链将相邻构件联接起来，桥梁、起重机的起重臂等构件同支座或机架之间也采用铰链联接。当转轴轴线在空间固定不动时，构成**固定铰链支座**。图 1-24a 表示桥梁 A 端用固定铰链支座支承，其构造如图 1-24b 所示。固定铰链支座的约束力往往不能预先确定，因此采用两个正交分力 $\boldsymbol{F}_{Ax}$、$\boldsymbol{F}_{Ay}$ 表示（图 1-24c）。

4. 可动铰链支座

图 1-24a 所示的桥梁的 B 端为辊轴支座支承。如果在支座和支承面之间有辊轴，就称为**可动铰链支座**或**辊轴支座**，其构造如图 1-24d 所示。因为有了辊轴，且支承面视为光滑，支座对结构沿支承面的运动没有限制，所以可动铰链支座的约束力 $\boldsymbol{F}_{NB}$ 垂直于支承面。图 1-24e 所示为可动铰链支座的简化图。当桥梁长度因热胀冷缩而发生变化时，可动铰链支座相应地沿支承面移动，从而避免了桥梁产生温度应力。

四、光滑球铰链约束

球铰链结构如图 1-25a 所示，杆端为球形，它被约束在一个固定的球窝中，球和球窝半径近似相等，球转动时球心是固定不动的，杆可以绕球心在空间任意转动。球铰链应用于空间问题，例如电视机室内天线与基座的连接，机床上照明灯具的固定，汽车上变速操纵杆的固定以及照相机与三脚架之间的接头等，图 1-25b 所示为汽车球铰链。对于光滑球铰链约束，由于不计摩擦，并且球只能绕球心相对转动，所以约束力必通过球心并且垂直于球

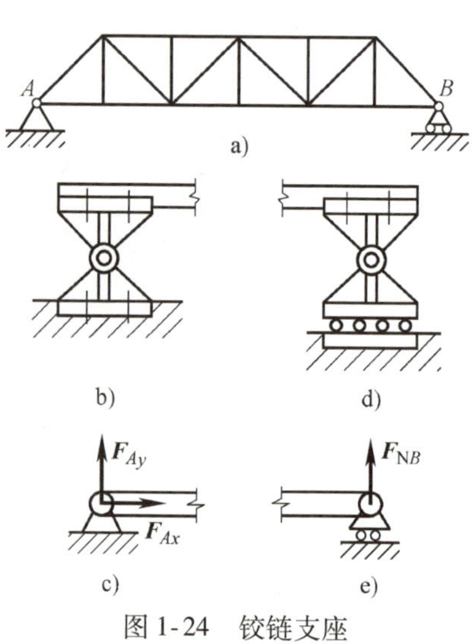

图 1-24 铰链支座

面，即沿半径方向。因为预先不能确定球与球窝接触点的位置，所以约束力在空间的方位不能确定。图 1-25c 所示为球铰链简图的表示方法。约束力以三个正交分量 $\boldsymbol{F}_x$、$\boldsymbol{F}_y$、$\boldsymbol{F}_z$表示。

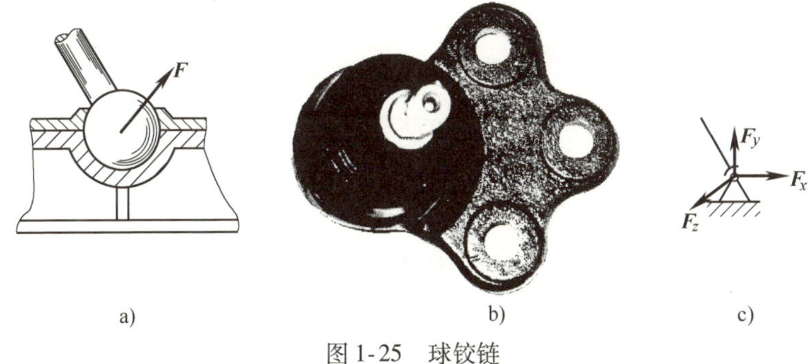

图 1-25 球铰链

五、链杆约束

两端用光滑铰链与其他物体相连接且不计自重的刚性直杆称为**链杆**，如图 1-26 所示国产大飞机起落架中的 BC 杆。只受两个力作用并且平衡的构件称为**二力杆**。因链杆只是在两端各受到铰链作用于它的一个力而处于平衡，故属于二力杆，这两个力必定沿转轴中心的连线。故链杆对物体的约束力也必沿着链杆轴线，指向不能预先确定。链杆 BC 所产生的约束力 $\boldsymbol{F}_B$、$\boldsymbol{F}_C$ 如图 1-26c 所示。

a)

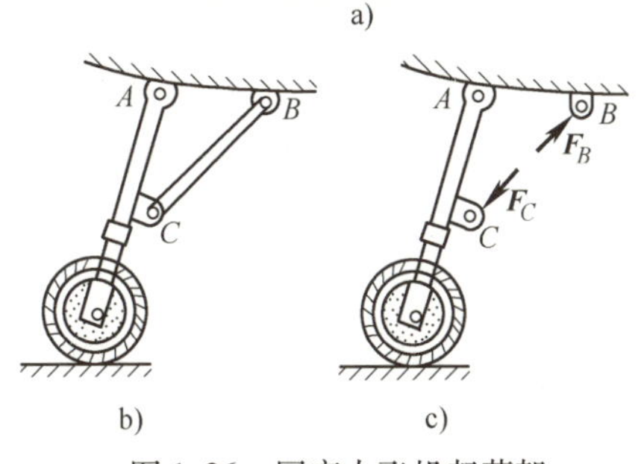

图 1-26 国产大飞机起落架

以上介绍的几种约束是比较常见的类型，在实际机械工程中应用的约束有时不完全是上述各种典型的约束形式，这时应该对实际约束的构造及其性质进行全面考虑，抓住主要矛盾，忽略次要因素，将其近似地简化为相应的典型约束形式，以便计算分析。

第四节 物体的受力分析和受力图

在工程实际中，为了求出未知的约束力，需要根据已知力，应用平衡条件求解。为此先要确定构件受到几个力，各个力的作用点和力的作用方向，这个分析过程称为**物体的受力分析**。

作用在物体上的力可分为**主动力**和**被动力**两类。物体的约束力是未知的被动力。约束力以外的其他力称为主动力。

静力学中要研究力系的简化和力系的平衡条件，就必须分析物体的受力情况。为此把所研究的非自由体解除全部约束，将它所受的全部主动力和约束力画在其上，这种表示物体受力的简明图形，称为**受力图**。正确地画出受力图的步骤如下。

1. 明确研究对象

所谓研究对象就是所要研究的受力体，它往往是非自由体。求解静力学平衡问题，首先要明确研究对象是哪一个物体。然后要分析它所受的力。在研究对象不明，受力情况不清的情况下，不要忙于画受力图。

2. 取分离体，画受力图

明确研究对象后，把研究对象从它周围物体的联系中分离出来，把其他物体对它的作用以相应的力表示，这就是取分离体、画受力图的过程。分离体是解除了约束的自由体，它受到主动力和约束力的作用。画出主动力相对容易一些，分析受力的关键在于确定约束力的方向，因此要特别注意判断约束力的作用点、作用线方向和力的指向。建议根据以下三条原则来判断约束力：

1）将约束按照性质归入某类典型约束，例如光滑接触面、光滑圆柱铰链、链杆等，根据典型约束的约束力特征，可以确定约束力的作用点、作用线方向和力的指向。这是分析约束力的基本出发点。

2）运用二力平衡条件或三力平衡汇交定理确定某些约束力。例如构件受三个不平行的力作用而处于平衡，已知两力作用线相交于一点，第三个力为未知的约束力，则此约束力的作用线必通过此交点。

3）按照作用力和反作用力定律，分析两个物体之间的相互作用力。讨论作用力和反作用力时，要特别注意明确每一个力的受力体和施力体。研究对象是受力体，要把其他物体对它的作用力画在它的受力图上。当研究对象改变时，受力体也随着改变。

下面举例说明受力图的画法。

例 1-1　质量为 m 的球，用绳挂在光滑的铅直墙上，如图 1-27a 所示。试画出此球的受力图。

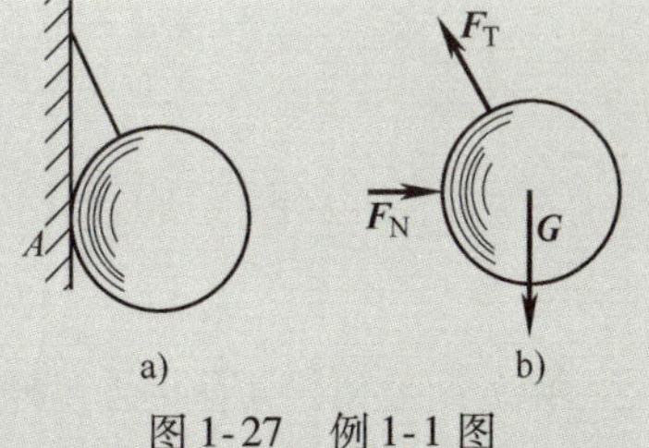

图 1-27　例 1-1 图

解：1）以球为研究对象，画出图 1-27b 所示的分离体。解除绳和墙的约束。

2）画出主动力 $\boldsymbol{G}$。

3）画出绳的约束力 $\boldsymbol{F}_T$ 和光滑面约束力 $\boldsymbol{F}_N$。

例 1-2　两个圆柱放在图 1-28a 所示的槽中，圆柱的重量分别为 $\boldsymbol{G}_1$、$\boldsymbol{G}_2$，已知接触处均光滑。试分析每个圆柱的受力情况。

解：(1) 分析圆柱Ⅰ的受力情况　取圆柱Ⅰ为研究对象，画出分离体；圆柱Ⅰ的主动力为 $\boldsymbol{G}_1$；圆柱Ⅰ在 A 和 B 两处都受到光滑面约束，其约束力 $\boldsymbol{F}_{NA}$、$\boldsymbol{F}_{NB}$ 都通过圆柱Ⅰ的中心 O_1。圆柱Ⅰ的受力如图 1-28b 所示。

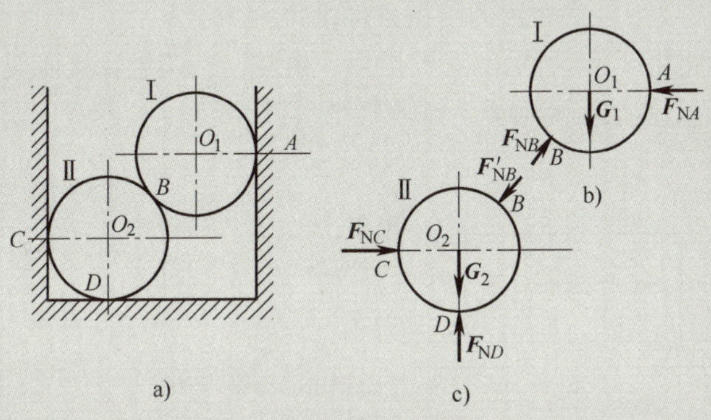

图 1-28　例 1-2 图

(2) 分析圆柱Ⅱ的受力情况　取圆柱Ⅱ为研究对象，画出分离体；圆柱Ⅱ的主动力除了自重 $\boldsymbol{G}_2$ 外，还有上面圆柱Ⅰ传来的压力 $\boldsymbol{F}'_{NB}$，注意到 $\boldsymbol{F}'_{NB}$ 与 $\boldsymbol{F}_{NB}$ 为作用力和反作用力，B、C、D 三处都受到光滑面约束，其约束力 $\boldsymbol{F}'_{NB}$、$\boldsymbol{F}_{NC}$、$\boldsymbol{F}_{ND}$ 都通过圆柱Ⅱ的中心 O_2，并且 $\boldsymbol{F}'_{NB}=-\boldsymbol{F}_{NB}$。圆柱Ⅱ的受力如图 1-28c 所示。

例 1-3　如图 1-29a 所示，梁 AB 的 B 端受到载荷 $\boldsymbol{F}$ 的作用，A 端以光滑圆柱铰链固定于墙上，C 处受直杆支承，C、D 均为光滑圆柱铰链，不计梁 AB 和直杆 CD 的自身重量，试画出杆 CD 和梁 AB 的受力图。

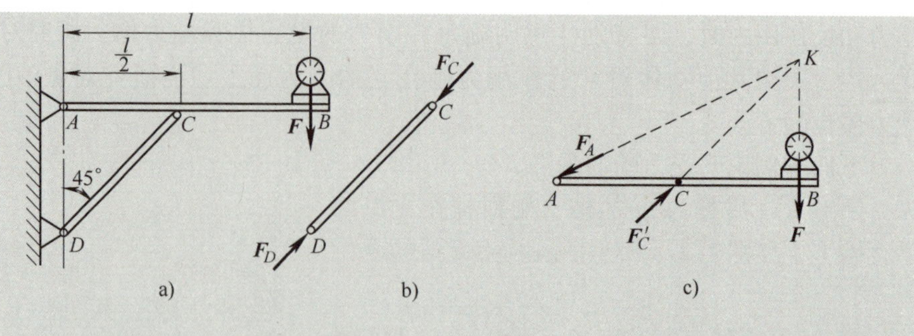

图1-29 例1-3图

解：先分析杆 CD，已知杆 CD 处于平衡状态，由于杆上只受到两端铰链 C、D 的约束力作用，且杆的重量不计，即直杆 CD 在 $\boldsymbol{F}_C$ 和 $\boldsymbol{F}_D$ 作用下处于平衡，是二力构件中的链杆。所以 $\boldsymbol{F}_C$ 和 $\boldsymbol{F}_D$ 作用线沿 CD 连线，并假设它们的指向如图1-29b所示。

再分析杆 AB 受力情况，力 $\boldsymbol{F}$ 铅垂向下，杆 CD 通过铰链 C 对 AB 杆的作用力 $\boldsymbol{F}'_C$，$\boldsymbol{F}'_C$ 为 $\boldsymbol{F}_C$ 的反作用力，方向为从 D 指向 C，$\boldsymbol{F}'_C$ 与力 $\boldsymbol{F}$ 的作用线相交于 K 点，由三力平衡汇交定理得到 $\boldsymbol{F}_A$ 必沿 AK 方向，如图1-29c所示。至于约束力的大小和指向，需要下一章介绍的平衡条件求得。

例1-4 如图1-30a所示的三铰拱桥，由左、右两拱铰接而成。设各拱自重不计，在拱 AC 上作用有载荷 $\boldsymbol{F}$。试分别画出拱 AC 和 CB 的受力图。

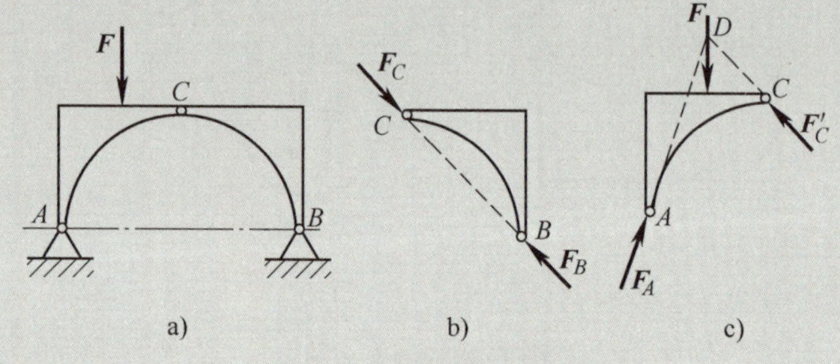

图1-30 例1-4图

解：(1) 先分析受力比较简单的拱 BC 因为不考虑拱 BC 的自重，并且只有 B、C 两处受到铰链约束，因此拱 BC 为二力构件。在铰链中心 B、C 处分别受 $\boldsymbol{F}_B$、$\boldsymbol{F}_C$ 两力的作用，方向如图1-30b所示，且 $\boldsymbol{F}_B = -\boldsymbol{F}_C$。

(2) 取拱 AC 为研究对象 由于不考虑自重，因此主动力只有载荷 $\boldsymbol{F}$。拱在铰链 C 处受有拱 BC 给它的约束力 $\boldsymbol{F}'_C$ 的作用，根据作用和反作用定律，$\boldsymbol{F}'_C = -\boldsymbol{F}_C$。拱在 A 处受到固定铰链支座给它的约束力 $\boldsymbol{F}_A$ 的作用，由于拱 AC 在 $\boldsymbol{F}$、$\boldsymbol{F}'_C$ 和 $\boldsymbol{F}_A$ 三个力作用下保持平衡，根据三力平衡汇交定理，确定铰链 A 处约束力 $\boldsymbol{F}_A$

的方向。点 D 为力 $\boldsymbol{F}$ 和 $\boldsymbol{F}'_C$ 作用线的交点，当拱 AC 平衡时，约束力 $\boldsymbol{F}_A$ 的作用线必通过点 D，至于 $\boldsymbol{F}_A$ 的指向，需要用下一章的平衡条件确定。拱 AC 的受力如图 1-30c 所示。

例 1-5　液压夹具如图 1-31a 所示。已知液压油缸中油压合力为 F，沿活塞杆轴线作用于活塞，缸壁对活塞的作用力忽略不计。四杆 AB、BC、AD、DE 均为光滑铰链连接，B、D 两个滚轮压紧工件。杆和轮的重量均略去不计，接触均为光滑。试画出销钉 A、杆 AB、滚轮 B 的受力图。

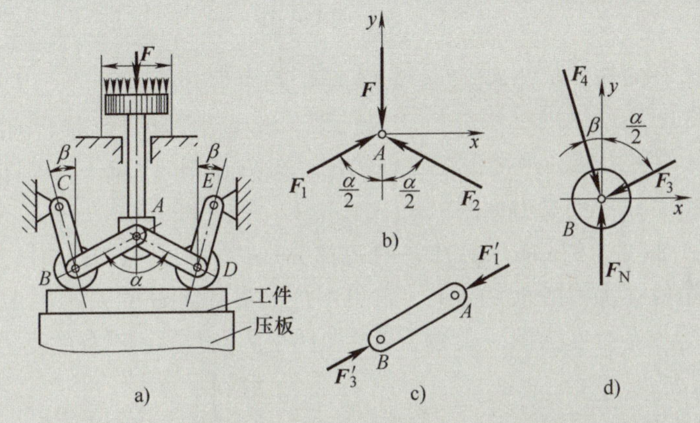

图 1-31　例 1-5 图

解：作用在活塞上的压力通过复合铰链 A 推动连杆 AB 和 AD，使滚轮 B 和 D 压紧压板和工件。由于杆 AB 和杆 AD 两端均为圆柱铰链并且不计杆自重，所以 AB 和 AD 都是二力杆。选择销钉 A 为研究对象，二力杆 AB 对其作用力 $\boldsymbol{F}_1$ 沿 BA 方向，二力杆 AD 对其作用力 $\boldsymbol{F}_2$ 沿 DA 方向，其受力如图 1-31b 所示。

由作用与反作用定律得到，二力杆 AB 受到销钉 A 的作用力 $\boldsymbol{F}'_1$，$\boldsymbol{F}'_1$ 与 $\boldsymbol{F}_1$ 等值、反向、共线（作用在不同物体上）；滚轮 B 对 AB 作用力 $\boldsymbol{F}'_3$，$\boldsymbol{F}'_3$ 应与 $\boldsymbol{F}'_1$ 等值、反向、共线（作用在同一物体上）。二力杆 AB 受力如图 1-31c 所示。

最后选择滚轮 B 为研究对象，设滚轮 B 与压板之间为光滑接触，故压板对滚轮的约束力 $\boldsymbol{F}_N$ 沿接触面的公法线。由于 AB 和 BC 均为二力杆，它们对滚轮 B 的约束力 $\boldsymbol{F}_3$、$\boldsymbol{F}_4$ 分别沿 AB、CB 方向。滚轮 B 的受力如图 1-31d 所示。

例 1-6　图 1-32a 所示一个不计自重的托架，B 处是铰链支座，A 处是光滑接触，托架在重物向下的力 $\boldsymbol{F}$ 的作用下平衡，试画出托架的受力图。

解：1）以托架为研究对象（取分离体），单独画出其简图。

2）画主动力。只有重物对托架向下的作用力 $\boldsymbol{F}$。

3）画约束力。因为 A 处为光滑接触，故在 A 处受法向约束力 $\boldsymbol{F}_{RA}$ 作用，且

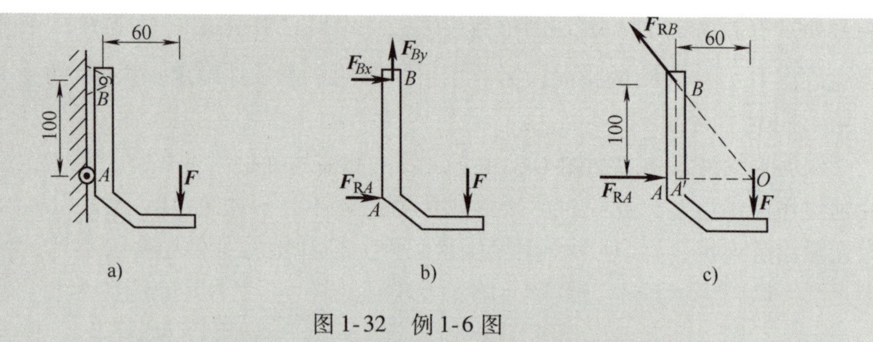

图 1-32 例 1-6 图

指向托架，水平向右；B 处为固定铰链支座，约束力方向未定，可用正交分力表示，如图 1-32b 所示。进一步分析，因托架只受 3 个力的作用而平衡，且力 $\boldsymbol{F}$ 与 $\boldsymbol{F}_{RA}$ 相交，故可由三力平衡汇交定理确定 B 处力作用线的方位，但指向不能确定，可先假定。托架的受力如图 1-32c 所示。

例 1-7 如图 1-33a 所示，梯子的两部分 AB、AC 由绳 DE 连接，A 处为光滑铰链。梯子放在光滑的水平面上，自重不计。重量为 $\boldsymbol{G}$ 的人站在 AB 的中点 H 处。试画出整个系统受力图以及绳子 DE 和梯子的 AB、AC 部分的受力图。

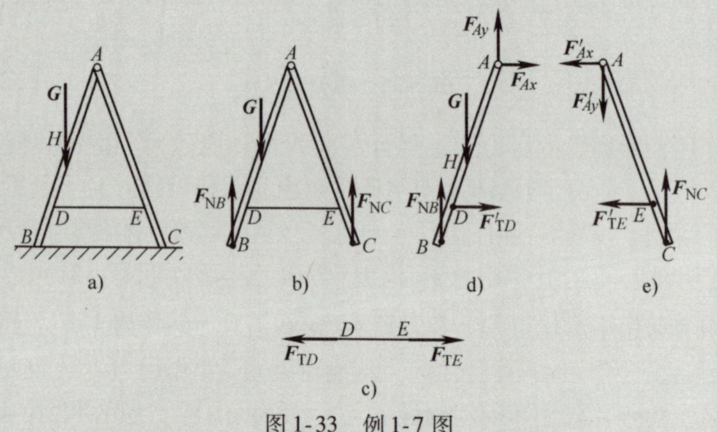

图 1-33 例 1-7 图

解：1）讨论整个系统受力情况，主动力为 $\boldsymbol{G}$，按照光滑接触面性质，B、C 处受到沿法线方向的约束力 $\boldsymbol{F}_{NB}$、$\boldsymbol{F}_{NC}$，受力如图 1-33b 所示。

2）绳子 DE 的受力分析。绳子两端 D、E 分别受到梯子对它的拉力 $\boldsymbol{F}_{TD}$、$\boldsymbol{F}_{TE}$ 的作用，如图 1-33c 所示。

3）梯子 AB 部分在 H 处受到人对它的作用力 $\boldsymbol{G}$，在铰链 A 处受到梯子 AC 部分给它的约束力 $\boldsymbol{F}_{Ax}$ 和 $\boldsymbol{F}_{Ay}$ 的作用。在点 D 处受到绳子对它的拉力 $\boldsymbol{F}'_{TD}$ 的作用。在点 B 处受到光滑地面对它的法向约束力 $\boldsymbol{F}_{NB}$ 的作用。梯子 AB 部分的受力如图 1-33d 所示。

4）梯子 AC 部分在铰链 A 处受到梯子 AB 部分给它的约束力 $\boldsymbol{F}'_{Ax}$ 和 $\boldsymbol{F}'_{Ay}$ 的作用。在点 E 处受到绳子对它的拉力 $\boldsymbol{F}'_{\mathrm{TE}}$ 的作用。在点 C 处受到光滑地面对它的法向约束力 $\boldsymbol{F}_{\mathrm{NC}}$ 的作用。梯子 AC 部分的受力如图 1-33e 所示。

例 1-7 中存在着这样一些成对出现的作用力与反作用力：$\boldsymbol{F}'_{Ax}=-\boldsymbol{F}_{Ax}$、$\boldsymbol{F}'_{Ay}=-\boldsymbol{F}_{Ay}$、$\boldsymbol{F}'_{\mathrm{TD}}=-\boldsymbol{F}_{\mathrm{TD}}$、$\boldsymbol{F}'_{\mathrm{TE}}=-\boldsymbol{F}_{\mathrm{TE}}$，在讨论整个系统受力情况时，这些系统内部物体之间的相互作用力称为**内力**。内力总是成对出现且等值、反向、共线，对整个系统的作用效果相互抵消。系统以外的物体对系统的作用力称为**外力**。选择不同的研究对象，内力与外力之间可以相互转化，例如在整个系统受力分析时，$\boldsymbol{F}'_{Ax}$、$\boldsymbol{F}'_{Ay}$ 和 $\boldsymbol{F}'_{\mathrm{TE}}$ 是内力；在梯子 AC 部分受力分析时，$\boldsymbol{F}'_{Ax}$、$\boldsymbol{F}'_{Ay}$ 和 $\boldsymbol{F}'_{\mathrm{TE}}$ 便是外力。可见，内力与外力的区分，只有相对于某一确定的研究对象才有意义。

正确地画出物体的受力图，是分析解决力学问题的基础。在本节开头已经介绍了画受力图的步骤，通过上面几个例题，读者对画受力图已有了一些认识，下面总结一下正确进行受力分析、画好受力图的关键点：

1）选好研究对象。根据解题的需要，可以取单个物体或整个系统为研究对象，也可以取由几个物体组成的子系统为研究对象。

2）正确确定研究对象受力的数目。既不能少画一个力，也不能多画一个力。力是物体之间相互的机械作用，因此受力图上每个力都要明确它是哪一个施力物体作用的，不能凭空想象。物体之间的相互作用力可分为两类：第一类为场力，例如万有引力、电磁力等；第二类为物体之间相互的接触作用力，例如压力、摩擦力等。因此分析第二种力时，必须注意研究对象与周围物体在何处接触。

3）一定要按照约束的性质画约束力。当一个物体同时受到几个约束的作用时，应分别根据每个约束单独作用情况，由该约束本身的性质来确定约束力的方向，绝不能按照自己的想象画约束力。

4）当几个物体相互接触时，它们之间的相互作用关系要按照作用和反作用定律来分析。

5）分析系统受力情况时，只画外力，不画内力。

小　结

- 力是物体之间的相互机械作用，这种作用使物体的运动状态发生变化或使物体形状发生改变。物体运动状态的改变是力的外效应，物体形状的改变是力的内效应。
- 力对物体的内外效应取决于三个要素：①力的大小；②力的方向；③力的作用点。
- 力的作用位置如果是物体的某一部分面积或体积，则这种分布作用的力称为分布力。
- 可以简化为集中作用在一个点上的力称为集中力。

• 力系是指作用在物体上的一群力。作用在物体上的一个力系如果可以用另一个力系来代替而效应相同，那么这两个力系互为等效力系。若一个力与一个力系等效，则这个力称为该力系的合力。

• 为了简化研究中的问题，有时不计物体形状、大小，只考虑其质量并将其视为一个点，称为质点。

• 刚体定义为由无穷多个点组成的不变形的几何形体，它在力的作用下保持其形状和大小不变。

• 如果刚体在某一个力系作用下处于平衡，则此力系称为平衡力系。力系平衡时所满足的条件称为力系的平衡条件。

• 二力平衡原理：受两力作用的刚体，其平衡的充分必要条件是，这两个力大小相等，方向相反，并且作用在同一直线上。

• 加减平衡力系原理：在作用于刚体上的任何一个力系上，加上或减去任意的平衡力系，并不改变原力系对刚体的作用效果。

• 在两个力作用下处于平衡的刚体称为二力体。如果物体是某种杆件或构件，有时也称为二力杆或二力构件。

• 作用在刚体上的一个力，可沿其作用线任意移动作用点而不改变此力对刚体的作用效应。这个性质称为力的可传性。

• 三力平衡汇交定理：当刚体受三个力作用（其中两个力的作用线相交于一点）而处于平衡时，则此三力必在同一平面内，并且它们的作用线汇交于一点。

• 力的平行四边形法则。

• 力的三角形法则。

• 在空间自由运动，其位移不受限制的物体称为自由体；而某些物体的位移受到事先给定的限制，不可能在空间自由运动，这种物体称为非自由体。

• 事先给定的限制物体运动的条件称为约束。约束作用于物体以限制物体沿某些方向发生位移的力称为约束力。约束力以外的其他力统称为主动力。

• 两端用光滑铰链与其他物体相连且不计自重的刚性直杆称为链杆。

• 约束主要包括：柔索（钢丝绳、皮带、链条、尼龙绳等）、具有光滑接触表面的约束、光滑圆柱铰链约束、光滑球铰链约束、链杆约束。

• 为了正确地画出受力图，应当注意下列问题：

1）明确研究对象。

2）取分离体，画受力图。分析受力的关键在于确定约束力的方向，因此要特别注意判断约束力的作用点、作用线方向和力的指向。建议根据以下三条原则来判断约束力：

1）将约束按照性质归入某类典型约束。

2）运用二力平衡条件或三力平衡汇交定理确定某些约束力。

3）按照作用和反作用定律，分析两个物体之间的相互作用力。

习 题

1-1 合力一定比分力大，对吗？

1-2　平衡状态一定是静止吗？什么是平衡力系？

1-3　二力平衡条件与作用和反作用定律都说二力等值、反向、共线，二者有什么区别？

1-4　什么是二力杆？二力杆一定是直杆吗？

1-5　凡是两端用铰链连接的直杆都是二力杆，对吗？

1-6　什么是作用在刚体上的力的三要素？什么是三力平衡汇交定理？

1-7　刚体上作用有三个力，这三个力共面，并且力的作用线汇交于一点，刚体一定平衡吗？

1-8　作用在刚体上的三个力相交于一点且平衡时，这三个力的作用线是否在同一个平面？

1-9　解释下列名词：力的内效应，力的外效应，等效力系，质点，刚体。

1-10　如图 1-34 所示，已知力 $F_1=6\text{kN}$，$\alpha_1=30°$；力 $F_2=8\text{kN}$，$\alpha_2=45°$。试用力的平行四边形法则、力的三角形法则分别求合力 $\boldsymbol{F}$ 的大小以及与 $\boldsymbol{F}_1$ 的夹角 β。

1-11　已知 $\boldsymbol{F}_1$、$\boldsymbol{F}_2$、$\boldsymbol{F}_3$ 三个力同时作用在一个刚体上，它们的作用线位于同一平面，作用点分别为 A、B、C，如图 1-35 所示。已知力 $\boldsymbol{F}_1$、$\boldsymbol{F}_2$ 的作用线方向，试求力 $\boldsymbol{F}_3$ 的作用线方向。

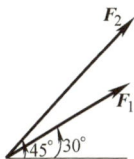

图 1-34　习题 1-10 图　　图 1-35　习题 1-11 图

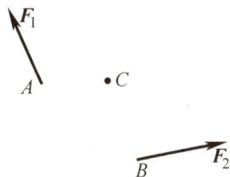

1-12　已知接触面为光滑表面，试画出图 1-36 所示圆球的受力图。

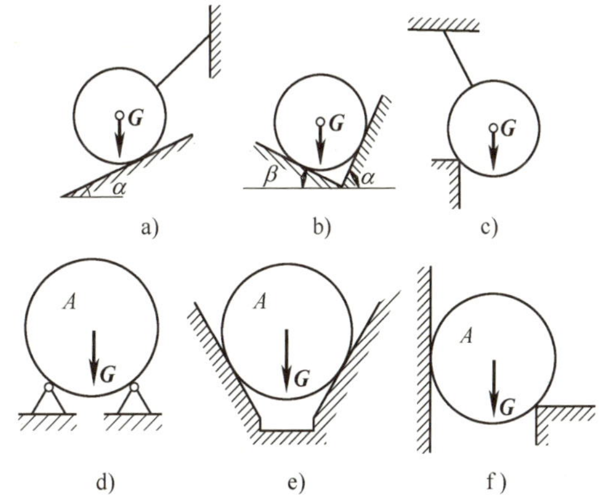

图 1-36　习题 1-12 图

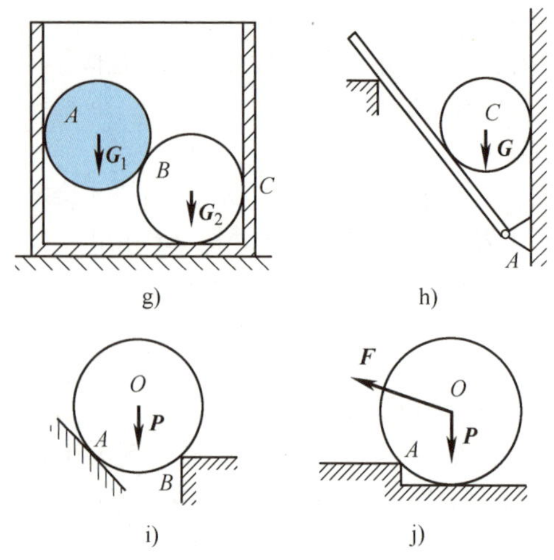

图1-36 习题1-12图（续）

1-13 不计绳子、杆的质量，试画出图1-37中指定物体的受力图。

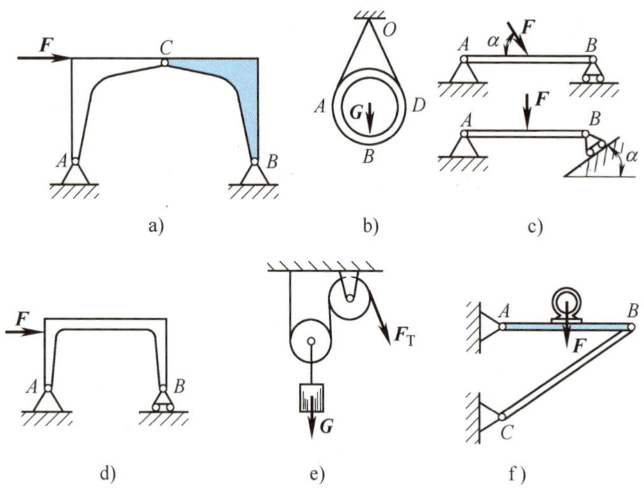

图1-37 习题1-13图

a）左半拱 AC、右半拱 BC；b）被钢缆吊起的钢管；c）梁 AB；d）钢架 AB；e）动滑轮、定滑轮；f）梁 AB。

1-14 如图1-38所示各个系统，试分别画出每个物体以及整体的受力图。物体的重力除图上注明外，均略去不计，所有接触处均为光滑。

1-15 图1-39所示各物体的受力图是否有错误？如何改正？

1-16 画出图1-40所示 AB 杆的受力图。

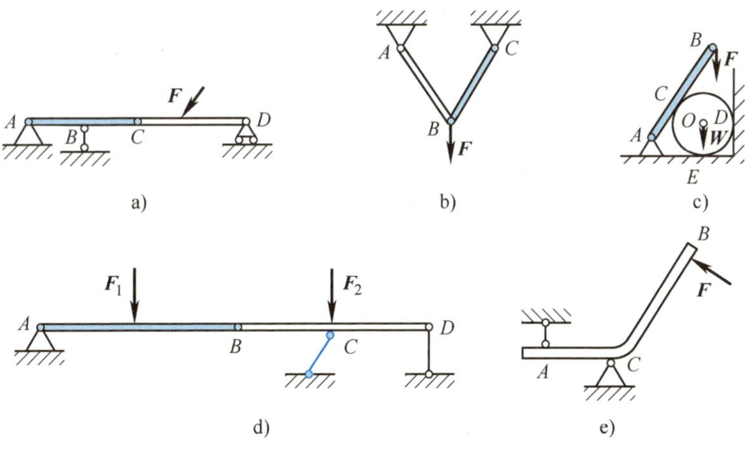

图 1-38　习题 1-14 图

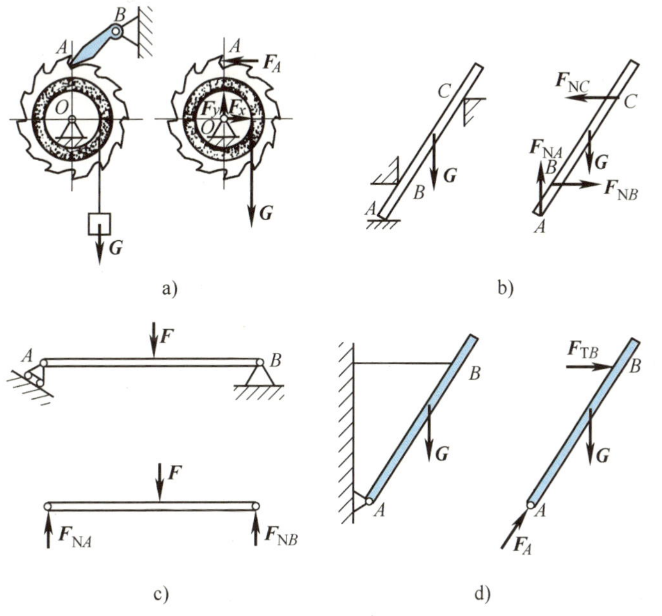

图 1-39　习题 1-15 图

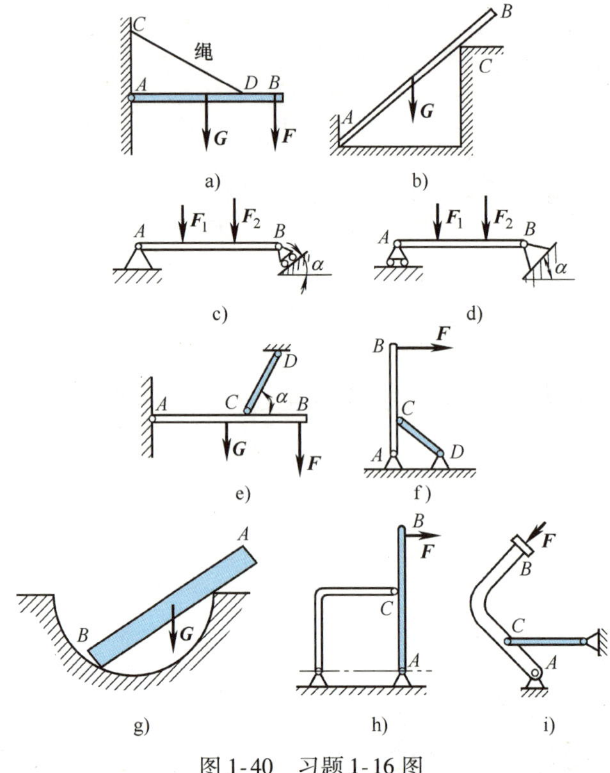
C
绳
A
D
B
G
F
a)
B
C
A
G
b)
A
F1
F2
B
α
c)
A
F1
F2
B
α
d)
D
A
C
α
B
G
F
e)
B
F
C
A
D
f)
A
B
G
g)
B
F
C
A
h)
F
B
C
A
i)

图1-40 习题1-16图

第二章

平面力系

为了研究方便，可将力系按其作用线的分布情况进行分类。各力的作用线处在同一平面内的一群力称为**平面力系**，力系中各力的作用线不处在同一平面的一群力称为**空间力系**。本章研究平面力系的简化合成问题，以及处于平衡时力系应满足的条件。

第一节　平面汇交力系

在平面力系中，各力作用线相交于一点的力系称为**平面汇交力系**，作用线相互平行的力系称为**平面平行力系**，作用线既不平行又不相交于一点的力系称为**平面任意力系**。图 2-1a 中钢架的角撑板承受 $\boldsymbol{F}_1$、$\boldsymbol{F}_2$、$\boldsymbol{F}_3$、$\boldsymbol{F}_4$ 四个力的作用，这些力的作用线位于同一平面内并且汇交于点 O，构成一个平面汇交力系；图 2-1b中吊环上拴着的绳子承受 $\boldsymbol{F}_1$、$\boldsymbol{F}_2$、$\boldsymbol{F}_3$ 三个力的作用，这些力的作用线位于同一平面内并且汇交于点 O，构成一个平面汇交力系。

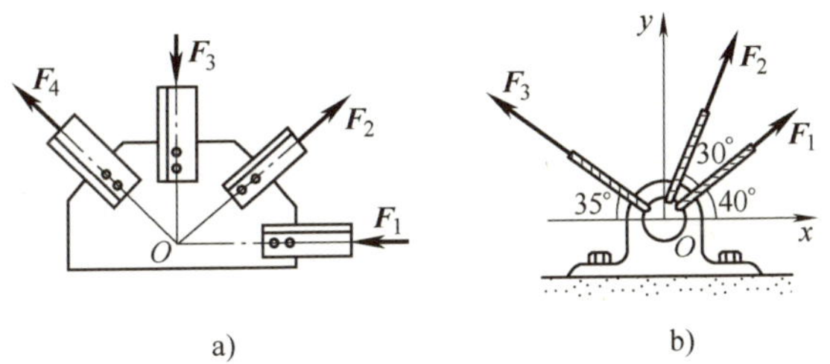

图 2-1　平面汇交力系

a）钢架角撑板　b）吊环上拴有三条绳

按照由简单到复杂，由特殊到一般的认识规律和学习规律，本章首先讨论平面汇交力系。讨论力系的合成和平衡条件，可以用几何法或解析法。几何法直观明了，物理意义明确；解析法计算规范、程式化，适合于计算机编程。

一、几何法

设作用于刚体上的四个力 $\boldsymbol{F}_1$、$\boldsymbol{F}_2$、$\boldsymbol{F}_3$、$\boldsymbol{F}_4$ 构成平面汇交力系，如图 2-2a

所示。根据力的可传性原理，首先将各力沿其作用线移到 O 点（图 2-2b），然后从任意点 a 出发连续应用力三角形法则，将各力依次合成，如图 2-2c 所示，即先将力$\boldsymbol{F}_1$ 与$\boldsymbol{F}_2$ 合成，求出合力 $\boldsymbol{F}_{R2}$，然后将力 $\boldsymbol{F}_{R2}$与 $\boldsymbol{F}_3$ 合成得到合力 $\boldsymbol{F}_{R3}$，最后将力 $\boldsymbol{F}_{R3}$和 $\boldsymbol{F}_4$ 合成，求出力系的合力 $\boldsymbol{F}_R$，即

$$\boldsymbol{F}_R = \boldsymbol{F}_1 + \boldsymbol{F}_2 + \boldsymbol{F}_3 + \boldsymbol{F}_4$$

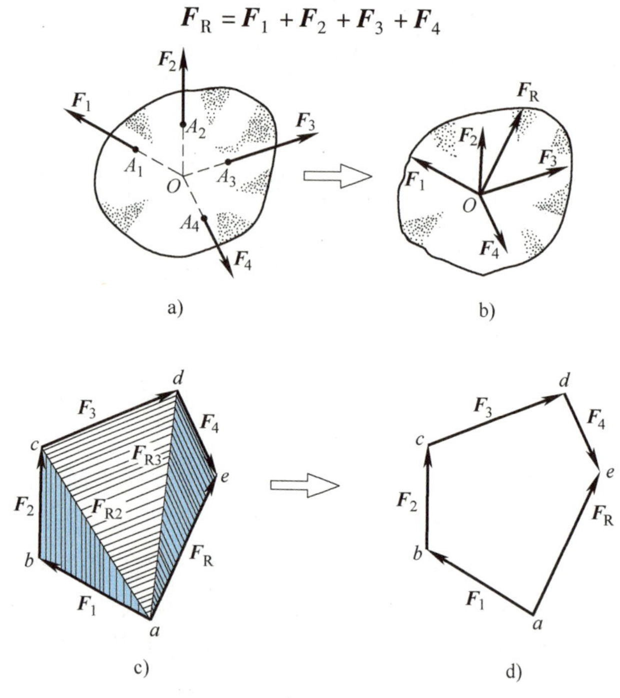

图 2-2 力的合成

由于需要求出的是整个力系的合力 $\boldsymbol{F}_R$，所以对作图过程中表示的矢量线 $\boldsymbol{F}_{R2}$、$\boldsymbol{F}_{R3}$可以省去不画，只要把力系中各力矢首尾相接，连接最先画的力矢 $\boldsymbol{F}_1$ 的始端 a 与最后画的力矢 $\boldsymbol{F}_4$的末端 e 的矢量 $\overrightarrow{ae}$，就是合力矢量 $\boldsymbol{F}_R$，如图 2-2d 所示。各力矢 $\boldsymbol{F}_1$、$\boldsymbol{F}_2$、$\boldsymbol{F}_3$、$\boldsymbol{F}_4$和合力矢$\boldsymbol{F}_R$ 构成的多边形 $abcde$ 称为**力多边形**。代表合力矢 $\overrightarrow{ae}$ 的边称为力多边形的封闭边。这种用力多边形求合力矢的作图规则称为**力多边形法则**。

用力多边形法则求汇交力系合力的方法称为汇交力系合成的几何法。合成中需要注意以下两点：

1）合力 $\boldsymbol{F}_R$ 的作用线必通过汇交点。

2）改变力系合成的顺序，只改变力多边形的形状，并不影响最后的结果。即不论如何合成，合力 $\boldsymbol{F}_R$ 是唯一确定的。

如果平面汇交力系中有 n 个力组成，可以采用与上述同样的力多边形法则，

将各力 $\boldsymbol{F}_i$（$i=1, 2, \cdots, n$）相加，得到合力 $\boldsymbol{F}_R$。于是得到如下结论：**平面汇交力系合成的结果是一个合力，其大小和方向由力多边形的封闭边代表，作用线通过力系中各力作用线的汇交点。**合力 $\boldsymbol{F}_R$ 的表达式为

$$\boldsymbol{F}_R = \boldsymbol{F}_1 + \boldsymbol{F}_2 + \cdots + \boldsymbol{F}_n = \sum_{i=1}^{n} \boldsymbol{F}_i$$

或简写为

$$\boldsymbol{F}_R = \sum_{i=1}^{n} \boldsymbol{F}_i \tag{2-1}$$

由上述分析可以知道，平面汇交力系可以用一个合力来代替，所以该力系平衡的充分必要条件是力系的合力等于零。即

$$\sum_{i=1}^{n} \boldsymbol{F}_i = \boldsymbol{0} \tag{2-2}$$

式（2-2）表明，当平面汇交力系平衡时，画出的力多边形其封闭边长度必为零。由此可得，平面汇交力系平衡的几何条件为：**各分力 $\boldsymbol{F}_1$，$\boldsymbol{F}_2$，…，$\boldsymbol{F}_n$ 所构成的力多边形自行封闭。**

应用平面汇交力系平衡的几何条件，可以求解平衡力系中力的未知元素。力是矢量，包括大小和方向两个元素。作力多边形求解平面汇交力系平衡问题时，由于合力为零，这个平面矢量方程本质上可以化为两个标量方程，所以用封闭力多边形可以求出两个未知元素。即可以有一个力大小和方向都未知，或者两个力各有一个未知元素（大小或方向）。

例 2-1 在物体圆环上作用有三个力 $F_1=300\text{N}$，$F_2=600\text{N}$，$F_3=1500\text{N}$，其作用线相交于 O 点，如图 2-3 所示。试用几何作图法求力系的合力。

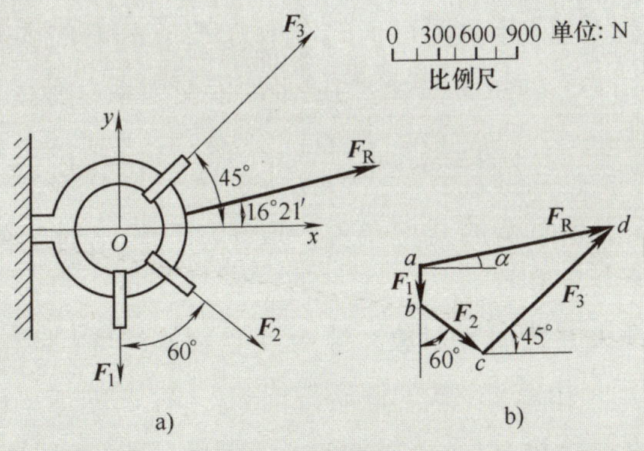

图 2-3 例 2-1 图

解： 1）选比例尺，如图 2-3 所示。

2）将 $\boldsymbol{F}_1$、$\boldsymbol{F}_2$、$\boldsymbol{F}_3$ 首尾相接得到力多边形 $abcd$，其封闭边矢量 $\overrightarrow{ad}$ 就是合力矢 $\boldsymbol{F}_R$。量得 ad 的长度，得到合力 $F=1650\text{N}$，$\boldsymbol{F}_R$ 与 x 轴夹角 $\alpha=16°21'$。

例 2-2 在曲柄压力机的铰链 A 上作用一水平力 $F=300\text{N}$，如图 2-4 所示。已知杆 $OA=0.2\text{m}$，$AB=0.4\text{m}$。试求当杆 OA 与铅垂线 OB 的夹角 $\alpha=30°$ 时，锤头作用于物体 m 的压力。

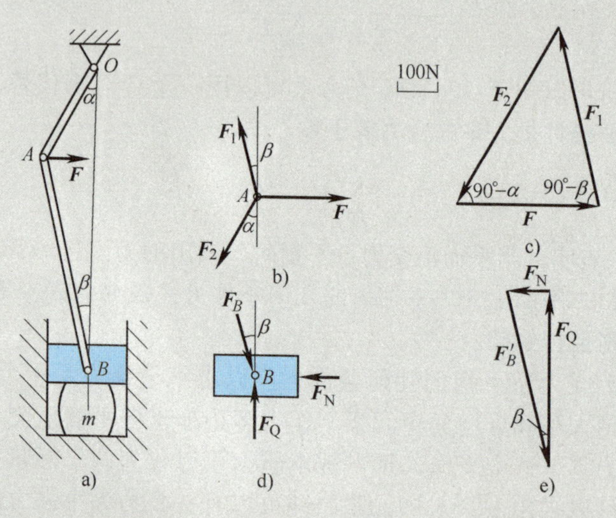

图 2-4 例 2-2 图

解：（1）以销钉 A 为研究对象进行受力分析 OA 和 AB 杆均为链杆，按照约束的性质，OA 杆及 AB 杆对销钉 A 的作用力 $\boldsymbol{F}_1$、$\boldsymbol{F}_2$ 必沿各杆两端销钉中心的连线，但方向不能肯定。$\boldsymbol{F}$、$\boldsymbol{F}_1$、$\boldsymbol{F}_2$ 构成平面汇交力系，其受力如图 2-4b 所示。

由正弦定理得到 $\beta=\arcsin\left(\dfrac{OA}{AB}\sin\alpha\right)=\arcsin 0.25=14.48°$

按照平面汇交力系平衡的几何条件，取比例尺作出封闭的力三角形，如图 2-4c 所示。量得 $F_1=370\text{N}$。

（2）其次取锤头 B 为研究对象 锤头 B 受到连杆 AB 对锤头的作用力 $\boldsymbol{F}_B$ 作用，如图 2-4d 所示。由链杆 AB 的性质得到 $F_B=F_1=370\text{N}$，$\boldsymbol{F}_B$ 与 $\boldsymbol{F}_1$ 方向相反。锤头还受到壁的约束力 $\boldsymbol{F}_N$ 以及压榨物 m 对锤头的反作用力 $\boldsymbol{F}_Q$。

按照平面汇交力系平衡的几何条件，取比例尺作出封闭的力三角形，如图 2-4e 所示。量得 $F_Q=360\text{N}$。

二、解析法

对于平面汇交力系 $\boldsymbol{F}_k$（$k=1, 2, \cdots, n$），各力在平面直角坐标系情形下，如图 2-5 所示，可写成

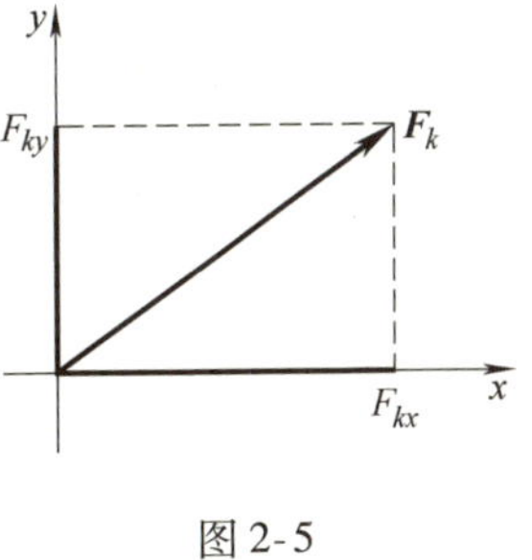

图 2-5

$$\boldsymbol{F}_k = F_{kx}\boldsymbol{i} + F_{ky}\boldsymbol{j} \tag{2-3}$$

按照定义，平面汇交力系的合力 $\boldsymbol{F}$ 等于各分力 $\boldsymbol{F}_k$ 的矢量和，即 $\boldsymbol{F} = \boldsymbol{F}_1 + \boldsymbol{F}_2 + \cdots + \boldsymbol{F}_n = \sum_{k=1}^{n}\boldsymbol{F}_k$。将合力写成解析式 $\boldsymbol{F} = F_x\boldsymbol{i} + F_y\boldsymbol{j}$，得到

$$\begin{cases} F_x = F_{1x} + F_{2x} + \cdots + F_{nx} = \sum_{i=1}^{n} F_{ix} \\ F_y = F_{1y} + F_{2y} + \cdots + F_{ny} = \sum_{i=1}^{n} F_{iy} \end{cases} \tag{2-4}$$

式（2-4）表明：**平面汇交力系的合力在任一坐标轴上的投影，等于各分力在同一坐标轴上投影的代数和**。这个结论称为**合力投影定理**。这个结论还可以推广到其他矢量的合成上，可以统称为合矢量投影定理。

合力的模和方向可用式（2-5）表示：

$$\begin{cases} F = \sqrt{F_x^2 + F_y^2} = \sqrt{\left(\sum_{i=1}^{n} F_{ix}\right)^2 + \left(\sum_{i=1}^{n} F_{iy}\right)^2} \\ \cos < \boldsymbol{F}, \boldsymbol{i} > = F_x/F \\ \cos < \boldsymbol{F}, \boldsymbol{j} > = F_y/F \end{cases} \tag{2-5}$$

由于平面汇交力系平衡的充分必要条件是力系的合力等于零，由式（2-4）可知，要满足合力 $\boldsymbol{F} = \boldsymbol{0}$，其充分必要条件是

$$\begin{cases} \sum_{i=1}^{n} F_{ix} = 0 \\ \sum_{i=1}^{n} F_{iy} = 0 \end{cases} \tag{2-6}$$

即平面汇交力系平衡的充分必要（解析）条件是：**力系中各力在 x、y 坐标轴上的投影的代数和都等于零**。式（2-6）称为**平面汇交力系的平衡方程**，可以用来求解两个未知量。用解析法求未知力时，约束力的指向要事先假定。在平衡方程中解出的未知力若为正值，说明预先假定的指向是正确的；若为负值，说明实际指向与假定的方向相反。

例2-3 图2-6a所示为三铰拱，不计拱重。已知结构尺寸 a 和作用在 D 点的水平作用力 $F=141.4\text{N}$，求支座 A、C 的约束力。

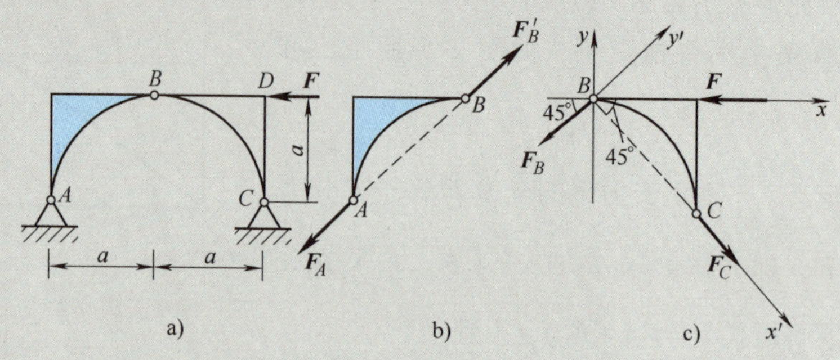

图2-6 例2-3图

解：(1) 取左半拱 AB（包括销钉 B）为研究对象 AB 只受到右半拱 BC 的作用力 $\boldsymbol{F}_B'$ 和铰链支座 A 的约束力 $\boldsymbol{F}_A$ 的作用，属于二力构件（图2-6b）。所以 $\boldsymbol{F}_B'$ 和 $\boldsymbol{F}_A$ 两个力的作用线必沿 AB 连线，并且有 $\boldsymbol{F}_A=-\boldsymbol{F}_B'$。

(2) 取右半拱 BC 为研究对象 作用在 BC 上有三个力，分别为：水平力 $\boldsymbol{F}$、铰链支座 C 的约束力 $\boldsymbol{F}_C$ 和 AB 拱对 BC 拱的约束力 $\boldsymbol{F}_B$。$\boldsymbol{F}_B$ 和 $\boldsymbol{F}_B'$ 为一对作用力与反作用力，即 $\boldsymbol{F}_B=-\boldsymbol{F}_B'$。应用三力平衡汇交定理可确定 $\boldsymbol{F}_C$ 作用线的方位，即沿 B、C 点的连线，假定从 B 指向 C，如图2-6c所示。

根据右半拱 BC 的受力图并取坐标系 Bxy，列出平面汇交力系的平衡方程为

$$\sum_{i=1}^{n} F_{ix}=0,\quad -F-F_B\cos 45^\circ+F_C\cos 45^\circ=0 \tag{1}$$

$$\sum_{i=1}^{n} F_{iy}=0,\quad -F_B\sin 45^\circ-F_C\sin 45^\circ=0 \tag{2}$$

由式(2)得

$$F_C=-F_B \tag{3}$$

将式(3)代入式(1)得

$$F_B=-\frac{\sqrt{2}}{2}F=-100\text{N} \tag{4}$$

求得的 F_B 为负值，表示力矢量 $\boldsymbol{F}_B$ 的指向与受力图中假定的指向相反，把式(4)代入式(3)，注意要把负号一起代入，得到

$$F_C=-\left(-\frac{\sqrt{2}}{2}F\right)=100\text{N}$$

求得的 F_C 为正值表示所假定的指向符合实际。

因为 $F_A = F'_B = F_B$，所以 $F_A = -\frac{\sqrt{2}}{2}F = -100\text{N}$。求得的 F_A 为负值表示 $\boldsymbol{F}_A$ 的指向与受力图中假定的指向相反。

为简便起见，在求解本题时，可以取投影轴 x'、y' 分别垂直于未知力 $\boldsymbol{F}_B$、$\boldsymbol{F}_C$，则

$$\sum_{i=1}^{n} F_{ix'} = 0,\quad F_C - F\cos 45^\circ = 0,\qquad F_C = \frac{\sqrt{2}}{2}F = 100\text{N}$$

$$\sum_{i=1}^{n} F_{iy'} = 0,\quad -F_B - F\sin 45^\circ = 0,\quad F_B = -\frac{\sqrt{2}}{2}F = -100\text{N}$$

这样可以使所列的每一个平衡方程中只包含一个未知数，避免求解联立方程的麻烦。

例 2-4　图 2-7a 所示的均质细长杆 AB 重 $G = 10\text{N}$，长 $L = 1\text{m}$。杆一端 A 靠在光滑的铅垂墙上，另一端 B 用长 $a = 1.5\text{m}$ 的绳 BD 拉住。求平衡时 A、D 两点之间的距离 x，墙对杆的约束力 $\boldsymbol{F}_\text{N}$ 和绳的拉力 $\boldsymbol{F}_\text{T}$。

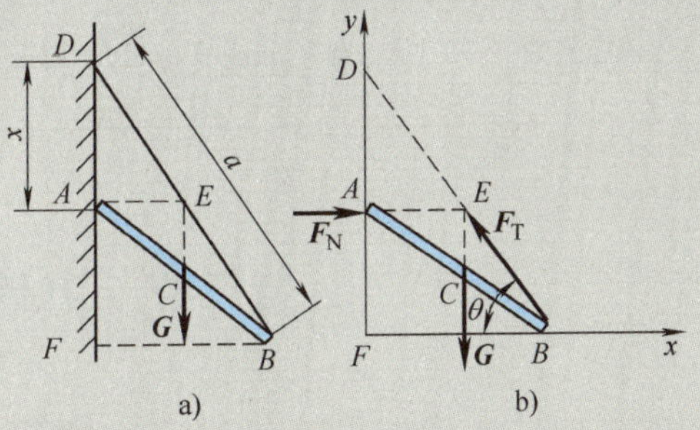

图 2-7　例 2-4 图

解： 以杆 AB 为研究对象。作用在杆上的力有三个，分别是作用在杆中点上的重力 $\boldsymbol{G}$，绳索对杆的拉力 $\boldsymbol{F}_\text{T}$，墙的反作用力 $\boldsymbol{F}_\text{N}$。按照约束的性质，拉力 $\boldsymbol{F}_\text{T}$沿绳索轴线 BD 方向，$\boldsymbol{F}_\text{N}$垂直于墙即水平向右。杆在这三个力作用下处于平衡状态，根据三力平衡汇交定理可知这三个力必汇交于一点。由于 $\boldsymbol{G}$ 与 $\boldsymbol{F}_\text{T}$ 相交于 BD 的中心点 E，故只有当通过 A 点的水平力也通过 E 点时杆 AB 才能平衡，即 $\boldsymbol{F}_\text{N}$必须沿 AE。杆 AB 的受力如图 2-7b 所示。

过 B 点作水平线交墙于 F 点，因为 $\boldsymbol{F}_\text{N}$垂直于墙，所以 AE 线水平，与 BF 平行。由于 $DE = EB$，所以 $DA = AF = x$，对于直角三角形 BFD，有 $BF^2 = BD^2 - DF^2 = a^2 - (2x)^2$；对于直角三角形 BFA，有 $BF^2 = BA^2 - AF^2 = L^2 - x^2$。于是可得

$$a^2 - 4x^2 = L^2 - x^2$$

解得

$$x = \sqrt{\frac{a^2 - L^2}{3}} = 0.646\text{m}$$

由此得到绳索与 BF 夹角 $\theta=\arcsin\dfrac{DF}{DB}=\arcsin\dfrac{2x}{a}=\arcsin 0.8607=59.4°$。

下面应用平面汇交力系的平衡方程，求解绳索拉力 $\boldsymbol{F}_{\mathrm{T}}$和墙约束力 $\boldsymbol{F}_{\mathrm{N}}$。取直角坐标系如图2-7b所示。列平衡方程

$$\sum_{i=1}^{n} F_{ix}=0,\qquad F_{\mathrm{N}}-F_{\mathrm{T}}\cos\theta=0 \tag{1}$$

$$\sum_{i=1}^{n} F_{iy}=0,\qquad F_{\mathrm{T}}\sin\theta-G=0 \tag{2}$$

由式（2）得到

$$F_{\mathrm{T}}=\frac{G}{\sin\theta}=\frac{10}{0.8607}\mathrm{N}=11.62\mathrm{N}$$

代入式（1）得到

$$F_{\mathrm{N}}=F_{\mathrm{T}}\cos\theta=11.62\mathrm{N}\times\cos 59.4°=5.92\mathrm{N}$$

第二节　力偶和力偶系

一、力偶的概念及等效

当物体受到大小相等、方向相反的两个共线力作用时，物体保持平衡状态。但是，当物体受到大小相等、方向相反、平行而不共线的两个力作用时，物体将发生转动或出现转动的趋势。用手指旋转钥匙或自来水龙头、拧螺钉，驾驶员开汽车用双手转动转向盘（图2-8a），钳工师傅用双手转动铰杠（图2-8b），都是上述受力情况的实例。在力学上，把大小相等、方向相反并且不共线的两个平行力称为力偶，记作（$\boldsymbol{F}$，$\boldsymbol{F}'$）。力偶中两个力所在的平面称为力偶作用面，

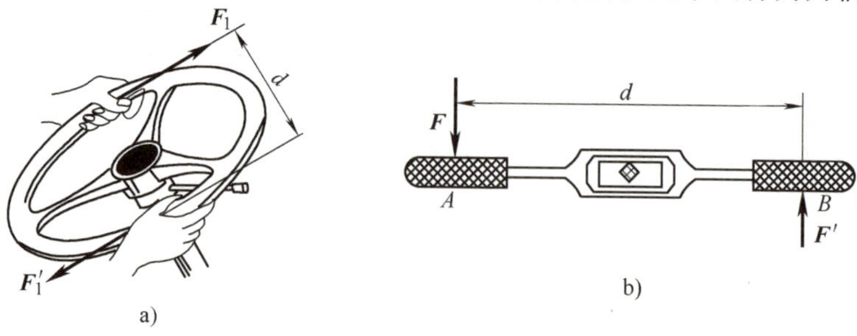

图2-8　力偶实例

a）双手转动转向盘　b）双手转动铰杠

两个力作用线之间的垂直距离称为力偶臂，常以 d 表示，如图2-9 所示。力偶是个特殊的力系，这个力系具有它自己的特性。它是研究复杂力系的基础。

由于力偶中的两个力大小相等、方向相反、作用线平行，所以这两个力的合力在任何坐标轴上投影均为零，如图 2-10 所示。可见，力偶对物体不产生移动效应，即力偶的合力矢为零。这说明力偶不能等效为一个力，因此也不能用一个力来平衡。力偶只能与力偶等效，也只能用力偶来平衡，因而它是一个基本的力学量。

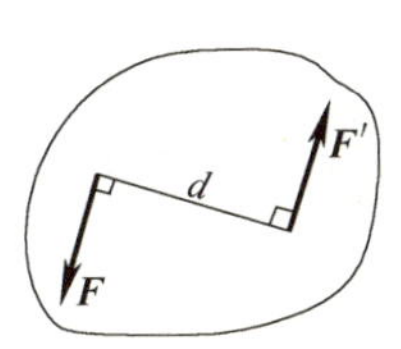

图 2-9 力偶作用面

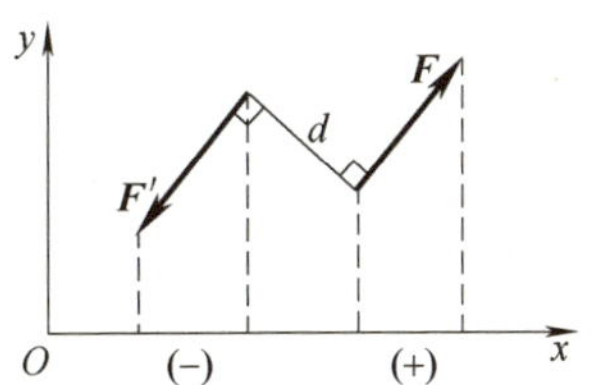

图 2-10 力偶坐标轴上的投影

力偶对物体的运动效应和一个力对物体的运动效应不同。一个力能使静止的物体产生移动，也能使它既产生移动又产生转动。但是一个力偶只能使静止的物体产生转动。为度量力偶对物体的转动效应，需要引入力偶矩概念，即在平面问题中，**力偶中一个力的大小和力偶臂的乘积称为力偶矩**。因此在同一个平面内，力偶的力偶矩是一个代数量，用 $M(\boldsymbol{F},\boldsymbol{F}')$ 表示，也可以简写成 M，即

$$M = \pm Fd \tag{2-7}$$

式（2-7）中正负号的表示方法一般以逆时针转向为正，顺时针转向为负。力偶矩的单位在国际单位制中用牛·米（N·m）表示。

力偶只能使刚体产生转动，其转动效应应该用力偶矩来度量。由于一个力偶对物体的作用效应完全取决于其力偶矩，所以由力学证明得到下面结论：

1）两个在同一平面内的力偶，如果力偶矩相等，则两个力偶彼此等效。如图 2-11 所示。

2）力偶可在其作用面内任意移动和转动，而不会改变它对物体的作用效果。

3）在保持力偶矩大小和转向不变的条件下，可以同时改变力和力偶臂的大小，而不会改变力偶对物体的作用效果。

按照上述结论，可以把力偶直接用力偶矩 M 来表示，如图 2-12 所示。就其本质而言，力偶是自由矢量。

二、平面力偶系的合成与平衡

作用在同一个物体上的 n 个力偶组成一个力偶系。作用在同一平面内的力

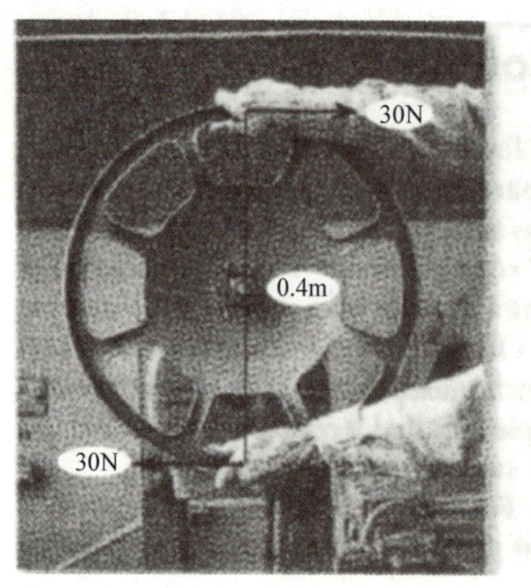

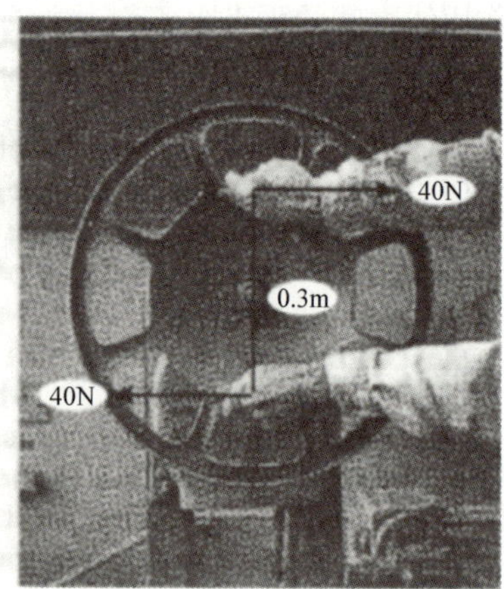

图 2-11　等效力偶

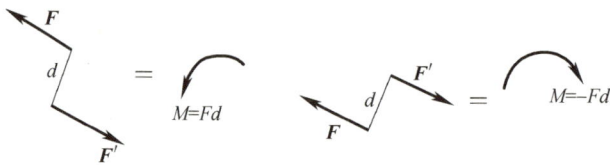

图 2-12　力偶矩的表示

偶系叫平面力偶系。

设（$\boldsymbol{F}_1$，$\boldsymbol{F}_1'$）和（$\boldsymbol{F}_2$，$\boldsymbol{F}_2'$）为作用在某物体同一平面内的两个力偶，如图 2-12′a 所示。其力偶臂分别为 d_1、d_2，于是有

$$M_1 = F_1 d_1, \quad M_2 = F_2 d_2$$

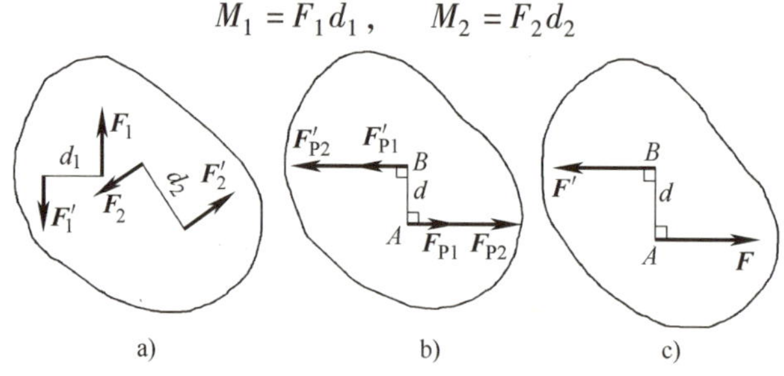

图 2-12′　两个力偶的合成

在力偶作用平面内任取线段 $AB = d$，于是可将原来的两个力偶分别等效为力偶（$\boldsymbol{F}_{P1}$，$\boldsymbol{F}'_{P1}$）和（$\boldsymbol{F}_{P2}$，$\boldsymbol{F}'_{P2}$），如图 2-12′b 所示。其中 $\boldsymbol{F}_{P1}$ 和 $\boldsymbol{F}_{P2}$ 的大小分别为

$$F_{P1}=\frac{M_1}{d},\qquad F_{P2}=\frac{M_2}{d}$$

将 $\boldsymbol{F}_{P1}$、$\boldsymbol{F}_{P2}$和 $\boldsymbol{F}'_{P1}$、$\boldsymbol{F}'_{P2}$分别合成，有

$$\boldsymbol{F}=\boldsymbol{F}_{P1}+\boldsymbol{F}_{P2},\qquad \boldsymbol{F}'=\boldsymbol{F}'_{P1}+\boldsymbol{F}'_{P2}$$

其中 $\boldsymbol{F}$ 与 $\boldsymbol{F}'$为等值、反向的一对平行力，组成一新的力偶，如图 2-12′c 所示，此力偶（$\boldsymbol{F}$，$\boldsymbol{F}'$）即为原来两个力偶（$\boldsymbol{F}_1$，$\boldsymbol{F}'_1$）和（$\boldsymbol{F}_2$，$\boldsymbol{F}'_2$）的合力偶。其力偶矩为

$$M=Fd=(F_{P1}+F_{P2})d=\left(\frac{M_1}{d}+\frac{M_2}{d}\right)d=M_1+M_2$$

上面讨论的是两个力偶的合成情形，推广到一般情况，设作用在同一平面内有 n 个力偶，则该平面力偶系的合力偶矩为

$$M=M_1+M_2+\cdots+M_n$$

或

$$M=\sum_{i=1}^{n}M_i \tag{2-8}$$

即平面力偶系的合成结果为一合力偶，合力偶矩等于各分力偶矩的代数和。

欲使平面力偶系平衡，充分必要条件是合力偶矩等于零，即力偶系中各力偶矩的代数和等于零，即

$$\sum_{i=1}^{n}M_i=0 \tag{2-9}$$

例 2-5 如图 2-13 所示的工件上作用有两个力偶，力偶矩分别为 $M_1=250\text{N}\cdot\text{m}$，$M_2=350\text{N}\cdot\text{m}$；固定螺栓 A 和 B 的距离为 $l=0.25\text{m}$。求两个光滑螺柱所受的水平力。

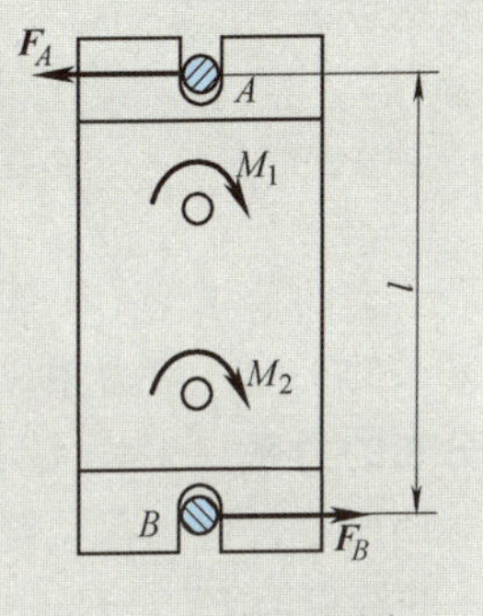

图 2-13 例 2-5 图

解： 选工件为研究对象。工件在水平面内受两个力偶 M_1、M_2和两个螺柱的水平约束力 $\boldsymbol{F}_A$、$\boldsymbol{F}_B$的作用。

根据力偶系的合成定理，两个力偶合成后仍为一个力偶。$\boldsymbol{F}_A$和 $\boldsymbol{F}_B$必组成一力偶，才能使工件平衡，它们的方向假设如图 2-13 所示。

由力偶系的平衡条件知

$$\sum_{i=1}^{n}M_i=0,\quad F_A\cdot l-M_1-M_2=0$$

代入数据得

$$F_A=\frac{M_1+M_2}{l}=\frac{250+350}{0.25}\text{N}=2.4\text{kN}$$

因为 F_A是正值，故所假设的方向是正确的，而螺柱 A、B 所受的力则应与

F_A、F_B大小相等，方向相反。

例 2-6 在箱盖上要钻五个孔，如图 2-14 所示。现估计各孔的切削力偶 $M_1 = M_2 = -20\text{N}\cdot\text{m}$，$M_3 = M_4 = -25\text{N}\cdot\text{m}$，$M_5 = -100\text{N}\cdot\text{m}$。当用多轴钻床同时加工这 5 个孔时，问工件受到的总切削力偶矩是多少？

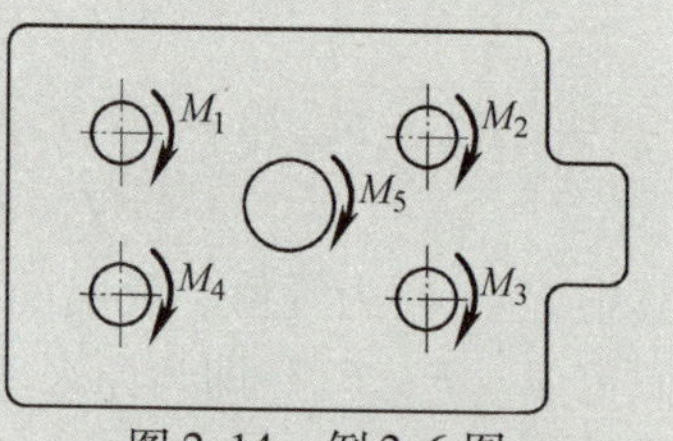

图 2-14 例 2-6 图

解： 多轴钻床作用在箱盖上的力偶系由 5 个力偶组成，切削力偶矩的值为负号，表示力矩顺时针转向，由于这 5 个力偶处于同一个平面，所以它们的合力矩等于各力偶矩的代数和，即

$$M = \sum_{i=1}^{5} M_i = (-20 - 20 - 25 - 25 - 100)\text{N}\cdot\text{m} = -190\text{N}\cdot\text{m}$$

负号表示合力偶矩为顺时针转向。

另外，如果机械加工工艺允许，可将钻第 5 个孔的轴改为逆时针方向转动，钻其他 4 个孔的轴转向不变，这时总切削力偶矩为

$$M = \sum_{i=1}^{5} M_i = (-20 - 20 - 25 - 25 + 100)\text{N}\cdot\text{m} = 10\text{N}\cdot\text{m}$$

经过上述变动，固定箱盖的夹具在加工时受力状态大为改善。

第三节　平面一般力系

上两节讨论了平面汇交力系和平面力偶系这两种特殊力系，现在研究比较复杂的平面一般力系。所谓平面一般力系是指各力的作用线在同一平面内任意分布的力系。工程实际中很多构件所受的力都可以看成平面一般力系。如图 2-15所示，作用在悬臂起重机横梁 AB 上的力有自重 $\boldsymbol{G}$、载荷 $\boldsymbol{F}$、拉力 $\boldsymbol{F}_{\text{T}}$和铰链 A 的约束力 $\boldsymbol{F}_{Ax}$、$\boldsymbol{F}_{Ay}$，这些力的作用线任意分布在同一平面内，所以是平面一般力系。有些机械构件或结构物，虽然形式上不是受到平面力系的作用，但是其结构、支承和所受载荷具有一个共同的对称面，因此作用在这些机械构件或结构物上的力系，可以简化为对称平面内的平面一般力系。例如，图 2-16a、b 所示的单梁桥式起重机，具有对称平面，虽然作用在横梁上的重力 $\boldsymbol{G}_1$、电动葫芦的重力 $\boldsymbol{G}_2$、被吊起重物的重力 $\boldsymbol{G}_3$、导轨对轮子的约束力 $\boldsymbol{F}_{\text{N1}}$、$\boldsymbol{F}_{\text{N2}}$、$\boldsymbol{F}_{\text{N3}}$、$\boldsymbol{F}_{\text{N4}}$不在同一平面内，但是由于作用在对称平面两侧的力是对称的，所以可以简化成为在对称平面内的平面力系来分析，即系统受到 $\boldsymbol{G}_1$、$\boldsymbol{G}_2$、$\boldsymbol{G}_3$、$\boldsymbol{F}_{\text{R1}}$、$\boldsymbol{F}_{\text{R2}}$五个力的作用。其中 $\boldsymbol{F}_{R1}$ 为导轨对轮子的约束力 $\boldsymbol{F}_{N1}$ 和 $\boldsymbol{F}_{N2}$ 的合力，$\boldsymbol{F}_{R2}$ 为导轨对轮子的约束力 $\boldsymbol{F}_{N3}$ 和 $\boldsymbol{F}_{N4}$ 的合力。对于图 2-16c 所示的双梁桥式起重机，请读者自行分析。

a)

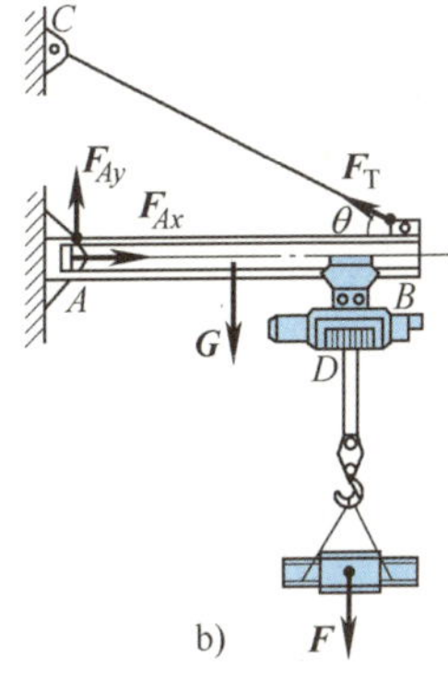

b)

图 2-15 悬臂起重机

a)

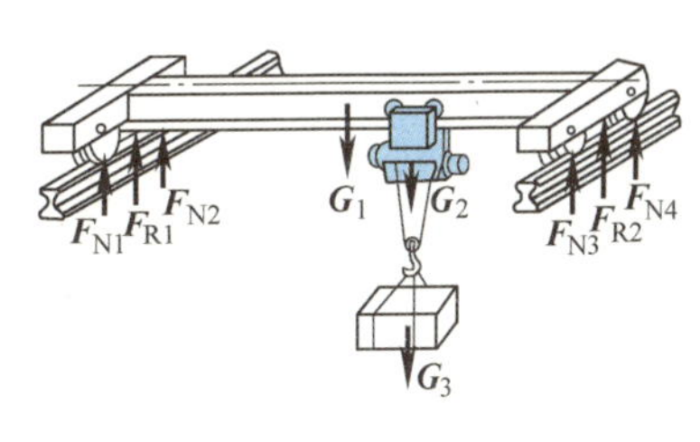

b)

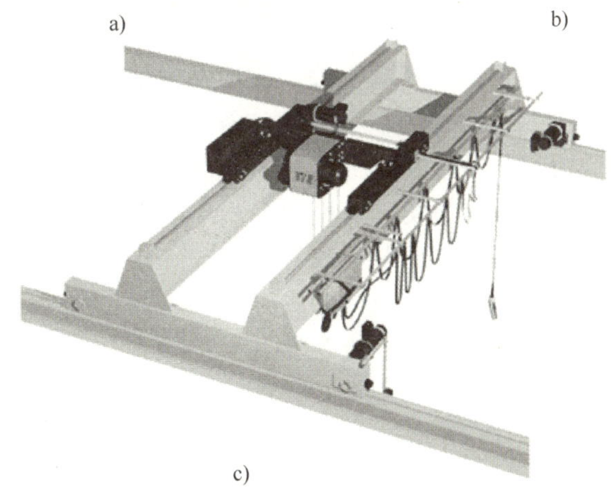

c)

图 2-16 桥式起重机

a)、b) 单梁桥式起重机 c) 双梁桥式起重机

各力的作用线位于同一平面内，并且互相平行的力系，称为平面平行力系。平面平行力系是平面一般力系的一种特殊情况。图2-16b中$\boldsymbol{G}_1$、$\boldsymbol{G}_2$、$\boldsymbol{G}_3$、$\boldsymbol{F}_{R1}$、$\boldsymbol{F}_{R2}$这5个力便构成了平面平行力系。

一、力的平移定理

第一章第二节中曾经指出，作用在刚体上的力沿其作用线可以传到任意点，而不改变力对刚体的作用效应。显然，如果力离开其作用线，平行移动到任意一点上，就会改变它对刚体的作用效应。

设力$\boldsymbol{F}$作用在刚体的A点，如图2-17所示，现在要把它平行移动到刚体上的另一点B。为此在B点加两个互相平衡的力$\boldsymbol{F}'$和$\boldsymbol{F}''$，令$\boldsymbol{F}=\boldsymbol{F}'=-\boldsymbol{F}''$。显然增加一对平衡力系（$\boldsymbol{F}'$，$\boldsymbol{F}''$）并不改变原力系对刚体的作用效应，即三个力$\boldsymbol{F}$、$\boldsymbol{F}'$和$\boldsymbol{F}''$对刚体的作用与原力$\boldsymbol{F}$的作用等效。由于$\boldsymbol{F}$和$\boldsymbol{F}''$大小相等、方向相反且不共线，故可以将$\boldsymbol{F}$和$\boldsymbol{F}''$视为一个力偶。因此，可以认为作用于$A$点的力$\boldsymbol{F}$，平行移动到$B$点后成为力$\boldsymbol{F}'$和一个附加力偶（$\boldsymbol{F}$，$\boldsymbol{F}''$），此力偶矩为

$$M=M_B(\boldsymbol{F})=Fd \tag{2-10}$$

式中，d是力$\boldsymbol{F}$对B点的力臂，也是力偶（$\boldsymbol{F}$，$\boldsymbol{F}''$）的力偶臂。

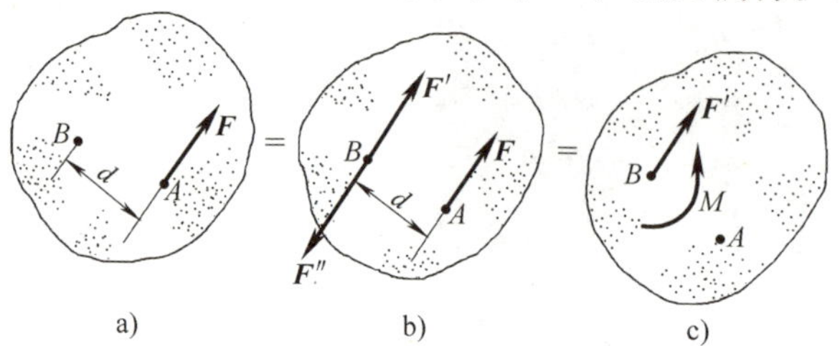

图2-17 力的平移

推广到一般情况，得到力的平移定理：作用在刚体上的力可以向任意点平移，平移后附加一个力偶，附加力偶的力偶矩等于原力对平移点的力矩。也就是说，平移前的一个力，与平移后的一个力和一个附加力偶等效。

力的平移定理可以用于分析实际机械加工问题。例如用扳手和丝锥攻螺纹，要求双手同时在扳手的两端均匀用力，一推一拉，形成力偶作用。如果只用一个手在扳手的一端B加力$\boldsymbol{F}$，如图2-18所示，由力的平移定理可知，对丝锥来说，其效应相当于在O点加上一个力$\boldsymbol{F}'$和一个附加力偶（$\boldsymbol{F}$，$\boldsymbol{F}''$），此附加力偶矩大小为Fd，顺时针转向。力偶（$\boldsymbol{F}$，$\boldsymbol{F}''$）可以

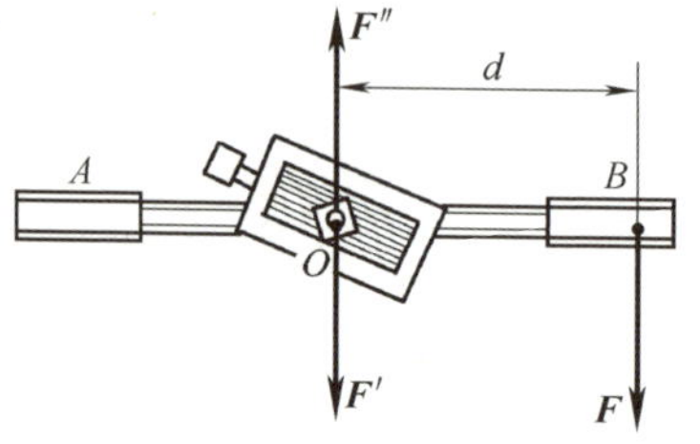

图2-18 扳手攻螺纹

使丝锥转动起到攻螺纹的作用，但是作用在 O 点的力 $\boldsymbol{F}'$将引起丝锥弯曲，影响加工精度甚至折断丝锥。

二、平面一般力系向一点简化及主矢和主矩

设在刚体上作用一平面一般力系 $\boldsymbol{F}_1$，$\boldsymbol{F}_2$，…，$\boldsymbol{F}_n$，如图 2-19a 所示。各力的作用点分别为 A_1，A_2，…，A_n。在平面内任意选一点 O，称为**简化中心**。运用力的平移定理，将力系中各力分别向 O 点平移，这样原平面一般力系（$\boldsymbol{F}_1$，$\boldsymbol{F}_2$，…，$\boldsymbol{F}_n$）转化为一个平面汇交力系（$\boldsymbol{F}_1'$，$\boldsymbol{F}_2'$，…，$\boldsymbol{F}_n'$）和一个附加力偶系（M_1，M_2，…，M_n），如图 2-19b 所示。所得的平面汇交力系中，各力的大小和方向分别与原力系中对应的各力相同，即

$$\boldsymbol{F}_1' = \boldsymbol{F}_1,\ \boldsymbol{F}_2' = \boldsymbol{F}_2,\ \cdots,\ \boldsymbol{F}_n' = \boldsymbol{F}_n$$

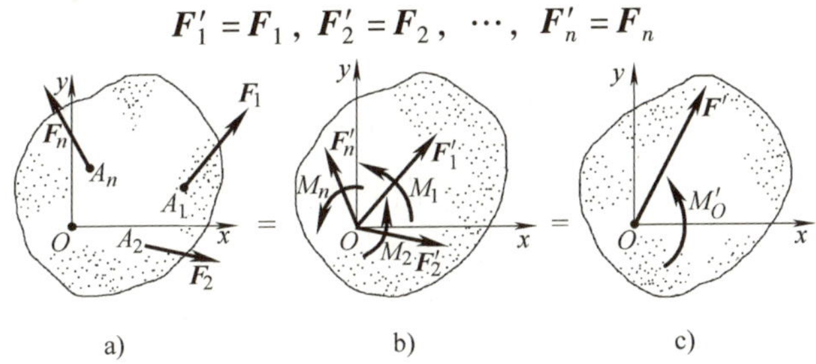

图 2-19　平面一般力系向一点简化

而所得附加力偶系中各附加力偶的力偶矩，分别等于原力系中各力对 O 点的矩，即

$$M_1 = M_O(\boldsymbol{F}_1),\quad M_2 = M_O(\boldsymbol{F}_2),\ \cdots,\ M_n = M_O(\boldsymbol{F}_n)$$

平面汇交力系（$\boldsymbol{F}_1'$，$\boldsymbol{F}_2'$，…，$\boldsymbol{F}_n'$）可以合成为一个合力 $\boldsymbol{F}'$，作用点为 O。合力 $\boldsymbol{F}'$等于 $\boldsymbol{F}_1'$，$\boldsymbol{F}_2'$，…，$\boldsymbol{F}_n'$ 的矢量和，即

$$\boldsymbol{F}' = \boldsymbol{F}_1' + \boldsymbol{F}_2' + \cdots + \boldsymbol{F}_n' = \boldsymbol{F}_1 + \boldsymbol{F}_2 + \cdots + \boldsymbol{F}_n = \sum_{i=1}^{n} \boldsymbol{F}_i$$

式中，$\boldsymbol{F}'$的大小和方向可根据力多边形法则采用几何法求出，也可以采用解析法求得。在采用解析法时，选取如图 2-19 所示坐标系 Oxy，$\boldsymbol{F}'$在 x、y 轴上的投影分别为

$$\begin{cases} F_x' = F_{1x} + F_{2x} + \cdots + F_{nx} = \sum_{i=1}^{n} F_{ix} \\ F_y' = F_{1y} + F_{2y} + \cdots + F_{ny} = \sum_{i=1}^{n} F_{iy} \end{cases} \tag{2-11}$$

式中，F_{1x}，F_{2x}，…，F_{nx}和 F_{1y}，F_{2y}，…，F_{ny}分别表示$\boldsymbol{F}_1$，$\boldsymbol{F}_2$，…，$\boldsymbol{F}_n$ 在 x、y 轴上的投影。

于是可求得 $\boldsymbol{F}'$的大小和方向余弦为

$$\begin{cases} F' = \sqrt{(F'_x)^2 + (F'_y)^2} = \sqrt{\left(\sum_{i=1}^{n} F_{ix}\right)^2 + \left(\sum_{i=1}^{n} F_{iy}\right)^2} \\ \cos < \boldsymbol{F}', \boldsymbol{i} > = \dfrac{\sum_{i=1}^{n} F_{ix}}{F'} \\ \cos < \boldsymbol{F}', \boldsymbol{j} > = \dfrac{\sum_{i=1}^{n} F_{iy}}{F'} \end{cases} \tag{2-12}$$

附加力偶系可以合成为一个力偶，合力偶矩 M'_O 等于各附加力偶的力偶矩 M_1，M_2，…，M_n 的代数和，因而有

$$M'_O = M_1 + M_2 + \cdots + M_n = M_O(\boldsymbol{F}_1) + M_O(\boldsymbol{F}_2) + \cdots + M_O(\boldsymbol{F}_n) = \sum_{i=1}^{n} M_O(\boldsymbol{F}_i)$$

从上面的分析可知，平面一般力系向其作用面内任意一点 O 简化，可得一个作用在 O 点的力和一个作用在力系平面内的力偶。这个力的矢量 $\boldsymbol{F}'$称为力系的**主矢**，等于力系中各力的矢量和；这个力偶的力偶矩 M'_O 称为力系对简化中心 O 的**主矩**，等于力系中各力对简化中心之矩的代数和。

值得注意的是，选取不同的简化中心，主矢不会改变，因为主矢总是等于平面一般力系中各力的矢量和，也就是说**主矢与简化中心的位置无关**。但是主矩一般来说与简化中心的位置有关，因为一般情况下力系中的各力对不同的简化中心的力矩是不同的，所以力系中各力对不同的简化中心之矩的代数和一般也是不相同的，在提到主矩时一定要指明是对哪一点的主矩。

下面将应用平面一般力系向一点简化的结论，分析工程中常见的固定端约束和约束力。既能限制物体移动，又能限制物体转动的约束，称为**固定端约束**或称为**插入端约束**。固定端或插入端是常见的一种约束形式，例如，图2-20a、b所示的支柱对悬臂梁，图2-20c所示的刀架对车刀，图2-20d所示的卡盘对工件等都构成固定端约束。这类约束的特点是连接处有很大的刚性，不允许构件与约束之间发生任何相对运动。虽然这类约束的具体形式各式各样，但是其约束力具有共同的特点。

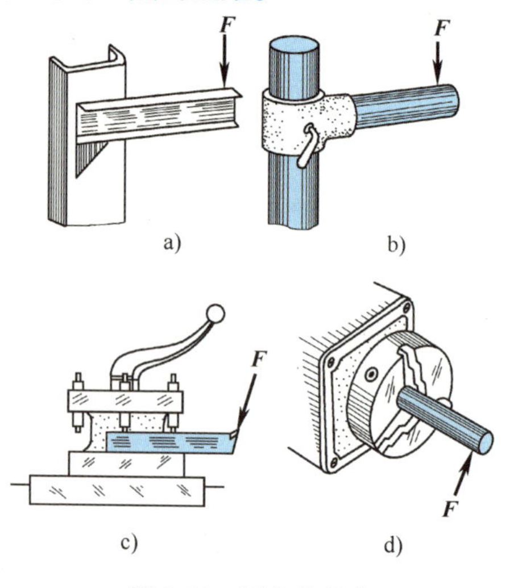

图2-20 固定端约束

现在讨论图2-21a所示的一端插入墙内的约束，在主动力 $\boldsymbol{F}$ 的作用下，梁的插入部分受到墙的约束，与墙接触的点均受到约束力的作用，但是各点受到的力大小和方向都未知，即这些约束力所组成的平面一般力系的分布情况是不清楚的，如图 2-21b 所示。我们将约束力所组成的平面一般力系向梁上的指定点 A 简化，得到一个主矢和一个主矩，主矢即约束力 $\boldsymbol{F}'$（水平分力 $\boldsymbol{F}_{Ax}$、铅垂分力 $\boldsymbol{F}_{Ay}$），主矩即约束力偶 M_A。这样在讨论平面力系的情况下，固定端约束共有三个未知量：约束力 $\boldsymbol{F}_{Ax}$、$\boldsymbol{F}_{Ay}$和约束力偶 M_A，如图 2-21c 所示。

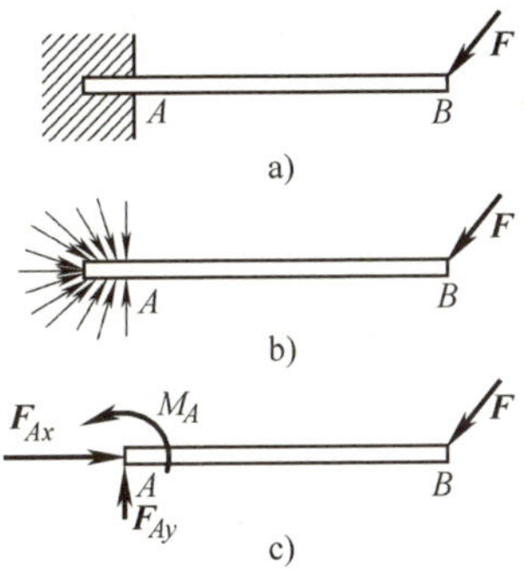

图 2-21　固定端约束力

三、平面一般力系的平衡方程

由上一节的讨论可知，平面一般力系向任意一点简化时，得到两个基本力系——平面汇交力系和平面力偶系。这两个力系是不能相互平衡的，故要使平面一般力系平衡，就要两个基本力系分别平衡。平面汇交力系平衡的充分必要条件是合力为零，相当于平面一般力系的主矢 $\boldsymbol{F}'$为零；平面力偶系平衡的充分必要条件是合力偶矩 M'_O 为零，相当于平面一般力系对任一点 O 的主矩为零。因此平面一般力系平衡的充分必要条件是：**力系的主矢和力系对任一点 O 的主矩分别等于零。**即

$$\begin{cases}\boldsymbol{F}'=\boldsymbol{0}\\ M'_O=0\end{cases} \tag{2-13}$$

将上述平衡条件用解析式表达，由式（2-4）、式（2-8）可得到下列平面一般力系的平衡方程（**基本式**）

$$\begin{cases}\sum\limits_{i=1}^{n} F_{ix}=0\\ \sum\limits_{i=1}^{n} F_{iy}=0\\ \sum\limits_{i=1}^{n} M_O(\boldsymbol{F}_i)=0\end{cases} \tag{2-14}$$

于是平面一般力系平衡的充分必要条件可以叙述为：**力系中各力在两个任意选择的直角坐标轴上的投影的代数和分别为零，并且各力对任一点的矩的代数和也等于零。**式（2-14）包含三个独立方程，可以求解三个未知量。

式（2-14）称为平面一般力系平衡方程的基本形式，它有两个投影式和一个力矩式。另外，平衡方程还可以用如下方式表示。

1）一个投影式和两个力矩式，即**二力矩式**。平衡方程表示为

$$\begin{cases}\sum_{i=1}^{n} F_{ix} = 0 \\ \sum_{i=1}^{n} M_A(\boldsymbol{F}_i) = 0 \\ \sum_{i=1}^{n} M_B(\boldsymbol{F}_i) = 0\end{cases} \tag{2-15}$$

式中，A、B 两点的连线 AB 不能与 x 轴垂直。

2）三个方程都是力矩式，即**三力矩式**。平衡方程表示为

$$\begin{cases}\sum_{i=1}^{n} M_A(\boldsymbol{F}_i) = 0 \\ \sum_{i=1}^{n} M_B(\boldsymbol{F}_i) = 0 \\ \sum_{i=1}^{n} M_C(\boldsymbol{F}_i) = 0\end{cases} \tag{2-16}$$

式中，A、B、C 三点不能共线。

这样，平面一般力系共有基本式、二力矩式、三力矩式三种不同形式的平衡方程，但是必须注意无论何种形式，独立的平衡方程只有三个。在三个独立的方程之外列出的任何方程，都是这三个独立方程的组合，而不是独立的。平面一般力系平衡方程只能求解三个未知量。

在实际应用时，选用基本式、二力矩式还是三力矩式，完全取决于计算是否方便。为简化计算，在建立投影方程时，坐标轴的选取应该与尽可能多的未知力垂直，以便这些未知力在此坐标轴上的投影为零，避免一个方程中含有多个未知量而需要解联立方程。在建立力矩方程时，尽量选取两个未知力的交点作为矩心，这样通过矩心的未知力就不会在此力矩方程中出现，达到减少方程中未知量数的目的。

四、平面平行力系的平衡方程

各力作用线在同一平面内并且相互平行的力系称为**平面平行力系**。平面平行力系是平面一般力系的一种特殊情况。设物体受平面平行力系 $\boldsymbol{F}_1$，$\boldsymbol{F}_2$，…，$\boldsymbol{F}_n$的作用，如图 2-22 所示。过任一点 O 取直角坐标系 Oxy，并且使 Oy 轴与已知各力平行，则力系中各力

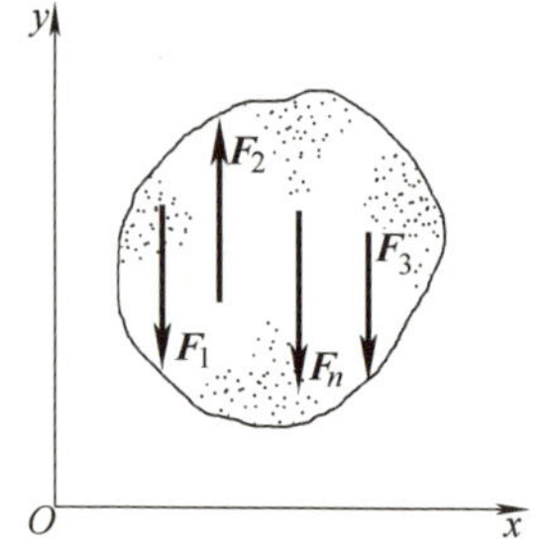

图 2-22　平面平行力系

在 x 轴上的投影分别为零，式(2-14)中的第一个方程 $\sum_{i=1}^{n} F_{ix} = 0$ 就成为恒等式而自然满足，于是平面平行力系的独立平衡方程只有两个

$$\begin{cases} \sum_{i=1}^{n} F_{iy} = 0 \\ \sum_{i=1}^{n} M_O(\boldsymbol{F}_i) = 0 \end{cases} \tag{2-17}$$

其中各力在 y 轴上的投影的和即各力的代数和，所以**平面平行力系平衡的充分必要条件是：力系中各力的代数和等于零，以及各力对任一点的矩的代数和等于零。**

平面平行力系的平衡方程也可以表示为两力矩形式，即

$$\begin{cases} \sum_{i=1}^{n} M_A(\boldsymbol{F}_i) = 0 \\ \sum_{i=1}^{n} M_B(\boldsymbol{F}_i) = 0 \end{cases} \tag{2-18}$$

需要注意的是 AB 连线不能与力系各力的作用线平行。

例 2-7　数控车床一齿轮转动轴自重 $G=900\text{N}$，水平安装在深沟球轴承 A 和推力轴承 B 之间，如图 2-23a 所示。齿轮受一水平推力 $\boldsymbol{F}$ 作用。已知 $a=0.4\text{m}$，$b=0.6\text{m}$，$c=0.25\text{m}$，$F=160\text{N}$。当不计轴承的宽度和摩擦时，试求轴上 A、B 处所受的约束力。

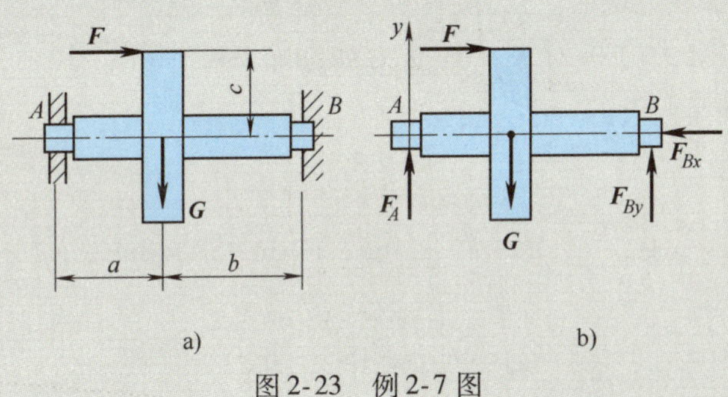

图 2-23　例 2-7 图

解：以齿轮转动轴为研究对象进行受力分析。轴受到主动力 $\boldsymbol{G}$、$\boldsymbol{F}$ 作用以及 A、B 两处约束力的作用。深沟球轴承只阻止 A 处的铅垂移动，推力轴承既阻止 B 处铅垂移动，又阻止 B 处水平移动。按照深沟球轴承和推力轴承约束的性质，A 处受到铅垂约束力 $\boldsymbol{F}_A$ 作用，B 处约束力为 $\boldsymbol{F}_{Bx}$、$\boldsymbol{F}_{By}$，其受力及坐标系如图 2-23b所示，其中各约束力的指向是假定的。

列平衡方程

$$\sum_{i=1}^{n} F_{ix} = 0, \qquad F - F_{Bx} = 0$$

$$\sum_{i=1}^{n} F_{iy} = 0, \qquad F_A - G + F_{By} = 0$$

$$\sum_{i=1}^{n} M_A(\boldsymbol{F}_i) = 0, \qquad (a+b)F_{By} - aG - cF = 0$$

解出各个约束力

$$F_{Bx} = F = 160\text{N}$$

$$F_{By} = \frac{aG + cF}{a+b} = \frac{0.4 \times 900 + 0.25 \times 160}{0.4 + 0.6}\text{N} = 400\text{N}$$

$$F_A = G - F_{By} = (900 - 400)\text{N} = 500\text{N}$$

所得为正值，说明各约束力的实际指向与假定的一致。

例 2-8 如图 2-24 所示，外伸梁 AB 上作用有 $\boldsymbol{F}_1$、$\boldsymbol{F}_2$ 及力偶 M，已知 $F_1 = 10\text{kN}$，$F_2 = 14.14\text{kN}$，$M = 40\text{kN} \cdot \text{m}$。试求支座 A、B 的约束力。

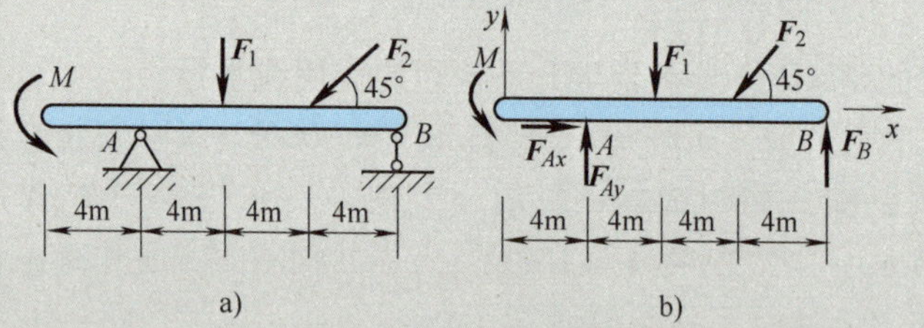

图 2-24 例 2-8 图

解：选 AB 梁为分析对象，其受力如图 2-24b 所示。其中，约束力 $\boldsymbol{F}_{Ax}$、$\boldsymbol{F}_{Ay}$、$\boldsymbol{F}_B$ 的指向是假设的。

列平衡方程

$$\sum_{i=1}^{n} M_A(\boldsymbol{F}_i) = 0, \qquad M - F_1 \times 4\text{m} - F_2 \sin 45^\circ \times 8\text{m} + F_B \times 12\text{m} = 0$$

$$\sum_{i=1}^{n} F_{ix} = 0, \qquad F_{Ax} - F_2 \cos 45^\circ = 0$$

$$\sum_{i=1}^{n} F_{iy} = 0, \qquad F_{Ay} - F_1 - F_2 \sin 45^\circ + F_B = 0$$

解出各个约束力

$$F_B = -\frac{M - F_1 \times 4\text{m} - F_2 \sin 45^\circ \times 8\text{m}}{12\text{m}}$$

$$= -\frac{40 - 10 \times 4 - 14.14 \times \sin 45^\circ \times 8}{12}\text{kN} = 6.67\text{kN}$$

$$F_{Ax}=F_2\cos 45° = 10\text{kN}$$

$$F_{Ay}=F_1+F_2\sin 45°-F_B=(10+14.14\times\sin 45°-6.67)\text{kN}=13.33\text{kN}$$

所得值为正，说明各约束力的实际指向与假定的一致。

例 2-9　如图 2-25a 所示的水平梁 AB，受到一个均布载荷和一个力偶的作用。已知均布载荷的集度 $q=0.2\text{kN/m}$，力偶矩的大小 $M=1\text{kN}\cdot\text{m}$，长度 $l=5\text{m}$。不计梁本身的质量，求支座 A、B 的约束力。

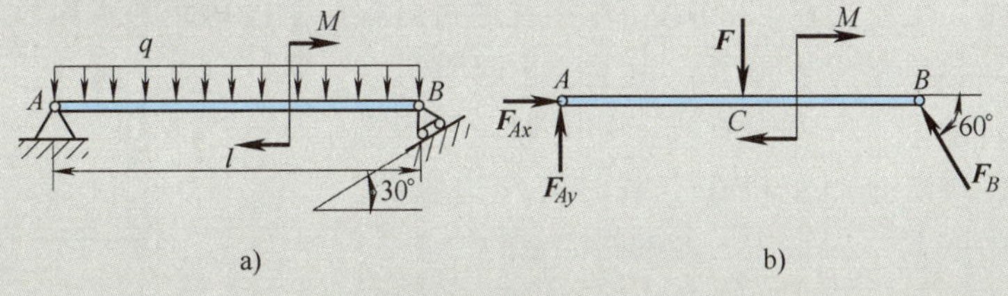

图 2-25　例 2-9 图

解：以梁 AB 为研究对象进行受力分析。将均布载荷等效为集中力 $\boldsymbol{F}$，其大小为 $F=ql=(0.2\times5)\text{kN}=1\text{kN}$，方向铅垂向下，作用点在 AB 梁的中点 C。按照 A、B 两处约束的性质，得到 A 处支座约束力为 F_{Ax}、F_{Ay}，B 处约束力 F_B 垂直于支承面，梁的受力如图 2-25b 所示。

作用在梁上的力组成一个平面一般力系，其中有三个未知数，即 F_{Ax}、F_{Ay}、F_B。应用平面一般力系的平衡方程，可以求出这三个未知数。取

$$\begin{cases}\sum_{i=1}^{n}F_{ix}=0, & F_{Ax}-F_B\cos 60°=0 \quad (1)\\ \sum_{i=1}^{n}F_{iy}=0, & F_{Ay}-F+F_B\sin 60°=0 \quad (2)\\ \sum_{i=1}^{n}M_A(\boldsymbol{F}_i)=0, & -F\times AC-M+F_B\sin 60°\times AB=0 \quad (3)\end{cases}$$

由式（3）得到

$$F_B=\frac{F\times AC+M}{AB\sin 60°}=\frac{1\times2.5+1}{5\times\sin 60°}\text{kN}=0.81\text{kN}$$

将 F_B 之值代入式（1）、式（2），得到

$$F_{Ax}=F_B\cos 60°=0.4\text{kN}$$

$$F_{Ay}=F-F_B\sin 60°=(1-0.81\times\sin 60°)\text{kN}=0.3\text{kN}$$

F_{Ax}、F_{Ay}、F_B 均为正值，表明它们的实际指向与假设的方向一致。

需要强调的是，在求解此类问题时应注意下列三点：

1）在列平衡方程时，因为组成力偶的两个力在任一轴上的投影的代数和等于零，所以力偶 M 在 x、y 轴上力的投影方程中不出现。

2）力偶 M 对平面上任意一点的矩为常量。

3）应尽量选择各未知力作用线的交点为力矩方程的矩心，使力矩方程中未知量的个数尽量少。

例 2-10 如图 2-26 所示为可沿轨道移动的塔式起重机，机身重 $G=200\text{kN}$，作用线通过塔架中心。最大起重量 $P=80\text{kN}$。为了防止起重机在满载时向右倾倒，在离中心线 x 处附加一平衡重 W，但又必须防止起重机在空载时向左边倾倒。试确定平衡重 W 以及离中心线的距离 x 的值。

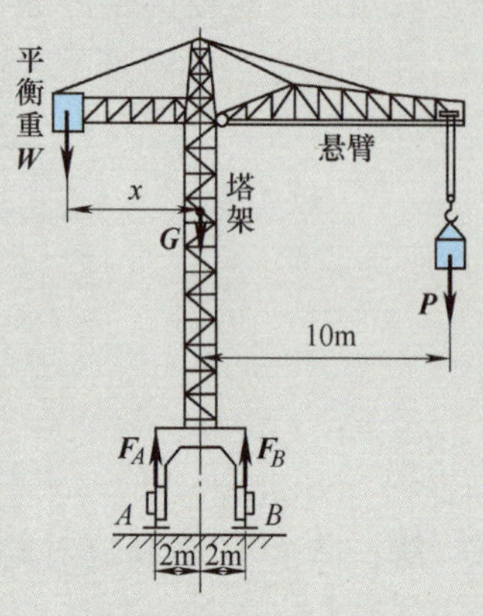

图 2-26 例 2-10 图

解： 以整个起重机为研究对象进行受力分析，对满载和空载情况分别进行考虑。

1）满载时作用在起重机上的力有五个，即最大起重量 $\boldsymbol{P}$、起重机机身自重 $\boldsymbol{G}$、平衡重 $\boldsymbol{W}$ 和轨道支承力 $\boldsymbol{F}_A$、$\boldsymbol{F}_B$。这些力构成平面平行力系，由平衡方程可得

$$\sum_{i=1}^{n} M_A(\boldsymbol{F}_i)=0,\quad W\times(x-2\text{m})-G\times 2\text{m}-P\times(10+2)\text{m}+F_B\times 4\text{m}=0$$

$$\sum_{i=1}^{n} M_B(\boldsymbol{F}_i)=0,\quad W\times(x+2\text{m})+G\times 2\text{m}-P\times(10-2)\text{m}-F_A\times 4\text{m}=0$$

解得

$$F_A=\frac{W\times(2\text{m}+x)-240\text{kN}\cdot\text{m}}{4\text{m}} \tag{1}$$

$$F_B=\frac{-W\times(x-2\text{m})+1360\text{kN}\cdot\text{m}}{4\text{m}} \tag{2}$$

由对 A、B 点力矩平衡方程可见，当 P 增大或 W 减小时，F_B 增大而 F_A 减小，但是 F_A 不能无限制减小，也就是说轨道不能对起重机轮子产生拉力，所以当 $F_A=0$ 时，说明左轮即将与轨道脱离，也即起重机处于将翻未翻的临界状态，可见欲使起重机满载时不致向右倾倒的条件为 $F_A\geqslant 0$，由式（1）得

$$W\times(2\text{m}+x)\geqslant 240\text{kN}\cdot\text{m} \tag{3}$$

2）再考虑空载时的情况。这时作用在起重机上的力有 4 个，即起重机机身自重 $\boldsymbol{G}$、平衡重 $\boldsymbol{W}$ 和轨道支承力 $\boldsymbol{F}_A$、$\boldsymbol{F}_B$。这些力构成平面平行力系，由平衡方程可得

$$\sum_{i=1}^{n} M_A(\boldsymbol{F}_i)=0,\quad W\times(x-2\text{m})-G\times 2\text{m}+F_B\times 4\text{m}=0$$

$$\sum_{i=1}^{n} M_B(\boldsymbol{F}_i)=0,\quad W\times(x+2\text{m})+G\times 2\text{m}-F_A\times 4\text{m}=0$$

解得

$$F_A=\frac{W\times(2\text{m}+x)+400\text{kN}\cdot\text{m}}{4\text{m}} \tag{4}$$

$$F_B=\frac{-W\times(x-2\text{m})+400\text{kN}\cdot\text{m}}{4\text{m}} \tag{5}$$

起重机空载时不致向左倾倒的条件为 $F_B\geqslant 0$，由式（5）得

$$W\times(x-2\text{m})\leqslant 400\text{kN}\cdot\text{m} \tag{6}$$

由式（3）、式（6）可得

$$\frac{240\text{kN}\cdot\text{m}}{x+2\text{m}}\leqslant W\leqslant\frac{400\text{kN}\cdot\text{m}}{x-2\text{m}} \tag{7}$$

$$\frac{240\text{kN}\cdot\text{m}}{W}-2\text{m}\leqslant x\leqslant\frac{400\text{kN}\cdot\text{m}}{W}+2\text{m} \tag{8}$$

即 $W_{\min}=\dfrac{240\text{kN}\cdot\text{m}}{x+2\text{m}}$，$W_{\max}=\dfrac{400\text{kN}\cdot\text{m}}{x-2\text{m}}$；$x_{\min}=\dfrac{240\text{kN}\cdot\text{m}}{W}-2\text{m}$，$x_{\max}=\dfrac{400\text{kN}\cdot\text{m}}{W}+2\text{m}$。例如当 $x=3\text{m}$ 时，$48\text{kN}\leqslant W\leqslant 400\text{kN}$；当 $x=4\text{m}$ 时，$40\text{kN}\leqslant W\leqslant 200\text{kN}$。平衡重 W 与离中心线的距离 x 应满足的关系如图 2-27 所示。

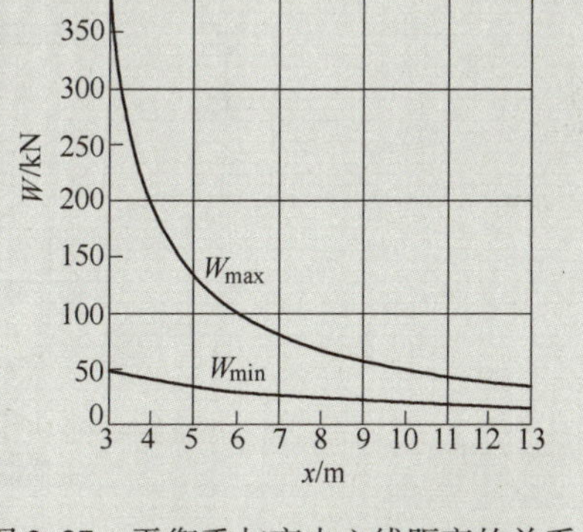

图 2-27　平衡重与离中心线距离的关系

第四节　静定问题与物体系统的平衡

一、静定与超静定问题

在刚体静力学中，当研究单个物体或物体系统的平衡问题时，由于对应于每一种力系的独立平衡方程的数目是一定的（表 2-1），所以，若所研究的问题的未知量的数目等于或少于独立平衡方程的数目时，则所有未知量都能由平衡方程求出，这样的问题称为**静定问题**。若未知量的数目多于独立平衡方程的数目，则未知量不能全部由平衡方程求出，这样的问题称为**超静定问题**，而总未

知量数与总独立平衡方程数两者之差称为**超静定次数**，图2-28所示的平衡问题都是静定问题；但是工程中为了提高可靠度，有时采用图2-29所示的系统，即在图2-28a、b中增加1根杆，在图2-28c、d中增加1个滚轴支座，这样未知力数目均增加了1个，而系统独立的方程数不变，这样这些问题就变成了一次超静定问题。

表2-1 各种力系的独立方程数

力系名称	平面任意力系	平面汇交力系	平面平行力系	平面力偶系	空间任意力系
独立方程数	3	2	2	1	6

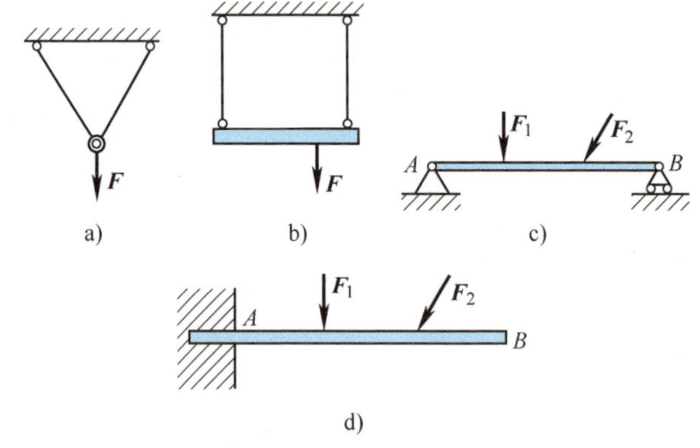

图2-28 静定问题

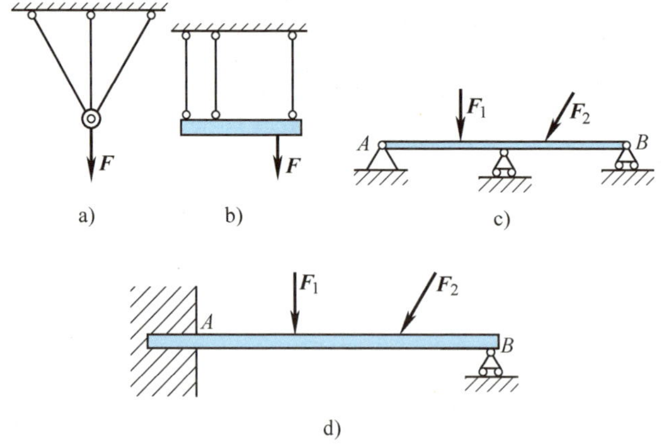

图2-29 超静定问题

超静定问题仅用刚体静力平衡方程是不能完全解决的，需要把物体作为变形体，考虑作用于物体上的力与变形的关系（见“第二篇 材料力学”），再列出补充方程来解决。关于超静定问题的求解，已超出了本章所研究的范围。

二、刚体系统的平衡问题

由若干个物体通过约束联系起来所组成的系统称为**物体系统**，简称为**物系**。讨论刚体静力学时，将物体视为刚体，所以物体系统也称为**刚体系统**。当整个系统平衡时，则组成该系统的每一个刚体也都平衡，因此研究这类问题时，既可取系统中的某一个物体为分离体，也可以取几个物体的组合或取整个系统为分离体，这要根据问题的具体情况，以便于求解为原则。

系统内各物体间相互作用的力称为内力，在研究物系的平衡问题时，不仅要分析外界物体对于这个系统作用的外力，同时还应分析系统内各物体间相互作用的内力。由于内力总是成对出现的，因此，当取整个系统为研究对象时，可不考虑其内力。内力和外力的概念是相对的，当研究物体系统中某一物体或某一部分的平衡时，物体系统中的其他物体或其他部分对所研究物体或部分的作用力就成为外力，必须予以考虑。

对于 n 个物体组成的系统，在平面任意力系作用下，可以列出 $3n$ 个独立平衡方程。若系统中的物体受到平面汇交力系或平面平行力系作用，则独立平衡方程的总数目应相应地减少。在选择分离体列平衡方程时，应尽可能避免解联立方程。

对于 n 个刚体组成的系统，在平面任意力系作用下，可以列出 $3n$ 个独立平衡方程。若系统中的刚体受到平面汇交力系或平面平行力系作用，则独立平衡方程的总数目将相应地减少（表 2-1）。

下面通过实例来说明各类物体系统平衡问题的解法。

例 2-11 多跨静定梁由 AB 梁和 BC 梁用中间铰 B 连接而成，支承和荷载情况如图 2-30a 所示，已知 $F=10\text{kN}$，$q=2.5\text{kN/m}$，$\alpha=45°$。求支座 A、C 的约束力和中间铰 B 处的内力。

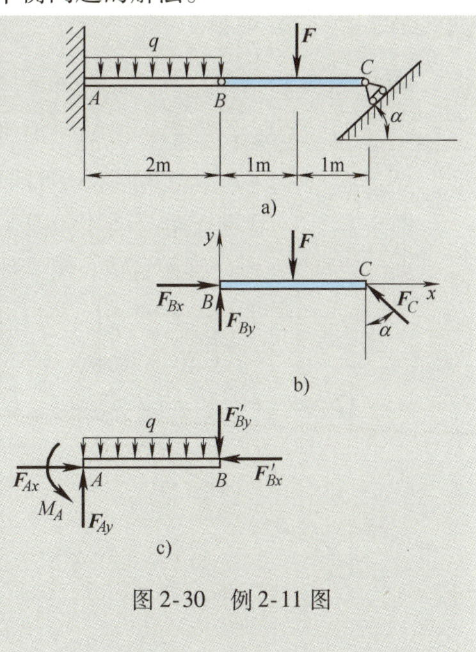

图 2-30 例 2-11 图

解：一般静定多跨梁由几个部分梁所组成，组成的次序是先固定基本部分，后加上附属部分，单靠本身能承受荷载并保持平衡的部分梁称为基本部分，单靠本身不能承受荷载并保持平衡的部分梁称为附属部分。本题 AB 梁是基本部分，而 BC 梁是附属部分。这类问题的求解，通常是先研究附属部分，再计算基本部分。因此，对这类问题首先要会区分基本部分与附属部分。

先取 BC 梁（附属部分）为研究对象，其受力如图 2-30b 所示，由平衡方程 $\sum_{i=1}^{n} M_B(\boldsymbol{F}_i)=0$，得到

$$-F\times 1\text{m}+F_C\times\cos\alpha\times 2\text{m}=0,\ F_C=\frac{F}{2\cos\alpha}=\frac{10}{2\times\cos 45^\circ}\text{kN}=7.07\text{kN}$$

由 $\sum_{i=1}^{n} F_{ix}=0$ 得到

$$F_{Bx}-F_C\times\sin\alpha=0,\ F_{Bx}=F_C\times\sin\alpha=7.07\text{kN}\times\sin 45^\circ=5\text{kN}$$

由 $\sum_{i=1}^{n} F_{iy}=0$ 得到

$$F_{By}-F+F_C\times\cos\alpha=0,\ F_{By}=F-F_C\times\cos\alpha=(10-7.07\times\cos 45^\circ)\ \text{kN}=5\text{kN}$$

再取 AB 梁为研究对象，其受力如图 2-30c 所示，列平衡方程

$$\sum_{i=1}^{n} M_A(\boldsymbol{F}_i)=0,\quad M_A-\frac{1}{2}\times q\times(2\text{m})^2-F'_{By}\times 2\text{m}=0 \tag{1}$$

$$\sum_{i=1}^{n} F_{ix}=0,\quad F_{Ax}-F'_{Bx}=0 \tag{2}$$

$$\sum_{i=1}^{n} F_{iy}=0,\quad F_{Ay}-2\text{m}\times q-F'_{By}=0 \tag{3}$$

由作用和反作用定律得 $F'_{Bx}=F_{Bx}=5\text{kN}$，$F'_{By}=F_{By}=5\text{kN}$，代入式（1）、式（2）、式（3）解得

$$M_A=\frac{1}{2}\times q\times(2\text{m})^2+F'_{By}\times 2\text{m}=\left(\frac{1}{2}\times 2.5\times 2^2+5\times 2\right)\text{kN}\cdot\text{m}=15\text{kN}\cdot\text{m}$$

$$F_{Ax}=F'_{Bx}=5\text{kN}$$

$$F_{Ay}=2\text{m}\times q+F'_{By}=(2\times 2.5+5)\text{kN}=10\text{kN}$$

例 2-12 一管道支架，尺寸如图 2-31a 所示，设大管道重 $F_1=12\text{kN}$，小管道重 $F_2=7\text{kN}$，不计支架自重，求支座 A、C 处的约束力。

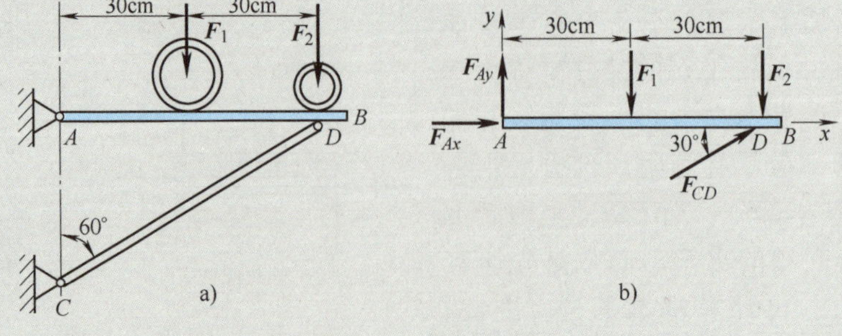

图 2-31 例 2-12 图

解：如果仅考察整个系统的平衡，则按照约束性质，A、C 处各有 2 个未知力，而独立的平衡方程只有 3 个，所以为求解需要取部分为研究对象。

考察 AB 杆：由于不计各杆的重量，所以杆 CD 为二力杆，CD 杆对 AB 杆的作用力为 F_{CD}（图 2-31b），作用在 AB 杆上的还有主动力 F_1、F_2，支座 A 的约束力 F_{Ax}、F_{Ay}，共 5 个力。

选择 Axy 坐标系，由平衡方程式（2-14）得

$$\sum_{i=1}^{n} M_A(\boldsymbol{F}_i) = 0,\quad 0.6\text{m} \times F_{CD}\sin 30° - 0.3\text{m} \times F_1 - 0.6\text{m} \times F_2 = 0$$

$$\sum_{i=1}^{n} F_{ix} = 0,\quad F_{Ax} + F_{CD}\cos30° = 0$$

$$\sum_{i=1}^{n} F_{iy} = 0,\quad F_{Ay} - F_1 - F_2 + F_{CD}\sin30° = 0$$

解上述方程，得

$$F_{CD} = F_1 + 2F_2 = 26\text{kN}$$

$F_{Ax} = -F_{CD}\cos30° = -22.5\text{kN}$（负号说明 F_{Ax} 实际指向与假设相反）

$$F_{Ay} = F_1 + F_2 - F_{CD}\sin30° = 6\text{kN}$$

根据作用力和反作用力定律，CD 杆在 D 点所受的力 $\boldsymbol{F}'_{CD}$ 与 $\boldsymbol{F}_{CD}$ 等值、反向，由 CD 杆的平衡条件可知，支座 C 处的约束力 $F_C = F'_{CD} = F_{CD} = 26\text{kN}$，指向 D 点。

例 2-13 图 2-32a 所示曲柄连杆机构由活塞、连杆、曲柄和飞轮组成。已知飞轮重 G，曲柄 OA 长 r，连杆 AB 长 l，当曲柄 OA 在铅垂位置时系统平衡，作用于活塞 B 上的总压力为 F，不计活塞、连杆和曲柄的重量，求阻力偶矩 M、轴承 O 的约束力。

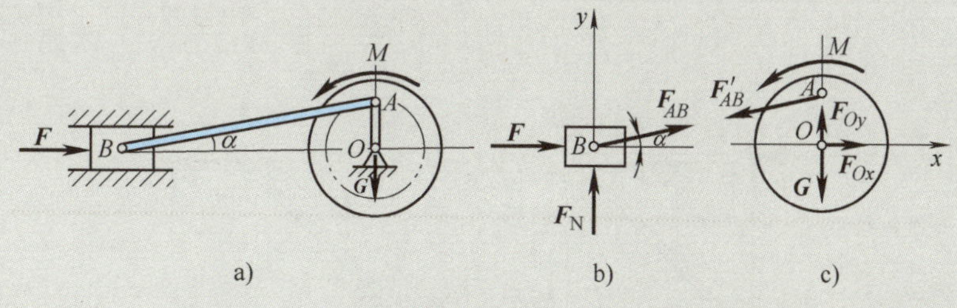

图 2-32 例 2-13 图

解：本题的刚体系统由曲柄（连同飞轮）、连杆和活塞组成，特点是系统的构件是可动的，主动力与阻力之间要满足一定关系才能平衡。通常解这类问题是从受已知力作用的构件开始，依传动顺序选取研究对象，逐个求解。

(1) 以活塞 B 为研究对象　其受力如图 2-32b 所示，由平衡方程 $\sum_{i=1}^{n} F_{ix} = 0$，得

$$F + F_{AB}\cos\alpha = 0, \quad F_{AB} = -\frac{F}{\cos\alpha} = -\frac{Fl}{\sqrt{l^2 - r^2}}$$

计算结果 F_{AB} 为负值，说明 F_{AB} 的实际指向与所设相反，即连杆 AB 受压力。由平衡方程 $\sum_{i=1}^{n} F_{iy} = 0$，得

$$F_N + F_{AB}\sin\alpha = 0, \quad F_N = -F_{AB}\sin\alpha = -\left(-\frac{Fl}{\sqrt{l^2 - r^2}}\right)\frac{r}{l} = \frac{Fr}{\sqrt{l^2 - r^2}}$$

(2) 取飞轮为研究对象　其受力如图 2-32c 所示，列平衡方程

$$\sum_{i=1}^{n} F_{ix} = 0, \ -F'_{AB}\cos\alpha + F_{Ox} = 0$$

$$\sum_{i=1}^{n} F_{iy} = 0, \ -F'_{AB}\sin\alpha + F_{Oy} - G = 0$$

$$\sum_{i=1}^{n} M_O(\boldsymbol{F}_i) = 0, \ rF'_{AB}\cos\alpha + M = 0$$

由于 $F'_{AB} = F_{AB}$，解上面 3 个方程，得

$$F_{Ox} = F'_{AB}\cos\alpha = -F$$

$$F_{Oy} = G + F'_{AB}\sin\alpha = G - \frac{Fr}{\sqrt{l^2 - r^2}}$$

$$M = -rF'_{AB}\cos\alpha = Fr$$

例 2-14　一构架由杆 AB 和 BC 所组成，载荷 $F = 20\text{kN}$，如图 2-33 所示。已知 $AD = DB = 1\text{m}$，$AC = 2\text{m}$，滑轮半径均为 0.3m，如不计滑轮重和杆重，求 A 和 C 处的约束力。

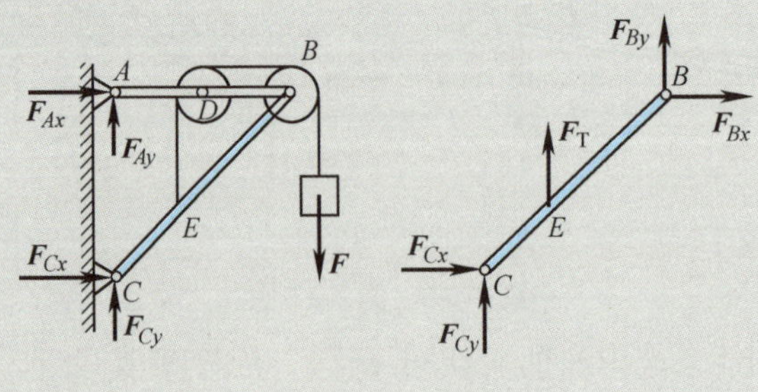

图 2-33　例 2-14 图

解：由于此构架不能分为基本部分和附属部分，通常是先取整体研究，列平衡方程求得部分未知量，或建立未知量之间的关系式。再取分体研究（一般其上含有剩余未知量的分体），以求出全部未知量。

本题先取整体为研究对象，其受力如图 2-33a 所示，由平衡方程式（2-14）得

$$\sum_{i=1}^{n} M_C(\boldsymbol{F}_i) = 0,\quad -F_{Ax}\times 2\mathrm{m} - F\times 2.3\mathrm{m} = 0,\quad F_{Ax} = -23\mathrm{kN}$$

$$\sum_{i=1}^{n} F_{ix} = 0,\quad F_{Ax} + F_{Cx} = 0,\quad F_{Cx} = -F_{Ax} = 23\mathrm{kN}$$

$$\sum_{i=1}^{n} F_{iy} = 0,\quad F_{Ay} + F_{Cy} - F = 0 \tag{1}$$

再取 BC 杆研究，其受力如图 2-33b 所示，由定滑轮的性质可知 $F_{\mathrm{T}} = F$，列平衡方程 $\sum_{i=1}^{n} M_B(\boldsymbol{F}_i) = 0$，得

$$-F_{\mathrm{T}}\times 1.3\mathrm{m} - F_{Cy}\times 2\mathrm{m} + F_{Cx}\times 2\mathrm{m} = 0$$

解得 $F_{Cy} = 10\mathrm{kN}$，代入式（1）得

$$F_{Ay} = F - F_{Cy} = 10\mathrm{kN}$$

第五节 平面静定桁架的内力计算

作为应用平面一般力系和平面汇交力系平衡方程解决实际问题的具体例子，本节介绍桁架的一些最基本的概念及计算桁架内力的方法。

桁架是指由若干直杆在其两端用铰链连接而成的几何形状不变的结构（图 2-34）。由于桁架结构受力合理，使用材料比较经济，因而在工程实际中被广泛采用，如屋架、桥梁、高压输电塔、电视塔等。

桁架包括简单桁架、联合桁架、复杂桁架等（图 2-35）。

如果桁架所有的杆件都在同一平面内，这种桁架称为**平面桁架**，如屋架（图2-36）、桥梁桁架等；否则称为**空间桁架**，如输电铁塔（图 2-37）、电视发射塔等。桁架中各杆件的连接处称为**节点**（图 2-38），本节只讨论平面桁架，在平面桁架计算中，通常引用如下假定：

1）组成桁架的各杆都是直杆。

2）所有外力都作用在桁架所处的平面内，且都作用于节点处。

a) b) c) d)

图2-34 工程中的桁架

a）火车站 b）生产车间里的桁架 c）施工中的桥梁 d）跨江桥

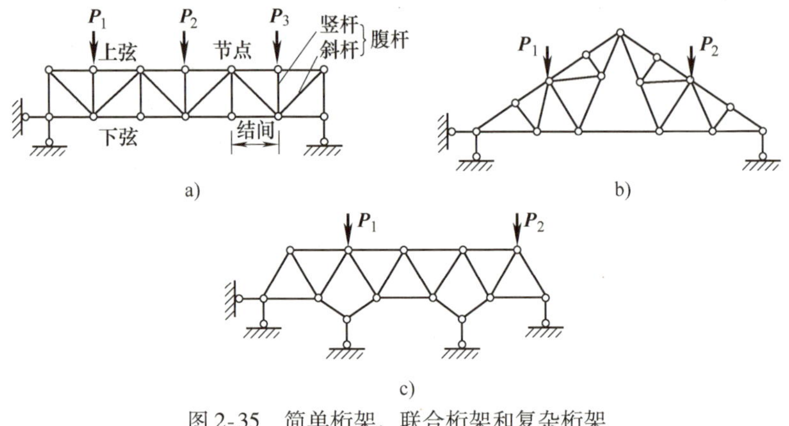

a) b) c)

图2-35 简单桁架、联合桁架和复杂桁架

a）简单桁架 b）联合桁架 c）复杂桁架

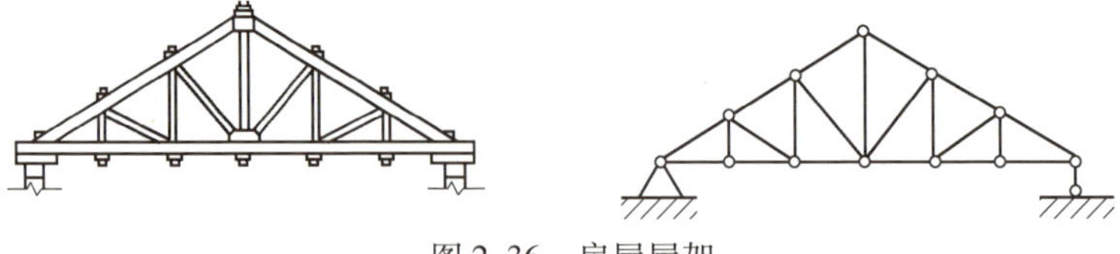

图2-36 房屋屋架

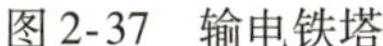

图 2-37　输电铁塔

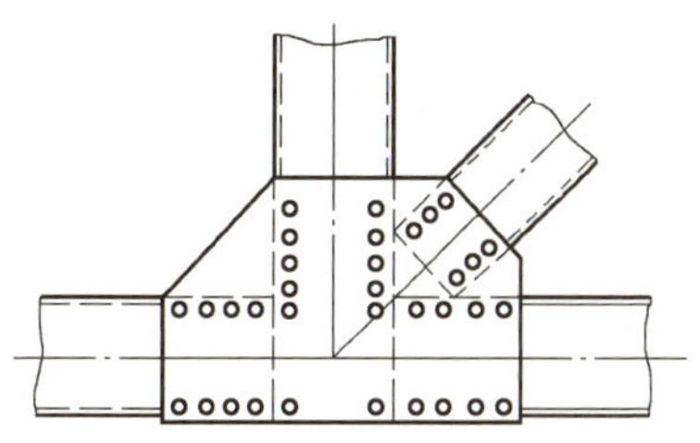

图 2-38　钢桁架结构的节点

3）组成桁架的各杆件彼此都用光滑铰链连接，杆件自重略去不计（或平均分配在杆件两端的节点上），故桁架的每根杆件都是二力杆。

满足上述假定的桁架称为**理想桁架**，实际的桁架与上述假定是有差别的，如钢筋混凝土桁架结构的节点是有一定刚性的整体节点，钢桁架结构的节点为铆接或焊接，它们都有一定的刚性，杆件的中心线也不可能是绝对直的，但上述假定已反映了实际桁架的主要受力特征，其计算结果可满足工程实际的需要。

分析静定平面桁架内力的基本方法有节点法和截面法，下面分别予以介绍。

一、节点法

因为桁架中各杆都是二力杆，所以每个节点都受到平面汇交力系的作用，为计算各杆内力，可以逐个地取节点为研究对象，分别列出平衡方程或作出封闭的力多边形，即可由已知力求出全部杆件的内力，这就是**节点法**。由于平面汇交力系只能列出两个独立平衡方程，所以应用节点法必须从只含两个未知力大小的节点开始计算。

例 2-15　平面桁架的受力及尺寸如图 2-39a 所示，试求桁架各杆的内力。

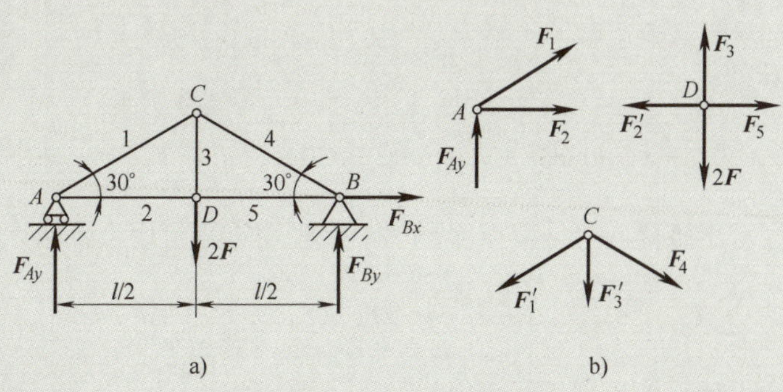

图 2-39　例 2-15 图

解：（1）求桁架的支座约束力　以整体桁架为研究对象，桁架受主动力 $2F$，以及约束力 F_{Ay}、F_{Bx}、F_{By} 作用，列平衡方程并求解：

$$\sum_{i=1}^{n} M_B(\boldsymbol{F}_i) = 0, \quad 2F \times \frac{l}{2} - F_{Ay} \times l = 0, \quad F_{Ay} = F$$

$$\sum_{i=1}^{n} F_{ix} = 0, \ F_{Bx} = 0$$

$$\sum_{i=1}^{n} F_{iy} = 0, \quad F_{Ay} + F_{By} - 2F = 0, \quad F_{By} = 2F - F_{Ay} = F$$

（2）求各杆的内力　假想将杆件截断，取出各节点来研究。作 A、D、C 节点受力图（图2-39b），其中 $F_1' = F_1$，$F_2' = F_2$，$F_3' = F_3$。对各杆可以均假设为拉力，若计算结果为负，则表示杆实际受压力。

由于平面汇交力系的平衡方程只能求解两个未知力，故应从只含两个未知力的节点开始，逐次列出各节点的平衡方程，求出各杆内力。

节点 A 处：

$$\sum_{i=1}^{n} F_{iy} = 0, \qquad F_{Ay} + F_1 \sin 30^\circ = 0, \qquad F_1 = -2F_{Ay} = -2F \ (\text{压})$$

$$\sum_{i=1}^{n} F_{ix} = 0, \qquad F_2 + F_1 \cos 30^\circ = 0, \qquad F_2 = -0.866F_1 = 1.73F \ (\text{拉})$$

节点 D 处：

$$\sum_{i=1}^{n} F_{ix} = 0, \qquad -F_2' + F_5 = 0, \qquad F_5 = F_2' = F_2 = 1.73F \ (\text{拉})$$

$$\sum_{i=1}^{n} F_{iy} = 0, \qquad F_3 - 2F = 0, \qquad F_3 = 2F \ (\text{拉})$$

求节点 C 处：

$$\sum_{i=1}^{n} F_{ix} = 0, \ -F_1' \sin 60^\circ + F_4 \sin 60^\circ = 0, \quad F_4 = F_1' = -2F \ (\text{压})$$

至此已经求出各杆内力，节点 C 的另一个平衡方程可用来校核计算结果：

$$\sum_{i=1}^{n} F_{iy} = 0, \qquad -F_1' \cos 60^\circ - F_4 \cos 60^\circ - F_3' = 0$$

将各杆内力计算结果列于下表中。

杆号	1	2	3	4	5
内力	$-2F$	$1.73F$	$2F$	$-2F$	$1.73F$

例 2-16　试求图 2-40a 所示的平面桁架中各杆件的内力，已知 $\alpha=30°$，$G=20\text{kN}$。

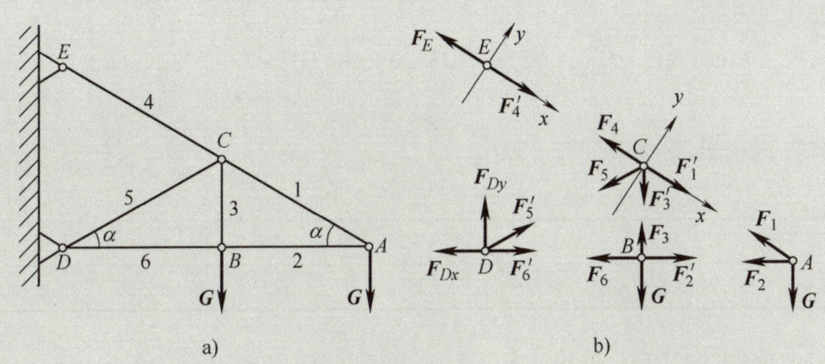

图 2-40　例 2-16 图

解：1）画出各节点受力图，如图 2-40b 所示，其中 $F_i=F'_i$（$i=1, 2, \cdots, 6$）。

各点未知力个数、平衡方程数见下表。由于 A 点的平衡方程数与未知力个数相等，所以首先讨论 A 点。

节点	A	B	C	D	E
未知力个数	2	3	4	4	2
独立方程数	2	2	2	2	1

2）逐个取节点，列平衡方程并求解。

节点 A 处：

$$\sum_{i=1}^{n} F_{iy}=0, \qquad F_1\sin 30°-G=0, \qquad F_1=\frac{G}{\sin 30°}=40\text{kN}\ (\text{拉})$$

$$\sum_{i=1}^{n} F_{ix}=0, \qquad -F_1\cos 30°-F_2=0, \quad F_2=-F_1\cos 30°=-34.6\text{kN}\ (\text{压})$$

节点 B 处：

$$\sum_{i=1}^{n} F_{ix}=0, \qquad F'_2-F_6=0, \qquad F_6=F'_2=-34.6\text{kN}\ (\text{压})$$

$$\sum_{i=1}^{n} F_{iy} = 0, \quad F_3 - G = 0, \quad F_3 = G = 20\text{kN}\ （拉）$$

节点 C 处：

$$\sum_{i=1}^{n} F_{iy} = 0, \quad -F_5\cos 30° - F_3'\cos 30° = 0, \quad F_5 = -F_3' = -20\text{kN}\ （压）$$

$$\sum_{i=1}^{n} F_{ix} = 0, \quad F_1' - F_4 + F_3'\cos 60° - F_5\cos 60° = 0$$

$$F_4 = F_1' + F_3'\cos 60° - F_5\cos 60° = [40 + 20 \times \cos 60° - (-20) \times \cos 60°]\text{kN} = 60\text{kN}$$

（拉）

将各杆内力计算结果列于下表中。

（单位：kN）

杆号	1	2	3	4	5	6
内力	40	-34.6	20	60	-20	-34.6

通过上面两个例子，可将求桁架内力的节点法总结如下：

1）一般先求出桁架的支座约束力。

2）从只有两个未知力的节点开始，逐个选择各节点为研究对象，用几何法或解析法求解内力。

3）判定各杆件受拉还是受压。分析节点受力时，通常先假设各杆都受拉力（即杆件对节点的作用力背离节点），如求解结果为正，则说明该杆确实受拉力；若为负，则说明该杆实际受压力，即与假设相反。

二、截面法

节点法适用于求桁架全部杆件内力的场合。但是在工程实际中，有时只要求计算桁架内某几个杆件所受的内力，如仍用节点法就显得麻烦。此时，可以适当地选择一截面，在需求其内力的杆件处假想地把桁架截开为两部分，然后考虑其中任一部分的平衡，应用平面任意力系平衡方程求出这些被截断杆件的内力，这就是**截面法**，应用截面法求桁架内某些杆件内力的步骤和要点与节点法基本相同。

例 2-17 如图 2-41a 所示的平面桁架，各杆件的长度都等于 1m，在节点 E 上作用荷载 $F_E = 21\text{kN}$，在节点 G 上作用荷载 $F_G = 15\text{kN}$，试计算杆 1、2 和 3 的内力。

解：（1）求支座约束力 以整体桁架为研究对象，受力如图 2-41a 所示，列平衡方程：

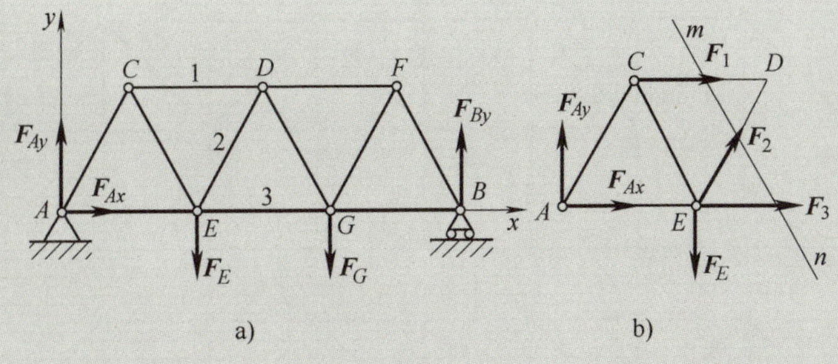

a)　　　b)

图 2-41　例 2-17 图

$$\sum_{i=1}^{n} F_{ix} = 0,\quad F_{Ax} = 0$$

$$\sum_{i=1}^{n} M_A(\boldsymbol{F}_i) = 0,\quad F_{By} \times 3 - F_E \times 1 - F_G \times 2 = 0$$

$$F_{By} = \frac{F_E \times 1 + F_G \times 2}{3} = 17\text{kN}$$

$$\sum_{i=1}^{n} F_{iy} = 0,\quad F_{Ay} + F_{By} - F_E - F_G = 0, F_{Ay} = -F_{By} + F_E + F_G = 19\text{kN}$$

（2）求杆 1、2 和 3 的内力　作截面 $m-n$ 假想将此三杆截断，并取桁架的左半部分为研究对象，设所截三杆都受拉力，这部分桁架的受力如图 2-41b 所示。列平衡方程并求解：

$$\sum_{i=1}^{n} M_E(\boldsymbol{F}_i) = 0,\ -F_1 \times 1\text{m} \times \sin 60° - F_{Ay} \times 1\text{m} = 0$$

$$F_1 = -\frac{F_{Ay}}{\sin 60°} = -21.9\text{kN（压）}$$

$$\sum_{i=1}^{n} M_D(\boldsymbol{F}_i) = 0,\ F_E \times 0.5\text{m} + F_3 \times 1\text{m} \times \sin 60° - F_{Ay} \times 1.5 = 0$$

$$F_3 = \frac{F_{Ay} \times 1.5 - F_E \times 0.5}{\sin 60°} = \frac{19 \times 1.5 - 21 \times 0.5}{\sin 60°}\text{kN} = 20.8\text{kN（拉）}$$

$$\sum_{i=1}^{n} F_{iy} = 0,\quad F_{Ay} + F_2 \times \sin 60° - F_E = 0$$

$$F_2 = \frac{-F_{Ay} + F_E}{\sin 60°} = \frac{-19 + 21}{0.866}\text{kN} = 2.3\text{kN（拉）}$$

如选取桁架的右半部分为研究对象，可求得相同的结果。

例 2-18　平面桁架结构尺寸如图 2-42a 所示，$F_1 = 18\text{kN}$，$F_2 = 10\text{kN}$。试计算杆 1、2 和 3 的内力。

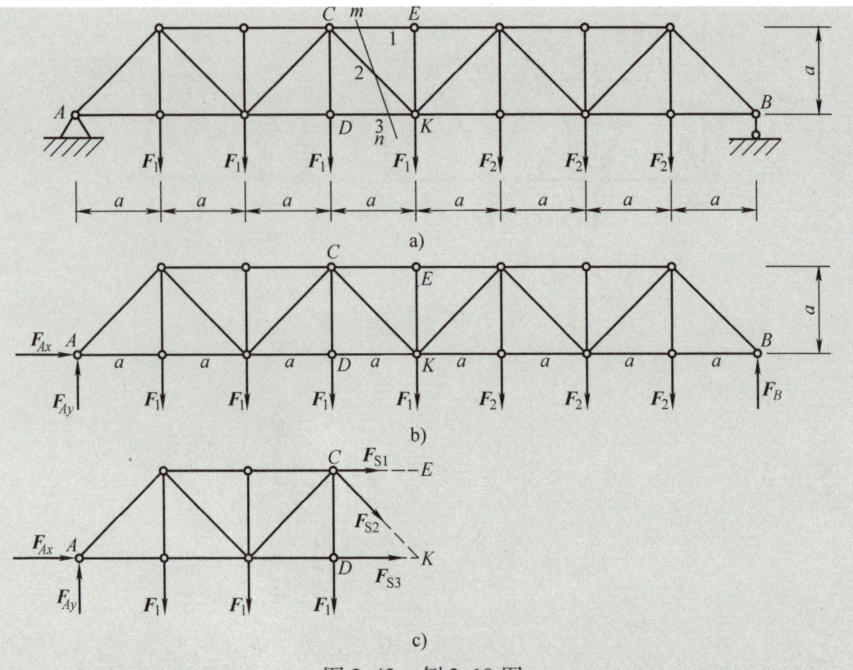

图2-42 例2-18图

解：(1) 求支座约束力 以整体桁架为研究对象，受力分析如图2-42b所示，列平衡方程：

$$\sum_{i=1}^{n} F_{ix} = 0, \quad F_{Ax} = 0$$

$$\sum_{i=1}^{n} M_A(\boldsymbol{F}_i) = 0,$$

$$F_B \times 8a - F_1 \times a - F_1 \times 2a - F_1 \times 3a - F_1 \times 4a - F_2 \times 5a - F_2 \times 6a - F_2 \times 7a = 0$$

$$F_B = \frac{10F_1 + 18F_2}{8} = \frac{10 \times 18 + 18 \times 10}{8}\text{kN} = 45\text{kN}$$

$$\sum_{i=1}^{n} F_{iy} = 0, \quad F_{Ay} + F_B - 4F_1 - 3F_2 = 0$$

$$F_{Ay} = -F_B + 4F_1 + 3F_2 = (-45 + 4 \times 18 + 3 \times 10)\text{kN} = 57\text{kN}$$

(2) 求杆1、2和3的内力 作截面 m—n 假想将杆1、2、3截断，并取桁架的左半部分为研究对象，设所截三杆都受拉力，这部分桁架的受力如图2-42c所示。列平衡方程：

$$\sum_{i=1}^{n} M_C(\boldsymbol{F}_i) = 0, \; F_{S3} \times a - F_{Ay} \times 3a + F_1 \times a + F_1 \times 2a = 0$$

$$F_{S3} = 3F_{Ay} - F_1 - 2F_1 = (3 \times 57 - 18 - 2 \times 18)\text{kN} = 117\text{kN（拉）}$$

$$\sum_{i=1}^{n} F_{iy} = 0, \quad F_{Ay} - 3F_1 - F_{S2}\cos 45° = 0$$

$$F_{S2} = \frac{F_{Ay} - 3F_1}{\cos 45°} = 4.24\text{kN}\ (拉)$$

$$\sum_{i=1}^{n} M_A(\boldsymbol{F}_i) = 0,$$

$$-F_1 \times a - F_1 \times 2a - F_1 \times 3a - F_{S1} \times a - F_{S2}\cos 45° \times 3a - F_{S2}\sin 45° \times a = 0$$

$$F_{S1} = -6F_1 - \left(\frac{3}{\sqrt{2}} + \frac{\sqrt{2}}{2}\right)F_{S2} = -120\text{kN}\ (压)$$

由上面两个例子可以看出，采用截面法求内力时，选择适当的力矩方程，常可较快地求得某些指定杆件的内力。还应注意到，平面任意力系只有三个独立平衡方程，因此作假想截面时，一般每次最多只能截断三根杆，如果截断的杆件多于三根，则它们的内力一般不能全部求出。

小　　结

- 各力的作用线处在同一平面内的一群力称为**平面力系**，力系中各力的作用线不处在同一平面的一群力称为**空间力系**。
- 在平面力系中，各力作用线相交于一点的称为**平面汇交力系**，作用线相互平行的称为**平面平行力系**，作用线既不平行又不相交于一点的称为**平面任意力系**（平面一般力系）。
- 用力多边形求合力矢的作图规则称为**力多边形法则**。
- 力系平衡的充分必要条件是力系的合力等于零，即 $\sum_{i=1}^{n}\boldsymbol{F}_i = \boldsymbol{0}$。
- **合力投影定理**：平面汇交力系的合力在任一坐标轴上的投影，等于各分力在同一坐标轴上投影的代数和。
- 大小相等、方向相反并且不共线的两个平行力称为**力偶**。力偶中一个力的大小和力偶臂的乘积称为力偶矩。力偶的力偶矩是一个代数量，有 $M = \pm Fd$，一般以逆时针转向为正，顺时针转向为负。
- 欲使平面力偶系平衡，充分必要条件是合力偶矩等于零，即力偶系中各力偶矩的代数和等于零。
- **力的平移定理**：作用在刚体上的力可以向任意点平移，平移后附加一个力偶，附加力偶的力偶矩等于原力对平移点的力矩。
- 平面一般力系向其作用面内任意一点 O 简化，可得一个作用在 O 点的力和一个作用在力系平面内的力偶。这个力的矢量 $\boldsymbol{F}'$ 称为力系的**主矢**，等于力系中各力的矢量和；这个力偶的力偶矩 M'_O 称为力系对简化中心 O 的主矩，等于力系中各力对简化中心之矩的代数和。
- 选取不同的简化中心，主矢不会改变，即主矢与简化中心的位置无关。但是主矩一般来说与简化中心的位置有关，在提到主矩时一定要指明是对哪一点的主矩。
- 平面一般力系的平衡方程（3 种）：

（1）基本式：

$$\begin{cases}\sum_{i=1}^{n} F_{ix} = 0 \\ \sum_{i=1}^{n} F_{iy} = 0 \\ \sum_{i=1}^{n} M_O(\boldsymbol{F}_i) = 0\end{cases}$$

上式包含三个独立方程，可以求解三个未知量。

（2）二力矩式：

$$\begin{cases}\sum_{i=1}^{n} F_{ix} = 0 \\ \sum_{i=1}^{n} M_A(\boldsymbol{F}_i) = 0 \\ \sum_{i=1}^{n} M_B(\boldsymbol{F}_i) = 0\end{cases}$$

式中，A、B 两点的连线 AB 不能与 x 轴垂直。

（3）三力矩式：

$$\begin{cases}\sum_{i=1}^{n} M_A(\boldsymbol{F}_i) = 0 \\ \sum_{i=1}^{n} M_B(\boldsymbol{F}_i) = 0 \\ \sum_{i=1}^{n} M_C(\boldsymbol{F}_i) = 0\end{cases}$$

式中，A、B、C 三点不能共线。

- 平面平行力系的独立平衡方程分基本式和二力矩形式。
- 由若干个物体通过约束联系所组成的系统称为**物体系统**，简称为**物系**。
- 若所研究的问题的未知量的数目等于或少于独立平衡方程的数目，则所有未知量都能由平衡方程求出，这样的问题称为**静定问题**。
- 若未知量的数目多于独立平衡方程的数目，则未知量不能全部由平衡方程求出，这样的问题称为**超静定问题**，而总未知量数与总独立平衡方程数两者之差称为**超静定次数**。
- **桁架**是指由若干直杆在其两端用铰链连接而成的几何形状不变的结构。如果桁架所有的杆件都在同一平面内，这种桁架称为**平面桁架**。桁架中各杆件的连接处称为**节点**。
- 分析静定平面桁架内力的基本方法有节点法和截面法。

习　题

2-1　如图2-43所示，在 Oxy 斜交坐标系中，OA、OB、OC、OD 哪些代表力 $\boldsymbol{F}$ 的投影？哪些代表力 $\boldsymbol{F}$ 的分力大小值？

2-2　图2-44中的绳索 ACB 的两端 A、B 分别固定在水平面上，在它的中点 C 处用铅垂

力 **F** 向下拉，A、B 两点相距越远，绳索越容易被拉断，为什么？

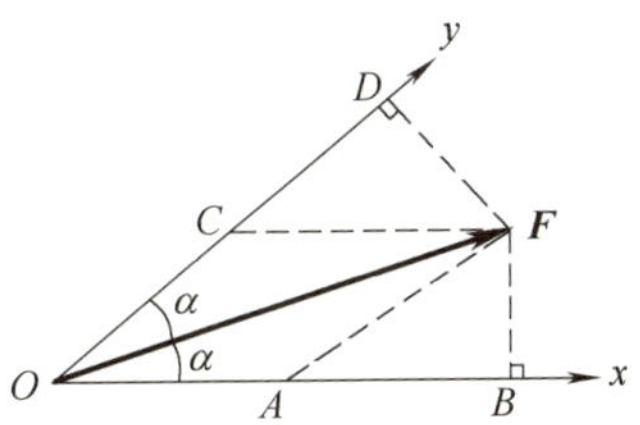

图 2-43　习题 2-1 图

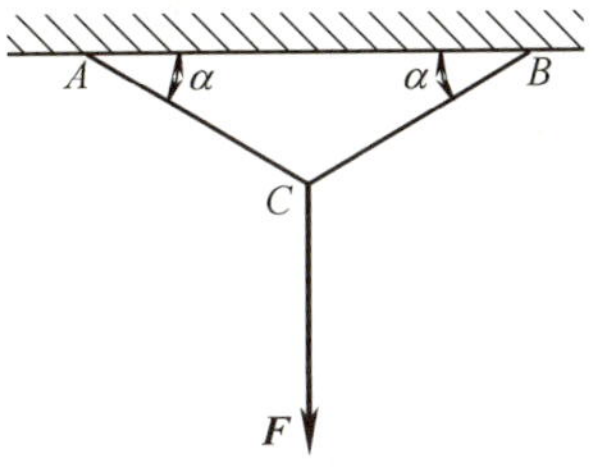

图 2-44　习题 2-2 图

2-3　图 2-45 中，滑轮上作用力偶矩为 M 的力偶，轮半径为 r，物体重 **G**，若 $M=Gr$，试问 **G** 和哪个力组成的力偶与力偶矩 M 相平衡？

*2-4　某平面力系向 A、B 两点简化的主矩皆为零，此力系简化的最终结果可能是一个力吗？可能是一个力偶吗？可能平衡吗？

2-5　列举你见到的 3 种桁架结构，各有多少个杆？计算各杆受力的大小。

2-6　如需求图 2-46 所示桁架中 3、5、7 各杆的内力，利用截面法，作截面Ⅰ－Ⅰ截断此三杆，问能否分别求出该三杆的内力？

2-7　圆柱的重量 $G=10\text{kN}$，搁置在三角形槽上，如图 2-47 所示。若不计摩擦，试用几何法求圆柱对三角槽壁 A、B 处的压力。

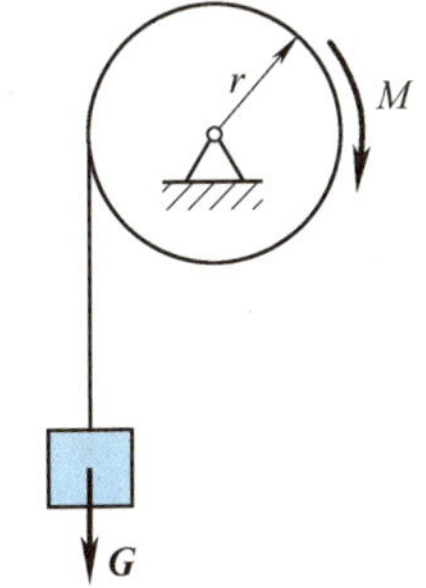

图 2-45　习题 2-3 图

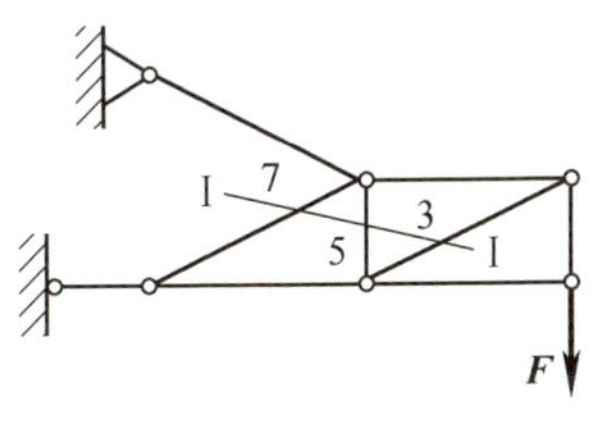

图 2-46　习题 2-6 图

2-8　用解析法求解习题 2-7。

2-9　如图 2-48 所示，简易起重机用钢丝绳吊起重量 $G=10\text{kN}$ 的重物。各杆自重不计，A、B、C 三处为光滑铰链连接。铰链 A 处装有不计半径的光滑滑轮。求杆 AB 和 AC 受到的力。

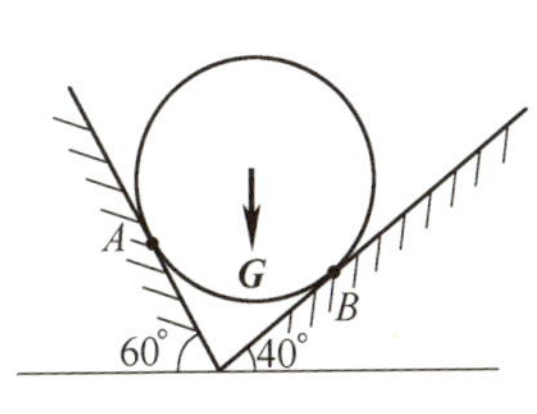

图 2-47　习题 2-7 图

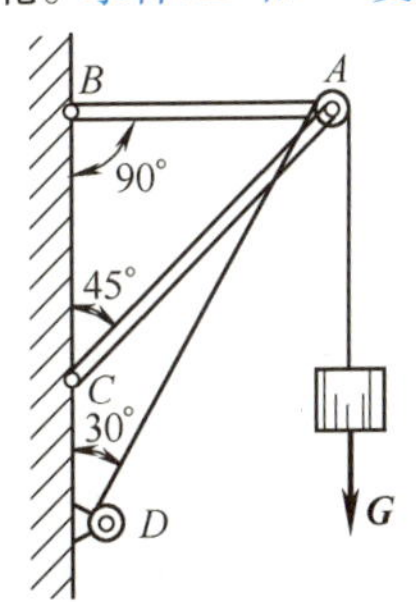

图 2-48　习题 2-9 图

2-10 夹具中所用增力机构如图 2-49 所示。已知推力 $\boldsymbol{F}_A$ 作用于 A 点，夹紧平衡时杆与水平线的夹角为 α，不计滑块和杆重，视各铰链为光滑的。定义增力倍数 $\beta = F_N/F_A$。试求 β 与 α 的函数关系。

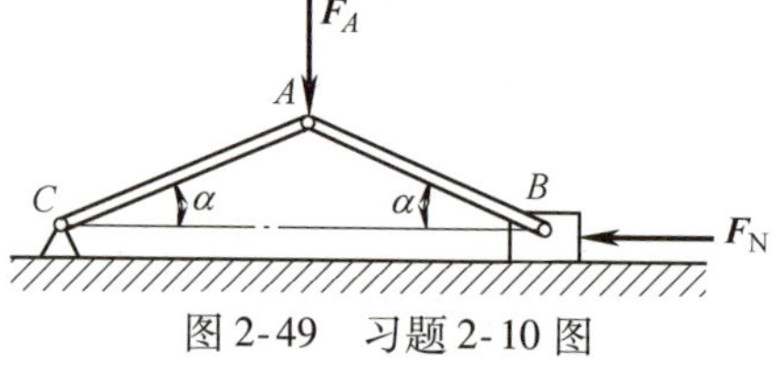

图 2-49 习题 2-10 图

2-11 铰接连杆机构 $OABO_1$ 在如图 2-50 所示的位置平衡。已知：$OA = 0.4\text{m}$，$O_1B = 0.6\text{m}$。作用在 OA 上力偶的力偶矩 $M_1 = 1\text{kN}\cdot\text{m}$。试求力偶矩 M_2 的大小和杆 AB 所受的力。各杆的重量不计。

2-12 锻压机在工作时，如图 2-51 所示，如果锤头所受工件的作用力偏离中心线，就会使锤头发生偏斜，这样在导轨上将产生很大的压力，加速导轨的磨损，影响工件的精度。已知打击力 $F = 150\text{kN}$，偏心距 $e = 20\text{mm}$，锤头高度 $h = 0.3\text{m}$。试求锤头加给两侧导轨的压力。

2-13 图 2-52 所示为飞机起落架，已知机场跑道作用于轮子的约束力 $\boldsymbol{F}_N$ 铅垂向上，作用线通过轮心，大小为 40kN。图中尺寸长度单位是 mm，起落架本身重量忽略不计。试求铰链 A 和 B 的约束力。

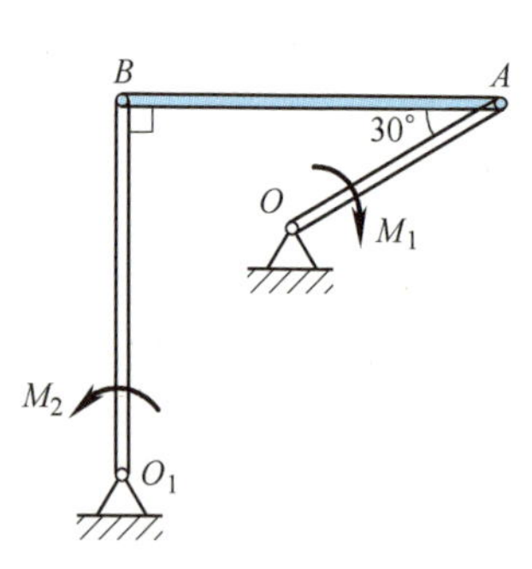

图 2-50 习题 2-11 图

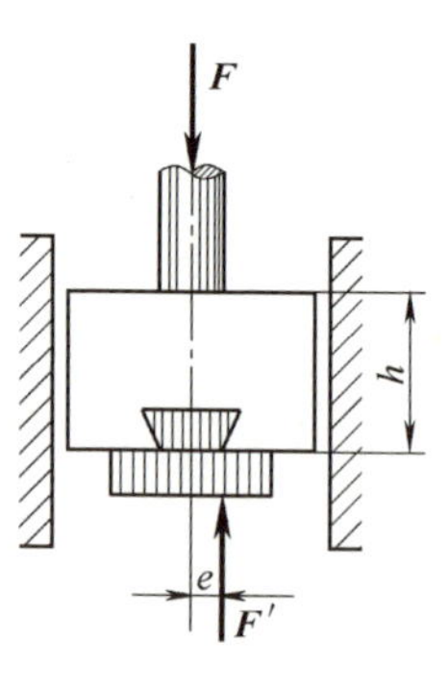

图 2-51 习题 2-12 图

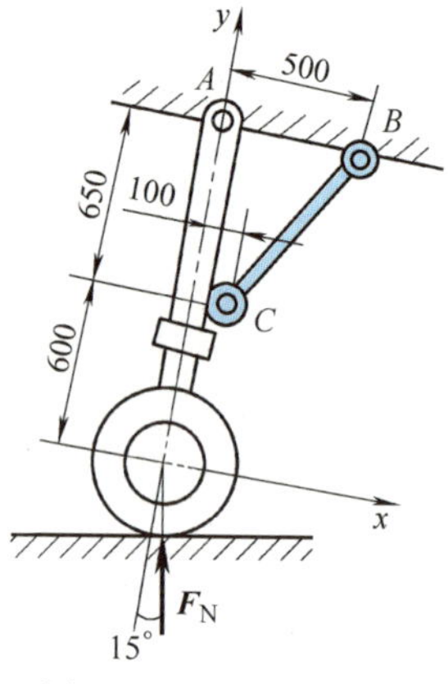

图 2-52 习题 2-13 图

2-14 拖车的重量 $G = 250\text{kN}$，牵引车对它的作用力 $F = 50\text{kN}$，如图 2-53 所示。当车辆匀速直线行驶时，求车轮 A、B 对地面的正压力。

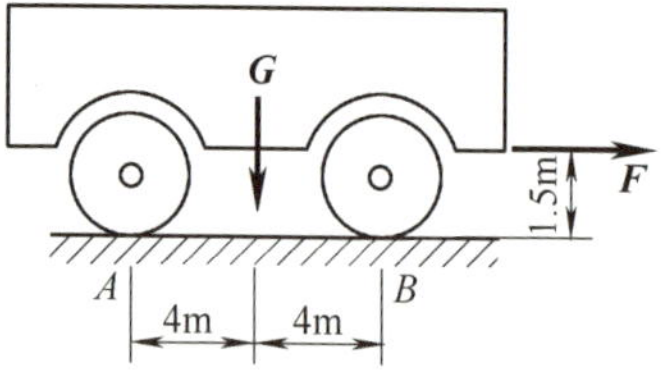

图 2-53 习题 2-14 图

2-15 塔式起重机如图 2-54 所示。机架重 $F_p = 700\text{kN}$，作用线通过塔架的中心。最大起重量 $W = 200\text{kN}$，最大悬臂长为 12m，轨道 AB 的间距为 4m。平衡块重 G，到机身中心线距离为 6m。试问：（1）保证起重机在满载时不翻倒，求平衡块的重量 G 应为多少。（2）保证起重机在空载时不翻倒，求平衡块的重量 G 应为多少。（3）当平衡块重 $G = 220\text{kN}$ 时，求满载时轨道 A、B 给起重机轮子的约束力。（4）当平衡块重 $G = 220\text{kN}$ 时，求空载时轨道 A、B 给起重机轮子的约束力。

2-16 静定多跨梁的荷载及尺寸如图 2-55 所示，长度单位为 m，求支座约束力和中间铰处的压力。

2-17 如图 2-56 所示，静定梁的荷载 q 及尺寸 d 已知，求支座 C 的约束力和中间铰 B 处所受的力。

2-18 静定刚架所受荷载及尺寸如图 2-57 所示，长度单位为 m，求支座约束力和中间铰处的压力。

2-19 如图 2-58 所示，在曲柄压力机中，已知曲柄 $OA = R = 0.23\text{m}$，设计要求：当 $\alpha = 20°$，$\beta = 3.2°$时达到最大冲力 $F = 315\text{kN}$。求在最大冲压力 $\boldsymbol{F}$ 作用时，导轨对滑块的侧压力和曲柄上所加的转矩 M，并求此时轴承 O 的约束力。

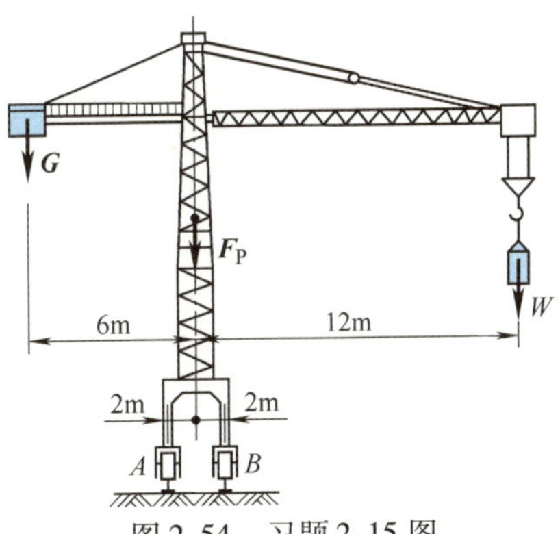

图 2-54 习题 2-15 图

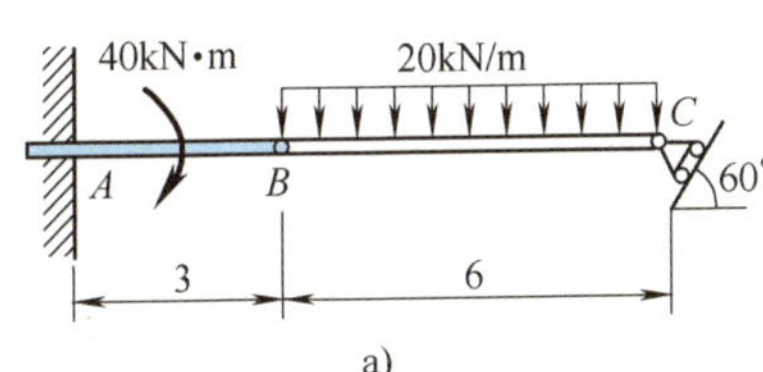

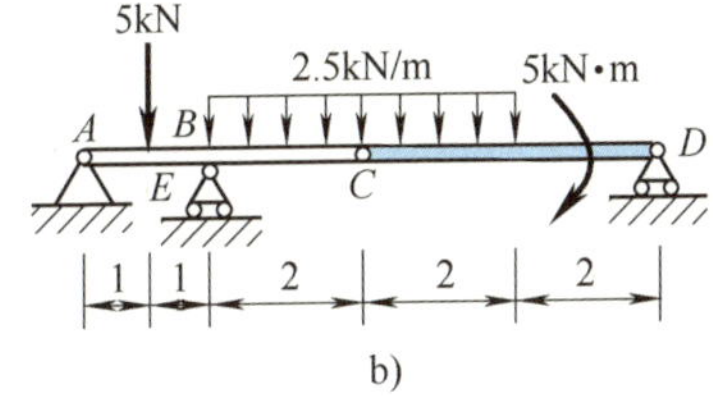

图 2-55 习题 2-16 图

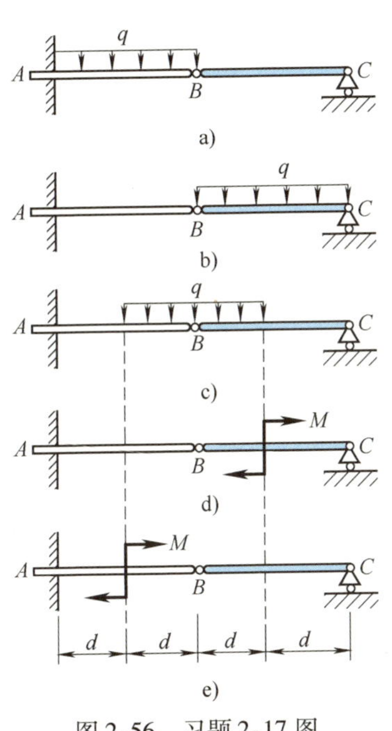

图 2-56 习题 2-17 图

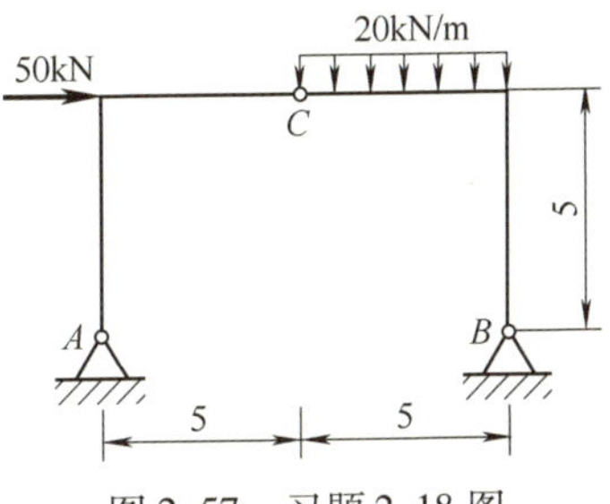

图 2-57 习题 2-18 图

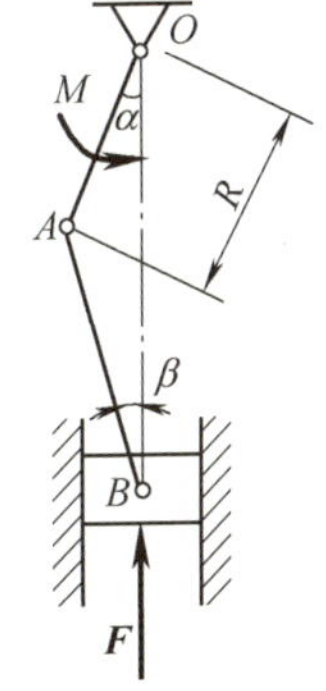

图 2-58 习题 2-19 图

2-20 如图2-59所示，折梯由两个相同的部分 AC 和 BC 构成，这两部分自重不计，在 C 点用铰链连接，并用绳子在 D、E 点互相连接，梯子放在光滑的水平地板上，今在销钉 C 上悬挂 $G=0.866\text{kN}$ 的重物，已知 $AC=BC=4\text{m}$，$DC=EC=3\text{m}$，$\angle CAB=60°$，求绳子的拉力和 AC 作用于销钉 C 的力。

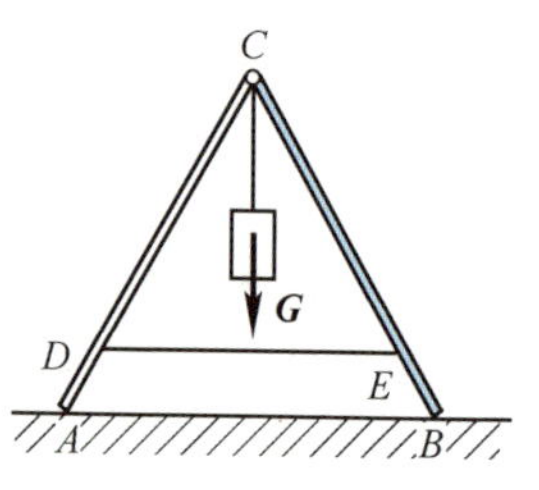

图2-59 习题2-20图

2-21 起重机停在水平组合梁板上，载有重 $G=10\text{kN}$ 的重物，起重机本身重50kN，其重心位于垂线 DC 上，已知尺寸如图2-60所示，如不计梁板自重，求 A、B 两处的约束力。

2-22 如图2-61所示，两种正方形结构所受力 $\boldsymbol{F}$ 均已知。试分别求其中杆1、2、3所受的力。

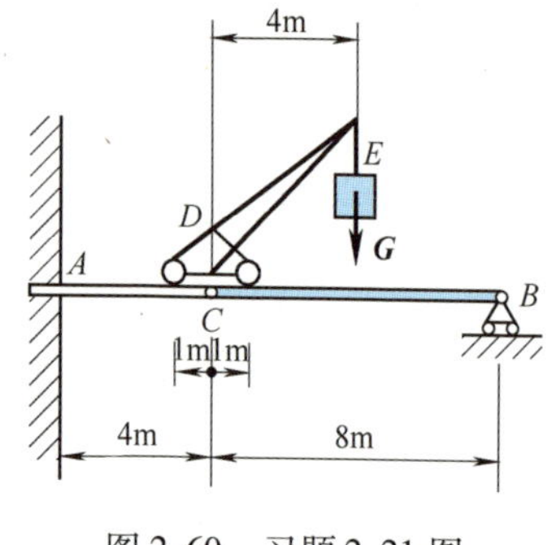

图2-60 习题2-21图

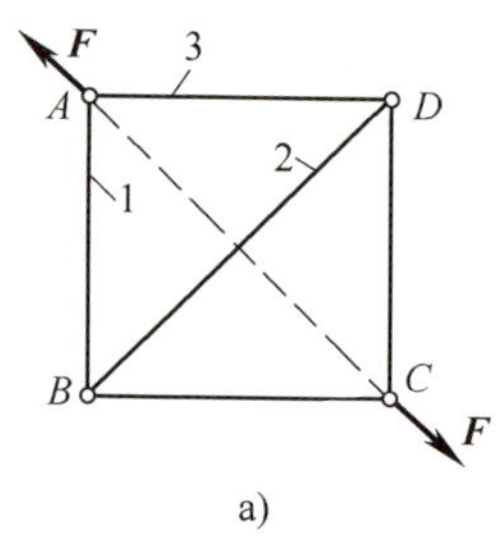

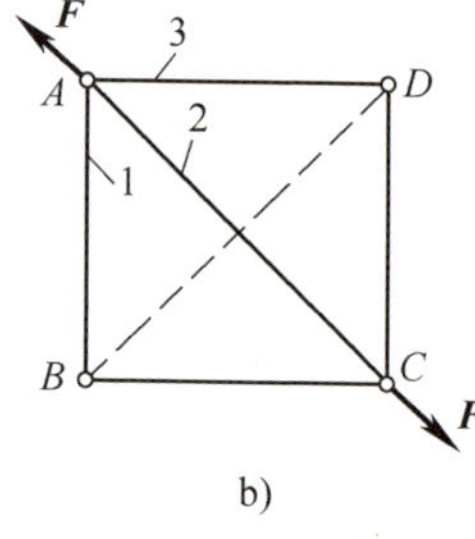

图2-61 习题2-22图

2-23 平面桁架的结构尺寸如图2-62所示，载荷 $\boldsymbol{F}$ 已知，求各杆的内力。

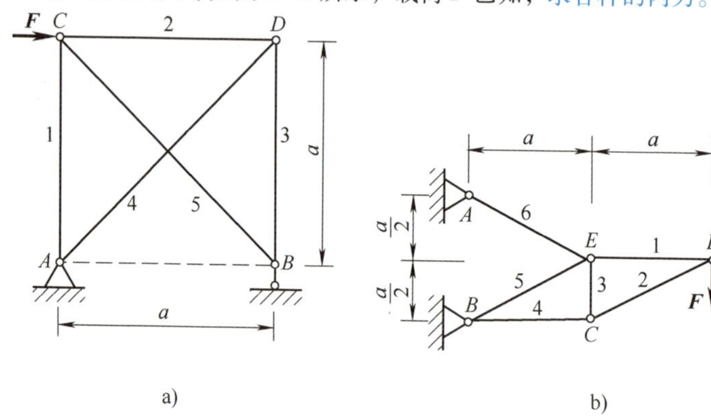

图2-62 习题2-23图

2-24 平面桁架的载荷及结构尺寸如图2-63所示，求各杆的内力。

2-25 平面桁架及其所受的荷载如图2-64所示，$\alpha=30°$，求各杆的内力。

2-26 求图2-65所示桁架中1、2、3各杆的内力，$\boldsymbol{F}$ 为已知，各杆长度相等。

2-27 桁架尺寸如图2-66所示，主动力 $\boldsymbol{F}$ 为已知，求桁架中1、2、3各杆的内力。

2-28 桁架尺寸如图2-67所示，主动力 $\boldsymbol{F}$ 为已知，求桁架中1、2、3、4各杆的内力。

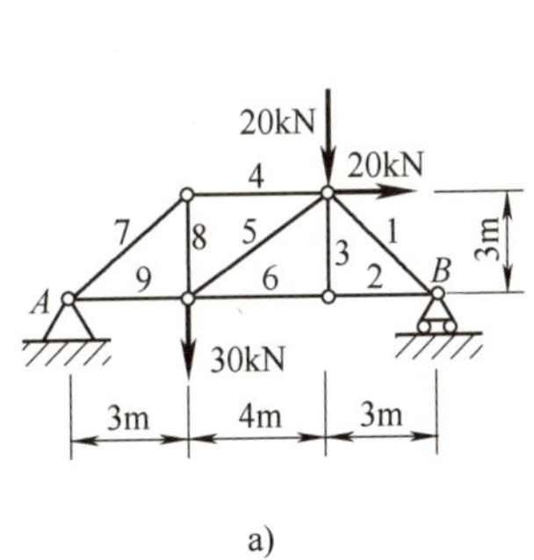

a)

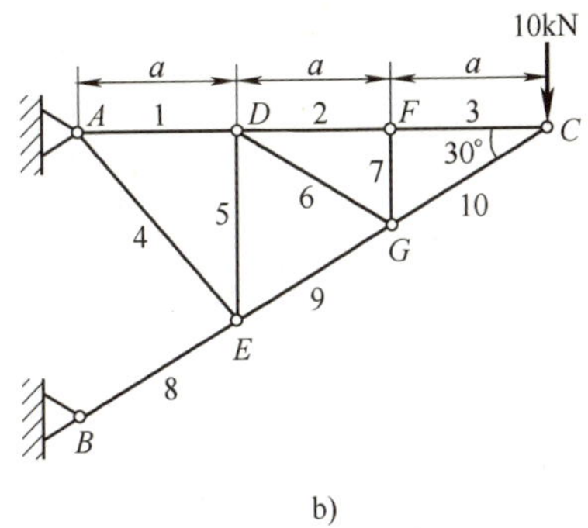

b)

图 2-63 习题 2-24 图

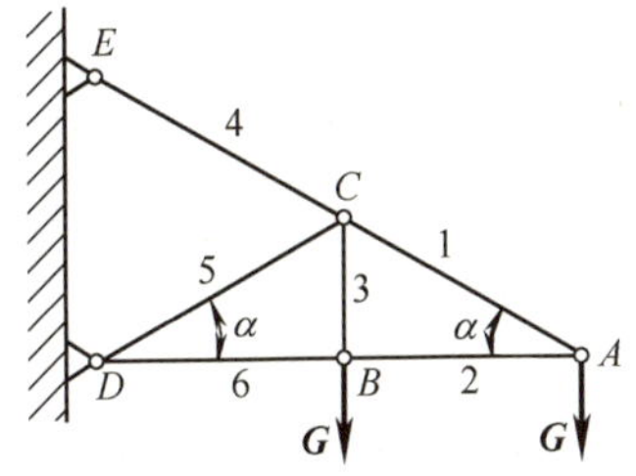

图 2-64 习题 2-25 图

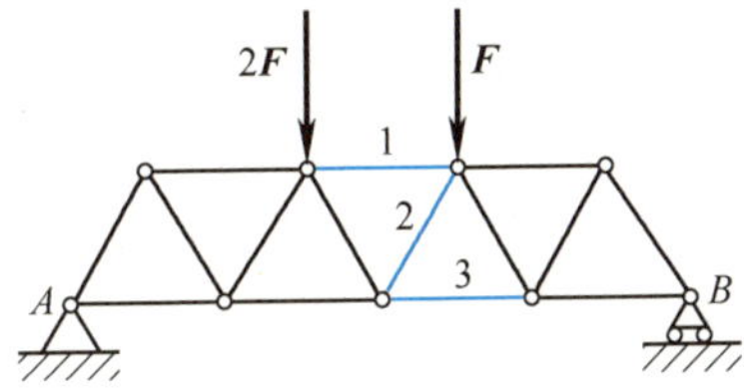

图 2-65 习题 2-26 图

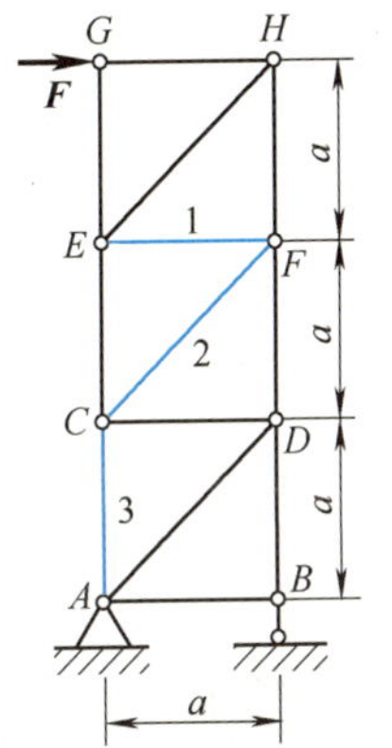

图 2-66 习题 2-27 图

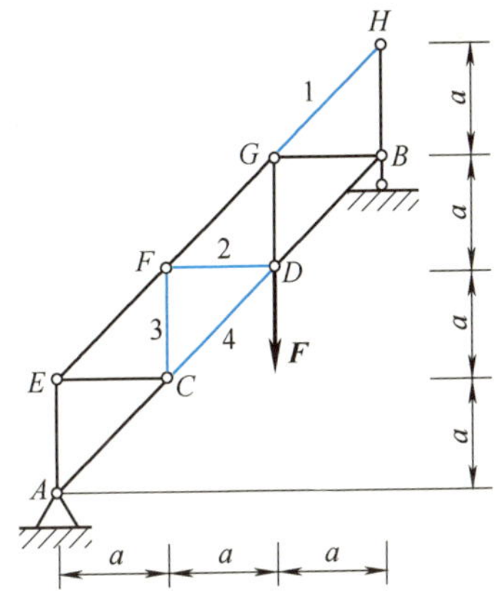

图 2-67 习题 2-28 图

第三章

摩　擦

一个物体沿另一个物体接触表面有相对运动或相对运动趋势而受到阻碍的现象，称为**摩擦现象**，简称**摩擦**。摩擦是机械运动中普遍存在的一种自然现象。无论是机器运转、车辆行驶还是人行走都存在摩擦。前两章在讨论刚体受力及平衡问题时，将两物体的接触面看作绝对光滑和刚硬的，未考虑摩擦作用，这实际是一种简化。当相对运动的两个物体接触面比较光滑或有良好的润滑条件时，摩擦对所研究的问题的影响为次要因素，即当摩擦力较小时，这种简化是合理的，在工程近似计算中也是允许的。

但在另一些问题中，摩擦对所研究的问题有重要的影响，是主要因素而不能忽略。例如车辆的制动，摩擦轮或带轮传动，夹具利用摩擦夹紧工件，楔紧装置，螺栓利用摩擦锁紧等。图 3-1 所示为自行车后轮被链条驱动时，地面对后轮的摩擦力使自行车向前运动；图 3-2 所示则是为了防止打滑，在鞋底加纹路；同样，图 3-3 所示的汽车、山地自行车轮胎加纹路，以防止打滑。本章将讨论摩擦以及考虑摩擦时的平衡问题。

摩擦会引起运转机械发热、零件磨损，使机器精度降低，缩短使用寿命，同时还阻碍机械运动，消耗能量，降低机械效率。但摩擦也有其有利的一面，如利用摩擦原理制成了摩擦离合器、摩擦传动装置以及回程自锁的汽车千斤顶等。研究摩擦的目的是掌握它的基本规律，从而能有效地发挥其有利的一面，减少其不利的一面。

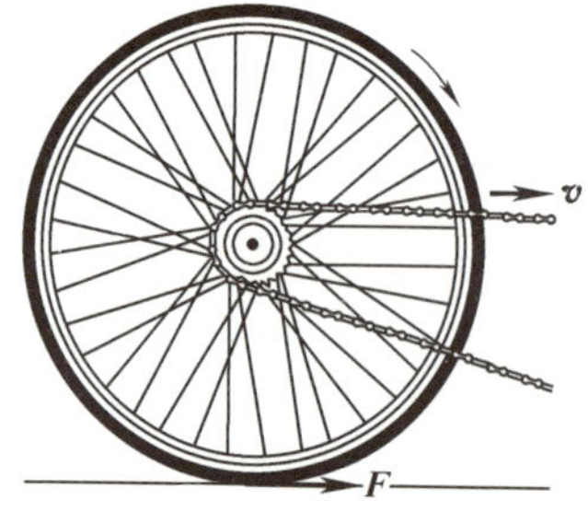

图 3-1　地面摩擦力驱动

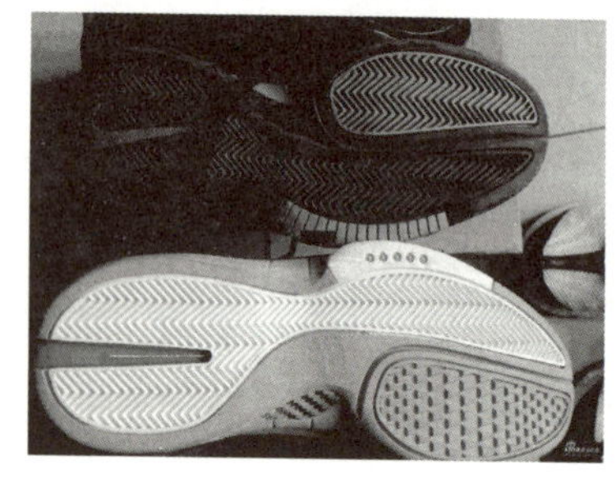

图 3-2　防滑鞋

图 3-3 轮胎

第一节 滑动摩擦

两个相互接触的物体，当它们之间有相对滑动或有相对滑动趋势时，在接触面之间产生彼此阻碍运动的力，这种阻力就称为**滑动摩擦力**。摩擦力作用于相互接触处，其方向与相对滑动或相对滑动趋势的方向相反，而它的大小则根据主动力作用的不同，可以分为静滑动摩擦力、最大静滑动摩擦力和动滑动摩擦力。

一、静滑动摩擦力和最大静滑动摩擦力

粗糙的水平地面上放置一质量为 m 的物体，该物体在重力 mg 和地面法向约束力 $\boldsymbol{F}_N$ 的作用下处于静止状态，如图 3-4a所示。今在该物体上作用一大小可以变化的水平拉力 $\boldsymbol{F}_P$，F_P 自零开始逐渐增大，物体的受力情况如图 3-4b 所示。因为是非光滑面接触，所以作用在物体上的约束力除法向力 $\boldsymbol{F}_N$ 外，还有切向力 $\boldsymbol{F}$，此即摩擦力。

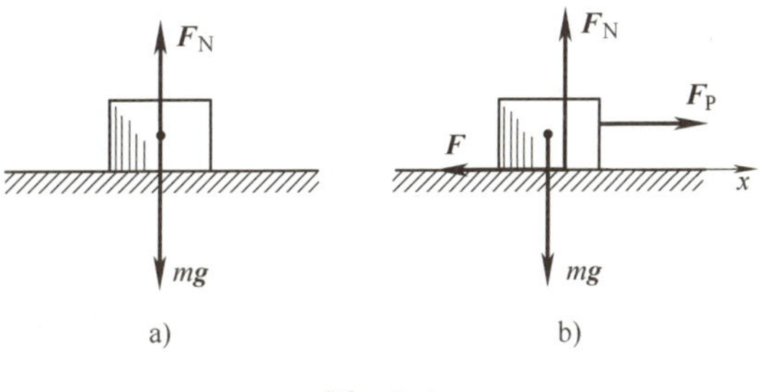

图 3-4

当 $F_P=0$ 时，由于二者无相对滑动的趋势，故摩擦力为零。当 F_P 增大时，摩擦力 F 随之增大，物体仍然保持静止，这一阶段物体与地面只有相对滑动的趋势，受到的摩擦力为**静滑动摩擦力**，简称**静摩擦力**，并始终有 $F=F_P$。当 F_P 增加到某一临界值时，静摩擦力达到最大值，即 $F=F_{max}$，物体开始沿 $\boldsymbol{F}_P$ 的方向滑动。与此同时，F 的大小由 F_{max} 突变至动滑动摩擦力 F_d（F_d 略小于 F_{max}）。

此后，若 F_P 值再增加，则 F 基本上保持为常值。上述过程中 F_P-F 关系曲线如图3-5所示。

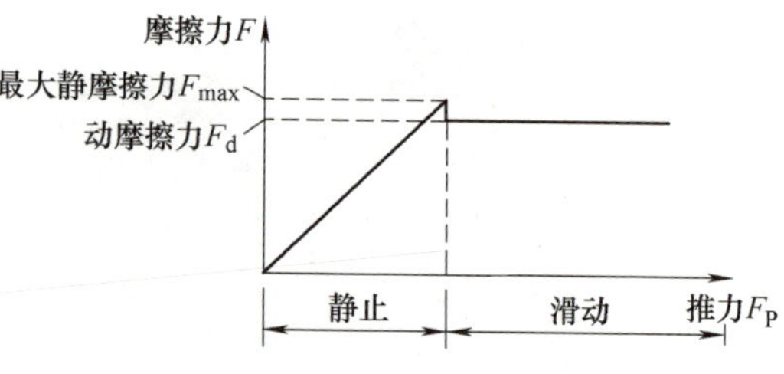

图3-5 摩擦力变化情况

总结：当物体处于相对静止时，静摩擦力 F 由平衡方程确定，其大小随主动力 F 的变化而变化，并且在如下范围之内

$$0 \leqslant F \leqslant F_{max} \tag{3-1}$$

其中，F_{max}是指当物体处于临界平衡状态时，摩擦力达到的最大值，称为**最大静滑动摩擦力**，简称**最大静摩擦力**。

实验表明：**最大静摩擦力的大小与两物体间的正压力（即法向约束力）成正比**，即

$$F_{max}=f_s F_N \tag{3-2}$$

式中，f_s是**静摩擦因数**。

式（3-2）称为**静摩擦定律**，也称**库仑摩擦定律**，是工程中常用的近似理论。

静摩擦因数f_s与接触物体的材料、表面粗糙度值、润滑情况等有关，通常用实验方法测定，其参考数值在工程手册上可以查到，表3-1中列出了部分常用材料的摩擦因数。

表3-1 常用材料的摩擦因数

材料名称	静摩擦因数 f_s		动摩擦因数 f	
	无润滑	有润滑	无润滑	有润滑
钢－钢	0.15	0.1～0.12	0.15	0.05～0.10
钢－软钢	—	—	0.2	0.1～0.2
钢－铸铁	0.30	—	0.18	0.05～0.15
钢－青铜	0.15	0.1～0.15	0.15	0.1～0.15
铸铁－铸铁	—	0.18	0.15	0.07～0.12
皮革－铸铁	0.3～0.5	0.15	0.6	0.15
木材－木材	0.4～0.6	0.1	0.2～0.5	0.07～0.1
青铜－青铜	—	0.1	0.2	0.07～0.1
软钢－青铜	—	—	0.18	0.07～0.15

二、动滑动摩擦力

当接触面之间出现相对滑动时，接触物体之间出现阻碍物体滑动的摩擦力

称为**动滑动摩擦力**，简称**动摩擦力**，以 F_d表示。实验表明：**动滑动摩擦力的大小与两物体间的正压力（即法向约束力）成正比**，即

$$F_d = fF_N \tag{3-3}$$

式（3-3）称为**动摩擦定律**，其中 f 称为**动摩擦因数**，它与接触物体的材料、表面粗糙度值、润滑情况以及相对滑动速度等有关。当相对滑动速度不大时，动摩擦因数可近似地认为是个常数。

一般情况下，**动摩擦因数 f 小于静摩擦因数 f_s**。

在机器中，往往采用降低接触面表面粗糙度值、加入润滑剂等方法，使动摩擦因数 f 降低，以减小摩擦和磨损。

应该指出，关于摩擦的定律是由法国科学家库仑于 1781 年建立的。摩擦定律是近似的实验定律，虽然近代摩擦理论更复杂、更精确，但在一般工程计算中，应用它已能满足要求，因此摩擦定律还是被广泛采用。

第二节 摩擦角和自锁现象

一、摩擦角

当有摩擦时，支承面对平衡物体的约束力包含法向约束力 $\boldsymbol{F}_N$和切向约束力 $\boldsymbol{F}$（即静摩擦力），这两个力的合力 $\boldsymbol{F}_{RA}$（即 $\boldsymbol{F}_N+\boldsymbol{F}$）称为支承面的全约束力，它的作用线与接触面的公法线成一偏角 φ，如图 3-6a 所示。当物体处于平衡的临界状态时，静摩擦力为最大静摩擦力，偏角 φ 也达到最大值，如图 3-6b 所示。全约束力与法线间夹角的最大值 φ_f 称为**摩擦角**。由图 3-6b 可知

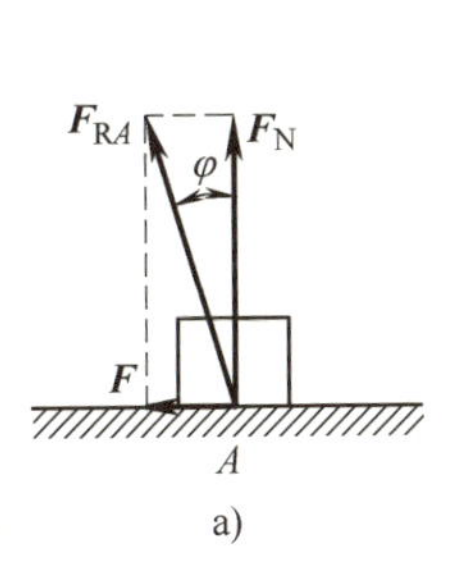

a)

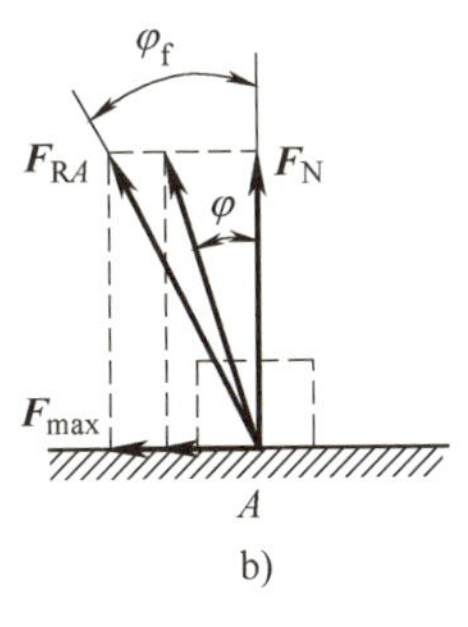

b)

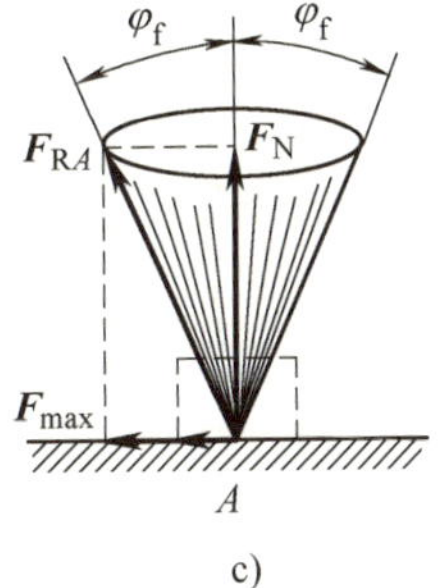

c)

图 3-6

$$\tan\varphi_f = \frac{F_{max}}{F_N} = f_s$$

即

$$\varphi_f = \arctan f_s \tag{3-4}$$

即摩擦角的正切等于静摩擦因数。因此，摩擦角 φ_f 与静摩擦因数 f_s 一样，都是表示材料表面性质的量。

设作用于物块 A 的主动力等于最大静摩擦力，如果将该力作用线在水平面内连续改变方向，则物块的滑动趋势也随之改变，全约束力 $\boldsymbol{F}_{RA}$ 的作用线将画出一个以接触点 A 为顶点的锥面，如图3-6c所示，此锥面称为**摩擦锥**。对于沿接触面各个方向摩擦因数都相同的情况，摩擦锥是一个顶角为 $2\varphi_f$ 的圆锥。

二、自锁现象

物块平衡时，静摩擦力与切向合外力平衡，$0 \leqslant F \leqslant F_{max}$，所以全约束力与法线间的夹角 φ 也在0与摩擦角 φ_f 之间变化，即

$$0 \leqslant \varphi \leqslant \varphi_f \tag{3-5}$$

由于静摩擦力不可能超过最大值，因此全约束力的作用线也不可能超出摩擦角。

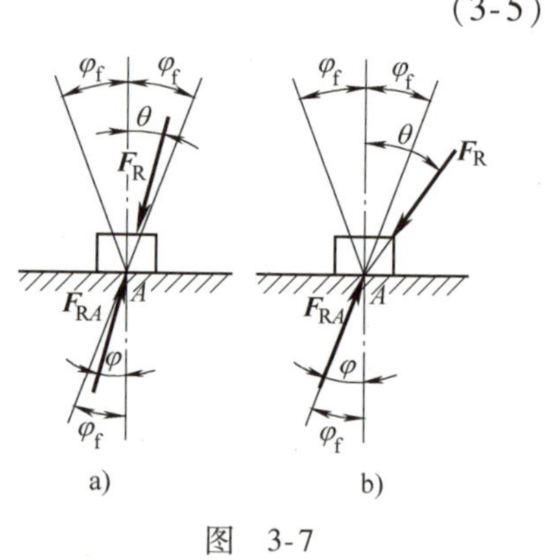

图 3-7

如图3-7a所示，作用在物块上的全部主动力的合力为 $\boldsymbol{F}_R$，若其作用线在摩擦角 φ_f（或摩擦锥）之内，则无论这个力有多大，物块必保持静止。这种现象称为**自锁现象**。反之，当全部主动力的合力 $\boldsymbol{F}_R$ 的作用线在摩擦角 φ_f（或摩擦锥）以外时，则无论主动力有多小，物块一定不能保持平衡，这种现象称为**不自锁**（图3-7b）。

工程实际中常应用自锁条件设计一些机构和夹具使它自动“卡住”，如螺旋千斤顶（图3-8）、螺旋夹紧器（图3-9）、压榨机、圆锥销等。

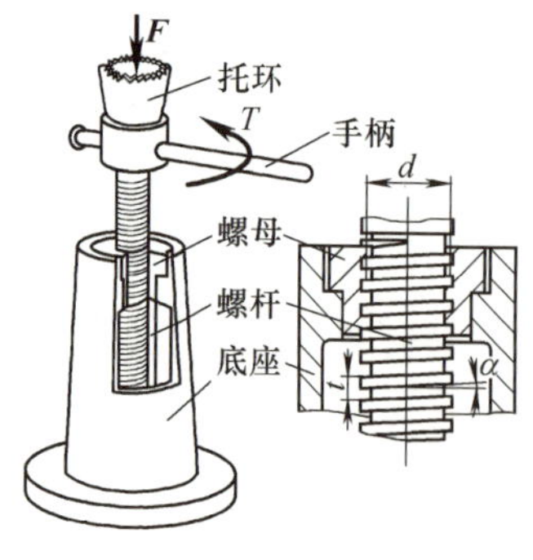

图3-8 螺旋千斤顶

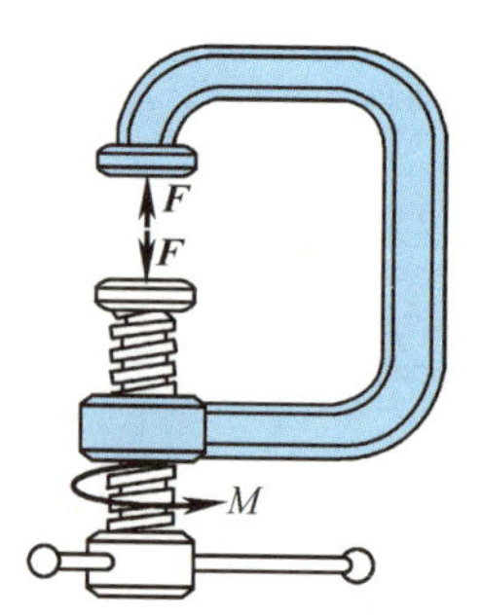

图3-9 螺旋夹紧器

螺纹（图3-10a）可以看成绕圆柱上的斜面（图3-10b），螺纹升角 θ 就是斜面的倾角（图3-10c）。螺母相当于斜面上的滑块 A，加在螺母的轴向载荷 $\boldsymbol{F}$ 相当于物块 A 的重力。所以斜面的自锁条件就是螺纹的自锁条件。

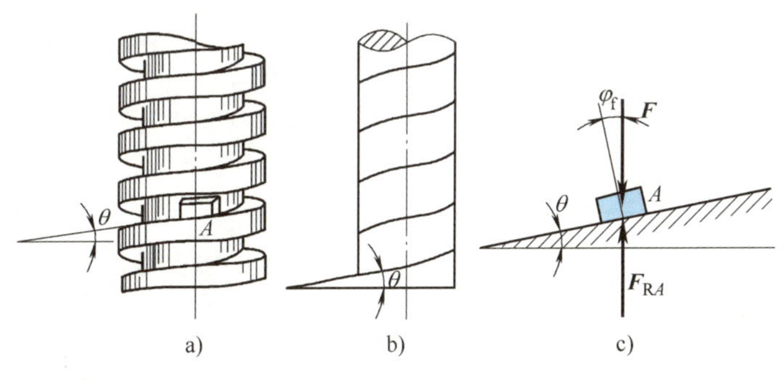

图3-10 螺纹

要使螺纹自锁，必须使螺纹升角 θ 小于或等于摩擦角 φ_f，即螺纹的自锁条件为

$$\theta \leqslant \varphi_f \tag{3-6}$$

螺旋千斤顶的螺杆一般采用45钢或50钢，螺母材料一般采用青铜或铸铁，若螺杆与螺母之间的静摩擦因数 $f_s=0.1$，则由式（3-4）得

$$\varphi_f = \arctan f_s = 5°43'$$

为保证千斤顶自锁，一般取螺纹升角 $\theta = 4° \sim 4°30'$。

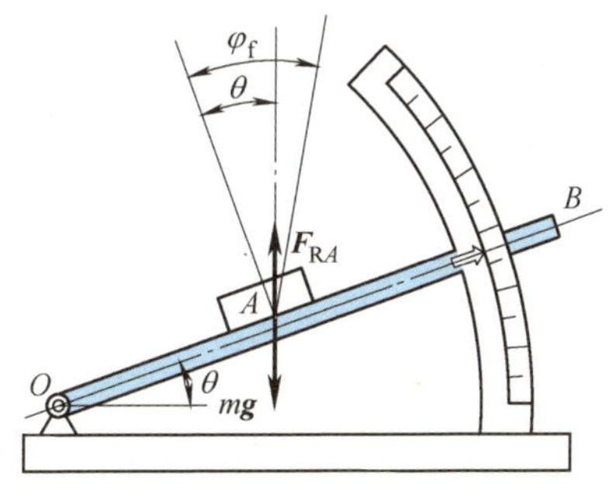

图3-11 静摩擦因数测定

利用摩擦角的概念还可以进行静摩擦因数测定，如图3-11所示，把要测定的两种材料分别做成斜面和物块，把物块放在斜面上，从0°起逐渐增大斜面的倾角 θ，直到物块刚开始下滑时为止，此时的 θ 角就是要测定的摩擦角 φ_f。这是由于当物块处于临界状态时，$m\boldsymbol{g} = -\boldsymbol{F}_{RA}$，$\theta = \varphi_f$。由式（3-4）求得静摩擦因数

$$f_s = \tan\varphi_f = \tan\theta$$

第三节 滚动摩阻

古人发明了车轮，用滚动代替滑动，可明显地节省体力。在工程实践中，人们常利用滚动来减小摩擦。例如，搬运沉重的包装箱时在其下面安放一些滚

子（图3-12），采用滚柱轴承（图3-13），汽车、自行车采用轮胎，火车采用钢轮。同样在图3-14中，滚珠轴承比滑动轴承摩擦所消耗的能量少。

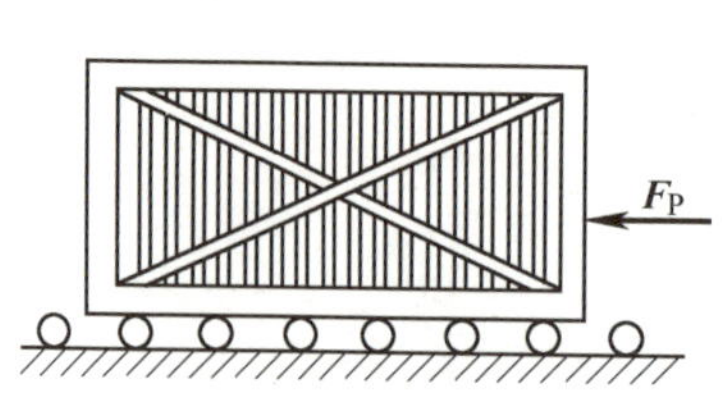

图3-12 搬运包装箱

图3-13 滚柱轴承

将一质量为m的车轮放在地面上，如图3-15所示，在车轮中心C加一微小的水平力$\boldsymbol{F}_T$，此时在车轮与地面接触处A就会产生摩擦阻力$\boldsymbol{F}$，以阻止车轮的滑动。主动力$\boldsymbol{F}_T$与滑动摩擦力$\boldsymbol{F}$组成一个力偶，其值为FR，它将驱动车轮转动。实际上，如果$\boldsymbol{F}_T$比较小，转动并不会发生，这说明还存在一阻止转动的力偶，这就是**滚动摩阻力偶**。

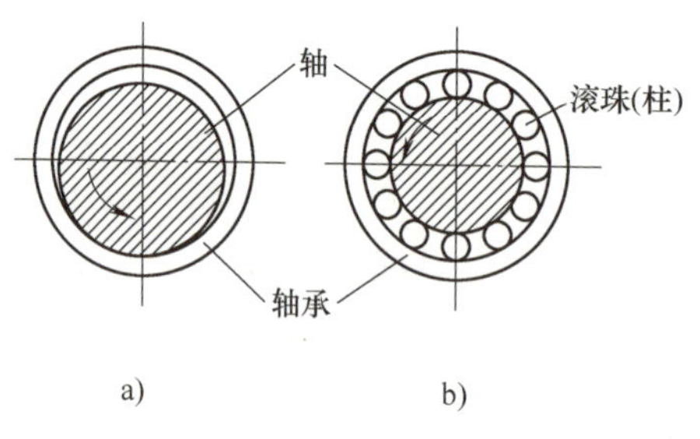

图 3-14

a）滑动轴承 b）滚珠轴承

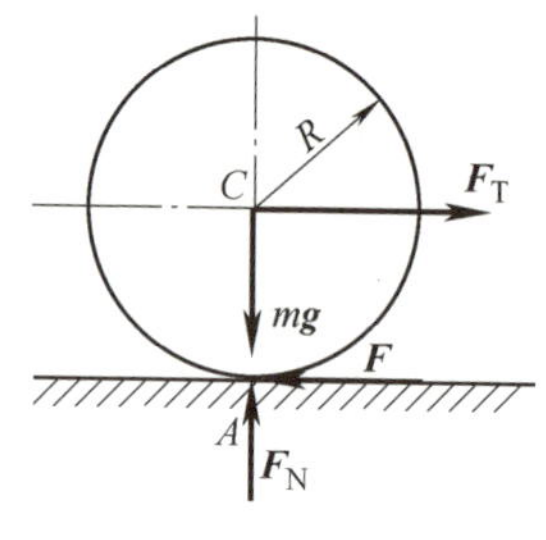

图 3-15

为了解释滚动摩阻力偶的产生，需要引入柔性约束模型。作为一种简化，仍将轮子视为刚体，而将路轨视为具有接触变形的柔性约束，如图3-16a所示。当车轮受到较小的水平力$\boldsymbol{F}_T$作用后，在车轮与路轨接触面上约束力将非均匀地分布（图3-16b），可将分布力系合成为$\boldsymbol{F}_N$和$\boldsymbol{F}$两个力，或进一步合成为一个力$\boldsymbol{F}_R$，如图3-16c所示，这时$\boldsymbol{F}_N$偏离AC一个微小距离δ_1。当主动力$\boldsymbol{F}_T$不断增大时，$\boldsymbol{F}_N$偏离AC的距离δ_1也随之增加，滚动摩阻力偶矩$F_N\delta_1$平衡产生滚动趋势的力偶（$\boldsymbol{F}_T$，$\boldsymbol{F}$）。当主动力$\boldsymbol{F}_T$增加到某个值时，轮子处于将滚未滚的临界平衡状态，δ_1达到最大值δ，滚动摩阻力偶矩达到最大值，称为**最大滚动摩阻力偶矩**，用M_{max}表示。若力$\boldsymbol{F}_T$再增加，轮子就会滚动。若将力$\boldsymbol{F}_N$、$\boldsymbol{F}$平移到A

点，如图 3-16d 所示，$\boldsymbol{F}_N$的平移产生附加力偶矩 $F_N\delta_1$，即滚动摩阻力偶矩 M_f。

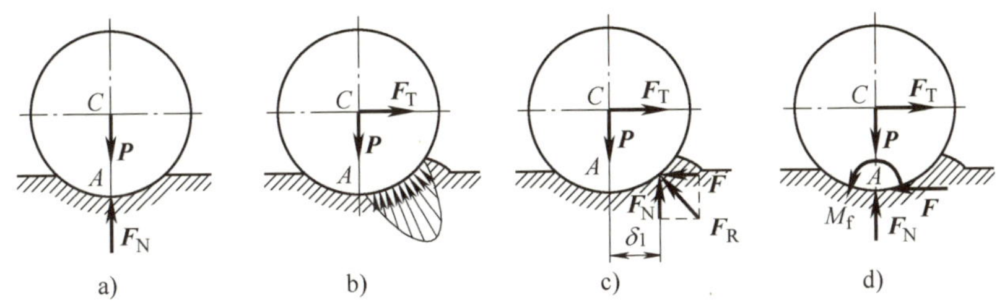

图 3-16 柔性约束模型

在滚动过程中，滚动摩阻力偶矩近似等于 M_{max}。

综上所述，滚动摩阻是由于轮与支承面接触变形而形成的摩阻力偶矩 M_f，其大小介于零与最大值 M_{max}之间，即

$$0 \leqslant M_f \leqslant M_{max} \tag{3-7}$$

式中，最大滚动摩阻力偶矩 M_{max}与滚子半径无关，与支承面的正压力 F_N成正比，即

$$M_{max} = \delta F_N \tag{3-8}$$

式（3-8）称为**滚动摩阻定律**，其中比例常数 δ 称为**滚动摩阻系数**，简称**滚阻系数**，单位为 mm。

滚动摩阻系数与轮子和支承面的材料硬度及湿度有关，与滚子半径无关。以骑自行车为例，减小滚阻系数 δ 的方法是使轮胎充足气、路面坚硬。对于同样重量的车厢，采用钢制车轮与铁轨接触方式，其滚阻系数 δ 就小于橡胶轮胎与马路接触时的滚阻系数。滚阻系数 δ 由实验测定，表 3-2 列出了一些材料的滚动摩阻系数的值。

表 3-2 滚动摩阻系数 δ

材料名称	δ/mm	材料名称	δ/mm
铸铁 - 铸铁	0.5	木 - 钢	0.3 ~ 0.4
钢质车轮 - 钢轨	0.05	钢质车轮 - 木面	1.5 ~ 2.5
软钢 - 钢	0.5	木 - 木	0.5 ~ 0.8
淬火钢珠 - 钢	0.01	软木 - 软木	1.5
轮胎 - 路面	2 ~ 10	有滚珠轴承的料车与钢轨	0.09

例 3-1 试分析质量为 m 的车轮（图 3-17），在轮心受水平力 $\boldsymbol{F}_P$作用下的滑动条件、滚动条件。

解：车轮共受到重力 $m\boldsymbol{g}$、水平推动力 $\boldsymbol{F}_{\mathrm{P}}$、地面法向支承力 $\boldsymbol{F}_{\mathrm{N}}$、摩擦力 $\boldsymbol{F}$ 以及滚动摩阻力偶矩 M，如图3-17所示。

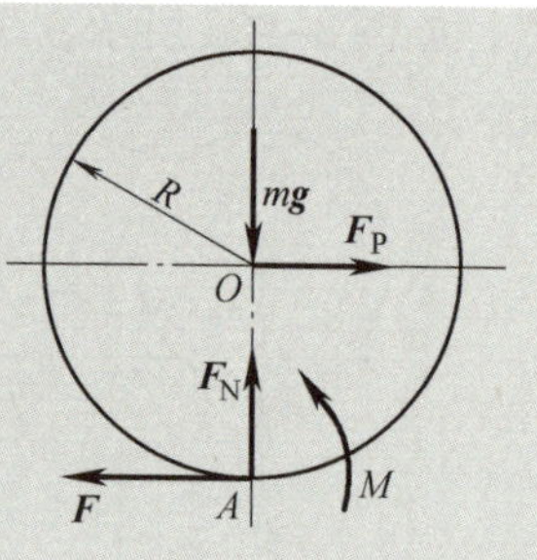

图3-17 例3-1图

车轮的滑动条件为

$$F_{滑} \geqslant f_s F_N = f_s mg$$

式中，f_s 为静摩擦因数。

设 δ 为滚阻系数，车轮的滚动条件为 $F_{滚} R \geqslant M_{\max} = \delta mg$，即

$$F_{滚} \geqslant \frac{\delta}{R} mg$$

一般情况下，$\frac{\delta}{R} \ll f_s$，所以使车轮滚动比滑动省力得多。

例3-2 如图3-18a所示，在搬运重物时，下面常垫以滚子。重物质量 $m_1 = 10 \times 10^3\mathrm{kg}$，滚子质量 $m = 10\mathrm{kg}$，半径 $r = 60\mathrm{mm}$，滚子与上、下面间的滚阻系数 $\delta = 0.5\mathrm{mm}$。求拉动重物时水平力 F_{P} 的大小。

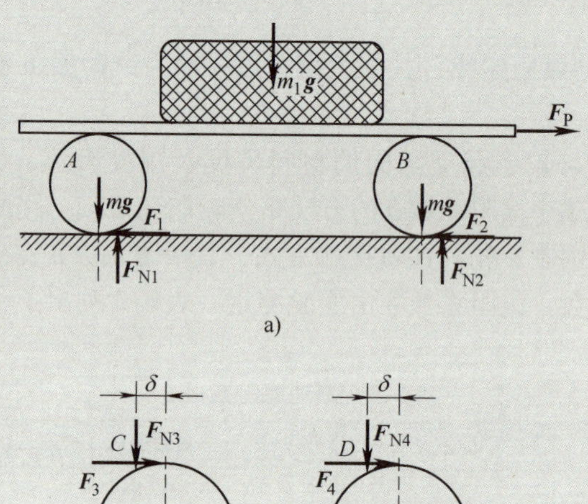

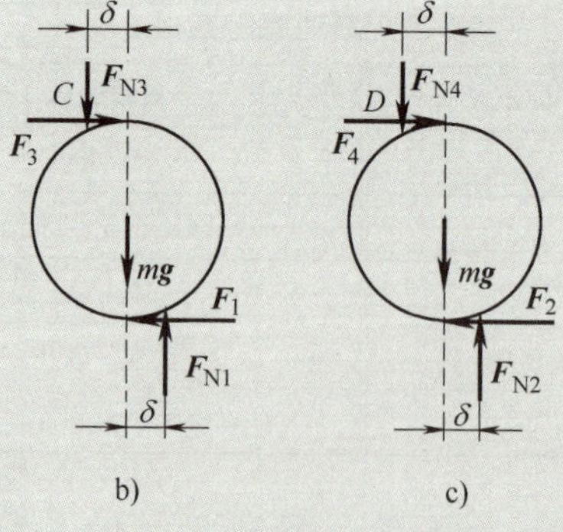

图3-18 例3-2图

解：如图3-18b所示，以滚子A为研究对象，依据滚子相对重物滚动的方向画出F_{N3}和F_3并以两力交点C为矩心，$F_3=F_1$，有

$$\sum_{i=1}^{n} M_C(\boldsymbol{F}_i)=0,\quad F_{N1}\times 2\delta - F_1\times 2r - mg\delta = 0 \tag{1}$$

同理，以滚子B为研究对象（图3-18c），以D为矩心，有

$$\sum_{i=1}^{n} M_D(\boldsymbol{F}_i)=0,\quad F_{N2}\times 2\delta - F_2\times 2r - mg\delta = 0 \tag{2}$$

将式（1）、式（2）相加，得到

$$(F_{N1}+F_{N2})\times 2\delta - (F_1+F_2)\times 2r - 2mg\delta = 0 \tag{3}$$

最后，以整体为研究对象（图3-18a），有

$$\sum_{i=1}^{n} F_{ix}=0,\quad F_P - F_1 - F_2 = 0$$

$$\sum_{i=1}^{n} F_{iy}=0,\quad F_{N1}+F_{N2}-m_1g-2mg=0$$

将上面二式代入式（3），导出

$$(m_1+2m)g\times 2\delta - F_P\times 2r - 2mg\delta = 0$$

$$F_P=\frac{m_1+m}{r}g\delta=\frac{10\times10^3+10}{0.06}\times 9.8\times 0.5\times 10^{-3}\text{N}=817\text{N}$$

如果将重物直接放在地面上拉，设重物与地面之间静摩擦因数$f_s=0.4$，则拉力$F'_P=m_1gf_s=10\times10^3\times9.8\times0.4\text{N}=39.2\text{kN}$，约为利用滚子搬运重物拉力$F_P$的48倍。

第四节 考虑摩擦时物体的平衡问题

考虑摩擦时，求解物体的平衡问题的方法和步骤，与前面两章所述的基本相同。但是在画受力图及分析计算时，必须考虑摩擦力$\boldsymbol{F}$，摩擦力$\boldsymbol{F}$的方向与相对滑动趋势的方向相反，大小有一个范围，即$0\leqslant F\leqslant F_{max}$。当物体处于临界的平衡状态时，摩擦力达到最大值，即$F_{max}=f_sF_N$。

由于静摩擦力的值F可以在0与F_{max}之间变化，因此在考虑摩擦的平衡问题时，主动力也允许在一定范围内变化，所以关于这类问题的解答往往具有一个变化范围，而不是一个确定的值。

例 3-3 质量为 $m=100\text{kg}$ 的物体放在倾角 $\alpha=45°$ 的斜面上，如图 3-19a 所示，若接触面间的静摩擦因数 $f_s=0.2$，今有一大小为 $F_P=800\text{N}$ 的力沿斜面推物体，问物体在斜面上是否处于静止状态？若静止，这时摩擦力为多大？

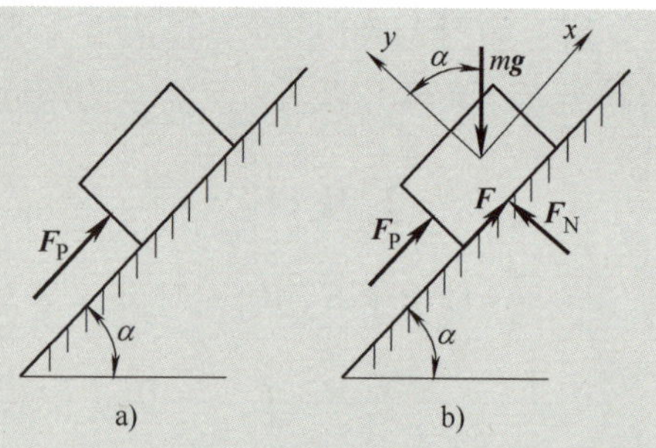

图 3-19 例 3-3 图

解：设物体静止并有向下滑的趋势，画出物体的受力如图 3-19b 所示，由平衡方程

$$\sum_{i=1}^{n} F_{ix}=0,\quad F_P-mg\sin\alpha+F=0$$

$$\sum_{i=1}^{n} F_{iy}=0,\quad F_N-mg\cos\alpha=0$$

解得

$F=mg\sin\alpha-F_P=(100\times9.8\times\sin45°-800)\text{N}=-107\text{N}$（实际指向与假设方向相反）

$$F_N=mg\cos\alpha=100\times9.8\times\cos45°\text{N}=693\text{N}$$

根据静摩擦定律，接触面可能出现的最大静摩擦力为

$$F_{max}=f_sF_N=0.2\times693\text{N}=138.6\text{N}$$

摩擦力 F 为负号，说明它沿斜面向下，故物块实际上有向上滑的趋势。由于保持静止所需的摩擦力 F 的绝对值小于最大静摩擦力 F_{max}，所以物块在斜面上可以保持静止状态，这时摩擦力的值为 107N，方向沿斜面向下。

例 3-4 斜面上放一重为 G 的重物，如图 3-20a 所示，斜面倾角为 α，物体与斜面间的摩擦角为 φ_m，且知 $\alpha>\varphi_m$，试求维持物体在斜面上静止时，水平推力 F_P 所容许的范围。

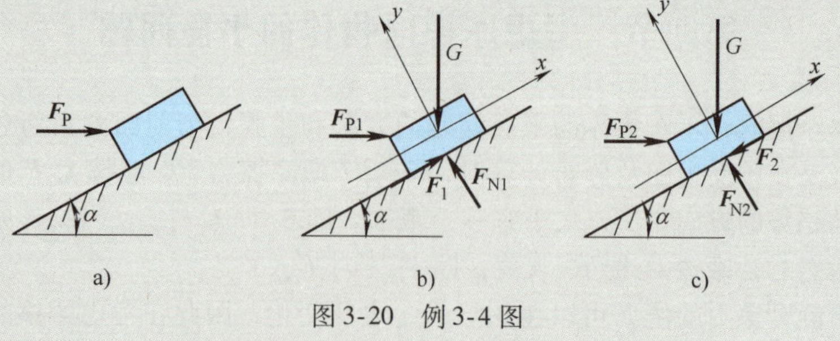

图 3-20 例 3-4 图

解：取物体为研究对象，已知 $\alpha>\varphi_m$，所以如果不加水平力 F_P，物体将下滑，为维持物体在斜面上静止，需要加上水平推力 F_P。

当水平推力 F_P 比较小时，物块有下滑趋势；当水平推力 F_P 比较大时，物块有上滑趋势。下面确定水平推力 F_P 的上、下极限，即物体的两个临界状态。

(1) 求 F_P 的下极限 F_{P1} 画物块受力图，如图 3-20b 所示，这时静摩擦力 F_1 的方向沿斜面向上，列平衡方程

$$\sum_{i=1}^{n} F_{ix}=0,\quad F_{P1}\cos\alpha-G\sin\alpha+F_1=0 \tag{1}$$

$$\sum_{i=1}^{n} F_{iy}=0,\quad -F_{P1}\sin\alpha-G\cos\alpha+F_{N1}=0 \tag{2}$$

以及摩擦力的补充方程 $F_1=f_sF_{N1}=F_{N1}\tan\varphi_m$ (3)

联立式（1）~式（3）解得

$$F_{P1}=G\frac{\tan\alpha-f_s}{1+f_s\tan\alpha}=G\tan(\alpha-\varphi_m)$$

(2) 求 F_P 的上极限 F_{P2} 画物块受力图，如图 3-20c 所示，这时静摩擦力 F_2 的方向沿斜面向下，列平衡方程

$$\sum_{i=1}^{n} F_{ix}=0,\quad F_{P2}\cos\alpha-G\sin\alpha-F_2=0 \tag{4}$$

$$\sum_{i=1}^{n} F_{iy}=0,\quad -F_{P2}\sin\alpha-G\cos\alpha+F_{N2}=0 \tag{5}$$

以及摩擦力的补充方程 $F_2=f_sF_{N2}=F_{N2}\tan\varphi_m$ (6)

联立式（4）~式（6）解得

$$F_{P2}=G\frac{\tan\alpha+f_s}{1-f_s\tan\alpha}=G\tan(\alpha+\varphi_m)$$

由以上分析可知，欲使物体在斜面上保持静止，水平推力 F_P 的大小应在 $F_{P1}\leqslant F_P\leqslant F_{P2}$ 范围内变化，即 $G\tan(\alpha-\varphi_m)\leqslant F_P\leqslant G\tan(\alpha+\varphi_m)$

例 3-5 凸轮机构如图 3-21 所示，已知推杆与滑道间的静摩擦因数为 f_s，滑道宽为 b。推杆自重及推杆与凸轮接触处的摩擦均忽略不计。为保证推杆不被卡住，求 a 的取值范围。

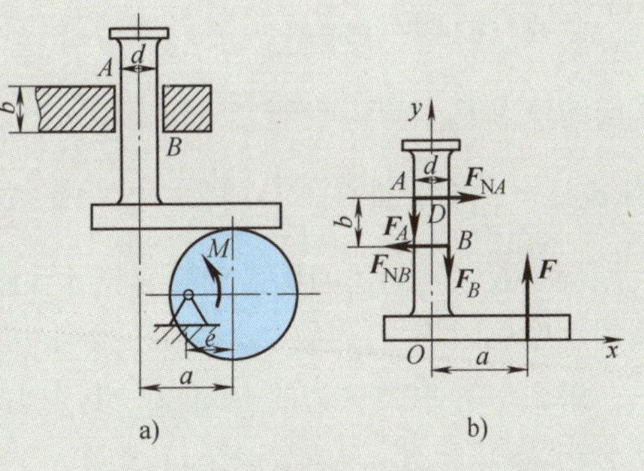

图 3-21 例 3-5 图

解：取推杆为研究对象，其受力如图3-21b所示。D点位于y轴上，推杆受到5个力的作用：凸轮推力$\boldsymbol{F}$，滑道A、B处的法向约束力$\boldsymbol{F}_{NA}$、$\boldsymbol{F}_{NB}$，阻止推杆向上运动的摩擦力$\boldsymbol{F}_A$、$\boldsymbol{F}_B$。列平衡方程

$$\sum_{i=1}^{n} F_{ix}=0 \qquad F_{NA}-F_{NB}=0 \tag{1}$$

$$\sum_{i=1}^{n} F_{iy}=0, \qquad -F_A-F_B+F=0 \tag{2}$$

$$\sum_{i=1}^{n} M_D(\boldsymbol{F}_i)=0, \quad Fa-F_{NB}b-F_B\frac{d}{2}+F_A\frac{d}{2}=0 \tag{3}$$

考虑推杆将动而未动情况，即平衡的临界状态，摩擦力F_A、F_B都达到最大值即最大静摩擦力，有补充方程

$$\begin{cases} F_A=f_sF_{NA} \\ F_B=f_sF_{NB} \end{cases} \tag{4}$$

由式（1）得$F_{NA}=F_{NB}=F_N$，代入式（4）得到

$$F_A=F_B=F_{max}=f_sF_N$$

将上式代入式（2）、式（3），分别得到

$$F=2F_{max}=2f_sF_N \tag{5}$$

$$Fa-F_Nb=0 \tag{6}$$

联立式（5）、式（6），解得

$$a_{临界}=\frac{b}{2f_s}$$

将式（6）改写为$F_N=\frac{F}{b}a$，当F和b保持不变时，a减小，滑道A、B处的法向约束力F_{NA}、F_{NB}也随之减小，最大静摩擦力$F_{max}=f_sF_N$同样减小。因而当$a<a_{临界}=\frac{b}{2f_s}$时，推杆不会因为摩擦力而被卡住。

例3-6 制动器的构造和主要尺寸如图3-22a所示，已知制动块与鼓轮表面间的动摩擦因数为f，物块重为G，求制动鼓轮转动所需的最小力F_P。

解：（1）取鼓轮为研究对象 其受力如图3-22b所示。其中$F_T=G$，由平衡方程

$$\sum_{i=1}^{n} M_H(\boldsymbol{F}_i)=0, \quad F_Tr-FR=0$$

解得

$$F=F_Tr/R=Gr/R \tag{1}$$

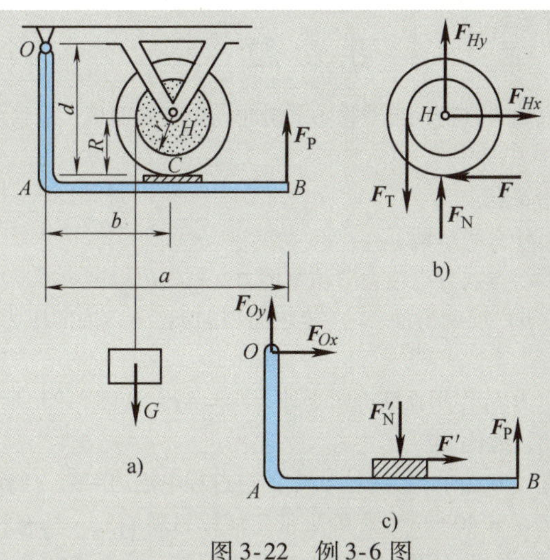

图 3-22　例 3-6 图

当 F_P 为最小值时，鼓轮与制动块间处于临界平衡状态，$F = F_{max} = fF_N$，所以

$$F_N = \frac{F_{max}}{f} = \frac{r}{Rf}G \tag{2}$$

(2) 取杠杆 OAB 为研究对象　其受力如图 3-22c 所示，列平衡方程：

$$\sum_{i=1}^{n} M_O(\boldsymbol{F}_i) = 0,\quad F_P a + F'd - F'_N b = 0 \tag{3}$$

由作用与反作用定律得 $F'_N = F_N$，$F' = F$，将式（1）、式（2）代入式（3），解得 $F_P = \frac{Gr}{aR}\left(\frac{b}{f} - d\right)$。由于按临界状态求得的 F_P 是最小值，所以制动鼓轮的力必须满足下列条件：

$$F_P \geqslant \frac{Gr}{aR}\left(\frac{b}{f} - d\right)$$

小　结

- 静摩擦定律：$F_{max} = f_s F_N$。动摩擦定律：$F_d = fF_N$。一般情况下，动摩擦因数 f 小于静摩擦因数 f_s。
- 滑动摩擦力是在一定范围内取值的约束力，其方向与相对运动方向相反。
- 摩擦角 $\varphi_f = \arctan f_s$，即摩擦角的正切等于静摩擦因数。摩擦角 φ_f 是摩擦力达到最大值时全约束力与法线的夹角。摩擦角与静摩擦因数 f_s 一样，都是表示材料表面性质的量。
- 滚动摩阻定律：$M_{max} = \delta F_N$，δ 称为滚动摩阻系数，简称滚阻系数，单位为 mm。
- 求解考虑摩擦的平衡问题时，不能随便使用摩擦定律，要正确判断是否达到临界状态，对于平衡参数取值范围，可以先求出系统处于临界状态时的平衡，再判断取值范围。

习　题

3-1　在粗糙的斜面上放置重物，当重物不下滑时，敲打斜面板，重物可能会下滑。试解释其原因。

3-2　静摩擦力有哪些特点？

3-3　什么叫摩擦角？什么叫自锁？

3-4　总结归类以下哪些方式可以增大滑动摩擦力？哪些可以减小滑动摩擦力？

a）使接触面更粗糙；b）加润滑油；c）接触面积加大；d）法向压力加大；e）切向力加大。

3-5　物块质量为 m，力 F_P 作用在摩擦角之外，$F_P = mg$。如图3-23所示，已知 $\alpha = 25°$，$\varphi_m = 20°$。问物块动不动，为什么？

3-6　如何减小自行车、摩托车、汽车、火车前进过程中滚动摩阻力偶矩。

3-7　如图3-24所示，$\alpha = 40°$，平带和V带用同样材料制成，具有相同的表面粗糙度值，静摩擦因数 $f_s = 0.2$，在相同的压力 $F = 1.5\text{kN}$ 作用下，求平带和V带所能产生的最大摩擦力。

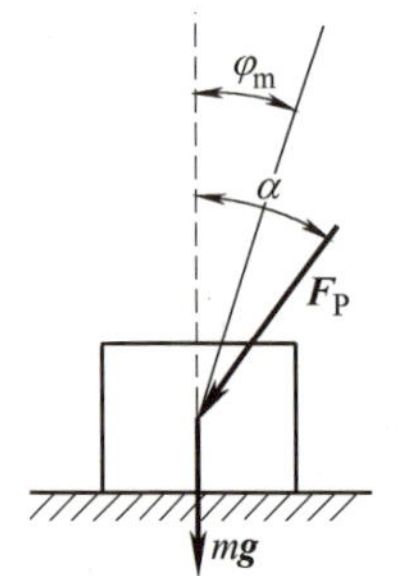

图3-23　习题3-5图

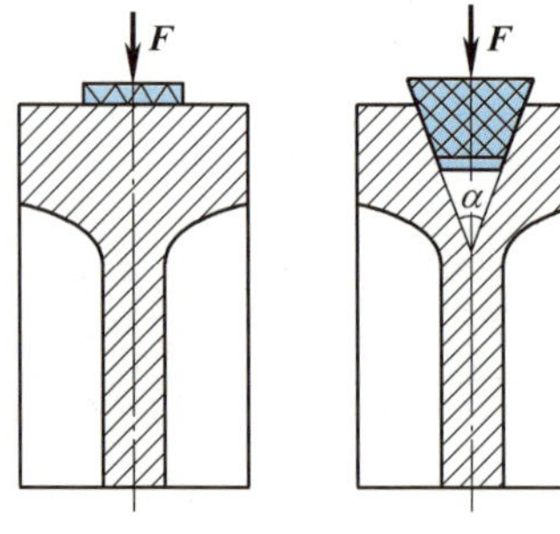

图3-24　习题3-7图

3-8　已知一物块质量 $m = 30\text{kg}$，用水平力 $F_N = 2\text{kN}$ 压在一铅垂表面上，如图3-25所示，其静摩擦因数 $f_s = 0.2$，问此时物块所受的摩擦力等于多少？

3-9　如图3-26所示，一直径为150mm的圆柱体，由于自重沿斜面匀速地向下滚动，斜面的斜率 $\tan\alpha = 0.018$。试求圆柱体与斜面间的滚动摩阻系数 δ。

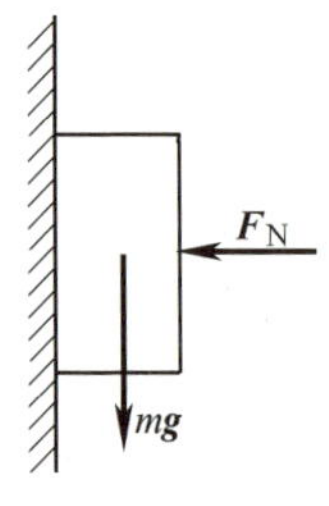

图3-25　习题3-8图

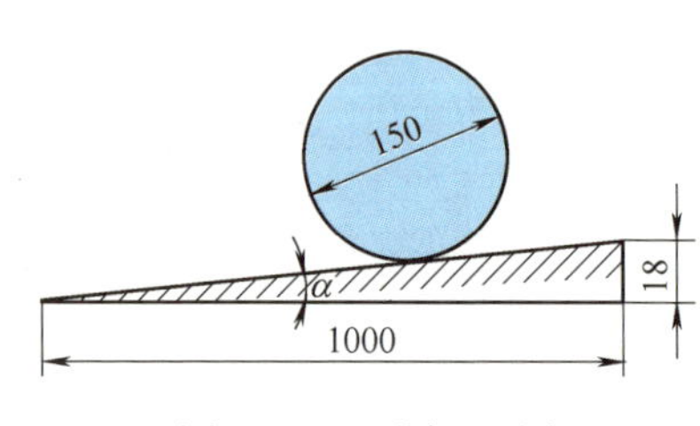

图3-26　习题3-9图

3-10　如图3-27所示，置于V形槽中的棒料上作用一力偶，当力偶的矩 $M = 30\text{N} \cdot \text{m}$ 时，刚好能转动此棒料。已知棒料质量 $m = 80\text{kg}$，直径 $D = 25\text{cm}$，不计滚动摩阻，求棒料与V形槽间的静摩擦因数 f_s。

3-11　如图3-28所示，铁板 B 重2kN，其上压一重5kN的重物 A，拉住重物的绳索与水平面成30°角，现欲将铁板抽出。已知铁板和水平面间的静摩擦因数 $f_1 = 0.20$，重物 A 和铁板间的静摩擦因数 $f_2 = 0.25$，求抽出铁板所需力 F_P 的最小值。

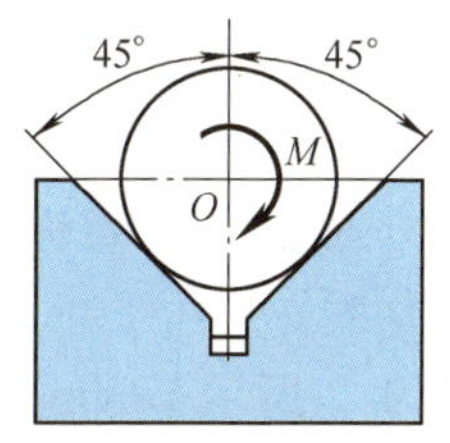

图3-27　习题3-10图

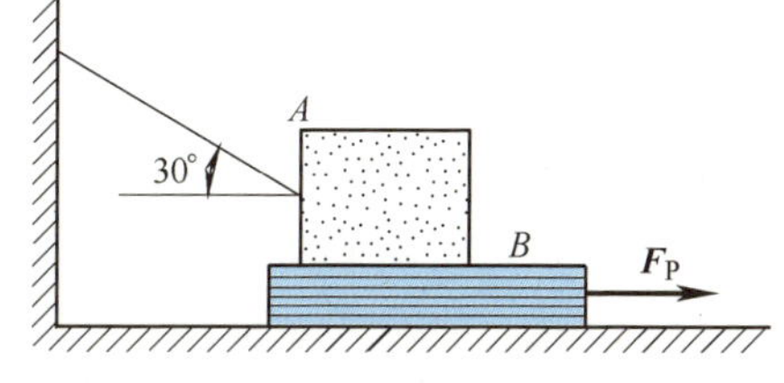

图3-28　习题3-11图

3-12　起重绞车的制动器由有制动块的手柄和制动轮所组成，如图3-29所示。已知制动轮半径 $R = 0.5\text{m}$，鼓轮半径 $r = 0.3\text{m}$，制动轮与制动块间的静摩擦因数 $f_s = 0.4$，提升的重量 $G = 1\text{kN}$，手柄长 $l = 3\text{m}$，$a = 0.6\text{m}$，$b = 0.1\text{m}$，不计手柄和制动轮的重量，求能够制动所需力 F_P 的最小值。

3-13　如图3-30所示，斧头的劈尖角为16°，问木头与斧面之间的静摩擦因数至少为多少时，斧尖自锁在木头中。

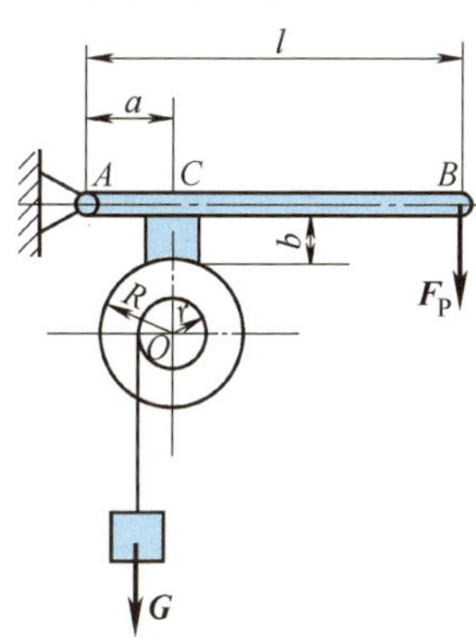

图3-29　习题3-12图

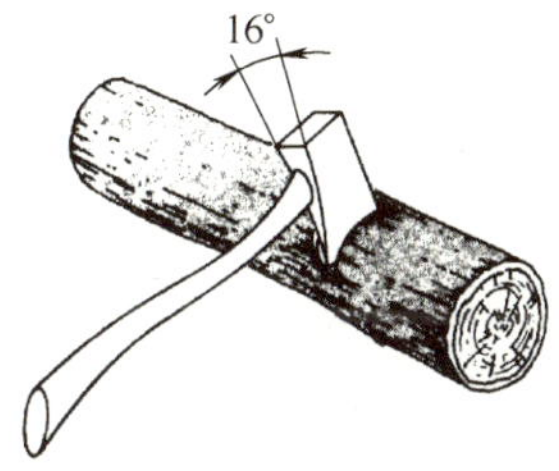

图3-30　习题3-13图

3-14　图3-31所示偏心夹紧装置，转动偏心手柄，就可使杠杆一端 O_1 点升高，从而压紧工件。已知偏心轮半径为 r，与台面间静摩擦因数为 f_s。不计偏心轮和杠杆的自重，要求在图示位置夹紧工件后不致自动松开，问偏心距 e 应为多少？

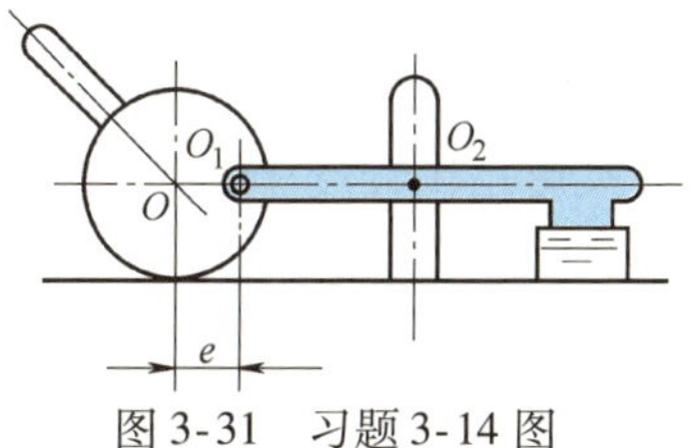

图3-31　习题3-14图

第四章

空 间 力 系

各力的作用线在空间任意分布的力系称为空间一般力系，简称空间力系。空间一般力系是物体最一般的受力情况，平面汇交力系、平面平行力系、平面一般力系都是它的特殊情况。图 4-1 所示的刚体、图 4-2 所示车床的主轴分别受到空间一般力系作用。本章研究空间一般力系处于平衡时力系应满足的条件，讨论物体的重心问题以及在机械工程中的应用。

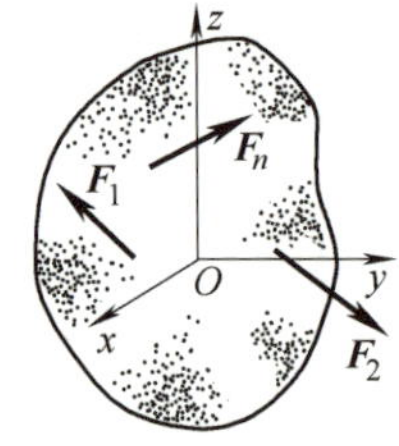

图 4-1　刚体受力

图 4-2　车床

第一节　力在直角坐标轴上的投影

设空间直角坐标系 $Oxyz$ 的三个坐标轴如图 4-3 所示，已知力 $\boldsymbol{F}$ 与三根轴的夹角分别为 α、β、γ。此力在 x、y、z 轴上的投影 F_x、F_x、F_z分别为

$$\begin{cases} F_x = F\cos\alpha \\ F_y = F\cos\beta \\ F_z = F\cos\gamma \end{cases} \tag{4-1}$$

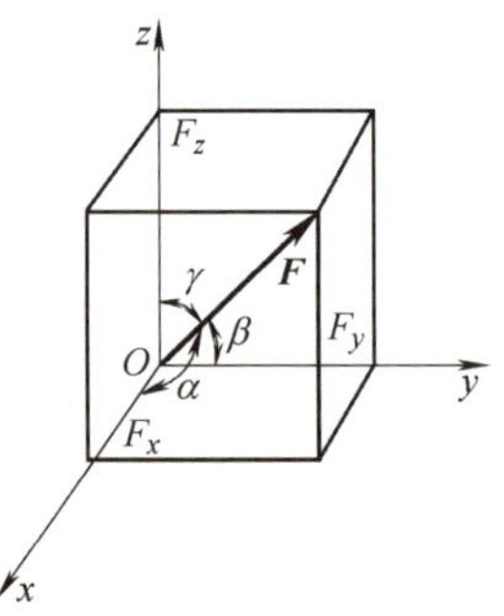

图 4-3　力的投影

投影是代数量。例如当 $90° < \alpha \leqslant 180°$时，$F_x$ 为负值。

在一些机械问题中，人们往往习惯于采用二次投影法。设力 $\boldsymbol{F}$ 与 z 轴的夹角为 γ，在 xOy 平面上的分力 $\boldsymbol{F}_{xy}$与 x 轴夹角为 φ，如

图 4-4 所示。首先将力 $\boldsymbol{F}$ 投影到 z 轴和 xOy 平面上，分别得到 $F_z = F\cos\gamma$ 、$F_{xy} = F\sin\gamma$ ，然后将 F_{xy} 再投影到 x、y 轴上。结果为

$$\begin{cases} F_x = F\sin\gamma\cos\varphi \\ F_y = F\sin\gamma\sin\varphi \\ F_z = F\cos\gamma \end{cases} \tag{4-2}$$

设 $\boldsymbol{i}$、$\boldsymbol{j}$、$\boldsymbol{k}$ 为 x、y、z 轴的单位矢量，若以 $\boldsymbol{F}_x$、$\boldsymbol{F}_y$、$\boldsymbol{F}_z$ 分别表示 $\boldsymbol{F}$ 沿直角坐标轴 x、y、z 的三个正交分量（图 4-5），则

$$\boldsymbol{F} = \boldsymbol{F}_x + \boldsymbol{F}_y + \boldsymbol{F}_z = F_x\boldsymbol{i} + F_y\boldsymbol{j} + F_z\boldsymbol{k} \tag{4-3}$$

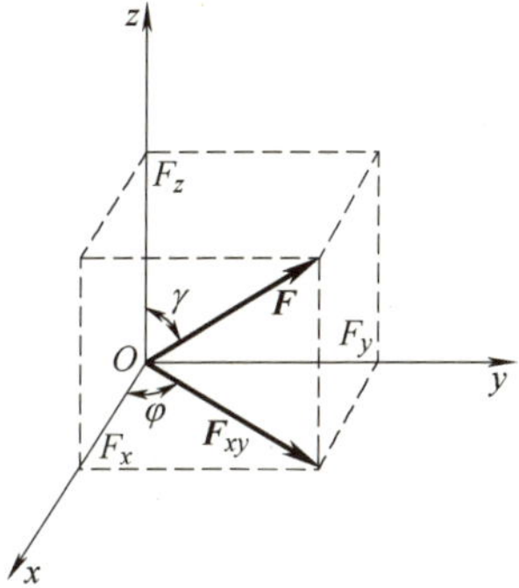

图 4-4 力的二次投影

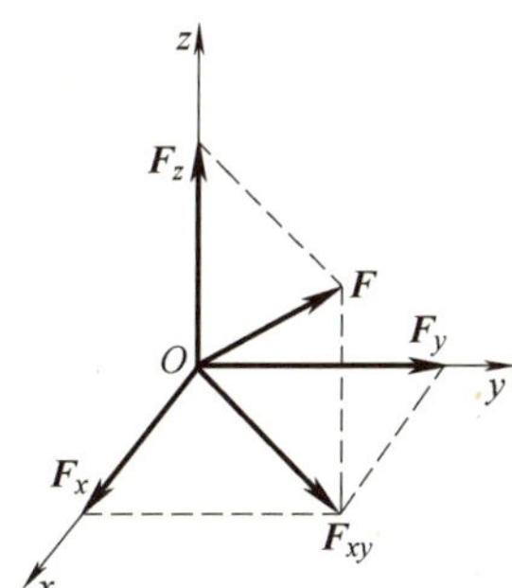

图 4-5 $\boldsymbol{F}$ 的三个正交分量

$$\begin{cases} F = \sqrt{F_x^2 + F_y^2 + F_z^2} \\ \alpha = \arccos\dfrac{F_x}{F}, \quad \beta = \arccos\dfrac{F_y}{F}, \quad \gamma = \arccos\dfrac{F_z}{F} \end{cases} \tag{4-4}$$

如果已知投影 F_x、F_y、F_z 的值，力 $\boldsymbol{F}$ 的大小与方向可由式（4-4）确定。

应当注意力的投影和分量的区别：首先，力的投影是标量，而力的分量是矢量；其次，对于斜交坐标系，力的投影不等于其分量的大小。如图 4-6 所示斜交坐标系 Oxy，力 $\boldsymbol{F}$ 沿 x、y 轴的分量大小为 OB 和 OC（图 4-6a），而对应投影的大小是 OD 和 OE（图 4-6b），显然它们不相同。

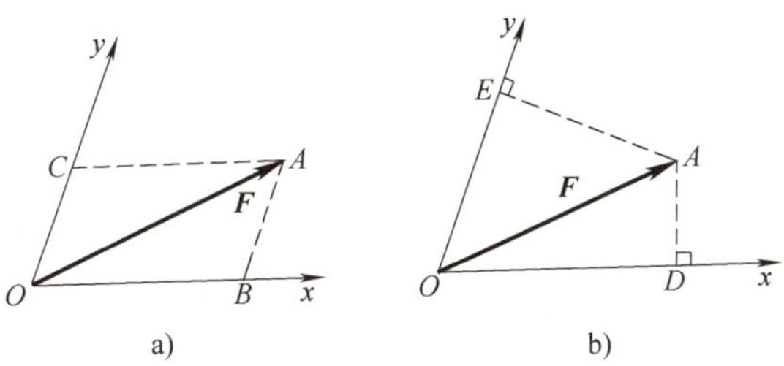

图 4-6 斜交坐标系下力的分量、投影

例 4-1 已知圆柱斜齿轮所受的总啮合力 $F=10\text{kN}$，齿轮压力角 $\alpha=20°$，螺旋角$\beta=25°$，如图 4-7 所示。试计算齿轮所受的圆周力 $\boldsymbol{F}_t$、轴向力 $\boldsymbol{F}_a$ 和径向力 $\boldsymbol{F}_r$。

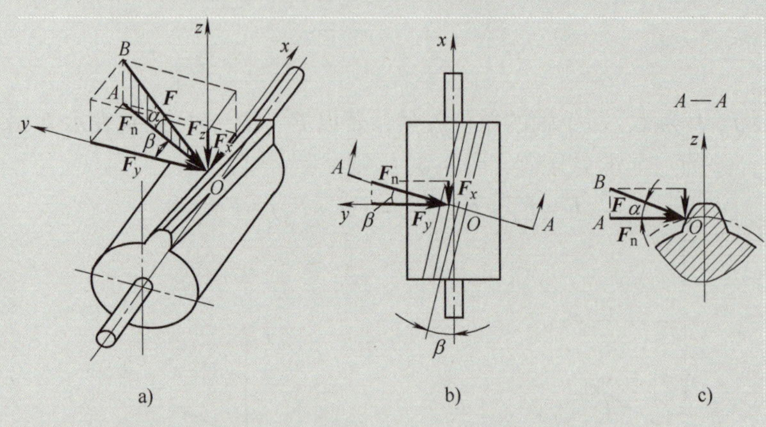

图 4-7 例 4-1 图

解：取坐标系如图 4-7 所示，使 x、y、z 三个轴分别沿齿轮的轴向、圆周的切线方向和径向，先把总啮合力 $\boldsymbol{F}$ 向 z 轴和 xOy 坐标平面投影，分别为

$$F_z=-F\sin\alpha=(-10\times\sin20°)\text{kN}=-3.42\text{kN}$$

$$F_n=F\cos\alpha=(10\times\cos20°)\text{kN}=9.4\text{kN}$$

再把力二次投影到 x 和 y 轴上，得到

$$F_x=-F_n\sin\beta=-F\cos\alpha\sin\beta=(-10\times\cos20°\sin25°)\text{kN}=-3.97\text{kN}$$

$$F_y=-F_n\cos\beta=-F\cos\alpha\cos\beta=(-10\times\cos20°\cos25°)\text{kN}=-8.52\text{kN}$$

各分力的大小分别等于对应投影的绝对值，即

轴向力 $\boldsymbol{F}_a$ 大小：$F_a=|F_x|=3.97\text{kN}$

周向力 $\boldsymbol{F}_t$ 大小：$F_t=|F_y|=8.52\text{kN}$

径向力 $\boldsymbol{F}_r$ 大小：$F_r=|F_z|=3.42\text{kN}$

例 4-2 在车床上加工外圆时，已知被加工件 S 对车刀 D 的作用力（即切削抗力）的三个分力为：$F_x=300\text{N}$，$F_y=600\text{N}$，$F_z=-1500\text{N}$，如图 4-8 所示。试求合力的大小和方向。

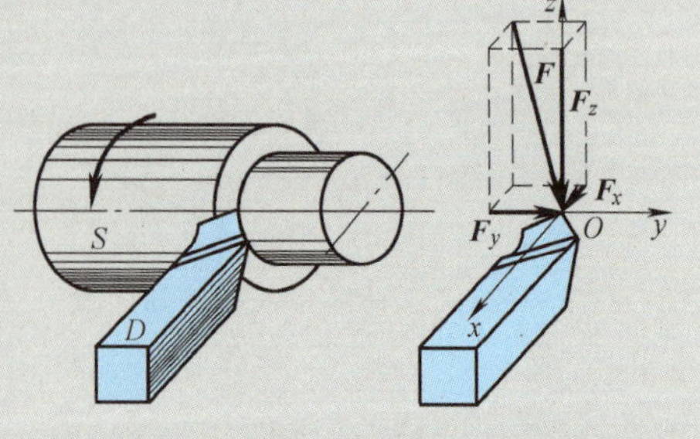

图 4-8 例 4-2 图

解：取直角坐标系 $Oxyz$ 如图 4-8 所示。合力 $\boldsymbol{F}$ 在 x、y、z 坐标轴上的分力为 $\boldsymbol{F}_x$、$\boldsymbol{F}_y$、$\boldsymbol{F}_z$。力在直角坐标轴

上的投影和力沿相应直角坐标轴的分力在数值上相等，所以合力 $\boldsymbol{F}$ 的大小和方向可由公式（4-4）求得，合力的大小为

$$F=\sqrt{F_x^2+F_y^2+F_z^2}=\sqrt{300^2+600^2+(-1500)^2}\,\text{N}=1643\text{N}$$

合力与 x、y、z 轴的夹角分别为

$$\alpha=\arccos\frac{F_x}{F}=\arccos\frac{300}{1643}=79°29'$$

$$\beta=\arccos\frac{F_y}{F}=\arccos\frac{600}{1643}=68°35'$$

$$\gamma=\arccos\frac{F_z}{F}=\arccos\frac{-1500}{1643}=155°55'$$

第二节 力对点的矩

一、平面问题中力对点的矩的解析表达式

在力对点的矩的计算中，还常用解析表达式。由图 4-9 可见，力对坐标原点的矩

$$\begin{aligned}M_O(\boldsymbol{F})&=Fh=Fr\sin(\alpha-\theta)\\&=Fr\sin\alpha\cos\theta-Fr\cos\alpha\sin\theta\\&=r\cos\theta\cdot F\sin\alpha-r\sin\theta\cdot F\cos\alpha\end{aligned}$$

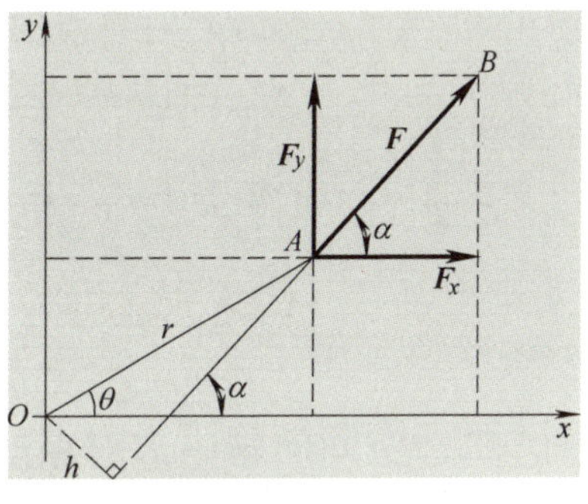

图 4-9 力矩的计算

由于力 $\boldsymbol{F}$ 作用点 A 的坐标 $x=r\cos\theta$，$y=r\sin\theta$，且力 $\boldsymbol{F}$ 在 x 轴上的投影 $F_x=F\cos\alpha$，在 y 轴上的投影为 $F_y=F\sin\alpha$，所以

$$M_O(\boldsymbol{F})=xF_y-yF_x \qquad (4\text{-}5)$$

一旦知道力作用点的坐标 x、y 和力在坐标轴上的投影 F_x、F_y，利用式（4-5）便可计算出力对坐标原点之矩，式（4-5）称为力矩的解析表达式。

例 4-3 力 $\boldsymbol{F}$ 作用在托架上，如图 4-10 所示。已知 $F=480\text{N}$，$a=0.2\text{m}$，$b=0.4\text{m}$。试求力 $\boldsymbol{F}$ 对 B 点之矩。

解：直接计算矩心 B 到力 $\boldsymbol{F}$ 作用线的垂直距离 h 比较麻烦。现建立直角坐标系 Bxy，将力 $\boldsymbol{F}$ 沿水平方向 x 和铅垂方向 y 分解，得

$$F_x=F\cos30°,\quad F_y=F\sin30°$$

由式（4-5）得力 $\boldsymbol{F}$ 对 B 点之矩为

$$
\begin{aligned}
M_B(\boldsymbol{F}) &= x_A F_y - y_A F_x \\
&= b \cdot F\sin30^\circ - a \cdot F\cos30^\circ \\
&= F(b\sin30^\circ - a\cos30^\circ) \\
&= 480 \times (0.4 \times 0.5 - 0.2 \times 0.866)\text{N} \cdot \text{m} = 12.9\text{N} \cdot \text{m}
\end{aligned}
$$

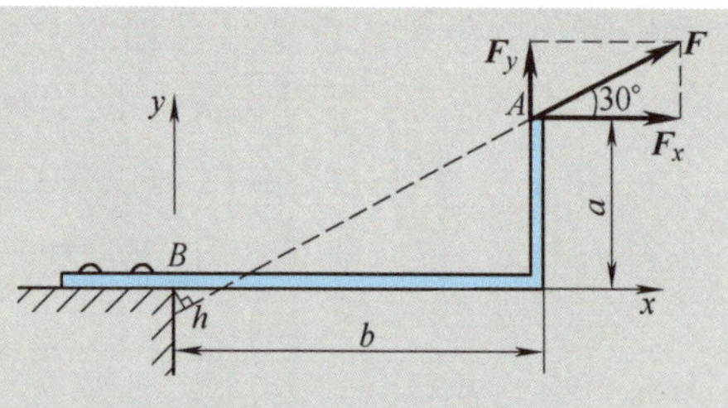

图4-10　例4-3图

例4-4　刹车踏板如图4-11所示。已知 $F=300\text{N}$，$a=0.25\text{m}$，$b=c=0.05\text{m}$，推杆顶力 $\boldsymbol{F}_\text{P}$ 为水平方向，$\boldsymbol{F}$ 与水平线夹角 $\alpha=30°$。试求踏板平衡时，推杆顶力 $\boldsymbol{F}_\text{P}$ 的大小。

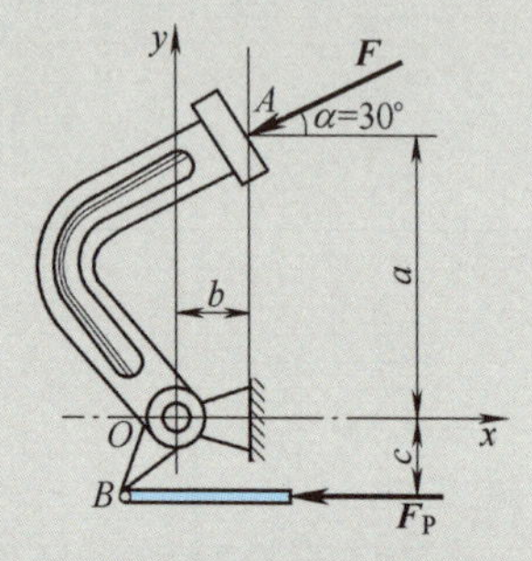

图4-11　例4-4图

解：踏板 AOB 为绕定轴 O 转动的杠杆，力 $\boldsymbol{F}$ 对 O 点的矩与力 $\boldsymbol{F}_\text{P}$ 对 O 点的矩相互平衡。力 $\boldsymbol{F}$ 作用点 A 的坐标为

$$x=b=0.05\text{m},\quad y=a=0.25\text{m}$$

力 $\boldsymbol{F}$ 在 x、y 轴上的投影为

$$F_x=-F\cos30^\circ=-260\text{N},\quad F_y=-F\sin30^\circ=-150\text{N}$$

由式（4-5）得力 $\boldsymbol{F}$ 对 O 点的矩为

$$M_O(\boldsymbol{F})=xF_y-yF_x=[0.05\times(-150)-0.25\times(-260)]\text{N}\cdot\text{m}=57.5\text{N}\cdot\text{m}$$

力 $\boldsymbol{F}_\text{P}$ 对 O 点的矩等于 $F_\text{P}\times c$，由杠杆平衡条件 $\sum_{i=1}^{n} M_O(\boldsymbol{F}_i)=0$，得

$$F_\text{P}=\frac{M_O(\boldsymbol{F})}{c}=\frac{57.5}{0.05}\text{N}=1150\text{N}=1.15\text{kN}$$

*二、空间问题中力对点的矩

力矩是度量力对物体的转动效应的物理量。对空间三维问题，需要建立力对点的矩的矢量表达式。

设 O 点为空间的任意定点，自 O 点至力 $\boldsymbol{F}$ 的作用点 A 引矢径 $\boldsymbol{r}$，如图4-12所示。$\boldsymbol{r}$ 和 $\boldsymbol{F}$ 的矢量积（又称叉积）称为力 $\boldsymbol{F}$ 对 O 点的矩，记作 $\boldsymbol{M}_O(\boldsymbol{F})$，它是一个矢量，$O$ 点称为矩心。即

$$\boldsymbol{M}_O(\boldsymbol{F})=\boldsymbol{r}\times\boldsymbol{F}\qquad(4\text{-}6)$$

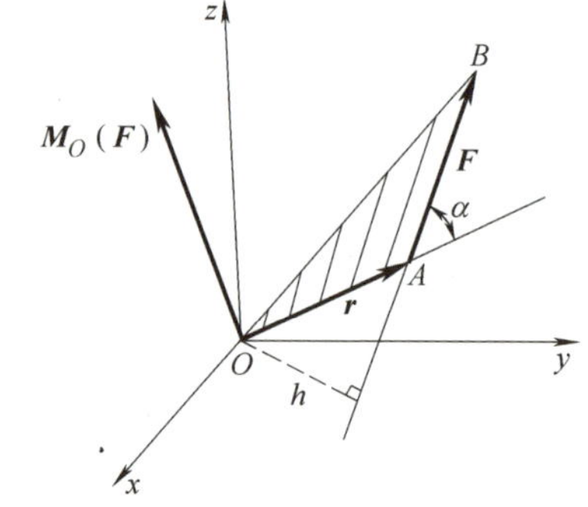

图4-12　力对 O 点的矩

注意式（4-5）中 $M_O(\boldsymbol{F})$ 为代数量（标量），而式（4-6）中 $\boldsymbol{M}_O(\boldsymbol{F})$ 为

矢量。

设$\boldsymbol{i}$、$\boldsymbol{j}$、$\boldsymbol{k}$为x、y、z轴上单位矢量，力作用点A的坐标（x，y，z），力$\boldsymbol{F}$用坐标轴上的投影F_x、F_y、F_z表示为

$$\boldsymbol{F}=F_x\boldsymbol{i}+F_y\boldsymbol{j}+F_z\boldsymbol{k} \tag{1}$$

以M_{Ox}、M_{Oy}、M_{Oz}分别表示力矩$\boldsymbol{M}_O(\boldsymbol{F})$在$x$、$y$、$z$轴上的投影，由于

$$\boldsymbol{r}=x\boldsymbol{i}+y\boldsymbol{j}+z\boldsymbol{k} \tag{2}$$

将式（1）、式（2）代入式（4-6），根据矢量叉积的运算规则：$\boldsymbol{i}\times\boldsymbol{i}=\boldsymbol{j}\times\boldsymbol{j}=\boldsymbol{k}\times\boldsymbol{k}=\boldsymbol{0}$，$\boldsymbol{i}\times\boldsymbol{j}=-\boldsymbol{j}\times\boldsymbol{i}=\boldsymbol{k}$，$\boldsymbol{j}\times\boldsymbol{k}=-\boldsymbol{k}\times\boldsymbol{j}=\boldsymbol{i}$，$\boldsymbol{k}\times\boldsymbol{i}=-\boldsymbol{i}\times\boldsymbol{k}=\boldsymbol{j}$。得

$$\begin{aligned}\boldsymbol{M}_O(\boldsymbol{F})&=M_{Ox}\boldsymbol{i}+M_{Oy}\boldsymbol{j}+M_{Oz}\boldsymbol{k}=\boldsymbol{r}\times\boldsymbol{F}\\&=(x\boldsymbol{i}+y\boldsymbol{j}+z\boldsymbol{k})\times(F_x\boldsymbol{i}+F_y\boldsymbol{j}+F_z\boldsymbol{k})\\&=(yF_z-zF_y)\boldsymbol{i}+(zF_x-xF_z)\boldsymbol{j}+(xF_y-yF_x)\boldsymbol{k}\end{aligned} \tag{4-7}$$

于是得

$$\begin{cases}M_{Ox}=yF_z-zF_y\\M_{Oy}=zF_x-xF_z\\M_{Oz}=xF_y-yF_x\end{cases} \tag{4-8}$$

将矢量叉积$\boldsymbol{r}\times\boldsymbol{F}$用三阶行列式表示为

$$\boldsymbol{M}_O(\boldsymbol{F})=\begin{vmatrix}\boldsymbol{i}&\boldsymbol{j}&\boldsymbol{k}\\x&y&z\\F_x&F_y&F_z\end{vmatrix} \tag{4-9}$$

在计算机上进行数值计算常运用式（4-8）来编制程序，而式（4-9）简捷明了便于记忆。

例4-5　如图4-13所示，大小为200N的力$\boldsymbol{F}$平行于xOz平面，作用于曲柄的右端A点，曲柄在Oxy平面内。试求力$\boldsymbol{F}$对坐标原点O的力矩$\boldsymbol{M}_O(\boldsymbol{F})$。

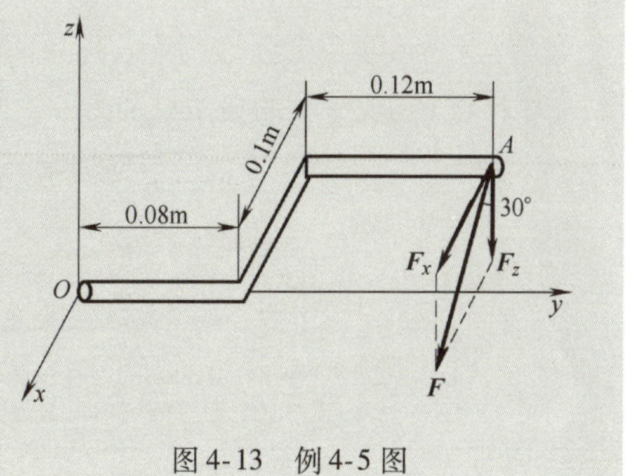

图4-13　例4-5图

解： 曲柄上右端A点的坐标为

$x=-0.1\text{m}$，　$y=0.2\text{m}$，　$z=0$

力$\boldsymbol{F}$在x、y、z轴上的投影分别为

$$F_x = F\sin 30° = (200 \times 0.5)\text{N} = 100\text{N}$$
$$F_y = 0$$
$$F_z = -F\cos 30° = (-200 \times 0.866)\text{N} = -173\text{N}$$

力 $\boldsymbol{F}$ 对 O 点的矩为

$$\boldsymbol{M}_O(\boldsymbol{F}) = \begin{vmatrix} \boldsymbol{i} & \boldsymbol{j} & \boldsymbol{k} \\ x & y & z \\ F_x & F_y & F_z \end{vmatrix} = \begin{vmatrix} \boldsymbol{i} & \boldsymbol{j} & \boldsymbol{k} \\ -0.1 & 0.2 & 0 \\ 100 & 0 & -173 \end{vmatrix} \text{N}\cdot\text{m}$$

$$= \left(\begin{vmatrix} 0.2 & 0 \\ 0 & -173 \end{vmatrix} \boldsymbol{i} - \begin{vmatrix} -0.1 & 0 \\ 100 & -173 \end{vmatrix} \boldsymbol{j} + \begin{vmatrix} -0.1 & 0.2 \\ 100 & 0 \end{vmatrix} \boldsymbol{k} \right) \text{N}\cdot\text{m}$$

$$= [0.2 \times (-173)\boldsymbol{i} - (-0.1) \times (-173)\boldsymbol{j} - 0.2 \times 100\boldsymbol{k}]\text{N}\cdot\text{m}$$

$$= (-34.6\boldsymbol{i} - 17.3\boldsymbol{j} - 20\boldsymbol{k})\text{N}\cdot\text{m}$$

即 $M_{Ox} = -34.6\text{N}\cdot\text{m}$，$M_{Oy} = -17.3\text{N}\cdot\text{m}$，$M_{Oz} = -20\text{N}\cdot\text{m}$

例4-6 如图4-14所示，已知力 $\boldsymbol{F}$ 作用点 A 的坐标（3，4，5），单位为m；对 O 点的力矩 $\boldsymbol{M}_O(\boldsymbol{F}) = -6\boldsymbol{i} + 7\boldsymbol{j} - 2\boldsymbol{k}$，单位为N·m。试求力 $\boldsymbol{F}$ 的大小和方向。

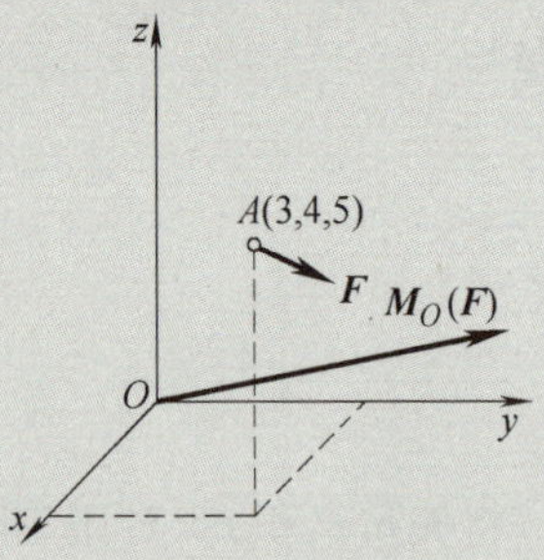

图4-14 例4-6图

解：力作用点 A 的坐标为

$$x = 3\text{m}, \quad y = 4\text{m}, \quad z = 5\text{m}$$

力 $\boldsymbol{F}$ 对 O 点的矩在坐标轴上投影分别为

$$M_{Ox} = -6\text{N}\cdot\text{m},\ M_{Oy} = 7\text{N}\cdot\text{m},\ M_{Oz} = -2\text{N}\cdot\text{m}$$

力矢量表达为 $\boldsymbol{F} = F_x\boldsymbol{i} + F_y\boldsymbol{j} + F_z\boldsymbol{k}$

将坐标值、力和力矩投影代入式（4-8）得

$$\begin{cases} 4\text{m} \times F_z - 5\text{m} \times F_y = -6\text{N}\cdot\text{m} \\ 5\text{m} \times F_x - 3\text{m} \times F_z = 7\text{N}\cdot\text{m} \\ 3\text{m} \times F_y - 4\text{m} \times F_x = -2\text{N}\cdot\text{m} \end{cases}$$

求解上述三元一次方程组，得 $F_x = F_y = 2\text{N}$，$F_z = 1\text{N}$。将 F_x、F_y、F_z 代入式（4-4）求得力 $\boldsymbol{F}$ 的大小为

$$F = \sqrt{F_x^2 + F_y^2 + F_z^2} = \sqrt{2^2 + 2^2 + 1^2}\text{N} = 3\text{N}$$

力 $\boldsymbol{F}$ 与 x、y、z 轴的夹角分别为

$$\alpha = \arccos\frac{F_x}{F} = \arccos\frac{2}{3} = 48°11'$$

$$\beta = \arccos\frac{F_y}{F} = \arccos\frac{2}{3} = 48°11'$$

$$\gamma = \arccos\frac{F_z}{F} = \arccos\frac{1}{3} = 70°31'$$

第三节 力对轴的矩

在机电系统中，存在着大量绕固定轴转动的构件，例如电动机转子（图4-15a）、齿轮（图4-15b）、飞轮（图4-15c）、机床主轴（图4-15d）等。力对轴的矩，是度量作用力对绕轴转动物体作用效果的物理量。

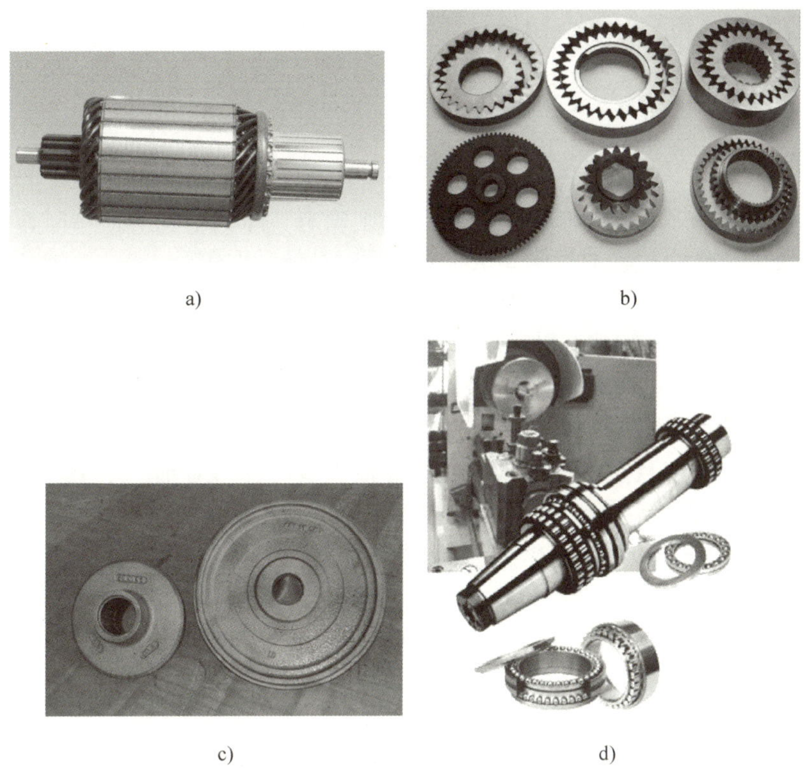

a) b) c) d)

图4-15 转动件

a）电动机转子 b）齿轮 c）飞轮 d）机床主轴

讨论图4-16所示手推门的情况。设门绕固定轴 z 转动，其上 A 点受力 $\boldsymbol{F}$ 的作用。将力 $\boldsymbol{F}$ 沿 z 轴和垂直于 z 轴的 H 平面分解为 $\boldsymbol{F}_z$ 和 $\boldsymbol{F}_{xy}$ 两个分量。实践表明，分力 $\boldsymbol{F}_z$ 不能使刚体绕 z 轴转动，只有分力 $\boldsymbol{F}_{xy}$ 才能使刚体产生绕 z 轴的转动。所以力 $\boldsymbol{F}$ 对 z 轴的转动效应取决于分力 $\boldsymbol{F}_{xy}$ 对 O 点的矩，称为力 $\boldsymbol{F}$ 对 z 轴的矩，以符号 $M_z(\boldsymbol{F})$ 表示。扩展到一般情形，如图4-17所示，定义：**力 $\boldsymbol{F}$ 对任意轴 z 的矩，等于力 $\boldsymbol{F}$ 在垂直于 z 轴的 H 平面上的分力 $\boldsymbol{F}_{xy}$ 对 z 轴与平面 H 交点 O 的矩。**

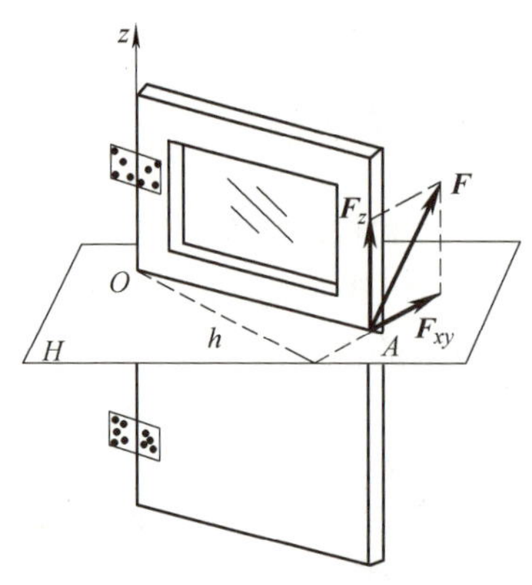

图4-16 门绕门轴转动

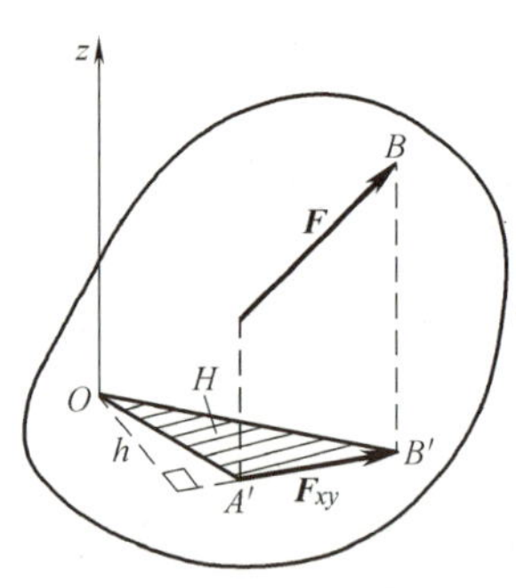

图4-17 力对 z 轴的矩

力对轴的矩其正负号按照右手螺旋法则确定。即从矩轴的正端向另一端看去，力使刚体绕矩轴逆时针转动取正号，顺时针转动取负号。

根据上面的定义可知，力对轴的矩为零的条件是：

1）若力 $\boldsymbol{F}$ 的作用线与轴平行，则 $\boldsymbol{F}_{xy}$ 等于零，故力对轴的矩为零；

2）若力 $\boldsymbol{F}$ 的作用线与轴相交，则力臂为零，故力对轴的矩也为零。

概括上述两种情况，得到：当力的作用线与轴共面时，力对轴的矩为零。

当力不为零并且它的作用线与轴是异面直线时，力对轴的矩不等于零。力对轴的矩的单位是 N · m。

讨论图4-18所示的一般情形，设力 $\boldsymbol{F}$ 的作用点 A 的坐标为 x、y、z，力 $\boldsymbol{F}$ 沿着坐标轴的分力分别为 $\boldsymbol{F}_x$、$\boldsymbol{F}_y$、$\boldsymbol{F}_z$，在坐标轴上的投影为 F_x、F_y、F_z。按力对轴的矩的定义得到力对 x、y、z 坐标轴的矩的解析表达式

$$\begin{cases} M_x(\boldsymbol{F}) = yF_z - zF_y \\ M_y(\boldsymbol{F}) = zF_x - xF_z \\ M_z(\boldsymbol{F}) = xF_y - yF_x \end{cases} \tag{4-10}$$

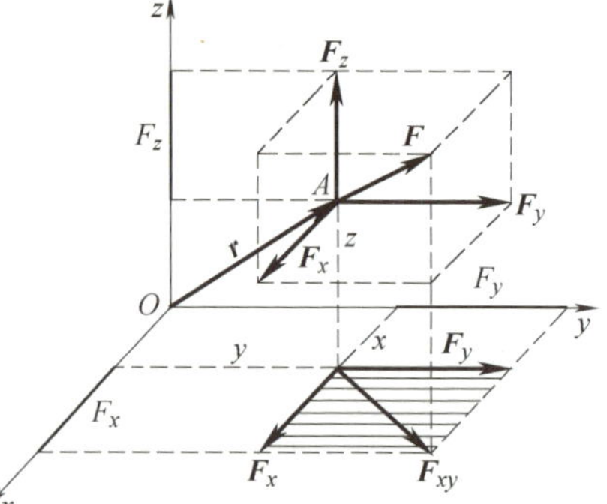

图4-18 力对 x、y、z 轴的矩

对照式（4-8）、式（4-10），得

$$\begin{cases} M_{Ox} = M_x(F) \\ M_{Oy} = M_y(F) \\ M_{Oz} = M_z(F) \end{cases} \tag{4-11}$$

注意到力 $\boldsymbol{F}$ 对任意轴的矩 $M_x(\boldsymbol{F})$、$M_y(\boldsymbol{F})$、$M_z(\boldsymbol{F})$ 为代数量，是标量；而力对点的矩 $\boldsymbol{M}_O(\boldsymbol{F})$ 是矢量，$\boldsymbol{M}_O(\boldsymbol{F}) = M_{Ox}\boldsymbol{i} + M_{Oy}\boldsymbol{j} + M_{Oz}\boldsymbol{k}$，$M_{Ox}$、$M_{Oy}$ 和 M_{Oz} 是 $\boldsymbol{M}_O(\boldsymbol{F})$ 在 x、y、z 轴上的投影。由式（4-11）得到**力矩关系定理：力 $\boldsymbol{F}$ 对点 O 的力矩矢 $\boldsymbol{M}_O(\boldsymbol{F})$ 在 $Oxyz$ 坐标轴上的投影等于**

力 $\boldsymbol{F}$ 对 x、y、z 轴的力矩。

例 4-7 构件 OA 在 A 点受到作用力 $F=1000\text{N}$，方向如图 4-19a 所示。图中 A 点在 xOy 平面内。试求力 $\boldsymbol{F}$ 对 x、y、z 坐标轴的矩 $M_x(\boldsymbol{F})$、$M_y(\boldsymbol{F})$、$M_z(\boldsymbol{F})$。

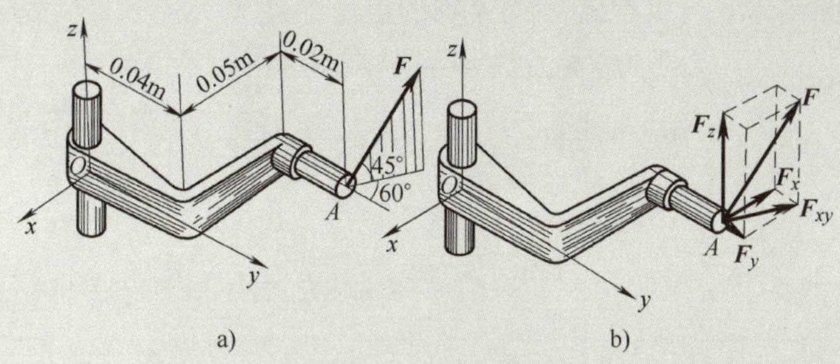

图 4-19 例 4-7 图

解：力 $\boldsymbol{F}$ 作用点 A 的坐标为

$$x=-0.05\text{m},\quad y=0.06\text{m},\quad z=0$$

力 $\boldsymbol{F}$ 在 x、y、z 轴上的投影为

$$F_x=-F\cos45°\cdot\sin60°=(-1000\times0.707\times0.866)\text{N}=-612\text{N}$$

$$F_y=F\cos45°\cdot\cos60°=(1000\times0.707\times0.5)\text{N}=354\text{N}$$

$$F_z=F\sin45°=(1000\times0.707)\text{N}=707\text{N}$$

将各个量代入式（4-10），得力 $\boldsymbol{F}$ 对三个坐标轴的矩分别为

$$M_x(\boldsymbol{F})=yF_z-zF_y=(0.06\times707)\text{N}\cdot\text{m}=42.4\text{N}\cdot\text{m}$$

$$M_y(\boldsymbol{F})=zF_x-xF_z=[-(-0.05)\times707]\text{N}\cdot\text{m}=35.4\text{N}\cdot\text{m}$$

$$M_z(\boldsymbol{F})=xF_y-yF_x=[(-0.05)\times354-0.06\times(-612)]\text{N}\cdot\text{m}=19\text{N}\cdot\text{m}$$

例 4-8 如图 4-20a 所示，半径为 r 的斜齿轮，其上作用一力 $\boldsymbol{F}$，力 $\boldsymbol{F}$ 作用点的坐标为（0，a，r）。求力 $\boldsymbol{F}$ 对 y 轴的矩。

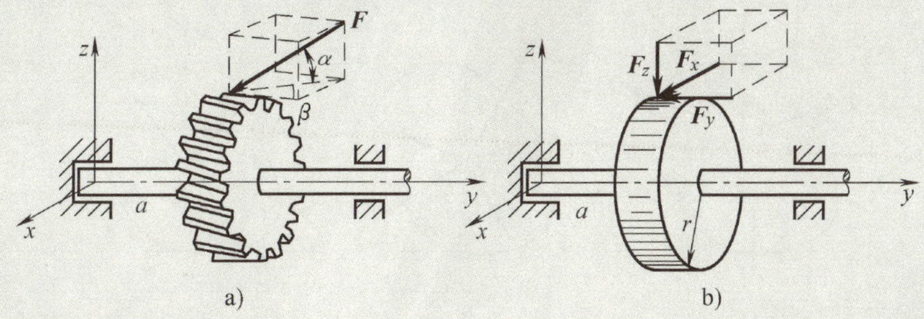

图 4-20 例 4-8 图

解：将力 $\boldsymbol{F}$ 沿 x、y、z 轴分解，其大小为

$$F_x = F\cos\alpha\sin\beta, \quad F_y = -F\cos\alpha\cos\beta, \quad F_z = -F\sin\alpha \tag{1}$$

方法一：由于 $\boldsymbol{F}_y$ 与 y 轴平行，$\boldsymbol{F}_z$ 的作用线与 y 轴相交，故它们对 y 轴的矩等于零。由图 4-20b 可以看出 $\boldsymbol{F}_x$ 对 y 轴的矩为

$$M_y(\boldsymbol{F}_x) = F_x r = Fr\cos\alpha\sin\beta$$

方法二：力 $\boldsymbol{F}$ 作用点的坐标为

$$x=0, \quad y=a, \quad z=r \tag{2}$$

将式（1）、式（2）代入式（4-10），得

$$M_y(\boldsymbol{F}) = zF_x - xF_z = r\cdot F\cos\alpha\sin\beta - 0 = Fr\cos\alpha\sin\beta$$

第四节　空间力系平衡条件

以上三节讨论了空间力在直角坐标轴上的投影、力对点的矩和力对轴的矩。空间一般力系可以通过向一点的简化，得到一个空间汇交力系和一个空间力偶系，进而得到平衡条件。

一、空间力系向指定点简化

作用于刚体的空间任意力系 $\boldsymbol{F}_1$，$\boldsymbol{F}_2$，…，$\boldsymbol{F}_n$，如图 4-21a 所示。任选一指定点 O，称为**简化中心**。将力系中各力平行移动到 O 点，根据力的平移定理，将得到一个作用于 O 点的共点力系 $\boldsymbol{F}_1'$，$\boldsymbol{F}_2'$，…，$\boldsymbol{F}_n'$，和一个由附加力偶组成的空间力偶系 $\boldsymbol{M}_1$，$\boldsymbol{M}_2$，…，$\boldsymbol{M}_n$。其中

$$\boldsymbol{F}_1' = \boldsymbol{F}_1,\ \boldsymbol{F}_2' = \boldsymbol{F}_2,\ \cdots,\ \boldsymbol{F}_n' = \boldsymbol{F}_n$$

$$\boldsymbol{M}_1 = \boldsymbol{M}_O(\boldsymbol{F}_1),\ \boldsymbol{M}_2 = \boldsymbol{M}_O(\boldsymbol{F}_2),\ \cdots,\ \boldsymbol{M}_n = \boldsymbol{M}_O(\boldsymbol{F}_n)$$

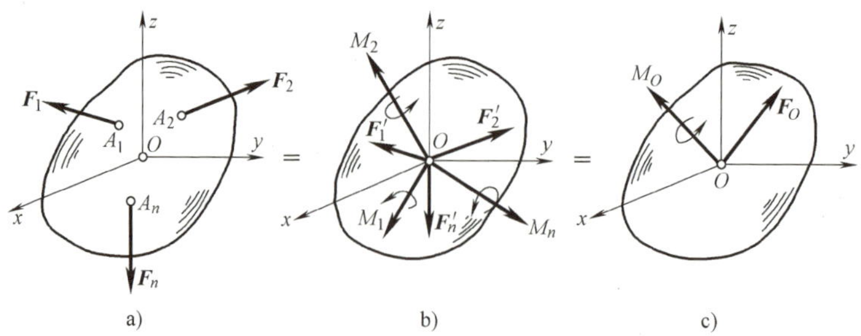

图 4-21　空间一般力系

共点力系可合成为作用于简化中心 O 的一个力 $\boldsymbol{F}_O$，有

$$\boldsymbol{F}_O=\sum_{i=1}^{n}\boldsymbol{F}_i'=\sum_{i=1}^{n}\boldsymbol{F}_i$$

空间力偶系可合成为一个力偶，其力偶矩矢量为

$$\boldsymbol{M}_O=\sum_{i=1}^{n}\boldsymbol{M}_i=\sum_{i=1}^{n}\boldsymbol{M}_O(\boldsymbol{F}_i)$$

二、主矢和主矩

空间力系各力的矢量和称为力系的主矢，即

$$\boldsymbol{F}_R'=\sum_{i=1}^{n}\boldsymbol{F}_i \tag{4-12}$$

空间力系中各力对简化中心 O 之矩的矢量和，称为力系对简化中心的主矩，即

$$\boldsymbol{M}_O=\sum_{i=1}^{n}\boldsymbol{M}_O(\boldsymbol{F}_i) \tag{4-13}$$

对于给定的力系，主矢的大小和方向仅取决于力系中各力的大小和方向，而与简化中心的选择无关。主矢在三个坐标轴上的投影分别为

$$\begin{cases}F_{Rx}'=\sum_{i=1}^{n}F_{ix}\\ F_{Ry}'=\sum_{i=1}^{n}F_{iy}\\ F_{Rz}'=\sum_{i=1}^{n}F_{iz}\end{cases} \tag{4-14}$$

力系的主矩一般随简化中心选取的不同而改变，在三个坐标轴上的投影分别为

$$\begin{cases}M_{Ox}=\sum_{i=1}^{n}M_{ix}\\ M_{Oy}=\sum_{i=1}^{n}M_{iy}\\ M_{Oz}=\sum_{i=1}^{n}M_{iz}\end{cases} \tag{4-15}$$

结论：空间力系向任一指定点简化，一般情况下可得到一个力 $\boldsymbol{F}_O$ 和一个力偶 $\boldsymbol{M}_O$，该力作用于简化中心 O，其大小和方向与力系的主矢 $\boldsymbol{F}_R'$ 相同；该力偶的力偶矩矢量等于该力系对简化中心的主矩 $\boldsymbol{M}_O$。主矢与简化中心的选取无关，

主矩一般与简化中心选取有关。

三、空间一般力系的平衡方程

设一物体上作用着一个空间一般力系 $\boldsymbol{F}_1$，$\boldsymbol{F}_2$，…，$\boldsymbol{F}_n$，如图4-22所示，则力系既能产生使物体沿空间直角坐标 x、y、z 轴方向移动的效应，又能产生使物体绕 x、y、z 轴转动的效应。若物体在空间一般力系作用下保持平衡，则必须同时满足以下两点：

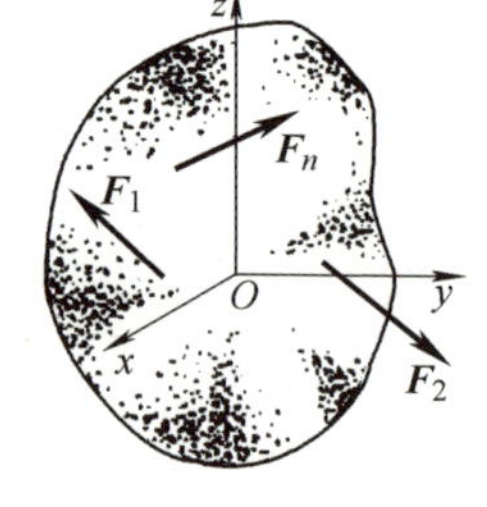

图4-22 空间一般力系

1）对于平移，物体在 x、y、z 轴保持平衡（静止或匀速直线运动），空间一般力系各力在 x、y、z 轴投影的代数和为零。

2）对于转动，物体对 x、y、z 轴保持平衡，空间一般力系各力对 x、y、z 轴之矩的代数和为零。

由上所述，根据式（4-14）、式（4-15），得到空间一般力系的平衡方程为

$$\begin{cases}\sum_{i=1}^{n} F_{ix} = 0 \\ \sum_{i=1}^{n} F_{iy} = 0 \\ \sum_{i=1}^{n} F_{iz} = 0 \\ \sum_{i=1}^{n} M_{ix} = 0 \\ \sum_{i=1}^{n} M_{iy} = 0 \\ \sum_{i=1}^{n} M_{iz} = 0\end{cases} \tag{4-16}$$

式（4-16）表示了空间一般力系平衡的充分必要条件，即**各力在直角坐标系的三个坐标轴上的投影的代数和以及各力对此三轴之矩的代数和分别等于零。**

式（4-16）有6个独立的平衡方程，可以求解六个未知量，它是解决空间一般力系平衡问题的基本方程。

例4-9 车床主轴安装在推力轴承 A 和深沟球轴承 B 上，如图4-23所示。圆柱直齿轮 C 的节圆半径 $r_C = 120\text{mm}$，其下与另一齿轮啮合，压力角 $\alpha = 20°$。在轴的右端固定一半径为 $r_D = 60\text{mm}$ 的圆柱体工件。已知 $a = 60\text{mm}$，$b = 400\text{mm}$，$c = 250\text{mm}$。车刀刀尖对工件的力作用在 H 处，HD 水平。测量得到切削力在 x、

y、z 轴上的分量分别为 $F_x = 465\text{N}$，$F_y = 325\text{N}$，$F_z = 1455\text{N}$。试求齿轮所受的啮合力 F_Q 和两轴承的约束力。

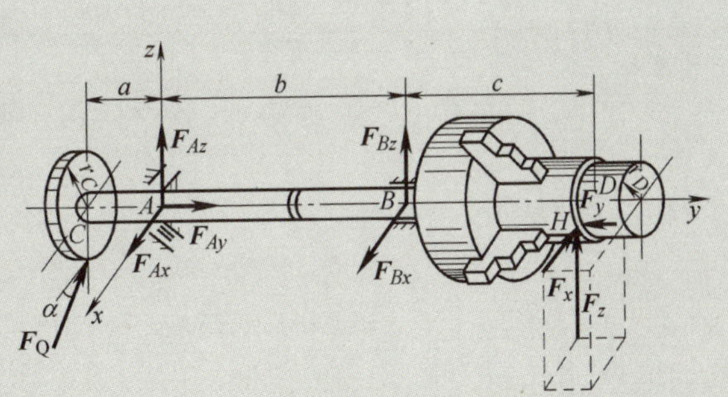

图 4-23　例 4-9 图

解：取主轴、齿轮、工件三者组成的系统为研究对象，以 A 为坐标原点，取 y 轴与主轴轴线重合，x 轴沿水平面，z 轴沿铅垂线。

系统受到的主动力分别为齿轮 C 所受的啮合力 F_Q 和工件受到的切削力 F_x、F_y、F_z。推力轴承不允许主轴 A 处沿任何方向移动，故约束力有三个，分别为 F_{Ax}、F_{Ay}、F_{Az}；深沟球轴承不允许主轴 B 处沿 x、z 轴方向移动，故约束力有两个，分别为 F_{Bx}、F_{Bz}。上述 9 个力构成空间一般力系，由式（4-16）可写出平衡方程如下：

$$\left\{\begin{array}{lll}\sum_{i=1}^{n} F_{ix} = 0, & -F_x + F_{Ax} + F_{Bx} - F_Q\cos\alpha = 0 & (1)\\ \sum_{i=1}^{n} F_{iy} = 0, & -F_y + F_{Ay} = 0 & (2)\\ \sum_{i=1}^{n} F_{iz} = 0, & F_z + F_{Az} + F_{Bz} + F_Q\sin\alpha = 0 & (3)\\ \sum_{i=1}^{n} M_x(\boldsymbol{F}_i) = 0, & (b+c)F_z + bF_{Bz} - aF_Q\sin\alpha = 0 & (4)\\ \sum_{i=1}^{n} M_y(\boldsymbol{F}_i) = 0, & -r_DF_z + r_CF_Q\cos\alpha = 0 & (5)\\ \sum_{i=1}^{n} M_z(\boldsymbol{F}_i) = 0, & (b+c)F_x - r_DF_y - bF_{Bx} - aF_Q\cos\alpha = 0 & (6)\end{array}\right.$$

由式（2）得

$$F_{Ay} = F_y = 325\text{N}$$

由式（5）得

$$F_Q = \frac{r_D}{r_C\cos\alpha}F_z = \frac{60 \times 1455}{120 \times \cos 20^\circ}\text{N} = 774\text{N}$$

由式（6）得

$$F_{Bx}=\frac{(b+c)F_x-r_DF_y-aF_Q\cos\alpha}{b}$$

$$=\frac{(400+250)\times465-60\times325-60\times774\times\cos20^\circ}{400}\text{N}=598\text{N}$$

由式（1）得

$$F_{Ax}=F_x+F_Q\cos\alpha-F_{Bx}$$

$$=(465+774\times\cos20^\circ-598)\text{N}=594\text{N}$$

由式（4）得

$$F_{Bz}=\frac{aF_Q\sin\alpha-(b+c)F_z}{b}$$

$$=\frac{60\times774\times\sin20^\circ-(400+250)\times1455}{400}\text{N}=-2324\text{N}$$

最后由式（3）得

$$F_{Az}=-F_z-F_{Bz}-F_Q\sin\alpha=[-1455-(-2324)-774\times\sin20^\circ]\text{N}=604\text{N}$$

例4-10 均质等厚度板 $ABCD$ 质量为 $m=10\text{kg}$，用光滑球铰 A 和蝶铰 B 与墙壁连接，并用绳索 CE 拉住。在水平位置保持静止，如图4-24所示，$AB=a$，$AD=b$。已知 A、E 两点在同一铅垂线上，且 $\angle ECA=\angle BAC=30^\circ$，试求绳索的拉力和铰 A、B 的约束力。

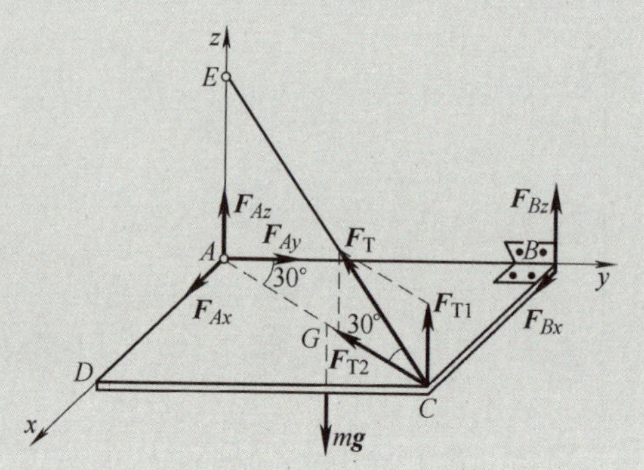

图4-24 例4-10图

解：取矩形板 $ABCD$ 为研究对象，板所受的主动力为重力 mg，大小为 $(10\times9.8)\text{N}$，作用于板的质心 G 点；根据铰的性质，A 处球铰的约束力为 $\boldsymbol{F}_{Ax}$、$\boldsymbol{F}_{Ay}$、$\boldsymbol{F}_{Az}$，B 处蝶铰的约束力为 $\boldsymbol{F}_{Bx}$、$\boldsymbol{F}_{Bz}$。

将绳索拉力 $\boldsymbol{F}_T$ 分解，得到平行于 z 轴的分力 $\boldsymbol{F}_{T1}$ 和位于平面 xAy 内的分力 $\boldsymbol{F}_{T2}$，有

$$F_{T1}=F_T\sin30^\circ,\quad F_{T2}=F_T\cos30^\circ$$

进而得到

$$\begin{cases}F_{Tx}=-F_{T2}\sin30^\circ=-F_T\cos30^\circ\sin30^\circ\\F_{Ty}=-F_{T2}\cos30^\circ=-F_T\cos^2 30^\circ\\F_{Tz}=F_{T1}=F_T\sin30^\circ\end{cases}$$

列平衡方程，求解未知力，由式（4-16）得

$$
\begin{cases}
\sum_{i=1}^{n} F_{ix} = 0, & F_{Ax} + F_{Bx} + F_{Tx} = 0, & F_{Ax} + F_{Bx} - F_{T}\cos 30°\sin 30° = 0 & (1) \\
\sum_{i=1}^{n} F_{iy} = 0, & F_{Ay} + F_{Ty} = 0, & F_{Ay} - F_{T}\cos^2 30° = 0 & (2) \\
\sum_{i=1}^{n} F_{iz} = 0, & F_{Az} + F_{Bz} - mg + F_{Tz} = 0, & F_{Az} + F_{Bz} - mg + F_{T}\sin 30° = 0 & (3) \\
\sum_{i=1}^{n} M_x(F_i) = 0, & F_{Bz}a + F_{Tz}a - mg\dfrac{a}{2} = 0, & F_{Bz}a + F_{T}\sin 30° a - mg\dfrac{a}{2} = 0 & (4) \\
\sum_{i=1}^{n} M_y(F_i) = 0, & mg\dfrac{b}{2} - F_{Tz}b = 0, & \dfrac{mg}{2} - F_{T}\sin 30° = 0 & (5) \\
\sum_{i=1}^{n} M_z(F_i) = 0, & -F_{Bx}a = 0, & F_{Bx} = 0 & (6)
\end{cases}
$$

由式（5）得

$$F_{T} = mg = 98\text{N} \tag{7}$$

将式（7）代入式（4）得

$$F_{Bz} = 0 \tag{8}$$

将式（7）代入式（2）得

$$F_{Ay} = 73.5\text{N}$$

将式（7）、式（8）代入式（3）得

$$F_{Az} = 49\text{N}$$

将式（6）、式（7）代入式（1）得

$$F_{Ax} = F_{T}\cos 30°\sin 30° = 42.4\text{N}$$

第五节　物体的重心

重心是力学中的一个重要概念。对物体重心的研究，在生活中、工程实际中有很重要的意义（图4-25）。起重机重心的位置若超出某一范围，受载后就不能保证起重机的平衡。如图4-26中，质量达30t的大型起重机在拆除塔吊时，操作不当使重心超出允许范围，系统失去平衡，整个起重机机身被拉起后“站立”在街头；高速旋转的物体如涡轮机的叶片（图4-27）、洗衣机甩干桶等，

如果其重心偏离转轴的中心线，转动起来就会引起轴的振动和轴承的动约束力；高速转动的计算机硬盘（图4-28a）对重心位置也有严格的限制；汽车或飞机重心（图4-28b）的位置对它们运动的稳定性和操作性有很大影响。

a)

b)

图 4-25

a）三人控制船重心 b）走钢丝

图4-26 重心超出允许范围

图4-27 涡轮机叶片

一、物体的重心

物体的重力就是地球对它的吸引力。如果把物体视为由许多质点组成，由于地球比所研究的物体大得多，作用在这些质点上的重力形成的力系可以认为是一个铅垂的平行力系。这个空间平行力系的中心称为物体的重心，如图4-29所示。

a)

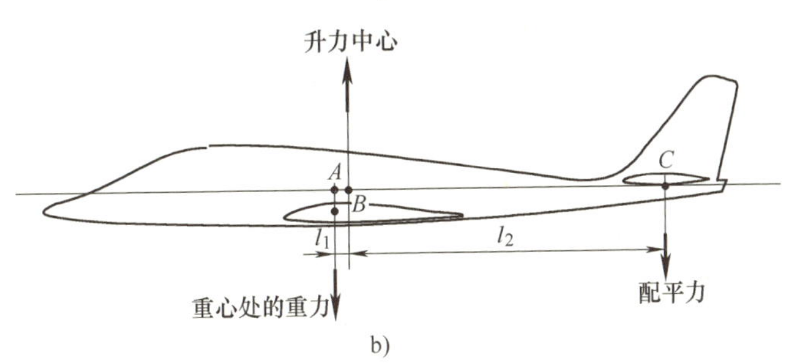

b)

图　4-28

a）计算机硬盘　b）飞机重心

将物体分割成许多微单元，每一微单元的重力方向均指向地心，近似地看成一平行力系，大小分别为 G_1，G_2，…，G_n，其作用点为 C_1（x_1，y_1，z_1），C_2（x_2，y_2，z_2），…，C_n（x_n，y_n，z_n）。物体重心 C 的坐标的近似公式为

$$x_C=\frac{\sum_{i=1}^{n}G_ix_i}{\sum_{i=1}^{n}G_i},\quad y_C=\frac{\sum_{i=1}^{n}G_iy_i}{\sum_{i=1}^{n}G_i},\quad z_C=\frac{\sum_{i=1}^{n}G_iz_i}{\sum_{i=1}^{n}G_i}\tag{4-17}$$

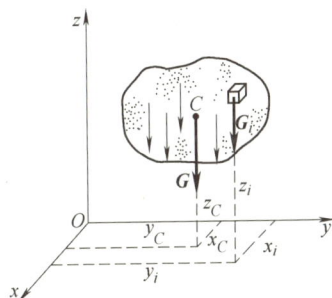

图 4-29　物体的重心

式中，$\sum_{i=1}^{n}G_i$ 为整个物体的重量 G。

微单元分得越多，每个单元体体积越小，所求得的重心 C 的位置就越准确。在极限情况下，$n \to \infty$，$G_i \to 0$，得重心的一般公式为

$$\begin{cases} x_C = \dfrac{\lim\limits_{n\to\infty}\sum\limits_{i=1}^{n} G_i x_i}{\lim\limits_{n\to\infty}\sum\limits_{i=1}^{n} G_i} = \dfrac{\int_V \rho g x \mathrm{d}V}{\int_V \rho g \mathrm{d}V} \\ y_C = \dfrac{\lim\limits_{n\to\infty}\sum\limits_{i=1}^{n} G_i y_i}{\lim\limits_{n\to\infty}\sum\limits_{i=1}^{n} G_i} = \dfrac{\int_V \rho g y \mathrm{d}V}{\int_V \rho g \mathrm{d}V} \\ z_C = \dfrac{\lim\limits_{n\to\infty}\sum\limits_{i=1}^{n} G_i z_i}{\lim\limits_{n\to\infty}\sum\limits_{i=1}^{n} G_i} = \dfrac{\int_V \rho g z \mathrm{d}V}{\int_V \rho g \mathrm{d}V} \end{cases} \tag{4-18}$$

式中，ρ 为物体的密度；g 为重力加速度；ρg 为单位体积所受的重力；$\mathrm{d}V$ 为微单元的体积。

对于均质的物体来说，物体单位体积所受的重力 ρg 为常数，代入式(4-18)得

$$x_C = \frac{\int_V x \mathrm{d}V}{\int_V \mathrm{d}V} = \frac{\int_V x \mathrm{d}V}{V}, \quad y_C = \frac{\int_V y \mathrm{d}V}{\int_V \mathrm{d}V} = \frac{\int_V y \mathrm{d}V}{V}, \quad z_C = \frac{\int_V z \mathrm{d}V}{\int_V \mathrm{d}V} = \frac{\int_V z \mathrm{d}V}{V} \tag{4-19}$$

式中，$V = \int_V \mathrm{d}V$ 是整个物体的体积。

由式（4-19）可知，均质物体的重心只取决于物体的几何形状，而与物体的密度无关，因此又称为**形心**。

需要强调的是，一个形体的形心，不一定在该形体上。例如图4-30a所示的输水管道，其形心在 C 点。一个物体的重心，同样也不一定在该物体上。例如日常用的碗，其重心也不在碗体上。

工程实际中常采用均质、等厚度的薄板、薄壳结构，形成一种面形形体。例如厂房的双曲顶壳、薄壁容器、飞机机翼等。若其厚度为 t，面积元为 $\mathrm{d}A$，则体积元 $\mathrm{d}V = t\mathrm{d}A$，代入式（4-18），得到面体体形的重心坐标公式

$$x_C = \frac{\int_A x \mathrm{d}A}{A}, \quad y_C = \frac{\int_A y \mathrm{d}A}{A}, \quad z_C = \frac{\int_A z \mathrm{d}A}{A} \tag{4-20}$$

a)

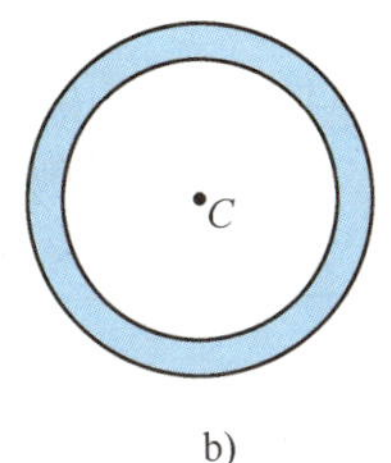

b)

c)

图 4-30 形心、重心不在该物体上
a）输水管道 b）管道横截面 c）碗

式中，$A=\int_A \mathrm{d}A$ 是整个面形体的面积。

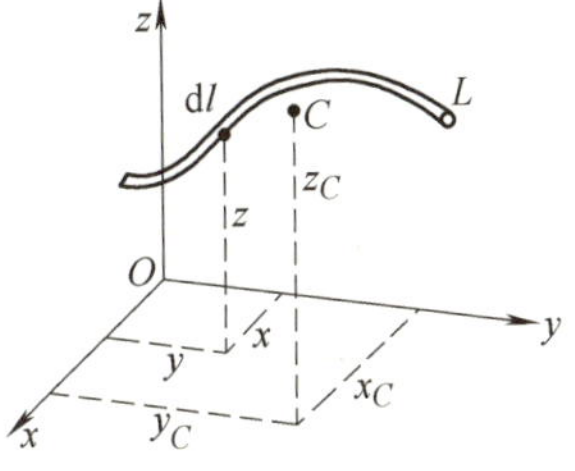

图 4-31 均质线段的重心

对于均质线段如等截面均质细长曲杆、细金属丝，可以视为一均质空间曲线，如图 4-31 所示，其重心坐标公式为

$$x_C=\frac{\int_L x\mathrm{d}l}{L},\quad y_C=\frac{\int_L y\mathrm{d}l}{L},\quad z_C=\frac{\int_L z\mathrm{d}l}{L} \tag{4-21}$$

式中，$L=\int_L \mathrm{d}l$ 是整个线段的长度。

二、确定物体重心的几种方法

下面介绍几种常用的确定物体重心的方法。

1. 对称法

对于具有对称轴、对称面或对称中心的均质物体，可以利用其对称性确定重心位置。可以证明这种物体的重心必在对称轴、对称面或对称中心上。如圆球体或球面的重心在球心，圆柱体的重心在轴线中点，圆周的重心在圆心，等腰三角形的重心在垂直于底边的中线上。矩形、圆形、工字钢截面、空心砖等都有两根对称轴，其交点即为重心；形钢、槽形钢截面都有对称轴，它们的重心一定在对称轴上，如图 4-32 所示。

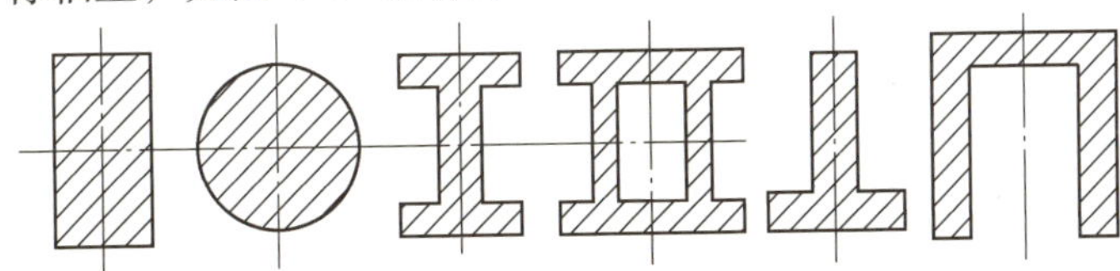

图 4-32 对称截面

2. 积分法

对于具有某种规律的规则形体，可以根据式（4-19）、式（4-20）或式（4-21）利用积分方法求出形体的重心，从而得到简单图形的形心位置，见表4-1。

表4-1 简单图形的形心位置

图　形	形心坐标
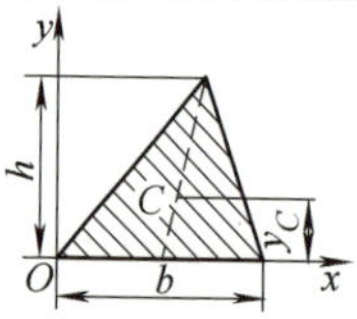	$y_C = \dfrac{h}{3}$
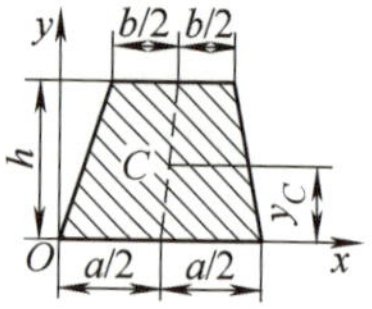	$y_C = \dfrac{h(a+2b)}{3(a+b)}$
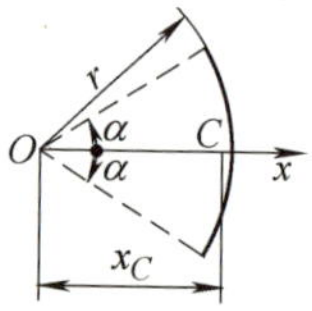	$x_C = \dfrac{r\sin\alpha}{\alpha}$① 对于半圆弧 $\alpha = \dfrac{\pi}{2}$，则 $x_C = \dfrac{2r}{\pi}$
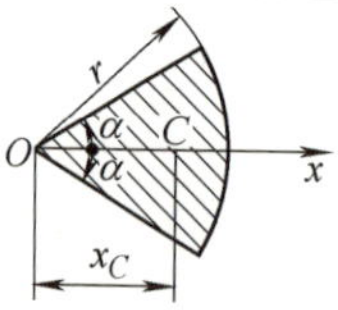	$x_C = \dfrac{2r\sin\alpha}{3\alpha}$ 对于半圆 $\alpha = \dfrac{\pi}{2}$，则 $x_C = \dfrac{4r}{3\pi}$
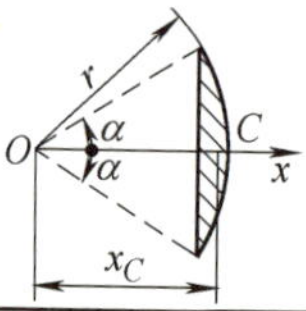	$x_C = \dfrac{2r^3\sin^3\alpha}{3A}$ 其中弓形面积 $A = \dfrac{r^2(2\alpha - \sin 2\alpha)}{2}$

① α在本表中采用弧度制。

3. 组合法

工程中有些形体虽然比较复杂，但往往是由一些简单形体组成的，而简单形体重心位置根据对称性或查表很容易确定。因而可将组合形体分割为 m 个简单几何形体，然后应用下式求出组合形体的重心位置：

$$x_C = \frac{\sum_{i=1}^{m} A_i x_i}{A}, \quad y_C = \frac{\sum_{i=1}^{m} A_i y_i}{A}, \quad z_C = \frac{\sum_{i=1}^{m} A_i z_i}{A} \tag{4-22}$$

式中，$A = \sum_{i=1}^{m} A_i$ 是整个面积体的面积。

例 4-11　角钢截面的尺寸如图 4-33 所示，试求其形心的位置。

解：取 Oxy 坐标系如图 4-33 所示，角钢截面可用虚线分为两个矩形。两矩形的形心位置 C_1 和 C_2 处于矩形对角线的交点，坐标分别为

$$x_1 = 15\text{mm}, \quad y_1 = 150\text{mm}$$

$$x_2 = \left(30 + \frac{225 - 30}{2}\right)\text{mm} = 127.5\text{mm}, \quad y_2 = 15\text{mm}$$

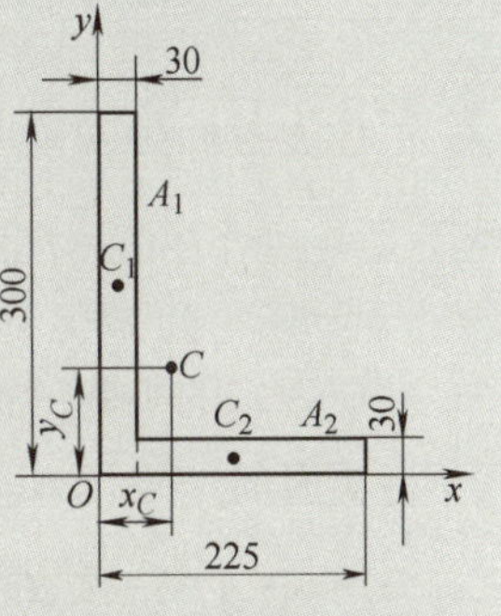

图 4-33　例 4-11 图

两个矩形的面积分别为

$$A_1 = (30 \times 300)\text{mm}^2 = 9000\text{mm}^2;$$

$$A_2 = [(225 - 30) \times 30]\text{mm}^2 = 5850\text{mm}^2$$

将以上数值代入式（4-22），得到角钢截面对 Oxy 坐标系的形心坐标为

$$x_C = \frac{\sum_{i=1}^{m} A_i x_i}{A} = \frac{9000 \times 15 + 5850 \times 127.5}{9000 + 5850}\text{mm} = 59.3\text{mm}$$

$$y_C = \frac{\sum A_i y_i}{A} = \frac{9000 \times 150 + 5850 \times 15}{9000 + 5850}\text{mm} = 96.8\text{mm}$$

4. 负面积法

如果在规则形体上切去一部分，例如钻孔或开槽等，当求这类形体的形心时，首先认为原形体是完整的，然后把切去的部分视为负面积，运用式（4-22）求出形心。

负面积法可以认为是形体组合法的推广。

例 4-12　已知振动器用的偏心块为等厚度的均质形体，如图 4-34 所示。其上有半径为 r_2 的圆孔。偏心块的几何尺寸 $R = 120\text{mm}$，$r_1 = 35\text{mm}$，$r_2 = 15\text{mm}$。试求偏心块形心的位置。

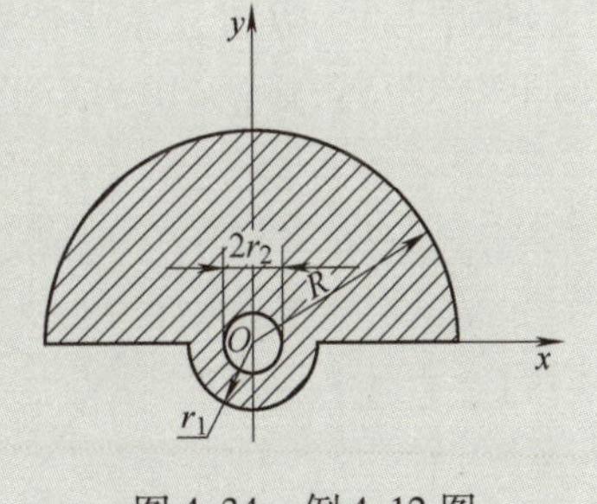

图 4-34　例 4-12 图

解：将偏心块挖空的圆孔视为“负面积”，于是偏心块的面积可以视为由半径为 R 的大半圆、半径为 r_1 的小半圆和半径为 r_2 的小圆（负面积）共三部分组成。

取坐标系 Oxy，其中 y 轴为对称轴。根据对称性，偏心块的形心 C 必在对称轴 y 上，所以

$$x_C = 0$$

半径为 R 的大半圆的面积 $A_1 = \frac{1}{2}\pi R^2 = 7200\pi\ \text{mm}^2$，查表 4-1 得形心坐标

$y_1 = \dfrac{4R}{3\pi} = \dfrac{160}{\pi}\text{mm}$。

半径为r_1的小半圆的面积$A_2 = \dfrac{1}{2}\pi r_1^2 = 612.5\pi\ \text{mm}^2$，查表4-1得形心坐标$y_2 = -\dfrac{4r_1}{3\pi} = -\dfrac{46.67}{\pi}\text{mm}$。

半径为r_2的小圆的面积$A_3 = -\pi r_2^2 = -225\pi\ \text{mm}^2$，形心坐标$y_3 = 0$。

将上面的结果代入式（4-22）可得形心坐标为

$$y_C = \frac{\sum A_i y_i}{A} = \frac{7200\pi \times \dfrac{160}{\pi} + 612.5\pi \times \left(-\dfrac{46.67}{\pi}\right) + (-225\pi) \times 0}{7200\pi + 612.5\pi + (-225\pi)}\text{mm} = 47.1\text{mm}$$

5. 试验法

对于某些形状复杂的机械零部件，在工程实际中常采用试验方法来测定其重心。试验法往往比计算法直接、简便，并具有足够的准确性。常用的试验方法有如下两种。

（1）悬挂法　对于形状复杂的薄平板求形心时可以采用悬挂法。如图4-35所示，首先将板悬挂于任一点A，则可以判断薄平板的形心在绳子向下的延长线AD上；然后将薄平板悬挂于另一点B，其形心在绳子向下的延长线BE上。显然，AD与BE的交点即为薄平板的形心C。

（2）称重法　形状复杂或体积庞大的物体，可以采用称重法求重心。例如内燃机的连杆，其重心必在对称中心线AB上，如图4-36所示，只需确定重心在中心线AB上的确切位置。将连杆的小端A放在水平面上，大端B放在台秤上，使中心线AB处于水平位置。已知连杆重量为G，设小头支承点距重力$\boldsymbol{G}$的作用线的距离为x_C，由力矩平衡方程

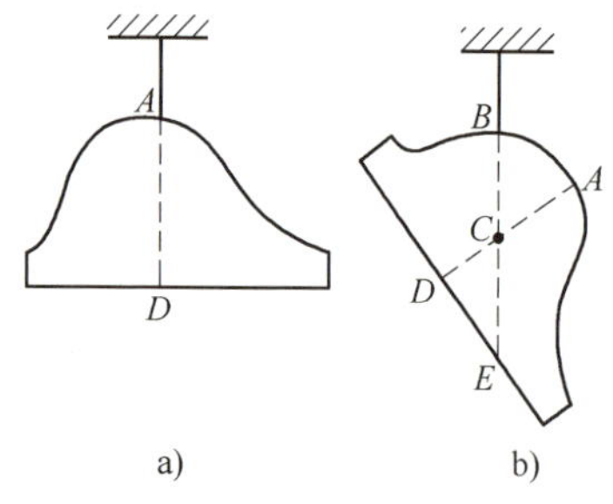

图4-35　悬挂法求重心

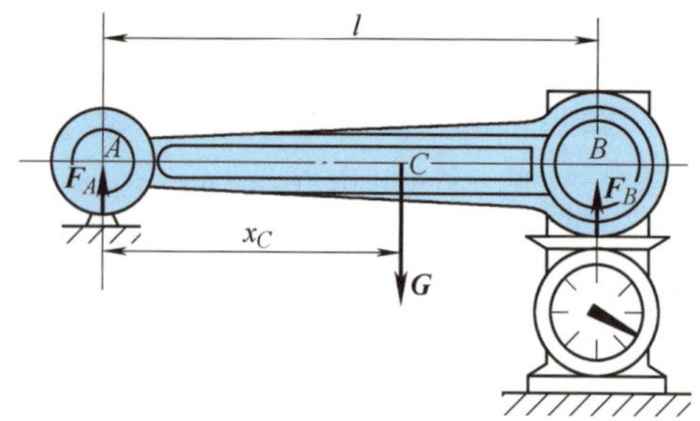

图4-36　称重法求重心

$$\sum_{i=1}^{n} M_A(\boldsymbol{F}_i) = 0, \quad F_B l - G x_C = 0$$

可得

$$x_C = \frac{F_B}{G}l$$

式中，l 为连杆大、小头支承点间的距离；G 为重量，可以直接测定；F_B 为 B 端的约束力，大小可由台秤读出。

为了便于测量和减少误差，A、B 支承处的接触面积要尽量小，可做成刃口形状。摩托车、汽车、各类机床等的重心位置可以用称重法确定。

小　　结

- 各力的作用线在空间任意分布的力系称为**空间一般力系**，简称**空间力系**。
- 力的投影：$\begin{cases} F_x = F\cos\alpha \\ F_y = F\cos\beta \\ F_z = F\cos\gamma \end{cases}$，力的二次投影：$\begin{cases} F_x = F\sin\gamma\cos\varphi \\ F_y = F\sin\gamma\sin\varphi \\ F_z = F\cos\gamma \end{cases}$
- 力对点的矩：$\boldsymbol{M}_O(\boldsymbol{F}) = \boldsymbol{r} \times \boldsymbol{F} = \begin{vmatrix} \boldsymbol{i} & \boldsymbol{j} & \boldsymbol{k} \\ x & y & z \\ F_x & F_y & F_z \end{vmatrix}$
- 力对 x、y、z 坐标轴的矩：$\begin{cases} M_x(\boldsymbol{F}) = yF_z - zF_y \\ M_y(\boldsymbol{F}) = zF_x - xF_z \\ M_z(\boldsymbol{F}) = xF_y - yF_x \end{cases}$
- 空间力系各力的矢量和称为力系的主矢，即 $\boldsymbol{F}'_{\mathrm{R}} = \sum_{i=1}^{n} \boldsymbol{F}_i$；空间力系中各力对简化中心 O 之矩的矢量和称为力系对简化中心的主矩，即 $\boldsymbol{M}_O = \sum_{i=1}^{n} \boldsymbol{M}_O(\boldsymbol{F}_i)$。
- 空间一般力系的平衡方程：$\begin{cases} \sum_{i=1}^{n} F_{ix} = 0 \\ \sum_{i=1}^{n} F_{iy} = 0 \\ \sum_{i=1}^{n} F_{iz} = 0 \\ \sum_{i=1}^{n} M_{ix} = 0 \\ \sum_{i=1}^{n} M_{iy} = 0 \\ \sum_{i=1}^{n} M_{iz} = 0 \end{cases}$
- 确定物体重心的方法：对称法、积分法、组合法、负面积法、试验法（悬挂法、称重法）。

习 题

4-1 试分析以下两种力系各有几个平衡方程。

1）空间力系中各力的作用线平行于某一固定平面。

2）空间力系中各力的作用线分别汇交于一个固定点。

4-2 两形状和大小均相同、但质量不同的均质物体，其重心位置是否相同?

4-3 一个物体的重心与形心什么时候重合？什么时候不重合?

4-4 将铁丝弯成不同形状，其重心位置是否会发生变化?

4-5 将物体沿着过重心的平面切开，两边是否等重?

4-6 空间汇交力系由三力组成，坐标值 $A(10,\ 0,\ 10)$，$B(10,\ 0,\ 0)$，$C(10,\ 12,\ 10)$，单位为cm，比例尺为100N/cm，如图4-37所示。求它们的合力的大小和方向。

4-7 如图4-38所示空间构架由三根无重直杆组成，在 D 端用球铰链连接。A、B 和 C 端则用球铰链固定在水平地板上。如果挂在 D 端的物体质量为800kg，试求铰链 A、B 和 C 的约束力。

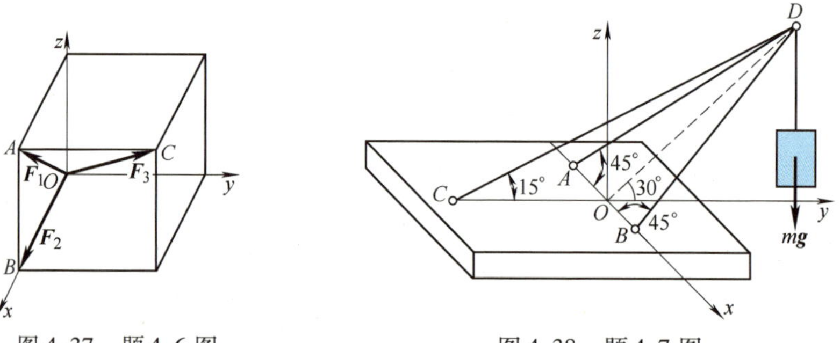

图4-37 题4-6图　　　图4-38 题4-7图

4-8 物体上作用着三个力偶 $(F_1,\ F_1')$、$(F_2,\ F_2')$、$(F_3,\ F_3')$，坐标值 $A\ (0,\ 12,\ 12)$、$B\ (10,\ 12,\ 0)$，单位为m。如图4-39所示。已知 $F_1=F_1'=3\text{kN}$，$F_2=F_2'=4\text{kN}$，$F_3=F_3'=5\text{kN}$。求三个力偶的合成结果。

4-9 齿轮箱受三个力偶的作用，$M_1=2\text{kN}\cdot\text{m}$，$M_2=1\text{kN}\cdot\text{m}$，$M_3=1.5\text{kN}\cdot\text{m}$，如图4-40所示。求此力偶系的合力偶。

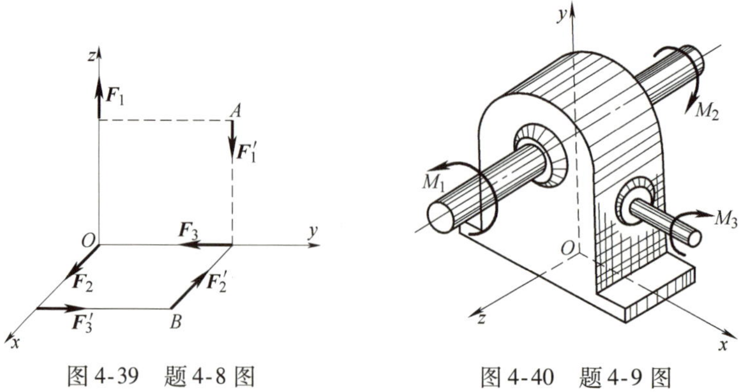

图4-39 题4-8图　　　图4-40 题4-9图

4-10 组合钻孔时，对部件作用力偶的力偶矩 $M_1=100\text{N}\cdot\text{m}$，$M_2=141.4\text{N}\cdot\text{m}$，$M_3=100\text{N}\cdot\text{m}$，$M_4=200\text{N}\cdot\text{m}$，$\theta=45°$，如图4-41所示。试求组合钻对工件的合力偶矩的大小和方位。

4-11 如图4-42所示，立柱 OAB 铅垂固定在地面上，柱上作用两个力，方向如图所示，大小分别为 $F_1=15\text{kN}$，$F_2=20\text{kN}$。试分别求这两力对 O 点之矩。

4-12 如图4-43所示，悬臂架上作用有 $q=5\text{kN/m}$ 的均布载荷，$\boldsymbol{F}_1$、$\boldsymbol{F}_3$作用在 A、C 点，作用线分别平行于 z 轴；$\boldsymbol{F}_2$作用在 D 点，作用线平行于 y 轴。已知 $F_1=10\text{kN}$，$F_2=6\text{kN}$，$F_3=20\text{kN}$。求固定端 O 处的约束力及约束力矩。

4-13 均质板尺寸如图4-44所示，其上挖一个圆孔，直径为 a，求均质板重心位置。

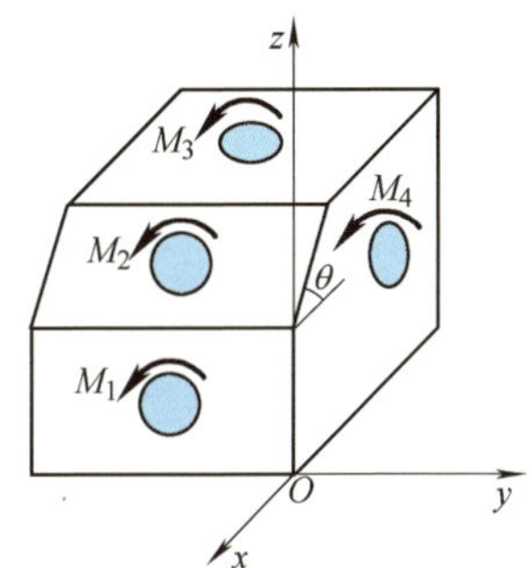

图4-41 题4-10图

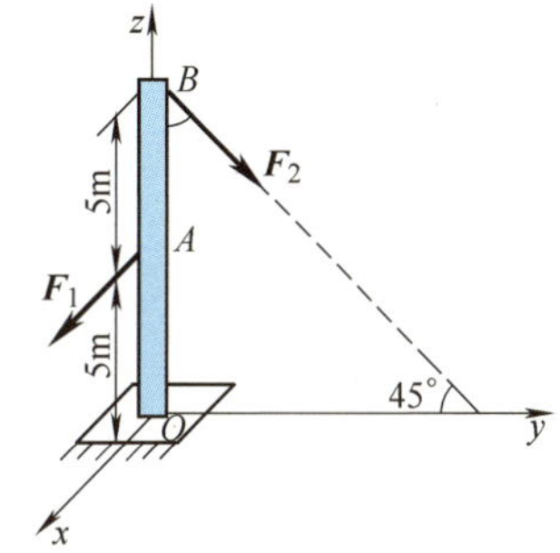

图4-42 题4-11图

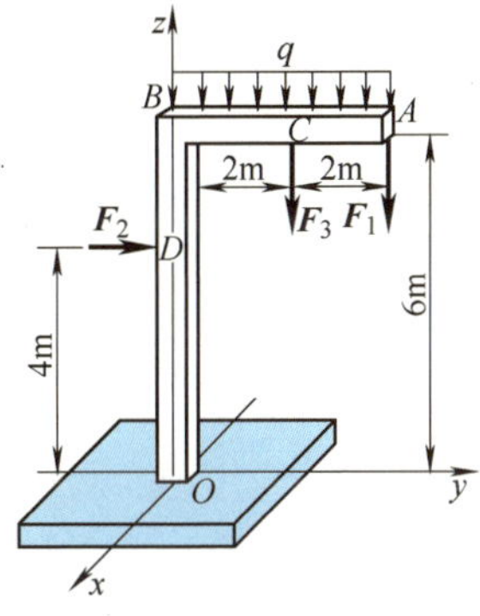

图4-43 题4-12图

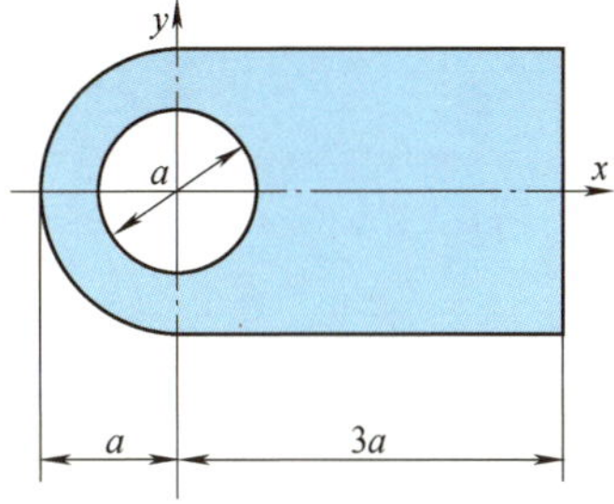

图4-44 题4-13图

4-14 均质金属线尺寸如图4-45所示，求重心位置。

4-15 如图4-46所示，机床重量为 $G=30\text{kN}$，当水平放置时（$\theta_1=0°$），秤上读数为 $F_1=21\text{kN}$；当 $\theta_2=20°$时，秤上读数为 $F_2=18\text{kN}$。试求机床重心坐标 x_C、y_C（提示：当 $\theta_1=0°$、$\theta_2=20°$时，分别对 B 点列力矩平衡方程）。

4-16 平面桁架由7根相同材料的均质等截面杆构成，每根杆长如图4-47所示，试求该桁架重心的位置。

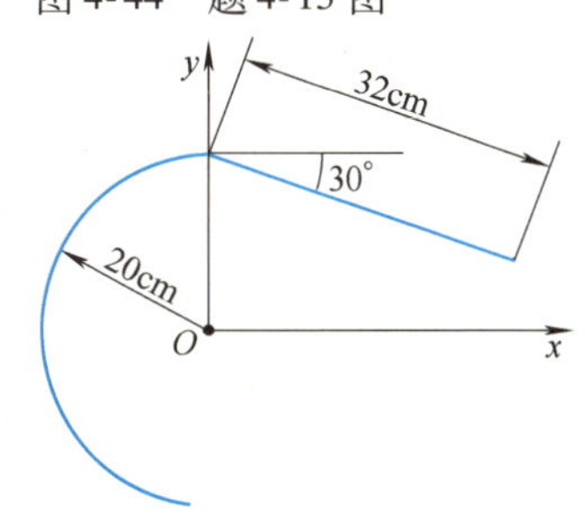

图4-45 题4-14图

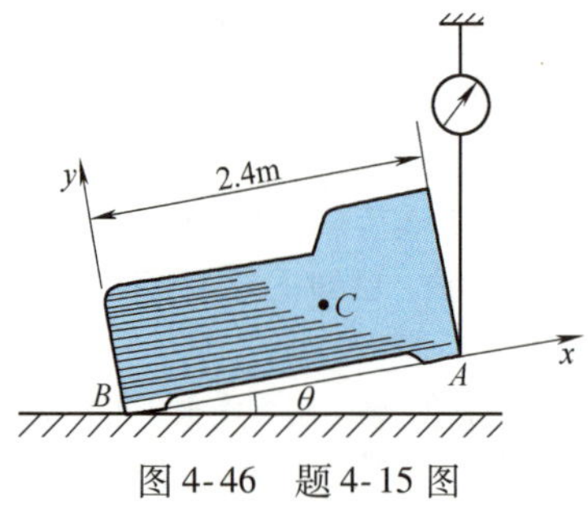

图4-46 题4-15图

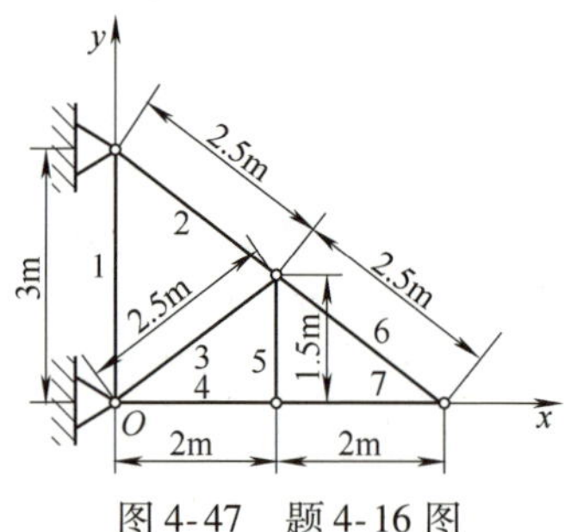

图4-47 题4-16图

第二篇　材料力学

上一篇研究了物体的受力分析和力系的平衡条件，应用这些知识可分析组成机器设备的构件的受力状态。在确定构件的受力大小、方向后，需要进一步分析这些构件能否承受这些力，能否在外力作用下安全可靠地工作。对机械和工程结构的组成构件来说，为确保正常工作，必须满足以下要求：

1）杆件具有足够的**抵抗破坏**的能力，使其在载荷作用下不致被破坏，即要求它具有足够的**强度**。例如，房屋的梁、柱不能断裂，满载人员、货物的车辆不能被压塌，啮合的齿轮在工作中不允许被折断。

2）杆件具有足够的**抵抗变形**的能力，使其在载荷作用下所产生的变形不超过工程上所允许的范围，即要求它具有足够的**刚度**。例如，火车轮轴变形过大时，将引起很大的振动；桥式起重机大梁在起吊重物时，若其弯曲变形过大，则小车行驶时就要发生振动；若机床主轴的变形过大，将会影响齿轮的正常啮合以及轴与轴承的正常配合，造成不均匀磨损，引发振动及噪声，缩短了机床的使用寿命，还影响机床的加工精度。

3）杆件具有足够的**抵抗失稳**的能力，使杆件在外力作用下能保持其原有形状下的平衡，即要求它具有足够的**稳定性**。例如千斤顶的螺杆、内燃机的挺杆等，工作时应始终保持原有的直线平衡状态。

在保证构件满足上述三个条件的同时，还要考虑节省材料、实用和价廉等经济要求。需要指出的是，在研究构件的强度、刚度和稳定性时，研究对象不再是刚体而是可变形固体，对于一般金属（如钢铁）、水泥等传统工程材料来说，可以做如下假设：

（1）**连续性假设**　即认为物体内部毫无空隙地充满物质。

（2）**均匀性假设**　即认为物体各部分的力学性能是完全相同的。

（3）**各向同性假设**　指材料沿各个方向具有相同的力学性质。

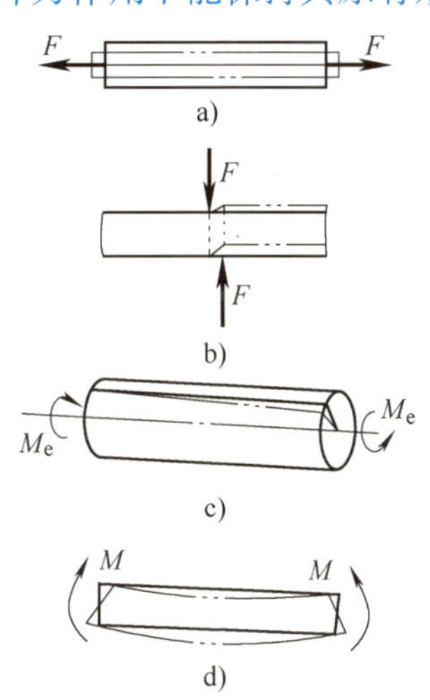

图Ⅱ-1　杆件的四种基本变形

a）轴向拉伸　b）剪切

c）扭转　d）弯曲

（4）**小变形条件** 指杆件受到外力作用后发生的变形与原尺寸相比非常微小，在进行内力和变形计算时仍可以采用变形前的尺寸。

本篇讨论的杆件，均满足上述四点基本假设。

杆件在不同外力作用下将产生不同形式的变形，主要有轴向拉伸（压缩）（图Ⅱ-1a）、剪切（图Ⅱ-1b）、扭转（图Ⅱ-1c）与弯曲（图Ⅱ-1d）四种基本变形，其他复杂的变形都可以将其视为上述基本变形形式的组合。本篇在讨论杆件的各种基本变形时，除非特别说明，一般情况下都是指杆件处于平衡状态。

第五章

轴向拉伸和压缩

第一节　杆的内力和应力

工程结构中经常遇到承受拉伸和压缩的直杆。例如，内燃机燃气爆发冲程中的连杆（图5-1a），油压千斤顶的顶杆（图5-1b），承受拉力的螺栓（图5-2），

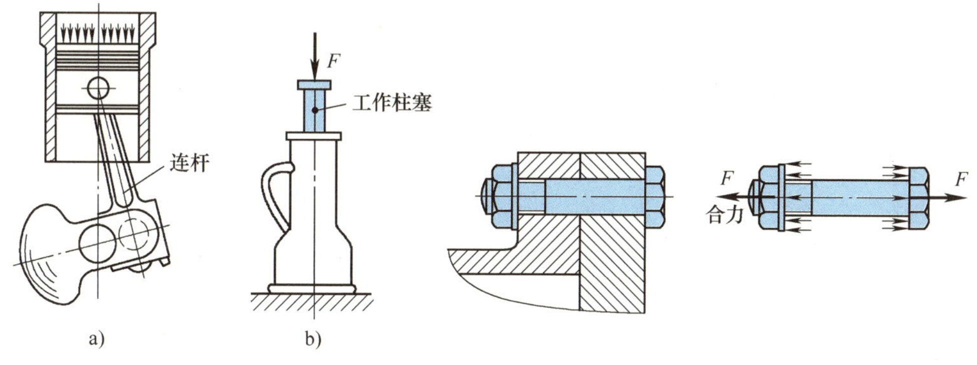

图5-1　受压杆

a）内燃机燃气爆发冲程　b）油压千斤顶

图5-2　承受拉力的螺栓

桁架中的杆件、起吊重物的钢索、厂房的立柱等，均为受拉伸或压缩杆的实例。这些杆件的受力特点是，外力（或外力的合力）的作用线与杆件的轴线重合；变形特点是，杆件产生沿轴线方向的伸长或缩短，如图5-3所示。

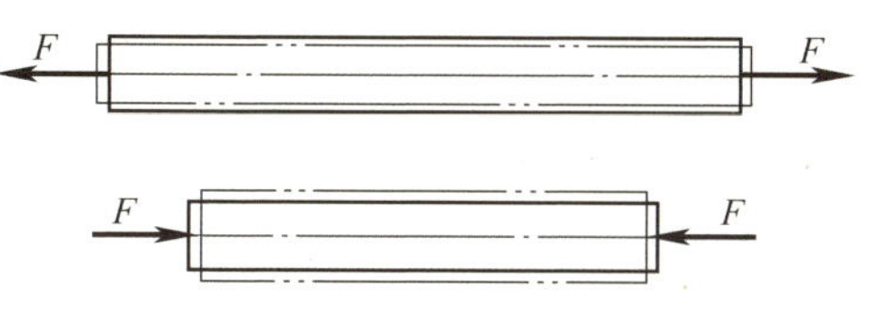

图5-3　拉伸、压缩杆

一、内力

物体在没有受到外力作用时，为了保持物体的固有形状，分子间已存在着结合力。当物体受外力作用而变形时，为了抵抗外力引起的变形，结合力发生了变化，这种由于外力作用而引起的内力的改变量，称为“附加内力”，简称**内力**。内力随外力增减而变化，当内力增大到某一极限时，构件就会发生破坏，所以内力与构件的强度、刚度和稳定性等密切相关，在研究强度等问题时，必须首先求出内力。

欲求某一截面 m—m 上的内力，可假想沿该截面截开，将杆分成左、右两段，任取其中一段为研究对象，将另一段对该段的作用以内力 F_N 来代替，因为构件整体是平衡的，所以它的任何一部分也必须是平衡的。列出平衡方程即可求出截面上内力的大小和方向。这种方法称为**截面法**。

为了显示图 5-4a 所示的轴向拉杆横截面上的内力，可以取 m—m 截面左段进行研究，其受力分析如图 5-4b 所示，由平衡条件

$$\sum_{i=1}^{n} F_{ix} = 0, \quad F_N - F = 0$$

可得

$$F_N = F$$

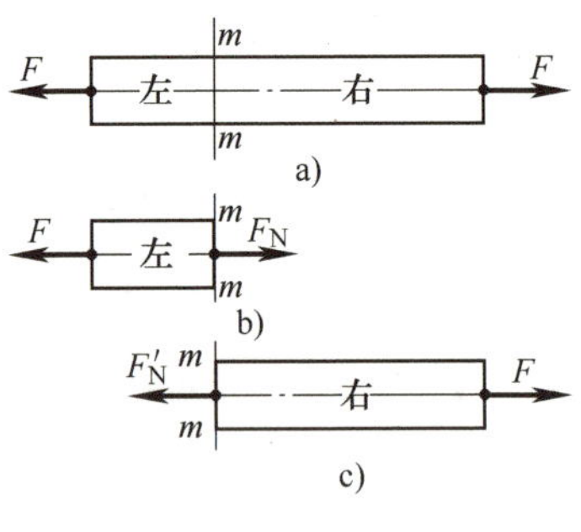

图 5-4 截面法

若取右段为研究对象（图 5-4c），同样可得 $F'_N = F$。由于轴向拉压引起的内力也与杆的轴线一致，故称为轴向内力，简称**轴力**。习惯上规定：拉伸引起的轴力为正值，指向背离横截面；压缩引起的轴力为负值，指向向着横截面。按这种符号规定，无论取杆件左段或右段研究，同一截面两侧上的内力不但数值相等，而且符号也相同。

用截面法确定内力的过程可归纳为：

（1）截开　在需要求内力的截面处，用一个截面将构件假想地截开。

（2）代替　任取一部分（一般取受力情况比较简单的部分）作为研究对象，移去部分对留下部分的作用，以杆在截面上的内力（力或力偶）代替。

（3）平衡　建立留下部分的平衡方程，根据已知外力计算杆在截面处的未知内力。

二、轴力图

实际问题中，杆件上往往有多个轴向外力作用在不同位置，例如某厂房立柱（图 5-5）承受屋架压力 F_1 和起重机梁压力 F_2，这样杆件各段的轴力是不同的，应当分段应用截面法确定各段内的轴力。为了表示整个杆件各横截面轴力的变化情况，用平行于杆轴线的坐标表示横截面的位置，用垂直于杆轴线的坐标表

示对应横截面轴力的正负及大小。这种表示轴力沿轴线方向变化的图形称为**轴力图**。

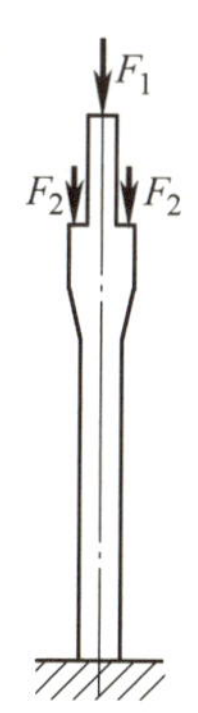

图 5-5　厂房立柱

例 5-1　直杆在 A、B、C、D 面中心处分别受到外力 6kN、10kN、8kN、4kN 的作用，方向如图 5-6a 所示，求此杆各段的轴力，并作轴力图。

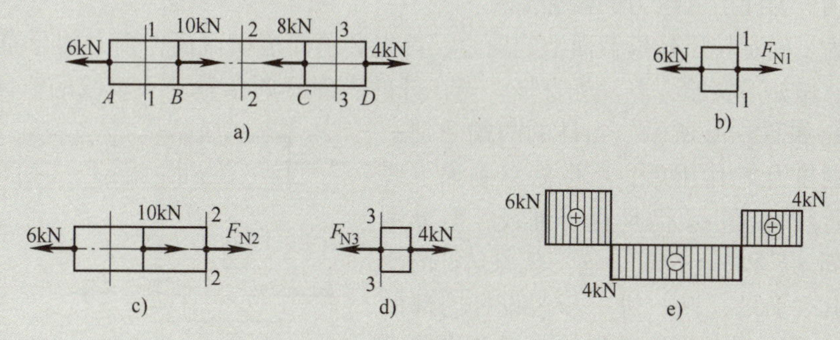

图 5-6　例 5-1 图

解：分段计算各段内轴力。

（1）AB 段　用截面 1—1 假想将杆截开，取左段研究，设截面上的轴力 F_{N1} 为正方向，受力分析如图 5-6b 所示。由平衡条件 $\sum_{i=1}^{n} F_{ix} = 0$ 得

$$F_{N1} - 6kN = 0, \qquad F_{N1} = 6kN\text{（拉力）}$$

（2）BC 段　用截面 2—2 假想将杆截开，取截面左段研究，F_{N2} 设为正向，受力分析如图 5-6c 所示，由平衡条件 $\sum_{i=1}^{n} F_{ix} = 0$ 得

$$F_{N2}+10kN-6kN=0, \quad F_{N2}=-4kN(压力)$$

所得结果为负值，表示所设 F_{N2} 的方向与实际方向相反，即 F_{N2} 为压力。

（3）*CD* 段　用截面 3—3 假想将杆截开，取截面右段研究，F_{N3} 设为正向，受力分析如图 5-6d 所示。由平衡条件 $\sum_{i=1}^{n}F_{ix}=0$ 得

$$4kN-F_{N3}=0, \quad F_{N3}=4kN(拉力)$$

由以上结果，可绘出轴力图（图 5-6e）。

三、拉压杆横截面上的应力

在确定了拉压杆的轴力以后，还不能单凭它来判断是否会因强度不够而被破坏。例如两根相同材料做成的粗细不同的直杆，在相同拉力作用下，两杆横截面上的轴力是相同的。若逐渐将拉力增大，则细杆先被拉断。这说明拉杆的强度不仅与内力有关，还与横截面面积有关。当粗细两杆轴力相同时，细杆内力分布的密集程度比粗杆要大一些，可见，内力的密集程度才是影响强度的主要原因。为此引入应力的概念。

为了确定拉压杆横截面上的应力，首先必须知道横截面上内力的分布规律。为此，做如下实验：取一等直杆，先在杆的表面画两条垂直于轴线的横向线 *ab* 和 *cd*，如图5-7a 所示。当杆的两端受到一对轴向拉力 *F* 作用后，可以观察到如下现象：直线 *ab* 和 *cd* 仍垂直于轴线，但分别平移到 $a'b'$ 和 $c'd'$ 位置。这一现象是杆的变形在其表面的反映。进一步假设杆内部的变形情况也是如此，即杆变形后各横截面仍保持为平面，这个假设称为**平面假设**。

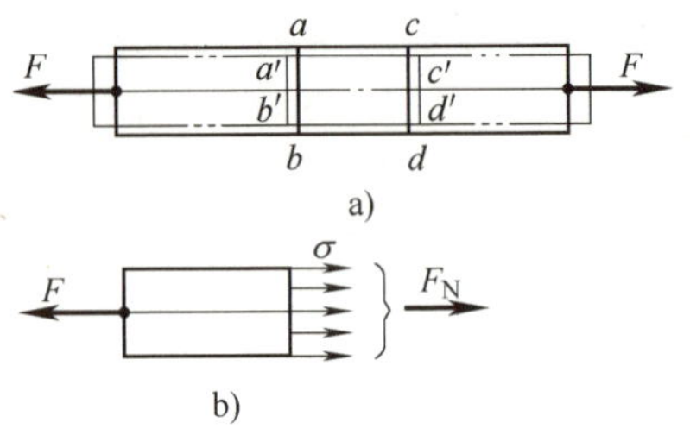

图 5-7　拉伸实验

如果设想杆件由许多根纵向纤维所组成，根据平面假设可以推断出两平面之间所有纵向纤维的伸长量应该相同。由于材料是均匀连续的，故横截面上的轴力是均匀分布的，即拉杆横截面上各点的应力是均匀分布的，其方向与纵向变形一致，如图 5-7b 所示。

由上述规律可知，拉杆横截面上各点处的应力都相等，其方向垂直于横截面。通常将方向垂直于它所在截面的应力称为正应力，并以 σ 表示。正应力的计算公式为

$$\sigma=\frac{F_N}{A} \tag{5-1}$$

式中，σ 为横截面上的正应力；F_N 为横截面上的轴力；A 为横截面面积。式

(5-1)即为杆件受轴向拉、压时横截面上正应力的计算公式。σ 的符号规定与轴力 F_N 相同，即当轴力为正时（拉力），σ 为拉应力，取正号；当轴力为负时(压力)，σ 为压应力，取负号。在国际单位制中，采用的应力单位是 Pa（帕斯卡），$1Pa=1N/m^2$，由于此单位较小，在计算中也常用 kPa、MPa、GPa，其中 $1kPa=10^3Pa$，$1MPa=10^6Pa$，$1GPa=10^9Pa$。

例 5-2　一阶梯轴载荷如图 5-8a 所示，AB 段直径 $d_1=8mm$，BC 段直径 $d_2=10mm$，试求阶梯轴各段横截面上的正应力。

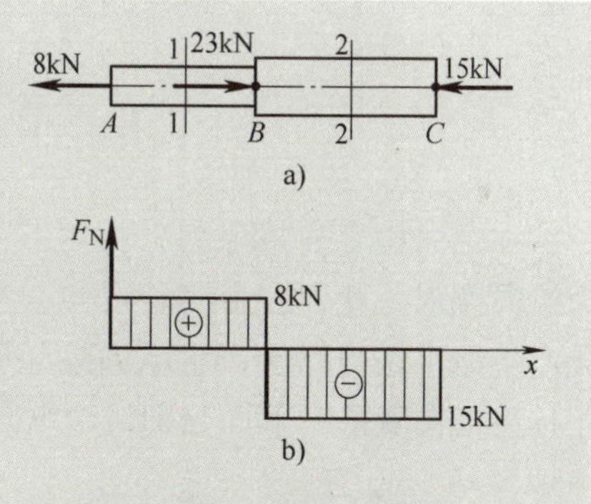

图 5-8　例 5-2 图

解：(1) 计算轴各段内的轴力　由截面法，求出轴 AB 段、BC 段的轴力分别为

$F_{N1}=8kN$(拉力)，$F_{N2}=-15kN$(压力)

(2) 确定正应力 σ　AB 段横截面面积为 $A_1=\frac{\pi}{4}d_1^2$，BC 段横截面面积为 $A_2=\frac{\pi}{4}d_2^2$，根据公式 (5-1)，AB 段横截面上的正应力为

$$\sigma_1=\frac{F_{N1}}{A_1}=\frac{8\times10^3}{\frac{\pi}{4}\times0.008^2}Pa=159\times10^6Pa=159MPa\quad(拉应力)$$

BC 段横截面上的正应力为

$$\sigma_2=\frac{F_{N2}}{A_2}=\frac{-15\times10^3}{\frac{\pi}{4}\times0.010^2}Pa=-191\times10^6Pa=-191MPa\ (压应力)$$

四、圣维南原理

当作用在杆端的轴向外力沿横截面非均匀分布时，外力作用点附近各截面的应力也为非均匀分布。圣维南（Saint - Venant）(图 5-9) 原理指出，力作用于杆端的分布方式，只影响杆端局部范围内的应力分布，影响区域的轴向范围约为 1 ~2 个杆端的横向尺寸。只要外力合力的作用线沿杆件轴线，在离外力作用面稍远处，横截面上的应力分布均可视为均匀的。至于外力作用处的应力分析，则需另行讨论。

图 5-9　法国科学家圣维南（1797—1886）

圣维南原理是弹性力学的基础性原理，对于作用在物体边界上一小块表面上的外力系可以用静力等效并且作用于同一小块表面上的外力系替换，这种替换造成的区别仅在离该小块表面的近处是显著的，而在较远处的影响可以忽略。对连续体而言，替换所造成显著影响的区域深度与小表面的直径有关。

第二节 杆的变形

在轴向拉力（或压力）作用下，杆件产生轴向伸长（或缩短）的变形，称为**纵向变形**。此外，由实验可知，当杆件产生纵向伸长时，杆件的横向尺寸还会产生缩小；当杆件产生纵向缩短时，杆件的横向尺寸会增大。横向尺寸的变化称为**横向变形**。下面分别讨论纵向变形和横向变形。

一、纵向变形 线应变

以图5-10所示杆为例，设杆件原长为 l，受轴向外力 F 作用后，长度变为 l_1，则杆的长度改变量为

$$\Delta l = l_1 - l$$

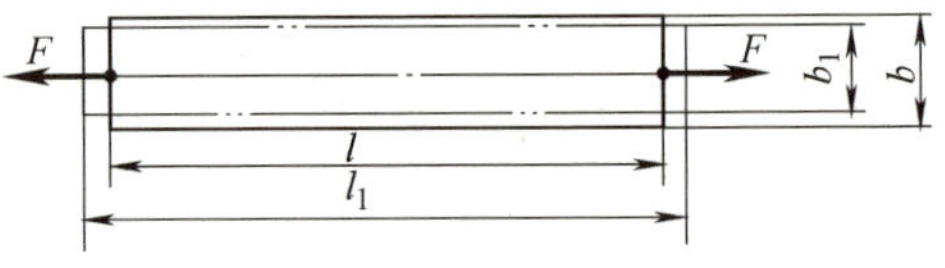

图5-10 杆件轴向伸长

Δl 反映了杆的总的纵向变形量，称为杆的**纵向变形**。拉伸时 $\Delta l>0$，压缩时 $\Delta l<0$。杆件的绝对变形是与杆的原长有关的，因此，为了消除杆件原长度的影响，采用单位长度的变形量来度量杆件的变形程度，称为**纵向线应变**，用 ε 表示。对于均匀伸长的拉杆，有

$$\varepsilon = \frac{\Delta l}{l} = \frac{l_1 - l}{l} \tag{5-2}$$

纵向线应变 ε 是无量纲量，其正负号与 Δl 的相同，即在轴向拉伸时 ε 为正值，称为拉应变；在压缩时 ε 为负值，称为压应变。

二、胡克定律

杆件的变形与其所受外力之间的关系，与材料的力学性能有关，只能由实验获得。实验表明，当轴向拉伸（压缩）杆件横截面上的正应力 σ 不大于某一极限值时，杆件的纵向变形量 Δl 与轴力 F_N 及杆长 l 成正比，而与横截面面积 A 成反比，即

$$\Delta l \propto \frac{F_N l}{A}$$

引入比例常数 E，则有

$$\Delta l = \frac{F_N l}{EA} \tag{5-3}$$

式（5-3）称为**胡克定律**，其中 E 称为材料的弹性模量，它说明材料抵抗拉伸（压缩）变形的能力，其值因材料而异，由实验测定（表5-1）。弹性模量 E 的单位与应力单位相同，通常采用 Pa、kPa、MPa、GPa。

表5-1　几种常用材料的 E 和 μ 的值

材料名称	弹性模量 E/GPa	泊松比 μ
铸铁	80～160	0.23～0.27
碳钢	196～216	0.24～0.28
合金钢	206～216	0.25～0.30
铝合金	70～72	0.26～0.33
铜	100～120	0.33～0.35
木材（顺纹）	8～12	—
橡胶	0.008～0.67	0.47

式（5-3）表明，对 F_N、l 相同的杆件，EA 越大则变形 Δl 越小，所以 EA 称为杆件的拉压刚度。它反映了杆件抵抗拉伸（压缩）变形的能力。

将 $\sigma = F_N/A$，$\varepsilon = \Delta l/l$ 代入式（5-3），得到胡克定律的另一个表达形式为

$$\sigma = E\varepsilon \tag{5-4}$$

上式比式（5-3）具有更普遍的意义。可简述为：在弹性范围内，杆件上任一点的正应力与线应变成正比。

三、横向变形

前文曾提到，轴向拉伸或压缩的杆件，不仅有纵向变形，还会有横向变形。如图5-11所示，设杆件轴向（水平方向）受压，变形前的横向尺寸为 b，变形后为 b_1，则杆件的横向变形量 $\Delta b = b_1 - b$，与纵向线应变的概念相似，定义横向线应变

$$\varepsilon' = \frac{\Delta b}{b} = \frac{b_1 - b}{b}$$

图5-11　横向变形

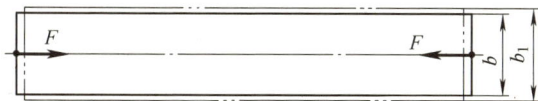

试验指出，同一种材料，在弹性变形范围内，横向线应变 ε' 和纵向线应变 ε

之比的绝对值为一常数，即

$$\left|\frac{\varepsilon'}{\varepsilon}\right| = \mu \tag{5-5a}$$

μ 称为**横向变形系数**，又称为**泊松比**，它是一个无量纲量，其值因材料而异，可由试验测定，见表5-1。

由于 μ 取绝对值，而 ε 与 ε' 的正负号总是相反，故式（5-5a）又可写为

$$\varepsilon' = -\mu\varepsilon \tag{5-5b}$$

例5-3 钢制阶梯轴如图5-12a所示，已知轴向外力 $F_1=50\text{kN}$，$F_2=20\text{kN}$，各段杆长为 $l_1=l_2=0.24\text{m}$，$l_3=0.3\text{m}$，直径 $d_1=d_2=25\text{mm}$，$d_3=18\text{mm}$，钢的弹性模量 $E=200\text{GPa}$，试求各段杆的纵向变形和线应变。

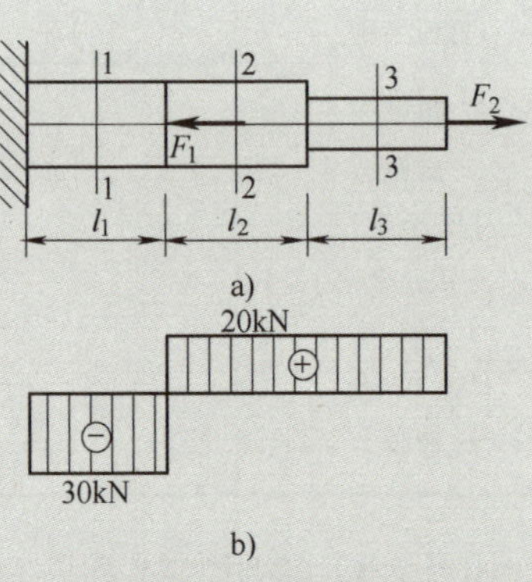

图5-12 例5-3图

解：1）求图5-12a所示截面1—1、2—2、3—3的轴力，得到

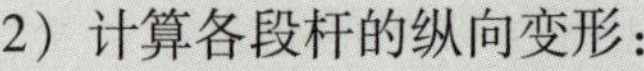

$$F_{N1} = -30\text{kN}, \quad F_{N2} = F_{N3} = 20\text{kN}$$

画轴力图，如图5-12b所示。

2）计算各段杆的纵向变形：

$$\Delta l_1 = \frac{F_{N1}l_1}{EA_1} = \frac{-30\times10^3\times0.24}{200\times10^9\times\frac{\pi}{4}\times0.025^2}\text{m} = -7.33\times10^{-5}\text{m} = -0.0733\text{mm}$$

$$\Delta l_2 = \frac{F_{N2}l_2}{EA_2} = \frac{20\times10^3\times0.24}{200\times10^9\times\frac{\pi}{4}\times0.025^2}\text{m} = 4.89\times10^{-5}\text{m} = 0.0489\text{mm}$$

$$\Delta l_3 = \frac{F_{N3}l_3}{EA_3} = \frac{20\times10^3\times0.30}{200\times10^9\times\frac{\pi}{4}\times0.018^2}\text{m} = 1.18\times10^{-4}\text{m} = 0.118\text{mm}$$

3）计算各段杆的线应变：

$$\varepsilon_1 = \frac{\Delta l_1}{l_1} = \frac{-7.33\times10^{-5}}{0.24} = -3.05\times10^{-4}$$

$$\varepsilon_2 = \frac{\Delta l_2}{l_2} = \frac{4.89\times10^{-5}}{0.24} = 2.04\times10^{-4}$$

$$\varepsilon_3 = \frac{\Delta l_3}{l_3} = \frac{1.18\times10^{-4}}{0.30} = 3.93\times10^{-4}$$

第三节　材料在轴向拉伸和压缩时的力学性能

分析构件的强度时，除了计算应力外，还需要了解材料的力学性能。材料的力学性能是指材料在外力作用下表现出的强度、变形等方面的各种特性，包括弹性模量 E、泊松比 μ 以及极限应力等，它们要由实验来测定。在室温下，以缓慢平稳的加载方式进行试验，称为常温静载试验，是测定材料力学性能的基本试验。

在材料的力学性能实验中，实验环境（如温度高低不同）和加载方式（如静加载、冲击载荷）都影响着材料的力学性能。低碳钢和铸铁是工程中广泛使用的金属材料，下面就以低碳钢和铸铁为主要代表，介绍它们在常温静载试验环境下，材料拉伸和压缩时的力学性能。

一、低碳钢拉伸时的力学性质

为了便于比较不同材料的试验结果，在做拉伸试验时，首先要将金属材料按国家标准制成标准试件。一般金属材料采用圆形截面试件（图 5-13a）或矩形截面试件（图 5-13b）。试件中部一段为等截面，在该段中标出长度为 l_0 的一段称为工作段（试验段），试验时即测量工作段的变形量。工作段长度称为标距 l_0，按规定，对圆形试件，标距 l_0 与横截面直径 d_0 的比例为

$$l_0 = 10d_0 \quad 或 \quad l_0 = 5d_0$$

对于矩形截面试件，若截面面积为 A_0，则

$$l_0 = 11.3\sqrt{A_0} \quad 或 \quad l_0 = 5.65\sqrt{A_0}$$

图 5-13　低碳钢拉伸试件

低碳钢是指含碳量在 0.3% 以下的碳素钢。这类钢材在工程中使用较广，在拉伸试验中表现出的力学性能也最为典型。

将低碳钢制成的标准试件安装在试验机上，开动机器缓慢加载，直至试件拉断为止。试验机的自动绘图装置将试验过程中的载荷 F_N 和对应的伸长量 Δl 绘成 $F_N-\Delta l$ 曲线图，称为拉伸图或 $F_N-\Delta l$ 曲线，如图 5-14 所示。

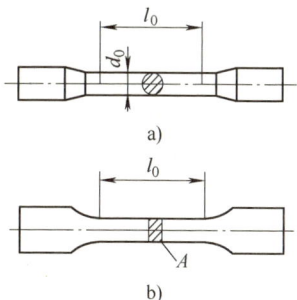

试件的拉伸图与试件的原始几何尺寸有关，为了消除试件原始几何尺寸的影响，获得反映材料性能的曲线，常把拉力 F_N 除以试件横截面的原始面积 A，得到正应力 $\sigma=F_N/A$，作为纵坐标；把伸长量 Δl 除以标距的原始长度 l_0，得到应变 $\varepsilon=\Delta l/l_0$，作为横坐标。作图得到材料拉伸时的应力－应变曲线或称 $\sigma-\varepsilon$

曲线，如图5-15所示。

根据试验结果，现将低碳钢的 $\sigma-\varepsilon$ 曲线分成4个阶段讨论其力学性能。

1. 弹性阶段

弹性阶段由直线段 Oa 和微弯段 ab 组成。直线段 Oa 部分表示应力与应变成正比关系，故 Oa 段称为比例阶段或线弹性阶段，在此阶段内，材料服从胡克定律 $\sigma=E\varepsilon$，a 点所对应的应力值称为材料的**比例极限**，用 σ_p 表示，低碳钢的 $\sigma_p\approx200$MPa。

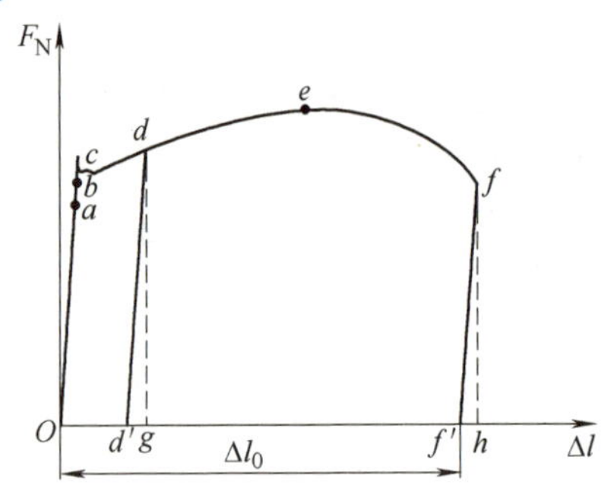

图5-14 $F_N-\Delta l$ 曲线

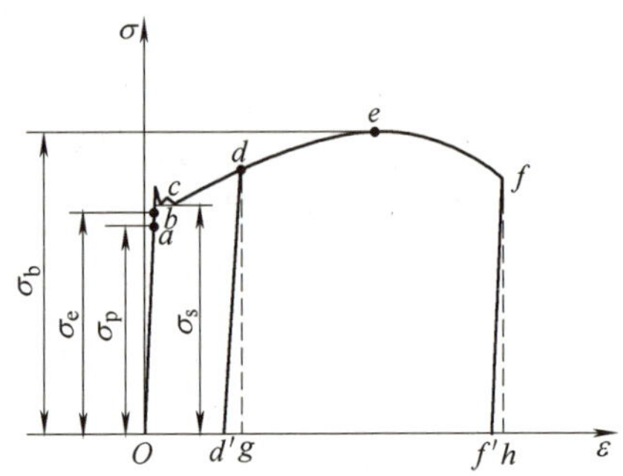

图5-15 $\sigma-\varepsilon$ 曲线

应力超过比例极限后，应力与应变不再成比例关系，曲线 ab 段称为非线性弹性阶段，只要应力不超过 b 点，材料的变形仍是弹性变形，在解除拉力后变形仍可完全消失。所以 b 点对应的应力称为弹性极限，以 σ_e 表示。由于大部分材料的 σ_p 和 σ_e 极为接近，工程上并不严格区分弹性极限和比例极限，常认为在弹性范围内，胡克定律成立。

2. 屈服阶段

当应力超过弹性极限后，$\sigma-\varepsilon$ 曲线图上的 bc 段将出现近似的水平段，这时应力几乎不增加，而变形却增加很快，表明材料暂时失去了抵抗变形的能力。这种现象称为**屈服现象**或**流动现象**。屈服阶段（bc 段）的最低点对应的应力称为屈服极限（或流动极限），以 σ_s 表示。低碳钢的 $\sigma_s\approx220\sim240$MPa，当应力达到屈服极限时，如试件表面经过抛光，就会在表面上出现一系列与轴线大致成45°夹角的倾斜条纹（称为滑移线）。它是由于材料内部晶格间发生滑移所引起的，一般认为，晶格间的滑移是产生塑性变形的根本原因。工程中的大多数构件一旦出现塑性变形，将不能正常工作（或称失效）。所以屈服极限 σ_s 是衡量材料失效与否的强度指标。

3. 强化阶段

过了屈服阶段 bc，图中向上升的曲线 ce 说明材料恢复了抵抗变形的能力，要使试件继续变形必须再增加载荷，这种现象称为材料的强化，故 $\sigma-\varepsilon$ 曲线图

中的 ce 段称为**强化阶段**，最高点 e 点所对应的应力值称为材料的**强度极限**，以 σ_b表示，它是材料所能承受的最大应力。低碳钢的 $\sigma_b \approx 370 \sim 460\text{MPa}$。

4. 缩颈阶段

当载荷达到最高值后，可以看到在试件的某一局部的横截面迅速收缩变细，出现所谓的**缩颈现象**，如图 5-16 所示。$\sigma - \varepsilon$ 曲线图中的 ef 段称为缩颈阶段。由于缩颈部分的横截面迅速减小，使试件继续伸长所需的拉力也相应减少。在 $\sigma - \varepsilon$ 图中，用横截面原始面积 A 算出的应力 $\sigma = F_N/A$ 随之下降，降到 f 点时试件被拉断。

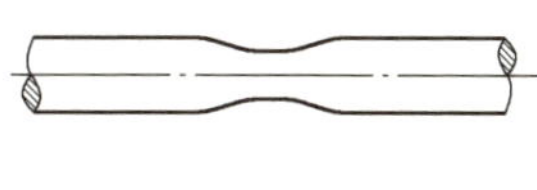

图 5-16　缩颈现象

试件拉断后弹性变形消失，只剩下塑性变形。工程中常用**伸长率 δ** 和**断面收缩率 Ψ** 作为材料的两个塑性指标。分别为

$$\delta = \frac{l_1 - l_0}{l} \times 100\% \tag{5-6}$$

$$\Psi = \frac{A_0 - A_1}{A_0} \times 100\% \tag{5-7}$$

式中，l_1 为试件拉断后的标距长度；l_0 为原标距长度；A_0 为试件横截面原面积；A_1 为试件被拉断后在缩颈处测得的最小横截面面积。

工程中通常按照伸长率的大小把材料分为两大类：$\delta > 5\%$ 的材料称为**塑性材料**，如碳钢、黄铜、铝合金等；而把 $\delta < 5\%$ 的材料称为**脆性材料**，如灰铸铁、玻璃、陶瓷、砖、石等。低碳钢的伸长率很高，其平均值为 20% ~30%，这说明低碳钢是典型的塑性材料。

断面收缩率 Ψ 也是衡量材料塑性的重要指标，低碳钢的断面收缩率 $\Psi \approx 60\%$。需要注意的是，材料的塑性和脆性会因制造工艺、变形速度、温度等条件而发生变化，例如某些脆性材料在高温下会呈现塑性，而某些塑性材料在低温下呈现脆性，又如在铸铁中加入球化剂可使其变为塑性较好的球墨铸铁。

实验表明，如果将试件拉伸到超过屈服极限 σ_s 后的任一点，例如图 5-15 中的 d 点，然后缓慢地卸载，这时会发现，卸载过程中试件的应力与应变之间沿着直线 dd' 的关系变化，dd' 与直线 Oa 几乎平行。由此可见，在强化阶段中试件的应变包含弹性应变和塑性应变，卸载后弹性应变消失，只留下塑性应变，塑性应变又称**残余应变**。

如果将卸载后的试件在短期内再次加载，则应力和应变之间基本上仍沿着卸载时的同一直线关系，直到开始卸载时的 d 点为止，然后大体上沿着原来路径 def（图 5-15）的关系。所以当试件在强化阶段卸载，然后再加载时，其 $\sigma - \varepsilon$ 曲线图应是图 5-15 中的 $d'def$，图中直线 $d'd$ 的最高点 d 的应力值，可以认为是材料在经过卸载而重新加载时的比例极限，显然它比原来的比例极限提高

了，但拉断后的残余应变则比原来的δ小，这种现象称为**冷作硬化**。工程中经常利用冷作硬化来提高材料的弹性阶段，例如起重机的钢索和建筑用的钢筋常采用冷拔工艺提高强度。

二、其他金属材料拉伸时的力学性质

其他金属材料的拉伸试验与低碳钢的拉伸试验方法相同，但材料所显示出的力学性能有很大差异，图5-17给出了锰钢、硬铝、退火球墨铸铁和45钢的应力-应变曲线，这些都是塑性材料，但前三种材料没有明显的屈服阶段。对于没有明显屈服极限的塑性材料，工程上规定，取试件产生0.2%的塑性应变时，所对应的应力值作为材料的名义屈服极限，以$\sigma_{0.2}$表示（图5-18）。

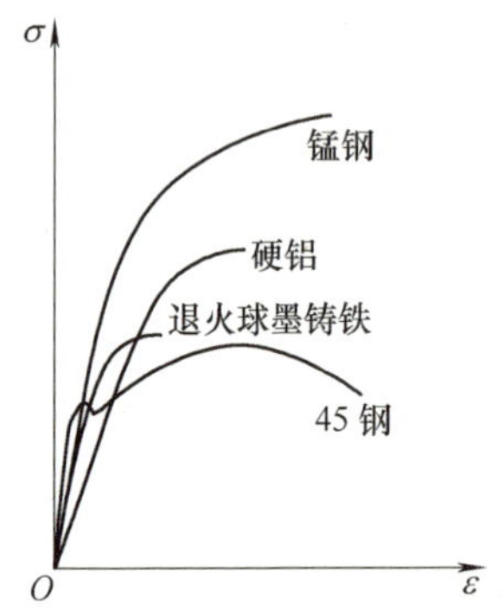

图5-17 其他材料的$\sigma-\varepsilon$曲线

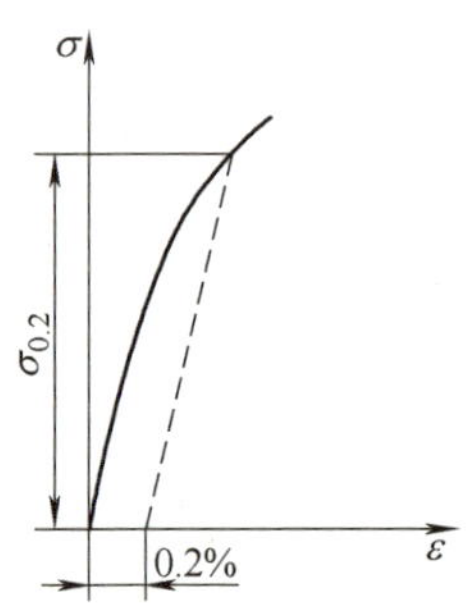

图5-18 名义屈服极限

图5-19所示为铸铁拉伸时的$\sigma-\varepsilon$关系，由图可见，应力-应变之间无明显的直线部分，但应力较小时接近于直线，可近似认为服从胡克定律。工程上有时以曲线的某一割线（图5-19a中的虚线）的斜率作为弹性模量。

铸铁的伸长率δ通常只有0.5%~0.6%，是典型的脆性材料，其拉伸时无屈服现象和缩颈现象，断裂是突然发生的，断口垂直于试件轴线。强度指标σ_b是衡量铸铁强度的唯一指标。

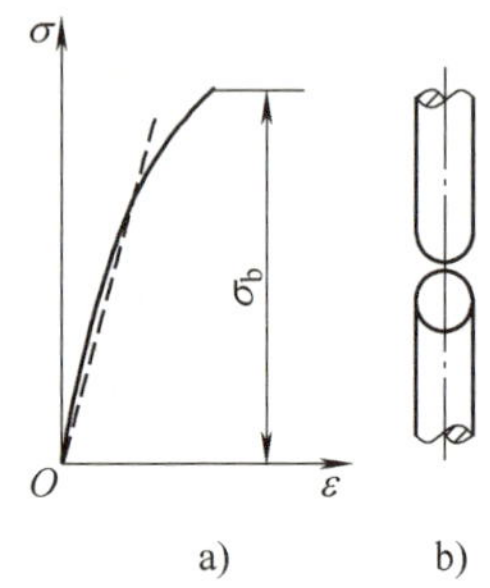

图5-19 铸铁拉伸

三、金属材料压缩时的力学性能

金属材料的压缩试件一般做成圆柱体，其高度是直径的1.5~3.0倍，以避免试验时被压弯；非金属材料（如水泥、石料）的压缩试件往往做成立方体。

低碳钢压缩时的$\sigma-\varepsilon$曲线如图5-20所示，图中虚线是为了便于比较而绘

出的拉伸的 $\sigma-\varepsilon$ 曲线，从图中可以看出，低碳钢压缩时的弹性模量 E 和屈服极限 σ_s，都与拉伸时大致相同。屈服阶段以后，试件越压越扁，横截面面积不断增大，试件抗压能力也不断提高，因而得不到压缩时的强度极限。

铸铁压缩时的 $\sigma-\varepsilon$ 曲线如图 5-21 所示，其线性阶段不明显，强度极限 σ_b 比拉伸时高 2～4 倍，试件在较小的变形下突然发生破坏，断口与轴线大致成 45°～55°的倾角，表明试件沿斜面由于相对错动而破坏。

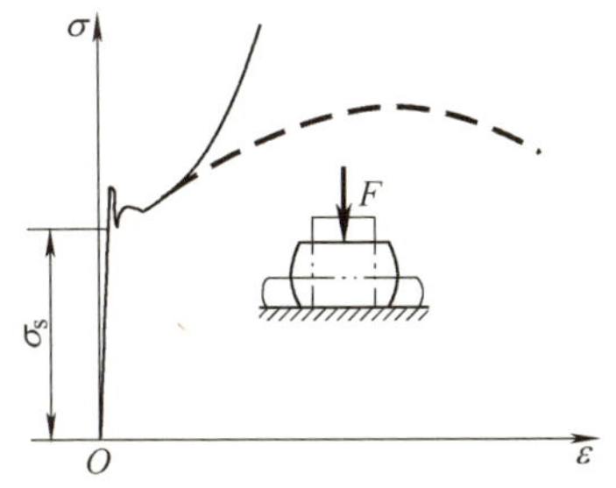

图 5-20　低碳钢压缩的 $\sigma-\varepsilon$ 曲线

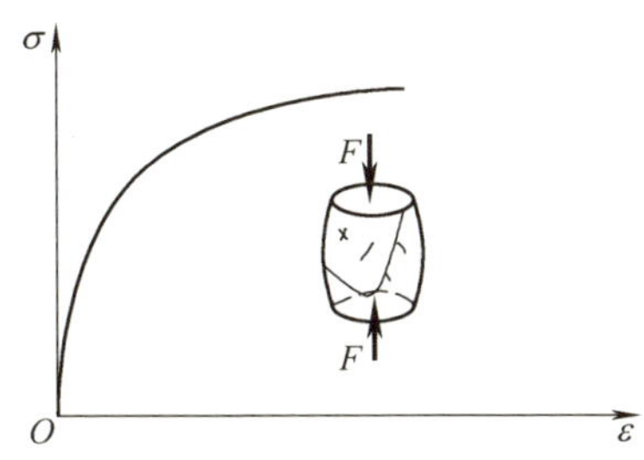

图 5-21　铸铁压缩时的 $\sigma-\varepsilon$ 曲线

其他脆性材料，如混凝土、石料等，抗压强度也远高于抗拉强度。

脆性材料抗拉强度低，塑性性能差，但抗压强度高，且价格低廉，故适合于制作承压构件。铸铁坚硬耐磨，易于浇注成形状复杂的零部件，广泛用于铸造机床床身、机座、缸体及轴承座等受压零部件。因此，铸铁压缩试验比拉伸试验更为重要。

衡量材料力学性能的指标主要有：比例极限 σ_p、屈服极限 σ_s、强度极限 σ_b、弹性模量 E、伸长率 δ 和断面收缩率 Ψ 等。对于许多金属来说，这些量往往受温度、热处理等条件的影响，表 5-2 列出了几种常用材料的力学性能。

表 5-2　几种常用材料的力学性能表

材料名称	牌号	σ_s/MPa	σ_b/MPa	δ_5/%①	备注
普通碳素钢	Q215	215	335～450	26～31	对应旧牌号 A2
	Q235	235	375～500	21～26	对应旧牌号 A3
	Q275	275	490～630	15～20	对应旧牌号 A5
优质碳素钢	25	275	450	23	25 钢
	35	315	530	20	35 钢
	45	355	600	16	45 钢
	55	380	645	13	55 钢
低合金钢	15MnV	390	530～680	18	15 锰钒
	16Mn	345	510～660	22	16 锰

（续）

材料名称	牌号	σ_s/MPa	σ_b/MPa	δ_5/%①	备注
合金钢	20Cr 40Cr 30CrMnSi	540 785 885	835 980 1080	10 9 10	20 铬 40 铬 30 铬锰硅
铸钢	ZG200－400 ZG270－500	200 270	400 500	25 18	—
灰铸铁	HT150 HT250	—	150② 250②		—
铝合金	LY12	274	412	19	硬铝

① δ_5 表示标距 $l=5d$ 标准试样的伸长率。

② σ_b 为拉伸强度极限。

第四节 强度条件

由脆性材料制成的构件，在拉力作用下，当变形很小时就会突然断裂，脆性材料断裂时的应力即强度极限 σ_b；塑性材料制成的构件，在拉断之前已出现塑性变形，在不考虑塑性变形力学设计方法的情况下，考虑到构件不能保持原有的形状和尺寸，故认为它已不能正常工作，塑性材料到达屈服时的应力即屈服极限 σ_s。脆性材料的强度极限 σ_b、塑性材料屈服极限 σ_s 称为**构件失效的极限应力**。为保证构件具有足够的强度，构件在外力作用下的最大工作应力必须小于材料的极限应力。在强度计算中，把材料的极限应力除以一个大于 1 的系数 n（称为安全因数），作为构件工作时所允许的最大应力，称为材料的**许用应力**，以 $[\sigma]$ 表示。对于脆性材料，许用应力

$$[\sigma]=\frac{\sigma_b}{n_b} \tag{5-8a}$$

对于塑性材料，许用应力

$$[\sigma]=\frac{\sigma_s}{n_s} \tag{5-8b}$$

式中，n_b、n_s 分别为脆性材料、塑性材料对应的安全因数。

安全因数的确定除了要考虑载荷变化、构件加工精度不同、计算差异、工作环境的变化等因素外，还要考虑材料的性能差异（塑性材料或脆性材料）及材质的均匀性，以及构件在设备中的重要性，损坏后造成后果的严重程度。

安全因数的选取，必须体现既安全又经济的设计思想，通常由国家有关部门制定，公布在有关的规范中供设计时参考，一般在静载下，对塑性材料可取 $n_s = 1.5 \sim 2.0$；脆性材料均匀性差，且断裂会突然发生，有更大的危险性，所以取 $n_b = 2.0 \sim 5.0$，甚至取到 5 ~9。

为了保证构件在外力作用下安全可靠地工作，必须使构件的最大工作应力小于材料的许用应力，即

$$\sigma_{max} = \frac{F_{Nmax}}{A} \leqslant [\sigma] \tag{5-9}$$

式（5-9）就是杆件受轴向拉伸或压缩时的**强度条件**。根据这一强度条件，可以对杆件进行如下三方面的计算：

1）**强度校核**。已知杆件的尺寸、所受载荷和材料的许用应力，直接应用式(5-9)，验算杆件是否满足强度条件。

2）**截面设计**。已知杆件所受载荷和材料的许用应力，将式（5-9）改成 $A \geqslant \frac{F_N}{[\sigma]}$，由强度条件确定杆件所需的横截面面积。

3）**许用载荷的确定**。已知杆件的横截面尺寸和材料的许用应力，由强度条件 $F_{Nmax} \leqslant A[\sigma]$ 确定杆件所能承受的最大轴力，最后通过静力学平衡方程算出杆件所能承担的最大许可载荷。

例 5-4 图 5-22 所示起重机的起重链条由圆钢制成，承受的最大拉力为 $F=25\text{kN}$。已知圆钢材料为 Q235 钢，考虑到起重时链条可能承受冲击载荷，取许用应力 $[\sigma] = 45\text{ MPa}$。若只考虑链环两边所受的拉力，试确定圆钢的直径 d。

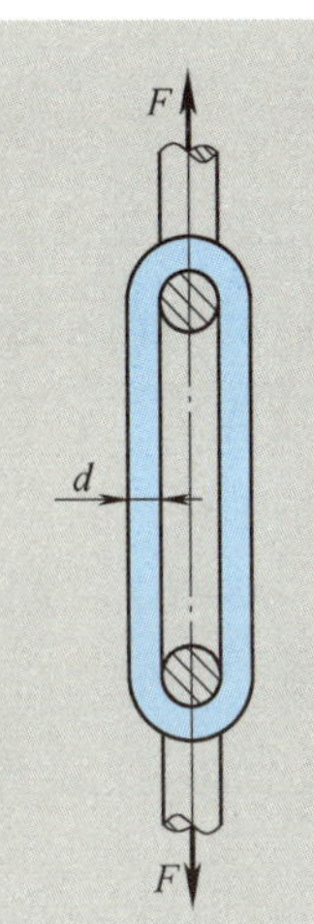

图 5-22 例 5-4 图

解：用截面法，求得链环每边截面上的轴力为

$$F_N = \frac{1}{2}F = 12.5\text{kN}$$

圆环的横截面面积应该满足

$$A = \frac{\pi d^2}{4} \geqslant \frac{F_N}{[\sigma]}$$

由此可得链环的圆钢直径为

$$d \geqslant \sqrt{\frac{4F}{\pi[\sigma]}} = \sqrt{\frac{4 \times 12.5 \times 10^3}{3.14 \times 45 \times 10^6}}\text{m} = 18.8\text{mm}$$

例 5-5 如图 5-23a 所示，结构包括钢杆 1 和铜杆 2，A、B、C 处为铰链连接。在节点 A 处悬挂一个 $G=20\text{kN}$ 的重物。钢杆 AB 的横截面面积为 $A_1 = 75\text{mm}^2$，铜杆的横截面面积为 $A_2 = 150\text{mm}^2$。材料的许用应力分别为 $[\sigma_1] = 160\text{MPa}$，

$[\sigma_2]=100\text{MPa}$，试校核此结构的强度。

解：求各杆的轴力，取节点 A 为研究对象，做出其受力图（图 5-23b），图中假定两杆均为拉力。由平衡方程

$$\sum_{i=1}^{n} F_{ix}=0\ ,\ F_{N2}\sin 30^\circ - F_{N1}\sin 45^\circ = 0$$

$$\sum_{i=1}^{n} F_{iy}=0\ ,\ F_{N1}\cos 45^\circ + F_{N2}\cos 30^\circ - G = 0$$

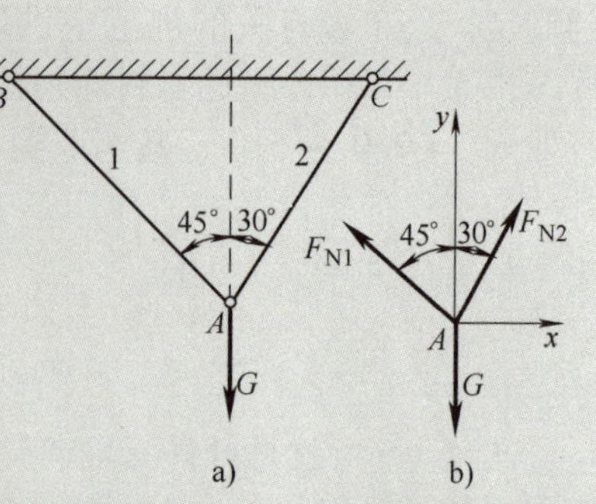

图 5-23 例 5-5 图

解得

$$F_{N1}=10.4\text{kN},\ F_{N2}=14.6\text{kN}$$

两杆横截面上的应力分别为

$$\sigma_1=\frac{F_{N1}}{A_1}=\frac{10.4\times10^3}{75\times10^{-6}}\text{Pa}=139\text{MPa}$$

$$\sigma_2=\frac{F_{N2}}{A_2}=\frac{14.6\times10^3}{150\times10^{-6}}\text{Pa}=97.6\text{MPa}$$

由于 $\sigma_1<[\sigma_1]=160\text{MPa}$，$\sigma_2<[\sigma_2]=100\text{MPa}$，故此结构的强度足够。

例 5-6 如图 5-24a 所示，三角架受载荷 $F=50\text{kN}$ 作用。AC 杆是圆钢杆，其许用应力 $[\sigma_1]=160\text{MPa}$；BC 杆的材料是木材，圆形横截面，其许用应力 $[\sigma_2]=8\text{MPa}$。试设计两杆的直径。

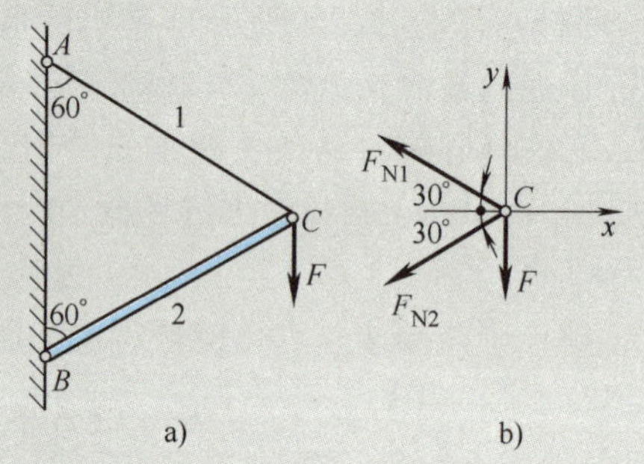

图 5-24 例 5-6 图

解：由于 $[\sigma_1]$、$[\sigma_2]$ 已知，故首先求出 AC 杆和 BC 杆的轴力 F_{N1} 和 F_{N2}，然后由 $A_1\geqslant\dfrac{F_{N1}}{[\sigma_1]}$，$A_2\geqslant\dfrac{F_{N2}}{[\sigma_2]}$ 求解。

(1) 求两杆的轴力 取节点 C 研究，受力分析如图 5-24b 所示，列平衡方程

$$\sum_{i=1}^{n} F_{ix}=0\ ,\quad -F_{N1}\cos 30^\circ - F_{N2}\cos 30^\circ = 0$$

解得

$$F_{N1}=-F_{N2}$$

$$\sum_{i=1}^{n} F_{iy} = 0, \quad F_{N1}\sin 30^\circ - F_{N2}\sin 30^\circ - F = 0$$

解得

$$F_{N1} = F = 50\text{kN}\ (\text{拉}), F_{N2} = -F_{N1} = -50\text{kN}\quad(\text{压})$$

（2）求截面直径　分别求得两杆的横截面面积为

$$A_1 \geqslant \frac{F_{N1}}{[\sigma_1]} = \frac{50\times10^3}{160\times10^6}\text{m}^2 = 3.13\times10^{-4}\text{m}^2 = 3.13\text{cm}^2$$

$$A_2 \geqslant \frac{F_{N2}}{[\sigma_2]} = \frac{50\times10^3}{8\times10^6}\text{m}^2 = 62.5\times10^{-4}\text{m}^2 = 62.5\text{cm}^2$$

直径　$$d_1 = \sqrt{\frac{4A_1}{\pi}} \geqslant 2\text{cm},\quad d_2 = \sqrt{\frac{4A_2}{\pi}} \geqslant 8.9\text{cm}$$

例 5-7　冷镦机的曲柄滑块机构如图 5-25 所示，镦压时，截面为矩形的连杆 AB 处于水平位置，高宽比 $h/b=1.2$，材料为 45 钢，许用应力 $[\sigma]=90\text{MPa}$。若不考虑杆的自重，已知镦压力 $F=4500\text{kN}$，试按照强度条件确定 h、b 的大小。

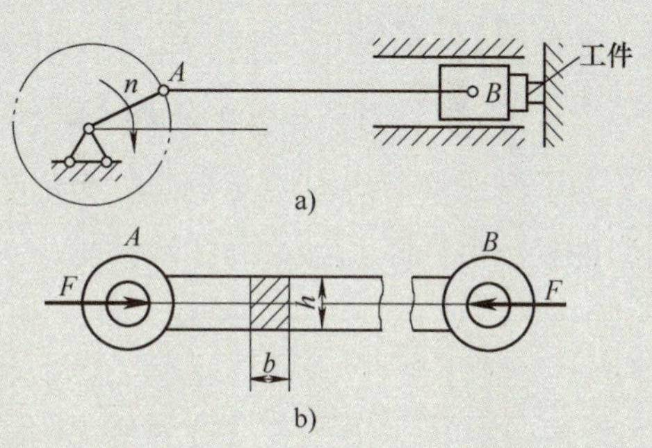

图 5-25　例 5-7 图

解：如图 5-25b 所示，AB 杆为轴向压缩，由截面法可得连杆的轴力数值大小为

$$F_N = F = 4500\text{kN}$$

将强度条件改写为 $A \geqslant \dfrac{F_N}{[\sigma]}$，由于 $A = bh = 1.2b^2$，所以

$$1.2b^2 \geqslant \frac{F_N}{[\sigma]}$$

即　$$b \geqslant \sqrt{\frac{F_N}{1.2[\sigma]}} = \sqrt{\frac{4500\times10^3}{1.2\times90\times10^6}}\text{m} = 204\text{mm}$$

$$h = 1.2b \geqslant 245\text{mm}$$

例 5-8　图 5-26a 所示的三角架，由钢杆 AC 和木杆 BC 在 A、B、C 处铰接而成。钢杆 AC 的横截面面积为 $A_1=12\text{cm}^2$，许用应力 $[\sigma_1]=160\text{MPa}$；木杆 BC 的横截面面积 $A_2=200\text{cm}^2$，许用应力 $[\sigma_2]=8\text{MPa}$。求 C 点允许起吊的最大载荷 F 为多少？

解：(1) 求 AC 杆和 BC 杆的轴力 取节点 C 研究，受力分析如图5-26b所示，列平衡方程

$$\sum_{i=1}^{n} F_{ix} = 0\text{，}-F_{N1}\cos 30^\circ - F_{N2} = 0$$

$$\sum_{i=1}^{n} F_{iy} = 0\text{，}F_{N1}\sin 30^\circ - F = 0$$

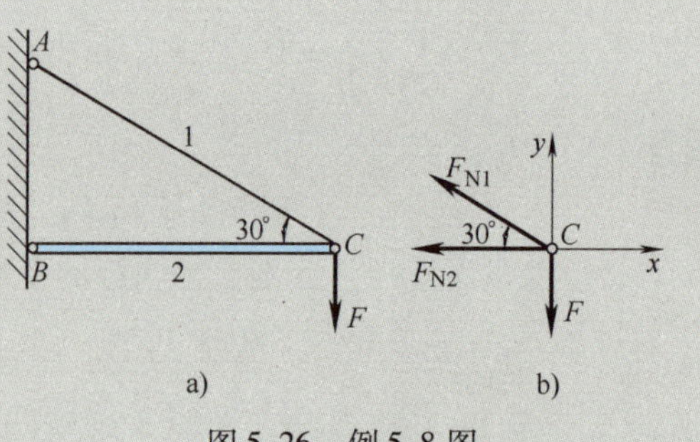

图5-26 例5-8图

解得

$$F_{N1} = 2F(\text{拉})\text{，}\quad F_{N2} = -\sqrt{3}F(\text{压})$$

(2) 求许可的最大载荷 由式(5-9) 得到 $F_{N1} \leqslant A_1[\sigma_1]$，即

$$2F \leqslant 12\times 10^{-4}\times 160\times 10^6\text{N}\text{，}\quad F_1 \leqslant 96\text{kN}$$

同样，由式（5-9）得到 $F_{N2} \leqslant A_2[\sigma_2]$，即

$$\sqrt{3}F \leqslant 200\times 10^{-4}\times 8\times 10^6\text{N}\text{，}F_2 \leqslant 92.4\text{kN}$$

为了保证整个结构的安全，C 点允许起吊的最大载荷应选取所求得的 F_1、F_2中的较小值，即 $[F]_{max} = 92.4\text{kN}$。

第五节 简单拉压超静定问题

在前面几节讨论的问题中，杆件的约束力和杆件的内力可以用静力平衡方程求出，这类问题称为**静定问题**。例如图5-27a所示的杆 AB，在 C 处受到集中力 F，则 AC、CB 段的内力可由平衡方程求出；同样，图5-28a 所示的构架，是由 AB 及 AC 两杆组成，在 A 点受到载荷 G 的作用，求 AB 和 AC 杆的两个未知内力时，因能列出两个平衡方程，所以是静定问题。

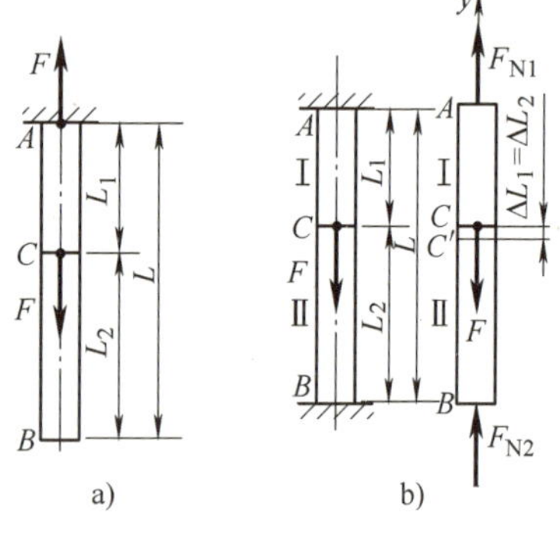

图5-27 单杆静定、超静定问题

在工程实际中，有时为了增加构件和结构物的强度和刚度，或者由于构造上的需要，往往要给构件增加一些约束，或在结构物中增加一些杆件，这时构件的约束力或杆件的数目多于刚体静力学平衡方程的数目，因而仅用静力平衡方程不能求解。这类问题称为**超静定问题**。未知力个数与独立的平衡方程数之差，称为**超静定次数**。例如图5-27b 所示的

杆，A、B 两端有未知的约束力 F_{N1}、F_{N2}，竖直方向静力平衡方程数只有 1 个，故属于一次超静定问题；图 5-28b 所示的构架，是由 AB、AC、AD 三杆组成，若取节点 A 研究，其所受力组成平面汇交力系，可列出 2 个静力平衡方程，但未知力有 3 个（F_{N1}、F_{N2}、F_{N3}），属于一次超静定问题。显然仅由静力平衡方程不能求出全部未知内力。

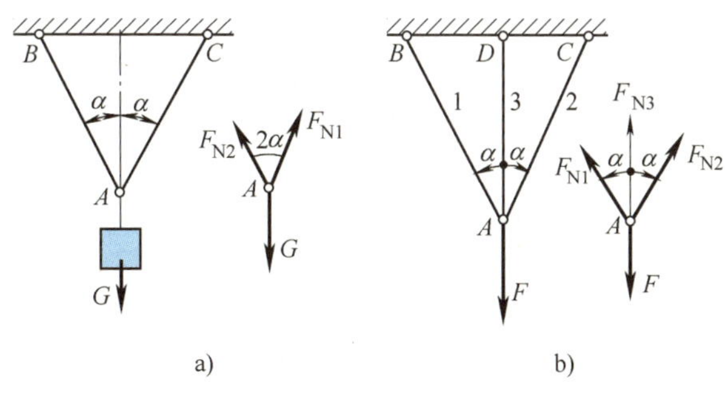

图 5-28　多杆静定、静不定问题

求解超静定问题，除了根据静力平衡条件列出平衡方程外，还必须根据杆件变形之间的相互关系（称为变形协调条件），列出变形的几何方程，再由力和变形之间的物理条件（胡克定律）建立所需的补充方程。下面通过例题说明超静定问题的解法。

例 5-9　图 5-29a 所示为两端固定的杆。在 C、D 两截面处有一对力 F 作用，杆的横截面面积为 A，弹性模量为 E，求 A、B 处支座约束力，并作轴力图。

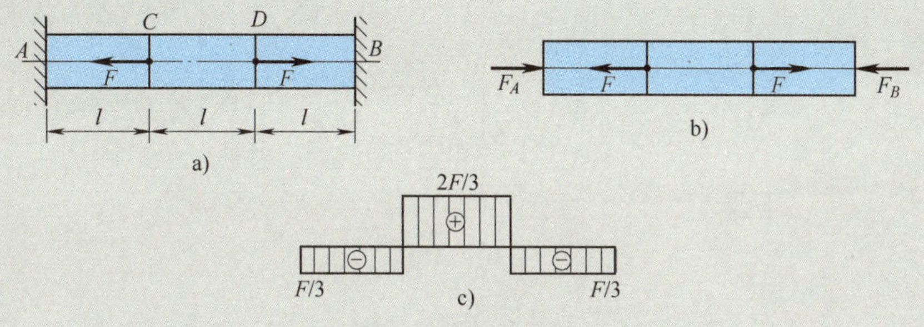

图 5-29　例 5-9 图

解：取 AB 杆为研究对象，设 A、B 处的约束力为压力，如图 5-29b 所示，由平衡方程

$$\sum_{i=1}^{n} F_{ix} = 0, \qquad F_A - F + F - F_B = 0$$

得

$$F_A = F_B \tag{1}$$

式（1）中只知道两个未知约束力相等，不能解出具体值，故还需要列一个补充方程。

显然，杆件各段变形后，由于约束的限制，总长度保持不变，故变形协调条件为

$$\Delta l_{AC} + \Delta l_{CD} + \Delta l_{DB} = 0 \tag{2}$$

根据胡克定律，得到

$$\Delta l_{AC} = -\frac{F_A l}{EA},\ \Delta l_{CD} = \frac{(F - F_A)l}{EA},\ \Delta l_{DB} = -\frac{F_B l}{EA}$$

代入式（2）得到变形的几何方程为

$$-\frac{F_A l}{EA} + \frac{(F - F_A)l}{EA} - \frac{F_B l}{EA} = 0$$

整理后得

$$2F_A + F_B = F \tag{3}$$

将式（1）代入式（3），可解得

$$F_A = F_B = \frac{F}{3}$$

作杆的轴力图，如图5-29c所示。

例5-10 图5-30a所示结构中，已知杆1、杆2和杆3的拉压刚度均为EA，角$\alpha = 30°$，重物$G = 38\text{kN}$，试求各杆所受的拉力。

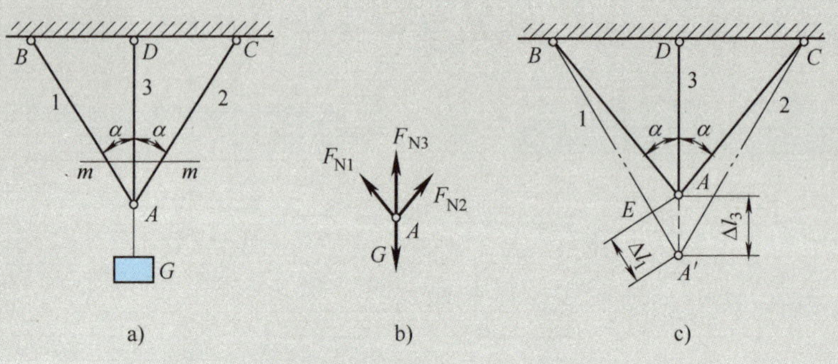

图5-30 例5-10图

解：（1）列平衡方程 在重力G作用下，三根杆均被拉长，故可设三杆均受拉力，节点A的受力如图5-30b所示，列平衡方程

$$\sum_{i=1}^{n} F_{ix} = 0,\quad -F_{N1}\sin\alpha + F_{N2}\sin\alpha = 0$$

$$\sum_{i=1}^{n} F_{iy} = 0,\quad F_{N1}\cos\alpha + F_{N2}\cos\alpha + F_{N3} - G = 0$$

整理得

$$\begin{cases} F_{N1} = F_{N2} \\ \sqrt{3}F_{N1} + F_{N3} - G = 0 \end{cases} \tag{1}$$

(2) 变形几何关系　由图5-30c可以看到，由于结构左右对称，杆1、2的拉压刚度相同，所以节点A只能铅垂下移。设变形后各杆汇交于A'点，则$AA' = \Delta l_3$。以B点为圆心，杆1的原长BA为半径作圆弧并与BA'相交，BA'在圆弧以外的线段即为杆1的伸长Δl_1，由于变形很小，可用垂直于BA'的直线AE代替上述弧线，且仍可以认为$\angle BA'D = \alpha = 30°$。于是

$$\Delta l_1 = \Delta l_3 \cos\alpha \tag{2}$$

(3) 物理关系　由胡克定律，得

$$\Delta l_1 = \frac{F_{N1} l_1}{EA},\quad \Delta l_3 = \frac{F_{N3} l_3}{EA} \tag{3}$$

(4) 补充方程　将物理关系式(3)代入几何方程(2)，得到解该超静定问题的补充方程

$$\frac{F_{N1} l_1}{EA} = \frac{F_{N3} l_3}{EA}\cos\alpha$$

将$l_3 = l_1 \cos\alpha$代入上式，整理得到$F_{N1} = F_{N3}\cos^2\alpha$，即

$$F_{N1} = 0.75F_{N3} \tag{4}$$

(5) 求解各杆轴力　联立求解补充方程(4)和平衡方程(1)，可得

$$F_{N3} = \frac{G}{\sqrt{3} \times 0.75 + 1} = 16.5\text{kN}$$

$$F_{N1} = F_{N2} = 12.4\text{kN}$$

对于超静定结构，制造误差会造成装配应力，温度变化会造成温度应力。

由于所有构件在制造中或多或少都会有一些误差，这种误差在静定结构中不会引起任何内力及应力，但在超静定结构中则有不同的特点。例如图5-31所示的三杆桁架结构，如果杆3制造时短了δ，为了将三根杆装配在一起，则必须将杆3拉长，杆1、2压短，这种强行装配使杆3中产生拉应力，杆1、2中产生压应力。这种由于装配而引起的杆内应力，称为**装配应力**。装配应力是在载荷作用前结构中已经具有的应力，因而是一种**初应力**。这种应力的存在，有时是不利的，它会降低构件承受载荷的能力，但有时又可以利用它来达到一定的目的。例如，轮毂和轴的紧配合就是有意识地利用与装配应力相应的变形，来

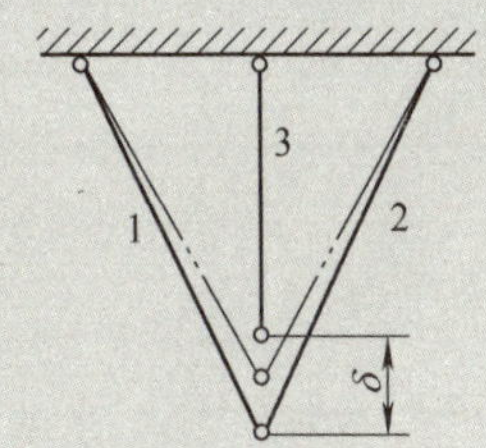

图5-31　超静定结构装配应力

防止轮毂和轴的相对转动；预应力钢筋混凝土构件，也是利用装配应力来提高其承受载荷的能力。

在工程实际中，构件往往会遇到温度变化，从而引起构件热胀冷缩的温度变形。在静定结构中，构件可以自由变形，故温度改变不会在构件内产生应力。例如图5-27a、图5-28a所示的杆，如果全杆各点处温度均上升了ΔT，则杆件因热胀而伸长，但不会产生应力。然而在图5-32a所示的超静定结构中，如果杆AB的温度发生变化，由于有了多余的约束，在杆内将出现温度应力。设温度变化前杆AB长度正好合适，如果全杆各点处温度均上升了ΔT，设想此时只有一个支座A，则杆应伸长$\Delta L_T = \alpha\Delta T \cdot L$，其中$\alpha$为材料的线膨胀系数。但由于两端均受到刚性支座的约束，杆的长度不能改变。因此，杆的两端必受到来自支座的轴向压力F，使杆缩短了$\Delta L_F(=\Delta L_T)$而回到原长L（图5-32c）。同时在杆内产生了应力$\sigma_T = E\dfrac{\Delta L_F}{L}$。这种由于温度改变而在杆件内产生的应力称为**温度应力**，其计算式为

$$\sigma_T = E\alpha\Delta T \tag{5-10}$$

碳钢的$\alpha = 12.5\times10^{-6}\text{K}^{-1}$，$E=200\text{GPa}$。所以

$$\sigma_T = 12.5\times10^{-6}\times200\times10^{9}\Delta T(\text{Pa}) = 2.5\Delta T(\text{MPa})$$

可见当温度变化ΔT较大时，σ_T的数值便非常可观。为了避免过高的温度应力，在送热管道中可以增加伸缩节（图5-33）。

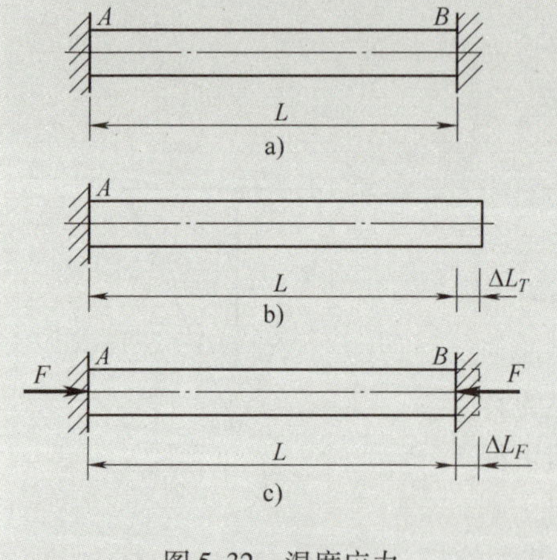

图5-32 温度应力

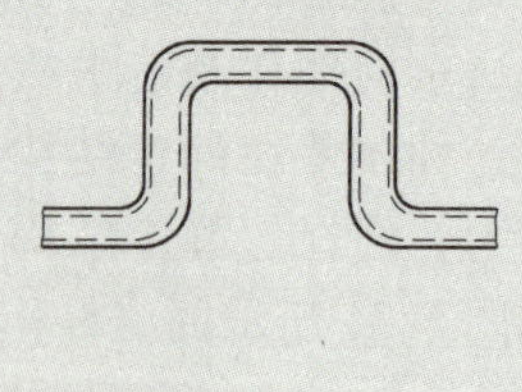

图5-33 伸缩节

若钢轨自由放置，当温度变化时就会自由伸缩：夏天受热会伸长，冬天受冷会缩短，也就是“热胀冷缩”。一般来说，钢轨温度每改变1℃（或1K），每根钢轨就会承受1.612×10^4N（约为1.645t重物）的压力或拉力。轨温变化幅

度为50℃时，一根钢轨则要承受高达8.06×10^5N（约为82.25t重物）的压力或拉力。如此巨大的温度力足以破坏铁路。所以在速度要求不高的铁路中，钢轨各段之间留有伸缩缝，以削弱对钢轨膨胀的约束，降低温度应力。具体表现为钢轨每隔12.5m或25m就会有一个接头，接头之间留有轨缝，约为6mm。显然，留轨缝是为了防止钢轨在热胀冷缩时产生的温度应力破坏钢轨。铁路桥梁一端用固定铰链支座，另一端采用可动铰链支座（图5-34），可以避免桥梁水平方向的温度应力。

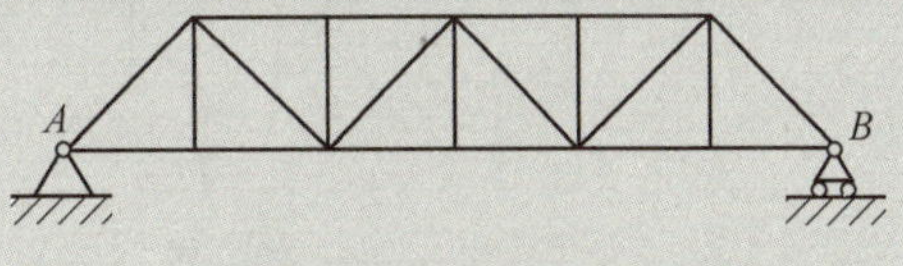

图5-34　铁路桥梁

钢轨之间的伸缩缝，其缺点是会引起火车运行时的振动，列车驶过时产生“咔哒、咔哒”的声音。除非路轨保养得非常良好，否则这种有接缝的路轨不适宜让高速列车行驶。对于运行速度高的铁路，往往采用无缝线路，其基本原理是：用防爬设备将两端锁定，以防止其伸缩。实际上，钢轨的温度应力不可能消失，是人们在铁路线上采用强大的线路阻力来锁定轨道，限制了钢轨的自由伸缩。正因为被这样牢牢锁定在了轨枕上，钢轨才能在受到如此大的温度应力时而不变形。

第六节　应力集中的概念

由于实际需要，在工程中常在一些构件上钻孔、开退刀槽或键槽、车削螺纹等，有些则需要制成阶梯状的，这就引起构件横截面尺寸的突变。这样的杆在轴向拉伸时，在杆件截面突变处附近的小范围内，应力的数值急剧增大；而离开这个区域稍远处，应力就大为降低，并趋于均匀分布。这种现象称为**应力集中**。图5-35b所示为拉杆孔边的应力分布图，图5-35d所示为带有切口的截面应力分布图，其中σ_{max}为最大局部应力，σ为假设应力均匀分布时该截面上的名义应力（即按照等直杆的公式算得的应力）。应力集中的程度，通常用**理论应力集中因数**α表示：

$$\alpha = \frac{\sigma_{max}}{\sigma} \tag{5-11}$$

理论应力集中因数α值表明最大局部应力为名义应力的多少倍，其值与材料无关，它取决于截面的几何形状与尺寸，截面尺寸改变越急剧，应力集中的程度就越严重。因此，在杆件上应尽量避免带尖角、槽或小孔，在阶梯轴的轴肩处，过渡圆弧的半径应该尽可能大一些。

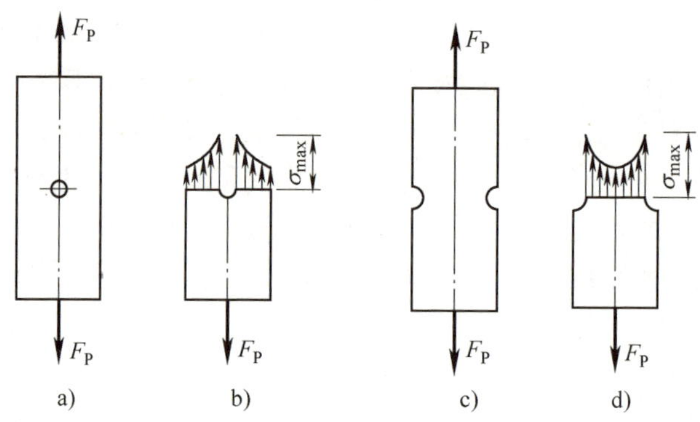

图 5-35 应力集中

杆件在拉伸、扭转和弯曲时有不同的 α 值。

在静载荷作用下，塑性材料对应力集中不敏感，例如具有圆孔的低碳钢拉杆，当最大局部应力 σ_{max} 到达屈服极限 σ_s 时（图 5-36a），如果载荷继续增大，则该处相邻的材料将进入屈服阶段而停止增长。增大的载荷由截面上尚未屈服的材料来承担，使截面 1—1 上材料的屈服区域将随载荷的不断增大而扩大（图 5-36b），直至截面 1—1 上各点处的应力都达到屈服极限（图 5-36c）。由此可见，塑性材料可使截面上的应力逐渐趋于平均，降低应力不均匀程度。因此用塑性材料制成的构件在静载荷作用下，可以不考虑应力集中的影响，实际工程计算中可按应力均匀分布计算。

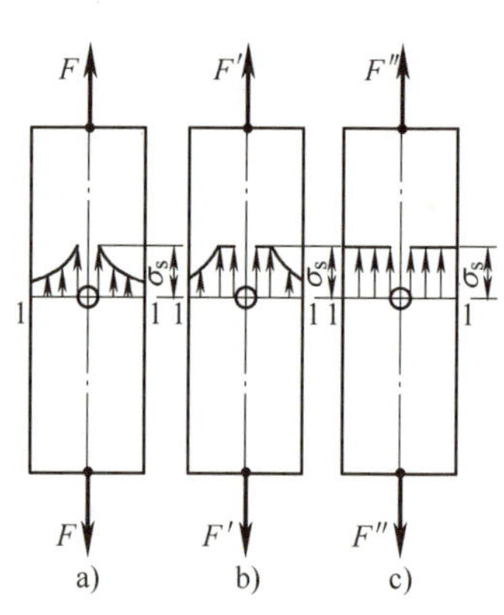

图 5-36 对应力集中不敏感的塑性材料

对于组织均匀的脆性材料制成的构件，因材料无屈服阶段，当载荷增加时，应力集中处的最大应力 σ_{max} 一直领先，首先达到强度极限 σ_b，该处首先产生裂纹。因此对应力集中十分敏感，必须考虑应力集中的影响。对于各种典型的应力集中情形，如铣槽、钻孔和螺纹等，α 的数值可查有关的机械设计手册。

对于灰铸铁，其内部的不均匀性和缺陷往往是产生应力集中的主要因素，而构件外形改变所引起的应力集中是次要因素，可以不考虑应力集中的影响。

为保证设备的安全，有时要进行应力集中检测。图 5-37 所示为工作中的应力集中磁检测仪。

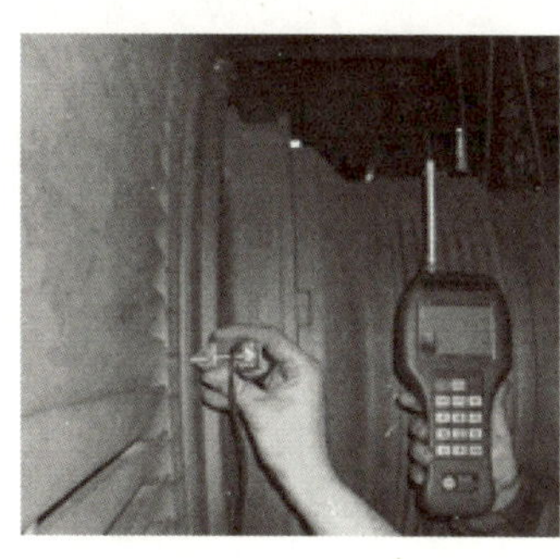

图 5-37 应力集中磁检测仪

小 结

- 由于外力作用而引起的内力的改变量，称为"附加内力"，简称内力。
- 拉伸引起的轴力为正值，指向背离横截面；压缩引起的轴力为负值，指向向着横截面。
- 表示轴力沿轴线方向变化的图形称为轴力图。
- 平面假设：杆变形后各横截面仍保持为平面。
- 正应力 $\sigma = \dfrac{F_N}{A}$。
- 圣维南原理：力作用于杆端的分布方式，只影响杆端局部范围内的应力分布，只要外力合力的作用线沿杆件轴线，在离外力作用面稍远处，横截面上的应力分布均可视为均匀的。
- 纵向线应变 $\varepsilon = \dfrac{\Delta l}{l} = \dfrac{l_1 - l}{l}$，横向线应变 $\varepsilon' = \dfrac{\Delta b}{b} = \dfrac{b_1 - b}{b}$。
- 胡克定律 $\sigma = E\varepsilon$。
- 横向变形系数或泊松比：$\mu = \left|\dfrac{\varepsilon'}{\varepsilon}\right|$。
- 低碳钢材料拉伸时的应力－应变曲线（$\sigma - \varepsilon$ 曲线）如图 5-15 所示。
- 衡量材料力学性能的指标主要有：比例极限 σ_p、屈服极限 σ_s、强度极限 σ_b、弹性模量 E、伸长率 δ 和断面收缩率 Ψ 等。

伸长率 $\delta = \dfrac{l_1 - l_0}{l} \times 100\%$，断面收缩率 $\Psi = \dfrac{A_0 - A_1}{A_0} \times 100\%$。

低碳钢：$\sigma_p \approx 200\text{MPa}$，$\sigma_s \approx 220 \sim 240\text{MPa}$，$\sigma_b \approx 370 \sim 460\text{MPa}$，$\delta = 20\% \sim 30\%$。

当载荷达到最高值后，可以看到在试件的某一局部的横截面迅速收缩变细，出现缩颈现象。

伸长率 $\delta > 5\%$ 的材料称为塑性材料，如碳钢、黄铜、铝合金等；$\delta < 5\%$ 的材料称为脆性材料，如灰铸铁、玻璃、陶瓷、砖、石等。

在强化阶段中试件的应变包含弹性应变和塑性应变，卸载后弹性应变消失，只留下塑性应变，又称残余应变。

- 脆性材料的强度极限 σ_b、塑性材料屈服极限 σ_s 称为构件失效的极限应力。
- 在强度计算中，把材料的极限应力除以一个大于 1 的数 n（称为安全因数），作为构件工作时所允许的最大应力，称为材料的许用应力，以［σ］表示。

脆性材料 $[\sigma]=\dfrac{\sigma_b}{n_b}$，塑性材料 $[\sigma]=\dfrac{\sigma_s}{n_s}$，$n_b$、$n_s$ 分别为脆性材料、塑性材料对应的安全因数。

强度条件：$\sigma_{max}=\dfrac{F_{Nmax}}{A}\leqslant[\sigma]$。

- 超静定问题：构件的未知力数多于刚体静力学平衡方程的数目，用静力平衡方程不能求解的问题。

未知力个数与独立的平衡方程数之差，称为超静定次数。

- 由于装配而引起的杆内应力，称为装配应力。
- 由于温度改变而在杆件内产生的应力称为温度应力。
- 理论应力集中因数 $\alpha=\dfrac{\sigma_{max}}{\sigma}$。

习 题

5-1 试作图 5-38 所示各杆的轴力图。

5-2 求图 5-39 所示各杆横截面 1—1、2—2、3—3 上的轴力并画轴力图。

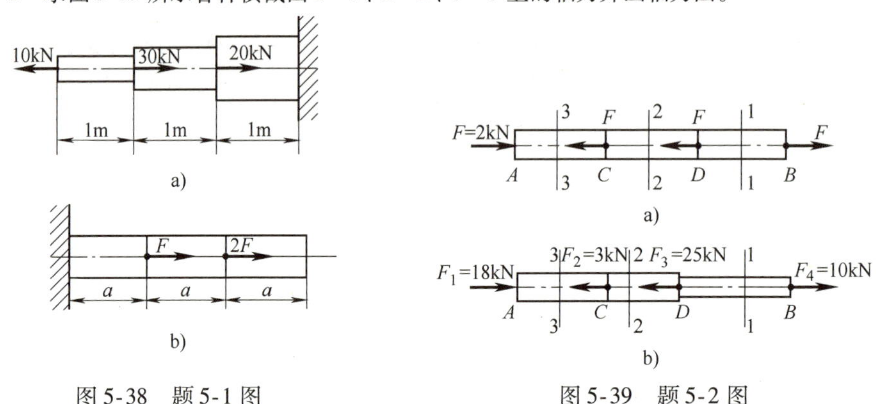

图 5-38 题 5-1 图　　图 5-39 题 5-2 图

5-3 如图 5-40 所示，等直杆中间部分对称开槽，长度尺寸单位为 mm，试求横截面1—1和 2—2 上的正应力。

5-4 求图 5-41 所示阶梯杆横截面 1—1、2—2、3—3 上的轴力，并作轴力图。若横截面面积 $A_1=200\text{mm}^2$，$A_2=250\text{mm}^2$，$A_3=300\text{mm}^2$，求各横截面上的应力。

5-5 作用于图 5-42 所示零件上的拉力 $F=45\text{kN}$，试问零件内最大拉应力发生在哪个截面上？并求其值。

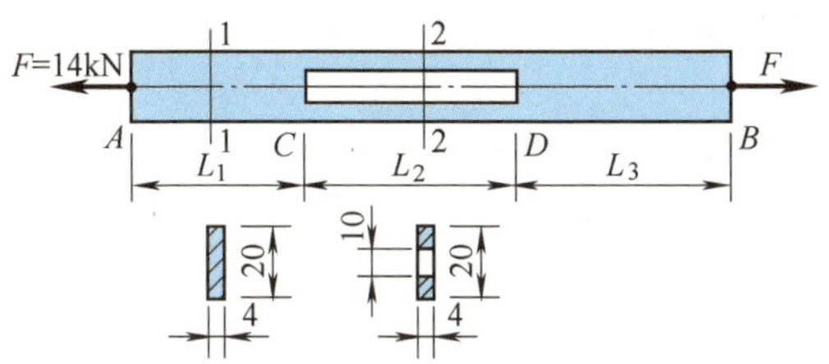

图 5-40　题 5-3 图

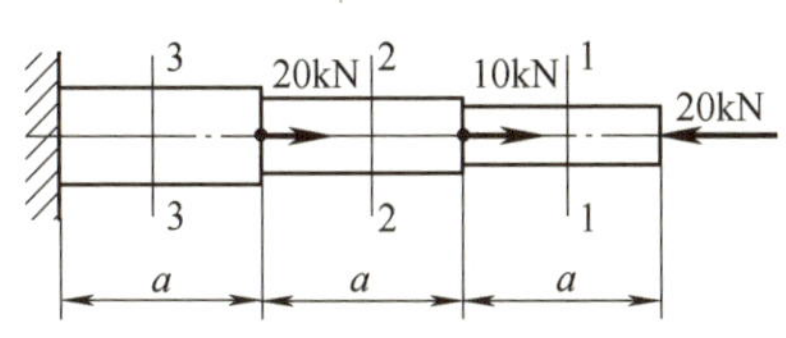

图 5-41　题 5-4 图

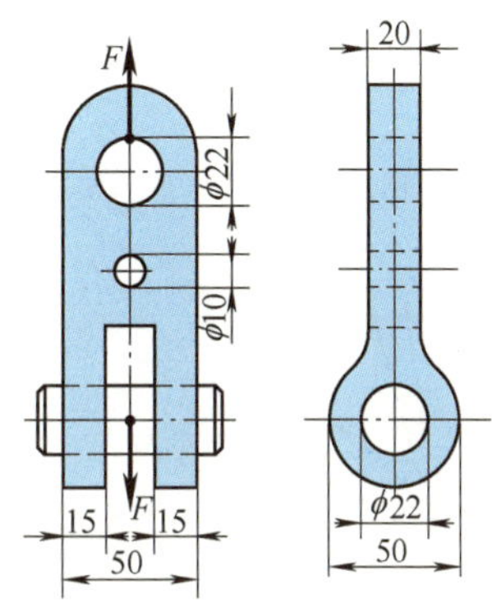

图 5-42　题 5-5 图

5-6　两根材料相同的拉杆如图 5-43 所示，它们的绝对变形是否相同？如果不相同，哪根变形大？为什么？

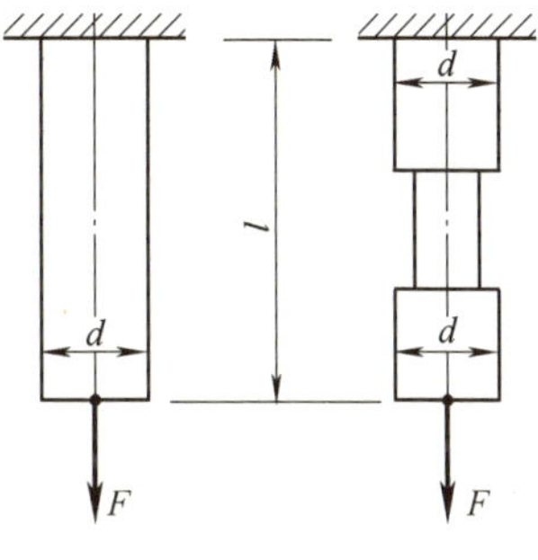

图 5-43　题 5-6 图

5-7　如图 5-44 所示，等直杆的横截面面积为 150mm^2，图中长度尺寸单位为 mm，材料的弹性模量 $E=200\text{GPa}$。试画轴力图，并求杆的总长度改变。

5-8　钢制阶梯轴如图 5-45 所示。已知沿轴线方向外力 $F_1=50\text{kN}$，$F_2=20\text{kN}$，各段轴长 $l_1=1.0\text{m}$，$l_2=l_3=0.8\text{m}$，横截面面积 $A_1=A_2=4.0\times10^{-4}\text{m}^2$，$A_3=2.5\times10^{-4}\text{m}^2$，钢的弹性模量 $E=200\text{GPa}$，试求轴 AB、BC、CD 各段的纵向变形量，轴 AD 的总变形量，轴各段的线应变。

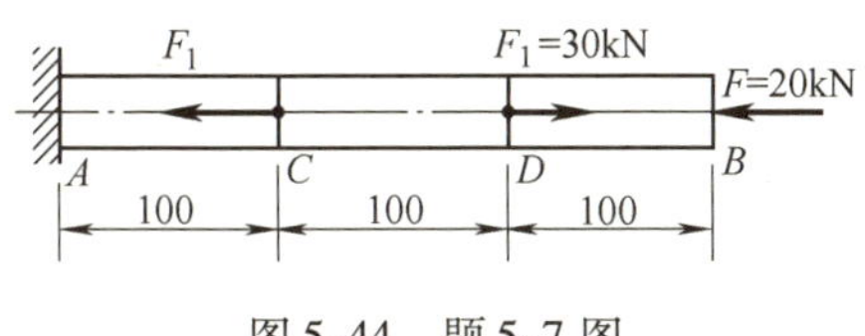

图 5-44　题 5-7 图

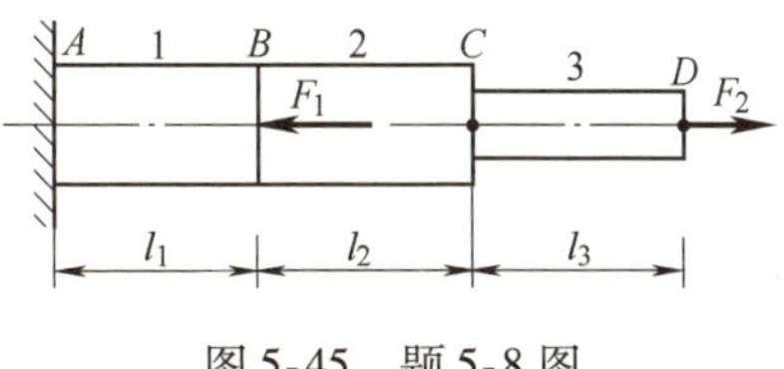

图 5-45　题 5-8 图

5-9 试述低碳钢拉伸试验中的四个阶段，其应力－应变图上四个特征点的物理意义是什么？

5-10 三种材料的应力－应变曲线如图5-46所示，试说明哪种材料强度高，哪种材料塑性好，哪种材料在弹性范围内弹性模量大。

5-11 两根不同材料的等截面直杆，承受相同的轴向拉力，它们的横截面和长度都相同。问：(1) 横截面上的应力是否相等？(2) 强度是否相同？(3) 绝对变形是否相同？

5-12 图5-47所示三角架，杆 AB 及 BC 均为圆截面钢制杆，杆 AB 的直径为 $d_1=40\text{mm}$，杆 BC 的直径为 $d_2=80\text{mm}$，设重物的重量为 $G=80\text{kN}$，钢材料的 $[\sigma]=160\text{MPa}$，此三角架是否安全？

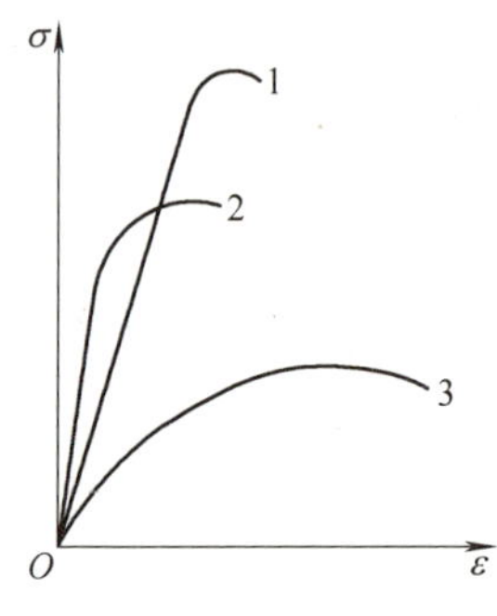

图5-46 题5-10图

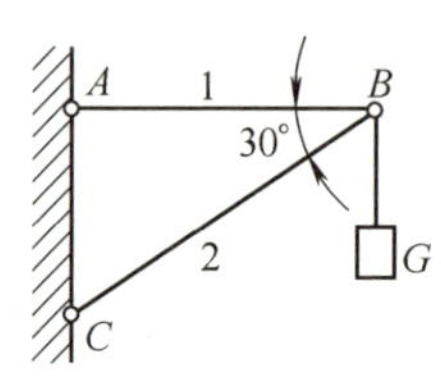

图5-47 题5-12图

5-13 如图5-48所示，进给液压缸的缸内工作油压 $p=2\text{MPa}$，液压缸内径 $D=75\text{mm}$，活塞杆直径 $d=18\text{mm}$。已知活塞杆材料的许用应力 $[\sigma]=40\text{MPa}$，试校核活塞杆的强度。

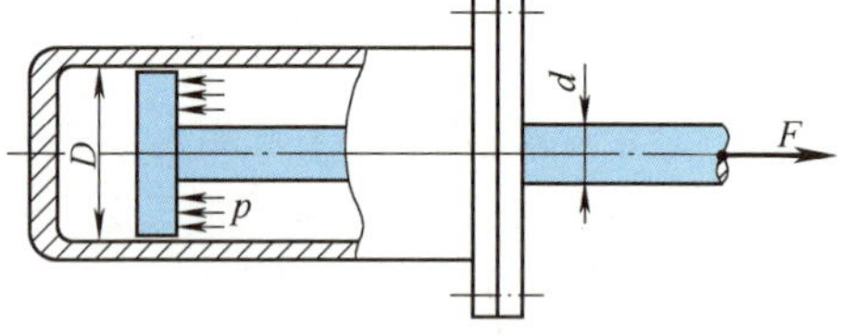

图5-48 题5-13图

5-14 图5-49所示的三角形构架 ABC，由等长的两杆 AC 及 BC 组成，在点 C 受到载荷 $G=350\text{kN}$ 的作用。已知杆 AC 由两根槽钢构成，$[\sigma]_{AC}=160\text{MPa}$，杆 BC 由一根工字钢构成 $[\sigma]_{BC}=100\text{MPa}$，试选择两杆的截面。

5-15 液压缸盖与缸体采用6个螺栓联接，如图5-50所示。已知液压缸内径 $D=0.35\text{m}$，油压 $p=1\text{MPa}$。若螺栓材料的许用应力 $[\sigma]=40\text{ MPa}$，求螺栓的内径。

5-16 刚性杆 AB 由圆截面钢杆 CD 拉住，如图5-51所示，设 CD 杆直径为 $d=20\text{mm}$，许用应力 $[\sigma]=160\text{MPa}$，求作用于点 B 处的许用载荷 $[F]$。

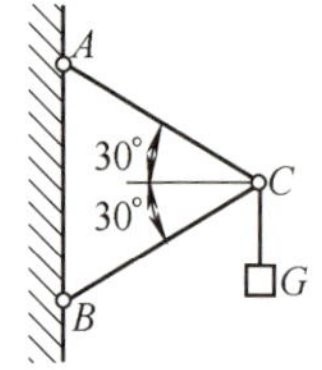

图5-49 题5-14图

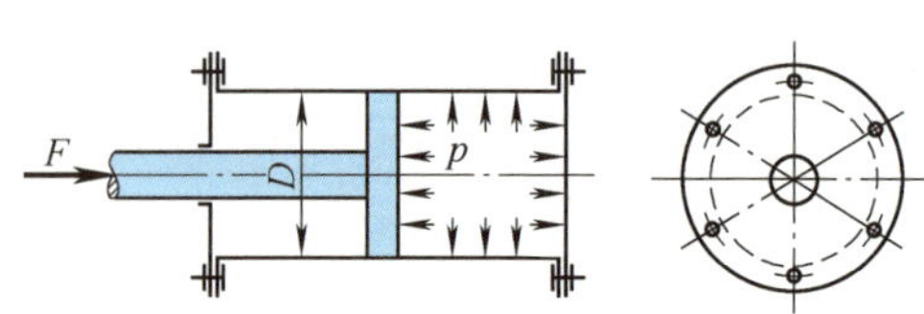

图5-50 题5-15图

5-17 图5-52所示结构中，梁AB可视为刚体，其弯曲变形可忽略不计。杆1为钢质圆杆，直径$d_1=20\text{mm}$，其弹性模量$E_1=200\text{GPa}$；杆2为铜杆，其直径$d_2=25\text{mm}$，弹性模量$E_2=100\text{GPa}$。不计刚梁AB的自重，(1) 载荷F加在何处，才能使刚梁AB受力后保持水平？(2) 若此时$F=30\text{kN}$，求两杆内横截面上的正应力。

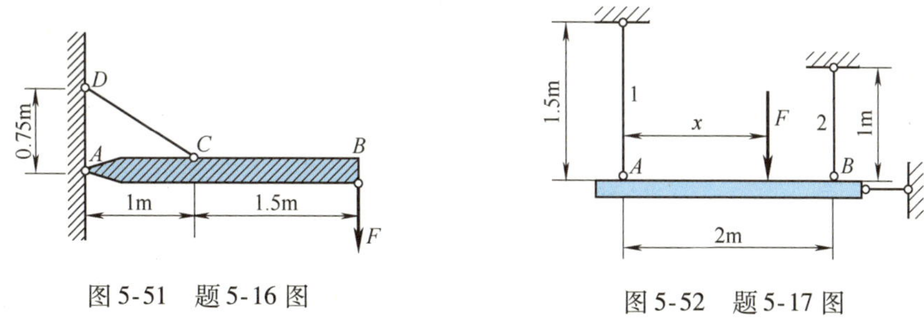

图5-51 题5-16图

图5-52 题5-17图

5-18 如图5-53所示，已知作用力F、各杆长度及夹角α，试判断三个结构中哪些是超静定结构？并求出超静定次数。

5-19 横截面面积$A=10\text{cm}^2$的钢杆，其两端固定，杆件轴向所受外力如图5-54所示。试求钢杆各段内的应力。

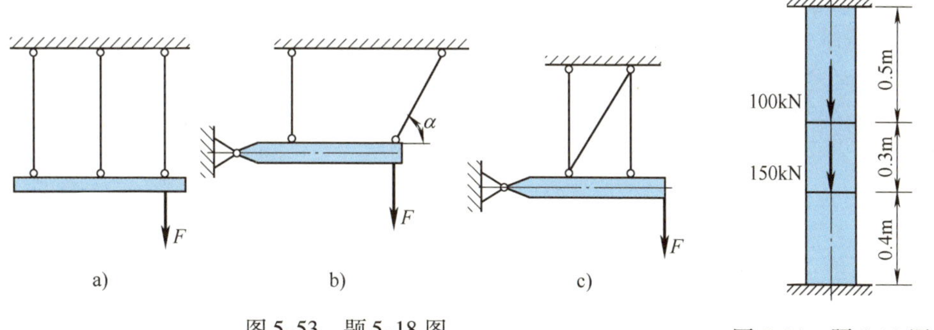

图5-53 题5-18图

图5-54 题5-19图

第六章

剪切和挤压

本章将介绍剪切构件的受力和变形特点，剪切构件可能的破坏形式，以及螺栓、键、销等联接件的剪切和挤压的实用计算。

第一节　剪切的概念

机器中的一些联接件常遇到剪切变形的情形，例如联接两钢板的螺栓（图6-1）、联结齿轮与轴的键（图6-2）等。在外力的作用下，这些联接件将沿着 m—n 截面发生剪切变形。同样在日常生活中，剪刀剪纸、剪布等（图6-3），也是剪切的例子。

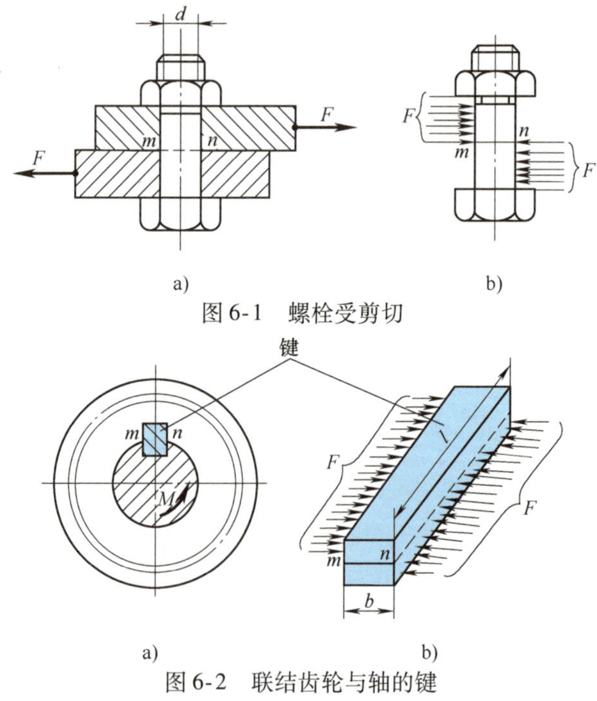

a)　　b)

图6-1　螺栓受剪切

a)　　b)

图6-2　联结齿轮与轴的键

下面以剪床（图 6-4a）剪钢板为例来阐明剪切的概念。剪钢板时，剪床的上下两个刀刃以大小相等、方向相反、作用线相距很近的两个力 F 作用于钢板上（图6-4b），迫使钢板在 $m—n$ 截面的两侧部分沿 $m—n$ 截面发生相对错动，当 F 增加到某一极限值时，钢板将沿截面 $m—n$ 被剪断。构件在这样一对大小相等、方向相反、作用线相隔很近的外力作用下，截面沿着力的方向发生相对错动的变形，称为**剪切变形**。在变形过程中，产生相对错动的截面（如 $m—n$）称为**剪切面**。它位于方向相反的两个外力之间，且与外力的作用线平行。图 6-1 中的螺栓、图 6-2 中的键、图 6-4 中的钢板各有一个剪切面，而有些联接件，如图 6-5 中的销钉、图 6-6 中的焊缝则均有两个剪切面 $m—m$ 和 $n—n$。

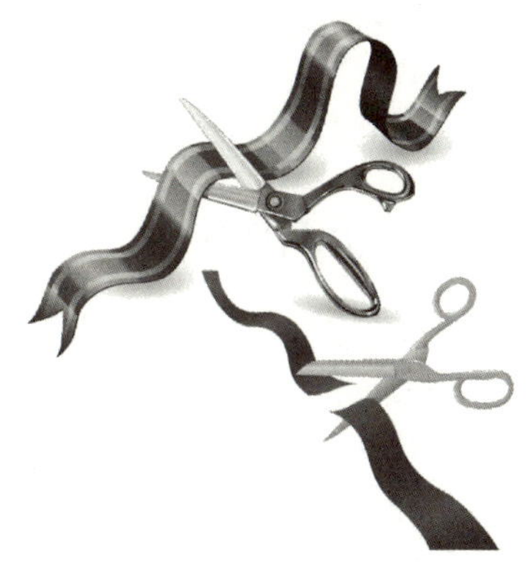

图 6-3　剪子

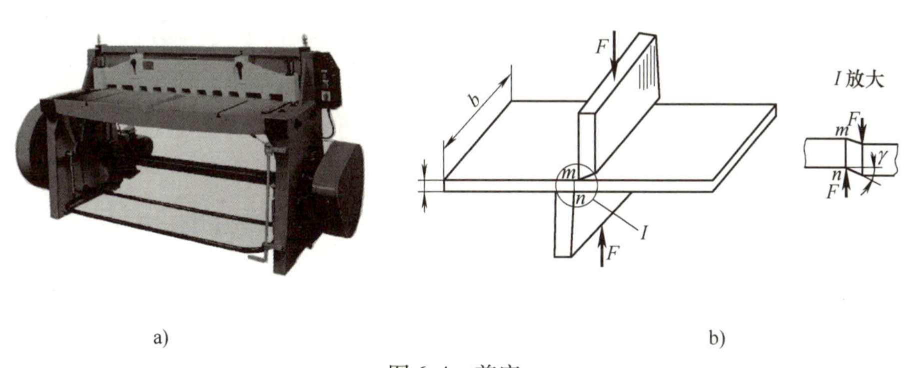

图 6-4　剪床

a）剪床外形　b）剪床剪钢板

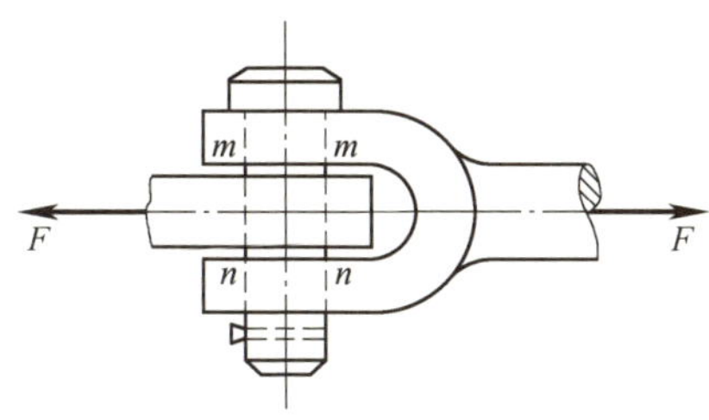

图 6-5　销钉有两个剪切面

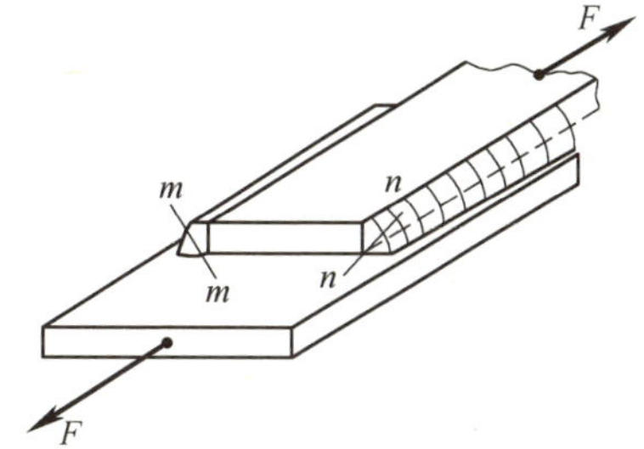

图 6-6　焊缝有两个剪切面

第二节 剪切的实用计算

一、剪力及切应力

一般情况下，为了保证机器、结构正常工作，联接件必须具有足够的抵抗剪切的能力；但有时，例如机器超载越过允许范围，安全销要自动被剪断。为此，需要对联接件进行剪切的实用计算。

为了对构件进行切应力计算，首先要计算剪切面上的内力。现以图6-1所示的联接螺栓为例，进行分析。

运用截面法，假想将螺栓沿剪切面（m—n）分成上下两部分，如图6-7a所示，任取其中一部分为研究对象。根据力的平衡可知，剪切面上内力的合力 F_S 必然与外力 F 平行，大小相等，即 $F_S=F$。因 F_S 与剪切面相切，故称为**剪力**。

与求直杆拉伸、压缩时横截面上的应力一样，求得剪力以后，可进一步确定剪切面上应力的数值（图6-7b）。由于剪力在剪切面上的分布情况比较复杂，用理论的方法计算切应力非常困难，工程上常以经验为基础，采用近似但切合实际的实用计算方法。在这种实用计算（或称假定计算）中，假定内力在剪切面内均匀分布，以 τ 代表切应力，A 代表剪切面的面积，则

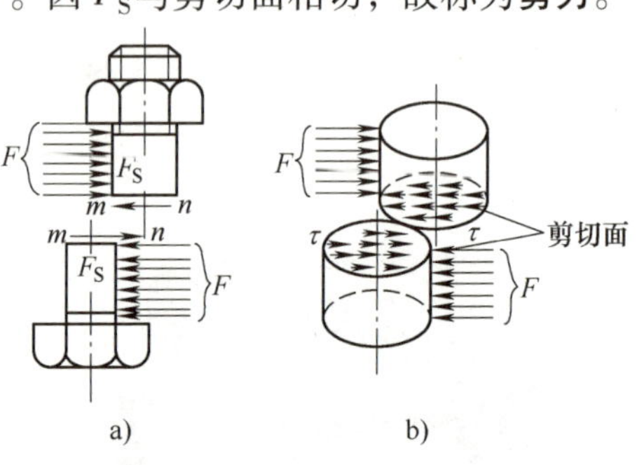

图6-7 受剪切作用的螺栓

$$\tau = F_S/A \tag{6-1}$$

二、剪切的强度条件

为了保证构件在工作中不被剪断，必须使构件的实际切应力不超过材料的许用切应力，这就是**剪切的强度条件**。其表达式为

$$\tau = \frac{F_S}{A} \leqslant [\tau] \tag{6-2}$$

式中，$[\tau]$ 为许用切应力。可根据实验测出剪切强度极限 τ_0，并考虑适当的安全储备，得出许用切应力为

$$[\tau] = \frac{\tau_0}{n}$$

式中，n 是安全因数。许用切应力 $[\tau]$ 可以从有关设计手册中查得。此外，对于钢材，根据试验结果常可以取

$$[\tau] = (0.6 \sim 0.8)[\sigma]$$

式中，$[\sigma]$ 为许用拉应力。

例 6-1　如图 6-8 所示，已知钢板厚度 $t = 10\text{mm}$，其剪切强度极限为 $\tau_0 = 300\text{MPa}$。若用压力机将钢板冲出直径 $d = 32\text{mm}$ 的孔，问需要多大的冲剪力 F？

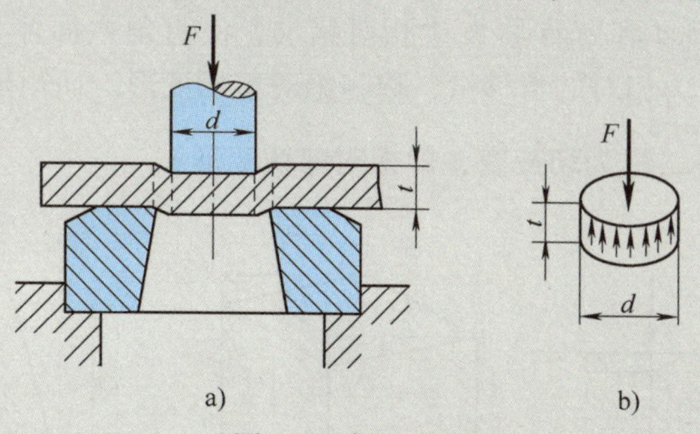

图 6-8　例 6-1 图

解：剪切面是钢板内被压力机冲出的圆饼体的柱形侧面，如图 6-8b 所示，其面积为

$$A = \pi dt = \pi \times 32 \times 10\text{mm}^2 = 320\pi\ \text{mm}^2$$

冲孔所需要的冲剪力应为

$$F \geqslant A\tau_0 = 320 \times \pi \times 10^{-6} \times 300 \times 10^6\text{N} = 301\text{kN}$$

例 6-2　如图 6-9a 所示，两块钢板焊接而成，作用在钢板上的拉力 $F = 300\text{kN}$，高度 $h = 10\text{mm}$，焊缝的许用切应力 $[\tau] = 100\text{MPa}$。试求所需焊缝的长度 l。

解：焊缝破坏时，沿焊缝最小宽度 $n—n$ 的纵截面被剪断（图 6-9b），焊缝的横截面可认为是一个等腰三角形。

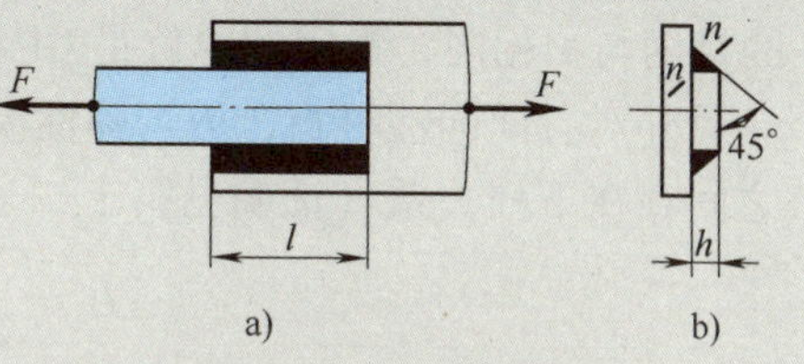

图 6-9　例 6-2 图

剪切面 $n—n$ 上的剪力 $F_S = \dfrac{F}{2} = 150\text{kN}$，剪切面积 $A = lh\cos 45°$。由剪切强度条件得到

$$\tau = \frac{F_S}{A} = \frac{F_S}{lh\cos 45°} \leqslant [\tau]$$

可得焊缝长度为

$$l \geqslant \frac{F_S}{h\cos 45°[\tau]} = \frac{150 \times 10^3}{7.07 \times 10^{-3} \times 100 \times 10^6}\text{m} = 0.212\text{m} = 212\text{mm}$$

考虑到焊缝两端强度较差，在确定实际长度时，将每条焊缝长度加长 10mm，取 $l = 222\text{mm}$。

三、剪切胡克定律

为了分析剪切变形，在构件的受剪部位绕 A 点取一直角六面体，如图 6-10a 所示，并把该六面体放大，如图 6-10b 所示。当构件发生剪切变形时，直角六面体的两个侧面 $abcd$ 和 $efgh$ 将发生相对错动，使直角六面体变为平行六面体。图中线段 ee' 或 ff' 为相对的滑移量，称为**绝对剪切变形**。而矩形直角的微小改变量 $\gamma \approx \tan\gamma = \dfrac{ee'}{ae}$，称为**切应变**，即**相对剪切变形**。

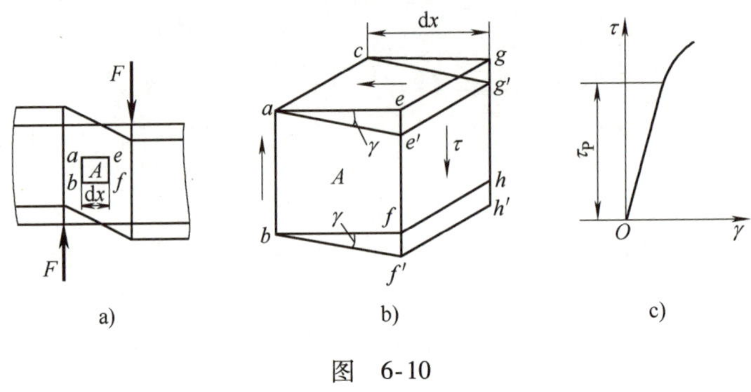

图 6-10

实验证明：当切应力不超过材料的剪切比例极限 τ_p 时，切应力 τ 与切应变 γ 成正比，如图 6-10c 所示，这就是材料的剪切胡克定律，可用下式表示：

$$\tau = G\gamma \tag{6-3}$$

式中，比例常数 G 称为材料的剪切弹性模量。因为 γ 是一个无量纲的量，所以 G 的量纲与 τ 相同，常用的单位是 GPa。钢的剪切弹性模量 G 值约为 80GPa。

另外对各向同性材料，剪切弹性模量 G、弹性模量 E 和泊松比 μ 三个弹性常数之间存在下列关系（证明见第十二章例 12-4）：

$$G = \frac{E}{2(1+\mu)} \tag{6-4}$$

第三节 挤压的实用计算

机械中的联接件如螺栓、销钉、键、铆钉等，在承受剪切的同时，还将在联接件和被联接件的接触面上相互压紧，这种现象称为挤压。如图 6-1 所示的联接件中，螺栓的左侧圆柱面在上半部分与钢板相互压紧，而螺栓的右侧圆柱面在下半部分与钢板相互挤压。其中相互压紧的接触面称为**挤压面**，挤压面的面积用 A_{bs} 表示。

一、挤压应力

通常把作用于接触面上的压力称为**挤压力**，用 F_{bs} 表示。而挤压面上的压强称为**挤压应力**，用 σ_{bs} 表示。挤压应力与压缩应力不同，压缩应力分布在整个构件内部，且在横截面上均匀分布；而挤压应力则只分布于两构件相互接触的局部区域，在挤压面上的分布也比较复杂。像切应力的实用计算一样，在工程实际中也采用实用计算方法来计算挤压应力。即假定在挤压面上应力是均匀分布的，则

$$\sigma_{bs} = \frac{F_{bs}}{A_{bs}} \tag{6-5}$$

挤压面积 A_{bs} 的计算要根据接触面的情况而定。当接触面为平面时，如图6-2中所示的键联结，其接触面面积为挤压面面积，即 $A_{bs} = \frac{h}{2}l$（图6-11a 中带阴影部分的面积）；当接触面为近似半圆柱侧面时，如图6-1 中所示的螺栓联接，钢板与螺栓之间挤压应力的分布情况如图6-11b 所示，圆柱形接触面中点的挤压应力最大。若以圆柱面的正投影作为挤压面积（图6-11c 中带阴影部分的面积），计算而得的挤压应力，与接触面上的实际最大应力大致相等。故对于螺栓、销钉、铆钉等圆柱形联接件的挤压面积计算公式为 $A_{bs} = dt$，d 为螺栓的直径、t 为钢板的厚度。

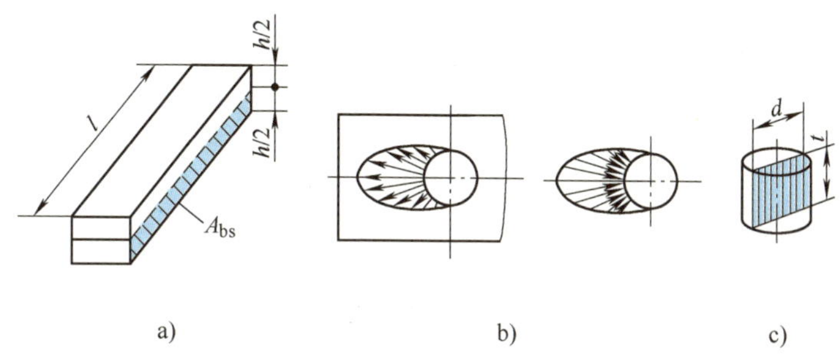

图6-11　挤压面积的计算

二、挤压的强度条件

在工程实际中，往往由于挤压破坏使联接松动而不能正常工作，如图6-12a 所示的螺栓联接，钢板的圆孔可能被挤压成如图6-12b 所示的长圆孔，或螺栓的表面被压溃。

因此，除了进行剪切强度计算外，还要进行挤压强度计算。挤压强度条

件为

$$\sigma_{bs} = \frac{F_{bs}}{A_{bs}} \leqslant [\sigma_{bs}] \qquad (6\text{-}6)$$

式中，$[\sigma_{bs}]$ 为材料的许用挤压应力，可以从有关设计手册中查得。对于钢材，也可以按如下的经验公式确定：

$$[\sigma_{bs}] = (1.7 \sim 2.0)[\sigma_{-}]$$

式中，$[\sigma_{-}]$ 为材料的许用压应力。

必须注意：如果两个相互挤压构件的材料不同，则必须对材料挤压强度小的构件进行强度计算。

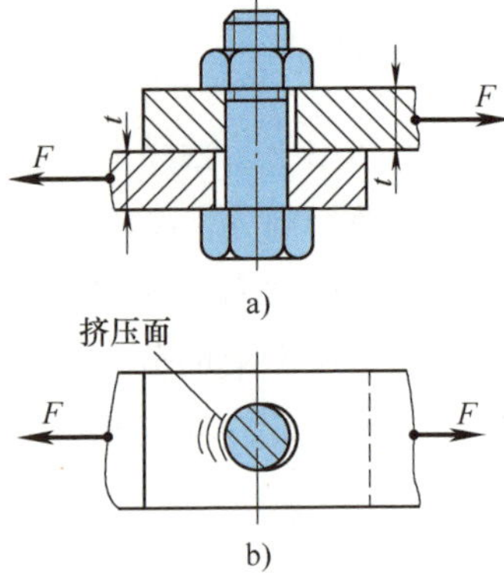

图6-12 螺栓表面和钢板圆孔受挤压

例6-3 如图6-13a所示，起重机吊钩用销钉联接。已知吊钩的钢板厚度$t=24\text{mm}$，吊起的最大重量为$G=100\text{kN}$，销钉材料的许用切应力$[\tau]=60\text{MPa}$，许用挤压应力$[\sigma_{bs}]=180\text{MPa}$，试设计销钉直径。

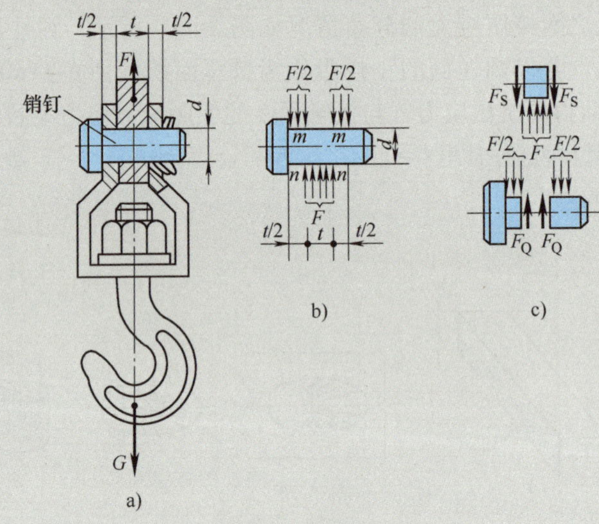

图6-13 例6-3图

解：1）取销钉为研究对象，画出受力图如图6-13b所示。用截面法求剪切面上的剪力，受力如图6-13c所示，根据力在铅垂方向的平衡条件，得剪切面上剪力F_S的大小为

$$F_S = \frac{F}{2} = \frac{G}{2} = 50\text{kN}$$

2）按照剪切的强度条件即式（6-2），得$A \geqslant \dfrac{F_S}{[\tau]}$。圆截面销钉的面积为

$A=\dfrac{\pi d^2}{4}$，所以

$$d=\sqrt{\frac{4A}{\pi}}\geqslant\sqrt{\frac{4F_S}{\pi[\tau]}}=\sqrt{\frac{4\times50\times10^3}{3.14\times60\times10^6}}\text{m}=0.0326\text{m}=32.6\text{mm}$$

3）销钉的挤压应力各处均相同，其中挤压力 $F_{bs}=F$，挤压面积 $A_{bs}=dt$，按挤压的强度条件公式（6-6）得

$$A_{bs}=dt\geqslant\frac{F_{bs}}{[\sigma_{bs}]}$$

所以

$$d\geqslant\frac{F}{[\sigma_{bs}]t}=\frac{100\times10^3}{180\times10^6\times24\times10^{-3}}\text{m}$$
$$=23.1\text{mm}$$

为了保证销钉安全工作，必须同时满足剪切和挤压强度条件，应取 $d\geqslant32.6\text{mm}$。

例 6-4　有一铆钉接头如图 6-14a 所示，已知拉力 $F=100\text{kN}$。铆钉直径 $d=16\text{mm}$，钢板厚度 $t=20\text{mm}$，$t_1=12\text{mm}$。铆钉和钢板的许用应力 $[\sigma]=160\text{MPa}$，$[\tau]=140\text{MPa}$，$[\sigma_{bs}]=320\text{MPa}$。试确定所需铆钉的个数 n 及钢板的宽度 b。

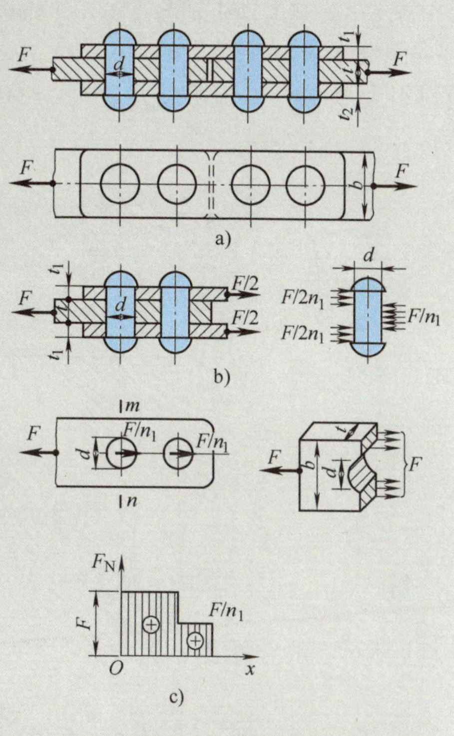

图 6-14　例 6-4 图

解：（1）按剪切强度条件计算铆钉的个数 n　由于铆钉左右对称，故可取一边进行分析。现取左半边，假设左半边需要 n_1 个铆钉，则每个铆钉的受力如图 6-14b 所示，按剪切强度条件公式（6-2）可得

$$\tau=\frac{\dfrac{F}{n_1}}{2\times\dfrac{\pi}{4}d^2}\leqslant[\tau]$$

$$n_1\geqslant\frac{4F}{2\pi d^2[\tau]}=\frac{4\times100\times10^3}{2\pi\times0.016^2\times140\times10^6}$$
$$=1.78$$

取整得 $n_1=2$，故共需铆钉数 $n=2n_1=4$。

(2)校核挤压强度 上、下副板厚度之和为 $2t_1$，中间主板厚度 t，由于 $2t_1 > t$，故主板与铆钉间的挤压应力较大。按挤压强度公式（6-6）得

$$\sigma_{bs}=\frac{F_{bs}}{A_{bs}}=\frac{\frac{F}{n_1}}{dt}=\frac{\frac{100\times10^3}{2}}{0.016\times0.020}\text{Pa}=156\times10^6\text{Pa}=156\text{MPa}<[\sigma_{bs}]$$

故挤压强度也足够。

(3)计算钢板宽度 b 钢板宽度要根据抗拉强度确定，由 $2t_1>t$，可知主板抗拉强度较低，其轴力图如图6-14c所示，由图可知截面 $m-n$ 为危险截面。按拉伸强度条件公式得

$$\sigma=\frac{F_N}{A}=\frac{F}{(b-d)t}\leqslant[\sigma]$$

$$b\geqslant\frac{F}{t[\sigma]}+d=\left(\frac{100\times10^3}{0.020\times160\times10^6}+0.016\right)\text{m}=47.3\text{mm}$$

所以，取 $b=48\text{mm}$。

例6-5 某电动机轴与带轮用平键联结，如图6-15所示。已知轴的直径 $d=50\text{mm}$，键的尺寸 $b\times h\times l=16\text{mm}\times10\text{mm}\times50\text{mm}$，传递的力矩 $M=600\text{N}\cdot\text{m}$。键材料为45钢，许用切应力 $[\tau]=60\text{MPa}$，许用挤压应力 $[\sigma_{bs}]=100\text{MPa}$。试校核键联结的强度。

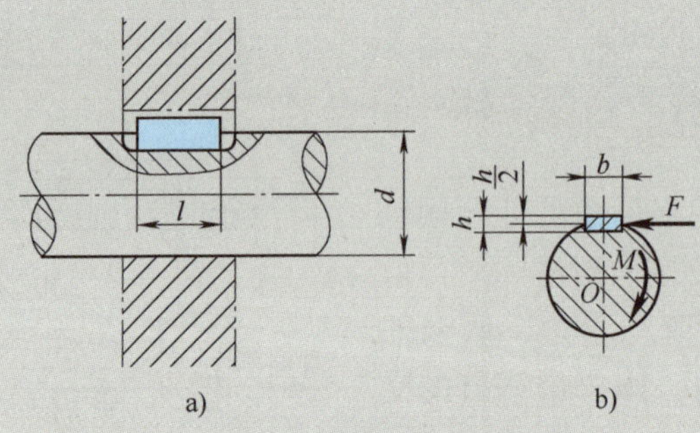

图6-15 例6-5图

解：(1) 计算作用于键上的力 F 取轴和键一同为研究对象，其受力如图6-15b所示。由平衡条件 $\sum_{i=1}^{n}M_O(\boldsymbol{F}_i)=0$ 得

$$F=\frac{M}{\frac{d}{2}}=\frac{600}{\frac{50\times10^{-3}}{2}}\text{N}=24\text{kN}$$

(2) 校核键的剪切强度 剪切面的剪力为 $F_S=F=24\text{kN}$，键的剪切面积为

$A=bl=16\times50\text{mm}^2=800\text{mm}^2$。按切应力计算公式（6-1）得

$$\tau=\frac{F_S}{A}=\frac{24\times10^3}{800\times10^{-6}}\text{Pa}=30\times10^6\text{Pa}=30\text{MPa}\leqslant[\tau]$$

故剪切强度足够。

（3）校核键的挤压强度　键所受的挤压力为 $F_{bs}=F=24\text{kN}$，挤压面积为 $A_{bs}=\frac{hl}{2}=\frac{10\times50\times10^{-6}}{2}\text{m}^2=2.5\times10^{-4}\text{m}^2$。按挤压应力强度条件即公式（6-6），得

$$\sigma_{bs}=\frac{F_{bs}}{A_{bs}}=\frac{24\times10^3}{2.5\times10^{-4}}\text{Pa}=96\times10^6\text{Pa}=96\text{MPa}<[\sigma_{bs}]$$

故挤压强度也足够。

综上所述，整个键的联结强度足够。

小　结

- 构件在一对大小相等、方向相反、作用线相隔很近的外力作用下，截面沿着力的方向发生相对错动的变形，称为剪切变形。在变形过程中，产生相对错动的截面称为剪切面。
- 切应力 $\tau=F_S/A$，剪切的强度条件 $\tau=\frac{F_S}{A}\leqslant[\tau]$，许用切应力为 $[\tau]=\frac{\tau_0}{n}$，τ_0 为剪切强度极限，n 为安全因数。
- 剪切胡克定律 $\tau=G\gamma$，G 为材料的剪切弹性模量，γ 为切应变。
- 机械中的联接件在承受剪切的同时，还将在联接件和被联接件的接触面上相互压紧，这种现象称为挤压。相互压紧的接触面称为挤压面。
- 挤压应力 $\sigma_{bs}=\frac{F_{bs}}{A_{bs}}$。当接触面为平面时，其接触面面积为挤压面面积；圆柱形联接件的挤压面积计算公式为 $A_{bs}=dt$，d 为螺栓的直径，t 为钢板的厚度。
- 挤压强度 $\sigma_{bs}=\frac{F_{bs}}{A_{bs}}\leqslant[\sigma_{bs}]$。

习　题

6-1　剪切和挤压实用计算采用了什么假设？为什么？

6-2　挤压面面积是否与两构件的接触面积相同？试举例说明。

6-3　挤压和压缩有何区别？试指出图 6-16 中钢柱的挤压面、压缩面。

6-4　图 6-17 中拉杆的材料为钢材，在拉杆和木材之间放一个金属垫圈，该垫圈起何作用？

6-5　如图 6-18 所示，切料装置用切削刃把直径为 6mm 的棒料切断，棒料的剪切强度 $\tau_b=320\text{MPa}$。试确定切断力 F 的大小。

6-6　图 6-19 所示为测定圆柱试件剪切强度的实验装置，已知试件直径 $d=12\text{mm}$，剪断

时的压力 $F=169\text{kN}$，试求该材料的剪切强度极限 τ_0。

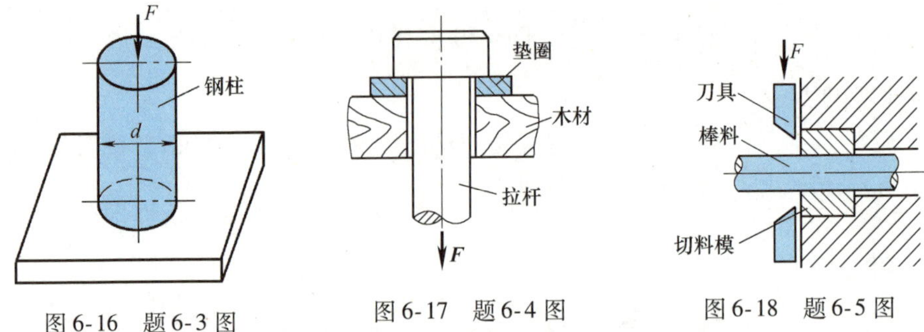

图6-16 题6-3图　　图6-17 题6-4图　　图6-18 题6-5图

6-7 电动机轴与带轮用平键联结，如图6-20所示，已知轴的直径 $d=35\text{mm}$，键的尺寸 $b\times h\times l=10\text{mm}\times 8\text{mm}\times 60\text{mm}$，传递的力矩 $M=46.5\text{N}\cdot\text{m}$。键材料为45钢，许用切应力 $[\tau]=60\text{MPa}$，许用挤压应力 $[\sigma_{bs}]=100\text{MPa}$。带轮材料为铸铁，许用挤压应力 $[\sigma_{bs}]=53\text{MPa}$。试校核键联结的强度。

6-8 车床的传动光杆装有安全联轴器，如图6-21所示。当超过一定载荷时，安全销即被剪断。已知安全销的平均直径为5mm，材料为45钢，其剪切强度极限 $\tau_0=370\text{MPa}$，求安全联轴器所能传递的最大力偶矩。

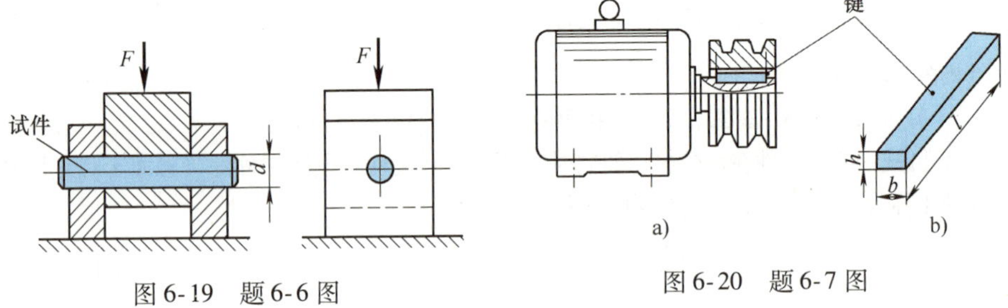

图6-19 题6-6图　　图6-20 题6-7图

6-9 如图6-22所示，螺栓受拉力 F 作用，材料的许用切应力为 $[\tau]$、许用拉应力为 $[\sigma]$，已知 $[\tau]=0.7[\sigma]$，试确定螺栓直径 d 与螺栓头高度 h 的合理比例。

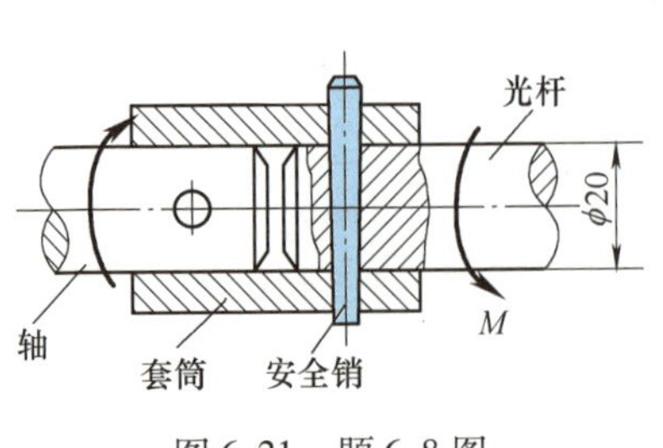

图6-21 题6-8图

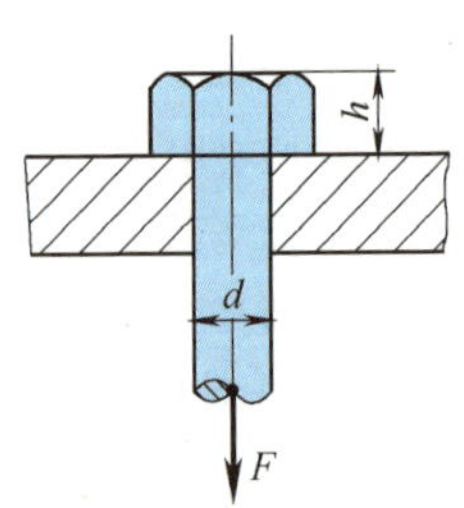

图6-22 题6-9图

6-10　如图 6-23 所示，压力机的最大冲力为 400kN，冲头材料的许用应力［σ］= 440MPa，被冲钢板的剪切强度极限 τ_0 = 360MPa。试求在此压力机上，能冲剪圆孔的最小直径和钢板的最大厚度 t。

6-11　如图 6-24 所示铆接结构，已知 t = 10mm，b = 50mm，t_1 = 6mm，F = 50kN，铆钉和钢板材料的许用应力为［σ］= 170MPa，［τ］= 100MPa，［σ_{bs}］= 250MPa，试设计铆钉直径。

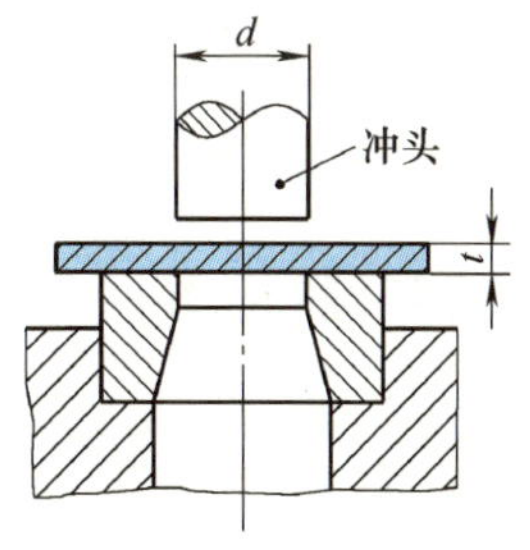

图 6-23　题 6-10 图

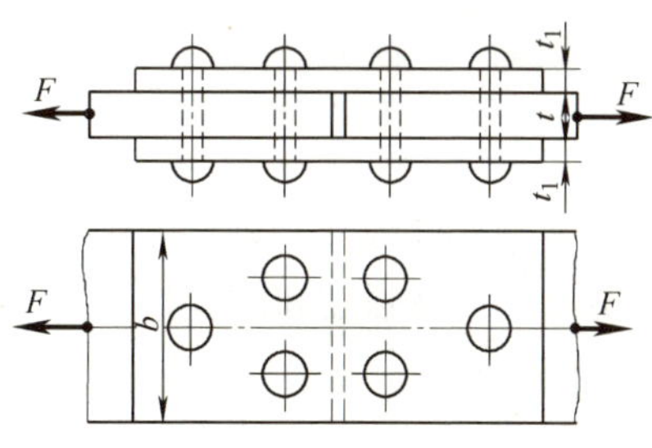

图 6-24　题 6-11 图

第七章

扭　　转

扭转是杆件的又一种基本变形形式，本章主要介绍圆轴扭转时的应力和变形的分析，以及强度和刚度计算。

第一节　扭转的概念

在工程实际中，许多杆件会发生扭转变形。如图 7-1 所示，当钳工攻螺纹孔时，两手所加的外力偶作用在丝锥杆的上端，工件的约束力偶作用在丝锥杆的下端，使得丝锥杆发生扭转变形；又如图 7-2、图 7-3 所示，传动轴受到主动力偶和阻力偶作用而扭转；驾驶员双手作用在转向盘上的外力偶和转向器的约束力偶作用，使舵杆发生扭转变形（图 7-4）；以及钻探过程

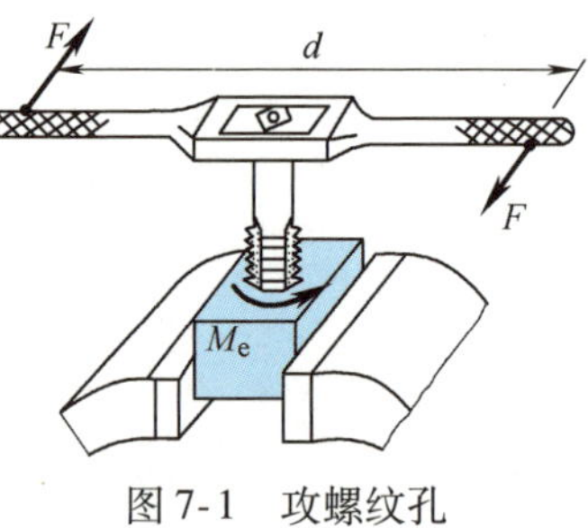

图 7-1　攻螺纹孔

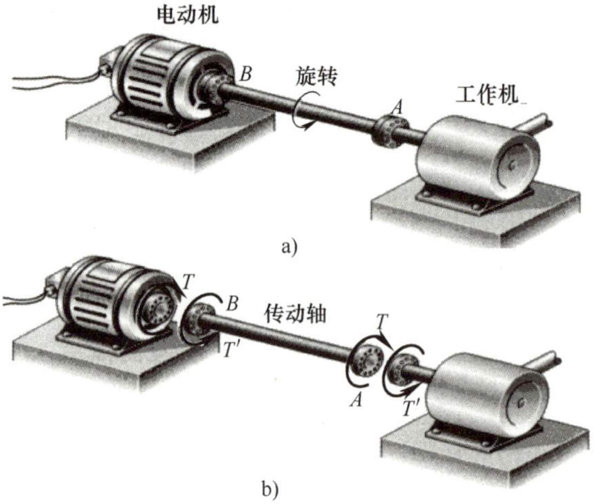

a)

b)

图 7-2　电动机带动工作机

中钻杆的扭转（图 7-5）。受扭构件还有如车床的光杆、搅拌机轴、汽车的传动轴等。这些杆件工作时受到两个转动方向相反的力偶作用，它们均为扭转变形的实例。以扭转为主要变形的杆件统称为轴。工程中较常见的是直杆圆轴。

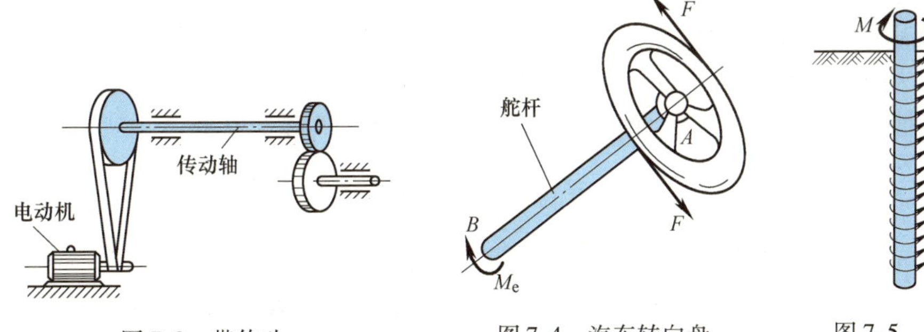

图 7-3　带传动　　图 7-4　汽车转向盘　　图 7-5　钻杆

由上述例子可见，杆件扭转时的受力特点为：杆件两端受到两个作用面与其轴线垂直、大小相等、转向相反的力偶矩作用。扭转变形中杆件相邻横截面绕轴线发生相对转动，扭转时杆件任意两横截面间相对转过的角位移，称为**扭转角**，简称**转角**，常用 φ 表示，如图 7-6 所示。

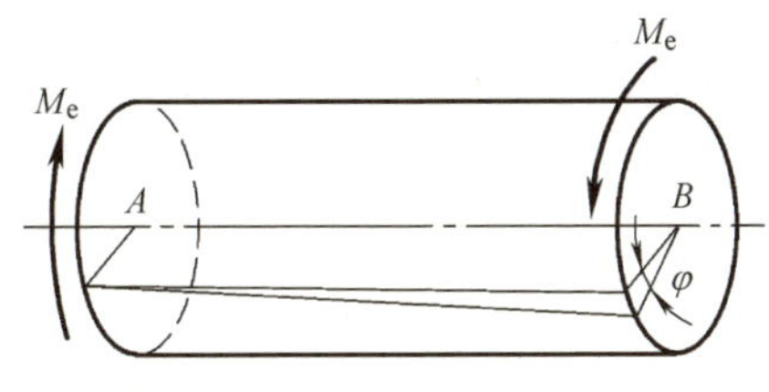

图 7-6　杆件扭转变形

第二节　扭矩和扭矩图

一、外力偶矩的计算

在工程实例中，例如电动机、发电机、汽轮机、内燃机等，作用在轴上的外力偶矩的大小常常不直接给出，而是给定轴所传递的功率和轴的转速。可利用功率、转速和外力偶矩之间的关系，求出作用在轴上的外力偶矩，其关系为

$$M_e = 9550\frac{P}{n} \tag{7-1}$$

式中，M_e 为作用在轴上的外力偶矩，单位为 N · m（牛 · 米）；P 为轴传递的功率，单位为 kW（千瓦）；n 为轴的转速，单位为 r/min（转/分）。

输入力偶矩为主动力矩，其方向与轴的转向相同；输出力偶矩为阻力矩，其方向与轴的转向相反。

二、扭矩

图7-7a所示为一等截面圆轴，其 A、B 两端上作用有一对平衡外力偶矩 M_e，现用截面法求圆轴横截面上的内力。在任意截面 $m—m$ 处将轴分为两段，取左段为研究对象（图7-7b），因 A 端有外力偶 M_e 的作用，为保持左段平衡，故在截面 $m—m$ 上必有一个内力偶矩 T 与之平衡，T 称为**扭矩**。由平衡方程 $\sum_{i=1}^{n} M_x = 0$，得到 $T = M_e$。扭矩的单位与力矩的单位相同，分别为 N·m（牛·米）或 kN·m（千牛·米）。

如果取右段为研究对象（图7-7c），求得的扭矩与以左段为研究对象求得的扭矩大小相等、转向相反，它们是作用与反作用的关系。为了使不论取左段还是右段，求得的扭矩的符号都一致，对扭矩的正负号规定如下：采用**右手螺旋法则**，四指顺着扭矩的转向握住轴线，大拇指的指向与横截面的外法线方向一致时扭矩为正（图7-8）；反之扭矩为负。

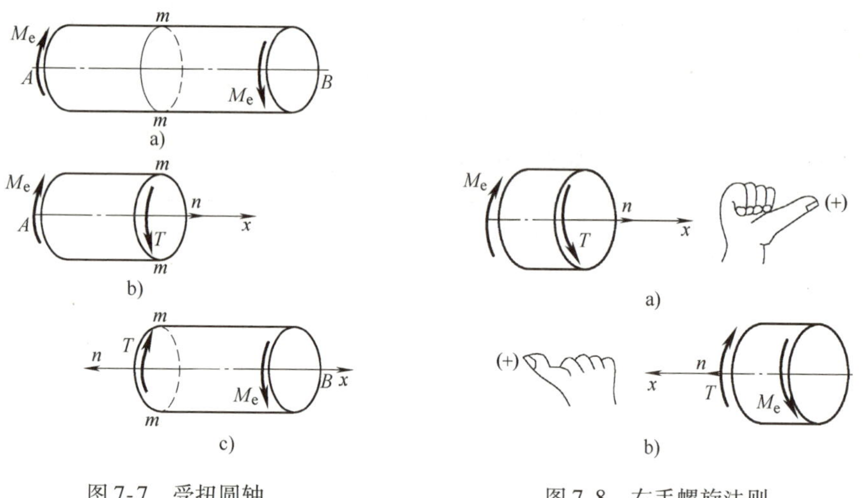

图7-7 受扭圆轴

图7-8 右手螺旋法则

求扭矩时，如果横截面上扭矩的实际转向未知，则一般先假设扭矩矢量沿横截面的外法线方向：如果求得结果为正，则表示扭矩实际转向与假设相同；如果求得结果为负，则表示扭矩实际转向与假设相反。

当一根轴上作用有几个外力偶时，必须把轴用截面法分成数段，逐段求出其扭矩。

三、扭矩图

为了一目了然地表示杆件各横截面的扭矩值，工程上绘制扭矩图的方法是：建立坐标系，横坐标 x 平行于杆轴线，表示横截面位置，纵坐标 T 表示扭矩值，将各截面扭矩按代数值标在坐标系上，即得此杆**扭矩图**。以下举例说明。

例 7-1 如图 7-9a 所示，传动系统的主轴 ABC，其转速 $n=1450\text{r/min}$，输入功率 $P_A=100\text{kW}$，输出功率 $P_B=80\text{kW}$、$P_C=20\text{kW}$，不计轴承摩擦等功率消耗。试画出 ABC 轴的扭矩图。

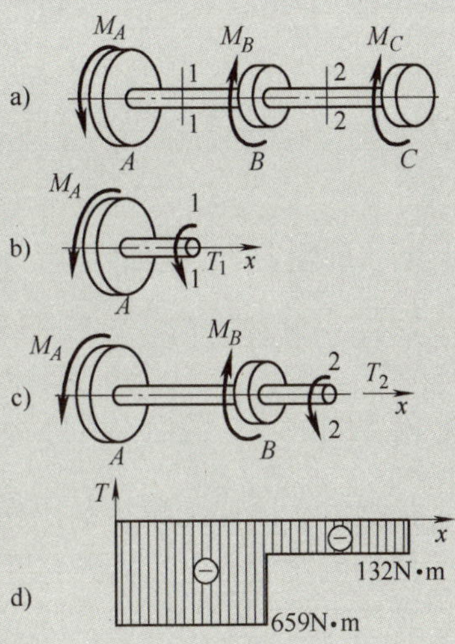

图 7-9 例 7-1 图

解：(1) 计算外力偶矩 由式 (7-1) 得

$$M_A=9550\frac{P_A}{n}=9550\times\frac{100}{1450}\text{N}\cdot\text{m}=659\text{N}\cdot\text{m}$$

$$M_B=9550\frac{P_B}{n}=9550\times\frac{80}{1450}\text{N}\cdot\text{m}=527\text{N}\cdot\text{m}$$

$$M_C=9550\frac{P_C}{n}=9550\times\frac{20}{1450}\text{N}\cdot\text{m}=132\text{N}\cdot\text{m}$$

其中，M_A 为主动力偶矩，与 ABC 轴转向相同；M_B、M_C 为阻力偶矩，其转向与轴转向相反。

(2) 计算扭矩 将轴分为两段，分别计算扭矩。

对 AB 段 1—1 截面（图 7-9b），由 $\sum_{i=1}^{n}M_x=0$ 得到 $T_1+M_A=0$，所以

$$T_1=-M_A=-659\text{N}\cdot\text{m}$$

对 BC 段 2—2 截面（图 7-9c），由 $\sum_{i=1}^{n}M_x=0$ 得到 $T_2+M_A-M_B=0$，所以

$$T_2=-M_A+M_B=-659\text{N}\cdot\text{m}+527\text{N}\cdot\text{m}=-132\text{N}\cdot\text{m}$$

(3) 画扭矩图 根据以上计算结果，画出扭矩图 7-9d。由图看出，在集中外力偶作用面处，扭矩值发生突变，其突变值等于该集中外力偶矩的大小。最大扭矩在 AB 段内，其值为 $T_{max}=659\text{N}\cdot\text{m}$。

例 7-2 求图 7-10a 所示传动轴 1—1 截面和 2—2 截面的扭矩，并画扭矩图。

解：将轴分为两段，分别计算扭矩。

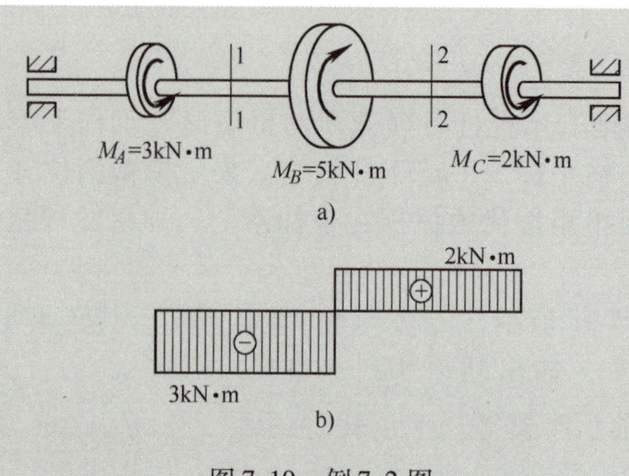

图7-10 例7-2图

对 AB 段1—1截面，由 $\sum_{i=1}^{n} M_x = 0$ 得到 $T_1 + M_A = 0$，所以 $T_1 = -M_A = -3\text{kN} \cdot \text{m}$。

对 BC 段2—2截面，由 $\sum_{i=1}^{n} M_x = 0$ 得到 $T_2 - M_C = 0$，所以 $T_2 = M_C = 2\text{kN} \cdot \text{m}$。

根据以上计算结果，画出扭矩图7-10b。由图看出，在集中外力偶作用面处，扭矩值发生突变，其突变值等于该集中外力偶矩的大小。最大扭矩在 AB 段内，其值为 $T_{max} = 3\text{kN} \cdot \text{m}$。

第三节 切应力互等定理

为了便于讨论圆轴扭转应力，先通过薄壁圆筒来研究切应力与切应变两者之间的关系。取图7-11a所示的等厚度薄壁圆筒，未受扭时在表面上用圆周线和纵向线画成方格。扭转试验结果表明，在小变形条件下，截面 m—m 和 n—n 发生相对转动，造成方格 $abcd$ 两边相对错动（图7-11b），产生剪切变形；但方格 $abcd$ 沿轴线的长度及圆筒的半径长度均不变，既无轴向正应变，也无横向正应变。这表明，横截面上只有切应力，圆筒横截面和包含轴线的纵向截面上都没有正应力。由于圆筒壁很薄，可近似认为切应力沿厚度均匀分布（图7-11c）。

用相邻的两个横截面和两个纵向截面，从圆筒中截出边长分别 $\mathrm{d}x$、$\mathrm{d}y$、δ 的单元体（图7-11d），左、右侧面上均有切应力 τ，组成力偶矩为 $(\tau\delta\mathrm{d}y)\mathrm{d}x$ 的力偶。因单元体是平衡的，故上、下侧面上必定存在方向相反的切应力 τ'，组成

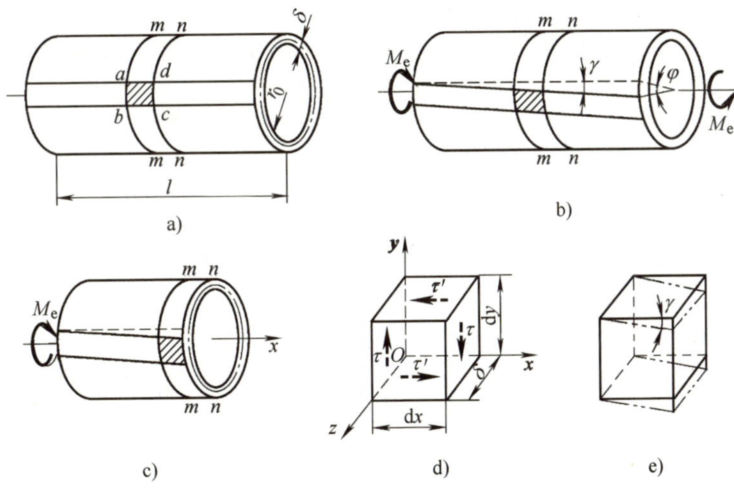

图 7-11　受扭薄壁圆筒

力偶矩为$(\tau'\delta dx)dy$的反向力偶，与上述力偶相平衡。由平衡方程 $\sum_{i=1}^{n} M_z = 0$ 得 $(\tau\delta dy)dx = (\tau'\delta dx)dy$，整理为

$$\tau = \tau' \tag{7-2}$$

于是得出结论：在相互垂直的两个平面上，切应力必然成对存在，且数值相等，两者都垂直于两个平面的交线，方向则共同指向或共同背离这一交线。这就是**切应力互等定理**。

在图 7-11d 所示单元体的上、下、左、右四个侧面上，只有切应力而无正应力，这种应力状态称为**纯剪切**；纯剪切单元体的相对两侧面将发生微小的相对错动（图 7-11e），使原来互相垂直的单元体直角改变了一个微量 γ，称为**切应变**。

切应力互等定理不仅对纯剪切应力状态适用，对于一般情形，即使微体截面上还存在正应力，切应力互等定理仍然成立。

第四节　圆轴扭转时横截面上的应力

上一节在讨论薄壁圆筒的应力分布情况时，由于圆筒很薄，故可以近似认为切应力沿厚度均匀分布。工程中常见的还有实心截面圆轴，对于受扭转的实心截面圆轴，不能认为切应力在截面上是均匀分布的。此种问题仅仅利用静力学条件是无法解决的，而应从研究变形入手，并利用应力应变关系以及静力学条件，即从几何、物理与静力学三方面进行综合分析，建立圆轴扭转时横截面上的应力计算公式。

一、扭转切应力的一般公式

1. 变形几何关系

在薄壁圆筒表面画若干垂直于轴线的圆周线和平行于轴线的纵向线（图7-12a），接着在轴两端施加一对方向相反、力偶矩大小相等的外力偶。在变形很小时，可观察到如下现象：

1）各圆周线绕轴线有相对转动，但形状、大小及相邻两圆周线之间的距离均不变。

2）在小变形下，各纵向线倾斜了同一角度 γ，但仍为直线，表面的小矩形变形成平行四边形。

根据实验做出**平面假设**：在扭转变形中，圆轴的横截面就像刚性平面一样，绕轴线旋转了一个角度。

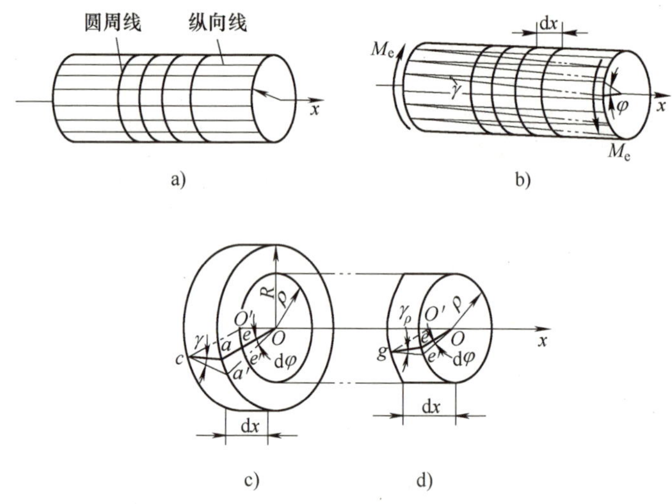

图7-12 实心圆轴扭转变形

用相邻横截面从圆轴中假想地截取长为 dx 的微段，放大如图7-12c所示。变形以后，dx 段左右两个横截面相对转动了 dφ 角。如图7-12c所示，变形前与 $O'c$ 处于同一径向平面上的半径线 Oa 转至 Oa' 位置，此时，圆周表面上的纵向线 ca 倾斜了 γ 角移至 ca' 位置。对于圆轴内部半径为 ρ 的任一层假想的圆筒（图7-12d），若设想变形前在其表面上绘有与 ca 线处于同一径向平面的 ge 线，则变形以后 ge 线将移至 ge' 位置，用 γ_ρ 表示 ge' 线的倾角，由图可见

$$\gamma_\rho \mathrm{d}x = ee' = \rho \mathrm{d}\varphi$$

故有

$$\gamma_\rho = \rho \frac{\mathrm{d}\varphi}{\mathrm{d}x} \tag{7-3}$$

式中，$\mathrm{d}\varphi/\mathrm{d}x$ 表示相距单位长度的两个横截面间的相对扭转角，称为**单位扭转角**，它表示扭转变形的剧烈程度。由于假设横截面做刚性转动，故在同一横截面上单位扭转角 $\mathrm{d}\varphi/\mathrm{d}x$ 为一常量。所以公式（7-3）表明，横截面上任意点的切应变 γ_ρ 与该点至圆心的距离 ρ 成正比。即横截面上切应变随半径按线性规律变化。

2. 物理方面

由剪切胡克定律可知，在剪切比例极限范围内，横截面上距离轴心 ρ 处的切应力 τ_ρ 与该点的切应变 γ_ρ 成正比。即

$$\tau_\rho = G\gamma_\rho$$

将式（7-3）代入上式，得

$$\tau_\rho = G\rho \frac{\mathrm{d}\varphi}{\mathrm{d}x} \tag{7-4}$$

横截面上任意点的切应力 τ_ρ 与该点到圆心的距离 ρ 成正比，其方向垂直于半径，沿半径切应力 τ_ρ 的分布如图 7-13 所示。空心圆轴切应力的分布如图7-14所示。

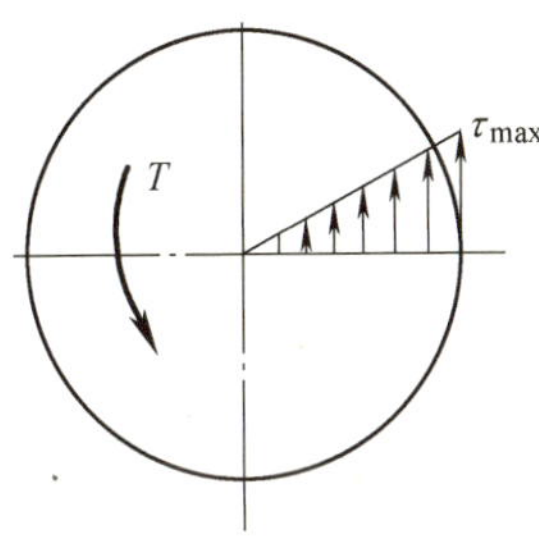

图 7-13 圆轴切应力分布

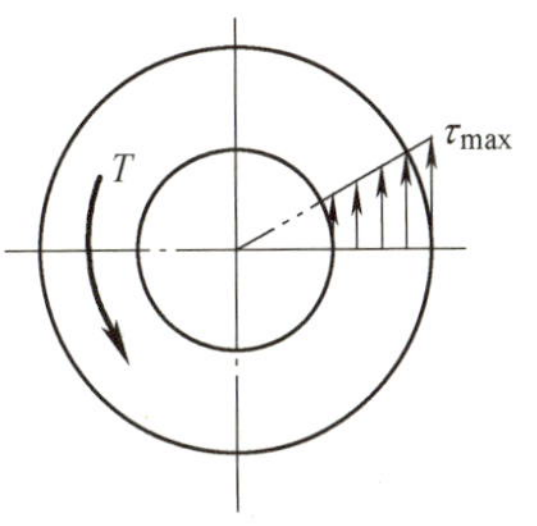

图 7-14 空心圆轴切应力分布

由于式（7-4）中的 $\mathrm{d}\varphi/\mathrm{d}x$ 未求出，所以仍不能用它计算切应力，这就要用静力关系来解决。

3. 静力关系

在图 7-15 中，圆轴横截面上的扭矩 T 由横截面上无数微剪力 $\tau_\rho \mathrm{d}A$ 对圆心 O 的力矩组成。由此可得出横截面上切应力的指向为顺着扭矩的转向，即

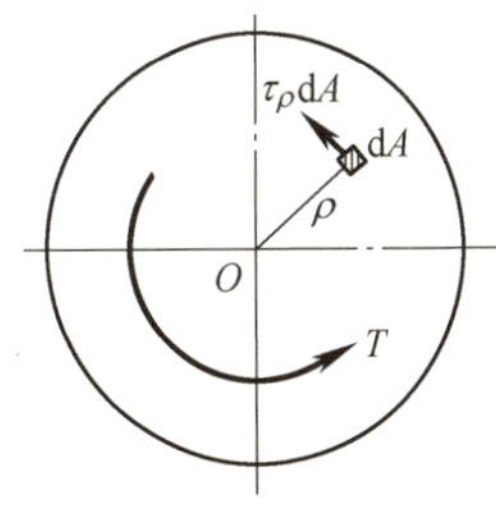

图 7-15 横截面上扭矩与微剪力

$$T = \int_A \tau_\rho \rho \mathrm{d}A$$

将式（7-4）代入上式，并且由于 $\mathrm{d}\varphi/\mathrm{d}x$ 和 G 为常量，可得

$$T = \int_A G\rho \frac{\mathrm{d}\varphi}{\mathrm{d}x}\rho \mathrm{d}A = G\frac{\mathrm{d}\varphi}{\mathrm{d}x}\int_A \rho^2 \mathrm{d}A \tag{7-5}$$

式中，$\int_A \rho^2 \mathrm{d}A$ 仅与截面尺寸有关，称为横截面对圆心 O 点的**极惯性矩**，单位为 m^4。记

$$I_{\mathrm{p}} = \int_A \rho^2 \mathrm{d}A \tag{7-6}$$

将式（7-6）代入式（7-5），整理得到

$$\frac{\mathrm{d}\varphi}{\mathrm{d}x} = \frac{T}{GI_{\mathrm{p}}} \tag{7-7}$$

将上式代入式（7-4）得

$$\tau_\rho = \frac{T\rho}{I_{\mathrm{p}}} \tag{7-8}$$

二、最大扭转切应力

由式（7-8）可知，当 $\rho = R$ 时切应力最大，即圆轴横截面上边缘各点的切应力最大，其值为

$$\tau_{\max} = \frac{TR}{I_{\mathrm{p}}} = \frac{T}{\dfrac{I_{\mathrm{p}}}{R}} \tag{7-9}$$

引用记号

$$W_{\mathrm{p}} = \frac{I_{\mathrm{p}}}{R} \tag{7-10}$$

W_{p} 称为抗扭截面系数，单位为 m^3。将式（7-10）代入式（7-9）得

$$\tau_{\max} = \frac{T}{W_{\mathrm{p}}} \tag{7-11}$$

三、圆截面极惯性矩及抗扭截面系数

如图7-16所示，直径为 D 的实心圆截面上，距圆心为 ρ 处取厚度为 $\mathrm{d}\rho$ 的环形面积作微面积，其上各点的 ρ 可视为相等，微面积 $\mathrm{d}A = 2\pi\rho\mathrm{d}\rho$，故极惯性矩 I_{p} 为

$$I_{\mathrm{p}} = \int_A \rho^2 \mathrm{d}A = \int_0^{\frac{D}{2}} \rho^2 \cdot 2\pi\rho\mathrm{d}\rho = \frac{\pi D^4}{32} \tag{7-12}$$

抗扭截面系数

$$W_p = \frac{I_p}{R} = \frac{\pi D^3}{16} \tag{7-13}$$

如图 7-17 所示，对于空心圆轴，设内外直径之比 $\alpha = d/D$，极惯性矩 I_p 为

$$I_p = \int_A \rho^2 dA = \int_{\frac{d}{2}}^{\frac{D}{2}} 2\pi\rho^3 d\rho = \frac{\pi}{32}(D^4 - d^4) = \frac{\pi D^4}{32}(1 - \alpha^4) \tag{7-14}$$

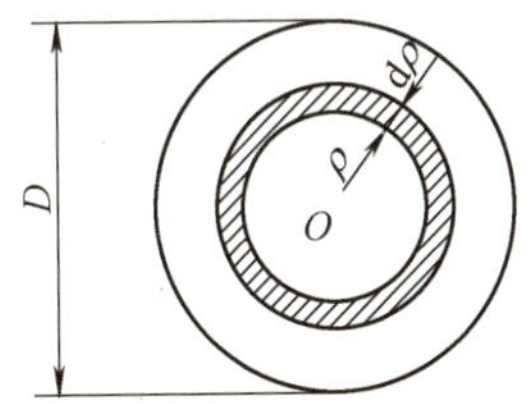

图 7-16 实心圆轴极惯性矩计算

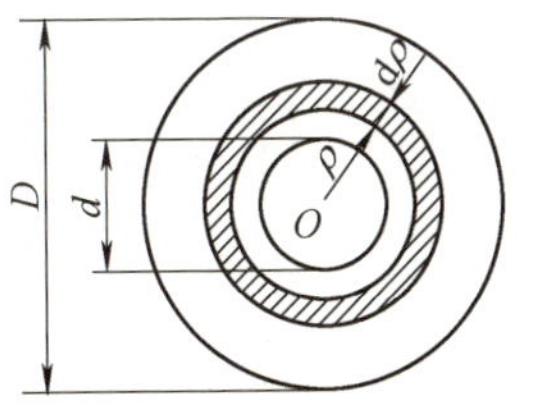

图 7-17 空心圆轴极惯性矩计算

抗扭截面系数

$$W_p = \frac{I_p}{R} = \frac{\pi D^3}{16}(1 - \alpha^4) \tag{7-15}$$

例 7-3 已知实心轴的直径 $D = 60\text{mm}$，轴的转速 $n = 450\text{r/min}$，传递的功率 $P = 35\text{kW}$，试求距圆心为 $\rho = 10\text{mm}$ 处的切应力 τ，以及最大切应力 τ_{max}。

解：由式（7-1）得外力偶矩

$$T = M_e = 9550\frac{P}{n} = 9550 \times \frac{35}{450}\text{N} \cdot \text{m} = 742\text{N} \cdot \text{m}$$

由式（7-8）得 $\rho = 10\text{mm}$ 处的切应力

$$\tau_\rho = \frac{T\rho}{I_p} = \frac{742 \times 10 \times 10^{-3}}{\frac{\pi \times 0.060^4}{32}}\text{Pa} = 5.84\text{MPa}$$

由式（7-11）得最大切应力

$$\tau_{max} = \frac{T}{W_p} = \frac{T}{\frac{\pi D^3}{16}} = \frac{742}{\frac{\pi \times 0.060^3}{16}}\text{Pa} = 17.5\text{MPa}$$

第五节 圆轴扭转时的变形

圆轴扭转时的变形是用两个横截面绕轴线的相对转角，即相对扭转角 φ 来度量的。由式（7-7）得

$$d\varphi = \frac{T(x)}{GI_p}dx$$

式中，$d\varphi$ 表示相距为 dx 的两个横截面之间的相对转角，如图 7-18b 所示。将上式沿轴线 x 积分，即为相距为 l 的两个横截面之间的相对转角：

$$\varphi = \int_0^l \frac{T(x)}{GI_p} dx$$

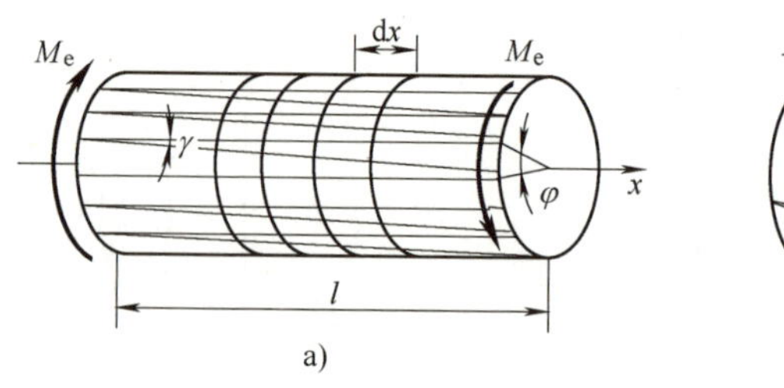

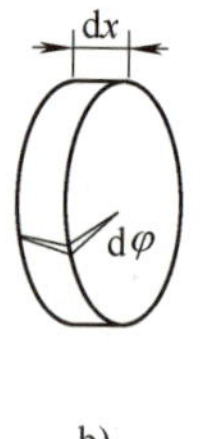

图 7-18 横截面间的相对转角

若在两截面之间扭矩 T 的值不变，且轴为等直杆，则 $T/(GI_p)$ 为常量，上式变为

$$\varphi = \frac{Tl}{GI_p} \tag{7-16}$$

注意，式（7-16）中 φ 的单位为 rad（弧度）。该式表明，扭转角 φ 与 GI_p 成反比，GI_p 反映了圆轴扭转变形的难易程度，称为圆轴的**抗扭刚度**。

例 7-4 如图 7-19a 所示，已知 ABC 轴结构尺寸为 $l_{AB}=1.6\text{m}$，$l_{BC}=1.4\text{m}$，$d_1=60\text{mm}$，$d_2=50\text{mm}$。材料切变模量 $G=80\text{GPa}$，轴上作用有外力矩 $M_A=900\text{N}\cdot\text{m}$，$M_B=1500\text{N}\cdot\text{m}$，$M_C=600\text{N}\cdot\text{m}$，试求截面 C 相对截面 A 的转角。

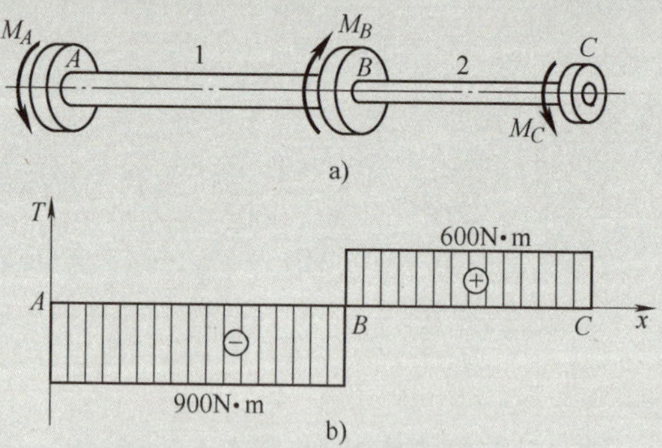

图 7-19 例 7-4 图

解：用截面法求各段扭矩。在 AB 段内，由平衡条件得到 $T_1=-M_A=-900\text{N}\cdot\text{m}$；同理，在 BC 段内，$T_2=M_C=600\text{N}\cdot\text{m}$。画出扭矩图（图 7-19b）。

AB 段截面极惯性矩 $I_{p1}=\dfrac{\pi d_1^4}{32}$，$BC$ 段截面极惯性矩 $I_{p2}=\dfrac{\pi d_2^4}{32}$。

由式（7-16）得到 B 截面相对于 A 截面的转角

$$\varphi_{BA}=\frac{T_1 l_1}{GI_{p1}}\times\frac{180°}{\pi}=\frac{-900\times1.6}{80\times10^9\times\frac{3.14\times0.060^4}{32}}\times\frac{180°}{3.14}=-0.811°$$

C 截面相对于 B 截面的转角

$$\varphi_{CB}=\frac{T_2 l_2}{GI_{p2}}\times\frac{180°}{\pi}=\frac{600\times1.4}{80\times10^9\times\frac{3.14\times0.050^4}{32}}\times\frac{180°}{3.14}=0.981°$$

故截面 C 相对截面 A 的转角

$$\varphi_{CA}=\varphi_{BA}+\varphi_{CB}=-0.811°+0.981°=0.17°$$

第六节　圆轴扭转时的强度条件和刚度条件

一、扭转极限应力

扭转试验是用圆截面试样在扭转试验机（图 7-20）上进行的。试验表明：塑性材料试样受扭时，先是发生屈服，这时在试样表面的横向与纵向会出现滑移线（图7-21a），如果继续增大扭力偶矩，最后沿横截面被剪断（图 7-21b）；脆性材料试样受扭时，变形则始终很小，最后在与轴线约成 45°倾角的螺旋面发生断裂（图 7-21c）。

图 7-20　扭转试验机

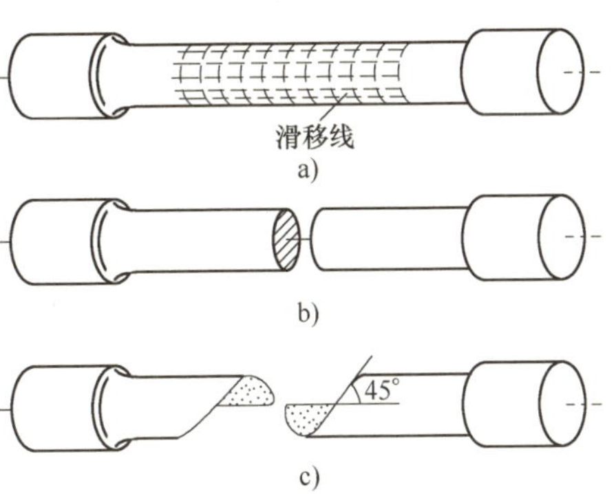

图 7-21　扭转破坏试验
a）塑性材料发生屈服　b）塑性材料断口
c）脆性材料断口

上述情况表明，对于受扭圆轴，塑性材料失效的标志是屈服，试件表面会出现滑移线，试件屈服时横截面上的最大切应力即为材料的扭转屈服应力，用 τ_S 表示；脆性材料失效的标志是断裂，试件断裂时横截面上的最大切应力即为材料的扭转强度极限，用 τ_b 表示。扭转屈服应力 τ_S 和扭转强度极限 τ_b 又统称为材料的扭转极限应力，用 τ_u 来表示。

二、圆轴扭转时的强度条件

用材料的扭转极限应力 τ_u 除以安全因数 n，得到材料的扭转许用应力

$$[\tau]=\frac{\tau_u}{n}$$

圆轴扭转时的强度条件应该是轴上最大工作切应力 τ_{max} 不超过材料的许用切应力 $[\tau]$，即

$$\tau_{max}\leqslant[\tau]$$

对于等截面圆轴，τ_{max} 应发生在最大扭矩 T_{max} 的横截面上周边各点处，所以其强度条件为

$$\tau_{max}=\frac{T_{max}}{W_p}\leqslant[\tau] \tag{7-17}$$

对于阶梯轴等变截面圆轴，τ_{max} 应发生在 $\left(\frac{T}{W_p}\right)_{max}$ 的横截面上周边各点处，所以其强度条件为

$$\tau_{max}=\left(\frac{T}{W_p}\right)_{max}\leqslant[\tau] \tag{7-18}$$

例 7-5 如图 7-22 所示，实心轴和空心轴通过牙嵌离合器连接在一起，已知空心轴内、外径比值 $\alpha=d_2/D_2=0.7$，轴的转速 $n=1450\text{r/min}$，传递的功率 $P=180\text{kW}$，$[\tau]=30\text{MPa}$。试设计：(1) 实心轴的直径 d_1，空心轴内径 d_2、外径 D_2。(2) 空心轴和实心轴的面积之比。

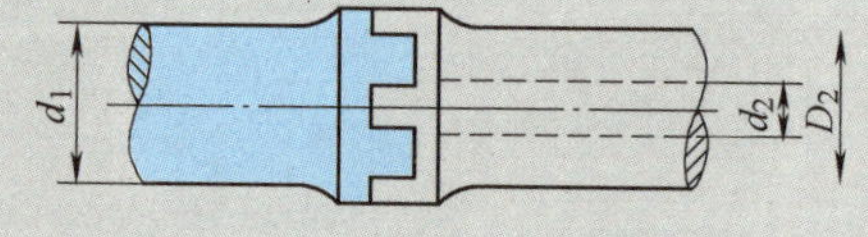

图 7-22 例 7-5 图

解：(1) 实心轴和空心轴传递功率相等，受相同的外力偶矩，横截面上的扭矩因此也相等。由式 (7-1) 得

$$T=M_e=9550\frac{P}{n}=9550\times\frac{180}{1450}\text{N}\cdot\text{m}=1186\text{N}\cdot\text{m}$$

根据扭转时的强度条件

$$\tau_{max}=\frac{T_{max}}{W_p}=\frac{16T}{\pi d_1^3}\leqslant[\tau]$$

求得实心轴的直径

$$d_1 \geqslant \sqrt[3]{\frac{16T}{\pi[\tau]}} = \sqrt[3]{\frac{16 \times 1186}{\pi \times 30 \times 10^6}} \text{m} = 58.6 \text{mm}$$

对于空心轴，由扭转时的强度条件

$$\tau_{\max} = \frac{T_{\max}}{W_p} = \frac{16T}{\pi D_2^3 (1 - \alpha^4)} \leqslant [\tau]$$

得空心轴外径

$$D_2 \geqslant \sqrt[3]{\frac{16T}{\pi[\tau](1-\alpha^4)}} = \sqrt[3]{\frac{16 \times 1186}{\pi \times 30 \times 10^6 \times (1 - 0.7^4)}} \text{m} = 64.2 \text{mm}$$

内径
$$d_2 = \alpha D_2 = 0.7 \times 64.2 \text{mm} = 45.0 \text{mm}$$

（2）空心轴和实心轴的面积之比：

$$\frac{A_2}{A_1} = \frac{D_2^2 - d_2^2}{d_1^2} = \frac{64.2^2 - 45.0^2}{58.6^2} = 0.611$$

由此可见，在最大切应力相同的情况下，空心轴所用的材料是实心轴的 61.1%，自重也减轻了 38.9%。节省材料的原因是，圆轴扭转时，横截面上应力呈线性分布，越接近截面中心，应力越小，那里的材料就没有充分发挥作用。做成空心轴，使得截面中心处的材料安置到轴的外缘，材料得到了充分利用。而且也减轻了构件的自重。但制造空心轴要比制造实心轴困难一些，故应综合考虑。

三、圆轴扭转时的刚度条件

在工程中，圆轴扭转时除了要满足强度条件外，有时还要满足刚度条件。例如机床主轴的扭转角过大会影响加工精度，高速运转的轴扭转角过大会引起强烈振动。一般来说，对于有精度要求和限制振动的机械，都需要考虑轴的扭转变形。扭转的刚度条件就是限定单位长度扭转角 θ 的最大值不得超过规定的允许值 $[\theta]$，即

$$\theta_{\max} \leqslant [\theta]$$

对于等截面圆轴，用 φ' 表示变化率 $\mathrm{d}\varphi/\mathrm{d}x$，由式（7-7）得出

$$\varphi'_{\max} = \frac{T_{\max}}{GI_p} \leqslant [\varphi'] \tag{7-19}$$

式（7-19）中，单位长度转角 φ' 和单位长度许可转角 $[\varphi']$ 的单位均为 rad/m。工程上，习惯把（°）/m（度/米）作为转角 φ' 的单位。考虑单位换算，得到

$$\varphi'_{\max}=\frac{T_{\max}}{GI_p}\times\frac{180°}{\pi}\leqslant[\varphi'] \tag{7-20}$$

对于一般传动轴，$[\varphi']$为0.5～1（°）/m，对于精密机器和仪表中的轴，$[\varphi']$的值可从机械设计手册中查得。

例7-6 传动轴如图7-23所示，已知主动轮 A 输入功率 $P_A=120\text{kW}$，从动轮输出功率 $P_B=60\text{kW}$、$P_C=40\text{kW}$、$P_D=20\text{kW}$，该轴转速 $n=600\text{r/min}$，材料的切变模量 $G=80\text{GPa}$，许用切应力$[\tau]=45\text{MPa}$，轴的许可转角$[\varphi']=0.8(°)/\text{m}$。试按强度条件及刚度条件确定此轴直径。

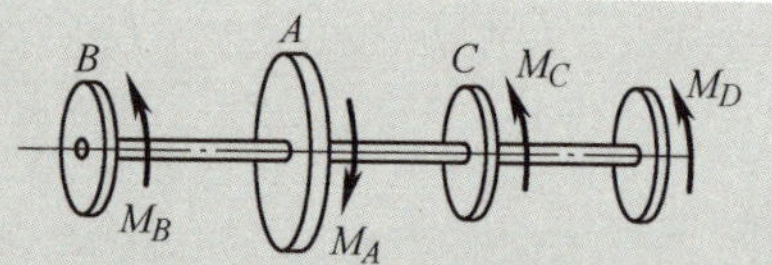

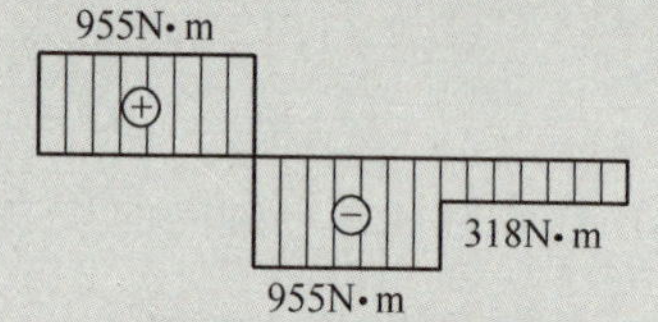

图7-23 例7-6图

解：（1）先计算外力偶矩。

$$M_A=9550\frac{P_A}{n}=9550\times\frac{120}{600}\text{N}\cdot\text{m}=1910\text{N}\cdot\text{m}$$

$$M_B=9550\frac{P_B}{n}=9550\times\frac{60}{600}\text{N}\cdot\text{m}=955\text{N}\cdot\text{m}$$

$$M_C=9550\frac{P_C}{n}=9550\times\frac{40}{600}\text{N}\cdot\text{m}=637\text{N}\cdot\text{m}$$

$$M_D=9550\frac{P_D}{n}=9550\times\frac{20}{600}\text{N}\cdot\text{m}=318\text{N}\cdot\text{m}$$

（2）计算各段扭矩，画扭矩图。

$$T_{BA}=955\text{N}\cdot\text{m},\ T_{AC}=-955\text{N}\cdot\text{m},\ T_{CD}=-318\text{N}\cdot\text{m}$$

轴的扭矩图如图7-23所示，最大扭矩发生在 BA 和 AC 段，$T_{\max}=955\text{N}\cdot\text{m}$。

（3）按强度条件确定轴径，由式（7-11）得

$$\tau_{\max}=\frac{T_{\max}}{W_p}=\frac{T_{\max}}{\frac{\pi D^3}{16}}\leqslant[\tau]$$

整理得

$$D\geqslant\sqrt[3]{\frac{16T_{\max}}{\pi[\tau]}}=\sqrt[3]{\frac{16\times955}{\pi\times45\times10^6}}\text{m}=47.6\text{mm}$$

（4）按刚度条件确定轴径，由式（7-20）得

$$\varphi'_{\max}=\frac{T_{\max}}{GI_p}\times\frac{180°}{\pi}=\frac{32T_{\max}}{G\pi D^4}\times\frac{180°}{\pi}\leqslant[\varphi']$$

$$D \geqslant \sqrt[4]{\frac{32T_{\max} \times 180°}{G\pi^2[\varphi']}} = \sqrt[4]{\frac{32 \times 955 \times 180°}{80 \times 10^9 \times \pi^2 \times 0.8°}}\text{m} = 54.3\text{mm}$$

若使轴同时满足强度条件和刚度条件，应取 $D \geqslant 54.3\text{mm}$。

*第七节　非圆截面轴的自由扭转

前面讨论了圆形截面轴的扭转。但在实际工程中，有时也会碰到非圆形横截面轴，例如农业机械中有时采用的方形传动轴，以及内燃机曲轴上的曲柄臂、门锁中的方轴（图 7-24）等，都是非圆截面轴扭转的例子。

a)

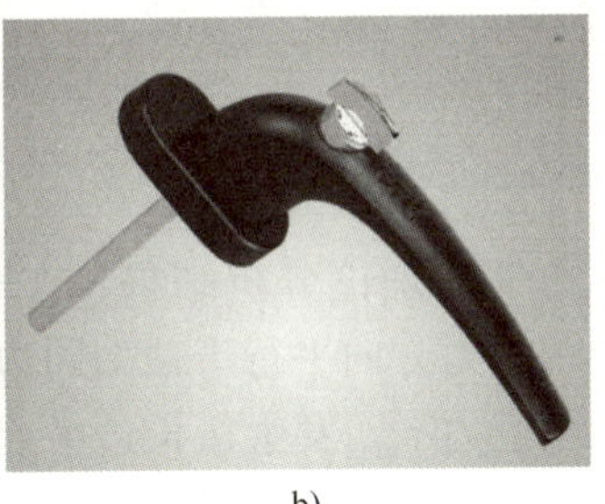

b)

图 7-24　门锁中的方轴

一、自由扭转与约束扭转

非圆截面轴扭转试验表明，扭转时横截面不再保持平面而发生翘曲，图 7-25a、b 分别表示矩形截面轴扭转前后的情况。翘曲是非圆截面轴扭转的一个重要特征，可见对非圆截面轴的扭转，平面假设不再成立，圆截面轴的扭转公式不能应用到非圆截面轴的扭转计算中。

非圆截面轴的扭转可分为自由扭转和约束扭转。若整个杆的各横截面的翘曲不受任何限制，任意两相邻横截面的翘曲情况完全相同，截面间对应点的纵向距离保持不变，横截面上只产生切应力而无正应力，这种情况称为**自由扭转**，如图 7-26a 所示。若扭转杆件受到约束，横截面的翘曲受到限制，则为**约束扭转**，如图 7-26b 左端所示。约束扭转的特点是杆件各横截面的翘曲程度不同，纵向纤维的长度发生改变，导致横截面上不但有切应力，还有正应力。实验及理论分析表明，对于矩形、椭圆截面等实心截面杆件，约束扭转产生的正应力一般很小，可略去不计，仍可按自由扭转处理；但对薄壁截面杆件（如工字钢），因约束扭转引起的正应力较大，不可忽略，故必须按约束扭转处理。

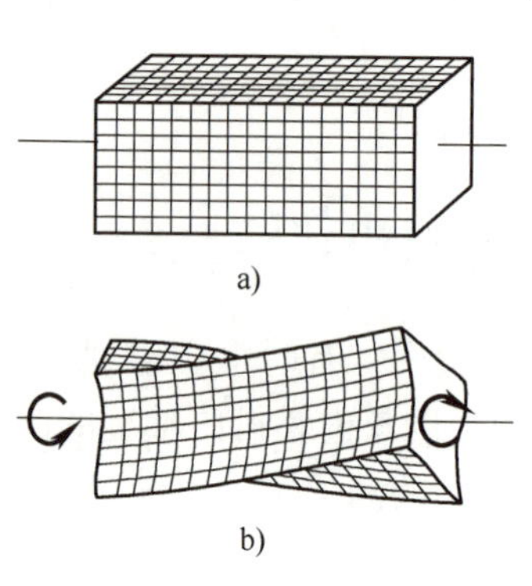

图7-25 矩形截面轴扭转

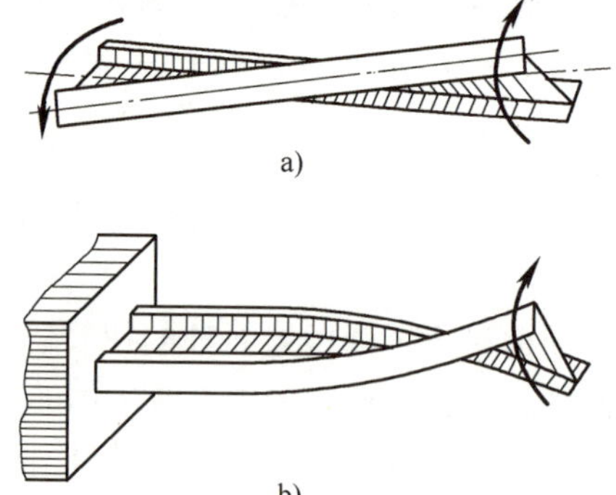

图7-26 扭转
a）自由扭转 b）约束扭转

二、矩形截面轴扭转

根据弹性力学的理论分析结果，在小变形条件下，矩形截面轴在扭转时，横截面周边上切应力方向平行于截面周边（图7-27），矩形的四个角点处，切应力为零。最大切应力 τ_{max} 发生在长边中点处，而在短边的中点的切应力 τ_1 也相当大。

矩形截面扭转切应力 τ_{max}、τ_1 以及扭转角 φ 的计算公式可表达为

$$\tau_{max}=\frac{T}{W_t},\quad W_t=\alpha hb^2 \tag{7-21}$$

$$\tau_1=\gamma\tau_{max} \tag{7-22}$$

$$\varphi=\frac{Tl}{GI_t},\quad I_t=\beta hb^3 \tag{7-23}$$

上述各式中，h 和 b 分别代表矩形截面长边和短边的长度；因数 α、β 及 γ 与比值 h/b 有关，其值见表7-1。

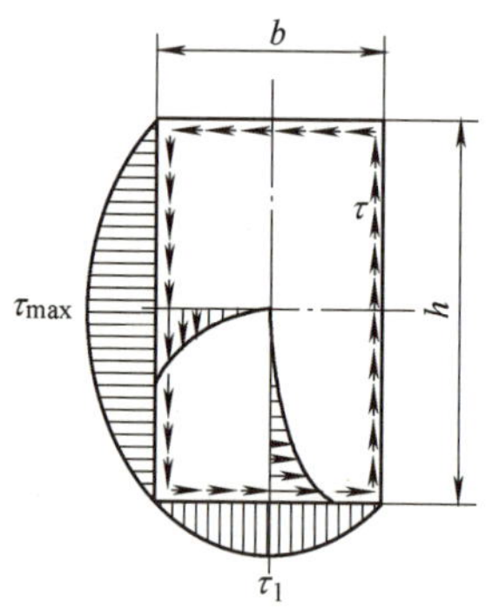

图7-27 矩形截面上切应力的分布

表7-1 矩形截面扭转时因数 α、β、γ

h/b	1.0	1.2	1.5	2.0	2.5	3.0	4.0	6.0	8.0	10.0	∞
α	0.208	0.219	0.231	0.246	0.258	0.267	0.282	0.299	0.307	0.313	0.333
β	0.141	0.166	0.196	0.229	0.249	0.263	0.281	0.299	0.307	0.313	0.333
γ	1.00	0.930	0.858	0.796	0.767	0.753	0.745	0.743	0.743	0.743	0.743

例 7-7 材料、横截面面积与长度均相同的圆形截面轴和正方形截面轴（图 7-28），若作用在轴端的扭力偶矩 M 也相同，试计算此二轴的最大扭转切应力与扭转变形，并进行比较。

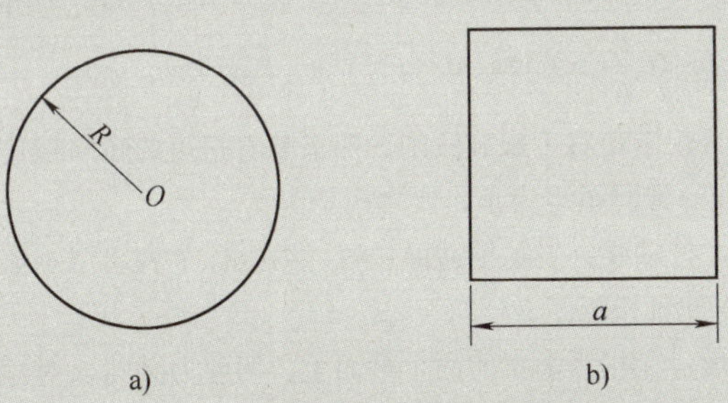

图 7-28 例 7-7 图

a）圆形截面 b）正方形截面

解：设圆形截面轴的半径为 R，正方形截面轴的边长为 a，由于二者的面积相等，即 $\pi R^2 = a^2$。于是得

$$a = 1.772R$$

由式（7-13）、式（7-11）得到圆形截面轴的最大扭转切应力为

$$\tau_{1\max} = \frac{M}{W_{\mathrm{p}}} = \frac{16M}{\pi d^3} = 0.637\frac{M}{R^3}$$

由式（7-16）、式（7-12）得到圆形截面轴的最大变形为

$$\varphi_1 = \frac{Ml}{GI_{\mathrm{p}}} = \frac{32Ml}{G\pi d^4} = 0.637\frac{Ml}{GR^4}$$

对于正方形截面轴，查表 7-1 有 $\alpha = 0.208$，$\beta = 0.141$。由式（7-21）得到最大扭转切应力

$$\tau_{2\max} = \frac{T}{W_{\mathrm{t}}} = \frac{M}{\alpha hb^2} = \frac{M}{0.208a^3} = 0.864\frac{M}{R^3}$$

由式（7-23）得到最大扭转变形为

$$\varphi_2 = \frac{Tl}{GI_{\mathrm{t}}} = \frac{Ml}{G\beta hb^3} = \frac{Ml}{G\times 0.141a^4} = 0.719\frac{Ml}{GR^4}$$

根据上述计算，得

$$\frac{\tau_{1\max}}{\tau_{2\max}} = \frac{0.637}{0.864} = 73.7\%,\quad \frac{\varphi_1}{\varphi_2} = \frac{0.637}{0.719} = 88.6\%$$

可见，无论是扭转强度还是扭转刚度，圆形截面轴均比正方形截面轴好。

小　结

- 以扭转为主要变形的杆件统称为轴。工程中较常见的是直杆圆轴。
- 扭转时杆件任意两横截面间相对转过的角位移称为扭转角，简称转角，常用φ表示。
- 外力偶矩$M_e=9550\dfrac{P}{n}$，单位：M_e为N·m，P为kW，n为r/min。
- 对扭矩的正负号规定用右手螺旋法则，四指顺着扭矩的转向握住轴线，大拇指的指向与横截面的外法线方向一致时扭矩为正；反之扭矩为负。
- 横坐标x平行于杆轴线，表示横截面位置，纵坐标T表示扭矩值，将各截面扭矩按代数值标在坐标系上，得此轴扭矩图。
- 切应力互等定理：在相互垂直的两个平面上，切应力必然成对存在，且数值相等，两者都垂直于两个平面的交线，方向则共同指向或共同背离这一交线。
- 若单元体的侧面上只有切应力而无正应力，这种应力状态称为纯剪切；纯剪切单元体的相对两侧面将发生微小的相对错动，使原来互相垂直的单元体直角改变了一个微量γ，称为切应变。
- 平面假设：在扭转变形中，圆轴的横截面就像刚性平面一样，绕轴线旋转了一个角度。
- 实心圆轴极惯性矩$I_p=\dfrac{\pi D^4}{32}$，抗扭截面系数$W_p=\dfrac{I_p}{R}=\dfrac{\pi D^3}{16}$。
- 空心圆轴极惯性矩$I_p=\dfrac{\pi D^4}{32}(1-\alpha^4)$，抗扭截面系数$W_p=\dfrac{I_p}{R}=\dfrac{\pi D^3}{16}(1-\alpha^4)$，$\alpha=\dfrac{d}{D}$。
- 圆轴扭转时的强度条件：最大扭转切应力$\tau_{max}=\dfrac{T}{W_p}\leqslant[\tau]$。
- 相距为l的两个横截面之间的相对转角$\varphi=\int_0^l\dfrac{T(x)}{GI_p}dx$。若在两截面之间扭矩$T$的值不变，且轴为等直杆，则$\varphi=\dfrac{Tl}{GI_p}$，$\varphi$的单位为rad。$GI_p$称为圆轴的抗扭刚度。
- 扭转的刚度条件为$\theta_{max}\leqslant[\theta]$，对于等截面圆轴，最大单位长度转角$\varphi'_{max}=\dfrac{T_{max}}{GI_p}\leqslant[\varphi']$，$\varphi'_{max}$的单位为rad/m；或者$\varphi'_{max}=\dfrac{T_{max}}{GI_p}\times\dfrac{180°}{\pi}\leqslant[\varphi']$，$\varphi'_{max}$的单位为（°）/m。

习　题

7-1　轴的转速n、所传递功率P和外力偶矩M_e之间有何关系，各物理量应选取什么单位？在变速器中，为什么低速轴的直径比高速轴的直径大？

7-2　何谓扭矩？扭矩的正负号是如何规定的？试述绘制扭矩图的方法和步骤。

7-3　薄壁圆筒扭转切应力在横截面上是如何分布的？圆轴扭转时横截面上的切应力是如何分布的？

7-4　什么是切应力互等定理？

7-5 切应变的单位是什么？何谓剪切胡克定律？该定律的应用条件是什么？

7-6 圆轴扭转时，横截面切应力 τ 与半径 ρ 的关系是什么？圆轴扭转切应力公式的应用条件是什么？

7-7 怎样计算实心圆截面和空心圆截面的极惯性矩和抗扭截面系数？

7-8 同外径的空心圆杆与实心圆杆，它们的强度、刚度哪一个好？从扭转强度考虑，为什么空心圆截面轴比实心轴更合理？

7-9 实心圆轴直径 d_1，因扭转而产生的最大切应力 τ_{max} 达到许用切应力［τ］的 1.728 倍，为保证轴的安全，要将轴的直径加大到 d_2。试问 d_2 应该是 d_1 的几倍？

7-10 什么是扭转角？如何计算圆轴的扭转角？

*7-11 非圆截面轴扭转的特点是什么？矩形截面轴扭转时横截面上的切应力如何分布？何处的切应力最大？

7-12 试画出图 7-29 所示各轴的扭矩图。

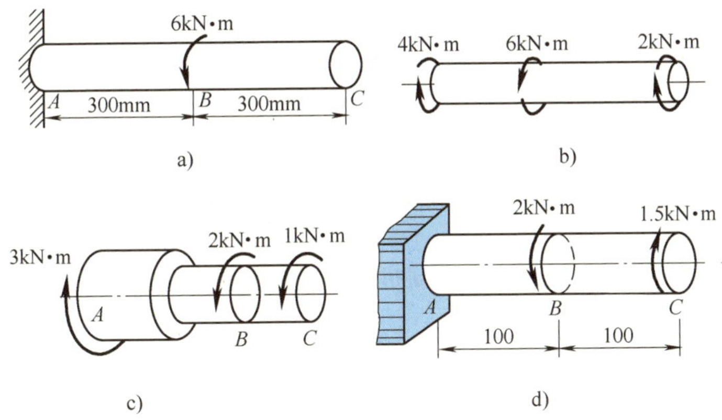

图 7-29 题 7-12 图

7-13 如图 7-30 所示，传动轴上有 5 个轮子，主动轮 2 输入的功率为 130kW，从动轮 1、3、4、5 分别输出 25kW、30kW、35kW 和 40kW 的功率。轴的转速为 450r/min，试画出该轴的扭矩图。

7-14 直径 $d = 50\text{mm}$ 的圆轴，受到扭矩 $T = 3\text{kN} \cdot \text{m}$ 的作用，如图 7-31 所示。试求在距离轴心 $\rho_A = 10\text{mm}$、$\rho_B = 20\text{mm}$ 处的切应力，并求轴横截面上的最大切应力。

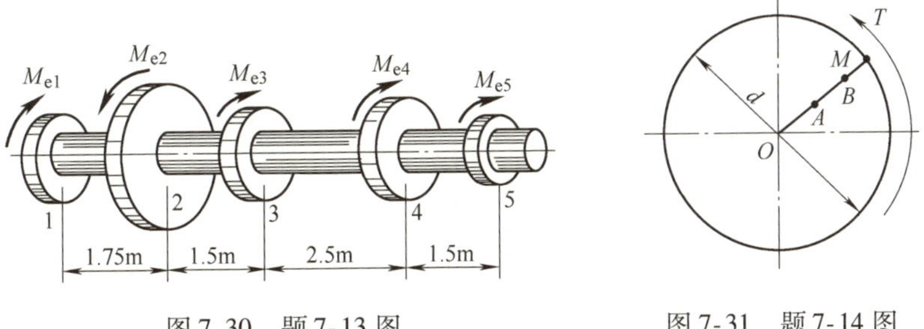

图 7-30 题 7-13 图　　图 7-31 题 7-14 图

7-15 钢轴的转速 $n=450\mathrm{r/min}$，传递的功率为 $P=82.5\mathrm{kW}$。已知 $[\tau]=40\mathrm{MPa}$，$[\theta]=1\ (°)\ /\mathrm{m}$，$G=80\mathrm{GPa}$，试按强度和刚度条件确定轴的直径。

7-16 如图7-32所示阶梯轴，AB 段直径 $D_1=70\mathrm{mm}$，BC 段直径 $D_2=40\mathrm{mm}$，B 轮输入功率 $P_B=120\mathrm{kW}$，A 轮输出功率 $P_A=100\mathrm{kW}$，C 轮输出功率 $P_C=20\mathrm{kW}$，轴匀速转动，已知转速 $n=280\mathrm{r/min}$，许用切应力 $[\tau]=60\mathrm{MPa}$，$G=80\mathrm{GPa}$，轴的单位长度许可转角 $[\varphi']=1.5\ (°)\ /\mathrm{m}$。试校核轴的强度和刚度。

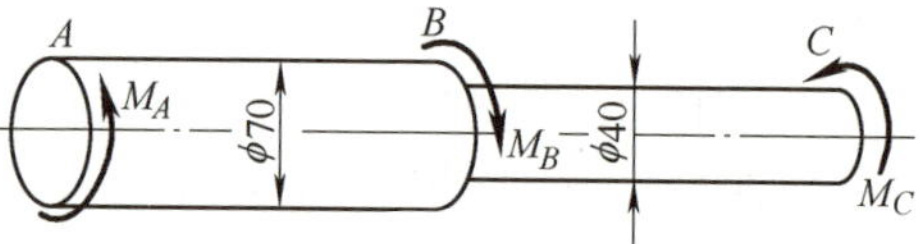

图7-32 题7-16图

7-17 如图7-33所示，某传动轴一端是实心的，其直径 $d_1=280\mathrm{mm}$；另一端是空心轴，其内径 $d=148\mathrm{mm}$，外径 $D=296\mathrm{mm}$。若 $[\tau]=60\mathrm{MPa}$，试求此轴允许传递的外力偶矩。

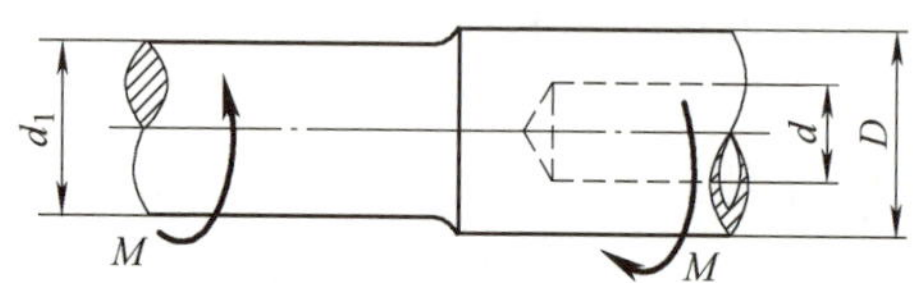

图7-33 题7-17图

7-18 图7-34所示为阶梯形圆轴，其中 AC 段为实心部分，直径 $d_1=45\mathrm{mm}$；CD 段为空心部分，外径 $D=55\mathrm{mm}$，内径 $d=45\mathrm{mm}$。轴上 A、C、D 处为带轮，已知主动轮 C 输入的外力偶矩为 $M_C=1.8\mathrm{kN\cdot m}$，从动轮 A、D 传递的外力偶矩分别为 $M_A=0.8\mathrm{kN\cdot m}$，$M_D=1\mathrm{kN\cdot m}$，材料的许用切应力 $[\tau]=80\mathrm{MPa}$。试校核该轴的强度。

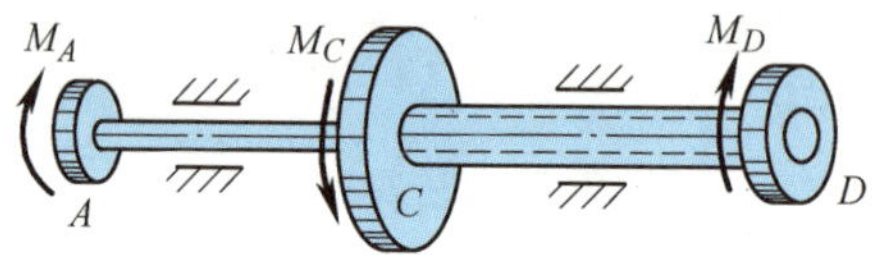

图7-34 题7-18图

7-19 若传动轴传递的力偶矩 $M=1.08\mathrm{kN\cdot m}$，材料的许用切应力 $[\tau]=40\mathrm{MPa}$，剪切弹性模量 $G=80\mathrm{GPa}$，轴的单位长度许可转角 $[\varphi']=0.5(°)/\mathrm{m}$，试设计轴的直径。

*7-20 拖拉机通过方轴带动悬挂在后面的旋耕机。方轴的转速 $n=720\mathrm{r/min}$，传递的最大功率 $P=40\mathrm{kW}$，截面为 $30\mathrm{mm}\times30\mathrm{mm}$，材料的 $[\tau]=100\mathrm{MPa}$。试校核该方轴的强度。

*7-21 如图7-35所示，矩形截面钢杆受到扭转外力偶矩 $M_e=800\mathrm{N\cdot m}$ 的作用。已知材料的剪切弹性模量 $G=80\mathrm{GPa}$。试求：(1) 杆内的最大切应力；(2) 横截面短边中点处的切应力；(3) 杆的单位长度扭转角。

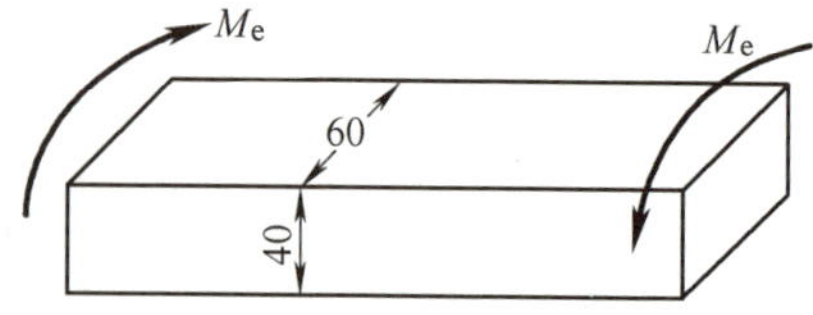

图7-35 题7-21图

第八章

截面的几何性质

在计算外力作用下杆件的应力和变形时，往往要用到反映杆件横截面的形状和尺寸的几何量。这些截面几何量都属于**截面的几何性质**。例如杆件轴向拉伸、压缩时用到的横截面面积 A，圆截面杆扭转时用到的极惯性矩，梁弯曲时用到的惯性矩等。

第一节　截面的面积矩和形心位置

任意平面图形如图 8-1 所示，其面积为 A。x 轴和 y 轴为图形所在平面内的坐标轴。在坐标为（x，y）的任一点处，取微面积 $\mathrm{d}A$，遍及整个图形面积 A 的积分

$$S_x = \int_A y\mathrm{d}A, \quad S_y = \int_A x\mathrm{d}A \qquad (8\text{-}1)$$

分别定义为图形对于 x 轴和 y 轴的面积矩。

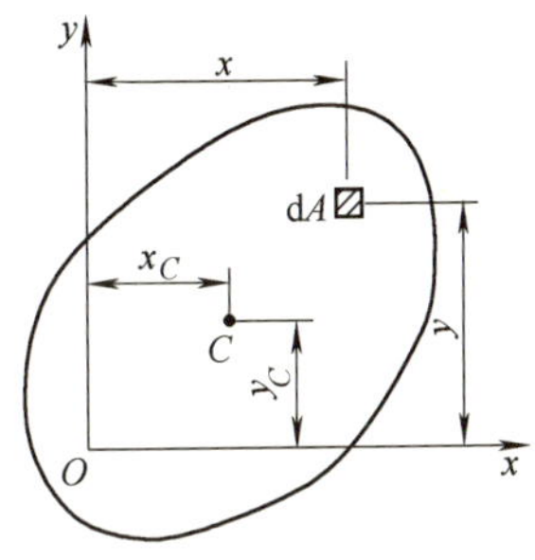

图 8-1　平面图形

截面的面积矩是对某一轴来说的，同一截面对于不同轴的面积矩是不同的。面积矩的数值可能为正，也可能为负或等于零。面积矩的量纲是 L^3。

将图 8-1 所示的平面图形设想为厚度很小的均质薄板，显然，在此情形下，平面图形的形心与均质薄板的重心有相同的坐标 x_C 和 y_C。由静力学的合力矩定理可知，薄板重心的坐标 x_C 和 y_C 分别为

$$x_C = \frac{\int_A x\mathrm{d}A}{A}, \quad y_C = \frac{\int_A y\mathrm{d}A}{A} \qquad (8\text{-}2)$$

式（8-2）也是确定平面图形形心坐标的公式。

由式（8-1）、式（8-2）可得截面的面积矩

$$S_x = Ay_C, \quad S_y = Ax_C \tag{8-3}$$

式（8-3）表明，截面对某轴的面积矩，等于截面面积与其形心到该轴距离的乘积。

如果某一坐标轴通过截面的形心，即 $x_C=0$ 或 $y_C=0$，则该轴称为此截面的**形心轴**。由式（8-3）可知，截面对形心轴的面积矩等于零；反之，如果截面对某一轴的面积矩等于零，则该轴一定通过截面形心。对于有对称轴的截面，对称轴必定是截面的形心轴，例如图8-2中的 y 轴。

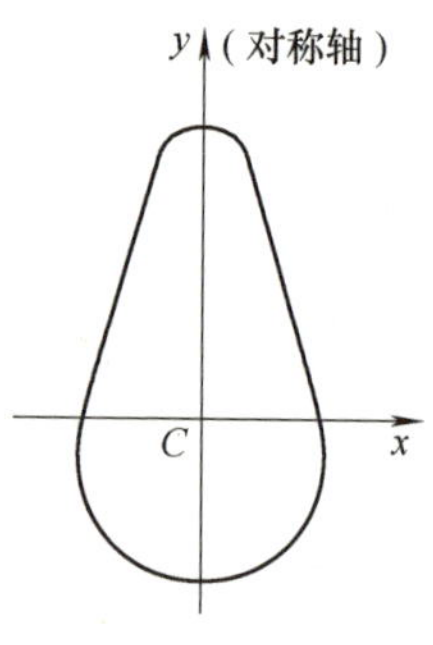

图8-2 有对称轴的截面

若一个截面的图形是由几个简单图形（例如矩形、圆形、三角形等）组成的，则这种截面称为**组合截面**。由面积矩的定义可知，组合截面对某一轴的面积矩等于各组成部分对该轴的面积矩的代数和，即

$$S_x = \sum_{i=1}^{n} A_i y_{Ci}, \quad S_y = \sum_{i=1}^{n} A_i x_{Ci} \tag{8-4}$$

式中，A_i 为任一简单图形的面积；x_{Ci}、y_{Ci} 分别为简单图形的形心坐标；n 为全部简单图形的个数。

由于组合截面的任一组成部分都是简单图形，其面积和形心坐标都比较容易确定，所以按照式（8-4）可以方便地算出组合截面的面积矩。

由式（8-3）、式（8-4）可得组合截面形心坐标的计算公式

$$x_C = \frac{\sum_{i=1}^{n} A_i x_{Ci}}{\sum_{i=1}^{n} A_i}, \quad y_C = \frac{\sum_{i=1}^{n} A_i y_{Ci}}{\sum_{i=1}^{n} A_i} \tag{8-5}$$

例8-1 矩形截面如图8-3所示，图中 b、h 为已知值。试求上半部分的面积对于 x 轴的面积矩。

解：取平行于 x 轴的狭长条作为微面积 $\mathrm{d}A$，则

$$\mathrm{d}A = b\mathrm{d}y$$

矩形上半部分的面积对于 x 轴的面积矩为

$$S_x = \int_{A_1} y\mathrm{d}A = \int_0^{\frac{h}{2}} y \cdot b\mathrm{d}y = \frac{b}{2}\left(\frac{h}{2}\right)^2 = \frac{bh^2}{8}$$

例8-2 矩形截面如图8-4所示，图中 b、h、y_1 为已知值。试求有阴影线部分的面积对于 x 轴、y 轴的面积矩。

解：有阴影线部分的面积 $A = b\left(\frac{h}{2} - y_1\right)$，其质心坐标

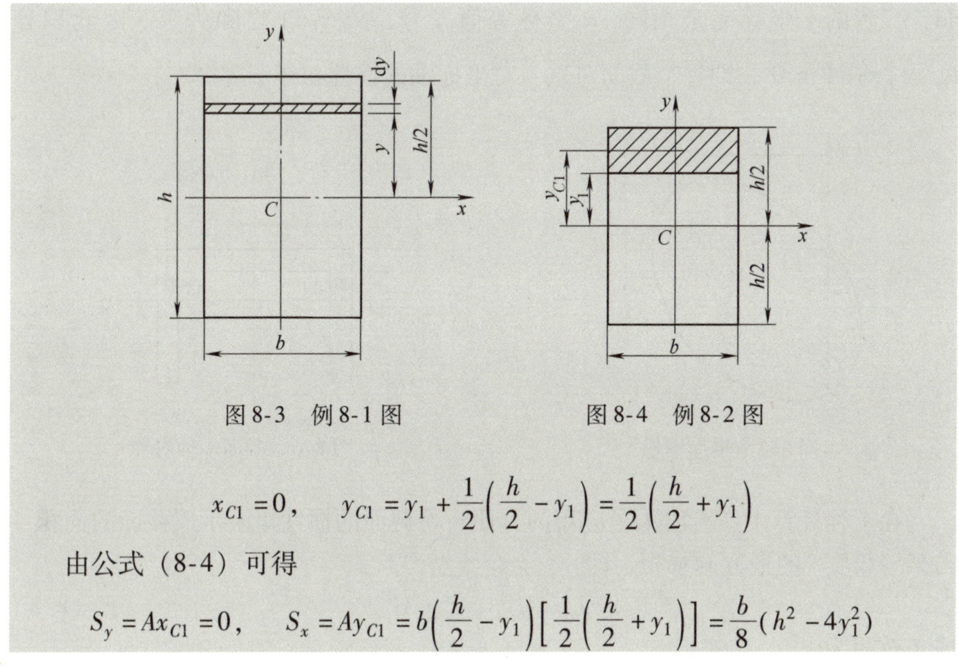

图 8-3 例 8-1 图　　图 8-4 例 8-2 图

$$x_{C1}=0,\quad y_{C1}=y_1+\frac{1}{2}\left(\frac{h}{2}-y_1\right)=\frac{1}{2}\left(\frac{h}{2}+y_1\right)$$

由公式（8-4）可得

$$S_y=Ax_{C1}=0,\quad S_x=Ay_{C1}=b\left(\frac{h}{2}-y_1\right)\left[\frac{1}{2}\left(\frac{h}{2}+y_1\right)\right]=\frac{b}{8}(h^2-4y_1^2)$$

第二节 截面的惯性矩、惯性积和惯性半径

任意平面图形如图 8-5 所示，其面积为 A，x 轴和 y 轴为图形所在平面内的坐标轴。在坐标（x，y）处取微面积 $\mathrm{d}A$，对整个截面面积 A 进行积分

$$I_x=\int_A y^2\mathrm{d}A,\quad I_y=\int_A x^2\mathrm{d}A \tag{8-6}$$

分别称为整个截面对于 x 轴和 y 轴的惯性矩。由于 x^2 和 y^2 总是正的，所以 I_y 和 I_x 也恒是正值。惯性矩的量纲为 L^4。

微面积 $\mathrm{d}A$ 与坐标 x、y 的乘积 $xy\mathrm{d}A$，称为该微面积对于这两个坐标轴的惯性积，而对整个截面面积 A 进行积分

$$I_{xy}=\int_A xy\mathrm{d}A \tag{8-7}$$

称为整个截面对于 x 和 y 轴的惯性积。由于坐标乘积 xy 可正、可负、可为零，所以惯性积的数值可能为正，也可能为负或等于零。惯性积的量纲也是长度的四次方。如果坐标轴 x 或 y 中有一个是截面的对称轴（例如图 8-6、图 8-2 中的 y 轴），这时，截面对坐标轴 x、y 的惯性积为零。下面以图 8-6 为例说明。如果截面在对称轴 y 的一侧有微面积 $\mathrm{d}A$，则在另一侧的对称位置处必然也有微面积

dA，二者的 y 坐标完全相同，x 坐标等值异号，故 $xy\mathrm{d}A$ 之和为零。因此积分 $I_{xy}=\int_A xy\mathrm{d}A=0$，即整个截面对这一对坐标轴的惯性积等于零。

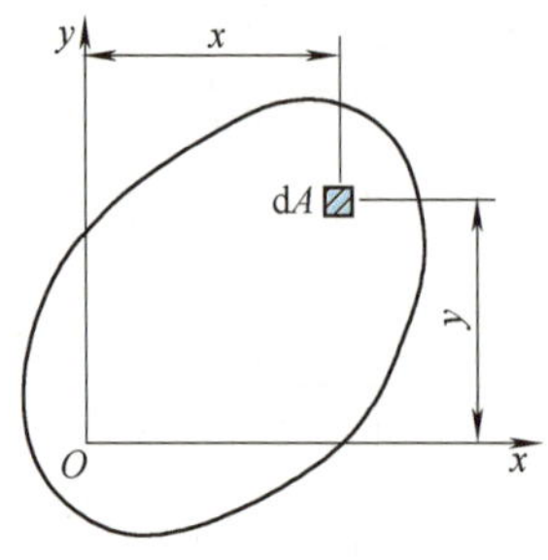

图 8-5 平面图形

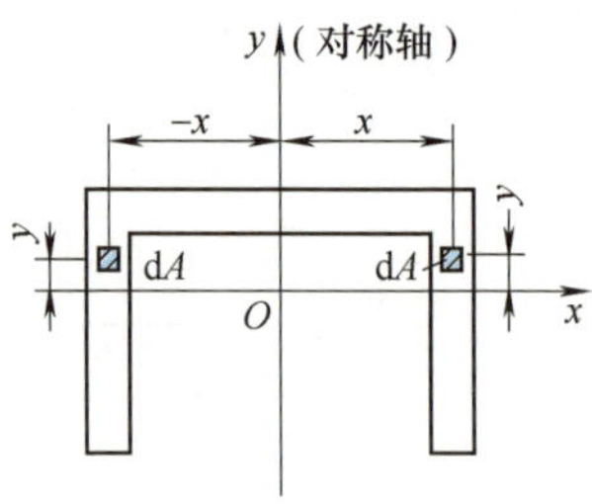

图 8-6 截面 y 轴对称

在工程计算中，有时为了应用的方便，将截面的惯性矩表示成截面的面积 A 与某一长度 i 的平方的乘积，即

$$I_x=Ai_x^2,\quad I_y=Ai_y^2 \tag{8-8}$$

或者改写为

$$i_x=\sqrt{\frac{I_x}{A}},\quad i_y=\sqrt{\frac{I_y}{A}} \tag{8-9}$$

式中，i_x 和 i_y 分别称为截面对 x 轴和 y 轴的**惯性半径**，惯性半径的量纲就是 L。

当截面是由 n 个简单的图形组成时，按照惯性矩的定义，这种截面对某轴的惯性矩应等于各部分对该轴的惯性矩之和，即

$$I_x=\sum_{i=1}^{n}I_{xi},\quad I_y=\sum_{i=1}^{n}I_{yi} \tag{8-10}$$

式中，I_{xi}、I_{yi}分别为任一组成部分对 x 轴和 y 轴的惯性矩。

在图 8-5 中，以 ρ 表示微面积 dA 到坐标原点 O 的距离，则下列积分

$$I_{\mathrm{p}}=\int_A\rho^2\mathrm{d}A \tag{8-11}$$

定义为截面对坐标原点 O 的极惯性矩。由于 $\rho^2=x^2+y^2$，于是有

$$I_{\mathrm{p}}=\int_A\rho^2\mathrm{d}A=\int_A(x^2+y^2)\mathrm{d}A=\int_A x^2\mathrm{d}A+\int_A y^2\mathrm{d}A=I_y+I_x \tag{8-12}$$

例 8-3 截面图形的几何尺寸如图 8-7 所示，试求截面对于 x 轴和 y 轴的惯性矩、惯性半径，以及第一象限部分对 x、y 轴的惯性积。

解：矩形截面尺寸已知，在计算惯性矩 I_x时，可以取图 8-7 中平行于 x 轴的狭长条作为微面积，则 $\mathrm{d}A=b\mathrm{d}y$。于是由公式（8-6）得到矩形截面对于 x 轴的惯性矩为

$$I_x = \int_A y^2 \mathrm{d}A = 2\int_{\frac{h}{2}}^{\frac{H}{2}} y^2 b\mathrm{d}y = \frac{2b}{3}\left[\left(\frac{H}{2}\right)^3 - \left(\frac{h}{2}\right)^3\right]$$

$$= \frac{b}{12}(H^3 - h^3)$$

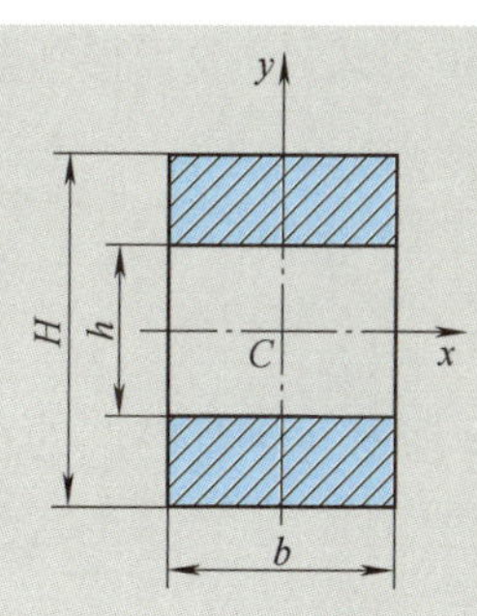

图 8-7　例 8-3 图

由公式（8-9）得到矩形截面对于 x 轴的惯性半径为

$$i_x = \sqrt{\frac{I_x}{A}} = \sqrt{\frac{\frac{b}{12}(H^3 - h^3)}{b(H-h)}} = \frac{\sqrt{H^2 + Hh + h^2}}{2\sqrt{3}}$$

$$\approx 0.289\sqrt{H^2 + Hh + h^2}$$

同理，取图 8-7 中平行于 y 轴的狭长条作为微面积，则 $\mathrm{d}A = (H-h)\mathrm{d}x$，由公式（8-6）得到矩形截面对于 y 轴的惯性矩为

$$I_y = \int_A x^2 \mathrm{d}A = \int_{-\frac{b}{2}}^{\frac{b}{2}} x^2 (H-h)\mathrm{d}x = \frac{b^3}{12}(H-h)$$

由公式（8-9）得到矩形截面对于 y 轴的惯性半径为

$$i_y = \sqrt{\frac{I_y}{A}} = \sqrt{\frac{\frac{b^3}{12}(H-h)}{b(H-h)}} = \frac{b}{2\sqrt{3}} \approx 0.289b$$

取坐标为 x、y 的微单元 $\mathrm{d}A = \mathrm{d}x \cdot \mathrm{d}y$，由公式（8-7）得到截面第一象限部分对于 x、y 轴的惯性积为

$$I_{xy} = \int_A xy\mathrm{d}A = \iint_A xy\mathrm{d}x\mathrm{d}y = \int_{\frac{h}{2}}^{\frac{H}{2}} y\int_0^{\frac{b}{2}} x\mathrm{d}x\mathrm{d}y = \frac{1}{2}\left[\left(\frac{H}{2}\right)^2 - \left(\frac{h}{2}\right)^2\right]\cdot\frac{1}{2}\left(\frac{b}{2}\right)^2 = \frac{b^2(H^2 - h^2)}{64}$$

例 8-4　如图 8-8 所示，计算圆形截面对于 x 轴和 y 轴的惯性矩、惯性半径，以及极惯性矩，第一象限部分对 x、y 轴的惯性积。

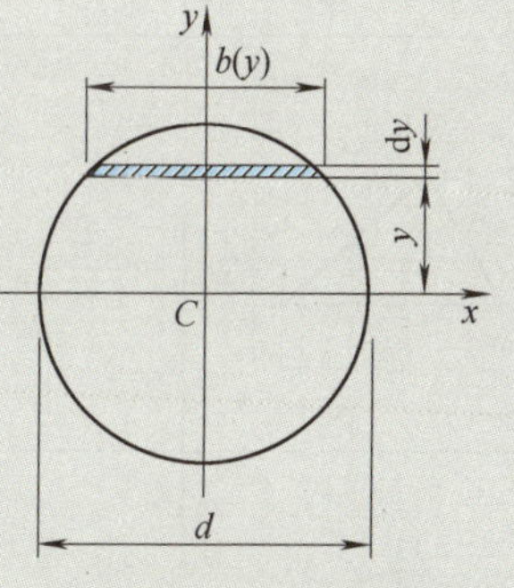

图 8-8　例 8-4 图

解：首先计算惯性矩 I_x，取图 8-8 中距 x 轴为 y、高度为 $\mathrm{d}y$ 和宽度为 $b(y)$ 的狭长条作为微面积 $\mathrm{d}A$，则

$$\mathrm{d}A = b(y)\mathrm{d}y = 2\sqrt{\left(\frac{d}{2}\right)^2 - y^2}\mathrm{d}y$$

于是由公式（8-6）得到圆形截面对于 x 轴的惯性矩为

$$I_x = \int_A y^2 \mathrm{d}A = \int_{-\frac{d}{2}}^{\frac{d}{2}} y^2 \times 2\sqrt{\left(\frac{d}{2}\right)^2 - y^2}\mathrm{d}y = \frac{\pi d^4}{64}$$

由公式（8-9）得到圆形截面对于 x 轴的惯性半径为

$$i_x = \sqrt{\frac{I_x}{A}} = \sqrt{\frac{\frac{\pi d^4}{64}}{\frac{\pi d^2}{4}}} = \frac{d}{4}$$

x 轴和 y 轴都与圆的直径重合，由于对称的原因，有

$$I_y = I_x = \frac{\pi d^4}{64}, \quad i_y = i_x = \frac{d}{4}$$

由公式（8-12）可得到圆形截面对于 C 点极惯性矩

$$I_\mathrm{p} = I_y + I_x = \frac{\pi d^4}{32}$$

由公式（8-7）得到圆形截面第一象限部分对于 x、y 轴的惯性积为

$$I_{xy} = \int_A xy\mathrm{d}A = \iint_A xy\mathrm{d}x\mathrm{d}y = \int_0^{\frac{d}{2}} y\int_0^{\sqrt{(\frac{d}{2})^2-y^2}} x\mathrm{d}x\mathrm{d}y = \frac{d^4}{128}$$

为了获得截面的惯性矩和惯性半径，除了按照定义计算外，还可以查表 8-1 或机械设计手册。

表 8-1 简单截面的几何性质

截面形状和形心轴位置	面积 A	惯性矩		惯性半径	
		I_x	I_y	i_x	i_y
矩形（h，b，C，x，y）	bh	$\frac{bh^3}{12}$	$\frac{hb^3}{12}$	$\frac{h}{2\sqrt{3}}$	$\frac{b}{2\sqrt{3}}$
三角形（h，$h/3$，b，C，x，y）	$\frac{bh}{2}$	$\frac{bh^3}{36}$	—	$\frac{h}{3\sqrt{2}}$	—
圆形（d，C，x，y）	$\frac{\pi d^2}{4}$	$\frac{\pi d^4}{64}$	$\frac{\pi d^4}{64}$	$\frac{d}{4}$	$\frac{d}{4}$

（续）

截面形状和形心轴位置	面积 A	惯性矩		惯性半径	
		I_x	I_y	i_x	i_y
空心圆截面（D，d，C，$\alpha=\frac{d}{L}$）	$\frac{\pi D^2}{4}(1-\alpha^2)$	$\frac{\pi D^4}{64}(1-\alpha^4)$	$\frac{\pi D^4}{64}(1-\alpha^4)$	$\frac{D}{4}\sqrt{1+\alpha^2}$	$\frac{D}{4}\sqrt{1+\alpha^2}$
薄壁圆环（r_0，δ，C，$\delta \ll r_0$）	$2\pi r_0\delta$	$\pi r_0^3\delta$	$\pi r_0^3\delta$	$\frac{r_0}{\sqrt{2}}$	$\frac{r_0}{\sqrt{2}}$

第三节 惯性矩的平行移轴公式

图 8-9 所示为已知的任意形状的截面，C 为此截面的形心，x_C、y_C 为一对通过形心的坐标轴。

图 8-9

截面对形心轴 x_C、y_C 惯性矩分别为

$$I_{x_C}=\int_A y_C^2\mathrm{d}A,\quad I_{y_C}=\int_A x_C^2\mathrm{d}A \qquad \text{(a)}$$

若 x 轴平行于 x_C，且两者的距离为 a；y 轴平行于 y_C，且两者的距离为 b，则截面对 x、y 轴惯性矩分别为

$$I_x=\int_A y^2\mathrm{d}A,\quad I_y=\int_A x^2\mathrm{d}A \qquad \text{(b)}$$

由图 8-9 可以看出

$$x=x_C+b,\qquad y=y_C+a \qquad \text{(c)}$$

将式（c）代入式（b），得

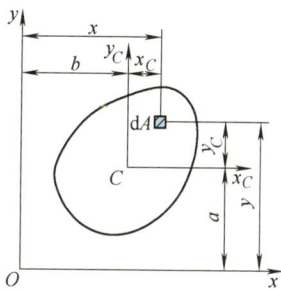

$$I_x=\int_A(y_C+a)^2\mathrm{d}A=\int_A y_C^2\mathrm{d}A+2a\int_A y_C\mathrm{d}A+a^2\int_A\mathrm{d}A$$

$$I_y = \int_A (x_C + b)^2 \mathrm{d}A = \int_A x_C^2 \mathrm{d}A + 2b\int_A x_C \mathrm{d}A + b^2\int_A \mathrm{d}A \tag{d}$$

以上两式中，$\int_A y_C \mathrm{d}A$ 和 $\int_A x_C \mathrm{d}A$ 分别为截面对形心轴 x_C、y_C 的面积矩，故 $\int_A y_C \mathrm{d}A = 0, \int_A x_C \mathrm{d}A = 0$；积分 $\int_A \mathrm{d}A = A$；再应用式（a），则式（d）简化为

$$\begin{cases} I_x = I_{x_C} + a^2 A \\ I_y = I_{y_C} + b^2 A \end{cases} \tag{8-13}$$

式（8-13）称为惯性矩的平行移轴公式。

例 8-5 T 形截面几何尺寸如图 8-10a 所示，现取质心坐标系 Cx_0y_0，其中 x_0 轴沿水平方向，y_0 轴沿铅垂方向，试计算 T 形截面对于其 x_0 轴和 y_0 轴的惯性矩。

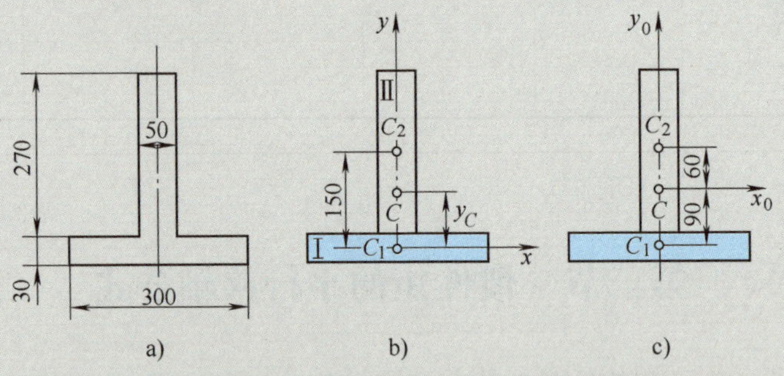

图 8-10 例 8-5 图

解：首先将截面分为两个矩形，如图 8-10b 所示。

1）矩形Ⅰ：面积 $A_1 = 300 \times 30\text{mm}^2 = 9000\text{mm}^2$，形心 C_1 在矩形Ⅰ中心，建立 C_1xy 坐标系（图 8-10b）。

矩形Ⅱ：面积 $A_2 = 50 \times 270\text{mm}^2 = 13500\text{mm}^2$，形心 C_2 坐标为

$$x_{C_2} = 0, \quad y_{C_2} = \left(\frac{30}{2} + \frac{270}{2}\right)\text{mm} = 150\text{mm}$$

整个截面形心 C 坐标

$$x_C = 0, \quad y_C = \frac{\sum_{i=1}^{2} A_i y_{C_i}}{\sum_{i=1}^{2} A_i} = \frac{0 + 13500 \times 150}{9000 + 13500}\text{mm} = 90\text{mm}$$

2）以截面形心 C 为原点，建立 Cx_0y_0 坐标系，如图 8-10c 所示。

查表 8-1，得到矩形Ⅰ、Ⅱ对 y_0 轴的惯性矩

$$I_{1y_0}=\frac{30\times300^3}{12}\text{mm}^4,\qquad I_{2y_0}=\frac{270\times50^3}{12}\text{mm}^4$$

应用惯性矩的平行移轴公式（8-13）计算矩形Ⅰ、Ⅱ对 x_0 轴的惯性矩：

$$I_{1x_0}=I_{1x_{C1}}+C_1C^2\cdot A_1,\qquad I_{2x_0}=I_{2x_{C2}}+C_2C^2\cdot A_2$$

运用叠加法公式（8-10），得到截面对 x_0 轴的惯性矩

$$I_{x_0}=\sum_{i=1}^{2}I_{ix_0}=\left[\left(\frac{300\times30^3}{12}+90^2\times9000\right)+\left(\frac{50\times270^3}{12}+60^2\times13500\right)\right]\text{mm}^4$$

$$=2.04\times10^8\text{mm}^4=2.04\times10^{-4}\text{m}^4$$

$$I_{y_0}=\sum_{i=1}^{2}I_{iy_0}=\left(\frac{30\times300^3}{12}+\frac{270\times50^3}{12}\right)\text{mm}^4=7.03\times10^7\text{mm}^4=7.03\times10^{-5}\text{m}^4$$

习　题

8-1　试确定图 8-11 所示图形的形心位置。

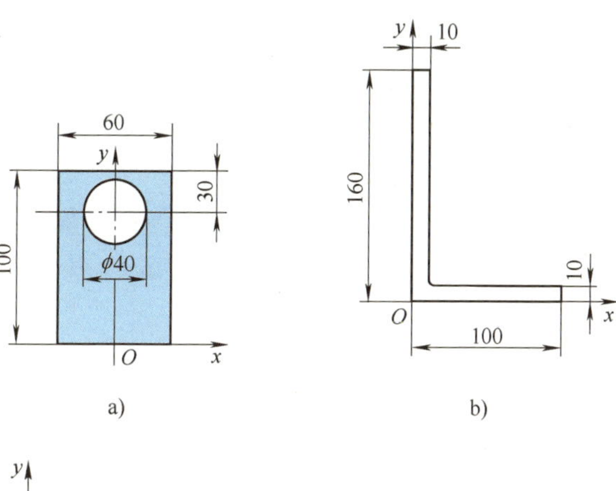

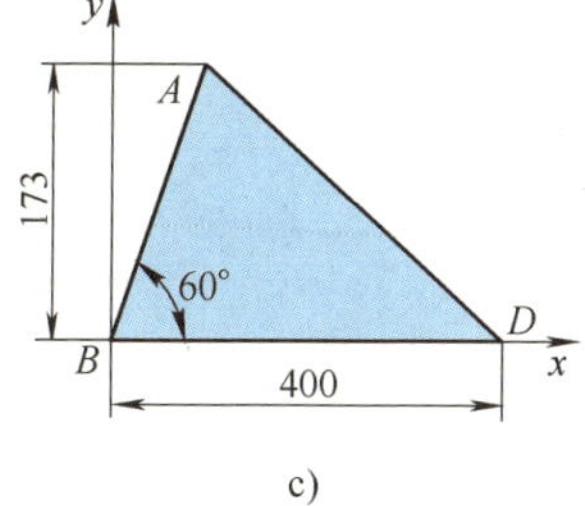

图 8-11　题 8-1 图

8-2　试求图 8-12 所示截面对于 x 轴的面积矩和惯性半径。

8-3　试求图 8-13 所示截面对于 x 轴和 y 轴的惯性矩。

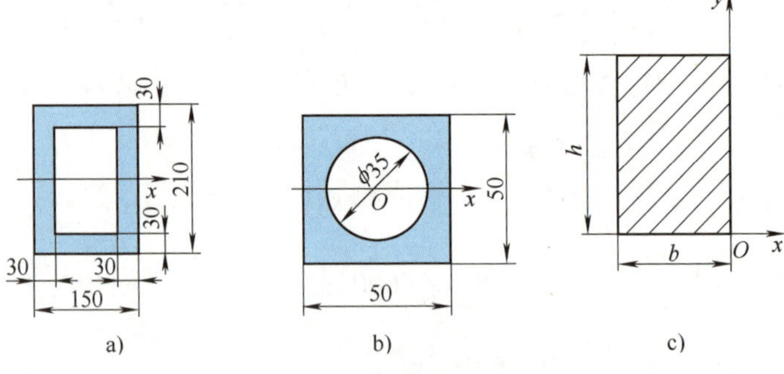

图 8-12 题 8-2 图

8-4 试求图 8-14 所示截面对 x 轴的惯性矩。

8-5 试求图 8-15 所示截面对 x、y 轴的惯性矩以及惯性积。

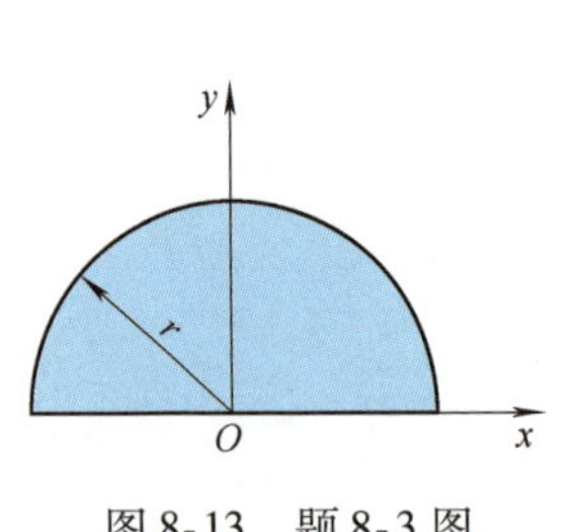

图 8-13 题 8-3 图

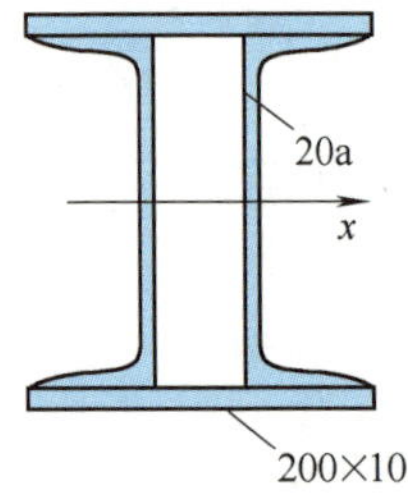

图 8-14 题 8-4 图

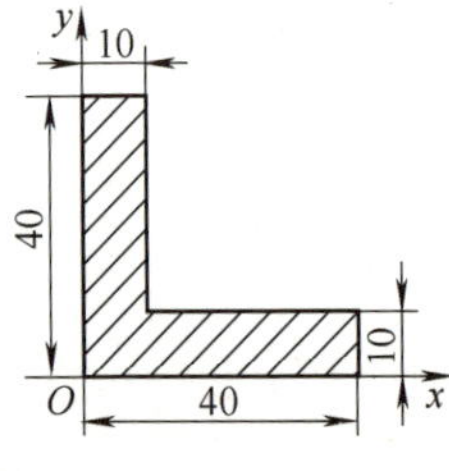

图 8-15 题 8-5 图

第九章

梁弯曲时的内力和应力

工程实际和日常生活中，存在着大量的受弯构件。例如起重机的横梁（图9-1），火车轮轴（图9-2），桥梁、房屋结构中的大梁、阳台梁，以及运动员作用下的跳水板，挑担用的扁担等，都是以弯曲为主要变形的杆件。

a)

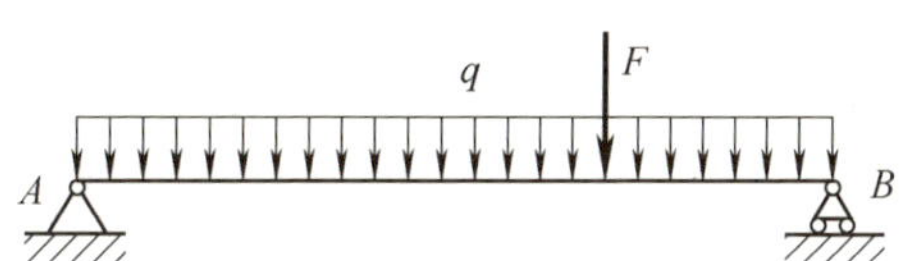

b)

图9-1　起重机的横梁

当杆件承受垂直于杆轴线的外力作用，或受到位于杆轴平面内的外力偶作用时，杆的轴线将由直线弯成曲线。这种变形形式称为**弯曲**。以弯曲为主要变形的杆件称为**梁**。

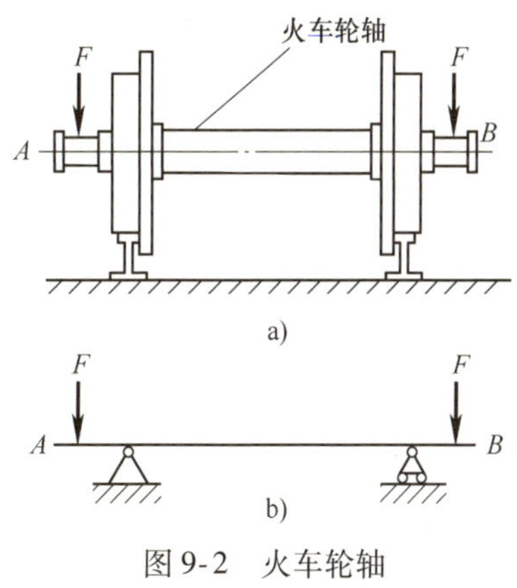

图9-2　火车轮轴

工程中常见的梁，其横截面通常具有一根对称轴（图9-3），由对称轴和梁轴线组成的平面，称为纵向对称面（图9-4），当所有外力都作用在纵向对称面内时，梁的轴线将弯成位于同一纵向对称面内的一条平面曲线，这种弯曲称为**平面弯曲**。

本章研究平面弯曲，它是最简单也是最常见的弯曲变形之一。

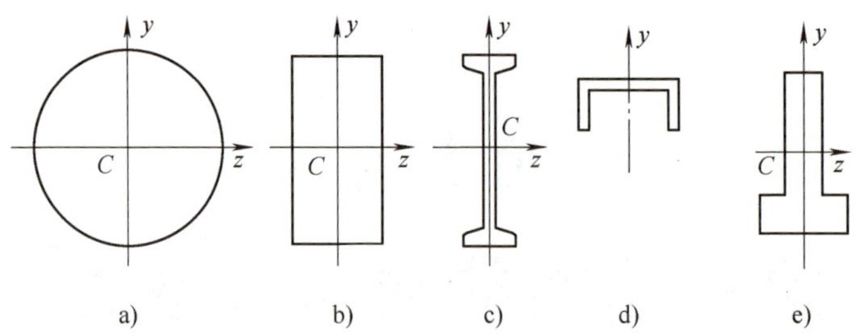

图 9-3 横截面具有对称轴

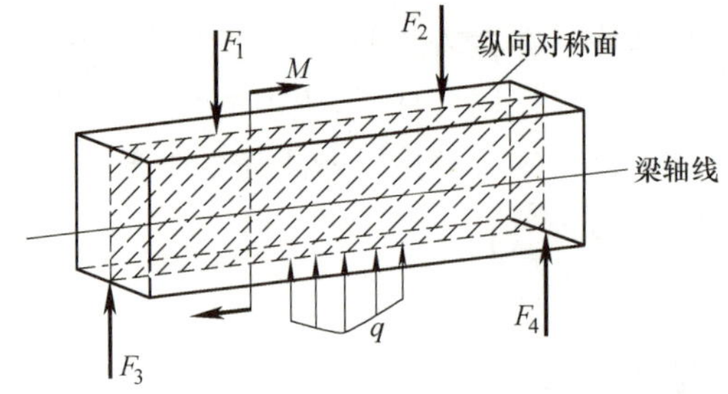

图 9-4 平面弯曲

第一节 梁的计算简图

一、梁的支座

工程中梁的支座可以简化为三种基本形式。

1. 固定铰支座

固定铰支座限制梁在支承处任何方向的线位移（图 9-5a），对梁的约束力可分解为垂直约束力 F_{Ay} 和水平约束力 F_{Ax}。

2. 活动铰支座

活动铰支座只能限制梁在支承处垂直于支承面的线位移，如图 9-5b 所示，只有铅垂约束力 F_{Ay} 作用于梁。

3. 固定端

梁端受约束时，既不能转动也不能移动，即为固定端（图 9-5c），对梁的约束力除铅垂约束力 F_{Ay} 和水平约束力 F_{Ax} 外，还有约束力偶 M_A 作用。

二、载荷的简化

作用在梁上的载荷简化为三种。

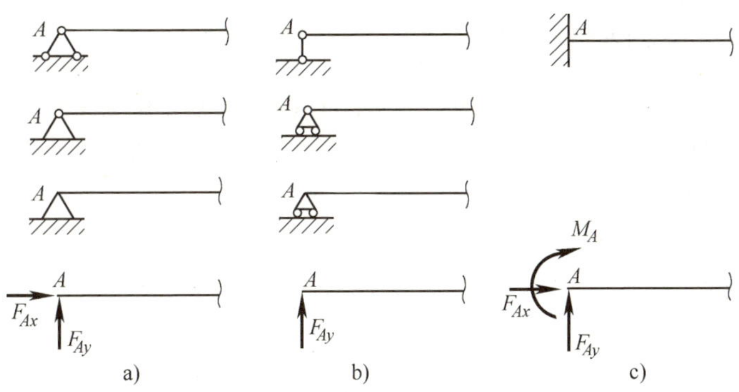

图 9-5　梁的支座

a）固定铰支座　b）活动铰支座　c）固定端

1. 集中载荷 F

当横向载荷在梁上的分布范围远小于梁的长度时，可简化为作用于一点的集中载荷，单位为 N(牛)。例如车刀受到的切削抗力（图 9-6）。

2. 分布载荷 q

分布载荷是沿梁的全长或部分长度连续分布的横向载荷，载荷集度 q 的单位为 N/m。如图 9-1 所示，起重机梁自重给梁施加了一个分布载荷 q。

当载荷集度 q 在其分布长度内为常量时，称为**均布载荷**；当载荷集度 q 在其分布长度内变化时，称为**非均布载荷**。

3. 集中力偶 M

当力偶在梁上的作用长度远小于梁的长度时，可简化为作用在梁的某截面，称为**集中力偶**，用 M 或者 M_e 表示，单位为 N · m（牛 · 米）。例如阳台栏杆上的水平推力 F 可以简化为作用于阳台梁自由端处的一个集中力偶 $M = Fa$ 和一个水平集中力 F（图9-7）。

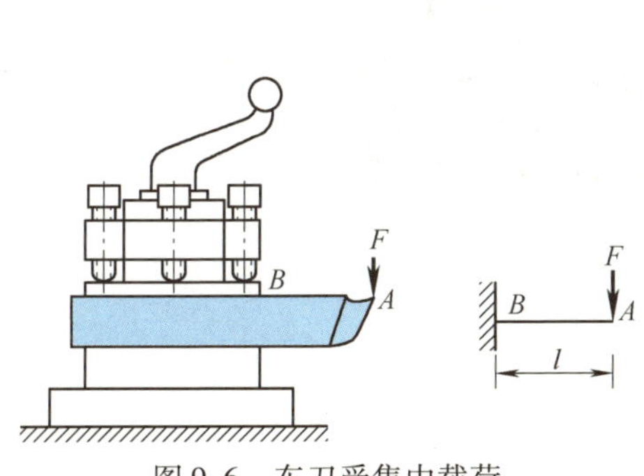

图 9-6　车刀受集中载荷

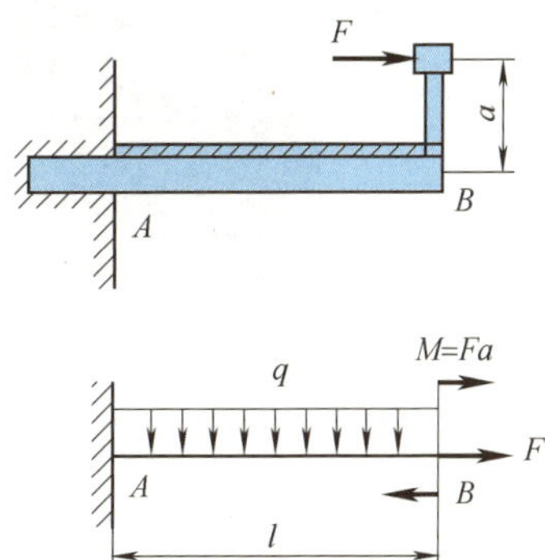

图 9-7　阳台栏杆受水平推力

三、静定梁的基本形式

在平面弯曲情况下，作用在梁上的外力（包括载荷和支座约束力）是一个平面力系。当梁上只有三个支座约束力时，可由平面力系的三个静力平衡方程将它们求出，这种梁称为**静定梁**。

常见的静定梁有下述三种类型。

1. 悬臂梁

梁的一端为固定，另一端自由，如图9-8所示。

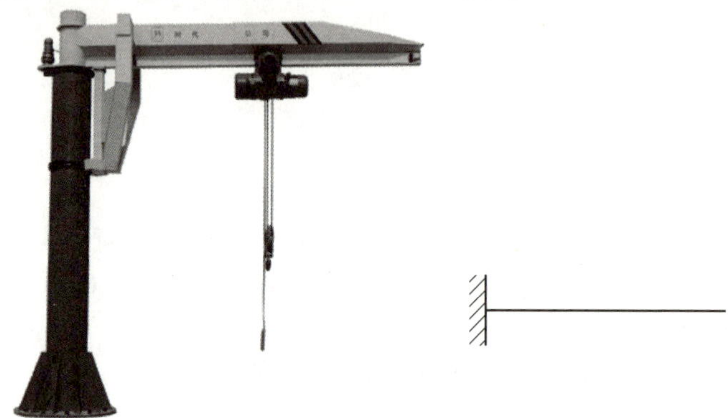

图9-8 悬臂梁

2. 简支梁

梁的一端为固定铰支座，另一端为活动铰支座，如图9-9所示。

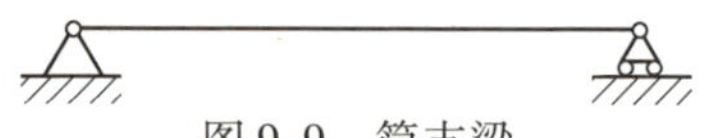

图9-9 简支梁

3. 外伸梁

梁用一个活动铰支座和一个固定铰支座支承，梁的一端或两端伸出支座之外，如图9-10所示。

a)

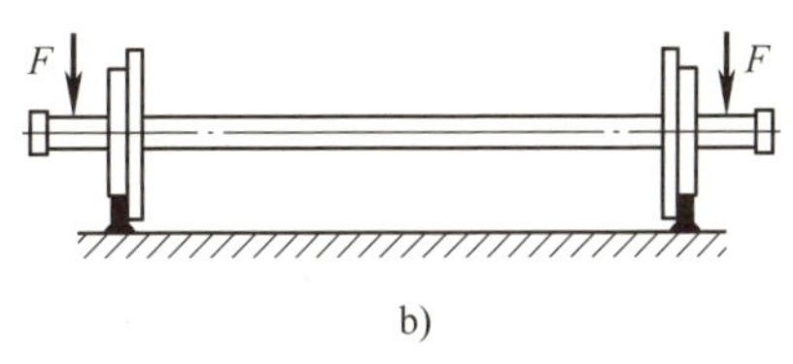

b)

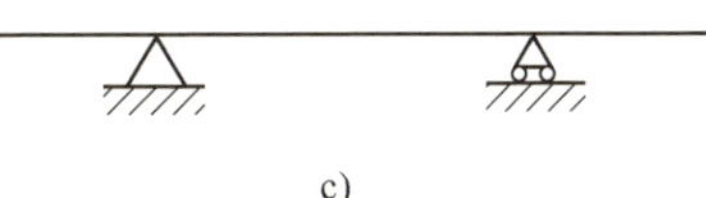

c)

d)

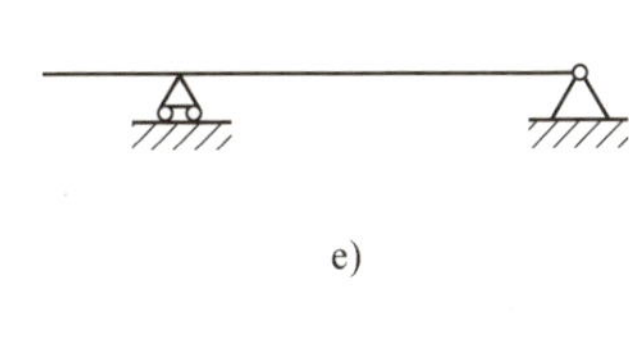

e)

图 9-10　外伸梁

a）起重机横梁　b）火车轮轴　c）两端外伸

d）高速铁路架桥机　e）一端外伸

第二节　弯曲时的内力计算

图 9-11a 所示为一简支梁 AB，在通过梁轴线的纵向对称平面内，作用有与轴线垂直的载荷 F。根据静力学平衡方程求出，梁的支座约束力 $F_A = F(1 - a/l)$，$F_B = Fa/l$，现计算梁在横截面 m—m 上的内力。

应用截面法沿 m—m 截面将梁假想切开，分成左、右两段，取左侧梁段为研究对象，如图 9-11b 所示。右段梁对左段梁的作用，可用截面上的内力 F_S、M 来代替。F_S 的作用线平行于横截面 m—m，称为横截面的**剪力**。M 为一内力偶矩，称为横截面的**弯矩**。由于整个 AB 梁处于平衡，所以左段梁 AC 也处于平衡。

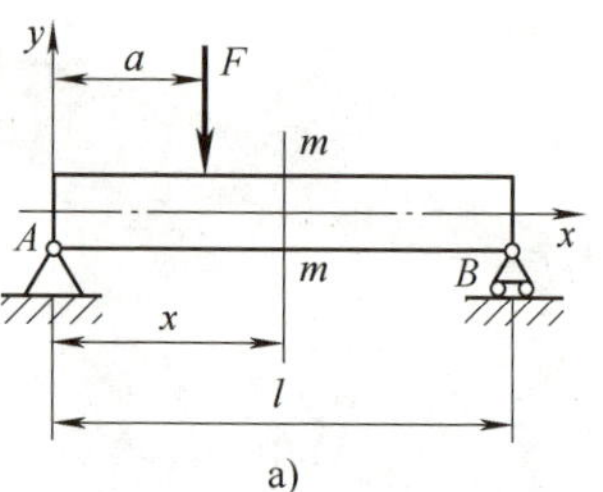

a)

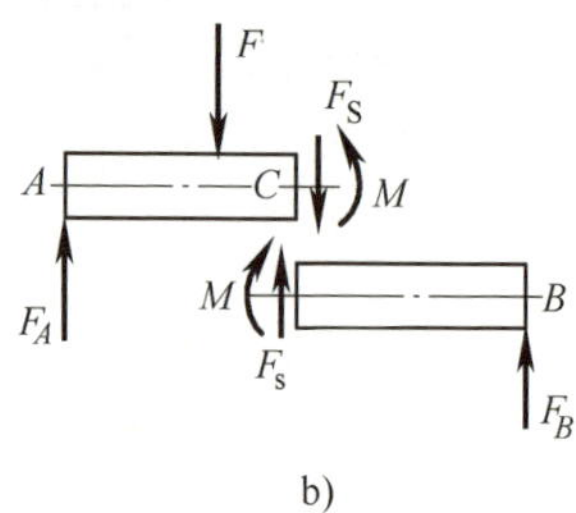

b)

图 9-11 简支梁

由静力平衡方程 $\sum_{i=1}^{n} F_{iy} = 0, F_A - F - F_S = 0$

得

$$F_S = F_A - F$$

对梁轴线与截面 $m—m$ 的交点 C，由力矩平衡方程 $\sum_{i=1}^{n} M_C = 0, \ -F_A x + F(x-a) + M = 0$

得

$$M = F_A x - F(x-a)$$

同理，若取右段梁为研究对象（图 9-11b），用同样方法也可得横截面 $m—m$ 上的剪力 F_S 和弯矩 M，它们在数值上与上述结果相同，但作用方向则相反。

为了使左、右两段梁求得同一横截面上的剪力和弯矩不仅数值相等，而且符号也相同，对剪力和弯矩符号做如下规定。

（1）剪力 使截面绕其内侧任一点有顺时针旋转趋势的剪力为正，如图 9-12a 所示；反之为负，如图 9-12b 所示。

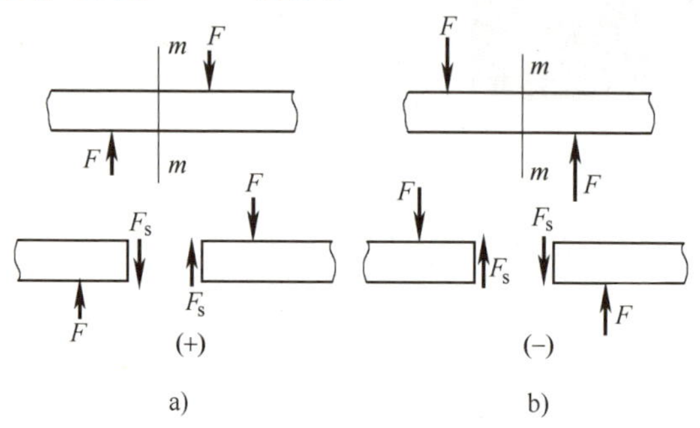

a) b)

图 9-12 剪力符号规定

（2）弯矩 使受弯杆件下侧纤维受拉为正，如图 9-13a 所示；使受弯杆件上侧纤维受拉为负，如图 9-13b 所示。

为了方便运用，可记为：F 左上右下 F_S 为正，反之为负；凸面向下（碗口向上）M 为正，反之为负。

第一篇静力学列平衡方程中正负号的规定，与材料力学中上面按变形规定的正负号规定并不一致。为了避免符号的混乱，在求内力时，可假定截面上内力 F_S 和 M 均按变形规定取正号；代入平衡方程运算时沿用第一篇静力学中符号规则进行；结果为正说明假定方向正确，结果为负说明与假定方向相反。

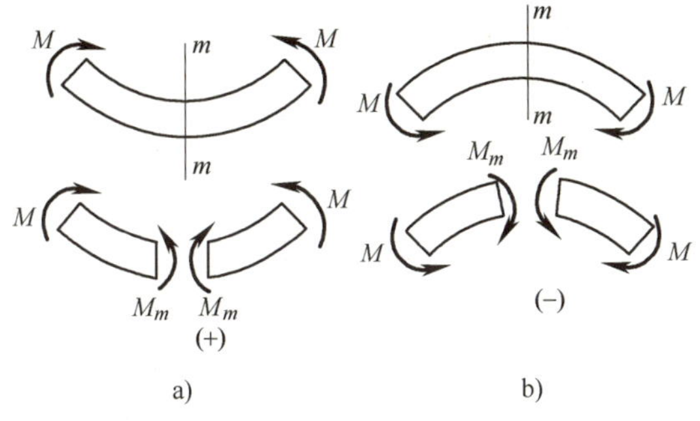

图 9-13　弯矩符号规定

例 9-1　一简支梁受满跨均布载荷 $q=30\text{kN/m}$ 和集中力偶 $M_e=20\text{kN}\cdot\text{m}$ 作用，如图 9-14a 所示。试求跨中 C 截面上的剪力 F_{SC} 和弯矩 M_C。

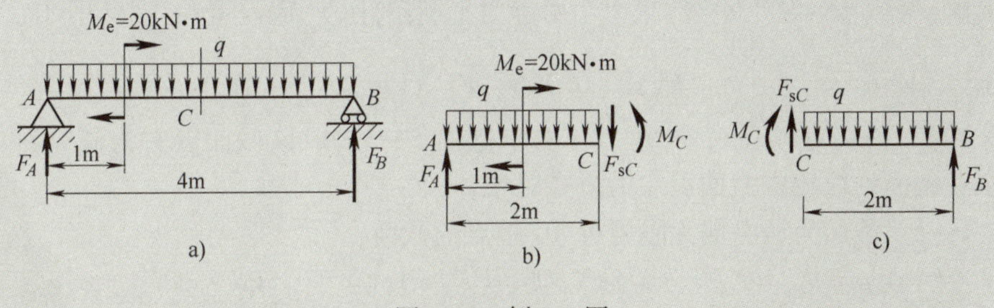

图 9-14　例 9-1 图

解：(1) 求支座约束力　由于梁上没有水平载荷作用，故只有两个支座约束力 F_A 和 F_B。根据梁的平衡条件，由

$$\sum_{i=1}^{n} M_A = 0,\quad F_B \times 4\text{m} - (q \times 4\text{m}) \times 2\text{m} - M_e = 0,\ \text{得}\ F_B = 65\text{kN}$$

$$\sum_{i=1}^{n} F_{iy} = 0,\quad F_A - q \times 4\text{m} + F_B = 0,\quad \text{得}\ F_A = 55\text{kN}$$

(2) 求指定横截面上的剪力和弯矩　沿 C 处的横截面假想地将梁切开，取左段梁为研究对象，并假设截面上的剪力 F_{SC} 和弯矩 M_C 均为正号，如图 9-14b 所示。根据左段梁的平衡条件，由

$$\sum_{i=1}^{n} F_{iy} = 0,\ F_A - q \times 2\text{m} - F_{SC} = 0,\quad \text{得}\quad F_{SC} = -5\text{kN}$$

$$\sum_{i=1}^{n} M_C(F_i) = 0,\ M_C - F_A \times 2\text{m} + q \times 2\text{m} \times 1\text{m} - M_e = 0,\ \text{得}\quad M_C = 70\text{kN}\cdot\text{m}$$

所得结果表明，剪力 F_{SC} 的方向与假设方向相反，为负剪力；弯矩 M_C 的转向与假设的转向相同，为正弯矩。

同理，读者也可以取右段梁为研究对象来计算 F_{SC} 和 M_C，受力如图 9-14c 所示，计算后可知所得结果相同。

对于用截面法求剪力、弯矩，无论取左段梁还是右段梁来计算，在同一截面上的内力是相同的。为使计算方便，通常取外力比较简单的一段梁作为研究对象。

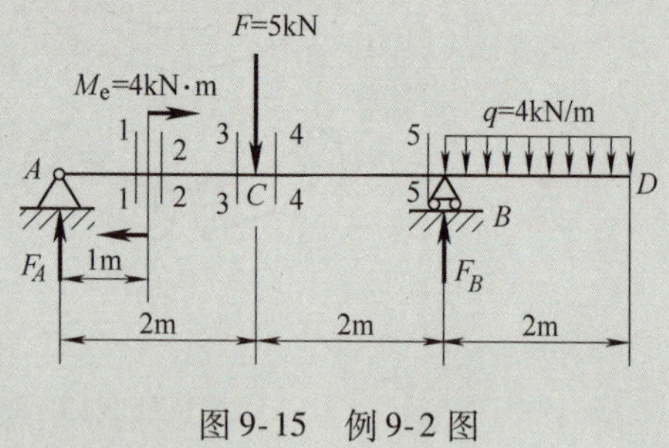

图 9-15　例 9-2 图

例 9-2　图 9-15 所示外伸梁的载荷为已知，试求图示 1—1、2—2、3—3、4—4、5—5 截面的剪力和弯矩。

解：（1）求梁的支座约束力　由静力平衡条件 $\sum_{i=1}^{n} M_A = 0$ 和 $\sum_{i=1}^{n} M_B = 0$，得

$$F_A = -0.5\text{kN},\ F_B = 13.5\text{kN}$$

（2）计算各指定截面的内力　对于截面 5—5，取该截面以右为研究对象，其余各截面均取相应截面以左为研究对象。

1—1　截面为从左侧无限接近 AC 中点的截面：

$$F_{S1} = F_A = -0.5\text{kN},\ M_1 = F_A \times 1\text{m} = -0.5\text{kN} \cdot \text{m}$$

2—2　截面为从右侧无限接近 AC 中点的截面：

$$F_{S2} = F_A = -0.5\text{kN},\ M_2 = F_A \times 1\text{m} + M_e = 3.5\text{kN} \cdot \text{m}$$

3—3　截面为从左侧无限接近 C 的截面：

$$F_{S3} = F_A = -0.5\text{kN},\ M_3 = F_A \times 2\text{m} + M_e = 3\text{kN} \cdot \text{m}$$

4—4　截面从右侧无限接近 C 的截面：

$$F_{S4} = F_A - F = -5.5\text{kN},\ M_4 = F_A \times 2\text{m} + M_e = 3\text{kN} \cdot \text{m}$$

5—5　截面为从左侧无限接近 B 的截面：

$$F_{S5} = q \times 2\text{m} - F_B = -5.5\text{kN},\ M_5 = -(q \times 2\text{m}) \times 1\text{m} = -8\text{kN} \cdot \text{m}$$

第三节　剪力图和弯矩图

一、剪力、弯矩方程与剪力、弯矩图

由以上分析可知，一般剪力和弯矩是随着截面的位置不同而变化。如果取梁的轴线为 x 轴，以坐标 x 表示横截面的位置，则剪力和弯矩可表示为 x 的函数，即

$$F_S = F_S(x), \quad M = M(x) \tag{9-1}$$

上述关系式表达了剪力和弯矩沿轴线变化的规律，分别称为梁的**剪力方程**和**弯矩方程**。

为了清楚地表明剪力和弯矩沿梁轴线变化的大小和正负，把剪力方程或弯矩方程用图线表示，称为**剪力图**或**弯矩图**。作图时按选定的比例，以横截面沿轴线的位置为横坐标，以表示各截面的剪力或弯矩为纵坐标，按方程（9-1）作图。

剪力、弯矩方程（9-1）便于分析和计算，剪力、弯矩图形象直观，两者对于解决梁的弯曲强度和刚度问题都非常重要。剪力、弯矩方程与剪力、弯矩图，是分析弯曲问题的基础。

例 9-3　图 9-16 所示简支梁，跨度为 l，在 C 截面受一集中力偶 M 作用。试列出梁的剪力方程 $F_S(x)$ 和弯矩方程 $M(x)$，并绘出梁 AB 的剪力图和弯矩图。

解：（1）求支座约束力　由静力平衡方程 $\sum_{i=1}^{n} M_A = 0$ 和 $\sum_{i=1}^{n} M_B = 0$，得

$$F_A = F_B = \frac{M}{l}$$

（2）列剪力方程和弯矩方程　由于集中力偶 M 作用在 C 处，全梁内力不能用一个方程来表示，故以 C 为界，分两段列出内力方程：

AC 段

$$F_S(x) = F_A = \frac{M}{l} \qquad 0 < x \leqslant a \tag{1}$$

$$M(x) = F_A x = \frac{M}{l}x \qquad 0 \leqslant x < a \tag{2}$$

BC 段

$$F_S(x) = F_A = \frac{M}{l} \qquad a \leqslant x < l \tag{3}$$

$$M(x) = F_A x - M = \frac{M}{l}x - M \qquad a < x \leqslant l \tag{4}$$

（3）画剪力图和弯矩图　由式（1）、式（3）画出剪力图，由式（2）、式（4）画出弯矩图，如图 9-16 所示。

例 9-4　若图 9-17 所示的简支梁，载荷 F 及结构尺寸 l 已知，$AC = 0.4l$，试列出它的剪力方程和弯矩方程，并作剪力图和弯矩图。

解：（1）计算梁的支座约束力　取整个梁 AB 为研究对象。由平衡条件 $\sum_{i=1}^{n} M_A = 0$ 和 $\sum_{i=1}^{n} M_B = 0$，得

$$F_A = 0.6F, \quad F_B = 0.4F$$

（2）列出剪力方程和弯矩方程　以梁的左端 A 为坐标原点，选取坐标系如图 9-17a 所示。集中力 F 作用于 C 点，梁在 AC 和 CB 两段内的剪力和弯矩，不能用同一方程来表示，应分段考虑。

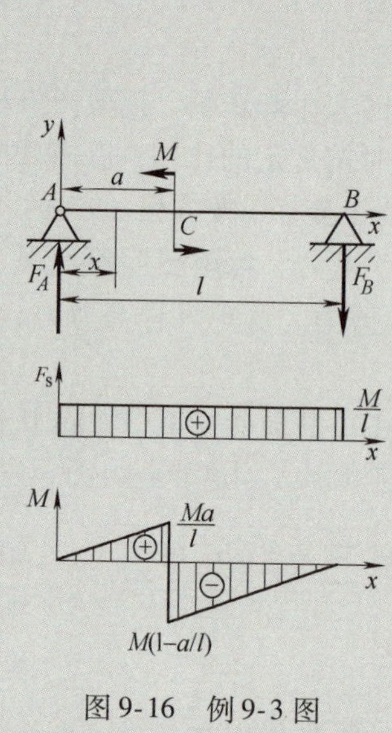

图9-16 例9-3图

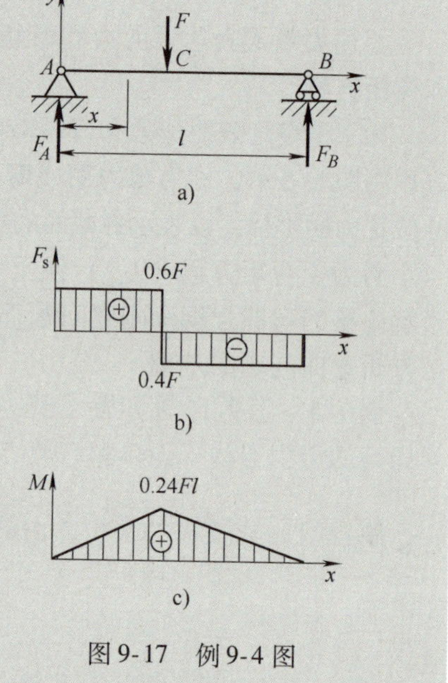

图9-17 例9-4图

AC段 $F_S(x)=F_A=0.6F$ $0<x<a$ (1)

$M(x)=F_Ax=0.6Fx$ $0\leqslant x\leqslant a$ (2)

BC段 $F_S(x)=F_A-F=-0.4F$ $a<x<l$ (3)

$M(x)=F_Ax-F(x-0.4l)=0.4F(l-x)$ $a\leqslant x\leqslant l$ (4)

（3）按方程分段作图　由剪力方程式（1）与式（3）可知，AC段和BC段的剪力均为常数，所以剪力图是平行于x轴的直线。AC段的剪力为正，剪力图在x轴上方；BC段剪力为负，剪力图在x轴之下，如图9-17b所示。

由弯矩方程式（2）与式（4）可知，弯矩均为x的一次方程，所以弯矩图是两段斜直线。根据式（2）、式（4）确定三点：

$$x=0,\ M(x)=0$$
$$x=0.4l,\ M(x)=0.24Fl$$
$$x=l,\ M(x)=0$$

由这三点分别作出AC段与BC段的弯矩图，

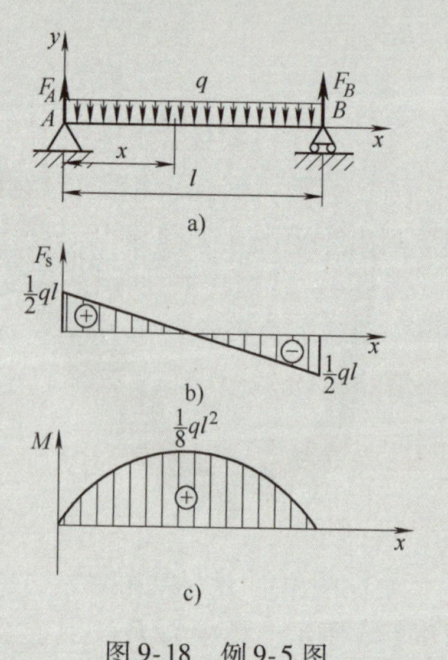

图9-18 例9-5图

如图 9-17c 所示。

例 9-5　简支梁 AB 受集度为 q 的均布载荷作用，如图 9-18a 所示，作此梁的剪力图和弯矩图。

解：(1) 求支座约束力　由载荷及支座约束力的对称性可知两个支座约束力相等，即

$$F_A = F_B = \frac{ql}{2}$$

(2) 列出剪力方程和弯矩方程　以梁左端 A 为坐标原点，选取坐标系如图 9-18a 所示。距原点为 x 的任意横截面上的剪力和弯矩分别为

$$F_S(x) = F_A - qx = \frac{ql}{2} - qx \qquad 0 < x < l \tag{1}$$

$$M(x) = F_A x - qx\frac{x}{2} = \frac{ql}{2}x - \frac{1}{2}qx^2 \qquad 0 \leqslant x \leqslant l \tag{2}$$

(3) 作剪力图和弯矩图　由式 (1) 可知，剪力图是一条斜直线，确定其上两端点后即可绘出此梁的剪力图，$F_{SA} = \frac{ql}{2}$，$F_{SB} = -\frac{ql}{2}$，如图 9-18b 所示。由式 (2) 可知，弯矩图为二次抛物线，要确定曲线上的 5 个点，才能画出这条曲线。

x	0	$l/4$	$l/2$	$3l/4$	l
$M(x)$	0	$\frac{3ql^2}{32}$	$\frac{ql^2}{8}$	$\frac{3ql^2}{32}$	0

弯矩图如图 9-18c 所示。

由剪力图和弯矩图可以看出，在两个支座 A、B 内侧的横截面上剪力为最大值：$|F_S|_{max} = \frac{ql}{2}$。在梁跨度中点横截面上弯矩最大 $M_{max} = \frac{1}{8}ql^2$，而在此截面上剪力 $F_S = 0$。

二、弯矩、剪力与分布载荷集度之间的微分关系

在例 9-3、例 9-4、例 9-5 中，若将 $M(x)$ 的表达式对 x 取导数，就得到剪力 $F_S(x)$。在例 9-5 中，若再将 $F_S(x)$ 的表达式对 x 取导数，则得到载荷集度 q。这里所得到的结果并不是偶然的。实际上，在载荷集度、剪力和弯矩之间存在着普遍的微分关系。现从一般情况出发加以论证。

设图 9-19a 所示简支梁受载荷作用，其中有载荷集度为 $q(x)$ 的分布载荷。$q(x)$ 是 x 的连续函数，规定向上为正，选取坐标系 Axy。用坐标为 x 和 $x + dx$ 的两个相邻横截面 $m—m$、$n—n$，从梁中取出长为 dx 的一段来研究，由于 dx 是微量，微段上的载荷集度 $q(x)$ 可视为均布载荷，如图 9-19b 所示。

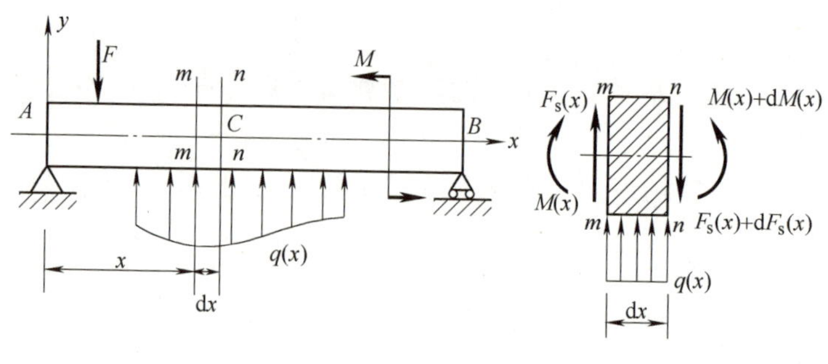

图 9-19 载荷集度、剪力、弯矩之间的关系

设坐标为 x 的横截面上的内力为 $F_S(x)$ 和 $M(x)$，坐标为 $x+dx$ 的横截面上的内力为 $F_S(x)+dF_S(x)$ 和 $M(x)+dM(x)$。假设这些内力均为正值，且在 dx 微段内没有集中力和集中力偶作用。微段梁在上述各力作用下处于平衡。根据平衡条件 $\sum_{i=1}^{n} F_{iy}=0$，得

$$F_S(x)+q(x)dx-[F_S(x)+dF_S(x)]=0$$

从而

$$\frac{dF_S(x)}{dx}=q(x) \tag{9-2}$$

设坐标为 $x+dx$ 截面与梁轴线交点为 C，由 $\sum_{i=1}^{n} M_C=0$，得

$$M(x)+dM(x)-M(x)-F_S(x)dx-q(x)dx\frac{dx}{2}=0$$

略去二阶微量 $q(x)dx\frac{dx}{2}$，整理上式可得

$$\frac{dM(x)}{dx}=F_S(x) \tag{9-3}$$

将式（9-3）对 x 求一阶导数，并考虑到式（9-2），得

$$\frac{d^2M(x)}{dx^2}=\frac{dF_S(x)}{dx}=q(x) \tag{9-4}$$

式（9-4）就是载荷集度 $q(x)$、剪力 $F_S(x)$ 和弯矩 $M(x)$ 之间的微分关系。它表示：

1）横截面的剪力 $F_S(x)$ 对 x 的一阶导数，等于梁在该截面的载荷集度 $q(x)$，即剪力图上某点切线的斜率等于该点相应横截面上的载荷集度。

2）横截面的弯矩 $M(x)$ 对 x 的一阶导数，等于该截面上的剪力 $F_S(x)$，即弯矩图上某点切线的斜率等于该点相应横截面上的剪力。

3）横截面的弯矩 $M(x)$ 对 x 的二阶导数，等于梁在该截面的载荷集度 $q(x)$。由此表明弯矩图的变化形式与载荷集度 $q(x)$ 的正负值有关。若 $q(x)$ 方向向上

（正值），即$\frac{d^2M(x)}{dx^2}=q(x)>0$，则弯矩图为向下凸曲线；若 $q(x)$方向向下（负值），即$\frac{d^2M(x)}{dx^2}=q(x)<0$，则弯矩图为向上凸曲线。

根据微分关系$\frac{d^2M(x)}{dx^2}=\frac{dF_S(x)}{dx}=q(x)$，还可以看出剪力和弯矩有以下规律：

1）无分布载荷作用的梁段内，$q(x)=0$，由$\frac{dF_S(x)}{dx}=q(x)=0$可知，$F_S(x)=$常量。

若 $F_S(x)=0$，由$\frac{dM(x)}{dx}=F_S(x)=0$可知，$M(x)=$常量，弯矩图为平行于 x 轴的直线；若 $F_S(x)$等于常数，剪力图为平行于 x 轴的直线，弯矩图为向上或向下倾斜的直线。

2）梁的某一段内有均布载荷作用，即 $q(x)$等于常数，则剪力 $F_S(x)$是 x 的一次函数，弯矩 $M(x)$是 x 的二次函数。剪力图为斜直线；弯矩图为二次抛物线。

3）在集中力作用处，剪力图发生突变，突变量是集中力的大小。此处弯矩图出现尖角。

4）在集中力偶作用处，剪力图不受影响，而弯矩图发生突变，突变量是集中力偶的大小。

上述结论可用表 9-1 表示。利用剪力图和弯矩图的特点，可以定性地描绘剪力图和弯矩图，或校验剪力图和弯矩图。

表 9-1　各种形式载荷作用下的剪力图和弯矩图

序号	载荷情况	剪力图	弯矩图
1）	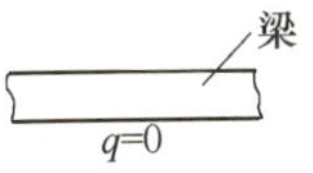 梁 $q=0$	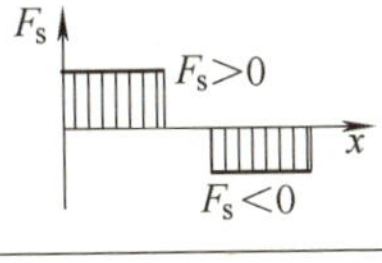 F_s $F_s>0$ x $F_s<0$	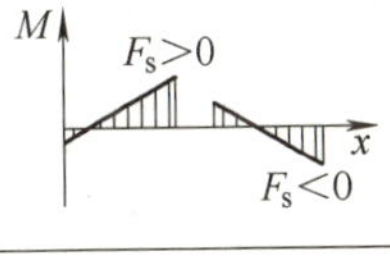 M $F_s>0$ x $F_s<0$
2）	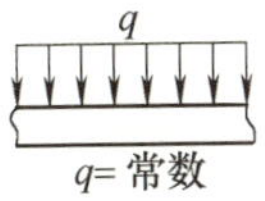 q $q=$常数	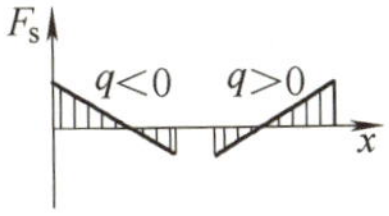 F_s $q<0$　$q>0$ x	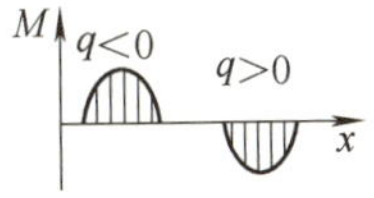 M $q<0$　$q>0$ x
3）	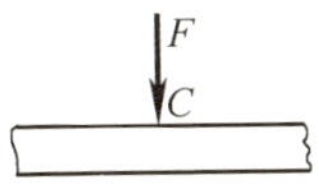 F C	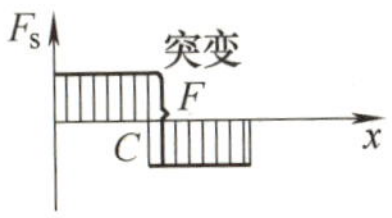 F_s 突变 F C x	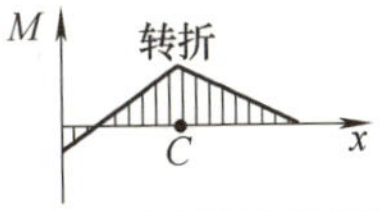 M 转折 C x
4）	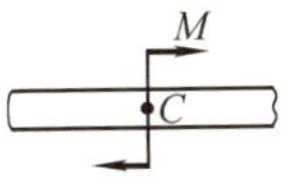 M C	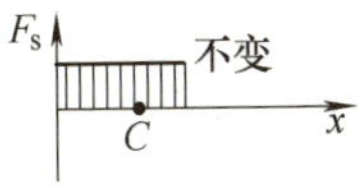 F_s 不变 C x	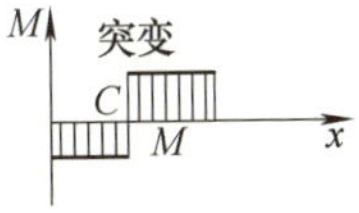 M 突变 C M x

例 9-6 简支梁 AB 在横截面 C 和 D 处各作用一集中载荷 F。如图 9-20a 所示，试利用剪力、弯矩与载荷集度间的微分关系绘制梁的剪力图和弯矩图。

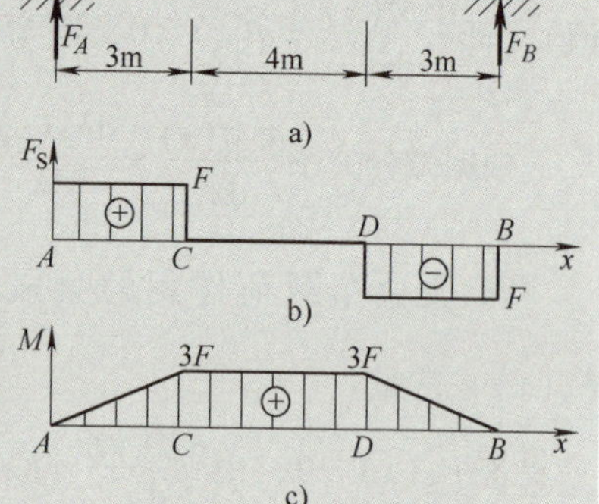

图 9-20 例 9-6 图

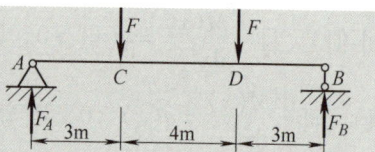

解：（1）计算支座约束力 由对称性可知，A 与 B 端的支座约束力为 $F_A = F_B = F$。

（2）求控制截面处的剪力和弯矩 根据载荷情况，将梁划分为 AC、CD、DB 三段，利用截面法，求得各段梁的起点和终点截面处的剪力和弯矩分别为

A 右侧截面：$x = 0^+$，$F_{SA+} = F$，$M_{A+} = 0$

C 左侧截面：$x = 3^-$，$F_{SC-} = F$，$M_{C-} = 3F$

C 右侧截面：$x = 3^+$，$F_{SC+} = 0$，$M_{C+} = 3F$

D 左侧截面：$x = 7^-$，$F_{SD-} = 0$，$M_{D-} = 3F$

D 右侧截面：$x = 7^+$，$F_{SD+} = -F$，$M_{D+} = 3F$

B 左侧截面：$x = 10^-$，$F_{SB-} = -F$，$M_{B-} = 0$

（3）判断剪力图和弯矩图形状 由于 AC、CD、DB 三段梁上无分布载荷作用，故各段梁的剪力图均为水平直线。在 CD 段，由于剪力 $F_S = 0$ 恒为零，故由式（9-3）知，该段的弯矩 M 为常数，即对应弯矩图应为水平直线；其他两段的弯矩图则均为斜直线。

（4）画剪力图和弯矩图 根据上述结论，分段作出剪力图、弯矩图，分别如图9-20b、c 所示。

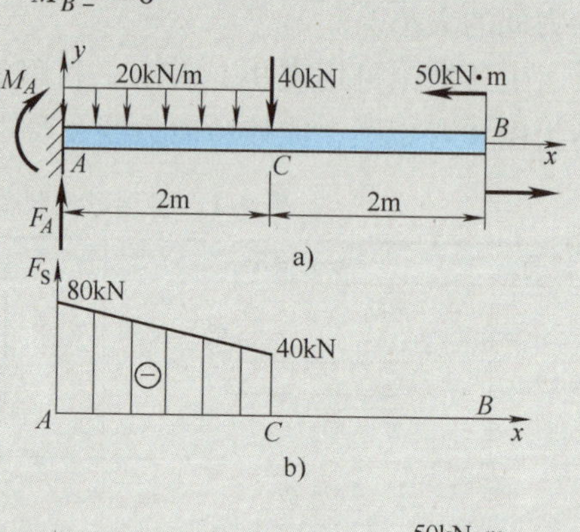

图 9-21 例 9-7 图

例 9-7 悬臂梁 AB 在横截面 C 处作用一集中载荷 $F = 40\text{kN}$，B 处作用一集中力偶 $M = 50\text{kN}\cdot\text{m}$，$AC$ 段受均布载荷 $q = 20\text{kN/m}$，方向如图 9-21a 所示，试利用剪力、弯矩与载荷集度间的微分关系绘制梁的剪力图和弯矩图。

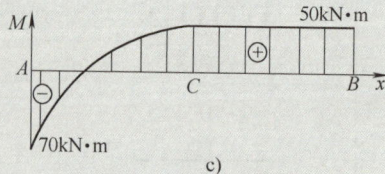

解：(1) 求支座约束力

$$\sum_{i=1}^{n} F_{iy} = 0,\quad F_A = 80\text{kN}$$

$$\sum_{i=1}^{n} M_A = 0,\quad M_A = -70\text{kN}\cdot\text{m}$$

(2) 求控制截面处的剪力和弯矩　根据载荷情况，将梁划分为 AC、CB 两段，利用截面法，求得各段梁的起点和终点截面处的剪力和弯矩分别为

A 右侧截面：$x=0^+$，$F_{SA+}=80\text{kN}$，　$M_{A+}=-70\text{kN}\cdot\text{m}$

C 左侧截面：$x=2^-$，$F_{SC-}=40\text{kN}$，　$M_{C-}=50\text{kN}\cdot\text{m}$

C 右侧截面：$x=2^+$，$F_{SC+}=0$，　$M_{C+}=50\text{kN}\cdot\text{m}$

B 左侧截面：$x=4^-$，$F_{SB-}=0$，　$M_{B-}=50\text{kN}\cdot\text{m}$

(3) 画剪力图和弯矩图　AC 段梁上存在分布载荷作用，故剪力图为连接 $A+$、$C-$ 两点剪力值的斜直线；因 $q<0$，由式 (9-4) 知，该段的弯矩图为开口向下的抛物线（上凸）。如图 9-21b、c 所示。

CB 段梁上无分布载荷作用，故梁的剪力图为水平直线。由于剪力 F_S 恒为零，故由式 (9-3) 知，该段的弯矩 $M=50\text{kN}\cdot\text{m}$ 为常数，即对应弯矩图应为水平直线。如图9-21b、c 所示。

第四节　弯曲时的正应力

在一般情况下，梁的横截面上同时存在着剪力和弯矩。剪力的存在，说明梁不仅有弯曲变形，而且有剪切变形。这种平面弯曲称为**剪切弯曲**。如果各横截面上只有弯矩而无剪力，则称为**纯弯曲**。如图9-22所示横梁，CD 段各横截面的弯矩 $M=Fa$，为常量，而剪力 $F_S=0$，所以梁的 CD 段产生纯弯曲变形，而 AC、DB 段则产生剪切弯曲。

由以上所述可知，在 CD 段内，梁的各个横截面上剪力等于零，而弯矩为常量，因而横截面上就只有正应力而无切应力。研究纯弯曲时的正应力，要从观察分析实验现象入手，综合考虑几何、物理和静力学三方面因素。

一、实验现象及假设

如图 9-23a 所示，取一矩形截面梁，在表面画上 ab 等一组纵向直线和 cd 等一组横向直线。在梁的两端施加一对大小相等、方向相反的力偶矩 M，使梁处

于纯弯曲状态，如图9-23b所示。从实验中观察到如下现象：

1）梁表面 *cd* 等一组横向直线变形后仍为直线，并与已变成弧线的 *ab* 等一组纵向直线正交，只是相对地转了一个角度。

2）纵向线变成圆弧线，位于中间位置的纵向线长度不变，上部的纵向线缩短，下部的纵向线伸长。

3）变形后横截面的高度不变，而宽度在纵向线伸长区减小，在纵向线缩短区增大，如图9-23b所示。

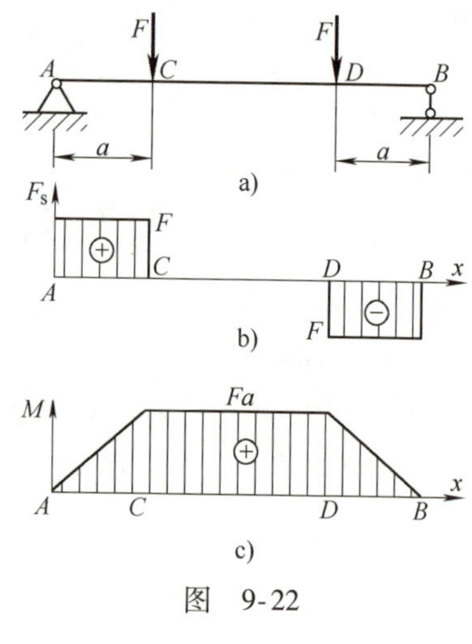

图 9-22

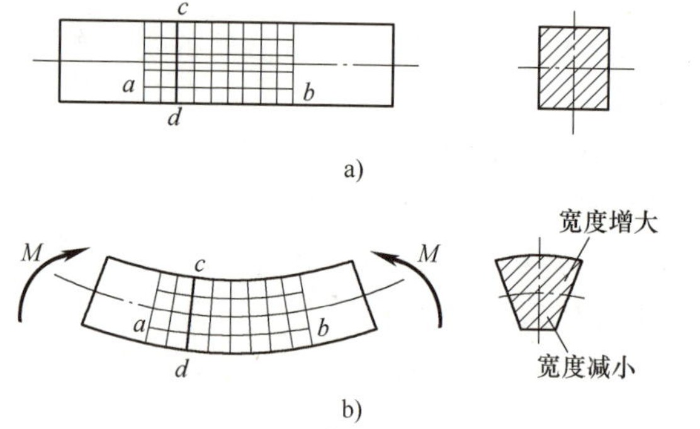

图9-23 梁的纯弯曲实验

从上述观察到的现象，可做如下假设：

1）**平面假设**：当梁的变形不大时，梁变形前的横截面，变形后仍保持为平面，并仍然垂直于变形后梁的轴线，只是绕横截面内的某一轴线旋转了一个角度。即横截面发生了“刚性”转动。

2）**单向受力假设**：梁的纵向“纤维”的变形只是简单的拉伸和压缩，各“纤维”之间无挤压作用。

上述假设已经被众多的实验和理论分析所证实。

根据平面假设，梁弯曲时上面部分纵向“纤维”缩短，下面部分纵向“纤维”伸长，由变形连续性假设可知，从缩短区到伸长区，其间必存在一层既不缩短也不伸长的过渡层，将这层长度不变的“纤维”层称为中性层（图9-24）。中性层与横截面的交线称为中性轴。平面弯曲时，梁的变形对称于纵向对称面，故中性轴必然垂直于截面的纵向对称轴（即图9-24中标注的横截面对称轴）。弯曲变形中，梁的横截面绕中性轴旋转。

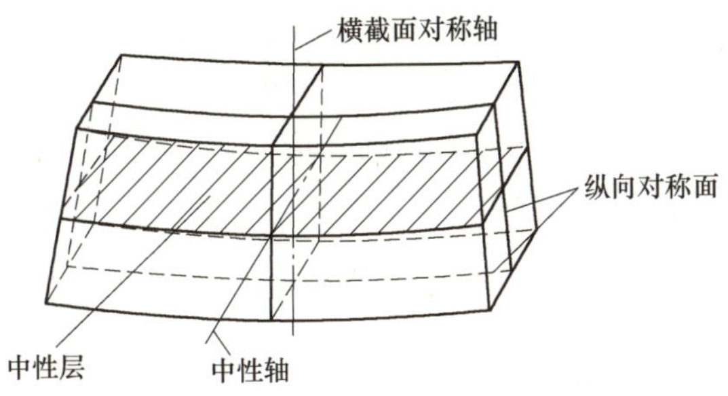

图 9-24　中性层和中性轴

二、变形几何关系

如图 9-25 所示，从平面假设出发，截取相距为 dx 的两横截面间的一段梁。取坐标系的 y 轴为截面的对称轴，z 轴为中性轴（图 9-25c）。距中性层为 y 处的纵向纤维变形后的长度$\widehat{bb'}$（图 9-25b）应为

$$\widehat{bb'}=(\rho+y)\mathrm{d}\theta$$

式中，ρ 为变形后中性层的曲率半径；dθ 为相距为 dx 的两横截面的相对转角。

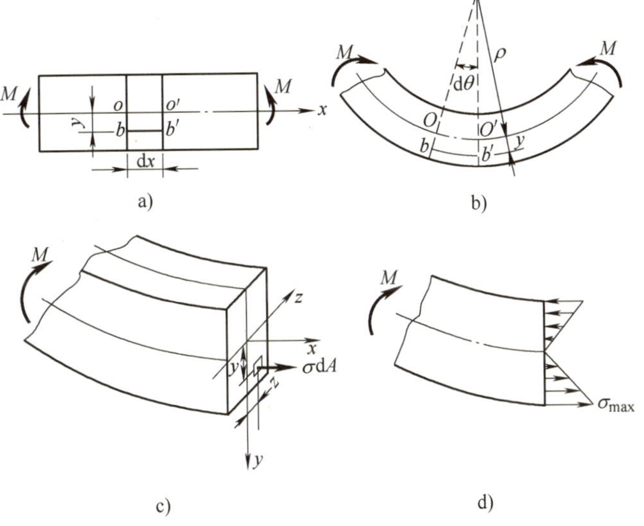

图 9-25　变形几何关系

纤维 bb'的原长度 dx，与长度不变的中性层内的纤维$\overline{OO'}$相等，即 $\mathrm{d}x=\overline{OO'}=\rho\mathrm{d}\theta$。其线应变为

$$\varepsilon = \frac{\widehat{bb'} - \overline{OO'}}{\overline{OO'}} = \frac{(\rho + y)\,d\theta - \rho d\theta}{\rho d\theta} = \frac{y}{\rho} \tag{1}$$

式（1）表明，同一横截面上各点的线应变 ε，与该点到中性轴的距离 y 成正比。距中性轴越远，线应变越大。

三、物理关系

根据纵向纤维假设，各纵向“纤维”处于单向受力状态。当应力不超过材料的比例极限时，应用胡克定律可得横截面上距中性轴为 y 处的正应力

$$\sigma = E\varepsilon = E\frac{y}{\rho} \tag{2}$$

式（2）表示了横截面上任一点的正应力分布规律。由此式可知，正应力 σ 与该点到中性轴的距离 y 成正比，在中性轴上的正应力 σ 为零，距中性轴等距离的同一横线上各点处的正应力相等。横截面上的正应力沿截面高度按直线变化，规律如图 9-25d 所示。

四、静力关系

式（2）虽然找到了正应力 σ 在横截面上的分布规律，但是中性轴的位置和曲率半径 ρ 未知，仍然不能用式（2）求出正应力的大小，所以需要用静力学关系来解决。

从图 9-25c 上看，横截面上的微内力 σdA 组成一个与横截面垂直的空间平行力系，该平行力系只可能简化成三个内力分量：平行于 x 轴的轴力 $F_N = \int_A \sigma dA$，对 z 轴的力偶矩 $M_z = \int_A y\sigma dA$，对 y 轴的力偶矩 $M_y = \int_A z\sigma dA$。由于是纯弯曲状态，所以在横截面上只有弯矩 M_z 存在，轴力 F_N 和弯矩 M_y 均为零。即

$$F_N = \int_A \sigma dA = 0 \tag{3}$$

$$M_y = \int_A z\sigma dA = 0 \tag{4}$$

$$M_z = \int_A y\sigma dA = M \tag{5}$$

将式（2）代入式（3），得

$$\int_A \sigma dA = \frac{E}{\rho}\int_A y dA = 0 \tag{6}$$

式（6）中的积分 $\int_A y dA = Ay_C$，是横截面对 z 轴的静矩 S_z（见第八章），y_C 为截面形心在 y 轴上的坐标。由于 $E \neq 0$，弯曲时 ρ 不能为无穷大，故为了满足式（6）必须要求 $S_z = 0$。由第八章可知 $S_z = A \cdot y_C$，面积 $A \neq 0$，故必有 $y_C = 0$，

即形心 C 在中性轴 z 上。也就是说，中性轴 z 必通过截面的形心。将式（2）代入式（4），得

$$\int_A z\sigma \mathrm{d}A = \frac{E}{\rho}\int_A yz\mathrm{d}A = 0$$

由第八章可知，上式中的积分 $\int_A yz\mathrm{d}A = I_{yz}$，是横截面对 y 轴和 z 轴的惯性积。由于 y 轴是横截面的对称轴，必然有 $I_{yz}=0$，故上式自然满足。

以式（2）代入式（5），并用 M 代替 M_z 得到

$$M = \int_A y\sigma \mathrm{d}A = \frac{E}{\rho}\int_A y^2\mathrm{d}A$$

由第八章可知，上式中的积分 $\int_A y^2\mathrm{d}A = I_z$，$I_z$ 称为横截面对中性轴的惯性矩。于是上式可写成

$$\frac{1}{\rho}=\frac{M}{EI_z} \tag{9-5}$$

式（9-5）为用曲率表示的弯曲变形公式，也称**梁弯曲变形的基本公式**。

式（9-5）说明，在弯矩 M 一定时，EI_z 越大，曲率越小，梁不易变形。因此，EI_z 是梁抵抗弯曲变形能力的度量，故称为**梁的抗弯刚度**。

将式（9-5）代入式（2），得到梁纯弯曲时横截面上正应力计算公式

$$\sigma=\frac{My}{I_z} \tag{9-6}$$

式（9-6）表明，梁横截面上任一点的正应力 σ，与截面上弯矩 M 和该点到中性轴的距离 y 成正比，与截面对中性轴的惯性矩 I_z 成反比。

应用式（9-6）时，M 及 y 均可用绝对值代入。至于所求点的正应力是拉应力还是压应力，可根据梁的变形情况而定。

工程中最感兴趣的是梁横截面上的最大正应力，当 $y=y_{\max}$ 时，梁的截面最外边缘上各点处正应力达到最大值，即

$$\sigma_{\max}=\frac{M}{I_z}y_{\max} \tag{9-7}$$

令

$$W_z=\frac{I_z}{y_{\max}} \tag{9-8}$$

W_z 称为梁的**抗弯截面系数**。它只与截面的几何形状有关，单位为 mm^3 或 m^3。于是梁横截面上的最大弯曲正应力

$$\sigma_{\max}=\frac{M}{W_z} \tag{9-9}$$

当梁横截面形状对称于中性轴时，最大拉应力与最大压应力相等。但当梁

的横截面对中性轴不对称时，如图9-26中的T形截面，其最大拉应力 σ_{max}^{+} 和最大压应力 σ_{max}^{-} 并不相等，这时应分别把 y_1 和 y_2 代入式（9-7），计算最大拉应力和最大压应力分别为

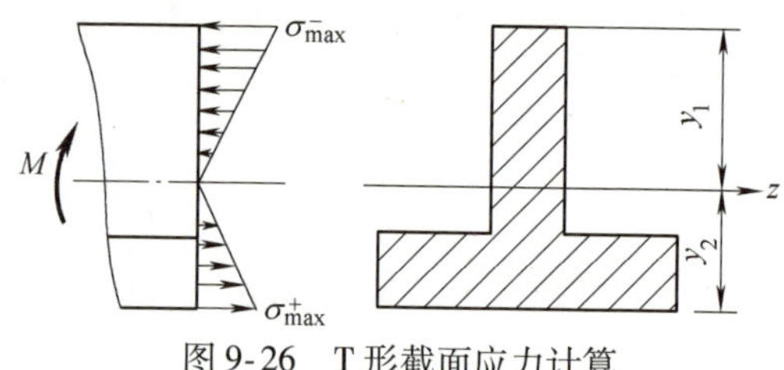

图9-26　T形截面应力计算

$$\sigma_{max}^{+}=\frac{M}{I_z}y_2,\ \sigma_{max}^{-}=\frac{M}{I_z}y_1 \tag{9-10}$$

在上述公式的推导过程中，应用了胡克定律，故在使用时其应力值不能超过材料的比例极限。

工程中常见的梁，许多处于剪切弯曲变形，而式（9-5）~式（9-7）是在纯弯曲时导出的，但试验和弹性理论的研究都表明，对于梁长大于5倍梁高的情形，剪力对正应力分布规律的影响很小，上述公式计算得到的正应力已足够精确。

第五节　正应力强度计算

建立梁的弯曲正应力强度条件

$$\sigma\leqslant[\sigma] \tag{9-11}$$

即梁的最大工作正应力不得超过材料的许用应力［σ］。

对于低碳钢等塑性材料，其抗拉和抗压的许用应力相等。为了使横截面上最大拉应力和最大压应力同时达到其许用应力，通常将梁的截面做成与中性轴对称的形状。如图9-27所示的工字形、圆形和箱形等。其强度条件为

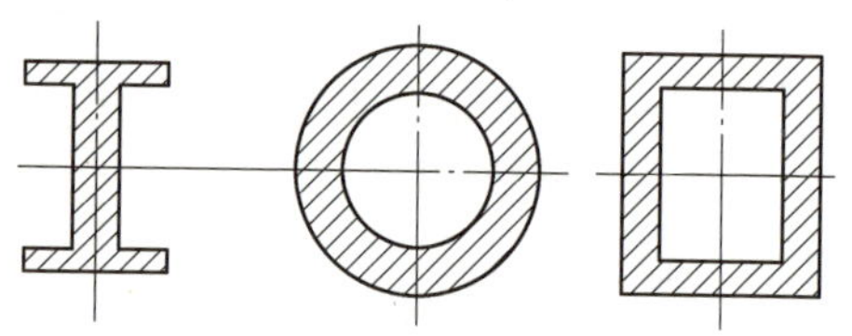
图9-27　与中性轴对称的形状

$$\sigma_{max}=\frac{|M|_{max}}{W_z}\leqslant[\sigma] \tag{9-12}$$

由于脆性材料抗拉与抗压的许用应力不同，为了充分利用材料，工程上常把梁的横截面做成与中性轴不对称的形状，例如T形截面（图9-26）等。其最大拉应力值和最大压应力值可由式（9-10）求得。故强度条件为

$$\sigma_{max}^{+}\leqslant[\sigma^{+}],\quad \sigma_{max}^{-}\leqslant[\sigma^{-}] \tag{9-13}$$

式中，$[\sigma^+]$ 表示抗拉许用应力；$[\sigma^-]$ 表示抗压许用应力。

对于变截面梁，例如阶梯形梁、鱼腹梁等，抗弯截面系数 W_z 不再是常量，对整个梁而言，σ_{max} 不一定发生在 $|M|_{max}$ 所在截面上。所以，对于 $\sigma_{max}=\dfrac{|M(x)|}{W_z(x)}$，需要综合考虑弯矩 $M(x)$ 及抗弯截面系数 $W_z(x)$ 两个因素来确定全梁工作时的最大正应力。

式（9-12）和式（9-13）的强度条件，可以解决工程中梁弯曲强度校核、选择梁的截面和确定许可载荷三方面的问题。

例 9-8 简支梁如图 9-28a 所示，$F=140\text{kN}$，梁由空心圆管制成，$\alpha=\dfrac{d}{D}=0.75$，跨度 $AB=1.6\text{m}$，$AC=CB$。材料许用应力 $[\sigma]=170\text{MPa}$。试确定梁的内径 d 和外径 D。

解：由对称性得到 $F_A=F_B=\dfrac{F}{2}=70\text{kN}$，画出图 9-28c 所示的弯矩图，$C$ 截面出现最大弯矩

$$M_{max}=56\text{kN}\cdot\text{m}$$

梁的抗弯截面系数

$$W_z=\frac{\pi D^3}{32}(1-\alpha^4)$$

根据正应力强度条件

$$\sigma_{max}=\frac{|M|_{max}}{W_z}=\frac{56\times10^3}{\dfrac{3.14\times D^3}{32}\times(1-0.75^4)}\text{Pa}\leqslant[\sigma]=170\text{MPa}$$

解得

$$D\geqslant\sqrt[3]{\frac{56\times10^3}{\dfrac{3.14}{32}\times(1-0.75^4)\times170\times10^6}}\text{m}=0.17\text{m}=170\text{mm}$$

例 9-9 图 9-29a 所示为两端受 30kN 作用的外伸梁，采用工字钢，许用应力 $[\sigma]=170\text{MPa}$。试确定工字钢型号。

解：1）根据静力学平衡方程可求出支座约束力，作简支梁的弯矩图，如图 9-29b 所示。由弯矩图可知，最大弯矩发生在梁的 BC 段，其值为 $|M|_{max}=30\text{kN}\cdot\text{m}$。

2）根据强度条件确定工字钢型号。

由 $\sigma_{max}=\dfrac{|M|_{max}}{W_z}\leqslant[\sigma]$ 得到

$$W_z\geqslant\frac{|M|_{max}}{[\sigma]}=\frac{30\times10^3}{170\times10^6}\text{m}^3=1.765\times10^{-4}\text{m}^3=176.5\text{cm}^3$$

查附表型钢规格表 A-4，得 18 工字钢 $W_z=185\text{cm}^3$，故选用 18 工字钢。

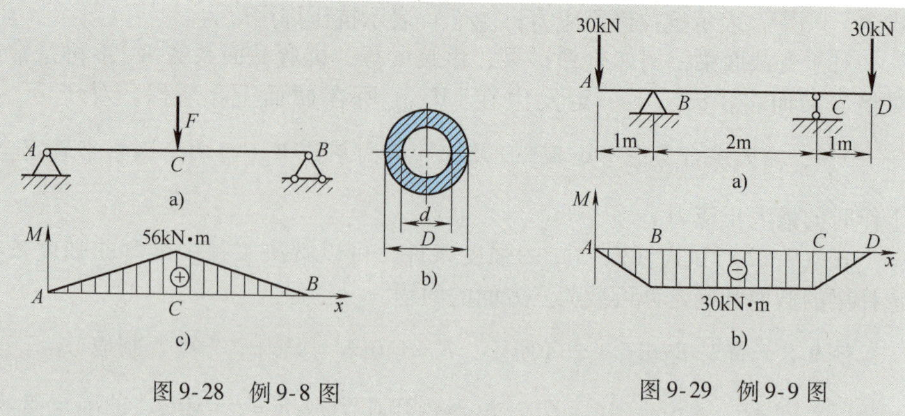

图9-28　例9-8图　　　　图9-29　例9-9图

例9-10　图9-30a所示钢制等截面简支梁，长 $l=8\text{m}$，受到均布载荷 $q=4\text{kN/m}$ 的作用。材料的许用应力 $[\sigma]=150\text{MPa}$。试求：（1）梁竖放（$h_1=2b_1$）时的截面尺寸。（2）梁横放（$h_2=0.5b_2$）时的截面尺寸。（3）如何放置比较合理?

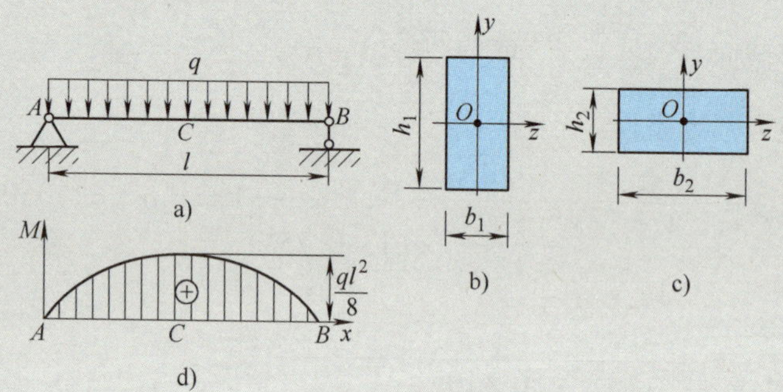

图9-30　例9-10图

解：作弯矩图如图9-30d所示，危险截面在梁的跨中，其最大弯矩

$$M_C=\frac{ql^2}{8}=32\text{kN}\cdot\text{m}$$

1）梁竖放，即按图9-30b放置时，根据梁的正应力强度条件得到

$$\sigma_{\max}=\frac{|M|_{\max}}{W_z}=\frac{32\times10^3\text{N}\cdot\text{m}}{\frac{1}{6}b_1h_1^2}=\frac{32\times10^3\text{N}\cdot\text{m}}{\frac{1}{6}\times4b_1^3}\leqslant[\sigma]=150\text{MPa}$$

解得　$b_1\geqslant\sqrt[3]{\dfrac{32\times10^3}{\frac{1}{6}\times4\times150\times10^6}}\text{m}=0.0684\text{m}=68.4\text{mm}$，$h_1=2b_1\geqslant137\text{mm}$

2）梁横放，即按图 9-30c 放置时，根据梁的正应力强度条件得到

$$\sigma_{\max}=\frac{|M|_{\max}}{W_z}=\frac{32\times10^3\text{N}\cdot\text{m}}{\frac{1}{6}b_2h_2^2}=\frac{32\times10^3\text{N}\cdot\text{m}}{\frac{1}{6}\times2h_2^3}\leqslant[\sigma]=150\text{MPa}$$

解得　$h_2\geqslant\sqrt[3]{\dfrac{32\times10^3}{\frac{1}{6}\times2\times150\times10^6}}\text{m}=0.0862\text{m}=86.2\text{mm}$，$b_2=2h_2\geqslant172\text{mm}$

3）梁竖放时横截面积 $A_1=b_1h_1=93.7\text{cm}^2$，梁横放时横截面积 $A_2=b_2h_2=148\text{cm}^2$，由于长度相同，所以得

$$\text{梁竖放时耗材}:\text{梁横放时耗材}=A_1:A_2=1:1.58$$

即梁横放时耗材比竖放时多用58%，所以竖放比较合理。可以观察到，房屋的横梁基本上都是竖放的。

例 9-11　如图 9-31 所示，T 形截面铸铁梁长 $3l=6\text{m}$，C 处受到 $F_1=4.5\text{kN}$，D 处受到 $F_2=2\text{kN}$ 力的作用。铸铁的抗拉许用应力为 $[\sigma^+]=30\text{MPa}$，抗压许用应力为 $[\sigma^-]=50\text{MPa}$。已知截面对形心轴 z 的惯性矩 $I_z=735\text{cm}^4$，且 z 轴到上边缘的距离 $y_1=45\text{mm}$，z 轴到下边缘的距离 $y_2=82\text{mm}$。试校核梁的强度。

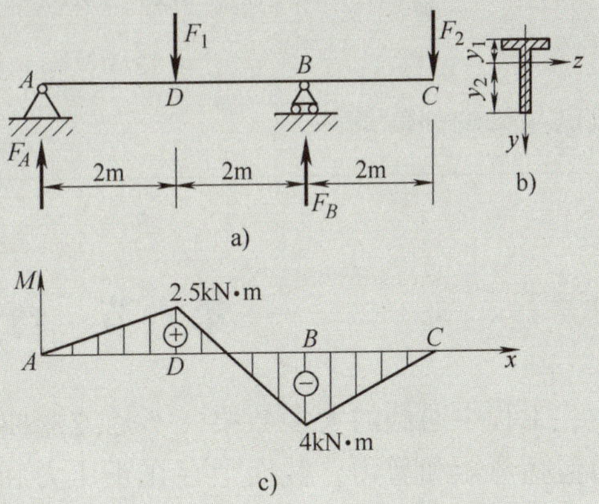

图 9-31　例 9-11 图

解：由静力平衡条件求出梁的支座约束力为

$$F_A=1.25\text{kN},\ F_B=5.25\text{kN}$$

作弯矩图（图 9-31c），最大正弯矩在截面 D 上，$M_D=2.5\text{kN}\cdot\text{m}$；最大负弯矩在截面 B 上，$M_B=-4.0\text{kN}\cdot\text{m}$。

截面对中性轴不对称，可用式（9-10）计算应力。

1）在截面 D 上，最大拉应力发生于截面的下边缘各点处：

$$\sigma_D^+=\frac{M_Dy_2}{I_z}=\frac{2.5\times10^3\times82\times10^{-3}}{735\times10^{-8}}\text{Pa}$$

$$=2.79\times10^7\text{Pa}=27.9\text{MPa}$$

最大压应力发生于截面的上边缘各点处：

$$\sigma_D^- = \frac{M_D y_1}{I_z} = \frac{2.5\times10^3\times45\times10^{-3}}{735\times10^{-8}}\text{Pa} = 1.53\times10^7\text{Pa} = 15.3\text{MPa}$$

2）在截面 B 上，最大拉应力发生于截面的上边缘各点处：

$$\sigma_B^+ = \frac{M_B y_1}{I_z} = \frac{4\times10^3\times45\times10^{-3}}{735\times10^{-8}}\text{Pa} = 2.45\times10^7\text{Pa} = 24.5\text{MPa}$$

最大压应力发生于截面的下边缘各点处：

$$\sigma_B^- = \frac{M_B y_2}{I_z} = \frac{4\times10^3\times82\times10^{-3}}{735\times10^{-8}}\text{Pa} = 4.46\times10^7\text{Pa} = 44.6\text{MPa}$$

对于整个梁而言，最大拉应力在截面 D 的下边缘各点处，$\sigma_{max}^+ = 27.9\text{MPa}$；最大压应力发生于 B 截面的下边缘各点处，$\sigma_{max}^- = 44.6\text{MPa}$。

校核梁的强度

$$\sigma_{max}^+ = 27.9\text{MPa} < [\sigma^+] = 30\text{MPa}$$

$$\sigma_{max}^- = 44.6\text{MPa} < [\sigma^-] = 50\text{MPa}$$

故满足梁的强度条件。

第六节　弯曲切应力

工程中遇到的大多数梁，不是纯弯曲，而是横力弯曲。也就是说，梁的内力包括弯矩和剪力，截面上存在正压力和切应力。在弯曲问题中，一般对细长梁来说，正应力是强度计算主要因素。但对于如跨度短而截面大的梁，腹板较薄的工字梁，载荷距支座较近的梁等，可能发生由弯曲切应力引起的破坏，由此需要计算弯曲时梁的切应力。

弯曲切应力的分布规律要比正应力复杂。横截面形状不同，切应力分布情况也就不同。对于简单形状的截面，可以直接就弯曲切应力分布规律做出合理的假设，利用静力学关系建立起相应的计算公式。但对于形状复杂的截面，要对弯曲切应力的分布规律做出合理的假设是困难的，需利用弹性力学理论或实验比拟方法进行研究。

本节介绍几种常见的简单形状截面梁弯曲切应力的分布规律，并直接给出相应的计算公式。

一、矩形截面梁的切应力

图 9-32a 所示为一受横向载荷的矩形截面梁，为求任意截面上的切应力 τ，

做如下假设：

1）截面上任一点切应力 τ 的方向均平行于剪力 F_S。

2）切应力 τ 沿矩形截面的宽度 b 均匀分布，即切应力 τ 的大小只与 y 坐标有关。

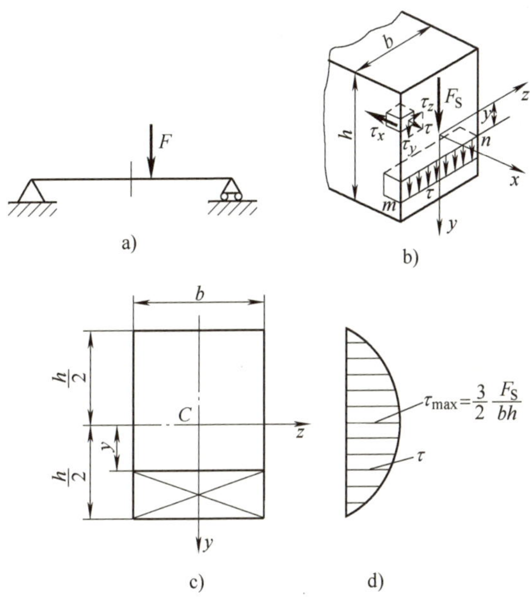

图 9-32　矩形截面上的切应力

根据上述假设，1855 年俄国铁路工程师儒拉夫斯基（Д. И. Журавскнй）研究得出在横截面上距中性轴为 y 处的切应力为

$$\tau=\frac{F_S S_z^*}{I_z b} \tag{9-14}$$

式中，F_S 为横截面上的剪力；I_z 为横截面对中性轴的惯性矩；b 为截面宽度；S_z^* 为距中性轴为 y 的横线以外部分的横截面面积对中性轴的面积矩（图 9-32c）。式（9-14）简易可靠，至今仍得到广泛应用。

在图 9-32c 中，距中性轴为 y 处横线以下面积对中性轴的面积矩为

$$S_z^*=b\left(\frac{h}{2}-y\right)\times\left(y+\frac{0.5h-y}{2}\right)=\frac{b}{2}\left(\frac{h^2}{4}-y^2\right)$$

由于 $I_z=\frac{bh^3}{12}$，故式（9-14）改写为

$$\tau=\frac{F_S S_z^*}{I_z b}=\frac{F_S\frac{b}{2}\left(\frac{h^2}{4}-y^2\right)}{\frac{bh^3}{12}b}=\frac{6F_S}{bh^3}\left(\frac{h^2}{4}-y^2\right) \tag{9-15}$$

式（9-15）表明，τ 沿矩形截面高度 y 按二次抛物线规律变化，如图9-32d所示。在横截面的上、下边缘处，$y=\pm\frac{h}{2}$，$\tau=0$。在中性轴上，$y=0$，出现最大切应力

$$\tau_{\max}=\frac{3}{2}\frac{F_S}{bh} \tag{9-16}$$

式（9-16）说明矩形截面梁的最大切应力为平均切应力的1.5倍。

对矩形截面梁，切应力强度条件为

$$\tau_{\max}=\frac{3}{2}\frac{F_{S\max}}{bh}\leqslant[\tau] \tag{9-17}$$

二、圆形截面梁

当梁的横截面为圆形时，截面边缘上各点的切应力不平行于剪力 F_S，而是与圆周相切，如图9-33a所示。AB 弦上的最大切应力在端点 A 或 B，切应力为

$$\tau=\frac{F_S R\sqrt{R^2-y^2}}{3I_z} \tag{9-18}$$

式中，F_S 为横截面上的剪力；I_z 为横截面对中性轴 z 的惯性矩，$I_z=\frac{\pi d^4}{64}=\frac{\pi R^4}{4}$；$R$ 为圆半径；y 为距中性轴的距离。

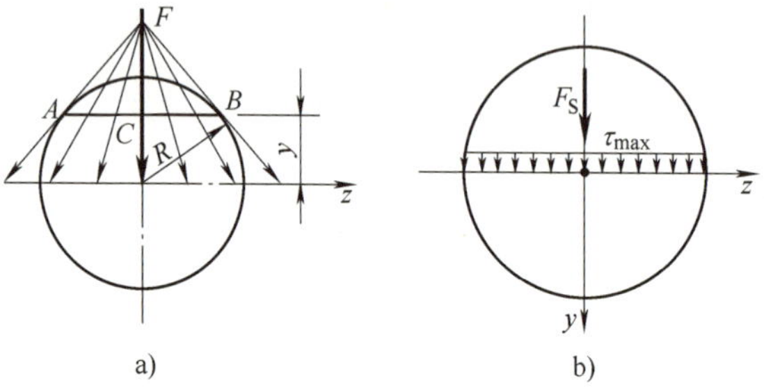

图9-33 圆形截面上的切应力

在中性轴上，$y=0$，代入式（9-18）得到切应力最大值为

$$\tau_{\max}=\frac{F_S R\sqrt{R^2-0^2}}{3\times\frac{\pi R^4}{4}}=\frac{4F_S}{3\pi R^2}=\frac{4}{3}\frac{F_S}{A} \tag{9-19}$$

式中，A 为圆截面面积。

圆形截面上的最大切应力 $\tau_{\max}$ 发生在中性轴上，为平均切应力 F_S/A 的4/3倍。

三、薄壁截面梁的切应力

工程上常采用工字形、槽形、薄壁圆环和其他形状的薄壁截面梁，如图 9-34 所示，它们的壁厚与截面的其他尺寸相比小很多。做如下假设：

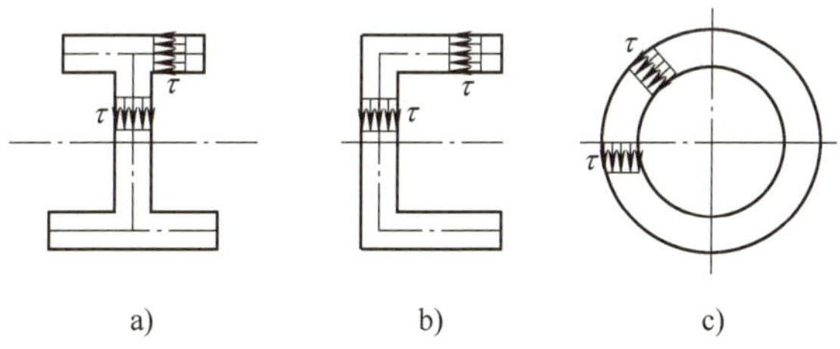

图 9-34　薄壁截面

1）弯曲切应力平行于截面侧边。

2）弯曲切应力沿壁厚方向均匀分布。

薄壁杆件横截面上的切应力，可按照与矩形截面相同的方法来确定。薄壁截面切应力公式为

$$\tau=\frac{F_{\mathrm{S}}S_z^*}{I_z d} \tag{9-20}$$

式中，F_{S} 为横截面上的剪力；I_z 为横截面对中性轴的惯性矩；d 为欲求切应力处的截面厚度；S_z^* 为距中性轴为 y 的横线以外部分的横截面面积对中性轴 z 的面积矩。

工字形截面梁的截面由上、下两翼缘和腹板组成（图 9-35a），研究表明，弯矩主要是由翼缘上的正应力组成，而剪力基本上是由腹板上的切应力组成。工字形截面梁腹板上距中性轴为 y 处的切应力

$$\tau=\frac{F_{\mathrm{S}}S_z^*}{I_z d}=\frac{F_{\mathrm{S}}}{I_z}\left\{\frac{bt}{d}\left(\frac{h}{2}-\frac{t}{2}\right)+\frac{1}{2}\left[\left(\frac{h}{2}-t\right)^2-y^2\right]\right\} \tag{9-21}$$

式（9-21）表明腹板上的切应力按抛物线规律变化，如图 9-35b 所示。

最大弯曲切应力 $\tau_{\max}$ 发生在中性轴上，即 $y=0$ 处，故

$$\tau_{\max}=\frac{F_{\mathrm{S}}}{I_z}\left[\frac{bt}{d}\left(\frac{h}{2}-\frac{t}{2}\right)+\frac{1}{2}\left(\frac{h}{2}-t\right)^2\right] \tag{9-22}$$

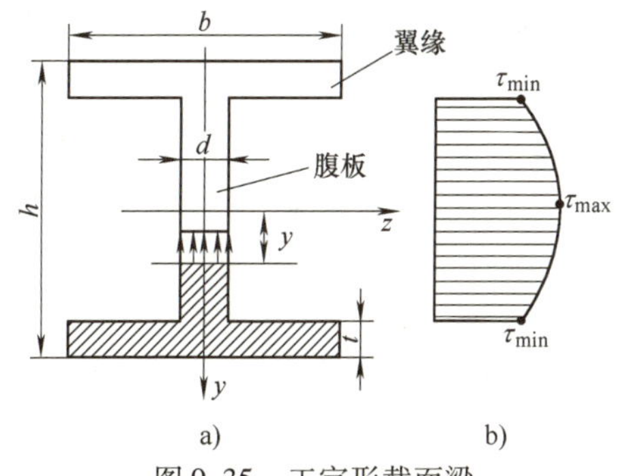

图 9-35　工字形截面梁

计算表明，腹板上最大切应力 $\tau_{\max}$ 与最小切应力 $\tau_{\min}$ 相差不大，当腹

板厚度 d 远小于翼缘宽度 b 时，腹板上的切应力可认为均匀分布。由于工字钢腹板上切应力的合力与截面剪力 F_S 十分接近（例如18工字钢腹板上切应力合力为 $0.945F_S$），故工程中常将剪力除以腹板面积来近似地计算工字形截面梁的最大切应力。即

$$\tau_{max} \approx \frac{F_S}{d(h-2t)} \tag{9-23}$$

对于薄壁圆环形截面梁，壁厚 t 远小于圆环平均半径 R。横截面上的弯曲切应力方向沿圆环切线方向，切应力沿厚度均匀分布，如图9-36所示。最大弯曲切应力在截面中性轴上，其值约为

$$\tau_{max} = 2\frac{F_S}{A} \tag{9-24}$$

式中，A 为梁横截面面积，$A=2\pi Rt$。

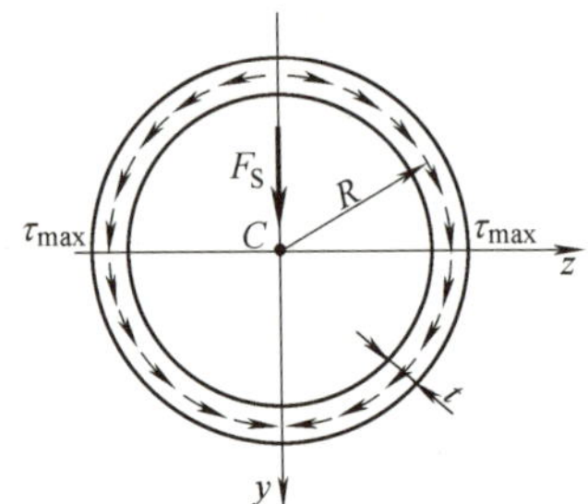

图9-36 薄壁圆环形截面梁切应力分布

四、切应力强度条件

综合上述各种截面形状梁的最大切应力，写成一般公式为

$$\tau_{max} = K\frac{F_S}{A} \tag{9-25}$$

式中，A 为横截面面积。因数 K 取值见表9-2。

表9-2 因数 K 取值

梁截面形状	矩形	圆形	工字形	薄壁环形
K	$\frac{3}{2}$	$\frac{4}{3}$	1	2

对等直梁而言，最大工作应力 τ_{max} 发生在最大剪力 $|F_S|_{max}$ 的截面内。

切应力强度条件为梁的最大工作应力 τ_{max} 不超过构件的许用切应力［τ］，即

$$\tau_{max} = K\frac{|F_S|_{max}}{A} \leqslant [\tau] \tag{9-26}$$

在进行强度计算时，必须同时满足正应力和切应力强度条件。通常是先按正应力强度条件选择截面的尺寸、形状或确定许可载荷，必要时再用切应力强度条件校核。

在下列情况下需要进行切应力强度校核：

1）短粗梁，以及支座附近有较大集中力作用的细长梁，此时，梁的最大弯矩 $|M|_{max}$ 可能较小而最大剪力 $|F_S|_{max}$ 较大。

2）焊接或铆接的工字形等薄壁截面梁，当截面的腹板厚度与梁高之比小于型钢截面的相应比值时，横截面上可能产生较大的 $\tau_{\max}$。

3）对于各向异性材料制成的梁，例如木梁，它在顺纹方向的抗剪能力差，可能沿中性层发生剪切破坏。

例 9-12　图 9-37a 所示简支梁受均布载荷作用，梁长度 l，截面形状为：(1) 高 h 为宽 2 倍的矩形（图 9-37b）。(2) 直径为 d 的圆（图 9-37c）。(3) 外径为 D、内径为 $0.95D$ 的薄壁环形（图 9-37c）。试求各种截面梁的最大正应力和最大切应力，并比较其大小。

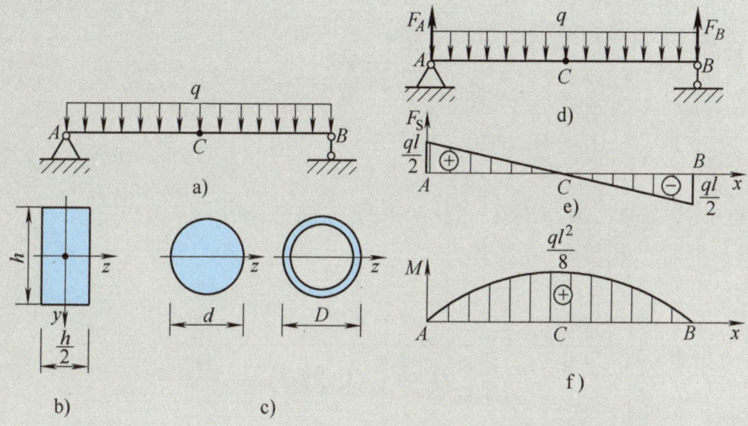

图 9-37　例 9-12 图

解：由对称性，可得支座约束力 $F_A = F_B = \dfrac{1}{2}ql$。

绘制梁的剪力图和弯矩图如图 9-37e、f 所示，由图可知，其最大剪力和最大弯矩分别为

$$|F_S|_{\max} = F_{SA} = |F_{SB}| = \frac{1}{2}ql, \qquad |M|_{\max} = M_C = \frac{1}{8}ql^2$$

1）对高为宽 2 倍的矩形截面梁，由式（9-9）和式（9-16），分别得最大正应力和最大切应力为

$$\sigma_{\max} = \frac{|M|_{\max}}{W_z} = \frac{\frac{1}{8}ql^2}{\frac{1}{6} \times \frac{h}{2}h^2} = \frac{3ql^2}{2h^3}, \qquad \tau_{\max} = \frac{3|F_S|_{\max}}{2A} = \frac{3 \times \frac{1}{2}ql}{2 \times \frac{h}{2}h} = \frac{3ql}{2h^2}$$

比较最大正应力和最大切应力的大小，有

$$\frac{\sigma_{\max}}{\tau_{\max}} = \frac{\dfrac{3ql^2}{2h^3}}{\dfrac{3ql}{2h^2}} = \frac{l}{h}$$

即梁的最大正应力 $\sigma_{\max}$ 和最大切应力 $\tau_{\max}$ 之比，等于梁的跨度 l 与梁的截面高度 h 之比。因此，在对非薄壁截面的细长梁进行强度计算时，一般应以正应力强度条件为主。

2）对直径为 d 的圆截面梁，由式（9-9）和式（9-19），分别求得最大正应力和最大切应力为

$$\sigma_{\max}=\frac{|M|_{\max}}{W_z}=\frac{\frac{1}{8}ql^2}{\frac{\pi}{32}d^3}=\frac{4ql^2}{\pi d^3},\quad \tau_{\max}=\frac{4\ |F_S|_{\max}}{3A}=\frac{4\times\frac{1}{2}ql}{3\times\frac{\pi}{4}d^2}=\frac{8ql}{3\pi d^2}$$

比较最大正应力和最大切应力的大小，有

$$\frac{\sigma_{\max}}{\tau_{\max}}=\frac{\frac{4ql^2}{\pi d^3}}{\frac{8ql}{3\pi d^2}}=\frac{3l}{2d}$$

3）对外径为 D、内径为 $0.95D$ 的薄壁环形，由式（9-9）和式（9-24），分别求得最大正应力和最大切应力为

$$\sigma_{\max}=\frac{|M|_{\max}}{W_z}=\frac{\frac{1}{8}ql^2}{\left[\frac{\pi}{64}D^4-\frac{\pi}{64}(0.95D)^4\right]\Big/\frac{D}{2}}=6.87\frac{ql^2}{D^3}$$

$$\tau_{\max}=2\frac{F_S}{A}=2\times\frac{\frac{1}{2}ql}{\frac{\pi}{4}D^2-\frac{\pi}{4}(0.95D)^2}=13.07\frac{ql}{D^2}$$

比较最大正应力和最大切应力的大小，有

$$\frac{\sigma_{\max}}{\tau_{\max}}=0.526\frac{l}{D}$$

例 9-13 工字钢简支梁承受如图 9-38a 所示的载荷作用，集中力 $F=200\text{kN}$，梁长 $l=2\text{m}$，力 F 距支座 A 距离为 0.5m。已知许用正应力 $[\sigma]=150\text{MPa}$，许用切应力 $[\tau]=100\text{MPa}$。试：（1）选择工字钢型号。（2）求 D 截面翼缘与腹板交界处的正应力和切应力。

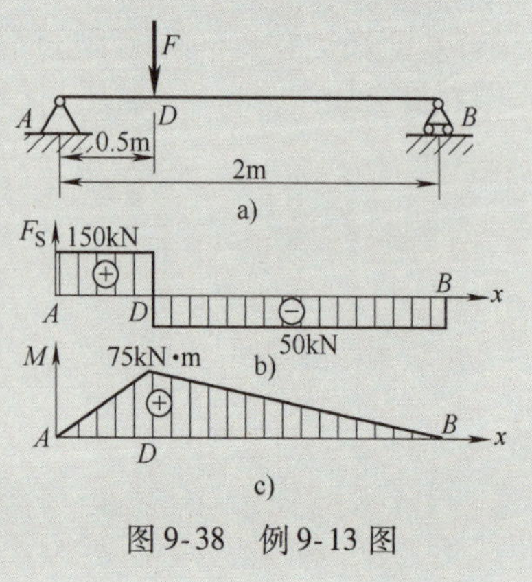

图 9-38 例 9-13 图

解：1）作剪力图和弯矩图。为了确定所受剪力、弯矩最大的截面，作出梁的内力图，如图 9-38b、c 所示。有

$$F_{\text{Smax}}=150\text{kN},\quad M_{\max}=75\text{kN}\cdot\text{m}$$

按正应力强度条件选择截面，有

$$W\geqslant\frac{M_{\max}}{[\sigma]}=\frac{75\times10^3}{150\times10^6}\text{m}^3=500\text{cm}^3$$

查附录型钢规格表 A-4，选 28a 工字钢，它的抗弯截面系数 $W=508\text{cm}^3$。

校核中性轴处的切应力：

由附录型钢规格表 A-4 查得，28a 工字钢腹板的宽度 $d=8.5\text{mm}$，$I_z=7110\text{cm}^4$，中性轴以上部分$S_z^*=\frac{tb(h-t)}{2}+\frac{d}{2}\left(\frac{h}{2}-t\right)^2=289\text{cm}^3$，$\frac{I_z}{S_z^*}=24.6\text{cm}$，腹板高度 $h_0=h-2t=253\text{cm}$，$b=122\text{mm}$。由式（9-20）得

$$\tau_{\max}=\frac{F_{\text{S}}}{\frac{I_z}{S_z^*}d}=\frac{150\times10^3}{0.246\times0.0085}\text{Pa}=71.7\text{MPa}<[\tau]$$

所选 28a 工字钢截面能满足切应力强度条件。

如果按近似公式 $\tau_{\max}=\frac{F_{\text{Smax}}}{A_{腹}}=\frac{F_{\text{Smax}}}{dh_0}$计算，则

$$\tau_{\max}=\frac{F_{\text{Smax}}}{dh_0}=\frac{150\times10^3}{0.0085\times0.253}\text{Pa}=69.8\text{MPa}$$

近似公式计算结果的误差在本例中为2.7%，这说明上式是个比较好的近似公式。

2）由附录型钢规格表 A-4，查得 28a 工字钢腹板，得宽度 $d=8.5\text{mm}$，$t=13.7\text{mm}$，翼板与腹板交界处高度 $y=0.5h-t=126\text{mm}$，$I_z=7110\text{cm}^4$，$b=122\text{mm}$。

由式（9-6）得到 D 截面翼缘与腹板交界处正应力为

$$\sigma=\frac{My}{I_z}=\frac{75\times10^3\times0.126}{7110\times10^{-8}}\text{Pa}=133\text{MPa}$$

由式（9-14）得到 D 截面翼缘与腹板交界处的切应力为

$$\tau_{\min}=\frac{F_{\text{Smax}}S_z^*}{dI_z}=\frac{F_{\text{Smax}}bt\left(\frac{h}{2}-\frac{t}{2}\right)}{dI_z}$$

$$=\frac{150\times10^3\times\left[0.122\times0.0137\times\left(\frac{280}{2}-\frac{13.7}{2}\right)\times10^{-3}\right]}{0.0085\times(7110\times10^{-8})}\text{Pa}=55.2\text{MPa}$$

第七节 提高梁弯曲强度的一些措施

只要不是短梁，梁的强度主要由正应力控制，所以，提高梁的承载能力的出发点是在不减小载荷值、不增加材料的前提下，尽可能降低梁内正应力，保证梁满足弯曲正应力强度条件，即

$$\sigma_{max}=\frac{|M|_{max}}{W_z}\leqslant[\sigma]$$

从上式可以看出，提高梁的强度主要措施是：降低 $|M|_{max}$ 的数值和增大抗弯截面系数 W_z 的数值，并充分发挥材料的力学性能。

1. 降低 $|M|_{max}$ 的措施

（1）梁支承的合理安排　尽量用小跨度梁，例如对于简支梁，允许时改为外伸梁，如图9-39a所示的简支梁，其最大弯矩 $M_{max}=\frac{1}{8}ql^2$，若两端支承均向内移动 $0.2l$（图9-39b），则最大弯矩 $M_{max}=\frac{1}{40}ql^2$，只为前者的1/5。工程中门式起重机大梁的支座、锅炉筒体的支承，都向内移动一定距离，其原因就在于此。

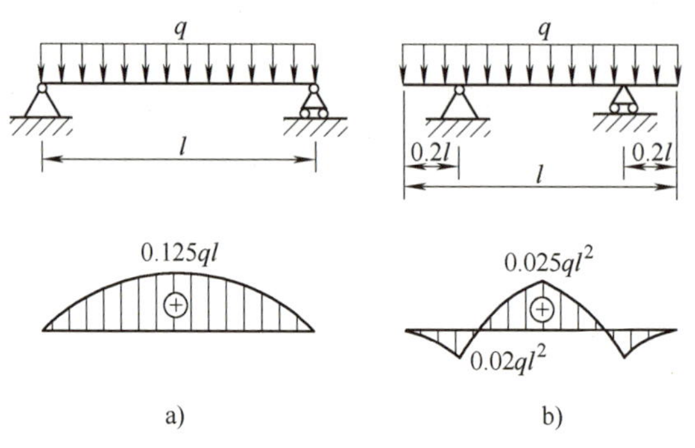

图9-39　用小跨度梁

对静定梁增加支座，使其成为超静定梁，对缓和受力、减小最大弯矩也相当有效。另外，悬臂梁强度差，尽可能不用。

（2）合理布置载荷　比较图9-40所示的三种加载方式，可知第一种的弯矩最大值 $M_{max}=Fl/4$，第二、三种的弯矩最大值均为 $M_{max}=Fl/8$。因此，在结构条件允许时，尽可能把集中载荷分散成多个载荷甚至改变为均布载荷。

2. 合理放置梁

形状和面积相同的截面放置方式不同，则 W_z 值有可能不同。例如，图9-41

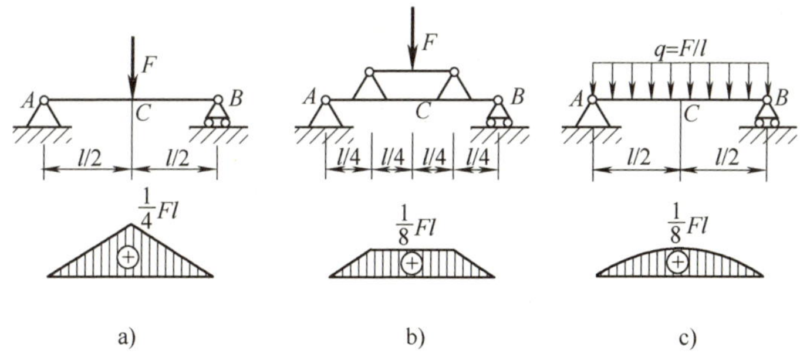

图 9-40 加载方式不同的简支梁

所示矩形截面梁（$h>b$），竖放时承载能力大，不易弯曲；而平放时承载能力小，易弯曲。两者抗弯截面系数 W_z 之比为

$$\frac{W_{z竖}}{W_{z平}}=\frac{\frac{1}{6}bh^2}{\frac{1}{6}hb^2}=\frac{h}{b}>1$$

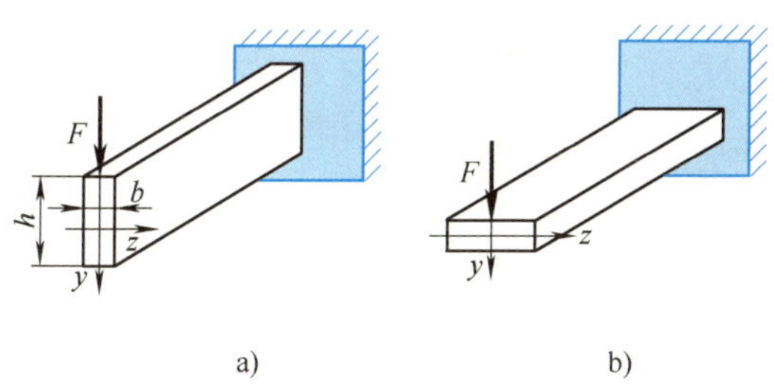

图 9-41 竖放、平放的矩形截面梁

因此，对于静载荷作用下的梁的强度而言，矩形截面长边竖放比平放合理。当然，为了提高柔度和弹性，例如跳水板，则采用横放，这个考虑的不是强度问题。

同理，部分型号工字钢竖放和横放抗弯截面系数见表 9-3。

表 9-3 部分工字钢抗弯截面模数

工字钢型号	10	18	40a	63a
竖放 $W_{竖}/cm^3$	49.0	185	1090	2980
横放 $W_{横}/cm^3$	9.72	26.0	93.2	193
$W_{竖}$：$W_{横}$	5.04	7.12	11.7	15.4

3. 合理选择梁的截面

合理的截面应该是，用最小的截面面积 A（少用材料），得到大的抗弯截面

系数 W_z。即 W_z/A 尽可能大。常见截面的 W_z/A 见表 9-4。

表 9-4 常用截面的比值 W_z/A

截面形状	实心圆	矩形	空心圆	工字钢	槽钢
	h	h, b	h 内径 $d=0.8h$	h	h
$\frac{W_z}{A}$	$0.125h$	$0.167h$	$0.205h$	$(0.27\sim0.31)h$	$(0.27\sim0.31)h$

抗弯截面系数 W_z 与截面面积 A 的比值越大，经济性越好。由表 9-4 可知，实心圆截面最不经济，工字钢和槽钢最为合理。所以工程中抗弯杆件常采用型钢，例如槽钢、工字钢或型钢组成的箱形截面等。

上述现象从正应力分布规律可得到解释。当梁截面离中性轴最远处的 σ_{max} 达到许用应力 $[\sigma]$ 时，中性轴上的点正应力为零，中性轴附近处的点正应力很小，材料没有充分发挥作用。为了充分利用材料，应尽可能地把材料放置到离中性轴较远处，以充分发挥材料的强度潜能。例如将实心圆截面改成空心圆截面；对于矩形截面，则可以把中性轴附近的材料放到上、下边缘处而形成工字形截面；槽钢或型钢组成的箱形截面也是同样道理。

4. 根据材料特性合理确定截面形状

对抗拉和抗压强度相等的塑性材料，如低碳钢等，宜采用中性轴对称的截面，如圆形、矩形、工字形等。对抗拉强度 $[\sigma^+]$ 小于抗压强度 $[\sigma^-]$ 的脆性材料，例如铸铁等，宜采用中性轴偏向受拉一侧的截面形状。例如，图 9-42的 T 形截面，y_1 和 y_2 之比尽量接近下列关系：

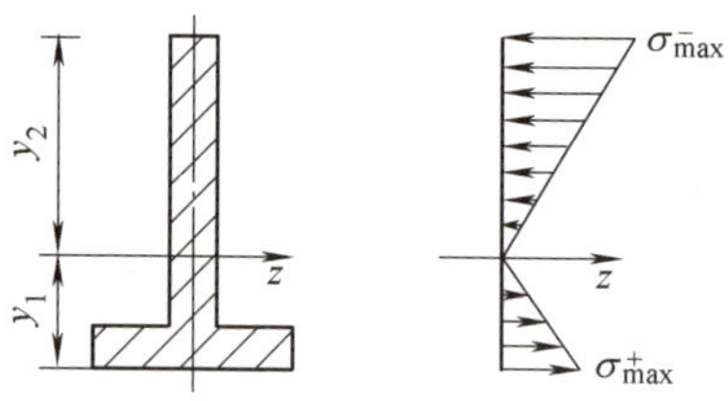

图 9-42 中性轴偏向受拉一侧的截面

$$\frac{\sigma_{max}^+}{\sigma_{max}^-}=\frac{y_1}{y_2}=\frac{[\sigma^+]}{[\sigma^-]}$$

这样，最大拉应力 σ_{max}^+ 和最大压应力 σ_{max}^- 便可同时接近许用应力。

5. 采用变截面梁

为了节省材料，减轻结构自重，在工程实际中，可以根据梁的受力情况，采用变截面梁。

通常情况下，梁的弯矩是随截面位置而变化的，若采用等截面梁，除了最大弯矩所在截面，其他截面上的最大应力都未达到许用应力，材料未能得到充分利用。

为了节省材料，可以考虑在弯矩较大处采用较大截面，而在弯矩较小处采用较小截面。这种截面随轴线变化的梁，称为变截面梁（图9-43）。如果变截面梁各个横截面上的最大正应力都相等，并等于许用应力，则该梁称为**等强度梁**。设梁在任一截面上的弯矩为 $M(x)$，截面的抗弯截面系数为 $W(x)$。按等强度梁的要求，应有 $\sigma_{max}=\dfrac{M(x)}{W(x)}=[\sigma]$，即

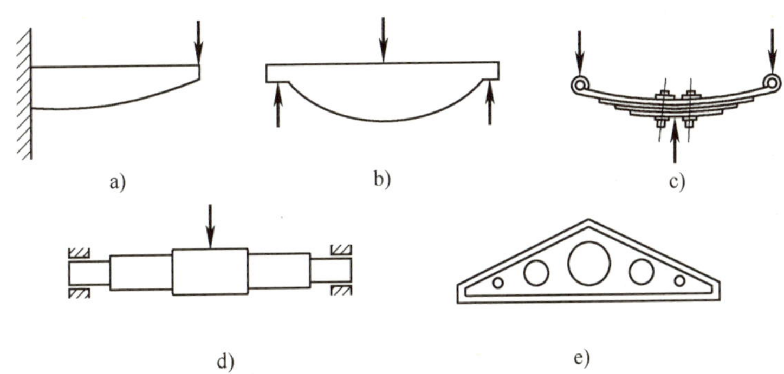

图9-43　变截面梁

a）等强度梁　b）鱼腹梁　c）叠板弹簧　d）阶梯轴　e）屋架

$$W(x)=\frac{M(x)}{[\sigma]} \tag{9-27}$$

由式（9-27），即可根据弯矩 $M(x)$ 的变化规律，计算确定等强度梁的截面的变化规律。

等强度梁是一种理想状态的变截面梁。但考虑到加工与结构上的需要，工程实际中的变截面梁大都只能设计成近似等强度的，例如鱼腹梁（图9-43b）、叠板弹簧（图9-43c）、阶梯轴（图9-43d）和屋架（图9-43e）等。

小　结

- 以弯曲为主要变形的杆件称为梁。
- 梁的支座可简化为：固定铰支座、活动铰支座、固定端。
- 作用在梁上的载荷简化为：集中载荷 F、分布载荷 q、集中力偶 M。
- 常见的静定梁：悬臂梁、简支梁、外伸梁。
- 剪力和弯矩符号规定：

（1）剪力　使截面绕其内侧任一点有顺时针旋转趋势的剪力为正，反之为负。符号规定如图9-12所示。

（2）弯矩　使受弯杆件下侧纤维受拉为正，使受弯杆件上侧纤维受拉为负。符号规定如图9-13所示。

- 为了清楚地表明剪力和弯矩沿梁轴线变化的大小和正负，把剪力方程 $F_S=F_S(x)$ 或弯矩方程 $M=M(x)$ 用图线表示，称为剪力图或弯矩图。

- 载荷集度、剪力和弯矩之间的微分关系：$\dfrac{d^2M(x)}{dx^2}=\dfrac{dF_S(x)}{dx}=q(x)$

- 梁弯曲变形的基本公式 $\dfrac{1}{\rho}=\dfrac{M}{EI_z}$，$EI_z$ 称为梁的抗弯刚度。

- 梁纯弯曲时横截面上正应力计算公式：$\sigma=\dfrac{My}{I_z}$

- 梁的抗弯截面系数：$W_z=I_z/y_{max}$

- 对于低碳钢等塑性材料，其强度条件：$\sigma_{max}=\dfrac{|M|_{max}}{W_z}\leqslant[\sigma]$

- 对于抗拉与抗压许用应力不同的材料，强度条件：$\sigma_{max}^{+}\leqslant[\sigma^{+}]$，$\sigma_{max}^{-}\leqslant[\sigma^{-}]$

- 切应力 $\tau=\dfrac{F_S S_z^*}{I_z b}$，式中，$F_S$ 为横截面上的剪力；I_z 为横截面对中性轴的惯性矩；b 为截面宽度；S_z^* 为距中性轴为 y 的横线以外部分的横截面面积对中性轴的面积矩。

- 对矩形截面梁，切应力强度条件：$\tau_{max}=\dfrac{3}{2}\dfrac{F_{Smax}}{bh}\leqslant[\tau]$

- 圆形截面上的最大切应力 τ_{max} 发生在中性轴上，为平均切应力 $\dfrac{F_S}{A}$ 的4/3倍。

- 薄壁圆环形截面梁，最大弯曲切应力在截面中性轴上，其值约为 $\tau_{max}=2\dfrac{F_S}{A}$，梁横截面面积 $A=2\pi Rt$。

- 提高梁弯曲强度的一些措施：

1）降低 $|M|_{max}$ 的措施：梁支承的合理安排，合理布置载荷。

2）合理放置梁。

3）合理选择梁的截面。

4）根据材料特性合理确定截面形状。

5）采用变截面梁。

习　题

9-1　什么是纯弯曲？什么是横力弯曲？什么是中性层？什么是中性轴？

9-2　在建立弯曲正应力公式过程中，做了哪些假设？

9-3　如何确定梁截面上某点的正应力是拉还是压？中性轴上各点的正应力是多少？

9-4　弯曲正应力在对称横截面上是怎样分布的？中性轴位于何处？如何计算最大弯曲正应力？

9-5　对于等截面梁，最大弯曲正应力是否一定发生在弯矩最大的横截面上？

9-6　弯曲正应力的最大值发生在截面的哪个位置上？弯曲切应力的最大值发生在截面的哪个位置上？

9-7　如何计算矩形与圆形截面对中性轴的惯性矩与抗弯截面系数？圆截面的抗弯截面系数与抗扭截面系数有何关系？

9-8　矩形截面梁弯曲时，弯曲切应力是如何分布的？

9-9　在工字形截面梁的腹板上，弯曲切应力是如何分布的？如何计算其最大弯曲切应力？

9-10　对于塑性材料（拉、压许用应力相同）与脆性材料（拉、压许用应力不同）制成的等截面梁，其弯曲正应力强度条件有何不同？

9-11　如何计算最大弯曲切应力？

9-12　提高梁弯曲强度的措施有哪些？

9-13　什么是等强度梁？等强度梁设计的依据是什么？

9-14　试求图 9-44 所示各梁截面 1—1、2—2、3—3 上的剪力和弯矩，这些截面无限接近于截面 *A*、*C* 或 *D*。设 *F*、*q*、*a* 均已知。

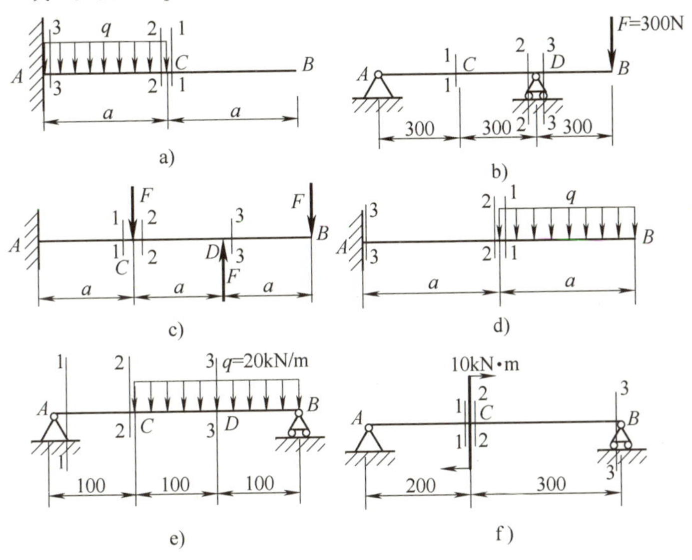

图 9-44　题 9-14 图

9-15　各梁如图 9-45 所示，已知集中力 *F*、载荷集度 *q*、力偶矩 *M* 和尺寸 *a*。试：（1）写出梁的剪力方程和弯矩方程。（2）作梁的剪力图和弯矩图。（3）确定 $|F_S|_{max}$ 和 $|M|_{max}$。

9-16　根据载荷集度、剪力和弯矩之间的微分关系，作出图 9-46 所示各梁的剪力图和弯矩图。

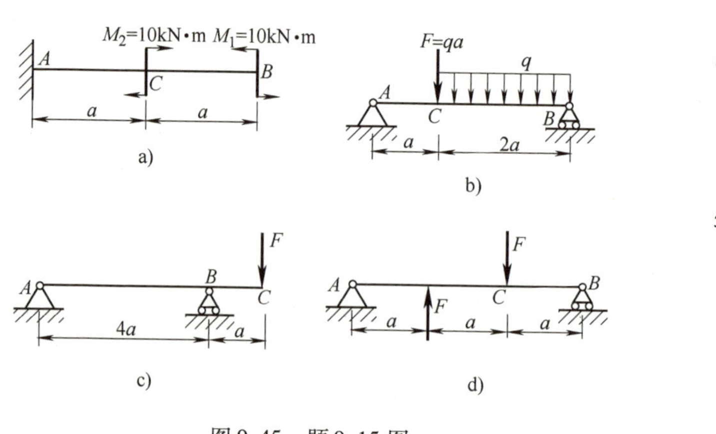

图 9-45 题 9-15 图

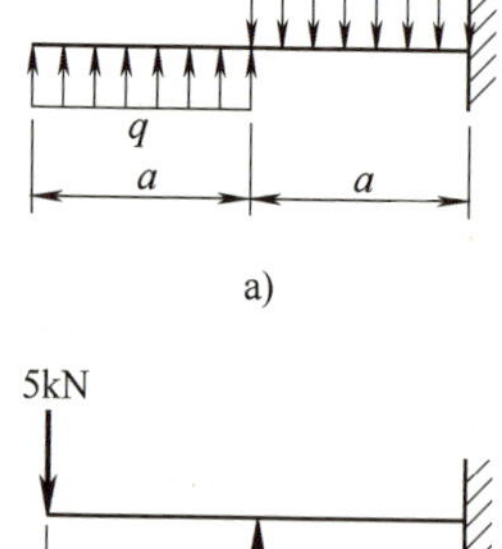

图 9-46 题 9-16 图

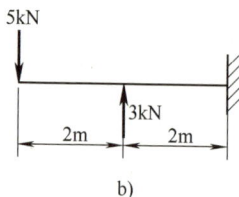

9-17 作图 9-47 所示梁 ABD 的剪力图和弯矩图。

9-18 指出图 9-48 所示各弯矩图的错误，画出正确的弯矩图。

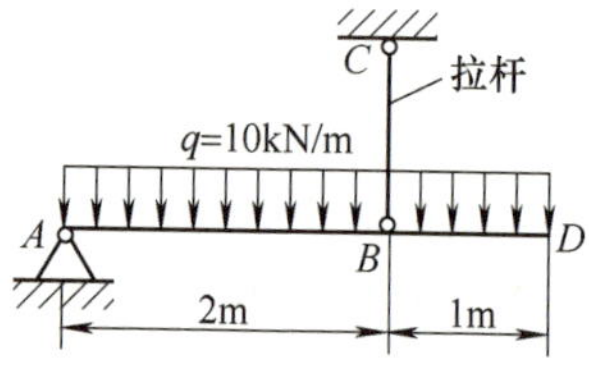

图 9-47 题 9-17 图

9-19 如图 9-49 所示为外径为 D、内径为 d 的圆环截面，以下的计算是否正确？

$$I_z = \frac{\pi D^4}{64} - \frac{\pi d^4}{64},\quad W_z = \frac{\pi D^3}{32} - \frac{\pi d^3}{32}$$

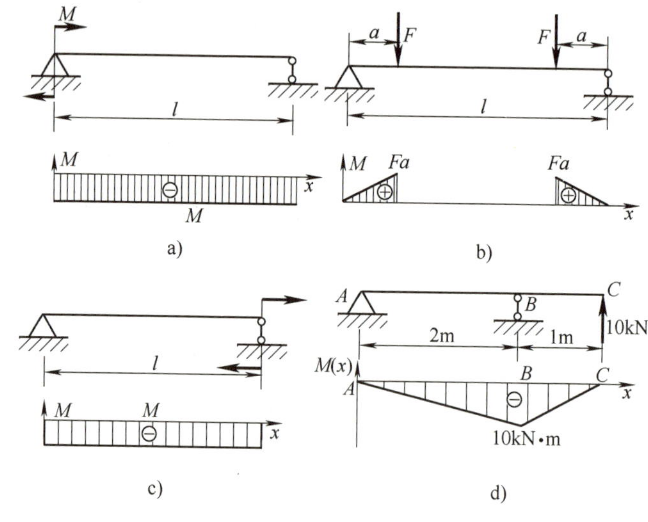

图 9-48 题 9-18 图

9-20 图 9-50 所示起重机梁，$l=10\text{m}$，$a=1\text{m}$，承受小车轮子传来的压力作用，总共为 $2F$。问：(1) 小车在什么位置时，梁内弯矩最大？最大弯矩等于多少？(2) 小车在什么位置时，梁内支座约束力最大？最大支座约束力和最大剪力各等于多少？

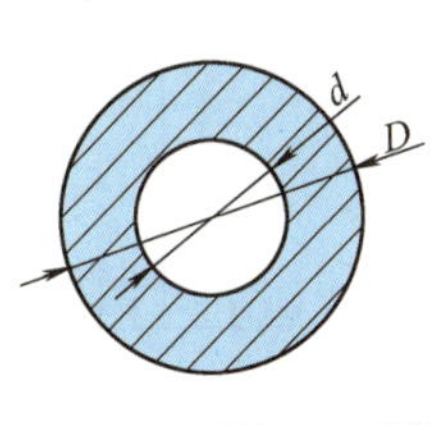

图9-49　题9-19图

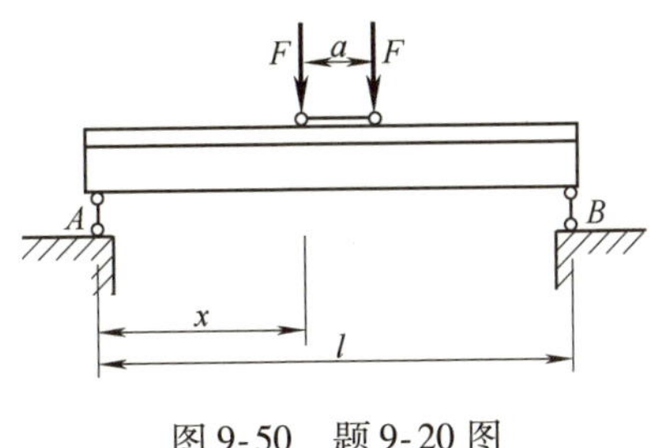

图9-50　题9-20图

9-21　如图9-51所示外伸梁，截面为圆环，外径为100mm，内径为60mm，求C截面处a、b点的正应力。

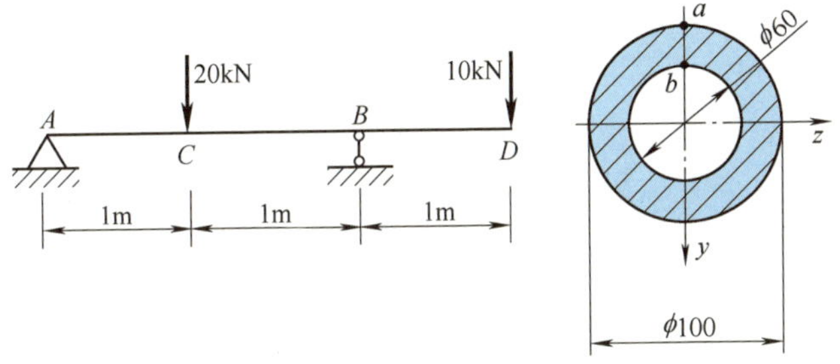

图9-51　题9-21图

9-22　简支梁AB有矩形（$h/b=2$）、圆形、普通工字钢及圆环形（$d/D=0.9$）四种可能的截面。受力如图9-52所示，已知梁的许用应力$[\sigma]=160\text{MPa}$。试分别对四种可能的截面：（1）按照正压力强度条件，确定简支梁AB截面尺寸。（2）对确定的截面尺寸，求简支梁AB所受到的最大切应力。

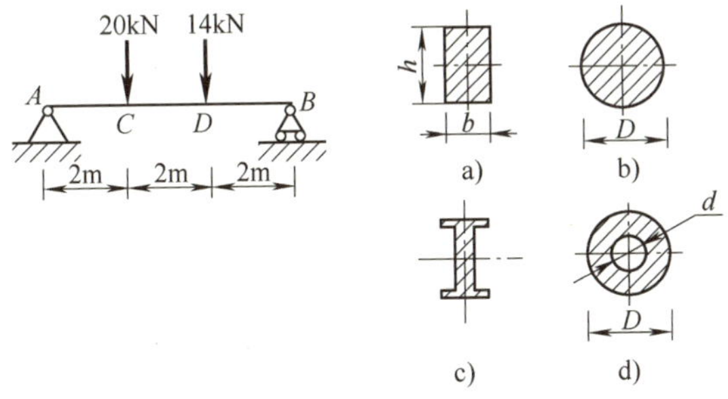

图9-52　题9-22图

9-23　如图9-53所示外伸梁，C截面作用有集中力20kN，梁采用工字钢，材料的许用应力$[\sigma]=160\text{MPa}$，试选择工字钢的型号。

9-24　图9-54所示梁AB的截面材料为10工字钢，D点与圆钢杆CD连接，已知圆杆直径$d=15\text{mm}$，梁AB及圆杆CD材料的许用应力相同，$[\sigma]=160\text{MPa}$，试按照正压力强度条件

确定许用均布载荷 $[q]$。

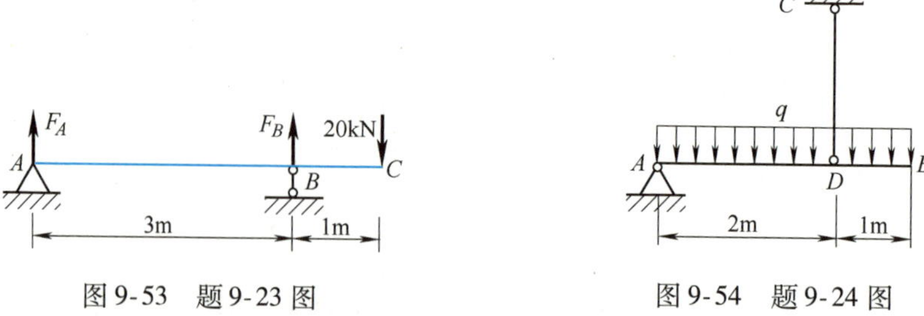

图 9-53 题 9-23 图　　　　图 9-54 题 9-24 图

9-25 如图 9-55 所示，简支梁受均布载荷。试求：(1) 截面 D、H 上 1、2、3 点的正应力。(2) 画出该截面的正应力分布图。(3) 全梁的最大正应力。(4) 截面 D、H 上的最大切应力。

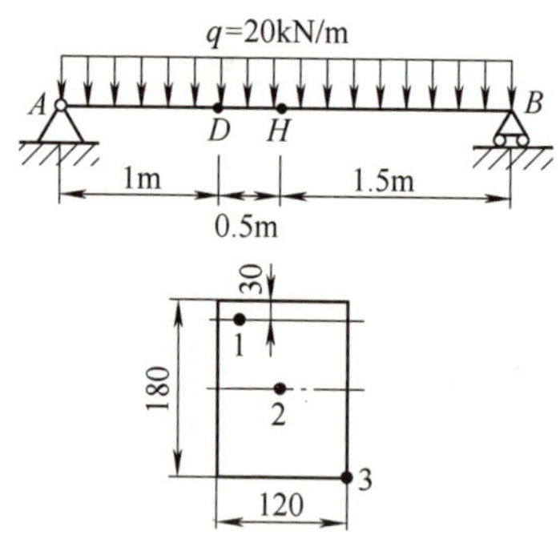

图 9-55 题 9-25 图

第十章

梁的弯曲变形

上一章讨论了梁的内力和梁的应力，并对梁进行强度计算，目的是保证梁在载荷作用下不致被破坏。与此同时，工程中的很多结构或构件在工作时，对于弯曲变形都有以下两类要求：

第一类是要求梁的位移不得超过一定的数值。例如，屋架上的檩条变形过大会引起屋面漏水；火车轮轴变形过大时，将引起很大的振动；桥式起重机大梁在起吊重物时，若其弯曲变形过大，则小车行驶时就要发生振动；若机床主轴的变形过大，将会影响齿轮的正常啮合以及轴与轴承的正常配合，造成不均匀磨损、振动及噪声，缩短了机床的使用寿命，还影响机床的加工精度；输送管道的弯曲变形过大，会影响管道内物料的正常输送。因此，在工程中进行梁的设计时，除了必须满足强度条件之外，还必须限制梁的变形，使其不超过许用的变形值。

第二类是要求构件能产生足量的变形。例如车辆叠板弹簧（图 10-1），变形大可减缓车辆所受到的冲击；跳水起跳板大变形，以确保运动员被弹起；继电器中的簧片，为了有效地接通和断开电源，在电磁力作用下必须保证触点处有足够大的位移；弹簧扳手（图 10-2）要有明确的弯曲变形，才可以使测得的力矩比较精确。

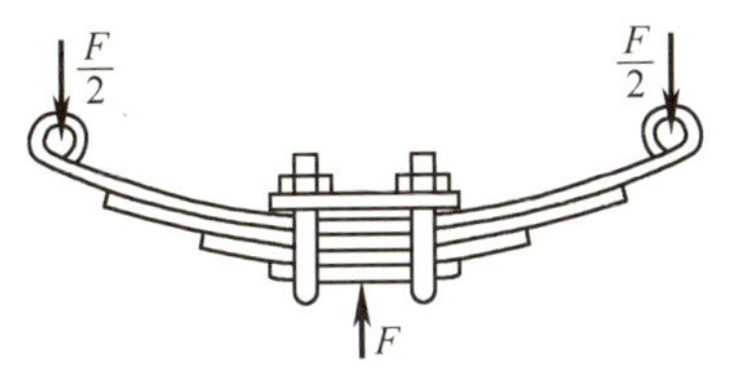

图 10-1　车辆叠板弹簧

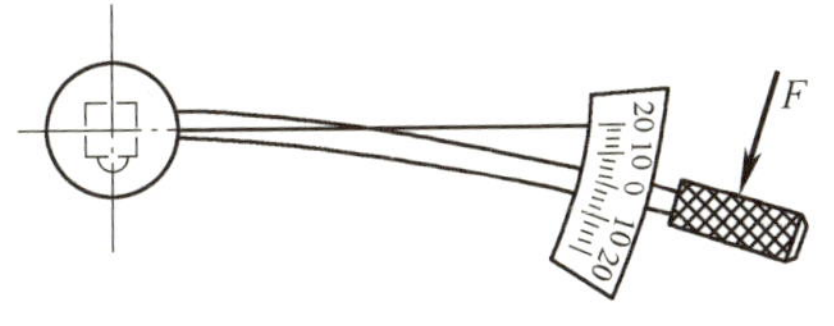

图 10-2　弹簧扳手

此外，研究梁的变形还是求解超静定梁和压杆稳定问题的基础。

第一节 挠曲线近似微分方程

如图10-3所示，以梁左端A为坐标原点，以梁变形前的轴线为x轴，直角坐标系Axy在梁的纵向对称面内。

在载荷F作用下，梁产生弹性弯曲变形，轴线在xy平面内变成一条光滑连续的平面曲线，此曲线称为**梁的挠曲线**。同时，梁的横截面产生**线位移**和**角位移**（即**挠度**和**转角**）。

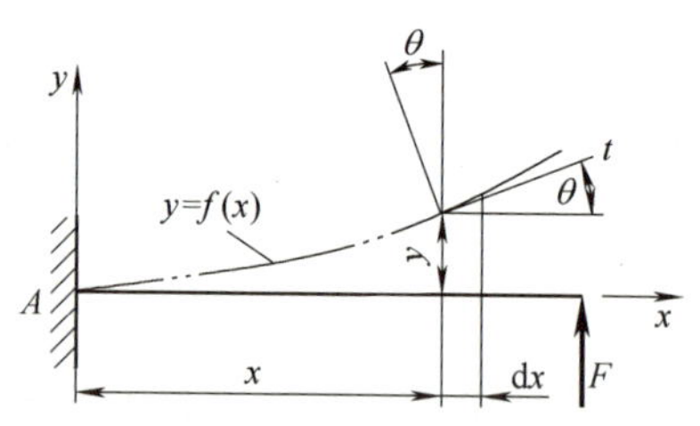

图10-3 弹性弯曲变形梁

（1）挠度 挠曲线上横坐标为x的点，其纵坐标y，即截面形心沿垂直于梁轴线方向的线位移，称为挠度。实际上，截面形心还有x方向的线位移，但由于x方向的线位移极小，故可略去不计。若挠度与坐标轴y的正向一致则为正，反之为负。

（2）转角 梁变形时，横截面还将绕其中性轴转过一定的角度（即角位移），称为该截面的转角，用符号θ表示。规定逆时针转向的转角为正，顺时针转向的转角为负。由平面假设得到，变形后梁的横截面仍正交于梁的轴线。因此，转角θ就是挠曲线在该点的切线t与轴x的夹角。

由图10-3可知，挠度y与转角θ的数值随截面的位置x而变，y为x的函数，挠曲线方程可以写为

$$y=f(x) \tag{10-1}$$

由高等数学知识可知，挠曲线上任一点的切线斜率$\tan\theta$，等于挠曲线函数方程$y=f(x)$在该点的一阶导数，即

$$\tan\theta=\frac{\mathrm{d}y}{\mathrm{d}x}=y'=f'(x)$$

工程中梁的变形很小，转角θ角也很小，例如不超过1°（0.0175rad），则$\tan\theta\approx\theta$，代入上式得

$$\theta\approx\frac{\mathrm{d}f(x)}{\mathrm{d}x} \tag{10-2}$$

即梁上任一截面的转角θ等于该截面的挠度y对x的一阶导数。

在上一章研究纯弯曲梁的正应力时，曾得到梁的中性层，即挠曲线的曲率公式（9-5）为

$$\frac{1}{\rho}=\frac{M}{EI}$$

式（9-5）是在纯弯曲情况下得到的，通常剪力对弯曲变形的影响很小，可

以忽略不计，则上式也可用于一般的横力弯曲。由于梁轴上各点的曲率 $1/\rho$ 和弯矩 M 均是横截面位置的函数，因而式（9-5）可写为

$$\frac{1}{\rho(x)}=\frac{M(x)}{EI} \tag{1}$$

由高等数学知识可知，平面曲线 $y=f(x)$ 上任一点处的曲率为

$$\frac{1}{\rho(x)}=\pm\frac{y''}{[1+y'^2]^{\frac{3}{2}}} \tag{2}$$

将式（2）代入式（1），得

$$\pm\frac{y''}{[1+y'^2]^{\frac{3}{2}}}=\frac{M(x)}{EI}$$

在小变形的情况下，梁的转角 $y'(=\theta)$ 很小，y'^2 可忽略不计，于是上式简化为

$$\pm y''=\frac{M(x)}{EI} \tag{3}$$

如图 10-4 所示，当规定了 y 轴向上为正后，由于弯矩 $M(x)$ 的正负已有规定，所以 y'' 与 $M(x)$ 始终取相同的正负号。于是式（3）可写成

$$y''=\frac{M(x)}{EI} \tag{10-3}$$

式（10-3）称为**挠曲线近似微分方程**。

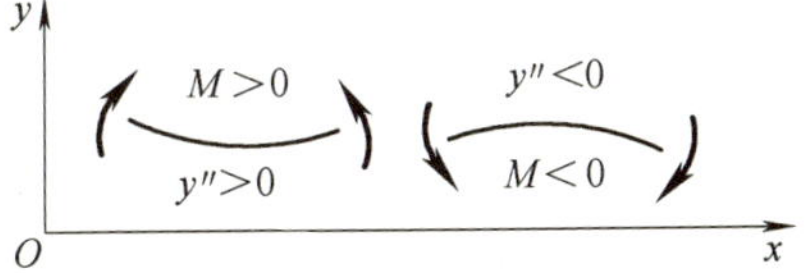

图 10-4　弯矩正负号规定

第二节　确定梁位移的积分法

求解式（10-3），对挠曲线近似微分方程进行积分，便可求得转角 θ 和挠度 y。

对于同一材料的等截面梁，其抗弯刚度 EI 为常量。将方程式（10-3）两边乘以 dx，积分一次得转角方程

$$\theta=\frac{dy}{dx}=\frac{1}{EI}\int M(x)dx+C \tag{10-4}$$

将式（10-4）积分一次得挠度方程

$$y=\frac{1}{EI}\iint M(x)dxdx+Cx+D \tag{10-5}$$

式（10-4）和式（10-5）中的积分常数 C 和 D，可由梁的边界条件或连续光滑条件来确定。积分常数 C、D 确定后，分别代入式（10-4）和式（10-5），即得转角方程和挠曲线方程。

梁的已知边界条件，就是梁在支座处的挠度 y 或转角 θ 为已知。例如：

图 10-5 所示的悬臂梁，在固定端 A 处：$x=0$，$y=0$，$\theta=0$。

图 10-6 所示的简支梁，在支点 A 处：$x=0$，$y=0$；在支点 B 处：$x=l$，$y=0$。

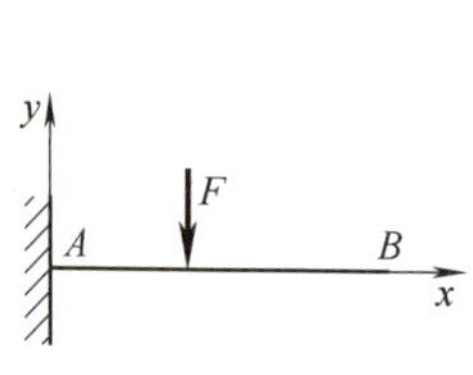

图 10-5 悬臂梁

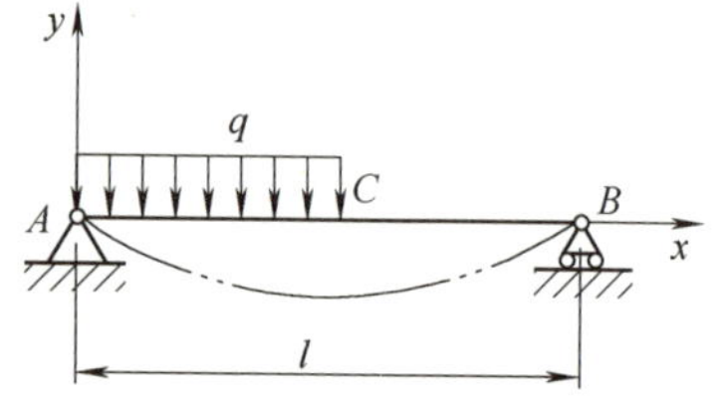

图 10-6 简支梁

梁的连续光滑条件，是指在两个相邻区间交界处，截面的转角和挠度分别相等。例如图 10-6 所示的简支梁，在 C 截面上，$y_{C左}=y_{C右}$，$\theta_{C左}=\theta_{C右}$。

例 10-1 如图 10-7 所示车床上被加工圆轴，$l=240\text{mm}$，$d=22\text{mm}$，$E=210\text{GPa}$。已知切削力 $F=160\text{N}$，试求自由端 B 的转角和挠度，并计算因弯曲变形而引起的直径误差。

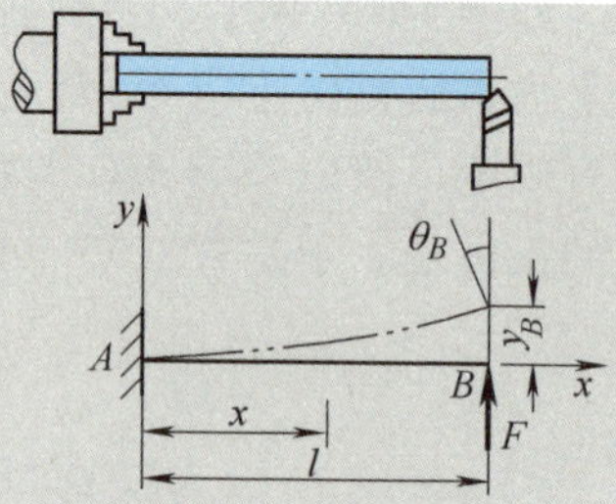

图 10-7 例 10-1 图

解：方法一：根据工件的约束和受力情况，圆轴可简化为悬臂梁。建立图 10-7 所示的坐标系 Axy，弯矩方程为

$$M(x)=F(l-x)$$

挠曲线微分方程为

$$y''=\frac{F(l-x)}{EI}$$

积分一次得

$$EIy'=Flx-\frac{1}{2}Fx^2+C \tag{1}$$

再次积分得

$$EIy=\frac{1}{2}Flx^2-\frac{1}{6}Fx^3+Cx+D \tag{2}$$

当 $x=0$ 时，$\theta_A=0$，$y_A=0$，将此边界条件代入式（1）、式（2）得

$$C=0,\ D=0$$

将 $C=0$、$D=0$ 代入式（1）、式（2），整理得到转角方程式（3）和挠度方程式（4）：

$$\theta = \frac{Fx}{2EI}(2l - x) \quad (3)$$

$$y = \frac{Fx^2}{6EI}(3l - x) \quad (4)$$

将 $x = l$ 代入式（3）、式（4）得自由端的转角和挠度为

$$\theta_B = y'_B = \frac{Fl^2}{2EI} = \frac{160 \times 0.24^2}{2 \times 210 \times 10^9 \times \frac{3.14}{64} \times 0.022^4}\text{rad} = 1.91 \times 10^{-3}\text{rad} = 0.109°$$

$$y_B = \frac{Fl^3}{3EI} = \frac{160 \times 0.24^3}{3 \times 210 \times 10^9 \times \frac{3.14}{64} \times 0.022^4}\text{m} = 3.06 \times 10^{-4}\text{m} = 0.306\text{mm}$$

由于弯曲变形而减少了吃刀量，引起圆轴两端直径误差为

$$\Delta d = 2y_B = 2 \times 0.306\text{mm} = 0.612\text{mm}$$

方法二：为了建立数量概念，加深印象，下面将已知量的数值在积分之前就代入。

对图 10-7 所示的坐标系 Axy，弯矩方程为

$$M(x) = F(l - x) = 160 \times (0.24 - x) \quad (\text{N} \cdot \text{m})$$

挠曲线近似微分方程 $y'' = \frac{F(l - x)}{EI}$，$I = \frac{\pi d^4}{64} = \frac{3.14}{64} \times 0.022^4\text{m}^4$，整理得

$$y'' = 0.0159 - 0.0663x \quad (\text{m})$$

积分得

$$\theta(x) = y'(x) = 0.0159x - 0.0332x^2 + C \quad (5)$$

再次积分得

$$y(x) = 0.00796x^2 - 0.0111x^3 + Cx + D \quad (6)$$

当 $x = 0$ 时，$\theta_A = 0$，$y_A = 0$，将此边界条件代入式（1）、式（2）得

$$C = 0,\ D = 0$$

将 $C = 0$、$D = 0$ 代入式（5）、式（6），整理得

$$\theta(x) = y'(x) = 0.0159x - 0.0332x^2 \quad (\text{rad}) \quad (7)$$

$$y(x) = 0.00796x^2 - 0.0111x^3 \quad (\text{m}) \quad (8)$$

将 $x = 0.24\text{m}$ 代入式（7）、式（8）得

$$\theta_B = y'_B = 1.91 \times 10^{-3}\text{rad} = 0.109°$$

$$y_B = 3.06 \times 10^{-4}\text{m} = 0.306\text{mm}$$

由于弯曲变形而减少了吃刀量，引起圆轴两端直径误差为

$$\Delta d = 2y_B = 2 \times 0.306\text{mm} = 0.612\text{mm}$$

方法二的缺点是：一开始就将已知量的数值代入，多次计算会造成误差累积。

例 10-2 简支梁的自重为均匀分布载荷，其集度为 q，计算简图如图 10-8 所示，试讨论大梁自重引起的变形。

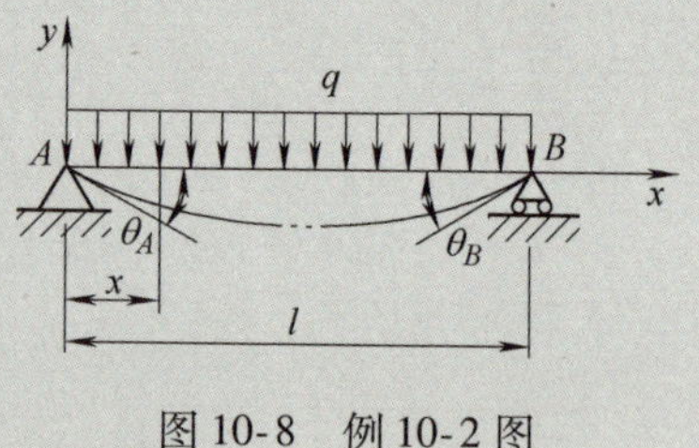

图 10-8 例 10-2 图

解：由于简支梁受对称载荷作用，故支座约束力 $F_A=F_B=\frac{ql}{2}$。取坐标系如图 10-8 所示，坐标为 x 的截面上的弯矩为

$$M(x)=\frac{ql}{2}x-\frac{1}{2}qx^2$$

代入挠曲线近似微分方程 $y''=\frac{M(x)}{EI}$，得

$$EIy''=\frac{ql}{2}x-\frac{q}{2}x^2$$

积分得

$$EIy'=\frac{ql}{4}x^2-\frac{q}{6}x^3+C \tag{1}$$

再次积分得

$$EIy=\frac{ql}{12}x^3-\frac{q}{24}x^4+Cx+D \tag{2}$$

梁在两端铰支座上的挠度都等于零，故得边界条件

$$x=0\text{ 处，}\quad y_A=0$$

$$x=l\text{ 处，}\quad y_B=0$$

将以上边界条件代入挠度 y 的表达式（2），得

$$\begin{cases}D=0\\ \frac{ql^4}{12}-\frac{ql^4}{24}+Cl=0\end{cases}$$

由此解出积分常数 C 和 D 分别为

$$C=-\frac{ql^3}{24},\quad D=0 \tag{3}$$

将式（3）代入式（1）、式（2），得到转角方程和挠曲线方程

$$\theta=\frac{ql}{4EI}x^2-\frac{q}{6EI}x^3-\frac{ql^3}{24EI},\qquad y=\frac{ql}{12EI}x^3-\frac{q}{24EI}x^4-\frac{ql^3}{24EI}x$$

梁上的外力和边界条件都对跨度中点对称，所以挠度曲线也对跨度中点对称。在跨度中点挠曲线的切线斜率 $y'=0$，挠度 y 为极大值。即

$$x=0.5l \text{ 时}, \quad y_{\max}=-\frac{5ql^4}{384EI}$$

负号表示挠度向下。

在 A、B 两端，截面转角的数值相等、符号相反，且绝对值最大。即

$$x=0 \text{ 时}, \quad \theta_A=-\frac{ql^3}{24EI}$$

$$x=l \text{ 时}, \quad \theta_B=\frac{ql^3}{24EI}$$

例 10-3　图 10-9 所示简支梁，$l=4\text{m}$，抗弯刚度 $EI=1640\text{N}\cdot\text{m}^2$。在无限接近右支座 B 处受到矩为 $M_e=120\text{N}\cdot\text{m}$ 的集中力偶作用，试求：(1) 转角方程和位移方程。(2) 梁的最大挠度。

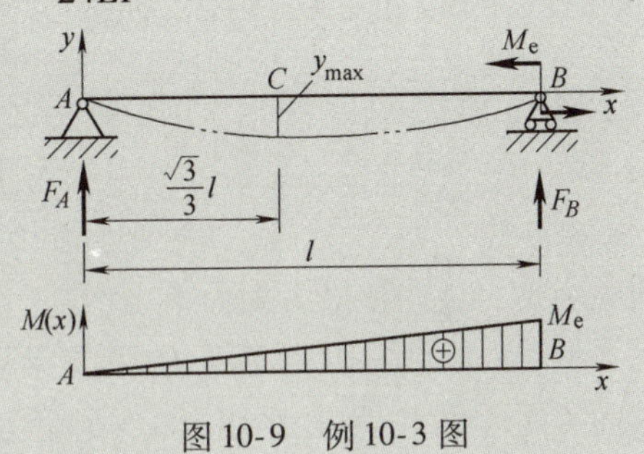

图 10-9　例 10-3 图

解：1) 由梁的平衡方程，可得 A、B 支座约束力 $F_A=-F_B=\dfrac{M_e}{l}$，从而得梁的弯矩方程为

$$M(x)=\frac{M_e}{l}x$$

将上式代入挠曲线近似微分方程 $y''=\dfrac{M(x)}{EI}$，积分一次，得转角方程为

$$\theta=y'=\frac{M_e}{2EIl}x^2+C \tag{1}$$

对式 (1) 再积分一次，得挠曲线方程为

$$y=\frac{M_e}{6EIl}x^3+Cx+D \tag{2}$$

位移边界条件：在 A、B 铰支座处，挠度 y 为零，即

$$x=0,\ y=0; \qquad x=l,\ y=0$$

将上述位移边界条件分别代入式 (2)，解得积分常数为

$$D=0, \quad C=-\frac{M_e l}{6EI}$$

将所得积分常数代入式 (1)、式 (2)，梁的转角方程和挠曲线方程分别为

$$\theta=\frac{M_e}{2EIl}x^2-\frac{M_e l}{6EI}=0.00915x^2-0.0488\ (\text{rad}) \tag{3}$$

$$y=\frac{M_e}{6EIl}x^3-\frac{M_e l}{6EI}x=0.00305x^3-0.0488x\ (\mathrm{m}) \tag{4}$$

2）计算最大挠度。如图 10-9 所示，全梁弯矩为正，整段梁的挠曲线是凹曲线，其最大挠度处的转角为零。故由式（3）有

$$\theta_0=\frac{M_e}{2EIl}x^2-\frac{M_e l}{6EI}=0.00915x^2-0.0488=0$$

解得最大挠度所在截面的坐标为

$$x_0=\frac{l}{\sqrt{3}}=2.31\mathrm{m}$$

将 x_0 值代入式（4），即得梁的最大挠度为

$$y_{max}=-\frac{M_e l^2}{9\sqrt{3}EI}=-75.1\mathrm{mm}$$

结果为负，说明挠度方向向下。

例 10-4 图 10-10 所示的简支梁，在截面 C 处受集中力 F 作用（$a>b$），试求此梁的挠曲线方程和转角方程，并确定其最大挠度。

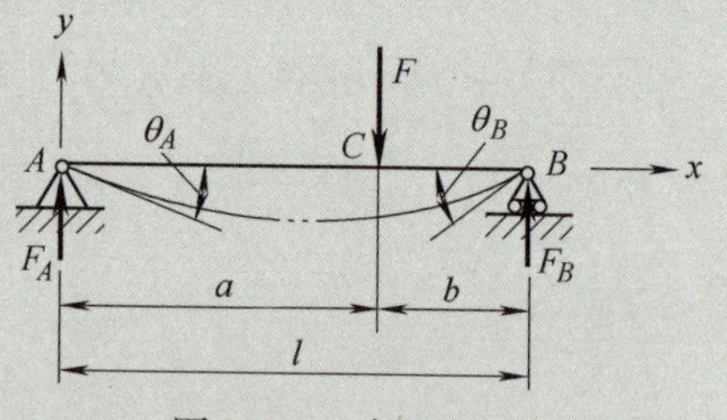

图 10-10 例 10-4 图

解：（1）列弯矩方程 由静力平衡条件可求得

$$F_A=\frac{Fb}{l},\qquad F_B=\frac{Fa}{l}$$

集中载荷 F 将梁分为 AC 和 CB 两段，各段弯矩方程不同，分别为

AC 段 $$M_1(x)=F_A x=\frac{Fb}{l}x \qquad (0\leqslant x\leqslant a)$$

CB 段 $$M_2(x)=F_A x-F(x-a)=\frac{Fb}{l}x-F(x-a) \qquad (a\leqslant x\leqslant l)$$

（2）挠曲线微分方程

AC 段 $$EIy_1''=M(x)=\frac{Fb}{l}x \qquad (0\leqslant x\leqslant a)$$

积分一次得

$$EIy_1'=\frac{Fb}{l}\frac{x^2}{2}+C_1 \tag{1}$$

再积分一次得

$$EIy_1=\frac{Fb}{l}\frac{x^3}{6}+C_1x+D_1 \tag{2}$$

CB 段
$$EIy_2''=M(x)=\frac{Fb}{l}x-F(x-a)\qquad(a\leqslant x\leqslant l)$$

积分一次得

$$EIy_2'=\frac{Fb}{l}\frac{x^2}{2}-\frac{F(x-a)^2}{2}+C_2\tag{3}$$

再积分一次得

$$EIy_2=\frac{Fb}{l}\frac{x^3}{6}-\frac{F(x-a)^3}{6}+C_2x+D_2\tag{4}$$

（3）确定积分常数　位移边界条件

当 $x=0$ 时，$y_1=0$；　当 $x=l$ 时，$y_2=0$

此外，整个梁的挠曲线为一条光滑而连续的曲线，利用相邻两段梁在交接处位移变形的连续条件，即在交接处 C 点，左右两段应有相等的挠度和相等的转角，即

$x=a$ 时，$\theta_1=\theta_2$，$y_1=y_2$

将以上两个位移边界条件和两个连续条件代入式（1）~式（4），即可求得四个积分常数

$$D_1=D_2=0,\ C_1=C_2=-\frac{Fb}{6l}(l^2-b^2)$$

将它们代入式（1）~式（4），得到梁的转角和挠度方程：

AC 段
$$\theta_1=-\frac{Fb}{2lEI}\left[\frac{1}{3}(l^2-b^2)-x^2\right]\qquad(0\leqslant x\leqslant a)\tag{5}$$

$$y_1=-\frac{Fbx}{6lEI}[l^2-b^2-x^2]\qquad(0\leqslant x\leqslant a)\tag{6}$$

CB 段
$$\theta_2=-\frac{Fb}{6lEI}\left[\frac{3l}{b}(x-a)^2+(l^2-b^2-3x^2)\right]\qquad(a\leqslant x\leqslant l)\tag{7}$$

$$y_2=-\frac{Fb}{6lEI}\left[\frac{l}{b}(x-a)^3+(l^2-b^2-x^2)x\right]\qquad(a\leqslant x\leqslant l)\tag{8}$$

（4）确定梁的最大挠度　简支梁的最大挠度发生在 $\theta=0$ 处。先讨论 AC 段，令

$$\frac{\mathrm{d}y_1}{\mathrm{d}x}=\theta_1=-\frac{Fb}{2lEI}\left[\frac{1}{3}(l^2-b^2)-x^2\right]=0$$

可求得
$$x_0=\sqrt{\frac{l^2-b^2}{3}}$$

由于本题中 $a>b$，故 $x_0=\sqrt{\frac{(a+b)^2-b^2}{3}}=\sqrt{\frac{a\ (a+2b)}{3}}<a$，因而最大挠度出现在 AC 段内。将 $x_0=\sqrt{\frac{l^2-b^2}{3}}$代入式（6），经简化后得最大挠度为

$$y_{max}=-\frac{Fb}{9\sqrt{3}lEI}\sqrt{(l^2-b^2)^3}$$

当 $a=b=l/2$ 时，$x_0=0.5l$，$y_{max}=-\frac{Fl^3}{48EI}$。

经过计算可以得出：如果用中点挠度代替最大挠度，引起的误差将不超过3%。所以为了实用上的简便，可不论集中载荷 F 作用的位置如何，都认为最大挠度发生在梁跨度的中点。

第三节 用叠加法求梁的变形

如果因变量表达式中仅包含自变量的一次方项，则各自变量独立作用，互不影响。几个自变量同时作用所产生的总效应，等于各个自变量单独作用时产生效应的总和，此原理称为**叠加原理**。

梁的挠曲线近似微分方程式（10-3）为

$$y''=\frac{M(x)}{EI}$$

由上式可知小变形时梁弯曲挠度 y 的二阶导数与弯矩 $M(x)$ 成正比，而弯矩是载荷的线性函数，所以梁的挠度与转角是载荷的线性函数，可以使用叠加法计算梁的转角和挠度，即梁在几个载荷同时作用下产生的转角和挠度，分别等于各个载荷单独作用下梁的挠度和转角的叠加和，这就是计算梁弯曲变形的**叠加原理**。

任意截面 x 的

弯矩 $$M(x)=M_1(x)+M_2(x)+M_3(x)+\cdots+M_n(x)$$

转角 $$\theta(x)=\theta_1(x)+\theta_2(x)+\theta_3(x)+\cdots+\theta_n(x)$$

挠度 $$y(x)=y_1(x)+y_2(x)+y_3(x)+\cdots+y_n(x)$$

当梁上载荷较为复杂，且只需求某一指定截面的挠度和转角时，采用积分法就显得很繁琐，而此时用叠加法则较为方便。

为了便于应用叠加法计算梁的挠度和转角，表10-1列出了几种常见的梁在简单载荷作用下的挠度和转角公式。

表 10-1　梁在简单载荷作用下的变形

序号	梁的简图	挠曲线方程	端截面转角	最大挠度
1	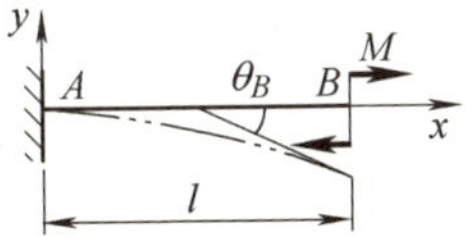	$y=-\dfrac{Mx^2}{2EI}$	$\theta_B=-\dfrac{Ml}{EI}$	$y_B=-\dfrac{Ml^2}{2EI}$
2	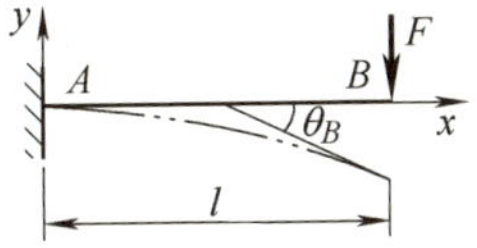	$y=-\dfrac{Fx^2}{6EI}(3l-x)$	$\theta_B=-\dfrac{Fl^2}{2EI}$	$y_B=-\dfrac{Fl^3}{3EI}$
3	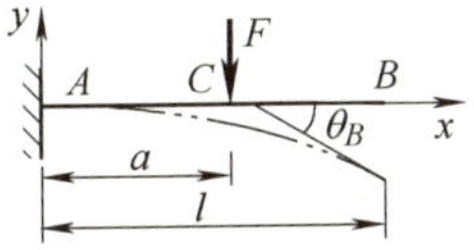	$y=-\dfrac{Fx^2}{6EI}(3a-x)$ $0\leqslant x\leqslant a$ $y=-\dfrac{Fa^2}{6EI}(3x-a)$ $a\leqslant x\leqslant l$	$\theta_B=-\dfrac{Fa^2}{2EI}$	$y_B=-\dfrac{Fa^2}{6EI}(3l-a)$
4	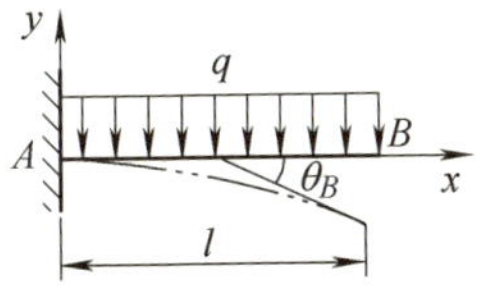	$y=-\dfrac{qx^2}{24EI}(x^2-4lx+6l^2)$	$\theta_B=-\dfrac{ql^3}{6EI}$	$y_B=-\dfrac{ql^4}{8EI}$
5	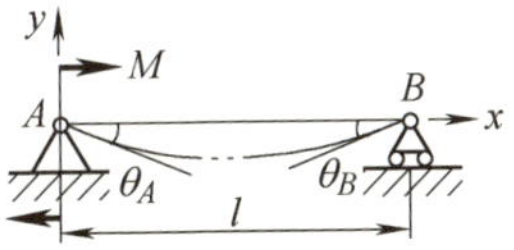	$y=-\dfrac{Mx}{6EIl}(l-x)(2l-x)$	$\theta_A=-\dfrac{Ml}{3EI}$ $\theta_B=\dfrac{Ml}{6EI}$	$x=\left(1-\dfrac{1}{\sqrt{3}}\right)l$ 处， $y_{\max}=-\dfrac{Ml^2}{9\sqrt{3}EI}$； $x=\dfrac{l}{2}$ 处， $y_{l/2}=-\dfrac{Ml^2}{16EI}$
6	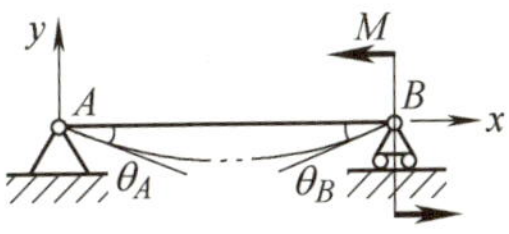	$y=-\dfrac{Mx}{6EIl}(l^2-x^2)$	$\theta_A=-\dfrac{Ml}{6EI}$ $\theta_B=\dfrac{Ml}{3EI}$	$x=\dfrac{l}{\sqrt{3}}$ 处， $y_{\max}=-\dfrac{Ml^2}{9\sqrt{3}EI}$； $x=\dfrac{l}{2}$ 处， $y_{l/2}=-\dfrac{Ml^2}{16EI}$

（续）

序号	梁的简图	挠曲线方程	端截面转角	最大挠度
7		$y=\frac{Mx}{6EIl}(l^2-3b^2-x^2)$，$0\leqslant x\leqslant a$； $y=\frac{M}{6EIl}[-x^3+3l(x-a)^2+(l^2-3b^2)x]$，$a\leqslant x\leqslant l$	$\theta_A=\frac{M}{6EIl}(l^2-3b^2)$ $\theta_B=\frac{M}{6EIl}(l^2-3a^2)$	
8		$y=-\frac{Fbx}{6EIl}(l^2-x^2-b^2)$，$0\leqslant x\leqslant a$； $y=-\frac{Fb}{6EIl}\left[\frac{l}{b}(x-a)^3+(l^2-b^2)x-x^3\right]$， $a\leqslant x\leqslant l$	$\theta_A=-\frac{Fab(l+b)}{6EIl}$ $\theta_B=\frac{Fab\ (l+a)}{6EIl}$	设 $a>b$ $x=\sqrt{\frac{l^2-b^2}{3}}$处 $y_{\max}=-\frac{Fb\sqrt{(l^2-b^2)^3}}{9\sqrt{3}EIl}$； 在 $x=\frac{l}{2}$处 $y_{l/2}=-\frac{Fb(3l^2-4b^2)}{48EI}$
9		$y=-\frac{qx}{24EI}(l^3-2lx^2+x^3)$	$\theta_A=-\theta_B=-\frac{ql^3}{24EI}$	$x=l/2$ 处， $y_{\max}=-\frac{5ql^4}{384EI}$

下面举例说明叠加法的具体应用。

例 10-5 如图 10-11a 所示，由 20a 工字钢组成的简支梁，$l=5\text{m}$，$E=200\text{GPa}$，自重可视为均布载荷，作用于跨度中点的载荷为 $F=12\text{kN}$。试用叠加法求梁跨中点的挠度 y_C 和支座 B 截面处的转角 θ_B。

解：将载荷分解为中点 C 作用集中力 F、全梁作用均布载荷 q 的简支梁两种情况，查表 10-1 可得由集中力 F 引起的 C 处的挠度 y_{CF} 和 B 处的转角 θ_{BF} 分别为

$$y_{CF}=-\frac{Fl^3}{48EI_z},\quad \theta_{BF}=\frac{Fl^2}{16EI_z}$$

查型钢规格表 A-4 得，20a 工字钢理论重量为 27.929kg/m。$q=274\text{N/m}$，$I_z=2370\text{cm}^4$。由均布载荷 q 引起的 C 处的挠度 y_{Cq} 和 B 处的转角 θ_{Bq} 分别为

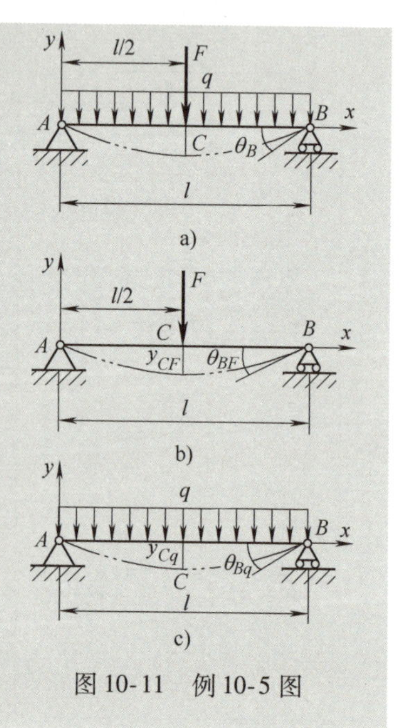

图 10-11 例 10-5 图

$$y_{Cq}=-\frac{5ql^4}{384EI_z},\quad \theta_{Bq}=\frac{ql^3}{24EI_z}$$

所以 C 截面处的挠度和 B 截面处的转角分别为

$$y_C=y_{CF}+y_{Cq}=-\frac{Fl^3}{48EI_z}-\frac{5ql^4}{384EI_z}$$

$$=\left(-\frac{12\times10^3\times5^3}{48\times200\times10^9\times2370\times10^{-8}}-\frac{5\times274\times5^4}{384\times200\times10^9\times2370\times10^{-8}}\right)\text{m}$$

$$=-0.00706\text{m}=-7.06\text{mm}$$

$$\theta_B=\theta_{BF}+\theta_{Bq}=\frac{Fl^2}{16EI_z}+\frac{ql^3}{24EI_z}$$

$$=\left(\frac{12\times10^3\times5^2}{16\times200\times10^9\times2370\times10^{-8}}+\frac{274\times5^3}{24\times200\times10^9\times2370\times10^{-8}}\right)\text{rad}$$

$$=0.00426\text{rad}=0.24°$$

例 10-6　图 10-12 所示外伸梁 ABC，已知抗弯刚度 EI，自由端作用有集中力 F。试求 C 截面的挠度及转角。

解：用叠加法求解。

在表 10-1 中给出的是简支梁和悬臂梁的挠度和转角，为了应用它来解题，将整个梁视为简支梁 AB 和固定端在 B 的悬臂梁 BC 两个部分。

1）视 BC 为悬臂梁，B 为固定端（即暂不考虑 B 截面有转角为 θ_B），查表得 C 截面的挠度和转角为

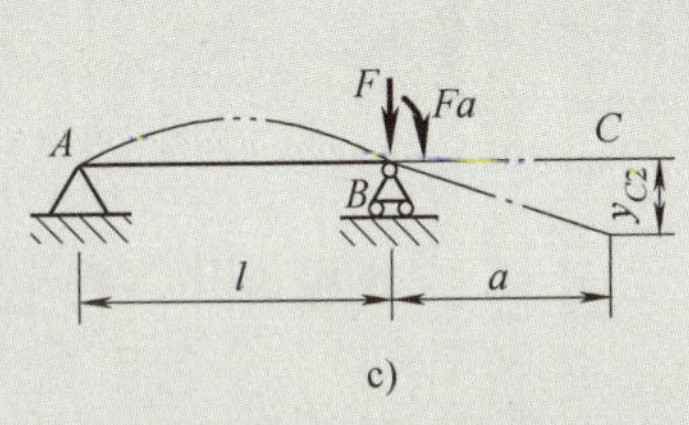

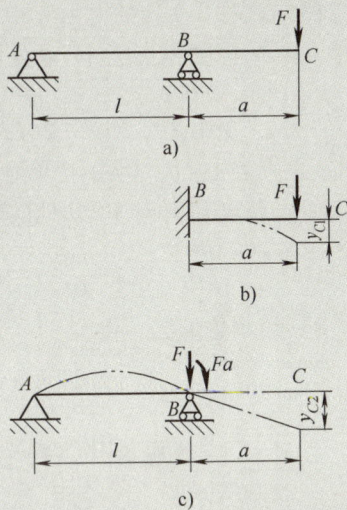

图 10-12　例 10-6 图

$$y_{C1}=-\frac{Fa^3}{3EI},\quad \theta_{C1}=-\frac{Fa^2}{2EI}$$

2）AB 段为简支梁。将图 10-12a 中力 F 平移到 B 点，有力 F 及弯矩 $M_B=-Fa$，如图 10-12c 所示，这样在 AB 梁上受到 F、M_B 的作用。

图 10-12c 中，力 F 不会引起简支梁变形，只有力偶 M_B 使 BC 梁变形。查表 10-1 得截面 B 的转角为

$$\theta_B=\frac{M_Bl}{3EI}=-\frac{Fal}{3EI}$$

3）B 截面转角 θ_B，使 AB 段发生刚体转动，转角为 θ_B，如图 10-12c 所示，从而使截面 C 产生的变形为

$$y_{C2}=a\theta_B=-\frac{Fa^2l}{3EI},\quad \theta_{C2}=\theta_B=-\frac{Fal}{3EI}$$

应用叠加法得截面 C 的总变形为

$$y_C=y_{C1}+y_{C2}=-\frac{Fa^3}{3EI}-\frac{Fa^2l}{3EI}=-\frac{Fa^2}{3EI}(a+l)$$

$$\theta_C=\theta_{C1}+\theta_{C2}=-\frac{Fa^2}{2EI}-\frac{Fal}{3EI}=-\frac{Fa}{6EI}(3a+2l)$$

例 10-7 简支梁受载荷如图 10-13a 所示，已知抗弯刚度 $EI=20\text{kN}\cdot\text{m}^2$，$l=1\text{m}$，$q=30\text{kN/m}$，$M=5\text{kN}\cdot\text{m}$。试用叠加法求梁跨中点的挠度 y_C 和支座截面处的转角 θ_A、θ_B。

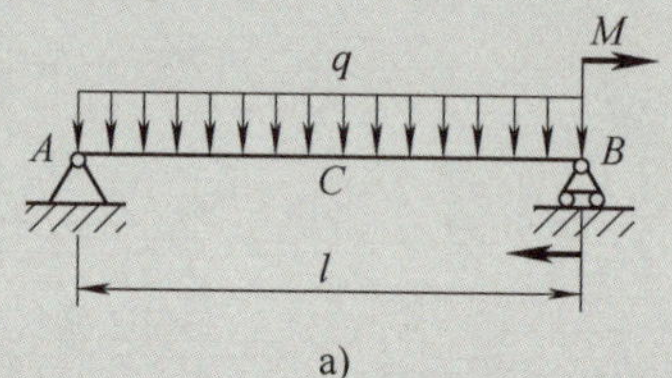

a)

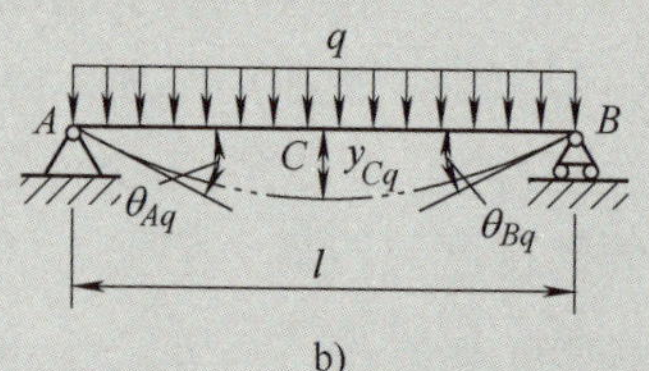

b)

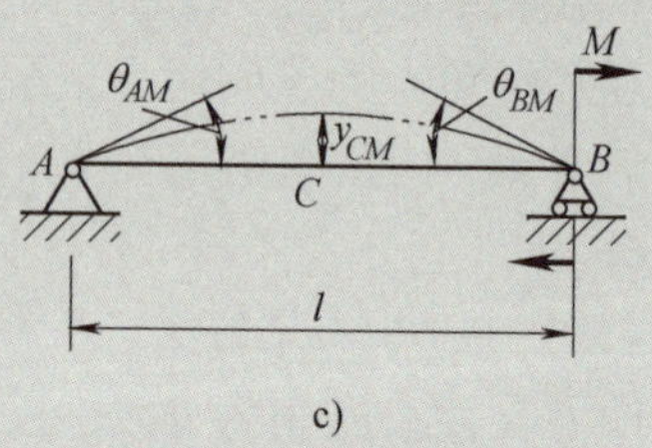

c)

图 10-13 例 10-7 图

解：将作用在此梁上的载荷分为两种简单载荷，如图 10-13b、c 所示。

1）查表 10-1，查得由 q 单独作用引起的梁跨中点 C 的挠度和支座 A、B 处的转角分别为

$$y_{Cq}=-\frac{5ql^4}{384EI},\ \theta_{Aq}=-\frac{ql^3}{24EI},\ \theta_{Bq}=\frac{ql^3}{24EI}$$

2）查表 10-1，得由 M 单独作用引起的梁跨中点 C 的挠度和支座 A、B 处的转角分别为

$$y_{CM}=\frac{Ml^2}{16EI},\ \theta_{AM}=\frac{Ml}{6EI},\ \theta_{BM}=-\frac{Ml}{3EI}$$

3）运用叠加法，得

$$\begin{aligned}y_C&=y_{Cq}+y_{CM}=-\frac{5ql^4}{384EI}+\frac{Ml^2}{16EI}\\&=\left(-\frac{5\times30\times10^3\times1^4}{384\times20\times10^3}+\frac{5\times10^3\times1^2}{16\times20\times10^3}\right)\text{m}\\&=-0.00391\text{m}=-3.91\text{mm}\end{aligned}$$

$$\begin{aligned}\theta_A&=\theta_{Aq}+\theta_{AM}=-\frac{ql^3}{24EI}+\frac{Ml}{6EI}\\&=\left(-\frac{30\times10^3\times1^3}{24\times20\times10^3}+\frac{5\times10^3\times1}{6\times20\times10^3}\right)\text{rad}=-0.0208\text{rad}=-1°12'\end{aligned}$$

$$\begin{aligned}\theta_B&=\theta_{Bq}+\theta_{BM}=\frac{ql^3}{24EI}-\frac{Ml}{3EI}\\&=\left(\frac{30\times10^3\times1^3}{24\times20\times10^3}-\frac{5\times10^3\times1}{3\times20\times10^3}\right)\text{rad}=-0.0208\text{rad}=-1°12'\end{aligned}$$

第四节　简单超静定梁

前面所讨论梁的约束力由静力学平衡方程即可完全确定，都是静定梁。但在工程实际中，有时为了提高梁的强度和刚度，或由于构造上的需要，往往会给静定梁增加约束，于是，梁未知约束力的数目就超过了静力学平衡方程的数目，某些约束力不能完全由静力学平衡方程求出，这就是超静定梁。

在静定梁上增加的约束，对于维持构件平衡来说是多余的，因此，习惯上常把这种对维持构件平衡并非必要的约束，称为**多余约束**。与多余约束所对应的支座约束力或约束力偶，统称为**多余约束力**。

超静定次数 = 未知约束力总个数 − 独立平衡方程数

与求解轴向拉压超静定问题类似，为了求解超静定梁，除列出静力平衡方程式外，还需要变形协调条件以及力与位移间的物理关系，建立的补充方程个数应与超静定次数相等，这样才能解出全部约束力。

现以图 10-14a 为例，说明分析超静定梁的解法。载荷 F_1 已知，求约束力 F_2、F_{Ax}、F_{Ay}，以及约束力偶 M_A。该梁具有一个多余约束，即具有一个多余支座约束力。以 B 处支座作为多余约束，则相应的多余支座约束力为 F_2。

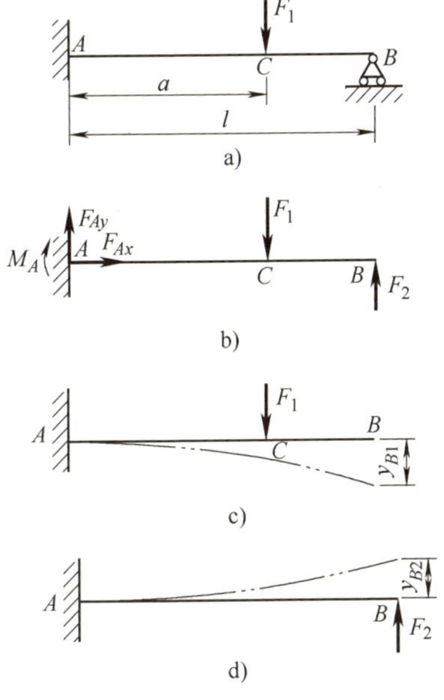

图 10-14　超静定梁

解除多余约束即 B 处铰支座，并以相应的多余未知力 F_2 代替它的作用。这样，就把原来的超静定梁在形式上转变成在载荷 F_1 和多余未知力 F_2 共同作用下的静定悬臂梁，如图 10-14b 所示，称为原超静定梁的相当系统。

为了使相当系统和原超静定梁相同，要求在多余约束处必须符合超静定梁的变形协调条件。在本例中，B 铰支座处的变形协调条件是 B 点的挠度为零，即

$$y_B = 0$$

现在利用叠加法求图 10-14b 所示梁的 B 点挠度。

由 F_1 力单独作用时，如图 10-14c 所示，B 点挠度记为 y_{B1}；由 F_2 力单独作用时，如图 10-14d 所示，B 点挠度记为 y_{B2}，所以 B 点挠度为零的条件，即变形协调条件可写为

$$y_B = y_{B1} + y_{B2} = 0 \tag{1}$$

由 F_1 力单独作用时，查表 10-1 得

$$y_{B1}=-\frac{F_1a^2}{6EI}(3l-a) \tag{2}$$

由 F_2 力单独作用时，查表 10-1 得

$$y_{B2}=\frac{F_2l^3}{3EI} \tag{3}$$

将式（2）、式（3）代入式（1）并求解得

$$F_2=\frac{F_1}{2}\frac{a^3}{l^3}\left(3\frac{l}{a}-1\right)$$

F_2 的正号表示实际 F_2 的方向与图 10-14b 假设的方向相同。求出多余约束力后，原来的超静定梁相当于在 F_1 和 F_2 共同作用下的悬臂梁（图 10-14b），进一步的计算就可以采用静力学平衡方程求解。即

$$\begin{cases}\sum\limits_{i=1}^{n}F_{ix}=0,\ F_{Ax}=0\\ \sum\limits_{i=1}^{n}F_{iy}=0,\ F_{Ay}-F_1+F_2=0\\ \sum\limits_{i=1}^{n}M_A(F_i)=0,\ M_A+F_1a-F_2l=0\end{cases}$$

解得

$$F_{Ax}=0$$

$$F_{Ay}=F_1\left(1-\frac{3}{2}\times\frac{a^2}{l^2}+\frac{a^3}{2l^3}\right)$$

$$M_A=F_1a\left(-1+\frac{3}{2}\times\frac{a}{l}-\frac{a^2}{2l^2}\right)$$

应该指出，多余约束的选取并不是唯一的，只要是维持平衡额外的约束，都可以视为多余约束，也就是说相当系统可以有不同的选择。

以上分析表明，求解超静定梁的关键在于确定多余约束力，其方法和步骤可概述如下：

（1）根据约束力与独立平衡方程的数目，判断梁的超静定次数。

（2）解除多余约束，并以相应的多余约束力代替其作用，得到原超静定梁的相当系统。

（3）计算相当系统在多余约束处的位移，并根据相应的变形协调条件建立补充方程，由此可求出多余支座约束力。

多余约束力确定后，作用在相当系统上的外力均可求出，由此可通过相当系统计算超静定梁的内力、应力与位移。

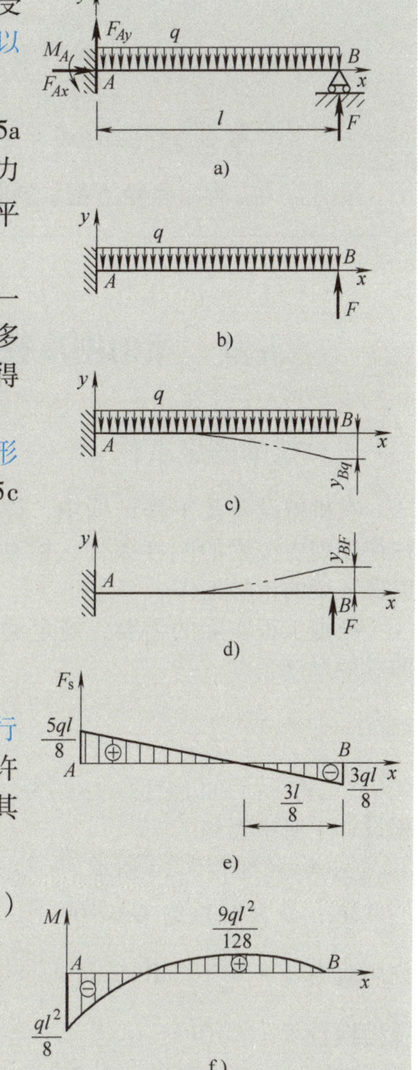

图 10-15　例 10-8 图

例 10-8　梁的约束如图 10-15a 所示，承受均布载荷 q 作用，试求约束力 F、F_{Ax}、F_{Ay}，以及约束力偶 M_A，并画出剪力图和弯矩图。

解：(1) 判断梁的超静定次数　图 10-15a 中梁有三个约束力 F、F_{Ax}、F_{Ay}，以及约束力偶 M_A，由静力平衡条件可建立三个有效的平衡方程，因此它是一次超静定梁。

(2) 选择相当系统　将此超静定梁解除一个约束，就得到相当系统。先以 B 支座作为多余约束，将其解除，代以相应的约束力 F，得到图 10-15b 所示相当系统。

(3) 在相当系统上计算解除约束处的变形　根据叠加原理，把图 10-15b 分解为图 10-15c 和图 10-15d，则从图中可以看出

$$y_B = y_{Bq} + y_{BF}$$

查表 10-1 得

$$y_{Bq} = -\frac{ql^4}{8EI},\quad y_{BF} = \frac{Fl^3}{3EI}$$

(4) 将相当系统与原超静定梁的变形进行比较，列出补充方程　原梁在支座 B 处不允许有垂直位移，要求相当系统在 B 处的变形与其一致，故 B 截面的挠度应为零。即

$$y_B = y_{Bq} + y_{BF} = -\frac{ql^4}{8EI} + \frac{Fl^3}{3EI} = 0 \tag{1}$$

(5) 求解多余约束力　解方程式 (1)，得

$$F = \frac{3}{8}ql$$

(6) 列方程求 A 处支座约束力

$$\sum_{i=1}^{n} F_{ix} = 0,\quad F_{Ax} = 0 \tag{2}$$

$$\sum_{i=1}^{n} F_{iy} = 0,\quad F_{Ay} + F - ql = 0 \tag{3}$$

$$\sum_{i=1}^{n} M_A = 0,\quad M_A - \frac{ql^2}{2} + Fl = 0 \tag{4}$$

将式 (1) 代入式 (3)、式 (4)，解得

$$F_{Ay} = \frac{5ql}{8},\quad M_A = \frac{ql^2}{8}$$

(7) 画剪力图和弯矩图

$$剪力方程 \quad F_S(x)=\frac{5ql}{8}-qx \quad (0<x<l)$$

$$弯矩方程 \quad M(x)=-\frac{ql^2}{8}+\frac{5ql}{8}x-\frac{1}{2}qx^2 \quad (0<x<l)$$

按照剪力方程、弯矩方程，画剪力图（图10-15e）和弯矩图（图10-15f）。

第五节 梁的刚度校核与提高梁抗弯刚度的措施

一、梁的刚度条件

在机械设备及工程结构中，许多情况下在按强度条件选择了梁的截面后，往往还需要按梁的刚度条件，检查梁的变形是否在设计条件所允许的范围内，以保证梁的正常工作。

根据工程实际的需要，规定梁的最大挠度和最大转角不超过某一规定值。即梁的刚度条件

$$|y|_{max}\leqslant[y] \tag{10-6}$$

$$|\theta|_{max}\leqslant[\theta] \tag{10-7}$$

式中，$[y]$ 为许可挠度；$[\theta]$ 为许可转角。$[y]$ 和 $[\theta]$ 的数值可以从有关工程设计手册中查到。

例10-9 图10-16所示为一起重机梁，跨长 $l=12\text{m}$，最大起重量 $G=100\text{kN}$，梁为工字钢，许用应力 $[\sigma]=160\text{MPa}$，许可挠度 $[y]=\dfrac{l}{500}$，弹性模量 $E=200\text{GPa}$。试选择工字钢型号。

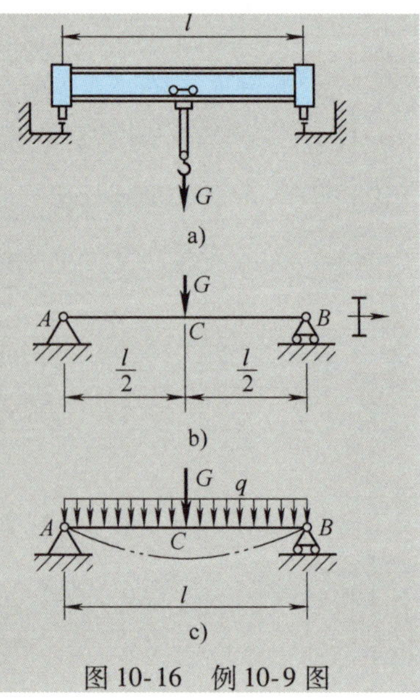

图10-16 例10-9图

解：(1) 按正应力强度条件设计截面　由于截面尺寸未定，暂不考虑梁的自重影响。当起吊重物在跨中点 C 时，C 截面将产生最大弯矩和最大挠度。最大弯矩为

$$(M_{max})_G=\frac{1}{4}Gl=\frac{100\times12}{4}\text{kN}\cdot\text{m}=300\text{kN}\cdot\text{m}$$

根据强度条件得

$$W_z\geqslant\frac{(M_{max})_G}{[\sigma]}=\frac{300\times10^3}{160\times10^6}\text{m}^3=1.875\times10^{-3}\text{m}^3=1875\text{cm}^3$$

查附录型钢规格表 A-4，即热轧普通工字钢表，初选 50b 工字钢，$W_z = 1940\text{cm}^3$，$I_z = 48600\text{cm}^4$。

(2) 对初选 50b 工字钢，进行刚度校核

$$|y|_{\max} = \frac{Gl^3}{48EI_z} = \frac{100\times10^3\times12^3}{48\times200\times10^9\times48600\times10^{-8}}\text{m} = 0.037\text{m} = 37\text{mm}$$

$$[y] = \frac{l}{500} = \frac{12}{500}\text{m} = 0.024\text{m} = 24\text{mm}$$

由于 $|y|_{\max} > [y]$，所以 50b 工字钢不能满足刚度要求，需根据刚度条件重新选择型号，由 $[y] = \dfrac{Gl^3}{48EI_z}$ 得

$$I_z = \frac{Gl^3}{48E[y]} = \frac{100\times10^3\times12^3}{48\times200\times10^9\times24\times10^{-3}}\text{m}^4 = 7.5\times10^{-4}\text{m}^4 = 75000\text{cm}^4$$

查型钢规格表 A-4，选 63a 号工字钢，$I_z = 93900\text{cm}^4$，$W_z = 2980\text{cm}^3$，单位长度自重 $q = 121.407\times9.8\text{N/m} = 1190\text{N/m}$。

(3) 对 63a 工字钢，考虑自重影响，对梁的强度和刚度进行校核　如图 10-16c 所示，梁跨中 C 点受到自重引起的最大弯矩为

$$(M_{\max})_q = \frac{1}{8}ql^2 = \frac{1}{8}\times1190\times12^2\text{N}\cdot\text{m} = 2.14\times10^4\text{N}\cdot\text{m} = 21.4\text{kN}\cdot\text{m}$$

在梁跨中 C 点，载荷 G 和自重 q 共同引起梁的最大弯矩为

$$M_{\max} = (M_{\max})_q + (M_{\max})_G = (21.4 + 300)\text{kN}\cdot\text{m} = 321\text{kN}\cdot\text{m}$$

C 截面上、下边缘受到最大正应力

$$\sigma_{\max} = \frac{M_{\max}}{W_z} = \frac{321\times10^3}{2980\times10^{-6}}\text{Pa} = 1.08\times10^8\text{Pa} = 108\text{MPa} < [\sigma]$$

梁的最大挠度在跨中 C 点，查表 10-1，并用叠加法得

$$\begin{aligned}|y|_{\max} &= y_{CG} + y_{Cq} = \frac{Gl^3}{48EI_z} + \frac{5ql^4}{384EI_z}\\ &= \left(\frac{100\times10^3\times12^3}{48\times200\times10^9\times93900\times10^{-8}} + \frac{5\times1190\times12^4}{384\times200\times10^9\times93900\times10^{-8}}\right)\text{m}\\ &= 0.0209\text{m} = 20.9\text{mm} < [y]\end{aligned}$$

故选用 63a 工字钢。

二、提高梁抗弯刚度的措施

梁的弯曲变形与梁的受力、抗弯刚度 EI_z、长度以及支座情况有关。因此，提高梁抗弯刚度的措施大致分为以下几类。

1. 合理选择截面形状

影响梁抗弯刚度的截面几何性质是惯性矩 I_z。因此，从提高梁的刚度考虑，增大截面的惯性矩是提高梁抗弯刚度的主要途径。与梁的强度问题一样，可以采用槽形、工字形和空心圆等合理的截面形状。

2. 合理选择材料

影响梁抗弯刚度的材料性能是弹性模量 E，因此，从提高梁的刚度考虑，应选用弹性模量较大的材料。但是各类钢材的弹性模量 E 的数值非常接近，故采用高强度优质钢来提高抗弯刚度是不经济的。

3. 改变梁上的载荷作用位置、方向和作用形式

改变载荷的这些因素，其目的是减小梁的弯矩，这与提高梁的强度措施相同。

4. 减小梁的跨度

由表 10-1 可见，梁的挠度与跨度的二次方（集中力偶作用）、三次方（集中力作用）或者四次方（分布载荷作用）成正比，因此，减小梁的跨度对提高梁的刚度效果显著。如果条件允许，应尽量减小梁的跨度。

5. 增加梁的支座

增加梁的支座也可以减小梁的挠度。例如在图 10-17a 所示的简支梁的跨度中点增设一个支座 C，如图 10-17b 所示，就能使梁的挠度显著减小；在车床上用卡盘夹住工件进行切削时，工件由于切削力而引起弯曲变形，造成加工锥度，这时在工件上除了用尾顶尖外，有时还加用中心支架（图 10-18）或跟刀架，以减小工件的变形，使其锥度显著减小；镗刀杆，若外伸部分过长，可在端部加装尾架（图 10-19），以减小镗刀杆的变形，提高加工精度。

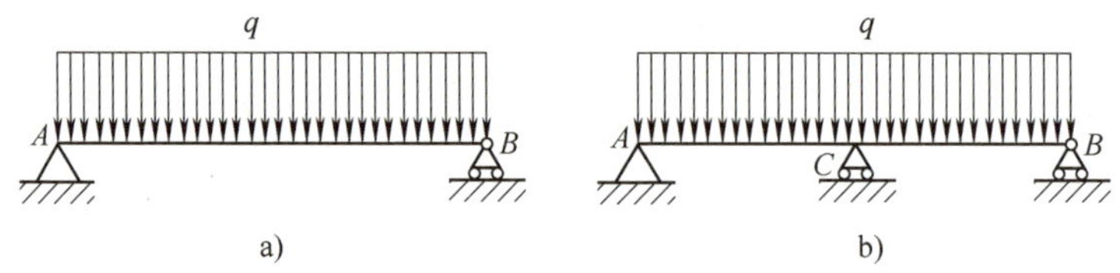

图 10-17 简支梁减小梁跨度

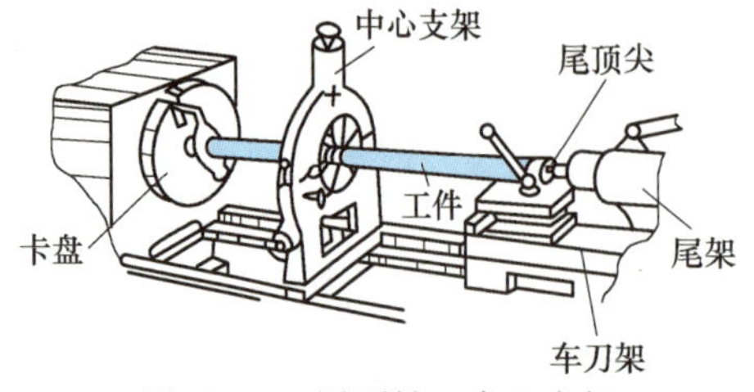

图 10-18 尾顶针、中心支架

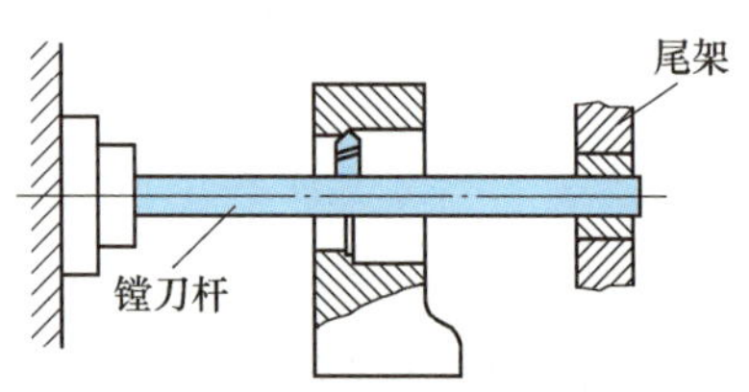

图 10-19 镗刀杆在端部加装尾架

应该指出，采用上述措施后，原来的静定梁就变成超静定梁了。

这种增加支承提高抗弯刚度的措施在实际中被广泛应用。

小　结

• 当梁发生平面弯曲时，变形后梁的轴线变为一条光滑的平面曲线，称梁的挠曲轴线，也称弹性曲线、挠曲线。

• 梁截面形心线位移的垂直分量称该截面的挠度，用 y 表示；横截面绕中性轴转动产生了角位移，此角位移称为转角，用 θ 表示。挠度和转角的正负号做如下规定：挠度与 y 轴正方向同向为正，反之为负；截面转角以逆时针方向转动为正，反之为负。

小变形时
$$\theta \approx \tan\theta = y' = \frac{dy}{dx}$$

挠曲线近似微分方程
$$y'' = \frac{M(x)}{EI}$$

转角方程
$$\theta = \frac{dy}{dx} = \frac{1}{EI}\int M(x)dx + C$$

挠度方程
$$y = \frac{1}{EI}\int\int M(x)dxdx + Cx + D$$

积分常数 C 和 D，可由梁的边界条件或连续光滑条件来确定。

• 计算梁弯曲变形的叠加原理：在几个载荷同时作用下产生的转角和挠度，分别等于各个载荷单独作用下梁的挠度和转角的叠加和。

• 超静定梁：梁未知约束力的数目超过静力学平衡方程的数目，某些约束力不能完全由静力学平衡方程求出。

在静定梁上增加的约束，对于维持构件平衡来说是多余的，因此称为**多余约束**。与多余约束所对应的支座约束力或约束力偶，称为**多余约束力**。

超静定次数 = 未知约束力总个数 - 独立平衡方程数。

• 梁的刚度条件：$|y|_{max} \leqslant [y]$，$|\theta|_{max} \leqslant [\theta]$。式中，$[y]$ 为许可挠度；$[\theta]$ 为许可转角。

• 提高梁抗弯刚度的措施：合理选择截面形状，合理选择材料，改变梁上的载荷作用位置、方向和作用形式，减小梁的跨度，增加梁的支座。

习　题

10-1　什么是梁的挠曲轴线？什么是挠度和转角？它们之间有什么关系？

10-2　挠度与转角的正负号是如何规定的？

10-3　什么是挠曲轴线近似微分方程？为什么称为近似微分方程？

10-4　写出铰支座和固定端支座处的位移边界条件表达式。

10-5　写出单跨梁任一截面处的位移连续条件表达式。

10-6　如何利用叠加法计算梁指定截面处的挠度和转角？

10-7　什么是梁的刚度条件？

10-8　什么是超静定梁？超静定次数如何计算？

10-9 与静定梁相比，超静定梁有哪些优点？

10-10 什么是多余约束？什么是原超静定梁的相当系统？

10-11 什么是超静定梁的变形协调条件？

10-12 图10-20所示的梁，其抗弯刚度 EI 为常量，试求梁的弯矩图，并用积分法求 C 截面的位移。

10-13 用积分法求图10-21所示梁的挠曲线方程，$E=200\text{GPa}$，$I=2.5\times10^{-5}\text{m}^4$。

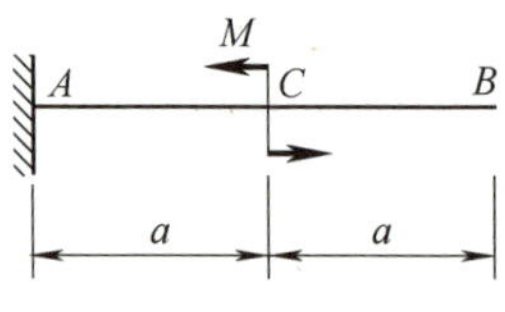

图10-20 题10-12图

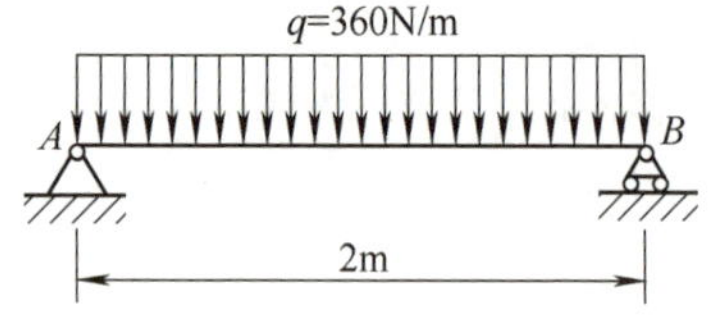

图10-21 题10-13图

10-14 用积分法求图10-22所示梁的挠曲线方程、端截面转角 θ_A 和 θ_B、中点 K 的挠度和最大挠度。设抗弯刚度 EI 为常数。

10-15 已知等直截面梁的抗弯刚度 EI，用叠加法求图10-23所示各梁 C 点的挠度。

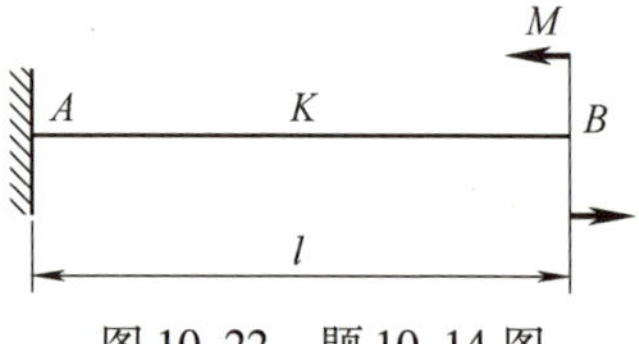

图10-22 题10-14图

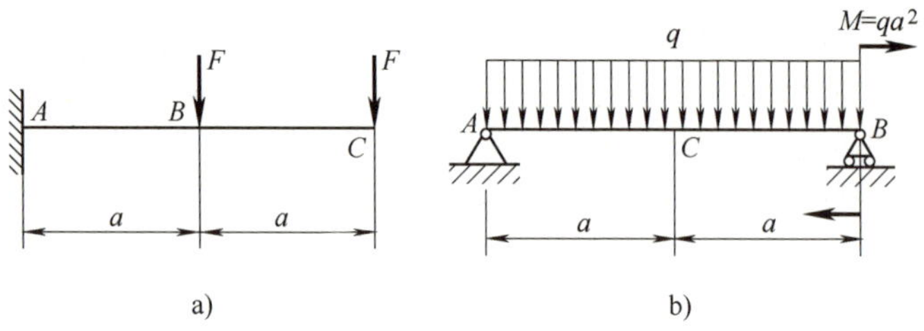

图10-23 题10-15图

10-16 求图10-24所示梁 A 截面的挠度、B 截面的转角。抗弯刚度 EI 为已知。

10-17 设梁的抗弯刚度 EI 为常数，以中间铰为多余约束，求解如图所示超静定梁支座 A、B、C 处约束力。

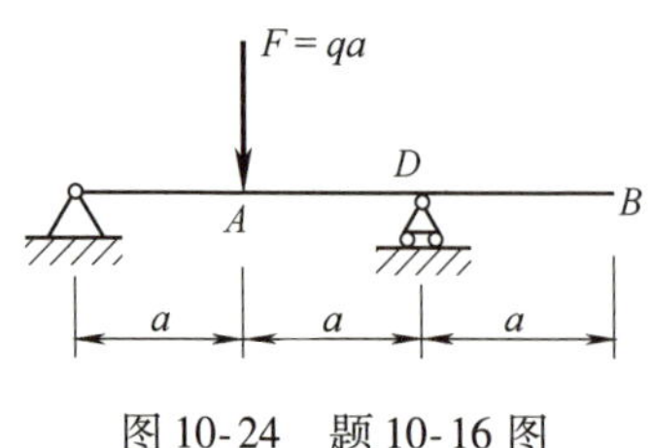

图10-24 题10-16图

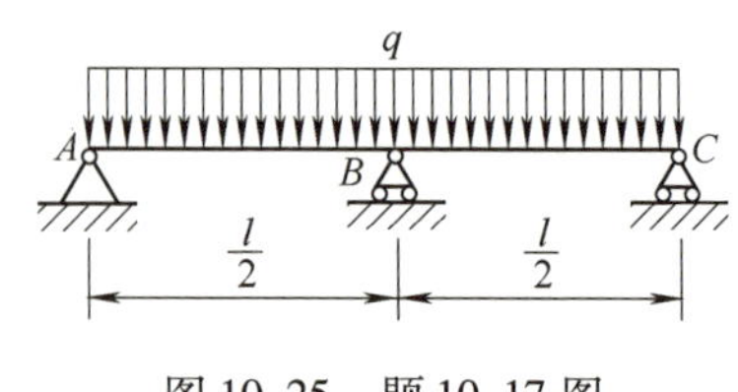

图10-25 题10-17图

10-18 如图10-26所示超静定梁，试求支座约束力，并作内力图。设梁的抗弯刚度 EI 为常数。

10-19　如图 10-27 所示，梁的抗弯刚度 EI 为常数，$F=12\mathrm{kN}$。以可动铰链支座 B 处的约束力作为多余约束，求超静定梁 ABC 各处的约束力。

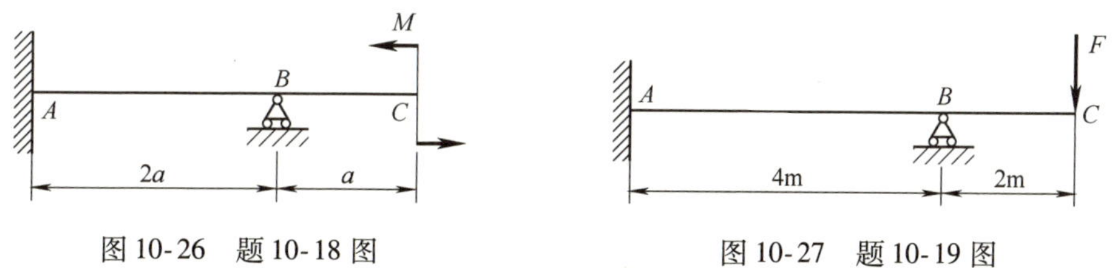

图 10-26　题 10-18 图　　图 10-27　题 10-19 图

10-20　求解图 10-28 所示 BC 杆的内力。已知载荷集度 q、尺寸 l、AB 梁的抗弯刚度 EI 和 BC 杆的拉压刚度 EA。

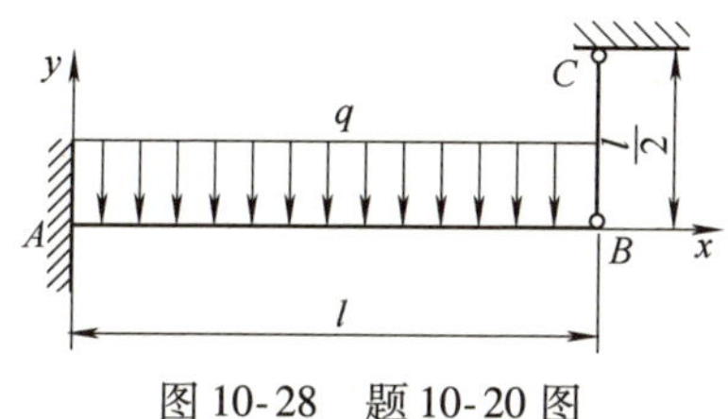

图 10-28　题 10-20 图

第十一章

压杆稳定

前面讨论了杆件的拉伸－压缩、剪切、扭转和弯曲四种基本变形，研究了构件发生基本变形时的强度、刚度计算。第五章中对受压杆件的研究，是从强度的观点出发的。即认为只要满足抗压强度条件，就可以保证压杆正常工作。这对短粗的压杆是正确的，但对于细长压杆，在强度破坏之前，可能会首先出现丧失平衡稳定性。即有些承受轴向压力的细长杆件，例如内燃机的连杆（图11-1）、发动机配气机构中的挺杆（图11-2）、千斤顶的丝杠（图11-3）、建筑物中的柱子、桁架结构中的抗压杆、撑竿跳运动员用的竿等，当压力超过一定数值后，在外界扰动下，其直线平衡形式将转变为弯曲形式，从而使杆件丧失正常功能，情形严重者，会造成人员的生命与财产的重大损失，这是与强度失效和刚度失效不同的另一种失效形式，称为**稳定失效**。稳定问题和强度、刚度问题一样，在机械或其零部件的设计中占有重要地位。在工程实际中，要保证构件或结构物正常工作，除了要满足强度、刚度条件外，还必须满足稳定性的要求。

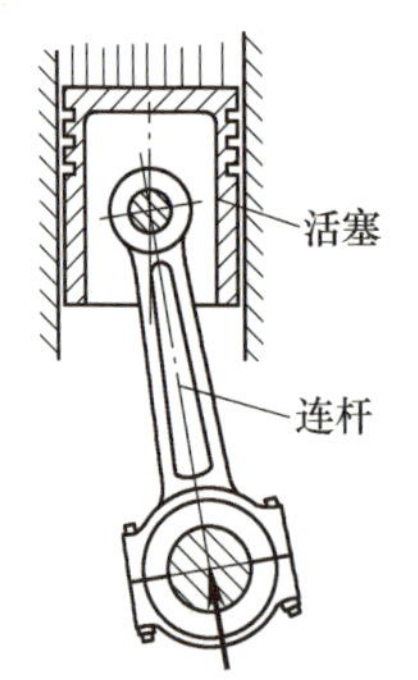

图11-1　内燃机的连杆

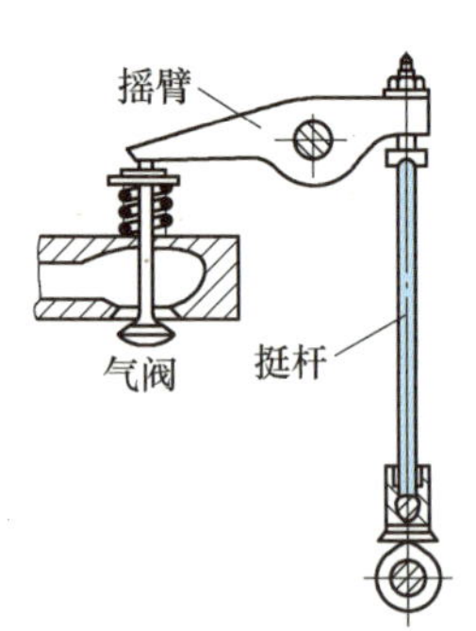

图11-2　发动机配气机构

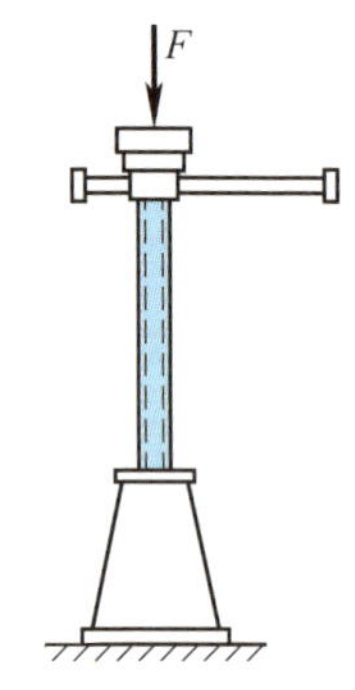

图11-3　千斤顶

工程实际中不仅细长压杆可能发生失稳现象，其他一些受压力的薄壁构件，如果外力过大，也会发生失稳现象。如图11-4a所示，横截面为狭长矩形的薄壁构件，在抗弯能力最大的平面内受过大的横向力作用时，会因失稳而同时发生扭转；图 11-4b 所示的薄壁圆筒在受到过大的轴向压力作用时，会因失稳而在筒壁上出现褶皱现象。

由于失稳破坏是突然发生的，往往会给机械和工程结构带来很大的危害，历史上就存在着不少由于失稳而引起的严重事故。因此，在设计细长压杆时，进行稳定计算是非常必要的。本章讨论压杆稳定和压杆设计。

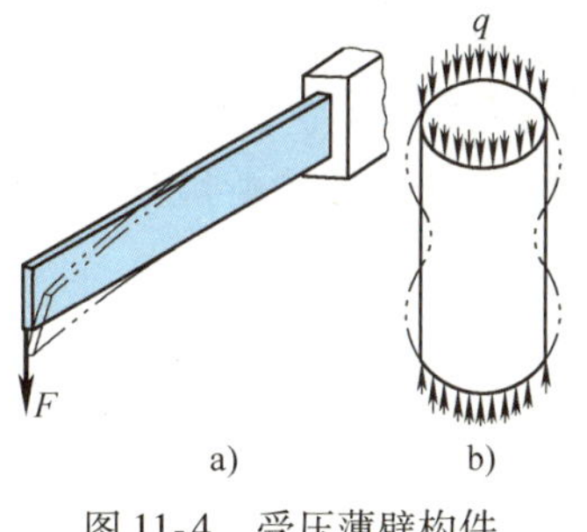

图 11-4 受压薄壁构件

第一节 压杆稳定的概念

第五章中对受压杆件的研究，是从强度的观点出发的。即认为只要满足压缩强度条件，就可以保证压杆正常工作。这对短粗的压杆是正确的，但对于细长压杆来说就不适用了。对于细长的压杆，就不能单纯从强度方面考虑了。如图 11-5 所示，宽 30mm、厚 2mm 的矩形截面杆，设其材料的抗压强度为 $\sigma_b = 470\text{MPa}$，当高为 30mm 时，将它压坏所需要的力，按抗压强度条件计算得到

$$F_1 = A\sigma_b = 30\times10^{-3}\times2\times10^{-3}\times470\times10^6\text{N} = 28.2\text{kN}$$

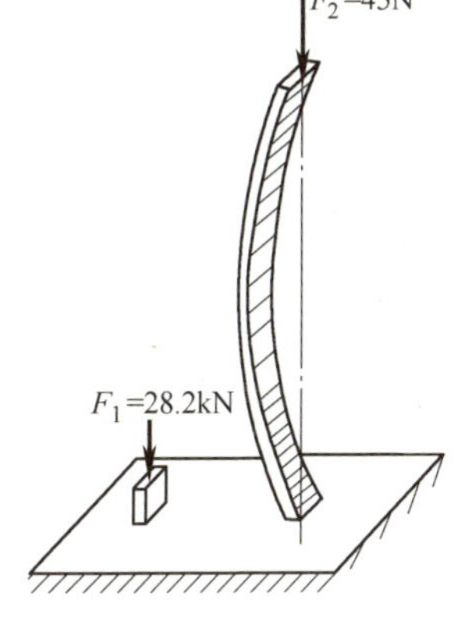

图 11-5 钢板条受压

但当钢板条的高度改变为 500mm 后，实验发现，压力达到 45N 时，钢板条开始弯曲，若压力继续增大，则弯曲变形急剧增加而折断，此时的压力远小于 28.2kN。钢板条之所以丧失工作能力，是由于它不能保持原来的直线形状而造成的。可见，细长压杆的承载能力不取决于它的抗压强度条件，而取决于它保持直线平衡状态的能力。两根材料和横截面都相同的压杆，只是由于杆长不同，其破坏性质发生了质的改变。所以，对于短粗压杆，只需考虑其强度问题；对于细长压杆，则要考虑其原有直线形状平衡状态的稳定性问题。

下面以小球为例说明稳定平衡、不稳定平衡和随遇平衡。

如图 11-6a 所示，小球在凹面内的 O 点处于平衡状态。外加扰动使小球偏离平衡位置，当外加扰动撤去后，小球受到重力 G 和支撑面约束力 F_N 的作用，总会回到 O 点，保持其原有的平衡状态。在这种情况下，小球在 O 点的平衡状态是**稳定平衡状态**。

如图 11-6b 所示，小球在凸面上的 O 点处于平衡状态。一旦外加扰动使小球偏离平衡位置，则小球将滚下，不能回到其原有的平衡状态。在这种情况下，小球在 O 点的平衡状态是**不稳定平衡状态**。

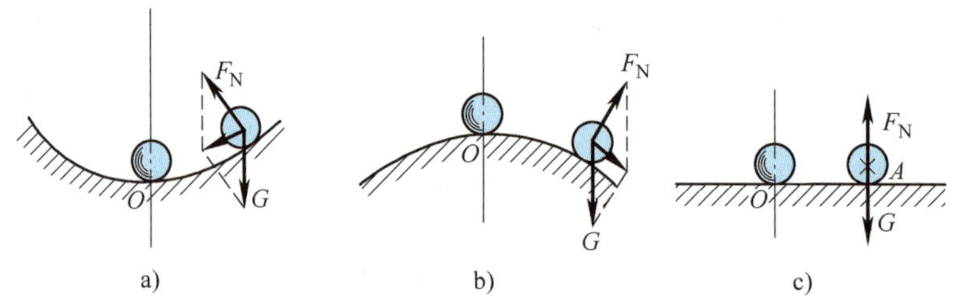

图 11-6 小球的三种平衡

a）稳定平衡 b）不稳定平衡 c）随遇平衡

图 11-6c 所示的小球在平面上的 O 点处于平衡状态。外加扰动使小球偏离平衡位置，当外加扰动撤去后，小球将在新的位置 A 再次处于平衡。在这种情况下，小球在 A 点的平衡状态是**随遇平衡状态**。

上面这个例子说明，要判别小球原来在 O 处的平衡状态稳定与否，必须使小球从原有平衡位置稍有偏离，然后考虑它是否有恢复的趋势或继续偏离的趋势，以确定小球原来是否处于稳定平衡。这是分析、研究平衡稳定性的重要方法。

下面再以图 11-7a 所示的力学模型介绍平衡稳定性。刚性直杆 AB，B 端为铰支，杆可绕其旋转，A 端用刚度系数为 k 的弹簧所支持。在铅垂载荷 F 作用下，该杆在竖直位置保持平衡。

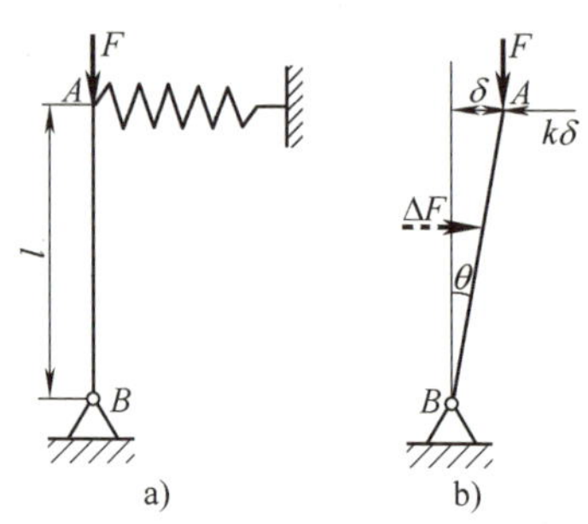

图 11-7 平衡稳定性概念

现在，给杆以微小的侧向干扰力 ΔF，使杆 A 端产生微小的侧向位移 δ（图 11-7b），弹簧作用力对 A 点的力为 $k\delta$。力矩 $k\delta l$ 欲使杆回到原来的竖直平衡位置，力 F 对 B 点的矩 $F\delta$ 则欲使杆继续偏斜，这样当撤去干扰力 ΔF 时，杆可能出现几种情况：

1）如果 $F\delta < k\delta l$，即 $F < kl$，则杆将自动恢复到原来的竖直平衡位置，说明杆原来的竖直平衡状态是稳定的。

2）如果 $F\delta > k\delta l$，即 $F > kl$，则杆将继续偏斜，不能回复到原来的竖直平衡位置，表明其原来的竖直平衡状态是不稳定的。

3）如果 $F\delta = k\delta l$，即 $F = kl$，则杆不仅在竖直位置保持平衡，而且在偏斜状态也能够保持平衡。

由上述分析知道，在 k、l 不变的情况下，杆 AB 在竖直位置的平衡性质，由压力 F 的大小确定。

为了进一步介绍压杆稳定性的概念，现研究图 11-8a 所示的理想状态下的等直细长压杆，即弹性压杆的平衡稳定性及临界载荷的问题，杆的一端固定，另一端自由，受轴向力 F 作用，压杆处于直线形状的平衡状态。

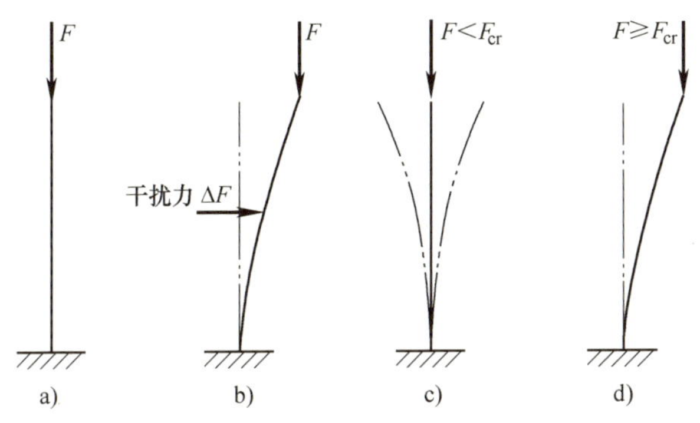

图 11-8　等直细长压杆

当压力 F 逐渐增加，但小于某一极限值时，压杆保持其直线形状的平衡，此时即使作用一微小的侧向干扰力 ΔF，使其产生微小的弯曲变形（图 11-8b），在干扰力 ΔF 除去后，压杆会自行恢复到原来的直线形状的平衡状态，故压杆原来直线平衡状态是稳定的。

当压力逐渐增加到某一极限值时，如果再作用一个微小的侧向干扰力 ΔF，使其产生微小的侧向变形，在除去干扰力后，压杆将不再能够恢复其原来的直线平衡状态，这说明压杆原来直线形状的平衡是不稳定的，上述压力的极限值称为**临界压力**或**临界力**，用 F_{cr} 表示。压杆丧失其直线形状平衡而过渡为曲线形状平衡的现象，称为丧失稳定（或简称失稳）。

如 F 力再增加一点，杆的弯曲变形将显著增加，最后趋向破坏。

所以临界载荷是弹性压杆的直线平衡状态由稳定转变为不稳定的临界值。

现将上述三种状态总结如下：

1）当 $F<F_{cr}$ 时，压杆处于稳定的直线形状的平衡状态。

2）当 $F>F_{cr}$ 时，压杆处于不稳定的直线形状的平衡状态。

3）当 $F=F_{cr}$ 时，压杆处于临界状态，压杆可能处于直线形状平衡状态，也可能处于很微小的曲线形状的平衡状态。

显然，解决压杆稳定问题的关键是确定其临界载荷 F_{cr}。如果将压杆的工作压力限制在由临界载荷所确定的允许范围内，则压杆可以正常工作，不会失稳。

第二节 细长压杆的临界载荷

一、两端铰支细长压杆的临界载荷

由上述分析可知，只有当轴向压力 F 等于临界载荷 F_{cr}时，压杆才可能在微弯状态保持平衡。因此，使压杆在微弯状态保持平衡的最小轴力，即为压杆的临界载荷 F_{cr}。

所谓细长压杆，就是当压力等于临界载荷时，直杆横截面上的正应力不超过材料比例极限 σ_p 的压杆。由于约束的不同，压杆的临界载荷也不同，下面以两端铰支细长压杆为例，说明计算临界载荷的方法。

如图 11-9a 所示，设细长压杆在轴向力 F 作用下处于微弯平衡状态，则当杆内正应力不超过材料的比例极限 σ_p 时，压杆的挠曲线近似微分方程应满足下述关系式：

$$\frac{d^2y}{dx^2}=\frac{M(x)}{EI} \tag{1}$$

由图 11-9b 可知，压杆 x 截面的弯矩为 $M=-Fy$，代入方程式（1），得

$$\frac{d^2y}{dx^2}=-\frac{Fy}{EI} \tag{2}$$

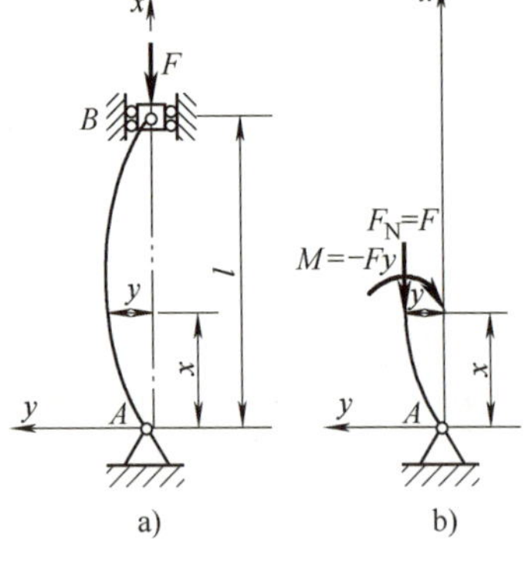

图 11-9 细长压杆微弯平衡状态

由于压杆两端是铰支座，允许杆件在任意纵向平面内发生弯曲变形，因而杆件的微小弯曲变形一定发生在抗弯能力最小的纵向平面内。故上式中的 I 应是横截面最小的惯性矩。

令
$$k^2=\frac{F}{EI} \tag{3}$$

将式（3）代入式（2），得

$$\frac{d^2y}{dx^2}+k^2y=0$$

上述微分方程的通解为

$$y=A\sin kx+B\cos kx \tag{4}$$

式中，A、B 为积分常数。

压杆的边界条件为：

$$x=0\text{ 时，}y=0;\quad x=l\text{ 时，}y=0$$

将此边界条件代入式（4），解得

$$B=0,\ A\sin kl=0$$

因为 $A\sin kl=0$，这就要求 $A=0$ 或 $\sin kl=0$。假设 $A=0$，则 $y=0$，这表示杆件轴线任意点的挠度皆为零，即仍是直线。这与压杆有微小的弯曲变形的前提假设相矛盾。因此必须是

$$\sin kl=0$$

得到

$$kl=n\pi \quad (n=0,\ 1,\ 2,\ \cdots)$$

即

$$k=\frac{n\pi}{l}$$

把 k 值代入式（3），求出

$$F=\frac{n^2\pi^2EI}{l^2}$$

由于 n 是0，1，2，…整数中的任一整数，故上式表明，使杆件保持为曲线形状平衡的压力，在理论上是多值的。在这些压力中，使杆件保持微小弯曲的最小压力，才是需要的临界载荷 F_{cr}，如果取 $n=0$，则 $F=0$，表示杆件上并无载荷，自然不是所需要的。这样只有取 $n=1$，才使载荷为最小值。于是得临界载荷为

$$F_{cr}=\frac{\pi^2EI}{l^2} \tag{11-1}$$

上式是两端铰支细长压杆临界载荷的计算公式，也称为**两端铰支细长压杆临界载荷的欧拉公式**。

例 11-1 某细长压杆为钢制空心圆管，外径和内径分别为 20mm 和 16mm，杆长 0.8m，钢材的弹性模量 $E=210\text{GPa}$，压杆两端铰支，试求压杆的临界载荷 F_{cr}。

解：压杆横截面的惯性矩为

$$I=\frac{\pi}{64}(D^4-d^4)=\frac{\pi}{64}\times(0.02^4-0.016^4)\text{m}^4=4.63\times10^{-9}\text{m}^4$$

将 I 代入式（11-1），得到压杆的临界载荷

$$F_{cr}=\frac{\pi^2EI}{l^2}=\frac{3.14^2\times210\times10^9\times4.63\times10^{-9}}{0.8^2}\text{N}=15\text{kN}$$

例 11-2 上题中细长压杆截面若改为矩形，$h=2b$，如图 11-10 所示，杆横截面积不变，其他参数不变，即杆长 0.8m，钢材的弹性模量 $E=210\text{GPa}$，压杆两端铰支，试求压杆的临界载荷 F_{cr}。

解：空心圆杆横截面积$\frac{\pi}{4}(D^2-d^2)=\frac{\pi}{4}\times(20^2-16^2)\text{mm}^2=113\text{mm}^2$，矩形截面杆横截面积$A=h\times b=2b^2$，所以$2b^2=113\text{mm}^2$，即$b=7.5\text{mm}$，$h=15\text{mm}$。

压杆横截面的惯性矩为

$$I_y=\frac{1}{12}hb^3=\frac{1}{12}\times0.015\times0.0075^3\text{m}^4=5.27\times10^{-10}\text{m}^4$$

$$I_z=\frac{1}{12}bh^3=\frac{1}{12}\times0.0075\times0.015^3\text{m}^4=2.11\times10^{-9}\text{m}^4$$

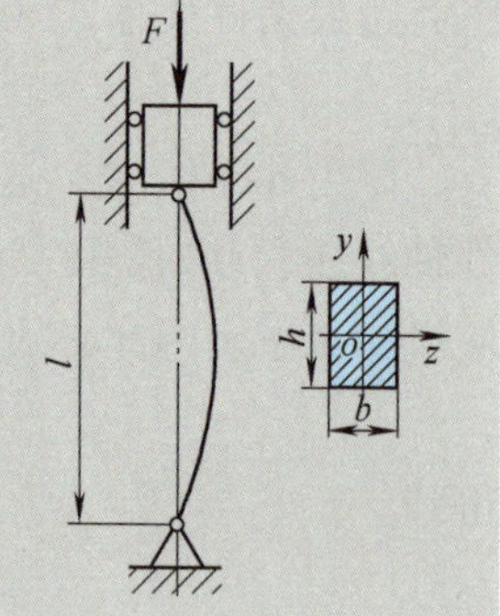

图11-10 例11-2图

由于$I_y<I_z$，故应该将I_y代入式（11-1），得到压杆的临界载荷

$$F_{cr}=\frac{\pi^2EI_y}{l^2}=\frac{3.14^2\times210\times10^9\times5.27\times10^{-10}}{0.8^2}\text{N}=1.71\times10^3\text{N}=1.71\text{kN}$$

二、其他支座条件下细长压杆的临界应力

在工程实际中，除了上述两端铰支压杆外，还有其他支持方式的压杆。例如一端自由、另一端固定的压杆，一端铰支、另一端固定的压杆，两端固定的压杆等。这些压杆的临界载荷，可采用类似的方法推出其临界力的计算公式，表11-1给出了相应的计算结果。

表11-1 压杆的长度因数

杆端支承情况	一端自由，一端固定	两端铰支	一端铰支，一端固定	两端固定，但一端可沿轴向相对移动
挠曲线形状				
F_{cr}	$F_{cr}=\frac{\pi^2EI}{(2l)^2}$	$F_{cr}=\frac{\pi^2EI}{l^2}$	$F_{cr}=\frac{\pi^2EI}{(0.7l)^2}$	$F_{cr}=\frac{\pi^2EI}{(0.5l)^2}$
长度因数μ	2	1	0.7	0.5

从表中可以看出，上述四种细长压杆的临界载荷公式基本相似，只是分母中l前的系数不同。为了应用方便，将上述各式统一写成如下形式：

$$F_{cr}=\frac{\pi^2 EI}{(\mu l)^2} \tag{11-2}$$

上式为欧拉公式的普遍形式。其中 μl 表示把压杆折算成两端铰支压杆的长度，称为相当长度，μ 称为**长度因数**，表 11-1 中列出了常见细长压杆的长度因数。需要指出的是，表 11-1 中的 μ 值是在理想的杆端约束条件下得出的。工程中实际压杆的杆端约束情况往往比较复杂，其长度因数 μ 应根据杆端实际受到的约束程度，以表 11-1 作为参考来加以选取。在有关设计规范中，对各种压杆的 μ 值有具体规定。

压杆两端铰支约束，还可以用其他形式表示，如图 11-11 所示。

压杆一端固定、一端铰支约束，还可以用图 11-12 所示表示。

两端固定，但一端可沿轴向相对移动约束，还可以用图 11-13 所示表示。

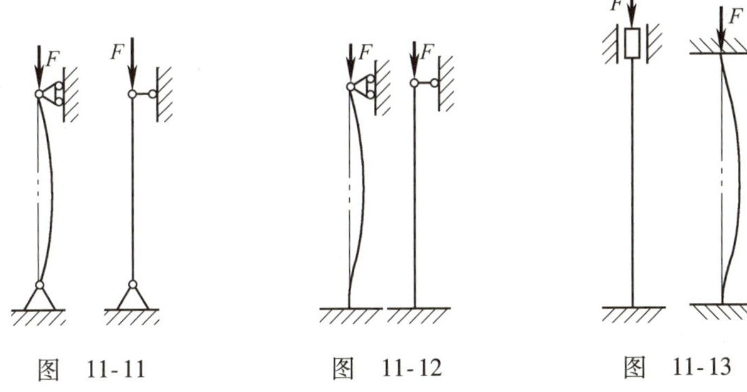

图 11-11　　图 11-12　　图 11-13

上述的细长压杆临界力理论公式，是瑞士著名数学家和力学家欧拉（L. Euler，1707—1783）（图 11-14）在 1744 年提出来的。当时并未引起人们注意。大约过了一百年以后，由于工程中多次因压杆失稳而出现严重事故，这才引起了人们对压杆稳定理论的重视，于是有人对欧拉公式进行了实验验证，并把这一公式用到工程设计中去。现在，欧拉公式仍然是工程上普遍采用的著名公式。

图 11-14　欧拉（L. Euler，1707—1783）

例 11-3　如图 11-15 所示的细长压杆，已知材料的弹性模量 $E=210\text{GPa}$，压杆的长度 $l=5\text{m}$。压杆的横截面为圆形，其直径 $d=60\text{mm}$。求该压杆的临界载

荷 F_{cr}。

解：本题的压杆为一端固定，另一端铰支的细长压杆，$\mu=0.7$。压杆横截面的惯性矩为

$$I=\frac{\pi d^4}{64}=\frac{\pi\times0.06^4}{64}\text{m}^4=6.36\times10^{-7}\text{m}^4$$

由式（11-2）计算压杆的临界载荷为

$$F_{cr}=\frac{\pi^2EI}{(\mu l)^2}=\frac{3.14^2\times210\times10^9\times6.36\times10^{-7}}{(0.7\times5)^2}\text{N}=1.07\times10^5\text{N}=107\text{kN}$$

例11-4 有一矩形截面压杆如图11-16所示，两端固定，但一端可沿轴向相对移动，材料为钢，已知弹性模量 $E=200\text{GPa}$，杆长 $l=8\text{m}$。试求：（1）当截面尺寸为 $b=64\text{mm}$、$h=100\text{mm}$ 时，试计算压杆的临界载荷。（2）若截面尺寸为 $b=h=80\text{mm}$，此时压杆的临界载荷为多少？

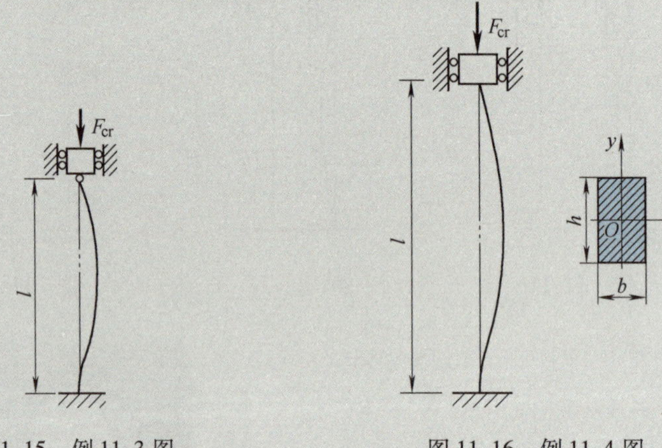

图11-15 例11-3图　　图11-16 例11-4图

解：由于杆两端固定，但一端可沿轴向相对移动，查表11-1得 $\mu=0.5$。

1）截面对 y、z 轴的惯性矩分别为

$$I_y=\frac{hb^3}{12}=\frac{100\times64^3}{12}\text{mm}^4=2.18\times10^6\text{mm}^4=2.18\times10^{-6}\text{m}^4$$

$$I_z=\frac{bh^3}{12}=\frac{64\times100^3}{12}\text{mm}^4=5.33\times10^6\text{mm}^4=5.33\times10^{-6}\text{m}^4$$

因为 $I_y<I_z$，应按 I_y 计算临界载荷，于是将 I_y 代入欧拉公式得

$$F_{cr}=\frac{\pi^2EI}{(\mu l)^2}=\frac{3.14^2\times200\times10^9\times2.18\times10^{-6}}{(0.5\times8)^2}\text{N}=2.69\times10^5\text{N}=269\text{kN}$$

2）$b=h=80\text{mm}$ 时，截面的惯性矩为

$$I_y = I_z = \frac{bh^3}{12} = \frac{80^4}{12}\text{mm}^4 = 3.41 \times 10^6\text{mm}^4 = 3.41 \times 10^{-6}\text{m}^4$$

代入欧拉公式得临界载荷为

$$F_{cr} = \frac{\pi^2 EI}{(\mu l)^2} = \frac{3.14^2 \times 200 \times 10^9 \times 3.41 \times 10^{-6}}{(0.5 \times 8)^2}\text{N} = 4.2 \times 10^5\text{N} = 420\text{kN}$$

比较上述计算结果，两杆所用材料相同，长度相同，截面面积相等，但正方形的后者其临界压力 F_{cr} 比前者大 56%。

第三节　欧拉公式及经验公式

一、临界应力与压杆柔度

压杆处于临界状态时，将压杆的临界载荷 F_{cr} 除以横截面面积 A，得到横截面上的应力，称为压杆的**临界应力**，用 σ_{cr} 表示。由公式（11-2）知

$$\sigma_{cr} = \frac{F_{cr}}{A} = \frac{\pi^2 EI}{(\mu l)^2 A} \tag{1}$$

上式中惯性矩 I 与横截面面积 A 都是与压杆横截面的尺寸和形状有关的量，令压杆横截面对弯曲中性轴的惯性半径

$$i = \sqrt{\frac{I}{A}} \tag{11-3}$$

将上式代入式（1）得

$$\sigma_{cr} = \frac{\pi^2 E i^2}{(\mu l)^2} = \frac{\pi^2 E}{\left(\frac{\mu l}{i}\right)^2} \tag{2}$$

令压杆的柔度（或长细比）为

$$\lambda = \frac{\mu l}{i} \tag{11-4}$$

则式（2）可写成

$$\sigma_{cr} = \frac{\pi^2 E}{\lambda^2} \tag{11-5}$$

式（11-5）是临界应力形式的欧拉公式，其中柔度 λ 是一个无量纲的量，它综合反映了压杆的长度 l、杆端的约束以及截面尺寸对临界应力 σ_{cr} 的影响。对于一定材料的压杆，其临界应力 σ_{cr} 仅与柔度 λ 有关，λ 值越大，则压杆越细

长，临界应力σ_{cr}值也越小，压杆越容易失稳。所以柔度λ是压杆稳定计算中的一个重要综合参数。

如果压杆在不同的纵向平面内具有不同的柔度值，由于压杆失稳首先发生在柔度最大的纵向平面内。因此，压杆的临界应力应按柔度的最大值λ_{max}计算。

二、欧拉公式的适用范围

欧拉公式是在材料符合胡克定律条件下，即在线弹性范围内，由挠曲线近似微分方程$\frac{d^2y}{dx^2}=\frac{M}{EI}$推导出来的。因此只有当压杆内的临界应力$\sigma_{cr}$不超过材料的比例极限$\sigma_p$时，欧拉公式才能适用。具体来说，欧拉公式适用范围是

$$\sigma_{cr}=\frac{\pi^2E}{\lambda^2}\leqslant\sigma_p$$

或

$$\lambda\geqslant\pi\sqrt{\frac{E}{\sigma_p}}$$

记柔度值

$$\lambda_p=\pi\sqrt{\frac{E}{\sigma_p}} \tag{11-6}$$

所以，当$\lambda\geqslant\lambda_p$时，欧拉公式成立。柔度$\lambda\geqslant\lambda_p$的压杆，称为**大柔度杆**，也称**细长杆**。

由式（11-6）可知，λ_p值取决于材料的弹性模量E和比例极限σ_p，所以λ_p值仅随材料不同而异。例如Q235钢，其弹性模量$E=206\text{GPa}$、比例极限$\sigma_p=200\text{MPa}$，代入式（11-6）得

$$\lambda_p=\pi\sqrt{\frac{E}{\sigma_p}}=3.14\times\sqrt{\frac{206\times10^9}{200\times10^6}}\approx100$$

这意味着，用Q235钢制成的压杆，只有当其柔度$\lambda\geqslant100$时，欧拉公式才适用。

三、经验公式

若压杆的柔度小于λ_p，则这种压杆的临界力不能再按欧拉公式计算。对于此类压杆，工程中通常采用以实验结果为依据的经验公式来计算其临界应力。

1. 直线型经验公式

直线型经验公式将压杆的临界应力σ_{cr}与柔度λ表示为以下直线公式，即

$$\sigma_{cr}=a-b\lambda \tag{11-7}$$

式中，λ为具体压杆的柔度；a、b为与材料的力学性能有关的常数，单位为MPa。表11-2中列出了几种常用材料的a、b值。

表 11-2 几种常用材料的 a、b 值

材料（强度极限 σ_b/MPa，屈服极限 σ_s/MPa）	a/MPa	b/MPa	λ_p	λ_s
Q235 钢 $\sigma_b \geqslant 372$，$\sigma_s = 235$	304	1.12	100	62
优质碳钢 $\sigma_b \geqslant 471$，$\sigma_s = 306$	461	2.568	100	60
硅钢 $\sigma_b \geqslant 510$，$\sigma_s = 353$	578	3.744	100	60
铬钼钢	981	5.296	55	—
铸铁	332	1.454	80	—
硬铝	373	2.15	50	—
松木	28.7	0.19	59	—

上述经验公式也有其适用范围，对于塑性材料的压杆，还要求临界应力不超过压杆材料的屈服极限应力 σ_s，以保证压杆不会因强度不够而发生破坏。所以对于塑性材料制成的压杆，临界应力公式为

$$\sigma_{cr} = a - b\lambda \leqslant \sigma_s$$

由上式得到对应于屈服极限 σ_s 的柔度为

$$\lambda_s = \frac{a - \sigma_s}{b} \tag{11-8}$$

由此可知，只有当压杆的柔度 $\lambda \geqslant \lambda_s$ 时才能用公式（11-7）求解。对于 Q235 钢，$\sigma_s = 235$MPa，$a = 304$MPa，$b = 1.12$MPa，可求得

$$\lambda_s = \frac{304\text{MPa} - 235\text{MPa}}{1.12\text{MPa}} \approx 62$$

综上所述，对于由合金钢、铝合金、铸铁等制作的压杆，根据其柔度可将压杆分为三类，并分别按不同方式处理：

1）$\lambda \geqslant \lambda_p$ 的压杆，称为**大柔度杆**或**细长杆**，按欧拉公式 $\sigma_{cr} = \frac{\pi^2 E}{\lambda^2}$ 计算其临界应力。

2）$\lambda_s \leqslant \lambda < \lambda_p$ 的压杆，称为**中柔度杆**或**中长杆**，按经验公式 $\sigma_{cr} = a - b\lambda$ 计算其临界应力。中柔度杆的 λ 在 60 ~ 100 之间。实验指出，这种压杆的破坏性质接近于大柔度杆，也有较明显的失稳现象。

3）$\lambda < \lambda_s$ 的压杆，称为**小柔度杆**或**短粗杆**，应按强度问题处理，$\sigma_{cr} = \sigma_s$。对绝大多数碳素结构钢和优质碳素结构钢来说，小柔度杆的 λ 在 0 ~ 60 之间。实验证明，这种压杆当应力达到屈服极限 σ_s 时才被破坏，破坏时很难观察到失稳现象。这说明小柔度杆是由于强度不足而被破坏的，应该以屈服极限 σ_s 作为极限应力。对于脆性材料如铸铁制成的压杆，则应取强度极限 σ_b 作为临界应力。

在上述三种情况下，临界应力随柔度 λ 变化的曲线如图 11-17 所示，称为临界应力总图。

2. 抛物线型经验公式

在工程实际中，对于中、小柔度压杆的临界应力计算，也有建议采用抛物线型经验公式的，此公式为

$$\sigma_{cr}=a_1-b_1\lambda^2 \tag{11-9}$$

式中，a_1、b_1 是与材料有关的常数，单位是 MPa。

例如，在我国原《钢结构设计规范》（TJ 17—74）中，就采用了上述的抛物线型经验公式。这时应该注意，式（11-9）中的 a_1、b_1 值，与式（11-7）中的 a、b 值是不同的。

根据欧拉公式与上述抛物线型经验公式，得低合金结构钢等压杆的临界应力总图（图 11-18）。

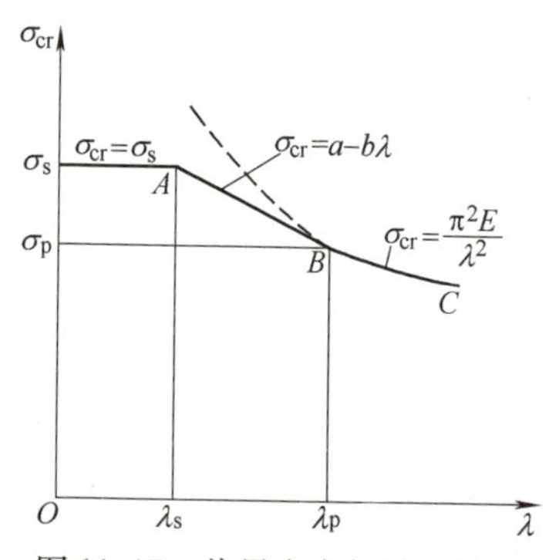

图 11-17 临界应力与柔度关系

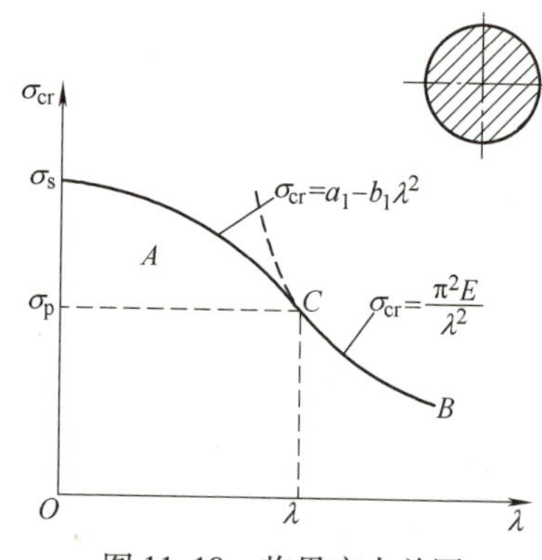

图 11-18 临界应力总图

例 11-5 三根材料相同的圆形截面压杆，均为一端固定、一端自由，如图 11-19 所示，直径均为 $d=100\text{mm}$，皆由 Q235 钢制成，材料的 $E=206\text{GPa}$，$\sigma_p=200\text{MPa}$，$\sigma_s=235\text{MPa}$，$a=304\text{MPa}$，$b=1.12\text{MPa}$。试求各杆的临界载荷。

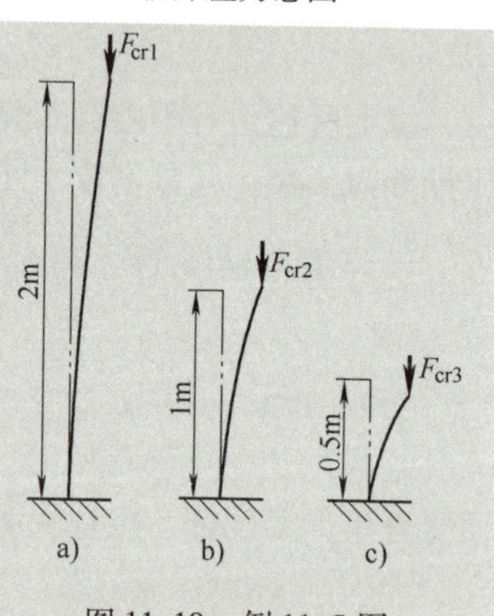

图 11-19 例 11-5 图

解：三根压杆的约束条件相同，材料相同，杆的直径相同，所以三根杆相同的参数为：

$$\lambda_p=\pi\sqrt{\frac{E}{\sigma_p}}=3.14\times\sqrt{\frac{206\times10^9}{200\times10^6}}=100$$

$$\lambda_s=\frac{a-\sigma_s}{b}=\frac{304-235}{1.12}=61.6$$

$$A=\frac{\pi d^2}{4}=\frac{\pi\times0.1^2}{4}\text{m}^2=0.00785\text{m}^2$$

$$i=\sqrt{\frac{I}{A}}=\frac{d}{4}=\frac{0.1}{4}\text{m}=0.025\text{m}$$

$$\mu=2$$

（1）第一根压杆的临界载荷：

$$\lambda_1=\frac{\mu l_1}{i}=\frac{2\times2}{0.025}=160>\lambda_p=100$$

$$\sigma_{cr1}=\frac{\pi^2E}{\lambda_1^2}=\frac{3.14^2\times206\times10^9}{160^2}\text{MPa}=79.3\text{MPa}$$

$$F_{cr1}=\sigma_{cr1}A=79.3\times10^6\times0.00785\text{N}=623\text{kN}$$

（2）第二根压杆的临界载荷：

$$\lambda_2=\frac{\mu l_2}{i}=\frac{2\times1}{0.025}=80$$

柔度 $\lambda_s\leqslant\lambda\leqslant\lambda_p$，故使用直线型经验公式（11-7）求临界应力：

$$\sigma_{cr2}=a-b\lambda_2=(304-1.12\times80)\text{MPa}=214\text{MPa}$$

$$F_{cr2}=\sigma_{cr2}A=214\times10^6\times0.00785\text{N}=1680\text{kN}$$

（3）第三根压杆的临界载荷

$$\lambda_3=\frac{\mu l_3}{i}=\frac{2\times0.5}{0.025}=40<\lambda_s=61.6$$

该杆为小柔度压杆，临界应力应选取材料的屈服极限：

$$\begin{cases}\sigma_{cr3}=\sigma_s=235\text{MPa}\\F_{cr3}=\sigma_{cr3}A=235\times10^6\times0.00785\text{N}=1845\text{kN}\end{cases}$$

第四节　压杆稳定条件

为保证机械的正常运转，以及机械结构和建筑结构的安全，在机械和建筑工程中，需要使压杆处于直线平衡位置，故对细长压杆和中长压杆，须进行压杆稳定的校核。

由临界载荷的定义可知，F_{cr}相当于稳定性方面的破坏载荷，因此，为了保证压杆正常工作，不发生失稳，必须使压杆所承受的工作压力 F 小于该杆的临界载荷。考虑到一定的安全储备，用一个大于 1 的数（规定的稳定安全因数 $[n_{st}]$）去除临界载荷极限 F_{cr}，得到一个工作载荷的许用值。据此，压杆的稳定条件可表示为

$$F\leqslant\frac{F_{cr}}{[n_{st}]}\tag{11-10}$$

式中，F 为压杆的工作压力。

在工程计算中，常把式（11-10）改写成

$$n=\frac{F_{cr}}{F}\geqslant[n_{st}] \tag{11-11}$$

压杆的工作应力为 $\sigma=\frac{F}{A}$，临界应力 $\sigma_{cr}=\frac{F_{cr}}{A}$，由式（11-11）得到压杆稳定条件的另一种形式为

$$n=\frac{\sigma_{cr}}{\sigma}\geqslant[n_{st}] \tag{11-12}$$

稳定安全因数 $[n_{st}]$ 一般要高于强度安全因数。这是因为一些难以避免的因素，如杆件的初弯曲、载荷偏心、材料不均匀和支座缺陷等，将严重影响压杆的稳定，明显降低其临界力。而同样这些因素，对强度的影响则不像对稳定的影响那么显著。下面列出几种常用零件的 $[n_{st}]$ 的参考数值：

金属结构中的压杆	$[n_{st}]=1.8\sim3$	机床进给丝杠	$[n_{st}]=2.5\sim4$
水平长丝杠或精密丝杠	$[n_{st}]>4$	矿山、冶金设备中的压杆	$[n_{st}]=4\sim8$
高速发动机挺杆	$[n_{st}]=2\sim5$	低速发动机挺杆	$[n_{st}]=4\sim6$
磨床液压缸活塞杆	$[n_{st}]=2\sim5$	起重螺旋器	$[n_{st}]=3.5\sim5$

需要指出两点：①截面有局部削弱（如油孔、螺孔等）的压杆，除校核稳定外，还需做强度校核，在强度校核时，面积 A 为考虑了削弱后的横截面净面积；②在稳定计算中，A 为不考虑削弱的横截面面积。这是因为，压杆的稳定是对杆的整体而言的，横截面的局部削弱对临界力数值的影响很小，可不考虑。

例 11-6 已知千斤顶丝杠长度 $l=36\text{cm}$，内径 $d=36\text{mm}$，如图 11-20 所示，材料为 Q235 钢，最大顶起重量 $F=50\text{kN}$，规定稳定安全因数 $[n_{st}]=4$，试校核丝杠的稳定性。

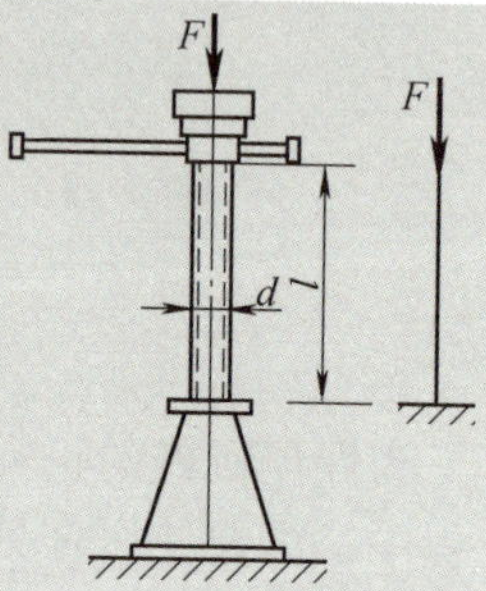

图 11-20 例 11-6 图

解：（1）计算压杆的柔度 千斤顶的丝杠可简化为下端固定上端自由的压杆，其长度因数 $\mu=2$，$i=\sqrt{\frac{I}{A}}=\frac{d}{4}=0.009\text{m}$。丝杠的柔度为

$$\lambda=\frac{\mu l}{i}=\frac{2\times0.36}{0.009}=80$$

由例 11-5 计算可知，Q235 钢的 $\lambda_p=100$，$\lambda_s=61.6$，故本题中 $\lambda_s\leqslant\lambda\leqslant\lambda_p$，丝杠为中柔度杆，采用直线型经验公式计算其临界应力。

（2）计算临界应力 对 Q235 钢 $a=304\text{MPa}$，$b=1.12\text{MPa}$，故丝杠的临界应力为

$$\sigma_{cr}=a-b\lambda=(304-1.12\times80)\text{MPa}=214\text{MPa}$$

临界压力为

$$F_{cr}=\sigma_{cr}A=214\times10^6\times\frac{3.14\times(0.036)^2}{4}\text{N}=218\text{kN}$$

（3）校核稳定性

$$n=\frac{F_{cr}}{F}=\frac{218}{50}=4.36>[n_{st}]$$

故丝杠的稳定性是足够的。

和强度问题类似，稳定计算也存在三个方面的问题：进行稳定校核，求稳定时的许可载荷，设计压杆的横截面面积。

第五节　提高压杆稳定性的措施

在机械设备中，某些杆件的失稳将造成工作精度降低、零部件失效、影响机械的正常工作，甚至造成设备破坏。例如，当金属切削机床中的丝杠失稳时，会造成加工精度的降低和丝杠寿命的缩短。

一、选择合理的截面形状

所谓提高压杆稳定性，就是在给定面积大小的条件下，提高压杆的临界力。临界力 $F_{cr}=A\sigma_{cr}$，当面积一定时，提高临界力的关键在于提高临界应力 σ_{cr}。

细长杆临界应力 $\sigma_{cr}=\dfrac{\pi^2E}{\lambda^2}$，中长杆临界应力 $\sigma_{cr}=a-b\lambda$，二者表明，减小柔度 λ 即可以提高临界应力 σ_{cr}。柔度 $\lambda=\dfrac{\mu l}{i}=\mu l\sqrt{\dfrac{A}{I}}$，由此可以看出，增大压杆横截面的惯性矩 I，可以提高压杆的临界应力 σ_{cr}。

在截面面积不变的情况下，增大惯性矩的办法是尽可能地把材料放在离形心较远的地方，例如将实心圆形截面改变为空心环形截面（图 11-21），两根槽钢布置为图 11-22b 所示。如果压杆在各个纵向平面内的支撑情况相同，例如球形铰支座和固定端，则应尽可能使截面的最大和最小两个惯性矩相等，即 $I_y=I_z$，这可使压杆在各纵向平面内，有相同或接近相同的抵抗失去稳定性的能力。

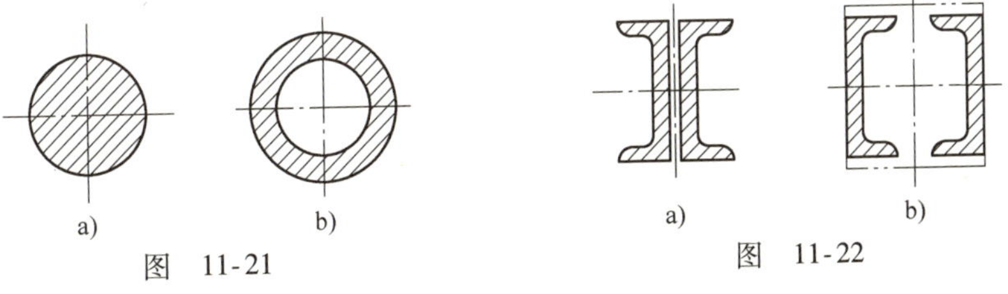

图　11-21　　　　图　11-22

二、减小压杆长度

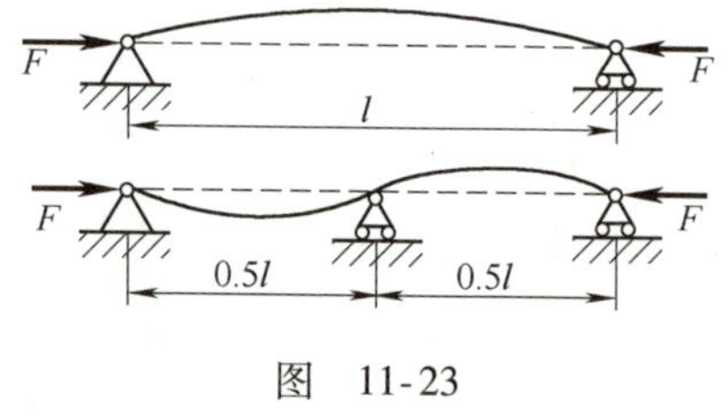

图 11-23

对于大柔度杆，其临界力与杆长 l 的平方成反比。故使压杆长度减小可以明显提高压杆的临界力。若压杆长度不能减小，则可以通过增加压杆的约束点（图11-23），以减小压杆的计算长度，从而达到提高压杆承载能力的目的。

对于小柔度杆，则不能通过减小压杆长度的办法来提高临界力。

三、改变杆端约束形式

两端铰支细长压杆的临界载荷为 $F_{cr}=\dfrac{\pi^2 EI}{(\mu l)^2}$，由表11-1可知，加固杆端支承，长度因数 μ 值降低，可以提高临界载荷 F_{cr}，即提高了压杆的稳定性。一般来说，增加压杆的约束，使其不容易发生弯曲变形，可以提高压杆承载能力。

四、合理选用材料

对于大柔度杆（$\lambda>\lambda_p$），其临界应力 $\sigma_{cr}=\dfrac{\pi^2 E}{\lambda^2}$与材料的弹性模量 E 成正比，故在其他条件相同的情形下，用弹性模量高的材料制成的压杆，其临界力也高。从材料手册中可以查出，碳钢的弹性模量大于铜、铸铁或铝材料的弹性模量，故钢制压杆的临界力也是这几种材料制成的压杆中最高的。对各种钢材来说，无论是普通碳素钢、合金钢，还是高强度钢，它们的 E 值差别不大，用高强度钢时，临界应力 σ_{cr}的提高不显著，所以细长压杆用普通钢制造，既合理又经济。

对于中柔度压杆，由经验公式看出，临界应力与材料的强度有关，因此对于中柔度的压杆，可用高强度钢制造以提高稳定性。对小柔度的短粗压杆，本身就是强度问题，高强度钢优于普通碳素钢。

小　　结

- 稳定平衡、不稳定平衡与随遇平衡的概念。
- 压杆临界载荷的欧拉公式 $F_{cr}=\dfrac{\pi^2 EI}{(\mu l)^2}$，$\mu$ 称为长度因数。

杆端支承情况	一端自由，一端固定	两端铰支	一端铰支，一端固定	两端固定，但一端可沿轴向相对移动
长度因数 μ	2	1	0.7	0.5

- 压杆横截面对弯曲中性轴的惯性半径 $i=\sqrt{\dfrac{I}{A}}$。
- 压杆的柔度（或长细比）$\lambda=\dfrac{\mu l}{i}$。
- 压杆的临界应力 $\sigma_{cr}=\dfrac{F_{cr}}{A}=\dfrac{\pi^2 EI}{(\mu l)^2 A}=\dfrac{\pi^2 E}{\lambda^2}$。
- 对于由合金钢、铝合金、铸铁等制作的压杆，根据其柔度可将压杆分为三类：

1）$\lambda \geqslant \lambda_p$ 的压杆，称为大柔度杆或细长杆，按欧拉公式 $\sigma_{cr}=\dfrac{\pi^2 E}{\lambda^2}$计算其临界应力。

2）$\lambda_s \leqslant \lambda < \lambda_p$ 的压杆，称为中柔度杆或中长杆，按经验公式 $\sigma_{cr}=a-b\lambda$ 计算其临界应力。

3）$\lambda < \lambda_s$ 的压杆，称为小柔度杆或短粗杆，按强度问题处理。

- 在上述三种情况下，临界应力随柔度 λ 变化的曲线如图 11-17 所示，称为临界应力总图。
- 设 F 为压杆的工作压力，压杆的稳定条件 $n=\dfrac{F_{cr}}{F}\geqslant[n_{st}]$ 或 $n=\dfrac{\sigma_{cr}}{\sigma}\geqslant[n_{st}]$。
- 截面有局部削弱（如油孔、螺孔等）的压杆，除校核稳定外，还需做强度校核，在强度校核时，面积 A 为考虑了削弱后的横截面净面积。
- 在稳定计算中，横截面的局部削弱，对临界力数值的影响很小，可不考虑。
- 提高压杆稳定性的措施：选择合理的截面形状；减小压杆长度；改变杆端约束形式，降低长度因数 μ 的数值；合理选用材料。

习　题

11-1　怎样判别结构钢制成的压杆是属于细长杆、中长杆还是短杆？它们的正常工作条件是怎样的？

11-2　试根据欧拉公式来说明选择压杆材料的原则。

11-3　如图 11-24 所示三根细长杆，其材料相同、直径相等。试问哪一种情况的临界力最大，哪一种情况的最小？

11-4　用结构钢制成如图 11-25 所示的构架，$AC=CB$，$d=40\text{mm}$，$E=206\text{GPa}$。规定稳定安全因数 $[n_{st}]=3$，试根据 AB 杆的稳定条件求 CD 杆 D 处工作载荷 F 的许可值。

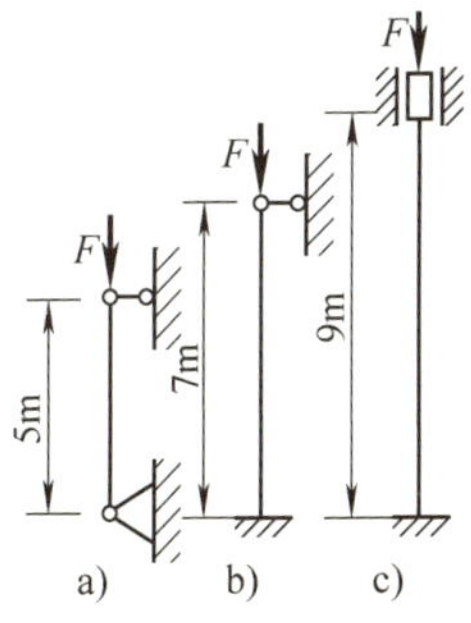

图 11-24　题 11-3 图

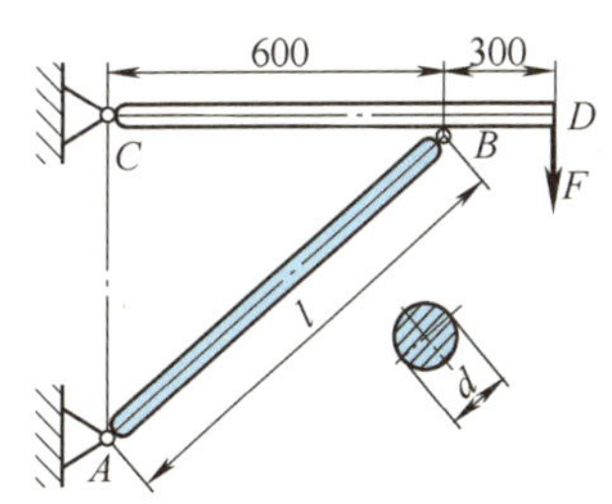

图 11-25　题 11-4 图

11-5　如图 11-26 所示细长压杆，两端为球铰链支座，杆材料的弹性模量 $E=200\text{GPa}$。试用欧拉公式计算下列三种情形的临界载荷：（1）圆截面，直径 $d=25\text{mm}$，杆长 $l=1\text{m}$。（2）矩形截面，$h=2b=40\text{mm}$，杆长 $l=1\text{m}$。（3）16号工字钢，杆长$l=2\text{m}$。

11-6　如图11-27所示，一端固定，一端球铰约束的压杆，其矩形截面尺寸为 $30\text{mm}\times50\text{mm}$。若已知材料弹性模量 $E=210\text{GPa}$，比例极限 $\sigma_p=210\text{MPa}$。试计算可应用欧拉公式确定其临界载荷 F_{cr}的最小杆长 l。

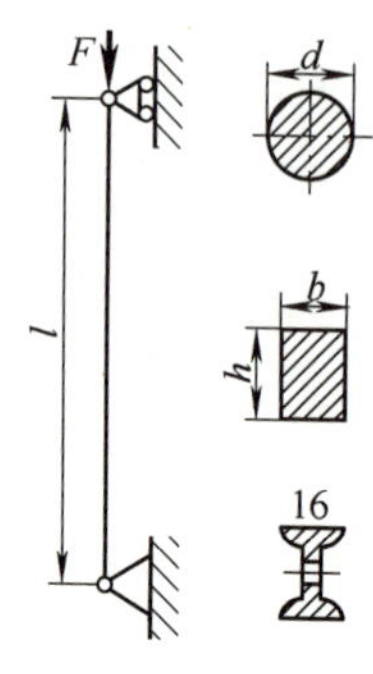

图11-26　题11-5图

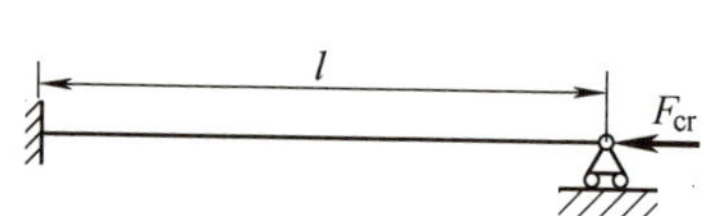

图11-27　题11-6图

11-7　图11-28所示为25a工字型钢柱，柱长 $l=7\text{m}$，两端固定，规定稳定安全因数 $[n_{st}]=3$，材料为Q235钢，$E=210\text{GPa}$。试求钢柱的许可载荷。

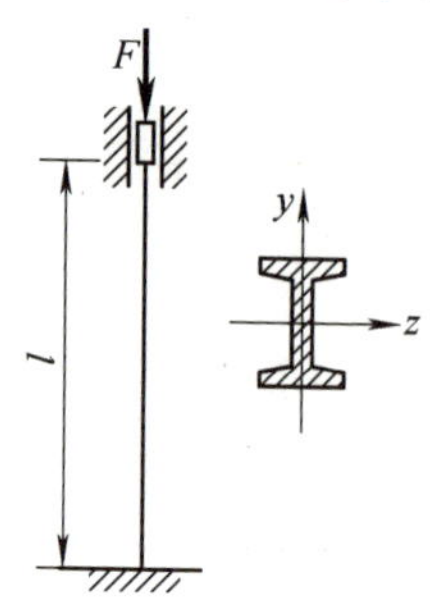

图11-28　题11-7图

第十二章

复杂应力状态和强度理论

第一节　应力状态的概念

一、一点处的应力状态

直杆轴向拉伸时，在杆件的同一截面上各点处的应力是相同的，但是应力随所取截面与轴心线夹角的不同而改变；对于圆截面杆扭转或者梁的弯曲，在杆件的同一截面上，不同位置的点具有不同的应力。

前文第五～七、九～十章中曾分别讨论了拉伸－压缩、剪切、扭转和弯曲变形形式下构件截面上的应力，并建立了相应的强度条件。例如拉压杆的强度条件为

$$\frac{F_{\mathrm{Nmax}}}{A} \leqslant [\sigma]$$

但是还有一些有关强度方面的问题，例如工字钢截面梁（图 12-1）在横力弯曲时，其截面上翼缘与腹板交界的各点处，同时有较大的正应力和切应力，对于这样的强度问题，以前没有讨论过。要解决这样的一些问题，就需要全面了解一点处所有截面上在该点处的应力情况。下面通过研究拉杆斜截面上的应力，介绍一点处的应力状态这一重要概念。

设拉杆的任一斜截面 $m—m$ 与其横截面相交成 α 角，如图 12-2a 所示。采用截面法研究此斜截面上的应力，假想沿此面将杆截开，并研究左边部分（图 12-2b）的平衡。有平衡方程 $\sum_{i=1}^{n} F_{ix} = 0$，可以得到斜截面上的内力为

$$F_{\alpha} = F$$

设想杆由许多纵向纤维组成，杆拉伸时伸长变形是均匀的，由此推断斜截面上分布内力必然是均匀分布的，即各点处的应力也是相等的，于是得

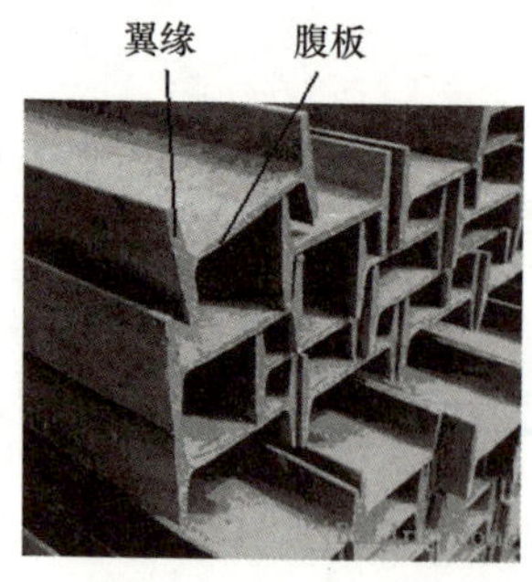

图 12-1 工字钢

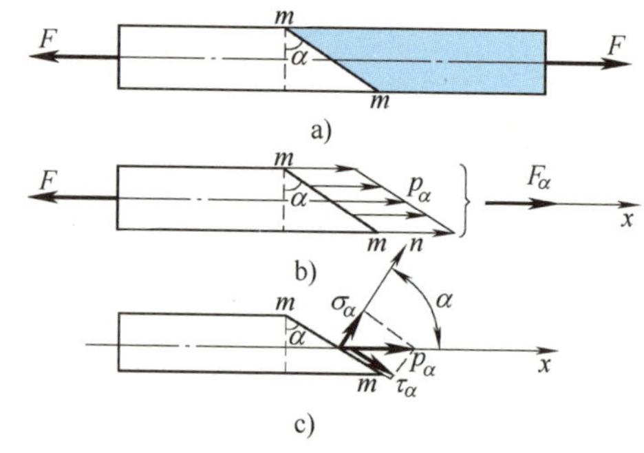

图 12-2 截面法求应力

$$p_\alpha = \frac{F_\alpha}{A_\alpha} = \frac{F}{A_\alpha} \tag{1}$$

式中，p_α 为斜截面上任一点处的总应力，其方向沿 x 轴正向，如图 12-2b 所示；A_α 为斜截面面积。

由几何分析得到斜截面面积 A_α 与横截面面积 A 的关系是 $A_\alpha = \dfrac{A}{\cos\alpha}$，将此代入式（1）得到

$$p_\alpha = \frac{F_\alpha}{\dfrac{A}{\cos\alpha}} = \sigma_0 \cos\alpha \tag{2}$$

式中，σ_0 为杆横截面上的正应力，$\sigma_0 = \dfrac{F}{A}$。

为研究方便，将 p_α 分解为沿斜截面 m—m 的法线分量和切线分量，法线分量称为斜截面上的正应力 σ_α，切线分量称为斜截面上的切应力 τ_α，如图 12-2c 所示。分解后得

$$\sigma_\alpha = p_\alpha \cos\alpha, \qquad \tau_\alpha = p_\alpha \sin\alpha \tag{3}$$

将式（2）代入式（3），整理得

$$\sigma_\alpha = \sigma_0 \cos^2\alpha \tag{12-1}$$

$$\tau_\alpha = \frac{\sigma_0}{2} \sin 2\alpha \tag{12-2}$$

从式（12-1）、式（12-2）可以看到，由于夹角 α 的不断变化，出现对应的各个截面应力也随之变化。将构件受力后，通过该构件内任意一点的所有截面上在该点处的应力情况的总合，称为**该点处的应力状态**。

二、一点处的应力状态的表示方法

上面讨论直杆拉伸斜截面上的应力时，由于横截面上的正应力是均匀分布的，故直接采用了截面法。在第七章第四节讨论圆轴扭转时，因为圆轴横截面

上的应力不是均匀分布的，所以采用取单元体的研究方法。下面介绍用应力单元体表示一点处的应力状态。

为了研究受力构件内某点处的应力状态，可以围绕该点截取一个单元体来代表该点。这个单元体的边长为无穷小量，故单元体各个表面上的应力分布可以看成是均匀的，单元体任一对平行平面上的应力可视为相等的。例如图 12-3a 所示的轴向拉伸的直杆，围绕 A 点用一对横截面和一对与杆轴线平行的纵向截面切出一个单元体，如图12-3b所示。此单元的左、右侧面的正应力为 $\sigma=\dfrac{F}{A}$，其上、下侧面和前、后侧面均无应力，图 12-3b 所示的应力单元体称为 A 点处的原始单元体。为了使画法简便，此单元体可以用图 12-3c 来表示。

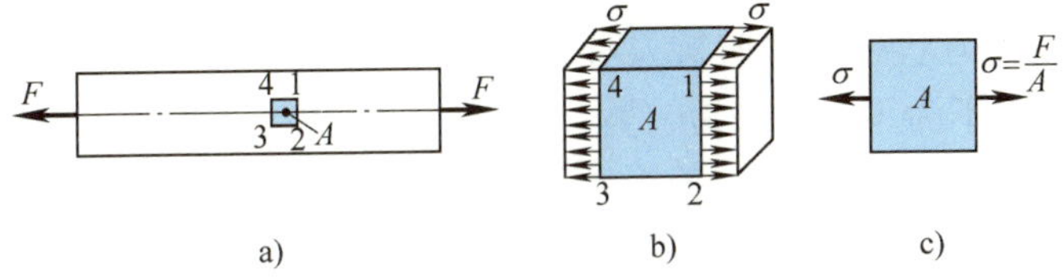

图 12-3　直杆受拉时 A 点应力

当圆杆在扭转时（图 12-4a），对于其表面上的 B 点，可以围绕该点以杆的横截面和径向、周向纵截面截取所得的来代表它的单元体进行研究，如图 12-4b 所示。横截面上在 B 点处的切应力 $\tau_B=\tau_{\max}=\dfrac{M_T}{W_T}=\dfrac{T}{W_T}$，其中 M_T 为横截面上的扭矩，W_T 为抗扭截面系数，T 为外力矩，杆在周向截面上没有应力。又由切应力互等定理可知，杆在径向截面上 B 点处应该有与 τ_B 相等的切应力。于是此单元体各侧面上的应力如图 12-4b、c 所示。对于图 12-5a 所示横力弯曲下的矩形截面梁，得到 $m-m$ 截面正应力 $\sigma_x=\dfrac{M(x)}{I_z}y$ 和切应力 $\tau_x=\dfrac{F_S(x)S_z^*}{bI_z}$，如图 12-5b 所示。由切应力互等定理可知 $\tau_y=-\tau_x$，得到应力单元体如图 12-5c 所示。

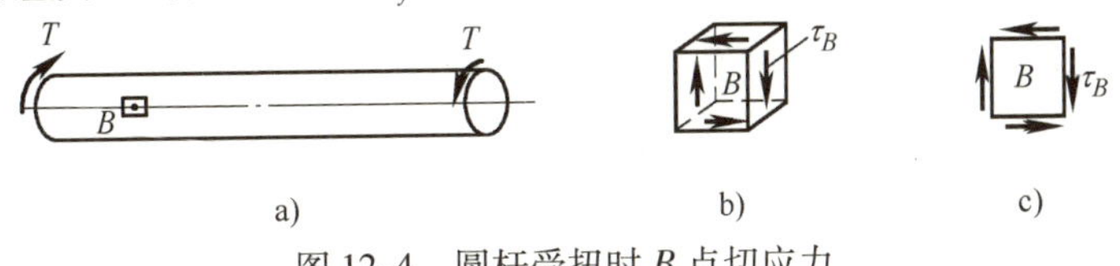

图 12-4　圆杆受扭时 B 点切应力

三、主平面、主应力、应力状态的分类

在一般情况下，表示一点处应力状态的应力单元体，在其各个表面上同时存在有正应力和切应力。但是可以证明：在该点处以不同方式截取的各个单元体中，必有一个特殊的单元体，在这个单元体的侧面上只有正应力而没有切应

力。这样的单元体称为该点处的**主应力单元体**或**主单元体**。图12-3c所示的单元体就是主应力单元体。主单元体的侧面称为**主平面**。主平面上的正应力称为该点处的**主应力**。

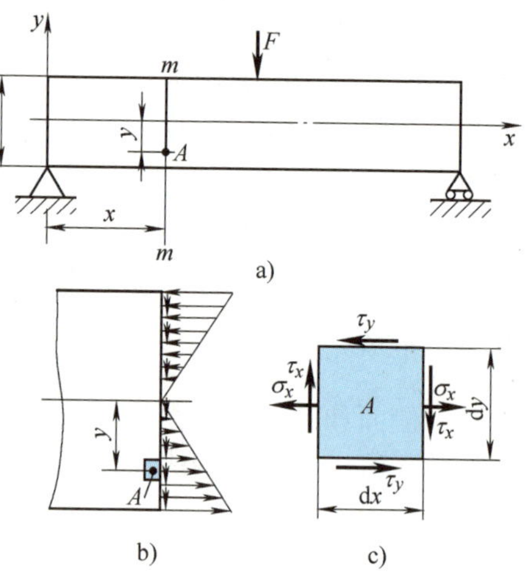

图12-5 横力弯曲下梁A点应力

一般情况下，过一点处所取的主单元体的六个侧面上有三对主应力，我们用σ_1、σ_2、σ_3表示，这三者的顺序按代数值大小排列，即$\sigma_1 \geqslant \sigma_2 \geqslant \sigma_3$。

一点处的应力状态，按照该点处的主应力有几个不为零，而分为三类：

（1）只有一个主应力不等于零的称为**单向应力状态** 如图12-2所示的拉杆内任意一点即为单向应力状态。

（2）两个主应力不等于零的称为**二向应力状态** 如图12-5所示的横力弯曲A点属于二向应力状态。

（3）三个主应力都不等于零的称为**三向应力状态** 如图12-6a所示的高铁钢轨，在车轮压力作用下，钢轨受压部分的材料有向四处扩张的趋势，而周围的材料阻止其向外扩张，故受到周围材料的压力。在钢轨受压区域内可取出图12-6b所示的单元体，这个单元体上有三个主应力σ_1、σ_2、σ_3。这样钢轨与车轮的接触点处的应力状态为三向应力状态。

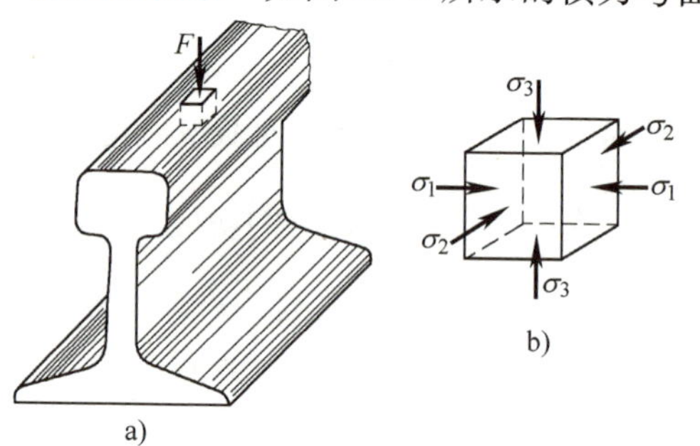

图12-6 高铁钢轨

通常将单向和二向应力状态统称为**平面应力状态**，二向和三向应力状态统称为**复杂应力状态**。

第二节 二向应力状态分析

一、单元体截面上的应力

在平面应力状态下，图12-7a表示最一般情况下的应力单元体，为了简化，可以用图 12-7b 来表示。在图 12-7b 中已知正应力 σ_x、σ_y，切应力 τ_x、τ_y，下面将求垂直于纸面的任意斜截面 de 上的正应力和切应力。首先规定如下：

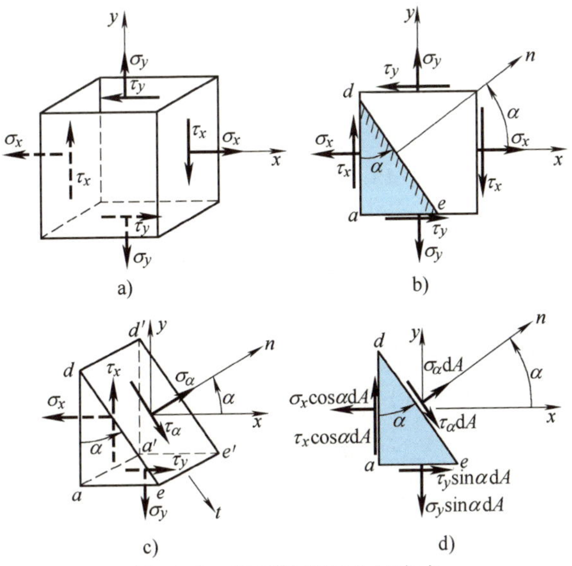

图 12-7　单元体截面上的应力

正应力 σ：仍以拉应力为正，压应力为负。

切应力 τ：当表示切应力的矢，有绕单元体内任一点做顺时针转动趋势时为正，反之为负。

斜截面外法线与 x 轴所成角度 α：从 x 轴按逆时针转向，转到外法线 n 时为正，反之为负。

根据上述规定，图 12-7b 中的 τ_y 为负，其余各应力和 α 角均为正。

与 xy 平面垂直的任意一个斜截面 de，其外法线 n 与 x 轴的夹角为 α。采用截面法，用 de 截面将单元体截开，保留下半部 ade。在图 12-7c 所示棱柱体 ade 的 ad 面上，有已知的应力 σ_x、τ_x，在 ae 面上有已知应力 σ_y、τ_y，在 de 面上假设有未知的正应力 σ_α 和切应力 τ_α。

设 de 斜截面面积为 $\mathrm{d}A$，则 ae 面的面积为 $\mathrm{d}A \cdot \sin\alpha$，$ad$ 面的面积为 $\mathrm{d}A \cdot \cos\alpha$。取 t 和 n 为参考轴，建立棱柱体 ade 的受力平衡方程，则对于参考轴 n 和 t 分别列如下方程：

$$\sigma_\alpha \mathrm{d}A + (\tau_x \mathrm{d}A\cos\alpha) \cdot \sin\alpha - (\sigma_x \mathrm{d}A\cos\alpha) \cdot \cos\alpha + (\tau_y \mathrm{d}A\sin\alpha) \cdot \cos\alpha - (\sigma_y \mathrm{d}A\sin\alpha) \cdot \sin\alpha = 0 \tag{1}$$

$$\tau_\alpha \mathrm{d}A - (\tau_x \mathrm{d}A\cos\alpha) \cdot \cos\alpha - (\sigma_x \mathrm{d}A\cos\alpha) \cdot \sin\alpha + (\tau_y \mathrm{d}A\sin\alpha) \cdot \sin\alpha + (\sigma_y \mathrm{d}A\sin\alpha) \cdot \cos\alpha = 0 \tag{2}$$

由切应力互等定理有 $\tau_x = \tau_y$，考虑三角关系式 $\sin^2\alpha = \dfrac{1-\cos2\alpha}{2}$、$\cos^2\alpha =$

$\frac{1+\cos2\alpha}{2}$以及 $2\sin\alpha\cos\alpha=\sin2\alpha$，对式（1）、式（2）整理得

$$\sigma_\alpha=\frac{\sigma_x+\sigma_y}{2}+\frac{\sigma_x-\sigma_y}{2}\cos2\alpha-\tau_x\sin2\alpha \tag{12-3}$$

$$\tau_\alpha=\frac{\sigma_x-\sigma_y}{2}\sin2\alpha+\tau_x\cos2\alpha \tag{12-4}$$

利用式（12-3）、式（12-4）可以求得 de 斜截面上的正应力 σ_α 和切应力 τ_α。可以看出，斜截面上的应力是角度 α 的函数，正应力 σ_α 和切应力 τ_α 随截面的方位改变而变化。若已知单元体上互相垂直面上的应力 σ_x、τ_x、σ_y、τ_y，则该点处的应力状态即可由式（12-3）、式（12-4）完全确定。

例 12-1 已知构件内某点处的应力单元体如图 12-8 所示，试求斜截面上的正应力 σ_α 和切应力 τ_α。

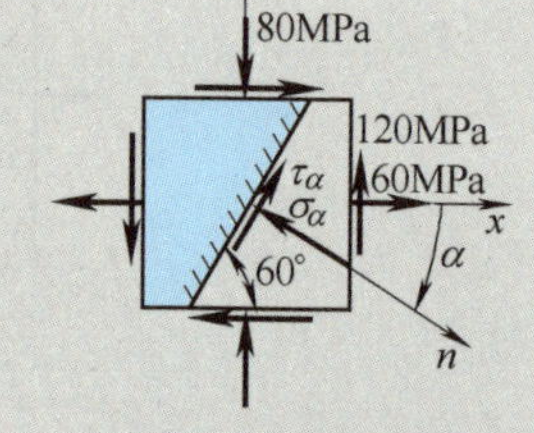

图 12-8 例 12-1 图

解：按照前述正负号规定，$\sigma_x=+60\text{MPa}$，$\tau_x=-120\text{MPa}$，$\sigma_y=-80\text{MPa}$，$\alpha=-30°$。由式（12-3）得

$$\begin{aligned}\sigma_\alpha&=\frac{\sigma_x+\sigma_y}{2}+\frac{\sigma_x-\sigma_y}{2}\cos2\alpha-\tau_x\sin2\alpha\\&=\left[\frac{60+(-80)}{2}+\frac{60-(-80)}{2}\times\cos(-60°)-(-120)\times\sin(-60°)\right]\text{MPa}\\&=-78.9\text{MPa}\end{aligned}$$

由式（12-4）得

$$\begin{aligned}\tau_\alpha&=\frac{\sigma_x-\sigma_y}{2}\sin2\alpha+\tau_x\cos2\alpha\\&=\left[\frac{60-(-80)}{2}\times\sin(-60°)+(-120)\times\cos(-60°)\right]\text{MPa}=-121\text{MPa}\end{aligned}$$

按照前述正负号规定，将斜截面上的正应力 σ_α 和切应力 τ_α 的方向表示在单元体上，如图 12-8 所示。

二、主应力和极限切应力

1. 主应力和主平面

将式（12-3）对 α 求一次导数有 $\frac{d\sigma_\alpha}{d\alpha}=\frac{\sigma_x-\sigma_y}{2}(-2\sin2\alpha)-\tau_x(2\cos2\alpha)$，令 $\left.\frac{d\sigma_\alpha}{d\alpha}\right|_{\alpha=\alpha_0}=0$，即

$$\frac{\sigma_x-\sigma_y}{2}\sin2\alpha_0+\tau_x\cos2\alpha_0=0 \tag{12-5}$$

取 $\alpha=\alpha_0$，式（12-4）的右边正好与式（12-5）等号的左边相等。这说明极值正应力所在的平面$\left(\left.\dfrac{\mathrm{d}\sigma_\alpha}{\mathrm{d}\alpha}\right|_{\alpha=\alpha_0}=0\right)$，恰好是切应力 τ_{α_0} 等于零的面，即主平面。由此可知，**极值正应力就是主应力**。由式（12-5）可得

$$\tan 2\alpha_0=-\frac{2\tau_x}{\sigma_x-\sigma_y} \tag{12-6}$$

因为正切函数的周期为 180°，即 $\tan 2\alpha=\tan(2\alpha+180°)$，所以满足式（12-6）的斜截面有角度为 α_0 和 $\alpha_0+90°$ 两个，其中一个是最大正应力所在的平面，另一个是最小正应力所在的平面。α_0 和 $\alpha_0+90°$ 确定了两个相互垂直的主平面，如图 12-9 所示。再考虑到各应力均为零的平面也是主平面，这样平面应力状态下的三个主平面是互相垂直的。

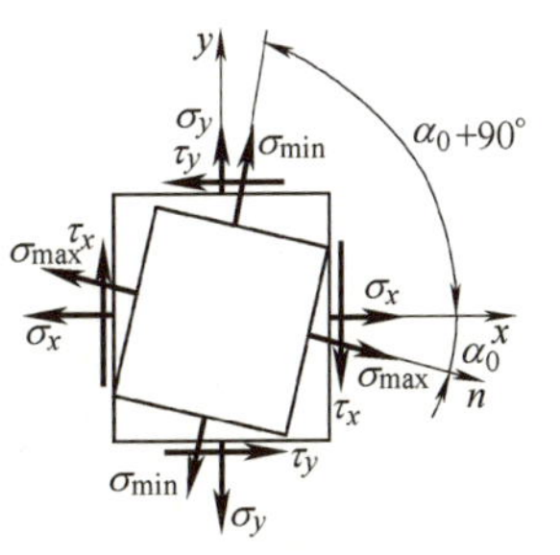

图 12-9　主平面

由式（12-6）求出 $\cos 2\alpha_0$ 和 $\sin 2\alpha_0$，代入式（12-3）得到最大主应力和最小主应力分别为

$$\left.\begin{matrix}\sigma_{max}\\ \sigma_{min}\end{matrix}\right\}=\frac{\sigma_x+\sigma_y}{2}\pm\sqrt{\left(\frac{\sigma_x-\sigma_y}{2}\right)^2+\tau_x^2} \tag{12-7}$$

确定最大正应力 σ_{max} 和最小正应力 σ_{min} 所在平面方法如下：

1）如果 σ_x 表示两个正应力中代数值较大的一个，即 $\sigma_x>\sigma_y$，则式（12-6）确定的两个角度 α_0 和 $\alpha_0+90°$ 中，绝对值较小的一个确定 σ_{max} 所在的平面。

2）如果 σ_x 表示两个正应力中代数值较小的一个，即 $\sigma_x<\sigma_y$，则式（12-6）确定的两个角度 α_0 和 $\alpha_0+90°$ 中，绝对值较小的一个确定 σ_{min} 所在的平面。

3）当 $\sigma_x=\sigma_y$ 时，如果 τ_x 有使单元体顺时针转动趋势，则 σ_{max} 指向为从 σ_x 所在的 x 轴正向沿顺时针转过 45°，如图 12-10a 所示；如果 τ_x 有使单元体逆时针转动趋势，则 σ_{max} 指向为从 σ_x 所在的 x 轴正向沿逆时针转过 45°，如图 12-10b所示。

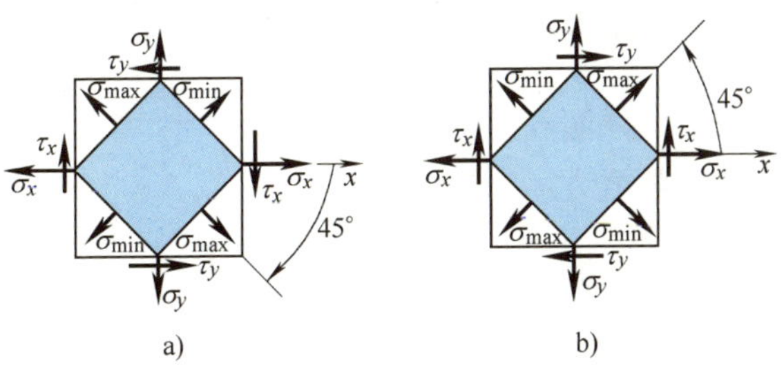

图 12-10　最大正应力和最小正应力所在平面

2. 极限切应力及所在平面

按照与上述完全类似的方法，可以求得最大和最小切应力以及它们所在的平面。将式（12-4）对角度 α 求导数，有 $\frac{d\tau_\alpha}{d\alpha}=(\sigma_x-\sigma_y)\cos 2\alpha-2\tau_x\sin 2\alpha$，令 $\left.\frac{d\tau_\alpha}{d\alpha}\right|_{\alpha=\alpha_1}=0$，得

$$(\sigma_x-\sigma_y)\cos 2\alpha_1-2\tau_x\sin 2\alpha_1=0$$

由此得

$$\tan 2\alpha_1=\frac{\sigma_x-\sigma_y}{2\tau_x} \tag{12-8}$$

满足式（12-8）的 α_1 值同样有两个：α_1 和 $\alpha_1+90°$，从而可以确定两个互相垂直的平面，分别作用有最大和最小切应力。

由式（12-8）求出 $\cos 2\alpha_1$ 和 $\sin 2\alpha_1$，代入式（12-4）得到最大切应力和最小切应力分别为

$$\left.\begin{matrix}\tau_{max}\\ \tau_{min}\end{matrix}\right\}=\pm\sqrt{\left(\frac{\sigma_x-\sigma_y}{2}\right)^2+\tau_x^2} \tag{12-9}$$

比较式（12-6）和式（12-8）可得

$$\tan 2\alpha_1=-\cot 2\alpha_0=\tan(2\alpha_0+90°)$$

所以有 $\alpha_1=\alpha_0+45°$，即两个极限切应力所在平面与主平面各成45°，如图12-11所示。

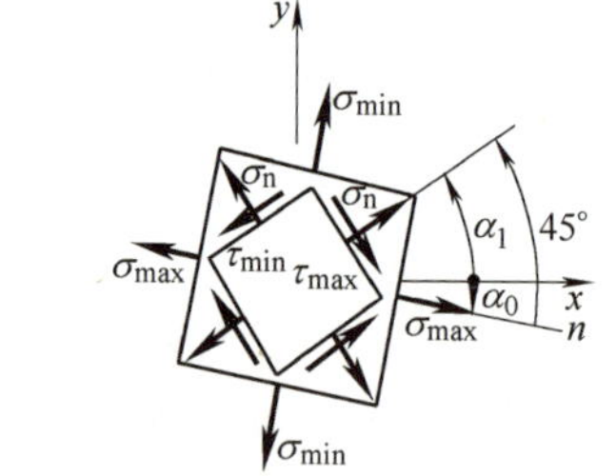

图12-11 极限切应力所在平面

例12-2 扭转试验破坏现象如下：低碳钢试件从表面开始沿横截面破坏，如图12-12a所示；铸铁试件从表面开始沿与轴线成45°倾角的螺旋曲面破坏，如图12-12b所示。试分析并解释它们的破坏原因。

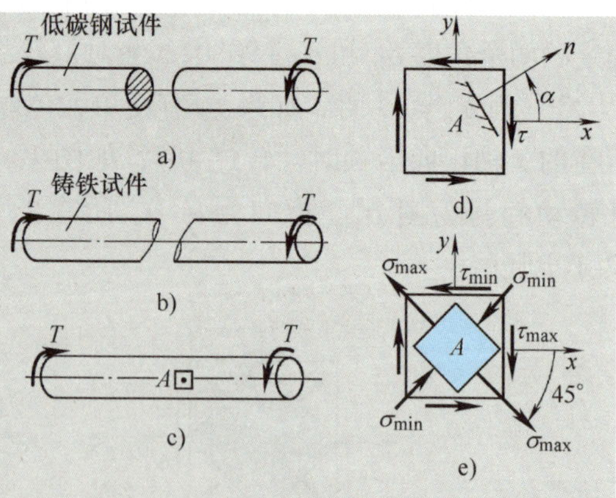

图12-12 例12-2图

解：圆轴扭转时，试件横截面最外端切应力最大，其数值为

$$\tau=\frac{T}{W_T}$$

所以低碳钢和铸铁两种试件均从表面开始破坏。

为了解释断口的不同，首先确定最大正应力和最大切应力所发生的平面。

从扭转试件表面任一点 A 处截取应力单元体（图 12-12c、d），这时 $\sigma_x=\sigma_y=0$，由式（12-3）、式（12-4）得

$$\sigma_\alpha=-\tau\sin2\alpha,\quad \tau_\alpha=\tau\cos2\alpha$$

由上面公式可见，当 $\alpha=-45°$时，正应力出现最大值，$\sigma_{max}=\tau$；当 $\alpha=0°$时，切应力出现最大值，$\tau_{max}=\tau$。最大正应力 σ_{max}和最大切应力 τ_{max}的表示如图 12-12e 所示。

由于一点处的应力状态与试件材料无关，故图 12-12e 所示的最大应力对低碳钢和铸铁试件分析都适用。低碳钢试件沿横截面（$\alpha=0°$）破坏，对应切应力出现最大值，$\tau_{max}=\tau$，可见低碳钢试件扭转破坏是被剪断的。由于最大切应力 $\tau_{max}=\tau=\sigma_{max}$，所以又说明了低碳钢的抗剪能力低于其抗拉能力。铸铁试件沿与轴线成45°的螺旋曲面破坏，这正好是$\alpha=-45°$时，正应力出现最大值$\sigma_{max}=\tau$所在的平面。由于最大正应力 $\sigma_{max}=\tau$，所以说明了铸铁的抗拉能力低于其抗剪能力，可见扭转试验中铸铁试件是被拉断的。

例 12-3　图 12-13a 所示单元体，$\sigma_x=100\text{MPa}$，$\tau_x=-20\text{MPa}$，$\sigma_y=30\text{MPa}$，试求：（1）$\alpha=40°$的斜截面上的正应力 σ_α 和切应力 τ_α。（2）确定 A 点处的最大正应力 σ_{max}、最大切应力 τ_{max}和它们所在的位置。

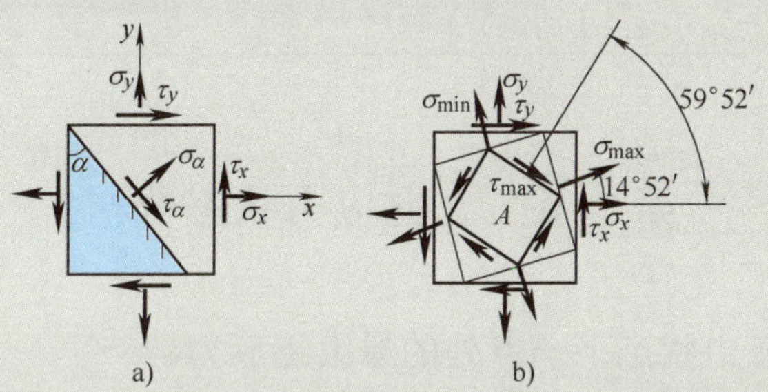

图 12-13　例 12-3 图

解：1）由式（12-3）、式（12-4）得到 $\alpha=40°$的斜截面上的应力为

$$\begin{aligned}\sigma_\alpha&=\frac{\sigma_x+\sigma_y}{2}+\frac{\sigma_x-\sigma_y}{2}\cos2\alpha-\tau_x\sin2\alpha\\&=\left[\frac{100+30}{2}+\frac{100-30}{2}\cos80°-(-20)\times\sin80°\right]\text{MPa}\\&=90.8\text{MPa}\end{aligned}$$

$$\begin{aligned}\tau_\alpha&=\frac{\sigma_x-\sigma_y}{2}\sin2\alpha+\tau_x\cos2\alpha\\&=\left[\frac{100-30}{2}\sin80°+(-20)\times\cos80°\right]\text{MPa}=31\text{MPa}\end{aligned}$$

2）由式（12-7）可知，A 点处的最大正应力为

$$\sigma_{max}=\frac{\sigma_x+\sigma_y}{2}+\sqrt{\left(\frac{\sigma_x-\sigma_y}{2}\right)^2+\tau_x^2}$$

$$=\left[\frac{100+30}{2}+\sqrt{\left(\frac{100-30}{2}\right)^2+(-20)^2}\right]\text{MPa}=105\text{MPa}$$

由式（12-6）得

$$\alpha_0=\frac{1}{2}\arctan\left(-\frac{2\tau_x}{\sigma_x-\sigma_y}\right)=\frac{1}{2}\arctan\left[-\frac{2\times(-20)}{100-30}\right]=14°52'$$

$$\alpha_0+90°=104°52'$$

因为 $\sigma_x>\sigma_y$，故最大正应力 σ_{max} 所在截面的方位角为 α_0 和 $\alpha_0+90°$ 中绝对值较小的一个，即为 $14°52'$。

由式（12-9）可知，A 点处的最大切应力为

$$\tau_{max}=\sqrt{\left(\frac{\sigma_x-\sigma_y}{2}\right)^2+\tau_x^2}=\sqrt{\left(\frac{100-30}{2}\right)^2+(-20)^2}\text{MPa}=40.3\text{MPa}$$

最大切应力 τ_{max} 所在截面的方位角 $\alpha_1=\alpha_0+45°=59°52'$。如图 12-13b 所示。

第三节　三向应力状态分析

一、复杂应力状态下一点处的最大正应力

设一点处的主应力单元体如图 12-14a 所示，研究证明，当主应力按 $\sigma_1\geqslant\sigma_2\geqslant\sigma_3$ 排列时，σ_1 和 σ_3 是一点处三个主平面上代数值最大和最小的主应力，也是该点处所有截面上代数值最大和最小的正应力。将最大和最小的正应力分别用 σ_{max} 和 σ_{min} 表示，则有

$$\sigma_{max}=\sigma_1,\quad \sigma_{min}=\sigma_3 \tag{12-10}$$

二、复杂应力状态下一点处的最大切应力

分析平行于一个主应力 σ_3 的任一斜截面 $m—m$ 上的应力，如图 12-14a 所示，用截面法研究其左边部分的平衡，建立图 12-14b 所示坐标系。由于前后两个面上与 σ_3 相应的作用力 $\sigma_3\cdot dA_z$ 自成平衡，所以平行于 σ_3 的任意斜截面 $m—m$ 上的应力 σ_α、τ_α 与 σ_3 无关，可以按图 12-14c 所示，运用式（12-3）、式

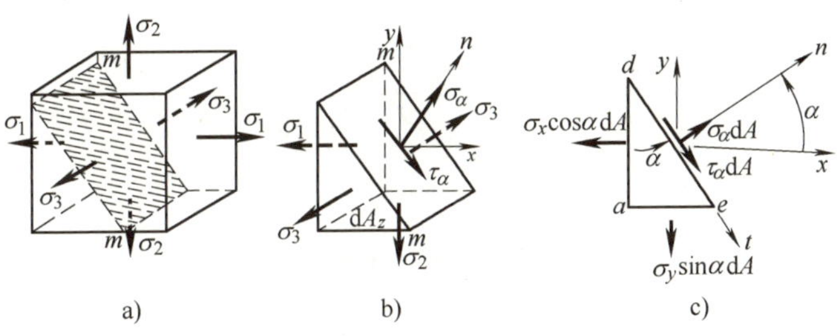

图 12-14　一点处任意斜截面上的应力

(12-4）计算 σ_α、τ_α。

对于图 12-14a、c 情形，$\sigma_x=\sigma_1$，$\sigma_y=\sigma_2$，$\tau_x=0$，代入式（12-4）得到切应力表达式

$$\tau_\alpha=\frac{\sigma_1-\sigma_2}{2}\sin2\alpha$$

上式当 $\alpha=45°$时，切应力为最大，为$\frac{\sigma_1-\sigma_2}{2}$。将平行于主应力 σ_3 的所有斜截面上的正号极值切应力记为 τ_{12}，则 $\tau_{12}=\frac{\sigma_1-\sigma_2}{2}$。同样可以得到平行于 σ_1 和 σ_2 的两组截面上的正号极值切应力分别为 $\tau_{23}=\frac{\sigma_2-\sigma_3}{2}$和 $\tau_{31}=\left|\frac{\sigma_3-\sigma_1}{2}\right|=\frac{\sigma_1-\sigma_3}{2}$。

由于主应力 $\sigma_1\geqslant\sigma_2\geqslant\sigma_3$，所以在 τ_{12}、τ_{23}、τ_{31}三个极值切应力中，τ_{31}为最大。进一步研究表明，τ_{31}还是该点处所有截面上的最大切应力。将此最大切应力用 $\tau_{\max}$表示，则有

$$\tau_{\max}=\frac{\sigma_1-\sigma_3}{2}\tag{12-11}$$

第四节　广义胡克定律

设从受力物体内一点取出一主单元体，其上的主应力分别为 σ_1、σ_2 和 σ_3，如图 12-15a 所示，沿三个主应力方向的三个线应变称为**主应变**，分别用 ε_1、ε_2 和 ε_3 表示。

对于各向同性材料，在最大正应力不超过材料的比例极限条件下，可以应

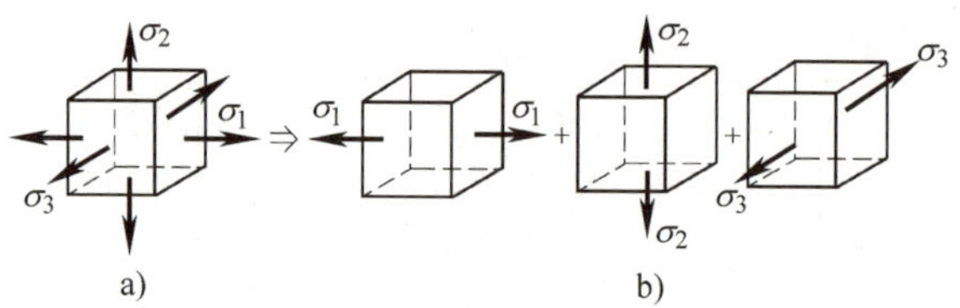

图 12-15 三向应力状态的分解

用胡克定律及叠加法来求主应变。为此将图 12-15a 所示的三向应力状态看成是三个单向应力状态的组合（图 12-15b），先讨论沿主应力 σ_1 的主应变 ε_1。对于 σ_1 单独作用，利用单向应力状态胡克定律，可求得 σ_1 方向与 σ_1 相应的纵向线应变为 σ_1/E；对于 σ_2 单独作用，将引起 σ_2 方向变形，其变形量为 σ_2/E，令横向变形因数为 μ，则 σ_2 方向变形将引起 σ_1 方向相应的线应变为 $-\mu\dfrac{\sigma_2}{E}$；同样道理，σ_3 单独作用将引起 σ_1 方向相应的线应变 $-\mu\dfrac{\sigma_3}{E}$。将这三项叠加，得

$$\varepsilon_1=\frac{\sigma_1}{E}-\mu\frac{\sigma_2}{E}-\mu\frac{\sigma_3}{E}$$

同样可以得到

$$\varepsilon_2=\frac{\sigma_2}{E}-\mu\frac{\sigma_3}{E}-\mu\frac{\sigma_1}{E}$$

$$\varepsilon_3=\frac{\sigma_3}{E}-\mu\frac{\sigma_1}{E}-\mu\frac{\sigma_2}{E}$$

整理得到以主应力表示的**广义胡克定律**

$$\begin{cases}\varepsilon_1=\dfrac{1}{E}\left[\sigma_1-\mu\left(\sigma_2+\sigma_3\right)\right]\\\varepsilon_2=\dfrac{1}{E}\left[\sigma_2-\mu\left(\sigma_3+\sigma_1\right)\right]\\\varepsilon_3=\dfrac{1}{E}\left[\sigma_3-\mu\left(\sigma_1+\sigma_2\right)\right]\end{cases}\tag{12-12}$$

上式建立了复杂应力状态下一点处的主应力与主应变之间的关系。

第五节 强度理论

一、强度理论概述

各种材料因强度不足而引起的失效现象是不同的。通过第五章的讨论，可

以知道像普通碳素钢这样的塑性材料，是以发生屈服现象、出现塑性变形为失效的标志；而像铸铁这样的脆性材料，失效现象是突然断裂。第五～七、九章的强度条件可以概括为：最大工作应力不超过许用应力，即 $\sigma_{max} \leqslant [\sigma]$ 或 $\tau_{max} \leqslant [\tau]$。这里的许用应力是从试验测得的极限应力除以安全因数得到的，这种直接根据试验结果来建立强度条件的方法，对于危险点处于复杂应力状态的情况不再适用。这是因为复杂应力状态下三个主应力的组合是各种各样的，σ_1、σ_2 和 σ_3 之间的比值有无限多种情形，不可能对所有的组合都一一试验以确定其相应的极限应力。

事实上，尽管失效现象比较复杂，但可以归纳为如下两点：

1）材料在外力作用下的破坏形式不外乎有几种类型。

2）同一类型材料的破坏是由某一个共同因素引起的。

人们在长期的实践中，综合多种材料的失效现象和资料，对强度失效提出各种假说。这些假说认为，材料按断裂或屈服失效，是应力、应变或变形能等其中某一因素引起的。按照这些假说，无论是简单还是复杂应力状态，引起失效的因素是相同的，造成失效的原因与应力状态无关。这些假说称为**强度理论**。利用强度理论，就可以利用简单应力状态下的试验（例如拉伸试验）结果，来推断材料在复杂应力状态下的强度，建立复杂应力状态的强度条件。

强度理论是推测材料强度失效原因的一些假说，它的正确与否以及适用范围，必须在工程实践中加以检验。经常是适用于某类材料的强度理论，并不适用于另一类材料。下面介绍的四种强度理论，都是在常温静载荷下，适用于均匀、连续、各向同性材料的强度理论。

二、四种强度理论

1. 最大拉应力理论（第一强度理论）

这一理论认为引起材料脆性断裂破坏的因素是最大拉压力，它是人们根据早期使用的脆性材料（像天然石、砖和铸铁等）易于拉断而提出的。该理论认为无论什么应力状态下，只要构件内一点处的最大拉压力 σ_1，达到单向应力状态下的极限应力 σ_b，材料就要发生脆性断裂。于是危险点处于复杂应力状态的构件，发生脆性断裂破坏的条件为

$$\sigma_1 = \sigma_b \tag{12-13}$$

将极限应力 σ_b 除以安全因数得到许用应力［σ］，于是危险点处于复杂应力状态的构件，按第一强度理论建立的强度条件为

$$\sigma_1 \leqslant [\sigma] \tag{12-14}$$

铸铁等脆性材料在单向拉伸下，断裂发生于拉应力最大的横截面。脆性材料的扭转也是沿拉应力最大的斜面发生断裂。这些用第一强度理论都能很好地

加以解释。但是对于一点处在任何截面上都没有拉应力的情况，第一强度理论就不再适用了，另外该理论没有考虑其他两个应力的影响，显然不够合理。

2. 最大伸长线应变理论（第二强度理论）

这一理论认为最大伸长线应变是引起断裂的主要因素。即无论什么应力状态，只要最大伸长线应变 ε_1 达到单向应力状态下的极限值 ε_u，材料就要发生脆性断裂破坏。假设单向拉伸直到断裂可用胡克定律计算应变，则拉断时伸长线应变的极限值 $\varepsilon_u=\dfrac{\sigma_b}{E}$。于是危险点处于复杂应力状态的构件，发生脆性断裂破坏的条件为

$$\varepsilon_1=\frac{\sigma_b}{E}$$

将 $\varepsilon_1=\dfrac{1}{E}[\sigma_1-\mu(\sigma_2+\sigma_3)]$ 代入上式，得到断裂破坏条件为

$$\sigma_1-\mu(\sigma_2+\sigma_3)=\sigma_b \tag{12-15}$$

将极限应力 σ_b 除以安全因数得到许用应力 $[\sigma]$，于是危险点处于复杂应力状态的构件，按第二强度理论建立的强度条件为

$$\sigma_1-\mu(\sigma_2+\sigma_3)\leqslant[\sigma] \tag{12-16}$$

最大伸长线应变理论能够很好地解释石料、混凝土等脆性材料的压缩试验结果，对于一般脆性材料这一理论也是适用的。铸铁在拉－压二向应力且压应力比较大的情况下，试验结果也与这一理论接近。但对于铸铁二向受拉伸（$\sigma_1>\sigma_2>0$），试验结果并不像式（12-15）表明的那样，比单向拉伸安全。另外按照最大伸长线应变理论，二向受压与单向受压强度不同，但混凝土、花岗石和砂岩的试验表明，二向和单向受压强度没有明显差别。

最大拉压力理论和最大伸长线应变理论都是以脆性断裂作为破坏标志的，这对于砖、石、铸铁等脆性材料是十分适用的。但对于工程中大量使用的低碳钢这一类塑性材料，就必须用以屈服（包含显著的塑性变形）作为破坏标志的另一类强度理论。

3. 最大切应力理论（第三强度理论）

这一理论认为最大切应力是引起屈服的主要因素。即无论什么应力状态，只要最大切应力 τ_{max} 达到单向应力状态下的极限切应力 τ_0，材料就要发生屈服破坏。于是危险点处于复杂应力状态的构件发生塑性屈服破坏的条件为

$$\tau_{max}=\tau_0 \tag{12-17}$$

根据轴向拉伸斜截面上的应力公式（12-2）可知极限切应力 $\tau_0=\dfrac{\sigma_s}{2}$（这时横截面上的正应力为 σ_s），由式（12-11）得 $\tau_{max}=\tau_{13}=\dfrac{\sigma_1-\sigma_3}{2}$，将这些结果代

入式（12-17），则破坏条件改写为

$$\sigma_1 - \sigma_3 = \sigma_s$$

考虑安全因数后得到强度条件为

$$\sigma_1 - \sigma_3 \leqslant [\sigma] \tag{12-18}$$

式中，$[\sigma]$ 是由材料在轴向拉伸时的屈服极限 σ_s 确定的许用应力。

最大切应力理论能很好地解释塑性材料的屈服现象。例如低碳钢试件拉伸时出现与轴线成45°方向的滑移线，是材料内部沿这一方向滑移的痕迹。沿这一方向的斜面上切应力也恰为最大。另外最大切应力理论的计算也比较简便，所以应用相当广泛。但式（12-18）中未计入 σ_2 的影响，这一点不够合理。

4. 形状改变比能理论（第四强度理论）

这一理论认为形状改变比能是引起材料屈服破坏的主要因素。即无论什么应力状态，只要构件内一点处的形状改变比能，达到单向应力状态下的极限值，材料就要发生屈服破坏。

在这里略去详细的推导过程，直接给出按照这一理论得到的最后结果。即危险点处于复杂应力状态的构件发生塑性屈服破坏的条件为

$$\sqrt{\frac{1}{2}[(\sigma_1 - \sigma_2)^2 + (\sigma_2 - \sigma_3)^2 + (\sigma_3 - \sigma_1)^2]} = \sigma_s$$

引入安全因数后，得到第四强度理论的强度条件为

$$\sqrt{\frac{1}{2}\left[(\sigma_1 - \sigma_2)^2 + (\sigma_2 - \sigma_3)^2 + (\sigma_3 - \sigma_1)^2\right]} \leqslant [\sigma] \tag{12-19}$$

形状改变比能理论是从反映受力和变形的综合影响的应变能出发，来研究材料的强度的，因此比较全面和完善。试验证明，根据这一理论建立的强度条件，对钢、铝、铜等金属塑性材料，比第三强度理论更符合实际，主要原因是它考虑了主应力 σ_2 对材料破坏的影响。

三、强度理论的应用

强度理论的建立，为人们利用轴向拉伸的试验结果，去建立复杂应力状态下的强度条件提供了理论基础。但是，由于材料的破坏是一个非常复杂的问题，而上述四个强度理论都是在一定的历史阶段、一定的条件下，根据各自的观点建立起来的，所以都有一定的局限性，即**每个强度理论只适合于某些材料**。

在常温和静载荷条件下的脆性材料，破坏形式一般为断裂，所以通常采用第一或第二强度理论。第三和第四强度理论都可以用来建立塑性材料的屈服破坏条件，其中第三强度理论虽然不如第四强度理论更适合于塑性材料，但其误差不大，所以对于塑性材料也经常采用。

把四种强度理论的强度条件写成统一的形式

$$\sigma_r \leqslant [\sigma] \tag{12-20}$$

这里 σ_r 代表（12-14）、（12-16）、（12-18）、（12-19）各式的左端项，即

$$\sigma_{r1} = \sigma_1 \quad \text{(第一强度理论)} \tag{12-21}$$

$$\sigma_{r2} = \sigma_1 - \mu(\sigma_2 + \sigma_3) \quad \text{(第二强度理论)} \tag{12-22}$$

$$\sigma_{r3} = \sigma_1 - \sigma_3 \quad \text{(第三强度理论)} \tag{12-23}$$

$$\sigma_{r4} = \sqrt{\sigma_1^2 + \sigma_2^2 + \sigma_3^2 - \sigma_1\sigma_2 - \sigma_2\sigma_3 - \sigma_3\sigma_1} \quad \text{(第四强度理论)} \tag{12-24}$$

$[\sigma]$ 代表单向拉伸时材料的许用应力，式（12-20）意味着将一复杂应力状态转换为一强度相当的单向应力状态，故 σ_r 称为复杂应力状态下的**相当应力**。需要强调的是，σ_r 只是按不同强度理论得出的主应力的综合值，并不是真实存在的应力。

图 12-16 所示的二向应力状态在机械设计中常常遇到，例如圆轴扭转和弯曲的联合、圆轴扭转和拉伸的联合以及梁的弯曲等。这时相当应力的公式还可以进一步简化。为此，首先将 $\sigma_x = \sigma$，$\sigma_y = 0$，$\tau_x = \tau$ 代入式（12-7），得到

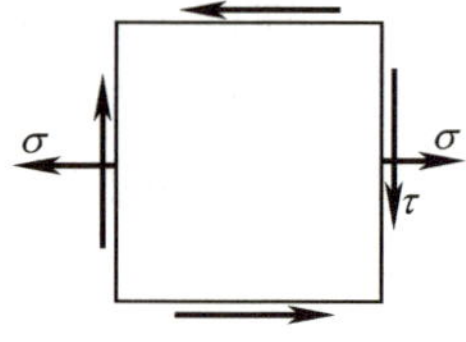

图 12-16 二向应力状态

$$\left.\begin{matrix}\sigma_{max}\\ \sigma_{min}\end{matrix}\right\} = \frac{\sigma}{2} \pm \sqrt{\left(\frac{\sigma}{2}\right)^2 + \tau^2}$$

将主应力按其代数值顺序排列，可得此应力状态下的三个主应力为

$$\sigma_1 = \frac{\sigma}{2} + \sqrt{\left(\frac{\sigma}{2}\right)^2 + \tau^2},\quad \sigma_2 = 0,\quad \sigma_3 = \frac{\sigma}{2} - \sqrt{\left(\frac{\sigma}{2}\right)^2 + \tau^2} \tag{12-25}$$

采用最大切应力理论，将式（12-25）代入式（12-23），整理得到在此应力状态下的相当应力

$$\sigma_{r3} = \sqrt{\sigma^2 + 4\tau^2} \tag{12-26}$$

同理采用形状改变比能理论，将式（12-25）代入式（12-24），整理得到在此应力状态下的相当应力为

$$\sigma_{r4} = \sqrt{\sigma^2 + 3\tau^2} \tag{12-27}$$

***例 12-4** 证明各向同性线弹性材料的弹性模量 E、泊松比 μ 和切变模量 G 之间存在下列关系：

$$G = \frac{E}{2(1+\mu)}$$

证明：对于纯剪切变形，设想从构件中取出图 12-17a 所示单元体，并设单元体的左侧面 $abdc$ 固定，右侧面的剪力为 $\tau \mathrm{d}y\mathrm{d}z$，由于剪切变形，右侧面向下错动的距离为 $\gamma \mathrm{d}x$，从 $efhg$ 位置变化到 $e'f'h'g'$ 位置。若切应力有一增量 $\mathrm{d}\tau$，切应

变的相应增量为 $\mathrm{d}\gamma$，右侧面向下位移的增量应为 $\mathrm{d}\gamma\mathrm{d}x$，剪力 $\tau\mathrm{d}y\mathrm{d}z$ 在位移 $\mathrm{d}\gamma\mathrm{d}x$ 上完成的功为 $\tau\mathrm{d}y\mathrm{d}z\cdot\mathrm{d}\gamma\mathrm{d}x$。在应力从 0 开始逐渐增加的过程中，右侧面上的剪力 $\tau\mathrm{d}y\mathrm{d}z$ 总共完成的功应为

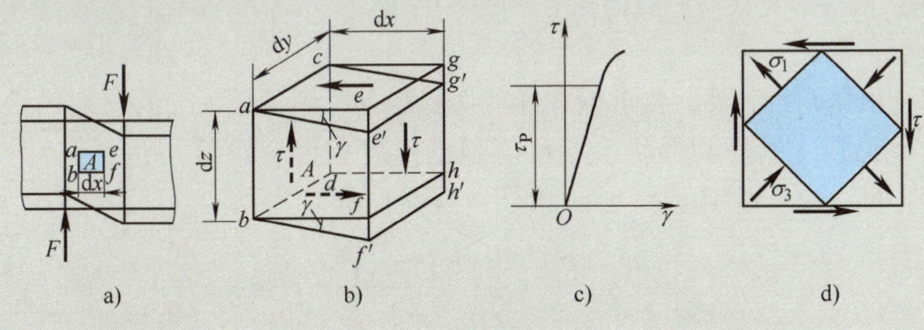

图 12-17　例 12-4 图

$$\mathrm{d}W=\int_0^{\gamma_1}\tau\mathrm{d}y\mathrm{d}z\cdot\mathrm{d}\gamma\mathrm{d}x$$

$\mathrm{d}W$ 等于单元体内储存的变形能 $\mathrm{d}U$，故

$$\mathrm{d}U=\mathrm{d}W=\int_0^{\gamma_1}\tau\mathrm{d}y\mathrm{d}z\cdot\mathrm{d}\gamma\mathrm{d}x=\left(\int_0^{\gamma_1}\tau\mathrm{d}\gamma\right)\mathrm{d}V$$

式中，$\mathrm{d}V$ 为单元体的体积，$\mathrm{d}V=\mathrm{d}x\mathrm{d}y\mathrm{d}z$。

以 $\mathrm{d}U$ 除以 $\mathrm{d}V$ 得到单位体积内的剪切变形能（比能）为

$$u=\frac{\mathrm{d}U}{\mathrm{d}V}=\int_0^{\gamma_1}\tau\mathrm{d}\gamma$$

如图 12-17c 所示，在线弹性范围内有剪切胡克定律 $\tau=G\gamma$，故上式积分结果为

$$u=\frac{1}{2}\tau\gamma=\frac{\tau^2}{2G}\tag{1}$$

按照例 12-2 的分析，纯剪切的主应力是（图 12-17d）

$$\sigma_1=\tau,\ \sigma_2=0,\ \sigma_3=-\tau\tag{2}$$

三向应力状态的比能是

$$u=\frac{1}{2}\sigma_1\varepsilon_1+\frac{1}{2}\sigma_2\varepsilon_2+\frac{1}{2}\sigma_3\varepsilon_3$$

将广义胡克定律式（12-12）代入上式，得

$$u=\frac{1}{2E}\left[\sigma_1^2+\sigma_2^2+\sigma_3^2-2\mu(\sigma_1\sigma_2+\sigma_2\sigma_3+\sigma_3\sigma_1)\right]$$

将式（2）代入上式，整理得

$$u=\frac{\tau^2(1+\mu)}{E}\tag{3}$$

比较式（1）、式（3），得

$$G=\frac{E}{2(1+\mu)}$$

例 12-5 如图 12-18 所示，设钢的许用拉应力 $[\sigma]=160\text{MPa}$，试按最大切应力理论和形状改变比能理论确定其许用切应力 $[\tau]$。

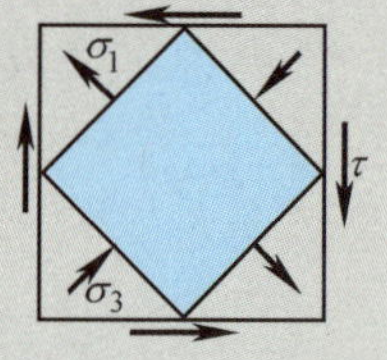

图 12-18 例 12-5 图

解：根据题给条件，要求钢在纯剪切状态下，满足最大切应力理论强度条件和形状改变比能理论强度条件。如图 12-18 所示，$\sigma_x=\sigma_y=0$，$\tau_x=\tau$。由式（12-7）得

$$\left.\begin{matrix}\sigma_{\max}\\ \sigma_{\min}\end{matrix}\right\}=\frac{\sigma_x+\sigma_y}{2}\pm\sqrt{\left(\frac{\sigma_x-\sigma_y}{2}\right)^2+\tau_x^2}=\pm\tau$$

于是 $\sigma_1=\tau$，$\sigma_2=0$，$\sigma_3=-\tau$。把 $\sigma_1-\sigma_3=2\tau$ 代入最大切应力理论强度条件即式（12-18），有 $2\tau\leqslant[\sigma]$，所以 $[\tau]=80\text{MPa}$。

把 σ_1、σ_2、σ_3 代入形状改变比能理论强度条件即式（12-19），有

$$\sqrt{\frac{1}{2}\left[(\sigma_1-\sigma_2)^2+(\sigma_2-\sigma_3)^2+(\sigma_3-\sigma_1)^2\right]}=\sqrt{3}\tau\leqslant[\sigma]$$

所以 $[\tau]=92.4\text{MPa}$。

* **例 12-6** 某圆筒式封闭薄壁容器如图 12-19 所示，已知最大内压力的压强 $p=3\text{MPa}$，容器内径 $D=1\text{m}$，壁厚 $t=10\text{mm}$，材料许用正应力 $[\sigma]=160\text{MPa}$。试按形状改变比能理论校核其强度。

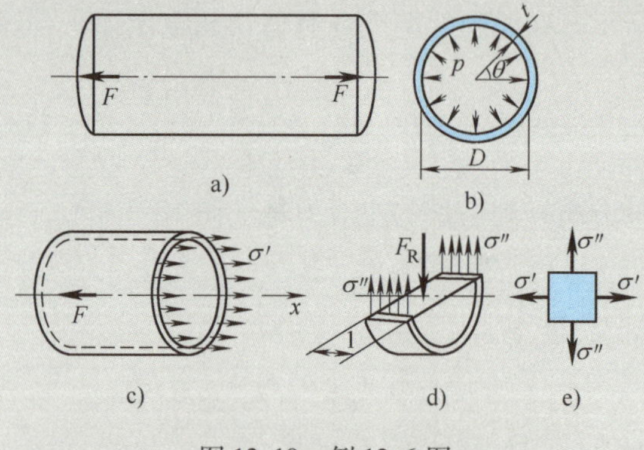

图 12-19 例 12-6 图

解：首先对壁板进行应力分析，确定主应力，然后用形状改变比能理论进行强度校核。

（1）应力分析 由于容器本身的形状和它所受的内压力都对称于轴线，故容器壁只发生沿轴向的伸长和对轴线对称的径向扩张。因此在容器的横截面和径向纵截面上只有拉应力而无切应力。

先分析计算横截面上的拉应力 σ'。

作用在容器底部上的总压力 $F=p\dfrac{\pi D^2}{4}$，其对圆筒是轴向拉力。由于 $t<<D$，故由图 12-19c 可知，薄壁圆筒受拉截面面积 $A=t(\pi D)$，由此可得圆筒横截面上的正应力

$$\sigma'=\frac{F}{A}=\frac{F}{t(\pi D)}=\frac{p\dfrac{\pi D^2}{4}}{t\pi D}=\frac{pD}{4t}=\frac{3\times10^6\times1}{4\times0.01}\text{Pa}=7.5\times10^7\text{Pa}=75\text{MPa}。$$

再分析计算容器径向纵截面上的拉应力 σ''。

假想用通过直径的纵截面把容器连同其产生内压力的介质截开，并沿轴线方向截取单位长度，取图 12-19d 所示分离体。在此分离体上受铅垂向下的内压力 F_R，其值为$1\times D\times p$。

由于 t 很小，可以认为在纵截面上的拉应力 σ''均匀分布，纵截面上与拉应力相应的内力为 $2\times(t\times1\times\sigma'')$，此力将与 F_R平衡。即

$$2\times(t\times1\times\sigma'')-1\times D\times p=0$$

从而得到 $\sigma''=\dfrac{pD}{2t}=\dfrac{3\times10^6\times1}{2\times0.01}\text{Pa}=150\text{MPa}$。

（2）确定主应力　以上得到 σ'和 σ''分别是沿容器的轴向和周向的两个主应力，如图 12-19e 所示。从容器的受力情况可知，在内壁上还受到内压力的直接作用，故沿容器的径向还有另一个值为 p 的主应力存在。但是当 $t<<D$ 时，p 值比 σ'和 σ''小得多，故作为工程计算通常忽略不计，即认为这个主应力为零。于是从容器壁内取出的主应力单元体的三个主应力为

$$\sigma_1=\sigma''=150\text{MPa},\ \sigma_2=\sigma'=75\text{MPa},\ \sigma_3\approx0$$

（3）按照形状改变比能理论校核强度　由式（12-24）得

$$\begin{aligned}\sigma_{r4}&=\sqrt{\sigma_1^2+\sigma_2^2+\sigma_3^2-\sigma_1\sigma_2-\sigma_2\sigma_3-\sigma_3\sigma_1}\\&=\sqrt{\sigma_1^2+\sigma_2^2-\sigma_1\sigma_2}=\sqrt{150^2+75^2-150\times75}\text{MPa}=130\text{MPa}\end{aligned}$$

由于 $\sigma_{r4}\leqslant[\sigma]$，所以此容器满足强度条件。

小　　结

- 斜截面上的正应力 $\sigma_\alpha=\sigma_0\cos^2\alpha$，切应力 $\tau_\alpha=\dfrac{\sigma_0}{2}\sin2\alpha$。
- 主应力单元体，主单元体，主平面，主应力 $\sigma_1\geqslant\sigma_2\geqslant\sigma_3$
- 单向应力状态，二向应力状态，三向应力状态。
- 单向和二向应力状态统称为平面应力状态，二向和三向应力状态统称为复杂应力状态。

- 斜截面上的正应力和切应力

$$\sigma_{\alpha}=\frac{\sigma_x+\sigma_y}{2}+\frac{\sigma_x-\sigma_y}{2}\cos2\alpha-\tau_x\sin2\alpha$$

$$\tau_{\alpha}=\frac{\sigma_x-\sigma_y}{2}\sin2\alpha+\tau_x\cos2\alpha$$

- 一点处的最大切应力 $\tau_{\max}=\dfrac{\sigma_1-\sigma_3}{2}$

- 广义胡克定律 $\begin{cases}\varepsilon_1=\dfrac{1}{E}[\sigma_1-\mu(\sigma_2+\sigma_3)]\\ \varepsilon_2=\dfrac{1}{E}[\sigma_2-\mu(\sigma_3+\sigma_1)]\\ \varepsilon_3=\dfrac{1}{E}[\sigma_3-\mu(\sigma_1+\sigma_2)]\end{cases}$

- 四种强度理论

（1）最大拉应力理论（第一强度理论） 认为引起材料脆性断裂破坏的因素是最大拉压力，它是人们根据早期使用的脆性材料（像天然石、砖和铸铁等）易于拉断而提出的。

（2）最大伸长线应变理论（第二强度理论） 认为最大伸长线应变是引起断裂的主要因素。即无论什么应力状态，只要最大伸长线应变 ε_1 达到单向应力状态下的极限值 ε_{u}，材料就要发生脆性断裂破坏。

（3）最大切应力理论（第三强度理论） 认为最大切应力是引起屈服的主要因素。即无论什么应力状态，只要最大切应力 $\tau_{\max}$ 达到单向应力状态下的极限切应力 τ_0，材料就要发生屈服破坏。

（4）形状改变比能理论（第四强度理论） 认为形状改变比能是引起材料屈服破坏的主要因素。即无论什么应力状态，只要构件内一点处的形状改变比能达到单向应力状态下的极限值，材料就要发生屈服破坏。

每个强度理论只适合于某些材料。

- 四种强度理论的强度条件写成统一的形式：$\sigma_{\mathrm{r}}\leqslant[\sigma]$，即

$$\sigma_{\mathrm{r1}}=\sigma_1 \quad（第一强度理论）$$

$$\sigma_{\mathrm{r2}}=\sigma_1-\mu\ (\sigma_2+\sigma_3) \quad（第二强度理论）$$

$$\sigma_{\mathrm{r3}}=\sigma_1-\sigma_3 \quad（第三强度理论）$$

$$\sigma_{\mathrm{r4}}=\sqrt{\sigma_1^2+\sigma_2^2+\sigma_3^2-\sigma_1\sigma_2-\sigma_2\sigma_3-\sigma_3\sigma_1} \quad（第四强度理论）$$

$[\sigma]$ 代表单向拉伸时材料的许用应力，σ_{r} 称为复杂应力状态下的相当应力。

- 各向同性线弹性材料的弹性模量 E、泊松比 μ 和切变模量 G 之间关系：$G=\dfrac{E}{2(1+\mu)}$。

习 题

12-1 拉伸试件直径 $d=24\mathrm{mm}$，当在45°斜截面上的切应力 $\tau=180\mathrm{MPa}$ 时，其表面上出现滑移线。试求此时试件的拉力 F。

12-2 如图12-20所示，求斜截面上的应力（图12-20中应力单位均为MPa）。

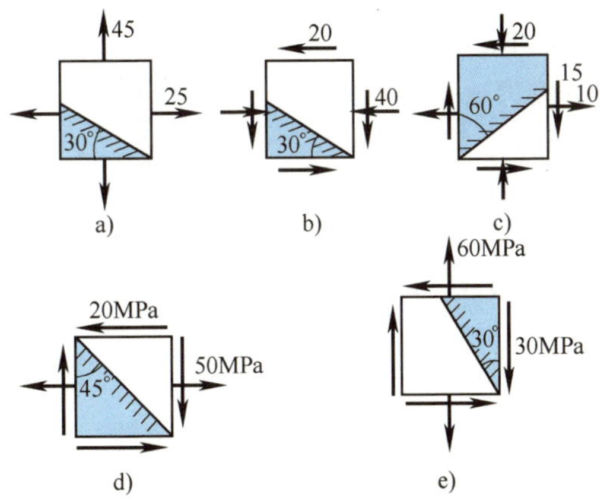

图 12-20　题 12-2 图

12-3　已知单元体的应力状态如图 12-21 所示（应力单位均为 MPa）。试求：（1）主应力值和主平面位置，并画在单元体上。（2）最大切应力值。

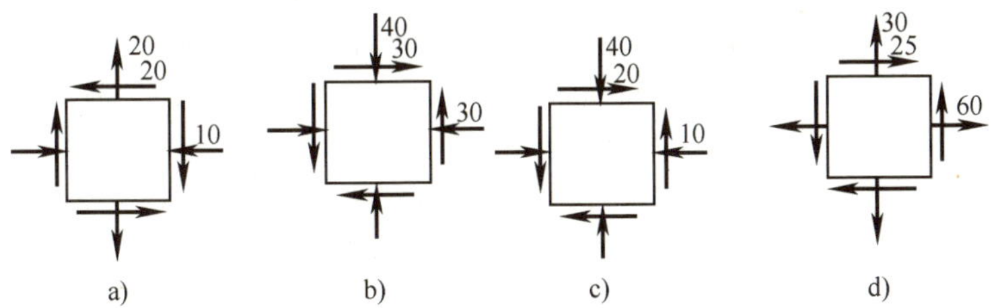

图 12-21　题 12-3 图

12-4　如图 12-22 所示，已知各单元体的应力状态（应力单位均为 MPa）。求最大主应力值和最大切应力值。

12-5　已知应力状态如图 12-23 所示（应力单位均为 MPa）。试求：（1）主应力大小，主平面位置。（2）在单元体上画出主平面位置及主应力方向。（3）最大切应力。

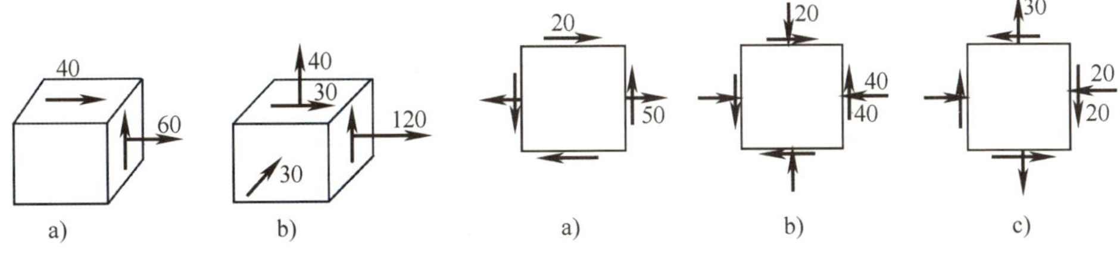

图 12-22　题 12-4 图

图 12-23　题 12-5 图

12-6 如图 12-24 所示，圆轴右端横截面上的最大弯曲应力为 40MPa，最大扭转应力为 30MPa，由于剪力引起的最大切应力为 6MPa。试：（1）画出 A、B、C 和 D 点处单元体的应力状态。（2）求 A 点的主应力值及最大切应力值。

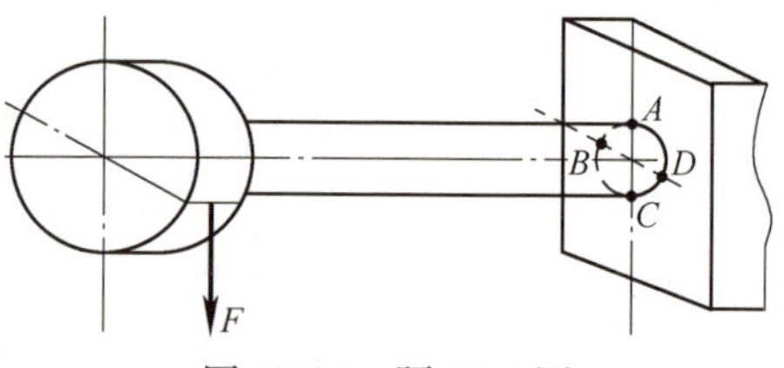

图 12-24 题 12-6 图

12-7 矩形截面梁，尺寸及载荷如图 12-25 所示，尺寸单位为 mm，力 F 作用于梁中点。试：（1）画出梁上 A、B、C 点处单元体的应力状态。（2）求 A、B、C 点的主应力值及最大切应力值。

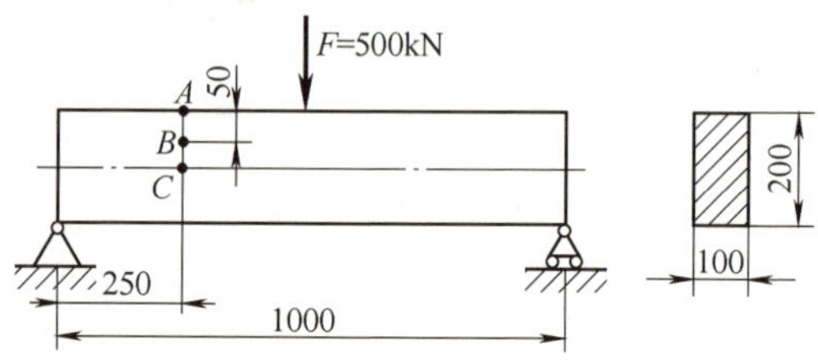

图 12-25 题 12-7 图

12-8 矩形截面钢块，紧密地夹在两块固定刚性厚板之间，受压力 F 的作用，如图 12-26 所示。已知 $a=30\text{mm}$，$b=20\text{mm}$，$l=60\text{mm}$，$F=100\text{kN}$，板所受压力 $F_1=45\text{kN}$，钢的弹性模量 $E=200\text{GPa}$。试求钢块的缩短 Δl 及泊松比 μ。

12-9 平面应力状态如图 12-27 所示，各应力有三种情况：（1）$\sigma_x=60\text{MPa}$，$\sigma_y=-80\text{MPa}$，$\tau_x=-40\text{MPa}$。（2）$\sigma_x=-40\text{MPa}$，$\sigma_y=50\text{MPa}$，$\tau_x=0$。（3）$\sigma_x=0$，$\sigma_y=0$，$\tau_x=45\text{MPa}$。试按第三强度理论和第四强度理论求相当应力 σ_{r3}、σ_{r4}。

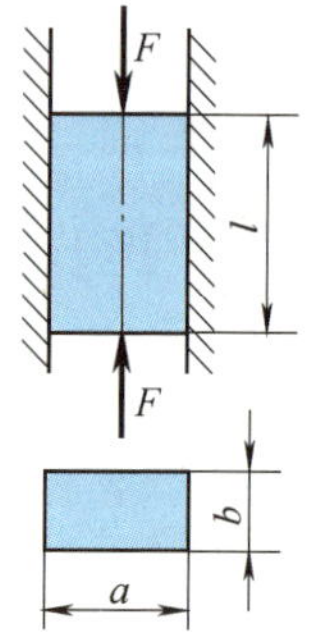

图 12-26 题 12-8 图

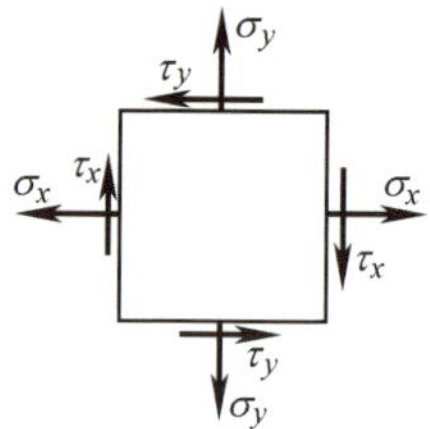

图 12-27 题 12-9 图

12-10 单元体的主应力分别为：（1）$\sigma_1=75\text{MPa}$，$\sigma_2=40\text{MPa}$，$\sigma_3=-20\text{MPa}$。（2）$\sigma_1=55\text{MPa}$，$\sigma_2=0$，$\sigma_3=-55\text{MPa}$。（3）$\sigma_1=0$，$\sigma_2=-30\text{MPa}$，$\sigma_3=-110\text{MPa}$。若材料的许用应力 $[\sigma]=120\text{MPa}$，试用第三强度理论和第四强度理论校核各点的强度。

第十三章

组合变形

在工程实际中，有许多构件在载荷作用下，同时产生两种或两种以上的基本变形，这种变形称为组合变形。本章将讨论工程中常见的两种组合变形，即轴向拉伸（或压缩）与弯曲的组合变形（包括偏心拉伸或压缩），以及弯曲与扭转的组合变形。介绍运用力的独立作用原理，解决上述组合变形的强度计算问题。

第一节　组合变形的概念

第五~七章、九~十章讨论了构件发生拉伸（压缩）、剪切、扭转、弯曲等基本变形时的强度、刚度计算。但在工程实际中，有许多构件在载荷作用下，同时产生两种或两种以上的基本变形。例如钻机在力 F 和力矩 M 的作用下，产生压缩与扭转的组合变形（图 13-1）；机架立柱在力 F 作用下，产生拉伸与弯曲的组合变形（图 13-2）；车刀在切削力 F 的作用下，产生压缩与弯曲的组合变形（图 13-3）；传动轴在带轮张力 F_1、F_2 的作用下，产生弯曲与扭转的组合变形（图 13-4）。

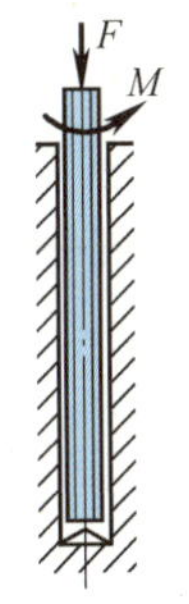

图 13-1　压缩与扭转

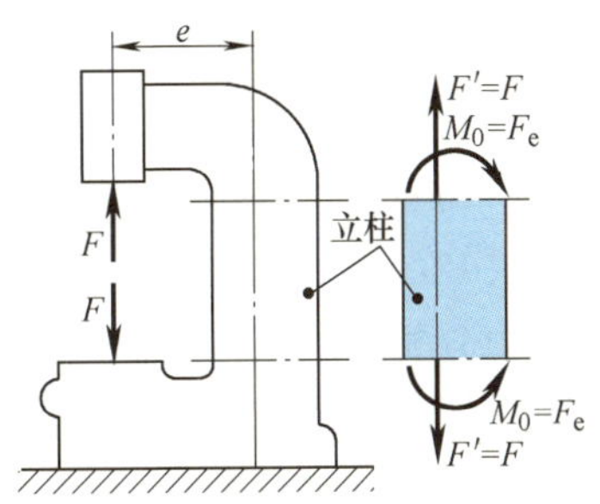

图 13-2　拉伸与弯曲

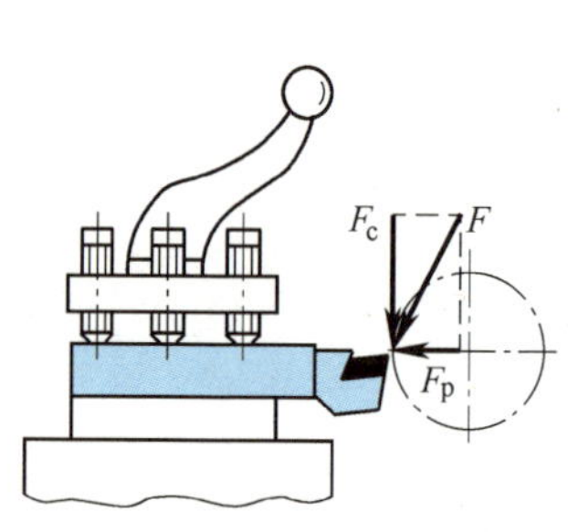

图 13-3 压缩与弯曲

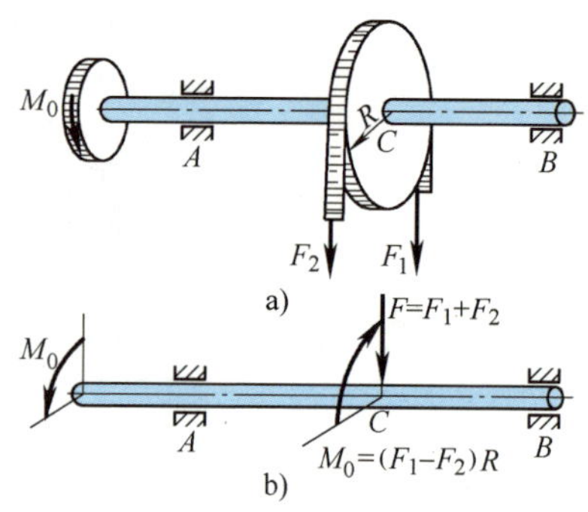

图 13-4 弯曲与扭转

若构件的材料符合胡克定律，且在变形很小的情况下，可认为组合变形中的每一种基本变形都是各自独立的，即各基本变形引起的应力互不影响，故在研究组合变形问题时，可运用叠加原理。

第二节 拉伸（压缩）与弯曲的组合变形

当作用在构件对称面内的外力的作用线与轴线平行但不重合时（图 13-5），或不与轴线垂直或平行而成某一角度时（图 13-6a），外力都将使杆件产生拉弯（或压弯）组合变形。

下面以矩形截面悬臂梁为例，来说明拉弯（或压弯）组合变形的强度计算方法。

如图 13-6a 所示，在悬臂梁的自由端作用一力 F，力 F 位于梁的纵向对称面内，且与梁的轴线成夹角 φ。

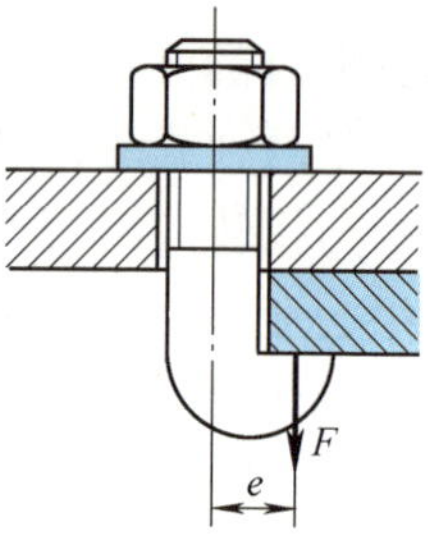

图 13-5 拉弯组合变形

1. 外力计算

将力 F 沿轴线和垂直轴线方向分解成两个力 F_1 和 F_2（图 13-6b），$F_1 = F\cos\varphi$，$F_2 = F\sin\varphi$。显然 F_1 使梁发生拉伸变形（图 13-6c），而 F_2 使梁发生弯曲变形（图 13-6d），故梁在力 F 的作用下发生拉伸与弯曲的组合变形。

2. 内力分析，确定危险截面的位置

轴向拉力 F_1 使梁发生拉伸变形，各横截面的轴力相同，均为 $F_N = F_1$。力 F_2 使梁发生弯曲变形，弯矩方程 $M(x) = -F_2(l-x)$，固定端横截面的弯矩绝对值最大 $M_{max} = F_2 l$，所以固定端为危险截面。

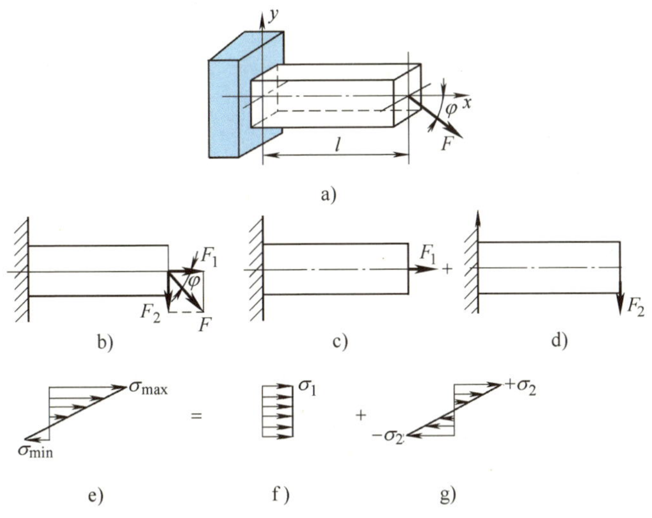

图 13-6　矩形截面悬臂梁组合变形

3. 应力分析，确定危险点的位置

固定端（即危险截面）上由拉力 F_1 引起的正应力均匀分布，如图 13-6f 所示，其值为

$$\sigma_1=\frac{F_1}{A}$$

在危险截面上下边缘处，弯曲正应力的绝对值最大，其应力分布规律如图 13-6g 所示，最大的应力值为

$$\sigma_2=\frac{M_{max}}{W_z}=\frac{F_2 l}{W_z}$$

根据叠加原理，可将固定端横截面上的拉伸正应力和弯曲正应力进行叠加。当拉伸正应力小于弯曲正应力时，其应力分布规律如图 13-6e 所示。固定端上下边缘的正应力分别为

$$\sigma_{max}=\frac{F_1}{A}+\frac{M_{max}}{W_z},\qquad \sigma_{min}=\frac{F_1}{A}-\frac{M_{max}}{W_z}$$

由上式可知，固定端上边缘各点是危险点。

4. 强度计算

因危险点的应力是单向应力状态，所以其强度条件为

$$\sigma_{max}=\frac{F_1}{A}+\frac{M_{max}}{W_z}\leqslant[\sigma] \tag{13-1}$$

若 F_1 为压力，则危险截面上、下边缘处的正应力分别为

$$\sigma_{max} = -\frac{F_1}{A} + \frac{M_{max}}{W_z}, \qquad \sigma_{min} = -\frac{F_1}{A} - \frac{M_{max}}{W_z}$$

此时，危险截面的下边缘上的各点是危险点，为压应力。它的强度条件为

$$|\sigma|_{max} = |\sigma_{min}| = \left| -\frac{F_1}{A} - \frac{M_{max}}{W_z} \right| \leqslant [\sigma] \tag{13-2}$$

对于许用拉压应力不同的材料，例如铸铁，则应分别对危险截面上的最大拉应力和最大压应力分别按 $[\sigma_+]$ 和 $[\sigma_-]$ 进行强度校核。

例 13-1 夹具如图 13-7a 所示，已知 $F = 2\text{kN}$，$l = 60\text{mm}$，$b = 10\text{mm}$，$h = 22\text{mm}$。材料的许用正应力 $[\sigma] = 160\text{MPa}$。试校核夹具竖杆的强度。

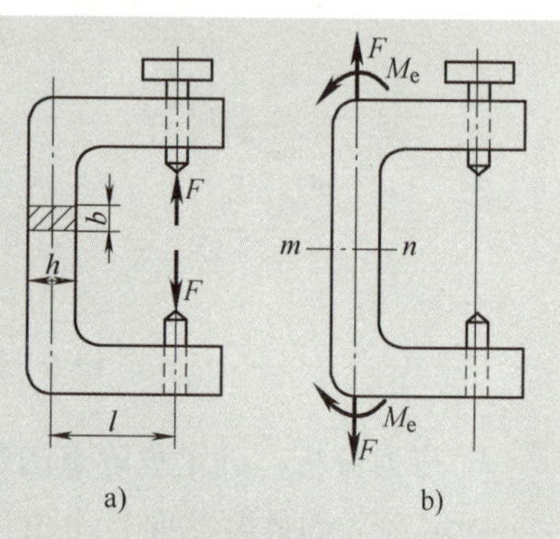

图 13-7 例 13-1 图

解：(1) 外力计算 夹具竖杆所受载荷是偏心载荷，将载荷平移到轴线上，得一力 F 和一力偶 $M_e = Fl$（图 13-7b）。力 F 将引起拉伸变形，而力偶 M_e 则引起弯曲变形，所以夹具竖杆在力 F 的作用下将发生拉弯组合变形。

(2) 内力分析，确定危险截面的位置 用截面法求夹具竖杆上任一截面 m—n 的内力，其轴力 F_N 和弯矩 M 分别为

$$F_N = F = 2\text{kN}$$

$$M = M_e = 2 \times 10^3 \times 60 \times 10^{-3}\text{N} \cdot \text{m} = 120\text{N} \cdot \text{m}$$

因各横截面的轴力 F_N 和弯矩 M 是相同的，所以各横截面的危险程度是相同的，故可认为 m—n 截面为危险截面。

(3) 应力分析，确定危险点的位置 夹具竖杆横截面上的最大拉应力发生在截面右边缘各点处，其值为 $\sigma_{max} = \dfrac{F}{A} + \dfrac{M_e}{W_z}$，其中抗弯截面系数 $W_z = \dfrac{bh^2}{6}$。

(4) 强度校核 因危险点的应力为单向应力状态，所以其强度条件为

$$\sigma_{max} = \frac{F}{A} + \frac{M_{max}}{W_z} = \left[\frac{2 \times 10^3}{0.010 \times 0.022} + \frac{120}{\dfrac{0.010 \times 0.022^2}{6}}\right]\text{Pa}$$

$$= 158\text{MPa} < [\sigma] = 160\text{MPa}$$

故此夹具竖杆的强度是足够的，可以安全工作。

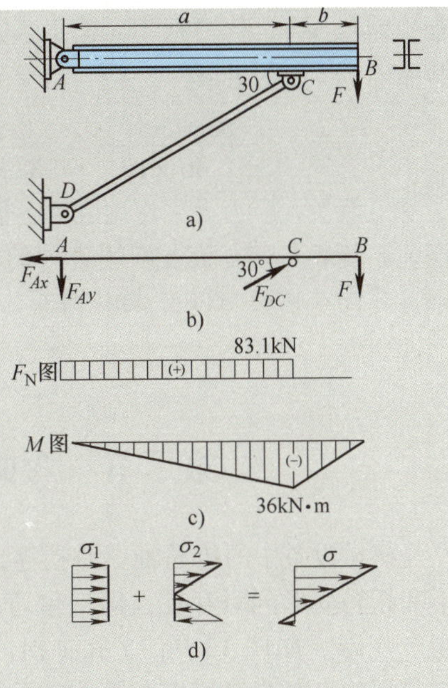

图 13-8　例 13-2 图

例 13-2　如图 13-8a 所示为一起重支架。已知 $a=3\text{m}$，$b=1\text{m}$，$F=36\text{kN}$，AB 梁由两根槽钢组成，材料的许用应力 $[\sigma]=140\text{MPa}$。试确定 AB 梁槽钢的型号。

解：（1）外力计算　作 AB 梁的受力图，如图 13-8b 所示。由平衡方程

$$\sum_{i=1}^{n} M_A = 0,\ F_{DC}\sin 30°a - F(a+b) = 0$$

$$\sum_{i=1}^{n} M_C = 0,\ F_{Ay}a - Fb = 0$$

$$\sum_{i=1}^{n} F_{ix} = 0,\ F_{DC}\cos 30° - F_{Ax} = 0$$

可解得　$F_{DC}=\dfrac{2\ (a+b)}{a}F=96\text{kN}$

$$F_{Ay}=\frac{b}{a}F=12\text{kN}$$

$$F_{Ax}=F_{DC}\cos 30°=83.1\text{kN}$$

由受力图可知，梁的 AC 段为拉伸与弯曲的组合变形，而 CB 段为弯曲变形。

（2）内力分析，确定危险截面的位置　作轴力图和弯矩如图 13-8c 所示，故危险截面是 C 截面。危险截面上的轴力 F_N 和弯矩 M 分别为

$$F_N=83.1\text{kN},\ M=36\text{kN}\cdot\text{m}$$

（3）应力分析，确定危险点的位置　根据危险截面上的应力分布规律（图 13-8d），可知危险点在危险截面的上侧边缘。其最大应力值为

$$\sigma_{max}=\frac{F_N}{A}+\frac{M_{max}}{W_z}$$

（4）强度计算　因危险点的应力为单向应力状态，所以其强度条件为

$$\sigma_{max}=\frac{F_N}{A}+\frac{M_{max}}{W_z}=\left(\frac{83.1\times10^3}{A}+\frac{36\times10^3}{W_z}\right)\text{Pa}\leqslant[\sigma]=140\text{MPa} \tag{1}$$

因上式中有两个未知量 A 和 W_z，故要用试凑法求解。用这种方法求解时，可先不考虑轴力 F_N 的影响，仅按弯曲强度条件初步选择槽钢的型号，然后再按式（1）进行校核。由

$$\sigma_{max}=\frac{M_{max}}{W_z}\leqslant[\sigma]$$

得　$W_z\geqslant\dfrac{36\times10^3}{140\times10^6}\text{m}^3=2.57\times10^{-4}\text{m}^3=257\ \text{cm}^3$

查型钢表A-3，选两根18a槽钢，其抗弯截面系数 $W_z=141\ \text{cm}^3\times2=282\ \text{cm}^3$，截面面积 $A=25.699\ \text{cm}^2\times2=51.40\ \text{cm}^2$。将其数值代入式（1）得

$$\sigma_{\max}=\left(\frac{83.1\times10^3}{51.40\times10^{-4}}+\frac{36\times10^3}{282\times10^{-6}}\right)\text{Pa}=144\text{MPa}>[\sigma]=140\text{MPa}$$

虽然最大应力大于许用应力，但其值不超过许用应力的5%，在工程上是允许的。若最大应力超过许用应力的5%，则应重新选择抗弯截面系数较大的槽钢，并代入（1）式进行强度计算。

第三节　弯曲与扭转的组合变形

机械设备中的传动轴、曲拐等，有时既承受弯矩又承受扭矩，因此弯曲变形和扭转变形同时存在，即产生弯曲与扭转的组合变形。如图13-9a所示曲拐，A端固定，在曲拐的自由端O作用有铅垂向下的集中力F。下面以此曲拐的AB杆为例，说明杆受弯曲与扭转这种组合变形时的强度计算方法和步骤。

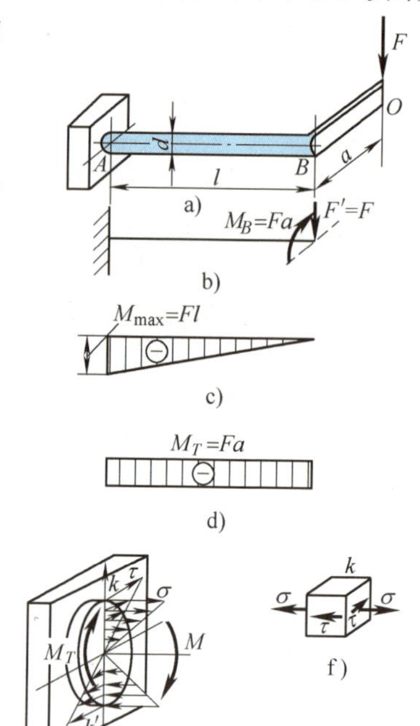

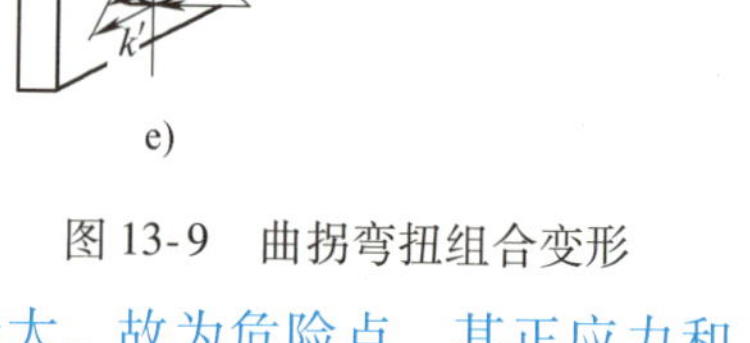

图13-9　曲拐弯扭组合变形

将O端的集中载荷F向AB杆的截面B的形心平移，得到一个作用在B端与轴线垂直的力$F'(=F)$和一个作用面垂直于轴线的力偶$M_B(=Fa)$。

由图13-9b可知，力F'使轴AB产生弯曲变形，力偶M_B使轴AB产生扭转变形，轴的这种变形称为弯扭组合变形。

单独考虑力F'的作用，画出弯矩图13-9c；单独考虑力偶M_B的作用，画出扭矩图13-9d。其危险截面A弯矩值和扭矩值分别为

$$M_{\max}=Fl,\ M_T=M_B=Fa \tag{1}$$

危险截面上的弯曲正应力和扭转切应力分布情况见图13-9e。由于k、k'两点是危险截面边缘上的点，弯曲正应力和扭转切应力绝对值最大，故为危险点，其正应力和切应力分别为

$$\sigma=\frac{M_{\max}}{W_z} \tag{2}$$

$$\tau = \frac{M_T}{W_P} \tag{3}$$

因危险点是二向应力状态（图 13-9f），所以需用强度理论求出相当应力，建立强度条件。为此可将 $\sigma_x=\sigma$，$\sigma_y=0$，$\tau_x=\tau$ 代入主应力公式，得主应力为

$$\left.\begin{cases}\left.\begin{matrix}\sigma_1\\ \sigma_3\end{matrix}\right\} = \dfrac{\sigma}{2} \pm \sqrt{\left(\dfrac{\sigma}{2}\right)^2 + \tau^2} \\ \sigma_2 = 0\end{cases}\right. \tag{4}$$

轴类零件一般都采用塑性材料——钢材，所以应选用第三或第四强度理论建立强度条件。现将式（4）分别代入第三、第四强度理论的强度条件得

$$\sigma_{r3} = \sqrt{\sigma^2 + 4\tau^2} \leqslant [\sigma] \tag{5}$$

$$\sigma_{r4} = \sqrt{\sigma^2 + 3\tau^2} \leqslant [\sigma] \tag{6}$$

因为是圆截面轴，$W_z=\dfrac{\pi d^3}{32}$，$W_p=\dfrac{\pi d^3}{16}=2W_z$，故

$$W_p = 2W_z \tag{7}$$

将式（2）、式（3）、式（7）代入式（5）和式（6），可得

$$\sigma_{r3} = \frac{\sqrt{M^2 + M_T^2}}{W_z} \leqslant [\sigma] \tag{8}$$

$$\sigma_{r4} = \frac{\sqrt{M^2 + 0.75M_T^2}}{W_z} \leqslant [\sigma] \tag{9}$$

以上两式是圆轴弯扭组合变形时，按第三、第四强度理论计算的强度条件，将危险截面 A 的弯矩值和扭矩值表达式（1）代入式（8）、式（9），得

按第三强度理论得到的强度条件：

$$\sigma_{r3} = \frac{32F\sqrt{l^2 + a^2}}{\pi d^3} \leqslant [\sigma]$$

按第四强度理论得到的强度条件：

$$\sigma_{r4} = \frac{32F\sqrt{l^2 + 0.75a^2}}{\pi d^3} \leqslant [\sigma]$$

例 13-3 卷扬机结构尺寸如图 13-10a 所示，$l=800\text{mm}$，$R=180\text{mm}$，AB 轴直径 $d=60\text{mm}$。已知电动机的功率 $P=22\text{kW}$，轴 AB 的转速 $n=150\text{r/min}$，轴材料的许用应力 $[\sigma]=100\text{MPa}$，试按第三强度理论、第四强度理论分别校核 AB 轴的强度。

解：（1）外力分析 由功率 P 和转速 n 可计算出电动机输入的力偶矩

$$M_0 = 9550\frac{P}{n} = 9550 \times \frac{22}{150}\text{N}\cdot\text{m} = 1.4\times10^3\text{N}\cdot\text{m} = 1.4\text{kN}\cdot\text{m}$$

于是卷扬机的最大起重量为

$$G=\frac{M_0}{R}=\frac{1.4\times10^3}{0.18}\text{N}=7.78\times10^3\text{N}=7.78\text{kN}$$

将重力 G 向轴线简化，得一平移力 G' 和一矩为 GR 的力偶。轴的计算简图如图 13-10b 所示。

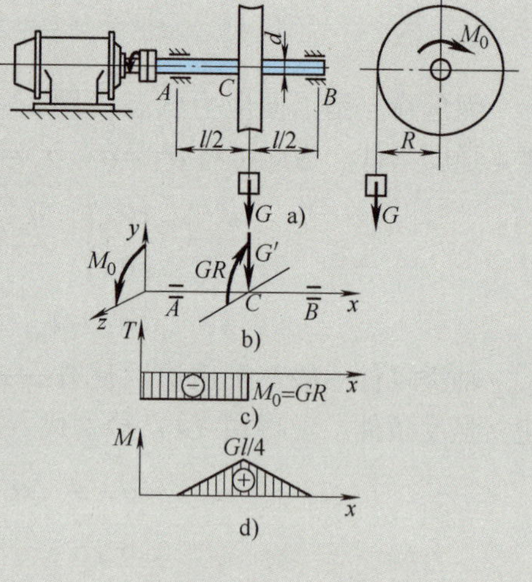

图 13-10 例 13-3 图

（2）内力分析，确定危险截面的位置 画出轴的扭矩图和弯矩图，如图 13-10c、d 所示，由内力图可以看出 C_- 截面为危险截面，其上的内力为

$$T=M_0=1.4\text{kN}\cdot\text{m}$$

$$M=\frac{1}{4}Gl=\frac{1}{4}\times7.78\times10^3\times0.8\text{N}\cdot\text{m}$$

$$=1.56\text{kN}\cdot\text{m}$$

（3）强度计算 按第三强度理论校核，有

$$\sigma_{r3}=\frac{\sqrt{M^2+M_T^2}}{W_z}=\frac{\sqrt{1.56^2+1.4^2}\times10^3}{\frac{3.14\times0.06^3}{32}}\text{Pa}=9.89\times10^7\text{Pa}=98.9\text{MPa}<[\sigma]=100\text{MPa}$$

按第四强度理论校核，有

$$\sigma_{r4}=\frac{\sqrt{M^2+0.75M_T^2}}{W_z}=\frac{\sqrt{1.56^2+0.75\times1.4^2}\times10^3}{\frac{3.14\times0.06^3}{32}}\text{Pa}$$

$$=9.32\times10^7\text{Pa}=93.2\text{MPa}<[\sigma]=100\text{MPa}$$

所以该轴满足强度要求。

综上所述，构件在发生组合变形时的强度计算方法可归纳为如下步骤：

1）计算外力。首先把构件上的载荷进行分解或简化，使分解或简化后的每一种载荷只产生一种基本变形。算出杆件所受的外力值。

2）内力分析——确定危险截面的位置。画出每一种载荷引起的内力图，根据内力图判断危险截面的位置。

3）应力分析——确定危险点的位置。根据危险截面的应力分布规律，判断危险点的位置。

4）强度计算。根据危险点的应力状态和构件的材料特性，选择合适的强度理论进行强度计算。

小 结

- 构件在载荷作用下，同时产生两种或两种以上的基本变形，这种变形称为组合变形。
- 轴向拉伸（或压缩）与弯曲的组合变形。
- 弯曲与扭转的组合变形。
- 若构件的材料符合胡克定律，且在变形很小的情况下，可认为组合变形中的每一种基本变形都是各自独立的，即各基本变形引起的应力互不影响，在研究组合变形问题时，可运用叠加原理。
- 组合变形强度计算步骤：计算外力、内力分析、应力分析、强度计算。

习 题

13-1 分析图 13-11 中杆 *AB*、*BC* 和 *CD* 各产生哪些基本变形？

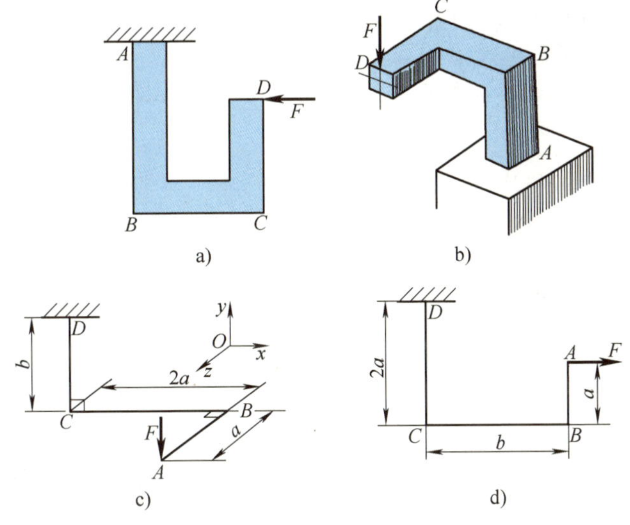

图 13-11 题 13-1 图

13-2 何谓组合变形？计算组合变形强度的方法是什么？

13-3 构件受偏心拉伸（或压缩）时，将产生何种组合变形？横截面上各点是什么应力状态？怎样进行强度计算？

13-4 如图 13-12 所示杆件，试写出固定端截面上 *A* 点和 *B* 点处的应力表达式，确定出危险点的位置并画出它的应力状态。

13-5 若在正方形截面短柱的中间处开一个槽如图 13-13 所示，使横截面面积减少为原截面面积的一半。试求最大正应力比不开槽时增大几倍？

13-6 如图 13-14 所示悬臂梁，同时受到轴向拉力 F、横向载荷 q 和转矩 M_0 作用，试指出危险截面、危险点的位置，画出危险点的应力状态。

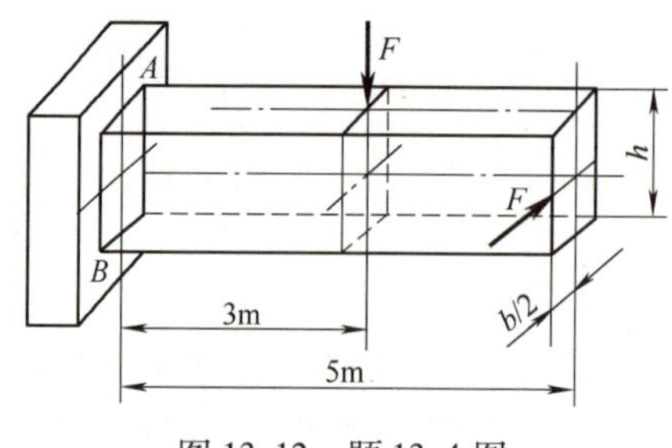

图 13-12　题 13-4 图

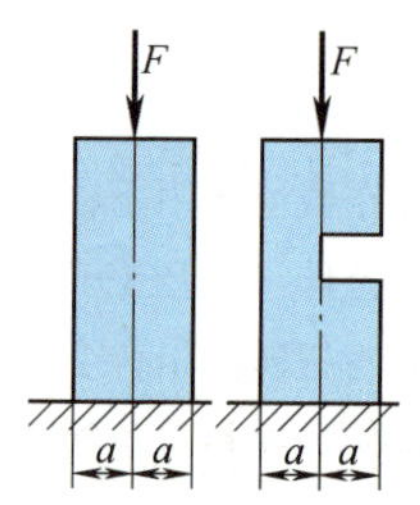

图 13-13　题 13-5 图

13-7　如图 13-15 所示链环，其直径 $d=50\text{mm}$，受到拉力 $F=10\text{kN}$ 的作用。试求链环的最大正应力及其位置。如果将链环的缺口焊接好，则链环的正应力将是原来最大正应力的百分之几？

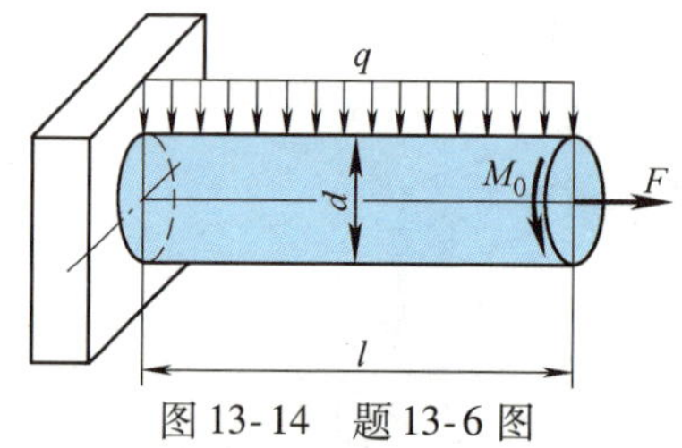

图 13-14　题 13-6 图

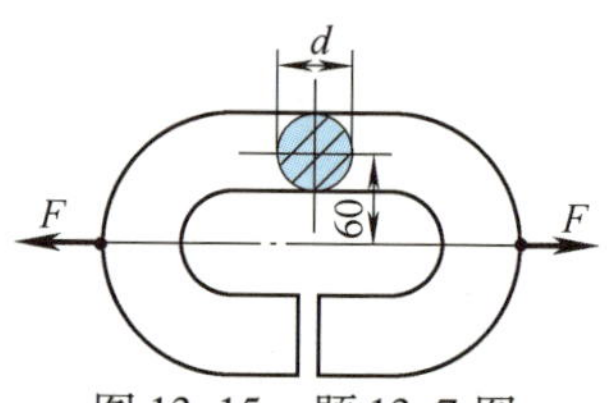

图 13-15　题 13-7 图

13-8　支架 C 点所受载荷 $F=45\text{kN}$，支架的尺寸如图 13-16 所示，许用应力 $[\sigma]=160\text{MPa}$，试选择横梁 AC 的工字钢型号。

13-9　电动机带动带轮如图 13-17 所示，轴的直径 $d=40\text{mm}$，带轮直径 $D=300\text{mm}$，它的重量 $G=600\text{N}$，若电动机的功率 $P=14\text{kW}$，转速 $n=1630\text{r/min}$。带轮紧边拉力与松边拉力之比为 $F_1/F_2=2$，轴的许用应力 $[\sigma]=120\text{MPa}$。试按第三强度理论校核轴的强度。

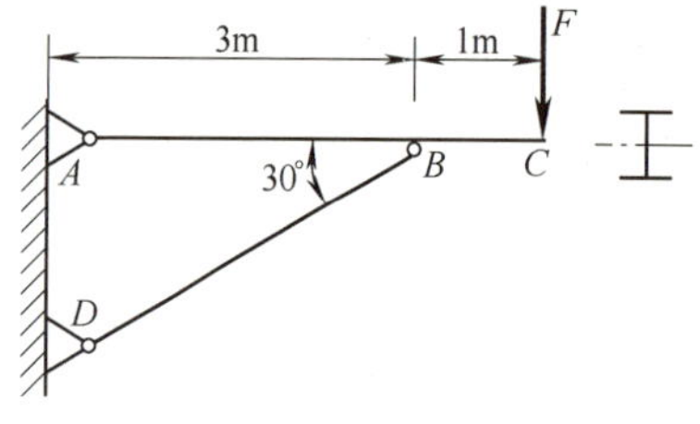

图 13-16　题 13-8 图

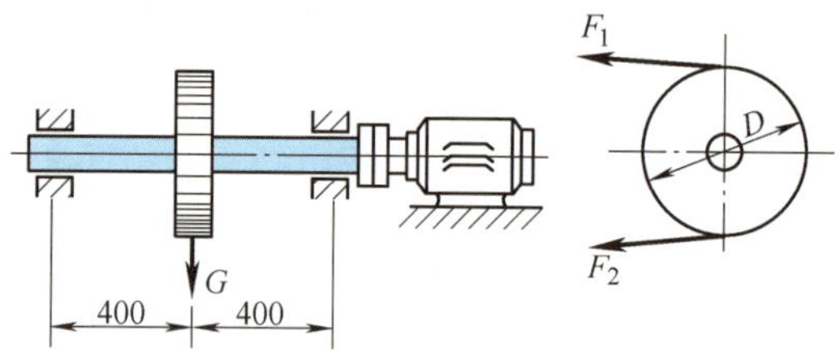

图 13-17　题 13-9 图

13-10　如图 13-18 所示的传动轴，装有两个齿轮。齿轮 C 上的圆周力 $F_C=10\text{kN}$，直径 $d_C=150\text{mm}$，齿轮 D 的圆周力 $F_D=5\text{kN}$，直径 $d_D=300\text{mm}$，若 $[\sigma]=80\text{MPa}$，试用第四强度理论设计轴的直径。

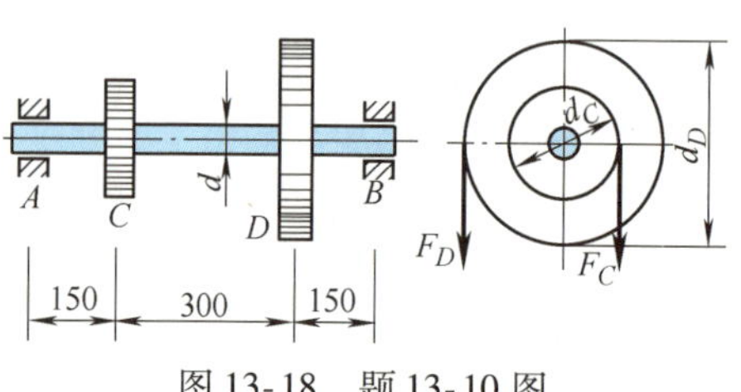

图 13-18　题 13-10 图

第十四章 动载荷和疲劳

在前面讨论杆件变形时，所加载荷的特点是由零缓慢地增加到某一数值，以后保持不变，即是**静载荷**。由静载荷产生的应力，称为**静应力**。

但在工程实际中，除了受静载荷作用的构件外，还会遇到构件在动载荷作用下的问题。所谓**动载荷**主要是指随时间而变化的载荷，特别是冲击载荷。例如锻压机锻压的坯件（图 14-1）、电梯轿厢起动或减速时的吊索（图 14-2）、内燃机的连杆等，它们都各自承受着不同的动载荷。

凡是由动载荷引起的构件的应力称为**动应力**。

静载荷和动载荷对于构件的作用是不同的。冲击载荷的主要特点是作用时间短、变化快、强度大。因此，动载荷特别是冲击载荷对杆件的影响必须专门讨论。

图 14-1　锻压机

图 14-2　观景电梯

第一节　惯性力问题

一、杆件做匀加速直线运动

起重机钢丝绳向上加速吊起重物，钢丝绳就受到动载荷的作用，如果加速度过大将导致绳索被拉断。向上加速的电梯轿厢，钢丝绳同样受到动载荷的作用。

实验结果表明，只要应力不超过比例极限，胡克定律仍适用于动载荷下应力、应变的计算，弹性模量也与静载荷下的数值相同。

下面用图14-3a所示的升降机为例，说明构件做等加速直线运动时动应力的计算方法。设吊笼的重量为 mg，上升加速度为 a，钢丝绳的横截面面积为 A，密度为 ρ。要求计算钢丝绳在距离吊笼顶为 x 的横截面 $m—m$ 上的应力。

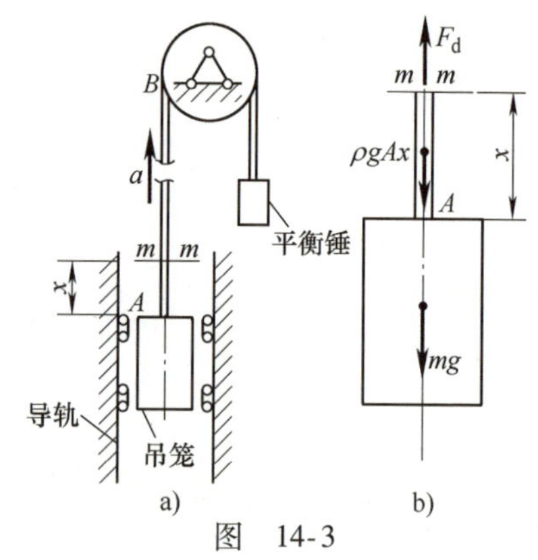

图 14-3

为了计算横截面 $m—m$ 上的应力，首先求该截面上的内力。采用截面法，将钢丝绳假想地沿横截面 $m—m$ 截开，研究其下面部分的受力情况。吊笼受重力 mg，长 x 的钢丝绳受重力 ρgAx，截取部分对钢丝绳横截面 $m—m$ 拉力 F_d，如图14-3b所示。建立如下动力学方程

$$F_d - mg - \rho gAx = (m + \rho Ax)a$$

式中，ρAx 为长 x 的钢丝绳的质量。由此得到横截面 $m—m$ 的轴力为

$$\begin{aligned} F_d &= mg + \rho gAx + (m + \rho Ax)a \\ &= m(g + a) + \rho gAx\left(1 + \frac{a}{g}\right) \\ &= (mg + \rho gAx)\left(1 + \frac{a}{g}\right) \end{aligned} \tag{1}$$

当升降机匀速上升时，加速度 $a = 0$，钢丝绳的拉力 $F_{st} = mg + \rho gAx$，即与重力平衡。

由式（1）得到

$$F_d = F_{st}\left(1 + \frac{a}{g}\right) \tag{2}$$

将上式等号两边同除以钢丝绳横截面 A，得到动应力

$$\sigma_d = \sigma_{st}\left(1 + \frac{a}{g}\right) \tag{3}$$

引入记号 $K_d = 1 + \dfrac{a}{g}$，则式（2）、式（3）可分别写为

$$F_d = K_d F_{st}，\quad \sigma_d = K_d \sigma_{st} \tag{14-1}$$

K_d 称为**动荷因数**，它表示构件在动载荷作用下其内力和应力为静载荷 $mg + \rho gAx$ 作用下的内力和应力的倍数。

由式（1）可知，x 越大 F_d 越大，所以危险截面在钢丝绳的最上端，

$\sigma_{stmax}=\dfrac{F_{stmax}}{A}=\dfrac{mg}{A}+\rho g x_{max}$，$x_{max}=l_{AB}$。该截面上的动应力为

$$\sigma_{dmax}=K_d\sigma_{stmax}$$

当对钢丝绳进行强度计算时，可以根据上式列出强度条件为

$$\sigma_{dmax}=K_d\sigma_{stmax}\leqslant[\sigma]$$

式中，$[\sigma]$ 是材料在静载荷下的许用应力。

例 14-1　如图 14-4 所示，用两根直径为 10mm 的相同钢丝绳以加速度 $a=6\text{m/s}^2$ 起吊 32a 工字钢。在提升过程中，工字钢保持水平，若不计钢丝绳自重，试求钢丝绳横截面上的应力。

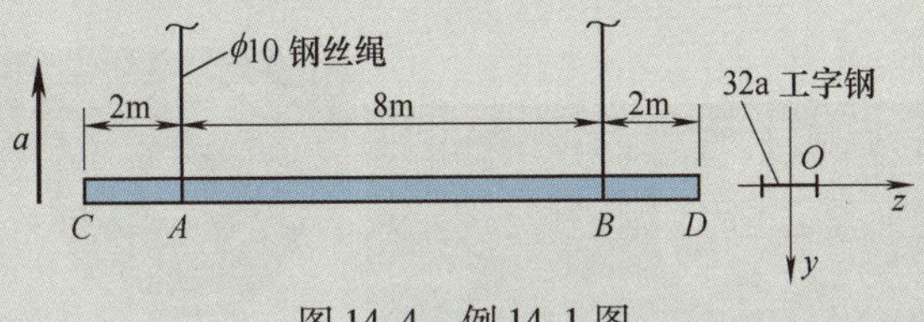

图 14-4　例 14-1 图

解：由附表 A-4 查得，32a 工字钢单位长度的质量为 52.717kg/m，被起吊的工字钢重量为 $mg=(52.717\times9.8\times12)\text{N}=6200\text{N}=6.2\text{kN}$，静止在空中或匀速起吊时每根钢丝绳的拉力 $F_{st}=\dfrac{1}{2}mg$，拉应力 σ_{st} 为

$$\sigma_{st}=\frac{F_{st}}{\dfrac{\pi d^2}{4}}=\frac{\dfrac{1}{2}\times6.2\times10^3}{\dfrac{3.14\times(10\times10^{-3})^2}{4}}\text{N/m}^2=39.5\times10^6\text{N/m}^2$$

动荷因数 $K_d=1+\dfrac{a}{g}=1+\dfrac{6}{9.8}=1.612$，$\sigma_d=K_d\sigma_j=1.612\times39.5\text{MPa}=63.6\text{MPa}$。

例 14-2　如图 14-5 所示为矿井用升降机，笼箱质量 300kg，设计起吊重物最大质量 2700kg，起吊钢丝绳的横截面面积 $A=90\text{cm}^2$，密度 $\rho=7.6\times10^3\text{kg/m}^3$，下垂长度 $l=250\text{m}$。当以等加速度 $a=2\text{m/s}^2$ 上升时，试求：（1）动荷因数 K_d。（2）求钢丝绳最大应力。

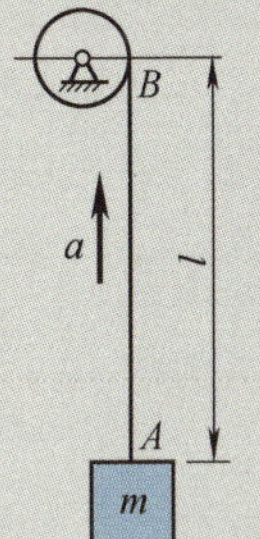

图 14-5　例 14-2 图

解：1）动荷因数

$$K_d=1+\frac{a}{g}=1+\frac{2}{9.8}=1.2$$

2）钢丝绳最大应力发生在 B 截面：

$$\begin{aligned}F_{stmax}(x)&=mg+\rho gAx_{max}=[(300+2700)\times9.8+7.6\times10^3\times9.8\times90\times10^{-4}\times250]\text{N}\\&=1.97\times10^5\text{N}=197\text{kN}\end{aligned}$$

$$\sigma_{\text{stmax}}=\frac{F_{\text{stmax}}}{A}=21.9\text{MPa}$$

$$\sigma_{\text{dmax}}=K_{\text{d}}\sigma_{\text{stmax}}=26.3\text{MPa}$$

二、构件匀速转动时的应力计算

工程中除了做等加速直线运动的构件外，还有许多构件做高速旋转运动，如计算机硬盘、高速火车车轮、飞轮离心式压缩机的转子、高速公路上行驶的汽车车轮、带轮、齿轮等，如图 14-6 所示。因离心力造成的高速旋转部件应力大幅提高，在设计时应给予重视。

图 14-6 旋转件

在设计飞轮时，要求用料少而惯性大，所以常把飞轮设计成轮缘厚、中间薄的样式。若不考虑轮辐的影响，可以近似地认为飞轮的质量绝大部分集中在轮缘上，将飞轮简化为一个绕中心旋转的圆环（图 14-7a）。设圆环的平均半径为 R，壁厚 t，径向横截面为 A，材料密度为 ρ，飞轮旋转的角速度为 ω。

1. 求加速度

当圆环匀角速转动时，环内各点只有向心加速度。假设圆环的厚度 t 远小于飞轮的平均半径 R，则可认为环上各点的向心加速度与圆环轴线上各点的加速度相等，即

$$a_{\text{n}}=\omega^2R$$

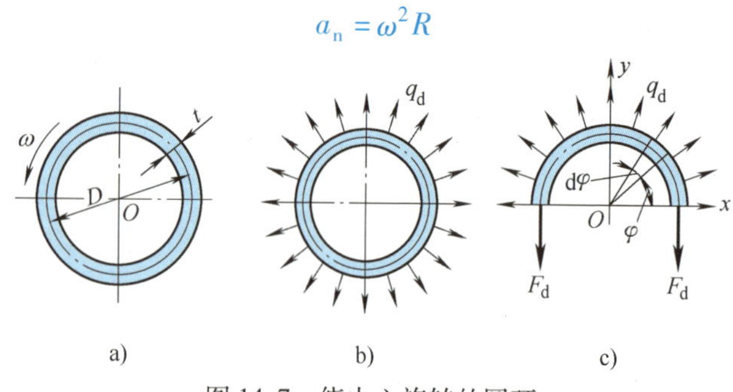

图 14-7 绕中心旋转的圆环

2. 求惯性力

圆环质量沿轴线均匀分布，线密度为 ρA，惯性力密度为

$$q_d = \rho A a_n = \rho A \omega^2 R$$

q_d 的方向如图 14-7b 所示，与 a_n 方向相反。

3. 求内力和应力

如图 14-7c 所示，用截面法把圆环沿 x 轴对称切开，取其上半部分为研究对象，由平衡条件 $\sum_{i=1}^{n} F_{iy} = 0$，得 $2F_d = \int_0^{\pi} q_d R \sin\varphi \mathrm{d}\varphi = 2q_d R$，即

$$F_d = q_d R = A\rho\omega^2 R^2$$

设圆环中心线上各点的线速度为 v，则圆环截面上的动应力为

$$\sigma_d = \frac{F_d}{A} = \rho\omega^2 R^2 = \rho v^2 \tag{14-2}$$

式（14-2）表明，圆环横截面上的应力仅与材料密度 ρ 和线速度 v 有关，而与横截面面积 A 无关，所以增大圆环横截面面积并不能降低圆环截面上的动应力。也就是说，为降低圆环的应力，应限制圆环的直径或转速，以及选用密度较小的材料。

圆环的强度条件为

$$\sigma_d = \rho v^2 \leqslant [\sigma] \tag{14-3}$$

根据强度条件，为保证飞轮安全工作，轮缘允许的线速度为

$$v \leqslant \sqrt{\frac{[\sigma]}{\rho}} \tag{14-4}$$

上式表明，为保证圆环的强度，必须对其边缘点的速度加以限制。工程上将这一速度称为**极限速度**，对应的转速称为**极限转速**。

例 14-3　在 AB 轴的 B 端有一个质量很大的飞轮（图 14-8），与飞轮相比，轴的质量可以忽略不计。轴的另一端 A 装有制动离合器。飞轮的转速为 $n = 1000\text{r/min}$，转动惯量为 $J_x = 600\text{kg}\cdot\text{m}^2$，轴的直径 $d = 80\text{mm}$。制动时使轴在 10s 内按均匀减速停止转动。求轴内的最大动应力。

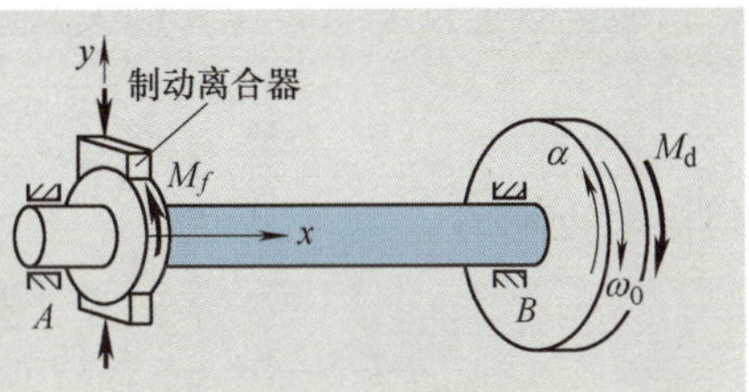

图 14-8　例 14-3 图

解：飞轮与轴的转动角速度为

$$\omega_0 = \frac{2\pi n}{60} = \frac{2\pi \times 1000}{60}\text{rad/s} = \frac{100\pi}{3}\text{rad/s}$$

制动 10s 飞轮停止，$\omega_1 = 0$。当飞轮与轴同时做匀减速转动时，其角加速度为

$$\alpha = \frac{\omega_1 - \omega_0}{t} = \frac{0 - \frac{100\pi}{3}}{10}\text{rad/s}^2 = -\frac{10\pi}{3}\text{rad/s}^2$$

等号右边的负号只是表示 α 与 ω_0 方向相反，如图 14-8 所示。设作用于轴上的摩擦力矩为 M_f，即

$$M_f = J_x \alpha = 600 \times \left(-\frac{10\pi}{3}\right) \text{N} \cdot \text{m} = -6280\text{N} \cdot \text{m} = -6.28\text{kN} \cdot \text{m}$$

M_f 为负表示与 ω_0 方向相反。AB 轴由于摩擦力矩 M_f 引起扭转变形，横截面上的扭矩为

$$T = |M_f| = 6.28\text{kN} \cdot \text{m}$$

横截面上的最大扭转切应力为

$$\tau_{\max} = \frac{T}{W_P} = \frac{6.28 \times 10^3}{\frac{\pi}{16} \times (80 \times 10^{-3})^3} \text{Pa} = 6.25 \times 10^7 \text{Pa} = 62.5\text{MPa}$$

例 14-4 钢质飞轮匀角速转动（图 14-9），轮缘外径 $D = 1.8\text{m}$，内径 $d = 1.4\text{m}$，材料密度为 $\rho = 7.85 \times 10^3 \text{kg/m}^3$。要求轮缘内的应力不得超过许用应力 $[\sigma] = 60\text{MPa}$，轮辐影响不计。试计算飞轮的极限转速 n。

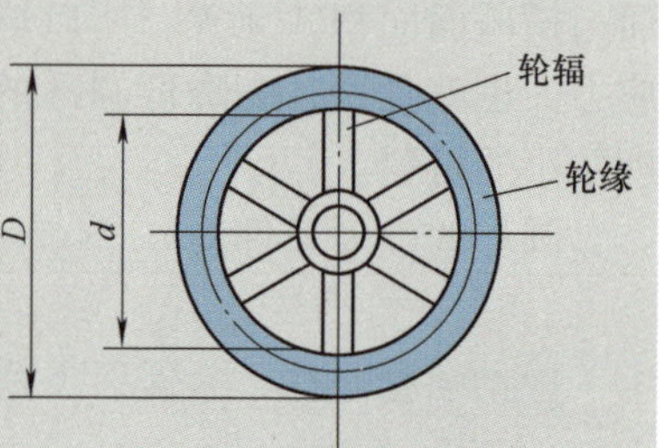

图 14-9 例 14-4 图

解：根据强度条件，为保证飞轮安全工作，由式（14-4）得到轮缘允许的线速度

$$v \leqslant \sqrt{\frac{[\sigma]}{\rho}} = \sqrt{\frac{60 \times 10^6}{7.85 \times 10^3}} \text{m/s} = 87.4\text{m/s}$$

根据线速度 v 与转速 n 的关系式

$$v = \frac{2\pi n}{60} R = \frac{2\pi n}{60} \cdot \frac{(D+d)/2}{2}$$

得极限转速

$$n = \frac{120v}{\pi(D+d)} = \frac{120 \times 87.4}{3.14 \times (1.8 + 1.4)} \text{r/min} = 1044\text{r/min}$$

第二节 冲击应力

当运动物体（冲击物）以一定的速度作用到静止构件（被冲击物）上时，构件将受到很大的作用力（冲击载荷），这种现象称为冲击，被冲击构件因冲击而引起的应力称为冲击应力。在工程实际中，冲击载荷作用是常常遇到的，例如汽锤锻造、落锤打桩（图 14-10）、金属冲压加工、内燃机活塞承受的燃爆压力、传动轴突然制动等，都是常见的冲击情况。

图 14-10　落锤打桩机

由于被冲击构件的阻碍，冲击物在冲击的过程中，其速度急剧下降，表示冲击物获得很大的负值加速度，同时，由于冲击物的惯性，它将施加给被冲击物很大的惯性力，从而使构件内产生很大的应力与较大的变形。由于冲击持续的时间非常短促，而且冲击过程复杂，加速度大小很难测定，因此，冲击时的应力计算不能采用动静法计算，通常采用偏于安全的能量法。

在实际问题中，一个受冲击的梁（图 14-11a、b）或受冲击的杆（图 14-11c），以及其他受冲击的弹性构件，都可以看成是一个弹簧（图14-11d），只是不同情况下弹簧刚度不同而已。

设物体重量为 W，由距弹簧顶端为 h 的高度自由落下（图 14-12），冲击下面的弹簧，使其产生的最大弹性变形为 Δ_d。为了简化计算，做如下假设：

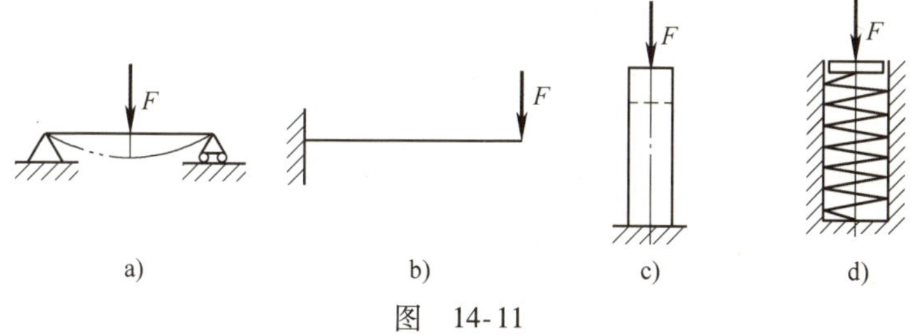

图　14-11

1）冲击物的变形可以忽略不计，被冲击构件可以看成是一个弹簧，它的质量很小，可忽略不计。

2）冲击中冲击物一旦与受冲构件接触，就相互附着成为一个自由度的运动系统，冲击物与被冲击物一起运动，不发生分离。

3）冲击载荷不是过分的大，保证被冲击构件受力后仍服从胡克定律。

4）假设冲击过程中没有其他形式的能量损失，机械能守恒定律仍然成立。

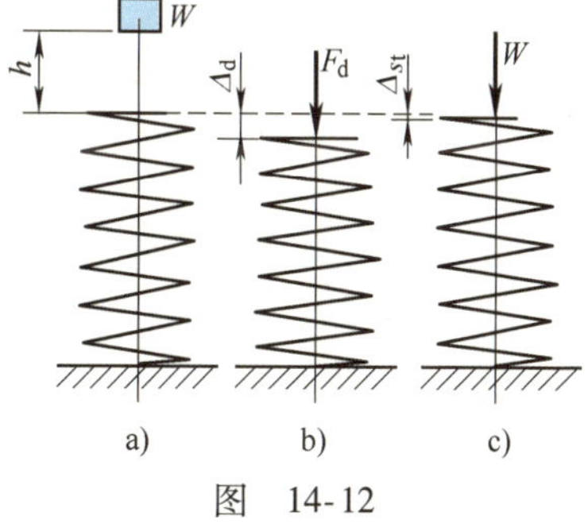

图　14-12

物体自由落下冲击弹簧构件，由于受冲击构件的阻抗，冲击物的速度迅速减小到零。此时，弹簧的缩短量达到最大值 Δ_d，如图 14-12b 所示。该情况下，冲击物所减少的位能是 $V=W(h+\Delta_d)$。由于冲击物下落的初速度和最终速度都为 0，故动能均为 0，这样根据机械能守恒定律，被冲击物内所增加的变形能

$$U_d = V = W(h + \Delta_d) \tag{1}$$

弹簧内所增加的变形能 U_d 等于冲击载荷在冲击过程中所做的功。冲击过程中力和变形均由零开始增加到最终值 F_d 和 Δ_d，在材料服从胡克定律的情况下，冲击力所做的功为

$$U_d = \frac{1}{2}F_d\Delta_d \tag{2}$$

由式（1）、式（2）得

$$W(h + \Delta_d) = \frac{1}{2}F_d\Delta_d \tag{3}$$

若重物 W 以静载荷的方式作用于构件上，构件相应的静变形为 Δ_{st}，如图14-12c 所示。在弹性范围内，变形与载荷成正比，即$\dfrac{F_d}{\Delta_d} = \dfrac{W}{\Delta_{st}}$，所以冲击载荷

$$F_d = W\frac{\Delta_d}{\Delta_{st}} \tag{4}$$

以式（4）代入式（3），得出 $W(h + \Delta_d) = \dfrac{1}{2}W\dfrac{\Delta_d^2}{\Delta_{st}}$，整理得

$$\Delta_d^2 - 2\Delta_{st}\Delta_d - 2h\Delta_{st} = 0$$

解上述一元二次方程，得

$$\Delta_d = \Delta_{st} \pm \sqrt{\Delta_{st}^2 + 2h\Delta_{st}} = \Delta_{st}\left(1 \pm \sqrt{1 + \frac{2h}{\Delta_{st}}}\right)$$

为了求出冲击时的最大缩短量，上式中根号前取正号，得

$$\Delta_d = \Delta_{st}\left(1 + \sqrt{1 + \frac{2h}{\Delta_{st}}}\right) \tag{14-5}$$

规定动荷因数

$$K_d = \frac{\Delta_d}{\Delta_{st}} = 1 + \sqrt{1 + \frac{2h}{\Delta_{st}}} \tag{14-6}$$

这样式（4）化为

$$F_d = K_d W$$

因为冲击应力也与载荷和变形成正比，故有

$$\sigma_d = K_d\sigma_{st}$$

可见，只要首先求出动荷因数 K_d，然后用 K_d 乘以静载荷、静应力和静变形，即可求得冲击时的载荷、应力和变形。

若 $h = 0$，即载荷突然加在弹性体上，$K_d = 1 + \sqrt{1 + \dfrac{2h}{\Delta_{st}}} = 2$，这说明突加载荷所引起的应力 σ_d 和变形 Δ_d 为静载荷时的两倍。

受冲击载荷作用时，构件的强度条件

$$\sigma_{\mathrm{dmax}} = K_{\mathrm{d}}\sigma_{\mathrm{st}} \leqslant [\sigma] \tag{14-7}$$

应该注意，上述方法仅仅是一个简化的近似方法。实际上，冲击物并非绝对刚体，而被冲击构件也不完全是没有质量的线性弹性体。此外，冲击过程中还有其他的能量损失，即冲击物所减少的动能和势能并不会全部转化为被冲击构件的变形能。但上面这些经过简化而得出的近似公式，不但使计算简化，而且由于不计其他能量损失等因素，也使所得结果偏于安全，因此在工程中被广泛采用。

还应指出：根据上述有关公式计算出来的最大冲击应力，只有在不超过材料的比例极限时，才能应用，因为在公式的推导过程中运用了胡克定律。

例 14-5　水平安装的悬臂梁 AB，在 B 点受一重物的冲击，如图 14-13 所示。已知：$l=1.2\mathrm{m}$，重物质量 $m=100\mathrm{kg}$，$h=120\mathrm{mm}$；梁用 14 工字钢，材料的弹性模量 $E=200\mathrm{GPa}$。试求梁危险点处的冲击应力。

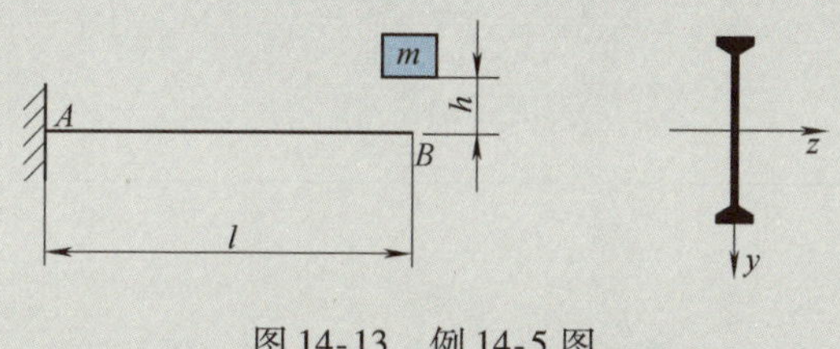

图 14-13　例 14-5 图

解：由附表 A-4 查出 14 工字钢的 $I_z=712\mathrm{cm}^4$，$W_z=102\mathrm{cm}^3$。在静载荷作用下，悬臂梁上 B 点的挠度为

$$\Delta_{\mathrm{st}}=\frac{mgl^3}{3EI_z}=\frac{100\times9.8\times1.2^3}{3\times200\times10^9\times712\times10^{-8}}\mathrm{m}=3.96\times10^{-4}\mathrm{m}=0.396\mathrm{mm}$$

由式（14-6），得动荷因数为

$$K_{\mathrm{d}}=1+\sqrt{1+\frac{2h}{\Delta_{\mathrm{st}}}}=1+\sqrt{1+\frac{2\times0.12}{0.396\times10^{-3}}}=25.6$$

当静载荷 mg 作用于 B 点时，梁在固定端处横截面最外（上、下）边缘上的点为危险点，其静应力为

$$\sigma_{\mathrm{st}}=\frac{M_{\max}}{W_z}=\frac{mgl}{W_z}=\frac{980\times1.2}{102\times10^{-6}}\mathrm{Pa}=11.5\mathrm{MPa}$$

故危险点处的冲击应力为

$$\sigma_{\mathrm{d}}=K_{\mathrm{d}}\sigma_{\mathrm{st}}=25.6\times11.5\mathrm{MPa}=294\mathrm{MPa}$$

例 14-6　如图 14-14 所示为一装有飞轮的轴，已知飞轮的回转半径 $\rho=300\mathrm{mm}$，质量 $m=500\mathrm{kg}$；轴直径 $d=60\mathrm{mm}$，轴的转速 $n=180\mathrm{r/min}$；材料的剪切弹性模量 $G=80\mathrm{GPa}$。试求当轴在 12s 钟内制动时，轴内的最大切应力。

解：轴制动前角速度 $\omega_0 = \dfrac{2\pi\times180}{60}\text{rad/s} = 6\pi\ \text{rad/s}$，制动中角加速度

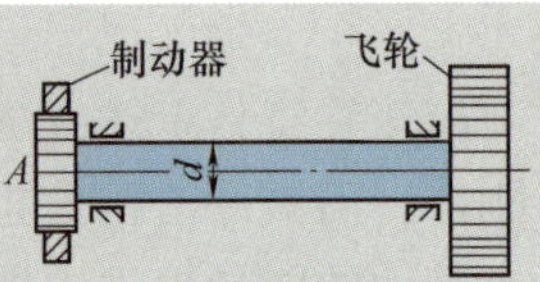

$$\alpha = \frac{\omega-\omega_0}{t} = \frac{0-6\pi}{12}\text{rad/s}^2 = -\frac{\pi}{2}\text{rad/s}^2$$

图 14-14　例 14-6 图

式中，负号表示轴的角加速度的方向与转向相反。

飞轮的转动惯量为

$$J = m\rho^2 = 500\times0.3^2\text{kg}\cdot\text{m}^2 = 45\text{kg}\cdot\text{m}^2$$

制动器刹车力矩大小为

$$T_f = J\alpha = 45\times\left(-\frac{\pi}{2}\right)\text{N}\cdot\text{m} = -22.5\pi\ \text{N}\cdot\text{m}$$

最大切应力为

$$\tau_{\text{dmax}} = \frac{|T_f|}{W_{\text{p}}} = \frac{22.5\pi}{\dfrac{\pi\times0.06^3}{16}}\text{Pa} = 1.67\text{MPa}$$

第三节　冲击韧度

材料在冲击载荷作用下，虽然其变形和破坏过程仍可分为弹性变形、塑性变形和断裂破坏几个阶段，但其力学性能与静载时有明显的差别，主要表现为屈服点与静载时相比有较大的提高，但塑性却明显下降，材料产生明显的脆性倾向，图 14-15 所示为冲击拉伸与静拉伸的 $F-\Delta l$ 图。为了衡量材料抵抗冲击的能力，工程上提出了冲击韧度的概念，它是由冲击试验确定的。

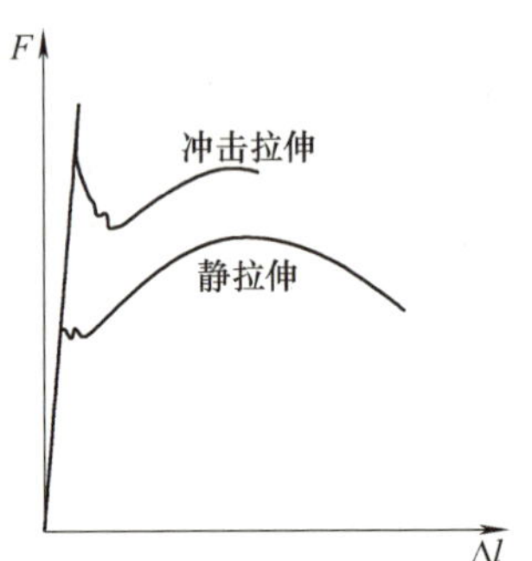

图 14-15　冲击拉伸与静拉伸对比

摆锤式冲击试验机如图 14-16a 所示，通用的标准试样是两端简支的弯曲试样，试样中央开有半圆形切槽，称为 U 形切槽试样，如图 14-16b 所示。实验时将试件置于实验机的支架上，并使切槽位于受拉的一侧（图14-16c）。当重摆从一定高度自由落下将试件冲断时，冲断试件所消耗的功 W 除以切槽处的最小横截面面积 A，就得到材料的冲击韧度

$$a_K = \frac{W}{A} \tag{14-8}$$

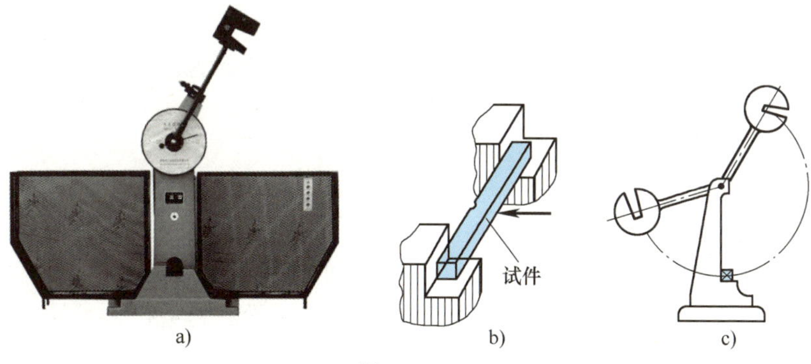

图 14-16

a_K 的单位为 J/cm^2（焦/厘米^2），其值越大表示材料抗冲击的能力越强。一般来说，塑性材料的抗冲击能力远高于脆性材料，例如低碳钢的冲击韧度就高于铸铁。冲击韧度表明了带缺口的试件在冲击破坏时，断裂面上单位面积所吸收的能量，是评定材料塑性变形和抵抗冲击能力的一种实用指标。

冲击韧度 a_K 值的大小与试件的切槽形状和深度、试验的温度、材料的化学成分以及热处理等因素有关，为了便于比较，测定 a_K 时要求采用标准试件。试件切槽的目的是为了使切槽区域高度应力集中，切槽附近区域内集中吸收较多的能量。实验时每组不少于四根试件，以避免材料不均匀和切槽不准的影响。

低温冷脆现象：实验结果表明，一些材料的冲击韧度 a_K 值，随着温度的降低而减小。当实验温度降低到某一温度范围时，其冲击韧度值急剧降低，材料变脆。使冲击韧度 a_K 急剧下降的温度称为**转变温度**，低碳钢的转变温度是 −40℃。铜合金、铝合金等没有冷脆现象。

例 14-7 如图 14-17 所示冲击试验，摆锤质量 $m=50\text{kg}$，$R=0.85\text{m}$。已知摆锤初始静止时，与垂线夹角 $\theta_1=25°$，将试件冲断后，摆到 $\theta_2=230°$时停止向上运动。试件切槽处的最小横截面面积 $A=1\text{cm}^2$，求材料的冲击韧度 a_K。

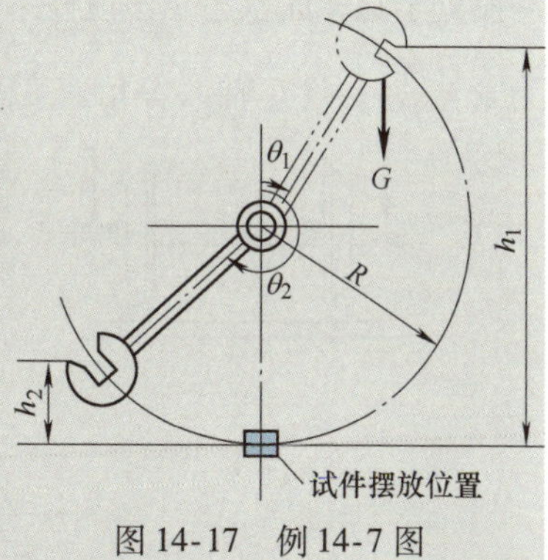

图 14-17 例 14-7 图

解：摆锤质心位置高度

$$h_1=R+R\cos\theta_1=R+R\cos25°$$

$$h_2=R-R\cos(\theta_2-180°)=R-R\cos50°$$

冲断试件所消耗的功

$$W=mg(h_1-h_2)=mgR(\cos25°+\cos50°)=645\text{J}$$

材料的冲击韧度

$$a_K=\frac{W}{A}=\frac{645}{1}\text{J/cm}^2=645\text{J/cm}^2$$

第四节 交变应力与疲劳失效

一、交变应力

在工程实际中，有许多构件在工作时受到随时间而交替变化的应力，这种应力称为**交变应力**或**循环应力**。产生交变应力的原因，一种是由于载荷的大小、方向或位置等随时间做交替的变化，例如连杆、桥梁、起重机大梁等；另一种是虽然载荷不随时间而变化，但构件本身在旋转，例如图 14-18 所示火车车厢下的车轴。

图 14-18

以图 14-19a 所示车轴为例来分析应力随时间变化的过程，轴承受车厢传来的载荷。将车轴简化为一梁（图 14-19b），图 14-19c 为弯矩图，两车轮 A、B 之间的一段处于纯弯曲状态，该段任一横截面上任一点 k 处（图 14-19d）的弯曲正应力为 $\sigma=\dfrac{M}{I_z}y$。设车轴以等角速度 ω 转动，则 $y=\dfrac{d}{2}\sin\varphi=\dfrac{d}{2}\sin\omega t$。由此得到 k 点正

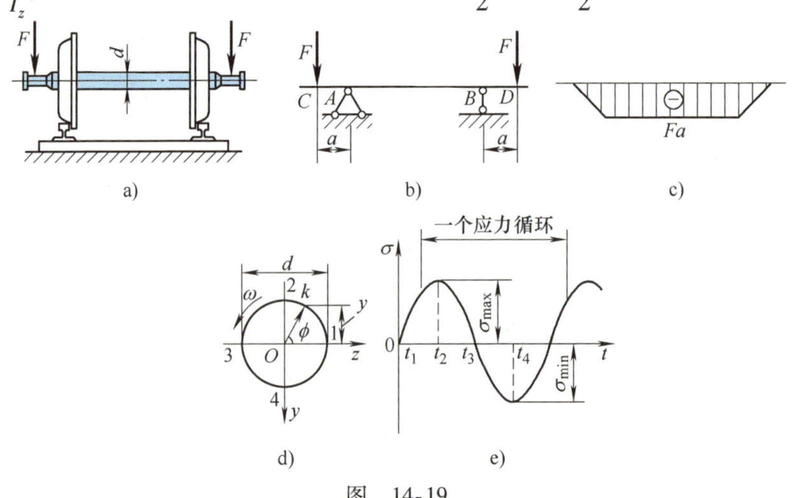

图 14-19

应力计算公式为

$$\sigma = \frac{M}{I_z}y = \frac{M}{I_z}\frac{d}{2}\sin\omega t$$

将上式中 σ 与 t 的关系用图 14-19e 表示，图中 t_1、t_2、t_3、t_4分别表示 k 点在图 14-19d 中所示位置 1、2、3、4 的时刻。

由图 14-19 可见，车轴每旋转一圈，k 点的应力经历如下变化过程：$0 \to \sigma_{max} \to 0 \to \sigma_{min} \to 0$，称之为应力循环一次。由于车轴不停地旋转，$k$ 点的应力反复经受上述应力循环。横截面上除轴心外其他各点的应力，也经历类似的循环变化。

讨论齿轮上任意一个齿的齿根处 A 点的应力，如图 14-20a 所示，在传动过程中，轴每旋转一周，这个齿便啮合一次，每一次啮合 A 点的弯曲正应力就由零变化到某一最大值，然后再回到零。齿轮不断地转动，A 点的应力也就不断地做周期性变化。以时间 t 为横坐标，弯曲正应力 σ 为纵坐标，应力随时间变化的关系曲线如图 14-20b 所示。

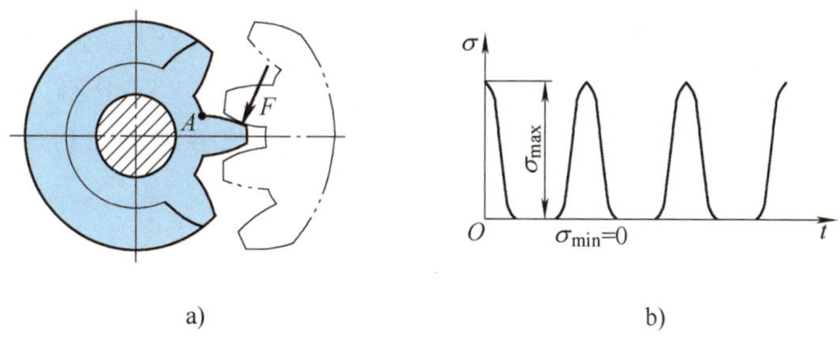

图　14-20

二、疲劳破坏

金属在交变应力作用下发生的破坏称为**疲劳破坏**。疲劳破坏是机械零件失效的主要原因之一。金属的疲劳破坏和静力破坏有本质的不同，疲劳破坏的特点主要有：

1）长期在交变应力下工作的构件，虽然其最大工作应力远小于其静载荷下的强度极限应力，也会出现突然的断裂事故。例如 45 钢承受图 14-19e 所示的弯曲交变应力，当 $\sigma_{max} = -\sigma_{min} \approx 260\text{MPa}$ 时，大约经历 10^7次循环即可发生断裂，而 45 钢在静载荷下的强度极限为 600MPa。

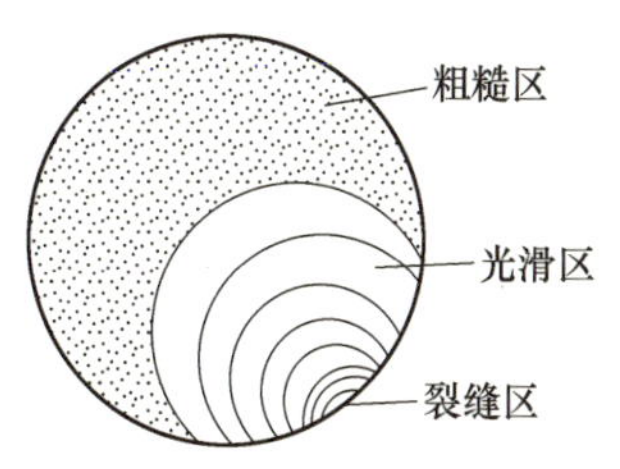

图 14-21　金属疲劳破坏断口

2）金属疲劳破坏时，其断口如图 14-21 所示，即明显地呈现两个不同的区域：光滑区和粗糙区。

3）即使是塑性很好的材料，也常常在没有明显的塑性变形情况下发生脆性断裂。

疲劳破坏的过程可以分为三个阶段：

1）金属内部存在着缺陷，当交变应力的大小超过了一定限度，疲劳裂纹首先发生在高应力区域的缺陷处（通常称为**疲劳源**）。

2）随着交变应力的继续，裂纹从疲劳源向纵深扩展。在扩展过程中，随着应力的交替变化，裂纹两边的材料时分时合互相研磨，因而形成断面的光滑区域。

3）随着裂纹的扩展，截面被削弱较多，直到截面的残存部分的抗力不足时，就突然断裂，突然断裂处呈现粗糙颗粒状。这种突然断裂属于**脆性断裂**。

由于疲劳破坏是在构件运转过程中，以及没有明显的塑性变形情况下突然发生的，故往往造成严重的后果。据统计，在机械零件失效中大约有80%以上属于疲劳破坏，在历史上曾经发生过多次疲劳破坏的重大事故，特别是高速运转的动力机械，疲劳破坏在构件的各种破坏中占有很大的比例。这一现象的出现促使人们研究疲劳破坏的机理，并用来指导工程实际。对于轴、齿轮、轴承、叶片、弹簧等承受交变载荷的零件，要选择抵抗疲劳破坏能力较强的材料来制造。

讨论一般情况下的交变应力随时间的变化曲线，如图14-22所示，应力每重复变化一次的过程，称为一个**应力循环**，重复变化的次数称为**循环次数**。这时最大应力 σ_{max} 与最小应力 σ_{min} 数值不相等，我们把 σ_{min} 与 σ_{max} 的比值称为**循环特征**或**应力比**，即

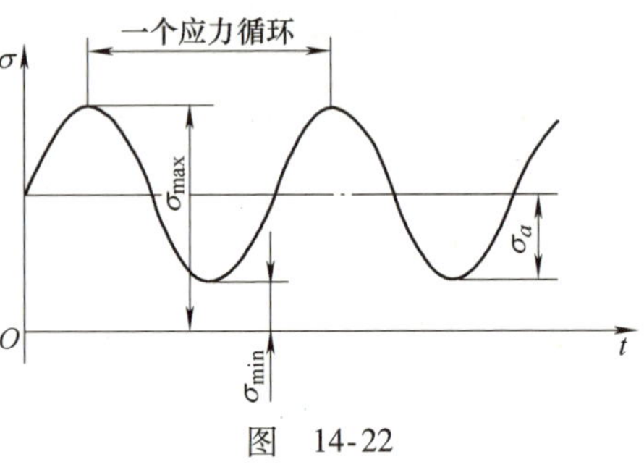

图 14-22

$$r=\frac{\sigma_{min}}{\sigma_{max}} \qquad (14\text{-}9)$$

最大应力 σ_{max} 与最小应力 σ_{min} 的代数平均值称为**平均应力** σ_m，最大应力 σ_{max} 与最小应力 σ_{min} 的代数差的一半称为**应力幅度** σ_a，即

$$\sigma_m=\frac{\sigma_{max}+\sigma_{min}}{2}=\frac{\sigma_{max}}{2}(1+r) \qquad (14\text{-}10)$$

$$\sigma_a=\frac{\sigma_{max}-\sigma_{min}}{2}=\frac{\sigma_{max}}{2}(1-r) \qquad (14\text{-}11)$$

在工程实际中，可以将交变应力归纳成如下三种类型：

1）**对称循环应力**。如图 14-23 所示，对称循环应力中 $\sigma_{\max}=-\sigma_{\min}$，故 $r=\dfrac{\sigma_{\min}}{\sigma_{\max}}=-1$。

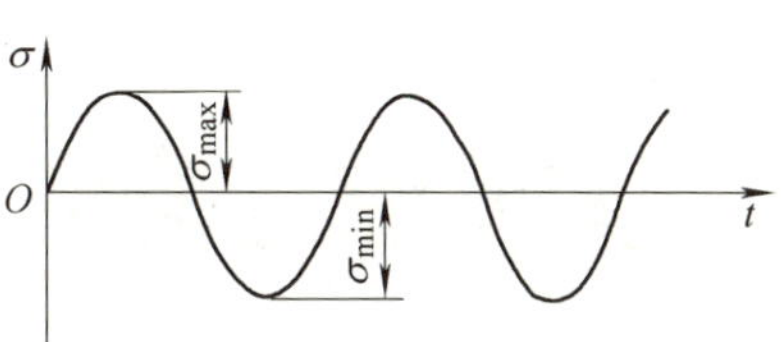

图 14-23　对称循环应力

2）**脉动循环应力**。如图 14-24 所示，脉动循环应力中 $\sigma_{\min}=0$，故 $r=\dfrac{\sigma_{\min}}{\sigma_{\max}}=0$。

3）**不变应力**。如图 14-25 所示，这种应力也就是静载荷下的应力，这时 $\sigma_{\max}=\sigma_{\min}$，故 $r=\dfrac{\sigma_{\min}}{\sigma_{\max}}=1$。

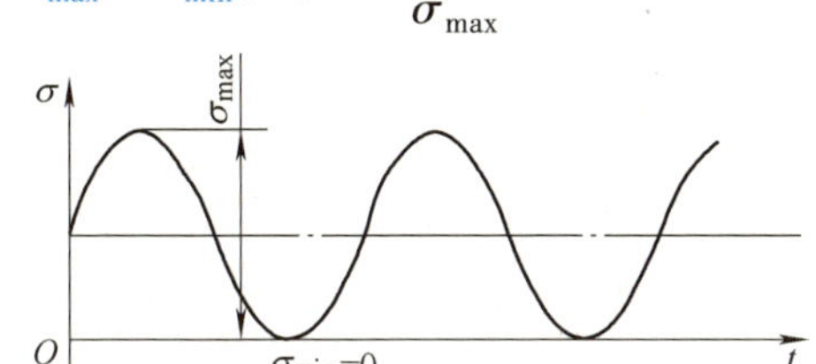

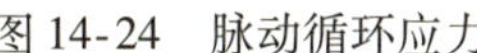

图 14-24　脉动循环应力

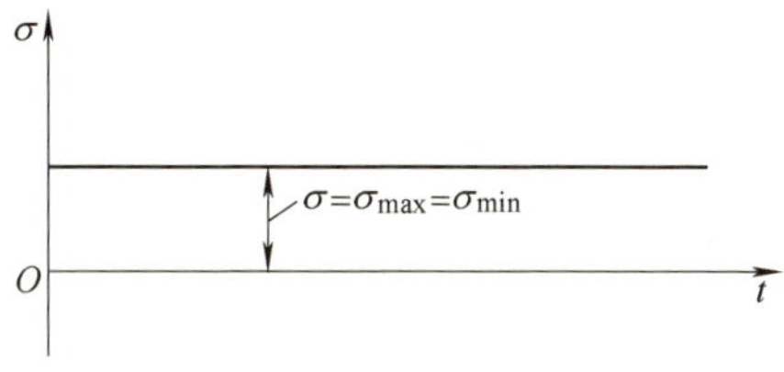

图 14-25　不变应力

第五节　材料持久极限及影响因素

一、材料持久极限

通过实验证明，在交变载荷作用下，构件内应力的最大值（绝对值）如果不超过某一极限，则此构件可以经历无数次循环而不破坏，将这个应力的极限值称为**持久极限**。同一材料在不同的基本变形形式和循环特性下，它的持久极限是不同的。用$(\sigma_r)_l$、σ_r 和 τ_r 分别表示循环特性 r 时材料在拉伸－压缩、弯曲和扭转交变应力下的持久极限。同一材料在同一种基本变形形式下的持久极限，以对称循环下的持久极限为最低。所以通常以**对称循环交变应力**下的持久极限，作为材料在交变应力下的主要强度指标。

疲劳试验可在相应的各种疲劳试验机上进行，图 14-26 所示为纯弯曲疲劳试验机，图 14-27 所示为大型结构疲劳试验机。

取数根标准钢料试件分别加放不同大小的对称循环载荷，在疲劳试验机上进行弯曲试验，用光滑小试件（图 14-28）在专用的疲劳试验机（图 14-29）上进行试验。

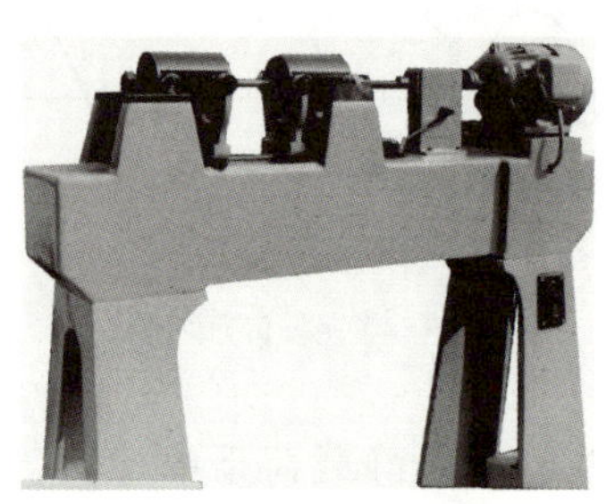

图 14-26 纯弯曲疲劳试验机

图 14-27 大型结构疲劳试验机

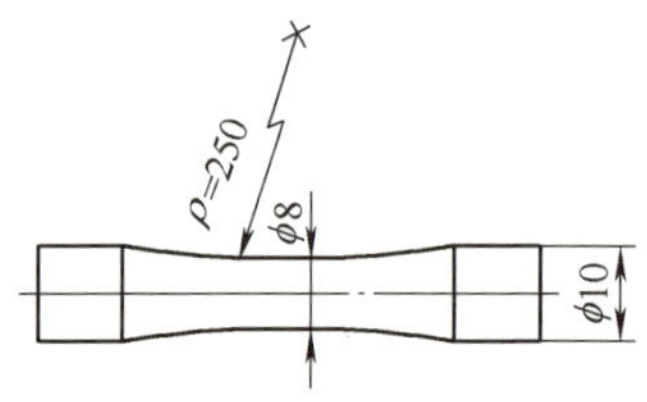

图 14-28 疲劳试验试件

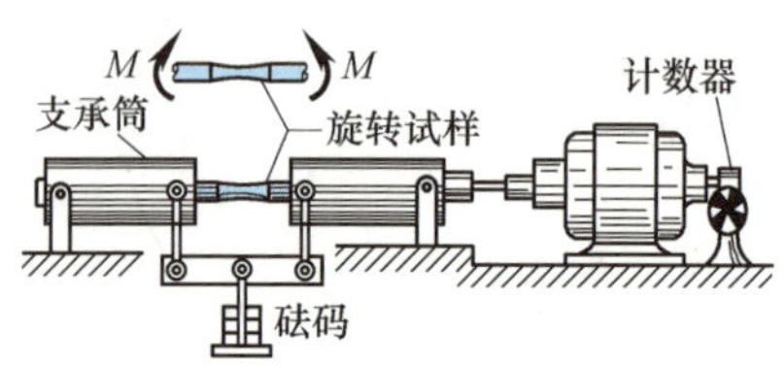

图 14-29 标准试件疲劳试验

测定时取直径 $d=7\sim10\text{mm}$ 表面磨光的标准试样 6～10 根，逐根依次置于弯曲疲劳试验机上（图 14-29）。试件通过心轴随电动机以 2900r/min 的转速转动，在载荷的作用下，试件中部受纯弯曲作用。试件最小直径横截面上的最大弯曲应力为 $\sigma_{\max}=\dfrac{M}{W_z}$。试件每旋转一周，其横截面周边各点经受一次对称的应力循环。

记录下最大应力 $\sigma_{\max}$ 和断裂时的循环次数 N，得到图 14-30 所示的**疲劳曲线**。从图中可以看出，应力 $\sigma_{\max}$ 越小，循环次数 N 就越大。当 $\sigma_{\max}$ 降到一定数值后，其对应的 N 大约为 10^7 时，图线逐渐变为水平，这时其纵坐标值就是材料在对称循环交变应力下的**持久极限** σ_{-1}。

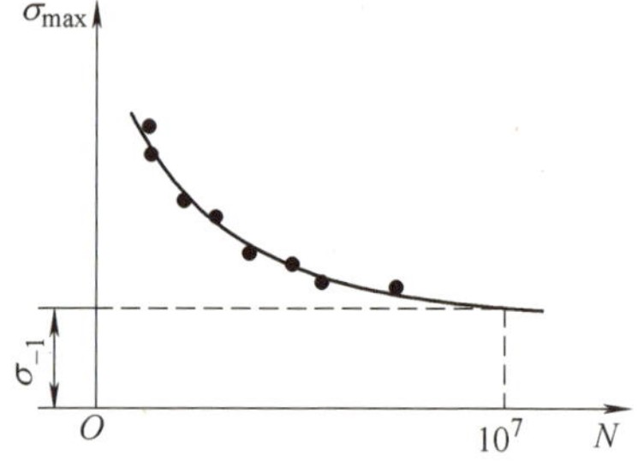

图 14-30 疲劳曲线

对于含铝或镁的有色金属，它们的疲劳曲线不明显地趋于水平，对于这类材料，通常选定一个有限次数 $N_0=10^8$，称为**循环基数**，并将其所对应的最大应力作为持久极限。

常用材料的持久极限可以从有关手册中查得。

对于低碳钢，在对称循环交变应力下，其拉伸－压缩、弯曲和扭转时的持久极限与其静载荷下拉伸强度极限分别有下列关系：

$$(\sigma_{-1})_l \approx 0.3\sigma_b, \ \sigma_{-1} \approx 0.4\sigma_b, \ \tau_{-1} \approx 0.25\sigma_b$$

由上面各关系可以看出，对称循环交变应力下的持久极限，比同一材料的强度极限 σ_b 要低得多。

各种材料在对称循环交变应力下的持久极限，可从机械设计手册中查到。表 14-1 列出了几种材料的对称循环持久极限。

表 14-1　几种材料的对称循环持久极限（正火钢）　（单位：MPa）

材料	拉伸－压缩 $(\sigma_{-1})_l$	扭转 τ_{-1}	弯曲 σ_{-1}
Q235 钢	120～160	100～130	170～220
45 钢	190～250	150～200	250～340
16Mn 钢	200	—	320

二、影响材料持久极限的主要因素

工程实际中的构件形状各异、尺寸不一，并有孔、槽、螺纹等，与实验室用的标准光滑试件不同，因此实际构件的持久极限与上面介绍的标准试件的持久极限有所不同，所以需要考虑影响持久极限的一些主要因素。

1. 构件外形的影响

实际中有的构件其截面尺寸由于需要会发生急剧的变化，例如零件上的缺口、轴肩、槽、孔等，在这些地方将出现应力集中，使局部应力增高，显著降低构件的疲劳极限。用 σ_{-1} 表示光滑试件对称循环时的疲劳极限，$(\sigma_{-1})_K$ 表示有应力集中的试件的疲劳极限，**有效应力集中因数**

$$K_\sigma = \frac{\sigma_{-1}}{(\sigma_{-1})_K} > 1 \tag{14-12}$$

同理，对于切应力有 $K_\tau = \dfrac{\tau_{-1}}{(\tau_{-1})_K}$。有效应力集中因数 K_σ 和 K_τ 均可从机械设计手册中查到。例如图 14-31 给出了部分阶梯形圆轴纯弯曲时的有效应力集

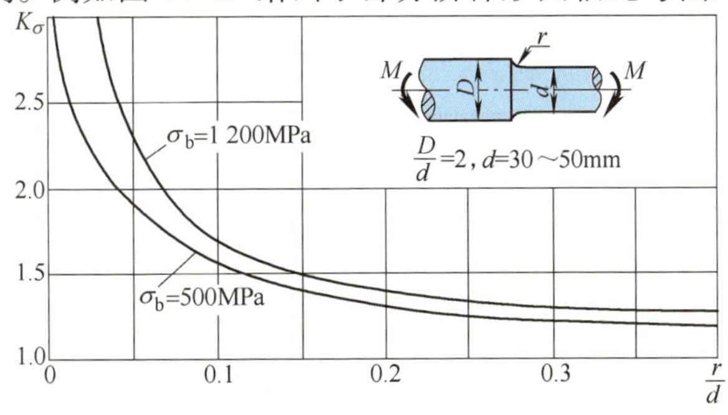

图 14-31　弯曲的有效应力集中因数

中因数，图14-32所示为该类圆轴扭转时的有效应力集中因数。

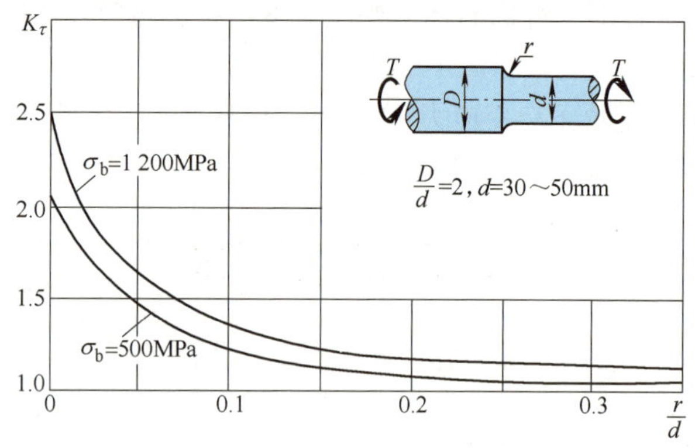

图 14-32 扭转的有效应力集中因数

在静载荷作用下应力集中程度用理论应力集中因数来表示，它与材料性质无关，只与构件的形状有关。从图 14-31、图 14-32 可以看出：有效应力集中因数不但与构件的形状变化有关，而且与材料的强度极限 σ_b，即与材料的性质有关。应力集中将使持久极限降低，因此在设计制造承受交变应力的构件时，要尽量设法减低或避免应力集中。在轴类零件中根据结构的可能，尽量使半径过渡缓和，避免急剧变化，通常采用圆角过渡等措施，如图 14-33 所示。例如某厂研制 88kW 转子发动机时，偏心轴的过渡半径由最初的 $r=0.4$mm 增加到 3mm，其运转工作寿命由 200h 增大到 600h。

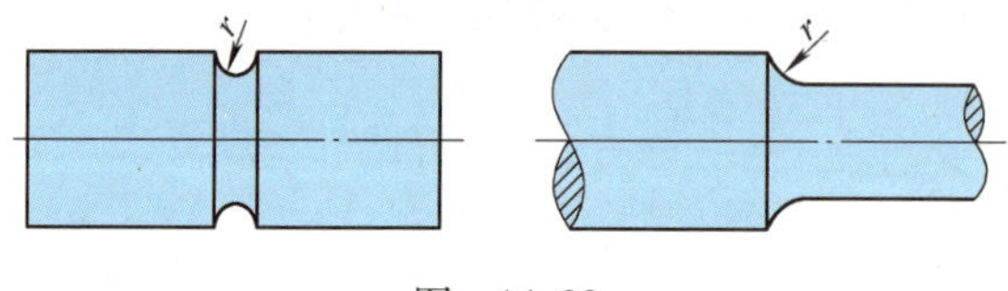

图 14-33

2. 表面粗糙度及表层的强度

加工后表面粗糙度数值越大，持久极限越低。为了提高构件的持久极限，可以采用将构件的表面进行磨光的方法。提高构件表层的强度，可以提高构件抵抗疲劳的能力。例如对构件中最大应力所在的表面进行热处理或化学处理（高频淬火、氮化、渗碳和氰化等），或对表面层用滚压、喷丸等冷加工方法，以提高构件的持久极限。

表面质量对疲劳极限的影响，可以用表面质量因数 β 来表示：

$$\beta = \frac{(\sigma_{-1})_\beta}{\sigma_{-1}} \tag{14-13}$$

式中，σ_{-1}为表面磨光标准试件的疲劳极限；$(\sigma_{-1})_\beta$ 为其他加工情况的构件的疲劳极限。

不同表面粗糙度的表面质量因数列于表 14-2。从表中可以看出，表面越粗糙，对高强度钢疲劳极限的影响越明显。所以对高强度构件要有较高的表面加工质量，才能充分发挥其高强度的作用。

表 14-2　表面质量因数 β

加工方法	轴表面粗糙度 Ra/μm	σ_b/MPa		
		400	800	1200
磨　削	0.1～0.2	1	1	1
车　削	1.6～4.3	0.95	0.90	0.80
粗　车	3.2～12.5	0.85	0.80	0.65
未加工表面	—	0.75	0.65	0.45

高频淬火、氮化、渗碳和氰化、喷丸硬化、滚子滚压等各种强化方法，可以使表面质量因数 $\beta>1$，具体数据可从机械设计相关手册中查到。

3. 尺寸的影响

试验是用直径为 7～10mm 的标准小试件测定的，实际工作构件大小各异，随着试件横截面尺寸的增大，持久极限相应地降低。这是由于构件尺寸越大，材料中包含的缺陷越多，产生疲劳裂纹的可能性就越大，因而降低了疲劳极限。

用 σ_{-1}表示光滑标准试件的疲劳极限，$(\sigma_{-1})_\varepsilon$ 表示光滑大试件的疲劳极限，则尺寸因数

$$\varepsilon_\sigma=\frac{(\sigma_{-1})_\varepsilon}{\sigma_{-1}}<1 \tag{14-14}$$

同理，扭转循环应力下的尺寸因数 $\varepsilon_\tau=\dfrac{(\tau_{-1})_\varepsilon}{\tau_{-1}}$。图 14-34 所示为钢材在弯曲循环应力下的尺寸因数，可以看出，构件尺寸越大，尺寸因数越小，即疲劳极限越低。

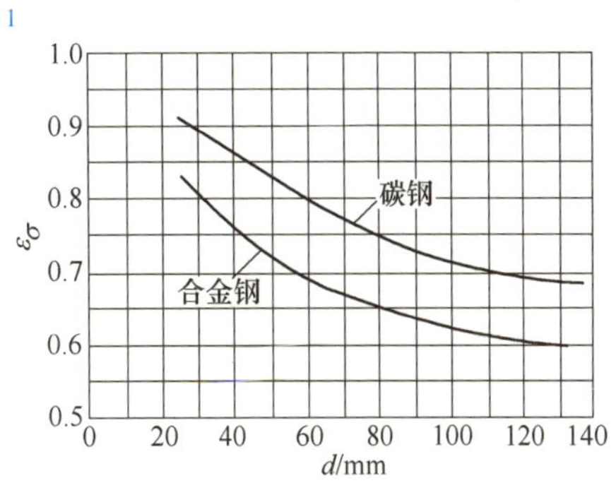

图 14-34　弯曲循环应力下的尺寸因数

综合考虑上述三种因素的影响，得到构件在对称循环交变应力下的疲劳极限为

$$\sigma^0_{-1}=\frac{\varepsilon_\sigma\beta}{K_\sigma}\sigma_{-1} \tag{14-15}$$

除了上述三种影响因素外，还有其他的因素影响疲劳极限，如受腐蚀、高

温等也会降低构件的疲劳极限，其影响此处不再赘述，需要时可查阅有关手册。

三、对称循环下的疲劳强度计算

由式（14-15）得到构件在对称循环下的疲劳极限，除以安全因数 n，得到构件的疲劳许用应力

$$[\sigma_{-1}] = \frac{\varepsilon_\sigma \beta}{K_\sigma} \frac{\sigma_{-1}}{n} \tag{14-16}$$

构件的强度条件

$$\sigma_{\max} \leqslant [\sigma_{-1}] \tag{14-17}$$

式中，$\sigma_{\max}$是构件危险点上交变应力的最大应力。

在疲劳强度计算中，还可以采用由安全因数表示的强度条件。将构件的疲劳极限与它的实际最大工作应力之比，称为**实际工作安全因数**，有

$$n_\sigma = \frac{\sigma^0_{-1}}{\sigma_{\max}} = \frac{\varepsilon_\sigma \beta \sigma_{-1}}{K_\sigma \sigma_{\max}}$$

由安全因数表示的强度条件：构件工作安全因数 n_σ，大于规定的疲劳安全因数 n，即

$$n_\sigma \geqslant n \tag{14-18}$$

规定的疲劳安全因数：

1）材质均匀，计算精确时，$n=1.3 \sim 1.5$。

2）材质不均匀，计算精度较低时，$n=1.5 \sim 1.8$。

3）材质差，计算精度很低时，$n=1.8 \sim 2.5$。

第六节　提高疲劳强度的措施

疲劳失效是由裂纹扩展引起的，而裂纹的形成主要在应力集中的部位和材料的表面，所以减缓应力集中或增大表面层材料的强度，对提高疲劳强度是很有效的。提高构件的疲劳强度，主要从合理选材、优化结构和提高表面质量几个方面考虑。

一、合理选材

为提高疲劳强度，应选择对应力集中敏感性低的材料。在各种钢材中，通常强度极限较低的材料，对应力集中的敏感性也较低，相同外形尺寸改变处的有效应力集中因数也较低，其构件的疲劳强度相对自身而言也较高。

静强度设计时希望强度极限较高的材料，而考虑疲劳强度时宜选择强度极限较低的材料，设计时要对二者的要求相权衡，以确定合适的材料。

选材还需要考虑工作环境。例如，在低温下工作的构件，应选择韧性更好的材料；在腐蚀环境中工作的构件，应选择耐腐蚀性强的材料等。

二、优化结构

应力集中是造成疲劳失效的主要原因。因此在设计构件的外形时，为了避免或减小应力集中，设计中尽量避免构件横截面有急剧突变。

对于阶梯轴，采用半径足够大的过渡圆角（图14-35），可降低应力集中。随着 r 的增大，有效应力集中因数迅速减小。另外，可以根据结构情况，采用减荷槽（图14-36）、退刀槽（图14-37）、间隔环（图14-38）来减缓应力集中。

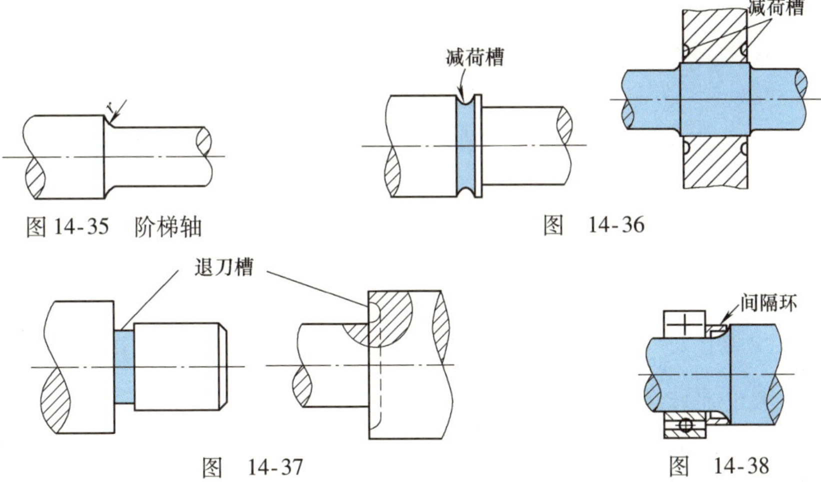

图14-35　阶梯轴

图　14-36

图　14-37

图　14-38

构件上少开孔口，特别是在承受最大拉应力的表面上尽量不开孔口。若必须开设时，尽量使用圆形或椭圆形孔口。对于轴上开孔处，可将孔开穿，以降低应力集中的影响。

为减小应力集中影响，设计焊接件时，要求使焊缝尽量远离高应力区，尽量避免焊缝交汇，对焊缝进行磨削加工使焊缝平滑。角焊缝采用坡口焊，如图14-39b所示的坡口焊接，应力集中程度要比图14-39a所示的无坡口焊接小得多。

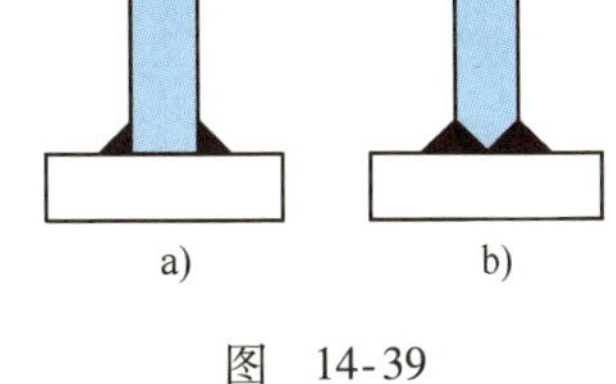

图　14-39

三、提高构件表面质量

构件弯曲或扭转时表层的应力一般较大，加上构件表面的切削刀痕又将引起应力集中，故容易形成疲劳裂纹。降低表面粗糙度值，可以减弱切削刀痕引起的应力集中，从而提高构件的疲劳强度。特别是高强度构件，对应力集中较敏感，只有采用精加工方法，才能有利于发挥材料的高强度性能。此外，应尽量避免构件表面的机械损伤和化学腐蚀。

提高构件表面层的强度，是提高构件疲劳强度的重要措施。生产上通常采用表面热处理（如高频淬火）、化学处理（如表面渗碳或氮化）和表面机械强化（如滚压、喷丸）等方法，使构件表面层强度提高。表面热处理、化学处理过程中，操作时应严格控制工艺规程，勿造成表面微细裂纹；否则，反而会降低疲劳极限。

尽量避免构件表面受到机械碰伤（如刀痕、打记号）和化学损伤（如腐蚀、氧化脱碳、生锈等）。

小　　结

- 动载荷是指随时间而变化的载荷，特别是冲击载荷。由动载荷引起的构件的应力称为动应力。
- 杆件做匀加速直线运动，动荷因数 $K_d=1+\dfrac{a}{g}$，$F_d=K_dF_{st}$，$\sigma_d=K_d\sigma_{st}$。
- 圆环匀速转动时的强度条件为 $\sigma_d=\rho v^2\leqslant[\sigma]$，根据强度条件，为保证飞轮安全工作，轮缘允许的线速度为 $v\leqslant\sqrt{\dfrac{[\sigma]}{\rho}}$。工程上将线速度 $\sqrt{\dfrac{[\sigma]}{\rho}}$ 称为极限速度，对应的转速称为极限转速。
- 当运动物体以一定的速度作用到静止构件上时，构件将受到很大的作用力，这种现象称为冲击。规定动荷因数 $K_d=\dfrac{\Delta_d}{\Delta_{st}}=1+\sqrt{1+\dfrac{2h}{\Delta_{st}}}$，有 $\sigma_d=K_d\sigma_{st}$。
- 突加载荷所引起的应力 σ_d 和变形 Δ_d 为静载荷时的两倍。
- 受冲击载荷作用时，构件的强度条件 $\sigma_{dmax}=K_d\sigma_{st}\leqslant[\sigma]$。
- 材料的冲击韧度 $a_K=\dfrac{W}{A}$，a_K 的单位为 J/cm^2（焦/厘米^2），其值越大表示材料抗冲击的能力越强。
- 一些材料的冲击韧度 a_K 值，随着温度的降低而减小，当温度降低到某一温度范围时，其冲击韧度值急剧降低，材料变脆，这种现象称为低温冷脆现象。
- 使冲击韧度 a_K 急剧下降的温度称为转变温度，低碳钢的转变温度是 -40℃。铜合金、铝合金等没有冷脆现象。
- 构件在工作时受到随时间而交替变化的应力，这种应力称为交变应力或循环应力。
- 金属在交变应力作用下发生的破坏称为疲劳破坏。疲劳破坏的特点主要有：

1）长期在交变应力下工作的构件，虽然其最大工作应力远小于其静载荷下的强度极限应力，也会出现突然的断裂事故。

2）金属疲劳破坏时，其断口明显地呈现两个不同的区域：光滑区和粗糙区。

3）即使是塑性很好的材料，也常常在没有明显的塑性变形情况下发生脆性断裂。

- 循环特征或应力比 $r=\frac{\sigma_{min}}{\sigma_{max}}$，平均应力 $\sigma_m=\frac{\sigma_{max}+\sigma_{min}}{2}=\frac{\sigma_{max}}{2}(1+r)$，应力幅度 $\sigma_a=\frac{\sigma_{max}-\sigma_{min}}{2}=\frac{\sigma_{max}}{2}(1-r)$。
- 将交变应力归纳为：对称循环应力，脉动循环应力，不变应力。
- 在交变载荷作用下，构件内应力的最大值（绝对值）如果不超过某一极限，则此构件可以经历无数次循环而不破坏，将这个应力的极限值称为持久极限。
- 疲劳曲线如图 14-30 所示。
- 对于含铝或镁的有色金属，它们的疲劳曲线不明显地趋于水平，对于这类材料，通常选定一个有限次数 $N_0=10^8$，称为循环基数，并将其所对应的最大应力作为持久极限。
- 构件在对称循环交变应力下的疲劳极限为 $\sigma_{-1}^0=\frac{\varepsilon_\sigma\beta}{K_\sigma}\sigma_{-1}$，疲劳许用应力 $[\sigma_{-1}]=\frac{\varepsilon_\sigma\beta}{K_\sigma}\frac{\sigma_{-1}}{n}$，要求构件危险点上交变应力的最大应力 $\sigma_{max}\leqslant[\sigma_{-1}]$。
- 构件实际工作时安全因数 $n_\sigma=\frac{\sigma_{-1}^0}{\sigma_{max}}=\frac{\varepsilon_\sigma\beta\sigma_{-1}}{K_\sigma\sigma_{max}}$，规定的疲劳安全因数为 n，由安全因数表示的强度条件：$n_\sigma\geqslant n$。
- 提高构件疲劳强度的措施：合理选材，优化结构，提高构件表面质量。

习　题

14-1　试说明动载荷下杆件强度计算的一般方法。

14-2　钳工用锤子打凿子加工试件，如图 14-40 所示。试分析凿子杆截面上产生的是静载荷应力还是动载荷应力。

14-3　卷扬机上的钢丝绳，以 $a=3\text{m/s}^2$ 的加速度向上提升重量为 $G=50\text{kN}$ 的重物，如图14-41所示。如果不计钢索的重量，试计算钢索的起吊力。

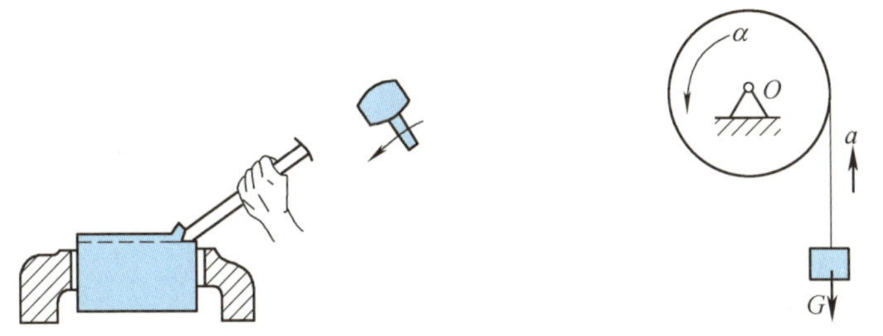

图 14-40　题 14-2 图　　图 14-41　题 14-3 图

14-4　怎样的应力称为脉动循环应力？怎样的应力称为对称循环应力？试各举出一个工程实例。

14-5　什么叫循环特性？对称循环应力和脉动循环应力的循环特性各为多少？

14-6　交变应力中的最大应力与材料的持久极限相同吗？试加以说明。

14-7　如图 14-42 所示，有一桥式起重机，吊着质量 $m=8000\text{kg}$ 的重物，已知重物在最初的 2s 内按照匀加速被向上提升了 1m。已知吊索横截面面积 $A=4\text{cm}^2$。问此时吊索内应力多少？

14-8 如图14-43所示，有一钢索AB，其下端吊着质量为2250kg的重物，以速度$v=2\text{m/s}$下降。当吊索放长到$l=12\text{m}$时，滑轮突然卡住，即B处不动。已知钢索的横截面积$A=12\text{cm}^2$，弹性模量$E=200\text{GPa}$。试求吊索内最大应力为多少？

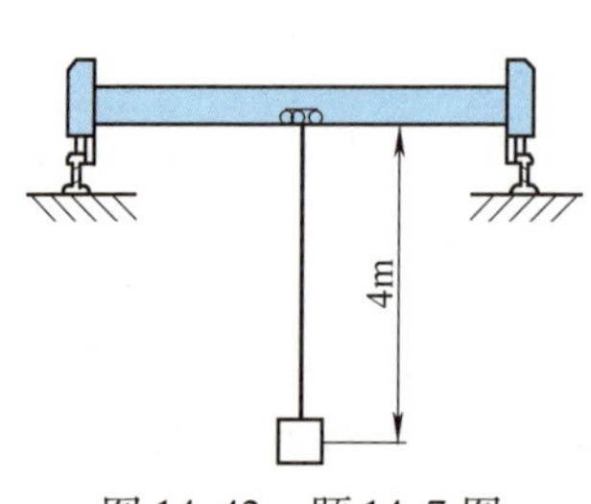

图14-42 题14-7图

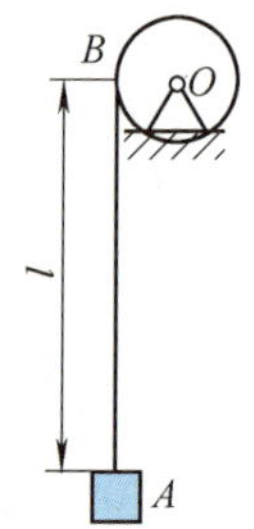

图14-43 题14-8图

14-9 图14-44所示飞轮轮缘的线速度为$v=36\text{m/s}$，飞轮材料的密度$\rho=7.6\times10^3\text{kg/m}^3$。若不计轮辐的影响，试求轮缘的最大正应力。

14-10 如图14-45所示，$d=300\text{mm}$、长$l=6\text{m}$的圆木桩下端固定、上端自由，并受重量$W=5\text{kN}$的重锤作用，已知木材的弹性模量$E=10\text{GPa}$。求下述情况下木桩内的最大正应力：（1）重锤以突加载荷方式作用于木桩（图14-45a）。（2）重锤从离木桩上端高0.5m处自由落下（图14-45b）。（3）重锤从离木桩上端高1m处自由落下（图14-45c）。

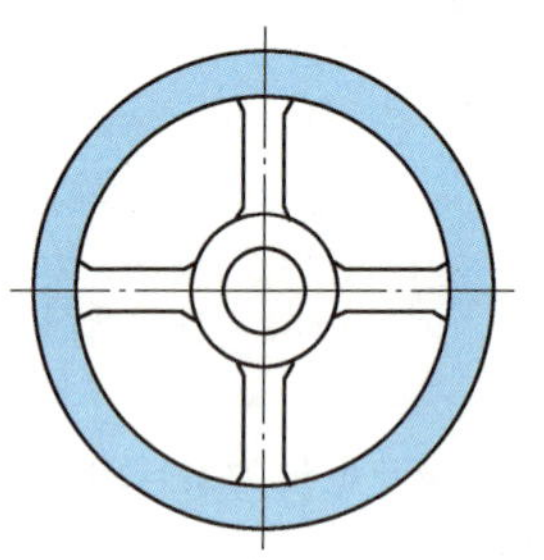

图14-44 题14-9图

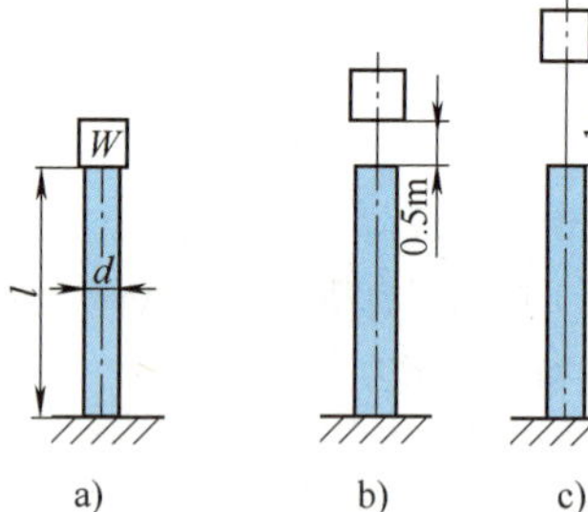

图14-45 题14-10图

14-11 如图14-46所示，试计算各交变应力的应力比、平均应力与应力幅。

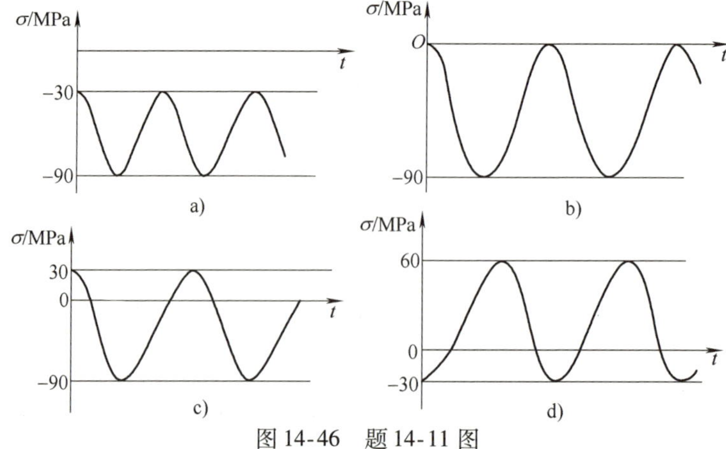

图14-46 题14-11图

附　　录

附录 A　热轧型钢表（GB/T 706—2008）

表 A-1　等边角钢截面尺寸、截面面积、理论重量及截面特性

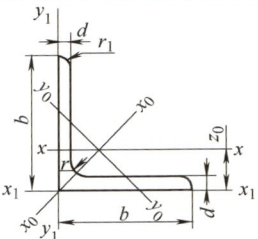

b——边宽度；
d——边厚度；
r——内圆弧半径；
r_1——边端内弧半径；
z_0——重心距离。

型号	截面尺寸/mm			截面面积 /cm^2	理论重量 /(kg/m)	外表面积 /(m^2/m)	惯性矩/cm^4				惯性半径/cm			截面模数/cm^3			重心距离/cm
	b	d	r				I_x	I_{x1}	I_{x0}	I_{y0}	i_x	i_{x0}	i_{y0}	W_x	W_{x0}	W_{y0}	z_0
2	20	3	3.5	1.132	0.889	0.078	0.40	0.81	0.63	0.17	0.59	0.75	0.39	0.29	0.45	0.20	0.60
		4		1.459	1.145	0.077	0.50	1.09	0.78	0.22	0.58	0.73	0.38	0.36	0.55	0.24	0.64
2.5	25	3		1.432	1.124	0.098	0.82	1.57	1.29	0.34	0.76	0.95	0.49	0.46	0.73	0.33	0.73
		4		1.859	1.459	0.097	1.03	2.11	1.62	0.43	0.74	0.93	0.48	0.59	0.92	0.40	0.76
3.0	30	3	4.5	1.749	1.373	0.117	1.46	2.71	2.31	0.61	0.91	1.15	0.59	0.68	1.09	0.51	0.85
		4		2.276	1.786	0.117	1.84	3.63	2.92	0.77	0.90	1.13	0.58	0.87	1.37	0.62	0.89
3.6	36	3		2.109	1.656	0.141	2.58	4.68	4.09	1.07	1.11	1.39	0.71	0.99	1.61	0.76	1.00
		4		2.756	2.163	0.141	3.29	6.25	5.22	1.37	1.09	1.38	0.70	1.28	2.05	0.93	1.04
		5		3.382	2.654	0.141	3.95	7.84	6.24	1.65	1.08	1.36	0.70	1.56	2.45	1.00	1.07

（续）

型号	截面尺寸/mm			截面面积/cm²	理论重量/(kg/m)	外表面积/(m²/m)	惯性矩/cm⁴				惯性半径/cm			截面模数/cm³			重心距离/cm
	b	d	r				I_x	I_{x1}	I_{x0}	I_{y0}	i_x	i_{x0}	i_{y0}	W_x	W_{x0}	W_{y0}	z_0
4	40	3	5	2.359	1.852	0.157	3.59	6.41	5.69	1.49	1.23	1.55	0.79	1.23	2.01	0.96	1.09
		4		3.086	2.422	0.157	4.60	8.56	7.29	1.91	1.22	1.54	0.79	1.60	2.58	1.19	1.13
		5		3.791	2.976	0.156	5.53	10.74	8.76	2.30	1.21	1.52	0.78	1.96	3.10	1.39	1.17
4.5	45	3		2.659	2.088	0.177	5.17	9.12	8.20	2.14	1.40	1.76	0.89	1.58	2.58	1.24	1.22
		4		3.486	2.736	0.177	6.65	12.18	10.56	2.75	1.38	1.74	0.89	2.05	3.32	1.54	1.26
		5		4.292	3.369	0.176	8.04	15.2	12.74	3.33	1.37	1.72	0.88	2.51	4.00	1.81	1.30
		6		5.076	3.985	0.176	9.33	18.36	14.76	3.89	1.36	1.70	0.8	2.95	4.64	2.06	1.33
5	50	3	5.5	2.971	2.332	0.197	7.18	12.5	11.37	2.98	1.55	1.96	1.00	1.96	3.22	1.57	1.34
		4		3.897	3.059	0.197	9.26	16.69	14.70	3.82	1.54	1.94	0.99	2.56	4.16	1.96	1.38
		5		4.803	3.770	0.196	11.21	20.90	17.79	4.64	1.53	1.92	0.98	3.13	5.03	2.31	1.42
		6		5.688	4.465	0.196	13.05	25.14	20.68	5.42	1.52	1.91	0.98	3.68	5.85	2.63	1.46
5.6	56	3	6	3.343	2.624	0.221	10.19	17.56	16.14	4.24	1.75	2.20	1.13	2.48	4.08	2.02	1.48
		4		4.390	3.446	0.220	13.18	23.43	20.92	5.46	1.73	2.18	1.11	3.24	5.28	2.52	1.53
		5		5.415	4.251	0.220	16.02	29.33	25.42	6.61	1.72	2.17	1.10	3.97	6.42	2.98	1.57
		6		6.420	5.040	0.220	18.69	35.26	29.66	7.73	1.71	2.15	1.10	4.68	7.49	3.40	1.61
		7		7.404	5.812	0.219	21.23	41.23	33.63	8.82	1.69	2.13	1.09	5.36	8.49	3.80	1.64
		8		8.367	6.568	0.219	23.63	47.24	37.37	9.89	1.68	2.11	1.09	6.03	9.44	4.16	1.68
6	60	5	6.5	5.829	4.576	0.236	19.89	36.05	31.57	8.21	1.85	2.33	1.19	4.59	7.44	3.48	1.67
		6		6.914	5.427	0.235	23.25	43.33	36.89	9.60	1.83	2.31	1.18	5.41	8.70	3.98	1.70
		7		7.977	6.262	0.235	26.44	50.65	41.92	10.96	1.82	2.29	1.17	6.21	9.88	4.45	1.74
		8		9.020	7.081	0.235	29.47	58.02	46.66	12.28	1.81	2.27	1.17	6.98	11.00	4.88	1.78

6.3	63	4	7	4.978	3.907	0.248	19.03	33.35	30.17	7.89	1.96	2.46	1.26	4.13	6.78	3.29	1.70
		5		6.143	4.822	0.248	23.17	41.73	36.77	9.57	1.94	2.45	1.25	5.08	8.25	3.90	1.74
		6		7.288	5.721	0.247	27.12	50.14	43.03	11.20	1.93	2.43	1.24	6.00	9.66	4.46	1.78
		7		8.412	6.603	0.247	30.87	58.60	48.96	12.79	1.92	2.41	1.23	6.88	10.99	4.98	1.82
		8		9.515	7.469	0.247	34.46	67.11	54.56	14.33	1.90	2.40	1.23	7.75	12.25	5.47	1.85
		10		11.657	9.151	0.246	41.09	84.31	64.85	17.33	1.88	2.36	1.22	9.39	14.56	6.36	1.93
7	70	4	8	5.570	4.372	0.275	26.39	45.74	41.80	10.99	2.18	2.74	1.40	5.14	8.44	4.17	1.86
		5		6.875	5.397	0.275	32.21	57.21	51.08	13.31	2.16	2.73	1.39	6.32	10.32	4.95	1.91
		6		8.160	6.406	0.275	37.77	68.73	59.93	15.61	2.15	2.71	1.38	7.48	12.11	5.67	1.95
		7		9.424	7.398	0.275	43.09	80.29	68.35	17.82	2.14	2.69	1.38	8.59	13.81	6.34	1.99
		8		10.667	8.373	0.274	48.17	91.92	76.37	19.98	2.12	2.68	1.37	9.68	15.43	6.98	2.03
7.5	75	5	9	7.412	5.818	0.295	39.97	70.56	63.30	16.63	2.33	2.92	1.50	7.32	11.94	5.77	2.04
		6		8.797	6.905	0.294	46.95	84.55	74.38	19.51	2.31	2.90	1.49	8.64	14.02	6.67	2.07
		7		10.160	7.976	0.294	53.57	98.71	84.96	22.18	2.30	2.89	1.48	9.93	16.02	7.44	2.11
		8		11.503	9.030	0.294	59.96	112.97	95.07	24.86	2.28	2.88	1.47	11.20	17.93	8.19	2.15
		9		12.825	10.068	0.294	66.10	127.30	104.71	27.48	2.27	2.86	1.46	12.43	19.75	8.89	2.18
		10		14.126	11.089	0.293	71.98	141.71	113.92	30.05	2.26	2.84	1.46	13.64	21.48	9.56	2.22
8	80	5		7.912	6.211	0.315	48.79	85.36	77.33	20.25	2.48	3.13	1.60	8.34	13.67	6.66	2.15
		6		9.397	7.376	0.314	57.35	102.50	90.98	23.72	2.47	3.11	1.59	9.87	16.08	7.65	2.19
		7		10.860	8.525	0.314	65.58	119.70	104.07	27.09	2.46	3.10	1.58	11.37	18.40	8.58	2.23
		8		12.303	9.658	0.314	73.49	136.97	116.60	30.39	2.44	3.08	1.57	12.83	20.61	9.46	2.27
		9		13.725	10.774	0.314	81.11	154.31	128.60	33.61	2.43	3.06	1.56	14.25	22.73	10.29	2.31
		10		15.126	11.874	0.313	88.43	171.74	140.09	36.77	2.42	3.04	1.56	15.64	24.76	11.08	2.35

（续）

型号	截面尺寸/mm			截面面积/cm²	理论重量/(kg/m)	外表面积/(m²/m)	惯性矩/cm⁴				惯性半径/cm			截面模数/cm³			重心距离/cm
	b	d	r				I_x	I_{x1}	I_{x0}	I_{y0}	i_x	i_{x0}	i_{y0}	W_x	W_{x0}	W_{y0}	z_0
9	90	6	10	10.637	8.350	0.354	82.77	145.87	131.26	34.28	2.79	3.51	1.80	12.61	20.63	9.95	2.44
		7		12.301	9.656	0.354	94.83	170.30	150.47	39.18	2.78	3.50	1.78	14.54	23.64	11.19	2.48
		8		13.944	10.946	0.353	106.47	194.80	168.97	43.97	2.76	3.48	1.78	16.42	26.55	12.35	2.52
		9		15.566	12.219	0.353	117.72	219.39	186.77	48.66	2.75	3.46	1.77	18.27	29.35	13.46	2.56
		10		17.167	13.476	0.353	128.58	244.07	203.90	53.26	2.74	3.45	1.76	20.07	32.04	14.52	2.59
		12		20.306	15.940	0.352	149.22	293.76	236.21	62.22	2.71	3.41	1.75	23.57	37.12	16.49	2.67
10	100	6	12	11.932	9.366	0.393	114.95	200.07	181.98	47.92	3.10	3.90	2.00	15.68	25.74	12.69	2.67
		7		13.796	10.830	0.393	131.86	233.54	208.97	54.74	3.09	3.89	1.99	18.10	29.55	14.26	2.71
		8		15.638	12.276	0.393	148.24	267.09	235.07	61.41	3.08	3.88	1.98	20.47	33.24	15.75	2.76
		9		17.462	13.708	0.392	164.12	300.73	260.30	67.95	3.07	3.86	1.97	22.79	36.81	17.18	2.80
		10		19.261	15.120	0.392	179.51	334.48	284.68	74.35	3.05	3.84	1.96	25.06	40.26	18.54	2.84
		12		22.800	17.898	0.391	208.90	402.34	330.95	86.84	3.03	3.81	1.95	29.48	46.80	21.08	2.91
		14		26.256	20.611	0.391	236.53	470.75	374.06	99.00	3.00	3.77	1.94	33.73	52.90	23.44	2.99
		16		29.627	23.257	0.390	262.53	539.80	414.16	110.89	2.98	3.74	1.94	37.82	58.57	25.63	3.06
11	110	7		15.196	11.928	0.433	177.16	310.64	280.94	73.38	3.41	4.30	2.20	22.05	36.12	17.51	2.96
		8		17.238	13.535	0.433	199.46	355.20	316.49	82.42	3.40	4.28	2.19	24.95	40.69	19.39	3.01
		10		21.261	16.690	0.432	242.19	444.65	384.39	99.98	3.38	4.25	2.17	30.68	49.42	22.91	3.09
		12		25.200	19.782	0.431	282.55	534.60	448.17	116.93	3.35	4.22	2.15	36.05	57.62	26.15	3.16
		14		29.056	22.809	0.431	320.71	625.16	508.01	133.40	3.32	4.18	2.14	41.31	65.31	29.14	3.24
12.5	125	8	14	19.750	15.504	0.492	297.03	521.01	470.89	123.16	3.88	4.88	2.50	32.52	53.28	25.86	3.37
		10		24.373	19.133	0.491	361.67	651.93	573.89	149.46	3.85	4.85	2.48	39.97	64.93	30.62	3.45
		12		28.912	22.696	0.491	423.16	783.42	671.44	174.88	3.83	4.82	2.46	41.17	75.96	35.03	3.53
		14		33.367	26.193	0.490	481.65	915.61	763.73	199.57	3.80	4.78	2.45	54.16	86.41	39.13	3.61
		16		37.739	29.625	0.489	537.31	1048.62	850.98	223.65	3.77	4.75	2.43	60.93	96.28	42.96	3.68

14	140	10	14	27.373	21.488	0.551	514.65	915.11	817.27	212.04	4.34	5.46	2.78	50.58	82.56	39.20	3.82
		12		32.512	25.522	0.551	603.68	1099.28	958.79	248.57	4.31	5.43	2.76	59.80	96.85	45.02	3.90
		14		37.567	29.490	0.550	688.81	1284.22	1093.56	284.06	4.28	5.40	2.75	68.75	110.47	50.45	3.98
		16		42.539	33.393	0.549	770.24	1470.07	1221.81	318.67	4.26	5.36	2.74	77.46	123.42	55.55	4.06
15	150	8		23.750	18.644	0.592	521.37	899.55	827.49	215.25	4.69	5.90	3.01	47.36	78.02	38.14	3.99
		10		29.373	23.058	0.591	637.50	1125.09	1012.79	262.21	4.66	5.87	2.99	58.35	95.49	45.51	4.08
		12		34.912	27.406	0.591	748.85	1351.26	1189.97	307.73	4.63	5.84	2.97	69.04	112.19	52.38	4.15
		14		40.367	31.688	0.590	855.64	1578.25	1359.30	351.98	4.60	5.80	2.95	79.45	128.16	58.83	4.23
		15		43.063	33.804	0.590	907.39	1692.10	1441.09	373.69	4.59	5.78	2.95	84.56	135.87	61.90	4.27
		16		45.739	35.905	0.589	958.08	1806.21	1521.02	395.14	4.58	5.77	2.94	89.59	143.40	64.89	4.31
16	160	10	16	31.502	24.729	0.630	779.53	1365.33	1237.30	321.76	4.98	6.27	3.20	66.70	109.36	52.76	4.31
		12		37.441	29.391	0.630	916.58	1639.57	1455.68	377.49	4.95	6.24	3.18	78.98	128.67	60.74	4.39
		14		43.296	33.987	0.629	1048.36	1914.68	1665.02	431.70	4.92	6.20	3.16	90.95	147.17	68.24	4.47
		16		49.067	38.518	0.629	1175.08	2190.82	1865.57	484.59	4.89	6.17	3.14	102.63	164.89	75.31	4.55
18	180	12		42.241	33.159	0.710	1321.35	2332.80	2100.10	542.61	5.59	7.05	3.58	100.82	165.00	78.41	4.89
		14		48.896	38.383	0.709	1514.48	2723.48	2407.42	621.53	5.56	7.02	3.56	116.25	189.14	88.38	4.97
		16		55.467	43.542	0.709	1700.99	3115.29	2703.37	698.60	5.54	6.98	3.55	131.13	212.40	97.83	5.05
		18		61.055	48.634	0.708	1875.12	3502.43	2988.24	762.01	5.50	6.94	3.51	145.64	234.78	105.14	5.13

（续）

型号	截面尺寸/mm			截面面积/cm^2	理论重量/(kg/m)	外表面积/(m^2/m)	惯性矩/cm^4				惯性半径/cm			截面模数/cm^3			重心距离/cm
	b	d	r				I_x	I_{x1}	I_{x0}	I_{y0}	i_x	i_{x0}	i_{y0}	W_x	W_{x0}	W_{y0}	z_0
20	200	14	18	54.642	42.894	0.788	2103.55	3734.10	3343.26	863.83	6.20	7.82	3.98	144.70	236.40	111.82	5.46
		16		62.013	48.680	0.788	2366.15	4270.39	3760.89	971.41	6.18	7.79	3.96	163.65	265.93	123.96	5.54
		18		69.301	54.401	0.787	2620.64	4808.13	4164.54	1076.74	6.15	7.75	3.94	182.22	294.48	135.52	5.62
		20		76.505	60.056	0.787	2867.30	5347.51	4554.55	1180.04	6.12	7.72	3.93	200.42	322.06	146.55	5.69
		24		90.661	71.168	0.785	3338.25	6457.16	5294.97	1381.53	6.07	7.64	3.90	236.17	374.41	166.65	5.87
22	220	16	21	68.664	53.901	0.866	3187.36	5681.62	5063.73	1310.99	6.81	8.59	4.37	199.55	325.51	153.81	6.03
		18		76.752	60.250	0.866	3534.30	6395.93	5615.32	1453.27	6.79	8.55	4.35	222.37	360.97	168.29	6.11
		20		84.756	66.533	0.865	3871.49	7112.04	6150.08	1592.90	6.76	8.52	4.34	244.77	395.34	182.16	6.18
		22		92.676	72.751	0.865	4199.23	7830.19	6668.37	1730.10	6.73	8.48	4.32	266.78	428.66	195.45	6.26
		24		100.512	78.902	0.864	4517.83	8550.57	7170.55	1865.11	6.70	8.45	4.31	288.39	460.94	208.21	6.33
		26		108.264	84.987	0.864	4827.58	9273.39	7656.98	1998.17	6.68	8.41	4.30	309.62	492.21	220.49	6.41
25	250	18	24	87.842	68.956	0.985	5268.22	9379.11	8369.04	2167.41	7.74	9.76	4.97	290.12	473.42	224.03	6.84
		20		97.045	76.180	0.984	5779.34	10426.97	9181.94	2376.74	7.72	9.73	4.95	319.66	519.41	242.85	6.92
		24		115.201	90.433	0.983	6763.93	12529.74	10742.67	2785.19	7.66	9.66	4.92	377.34	607.70	278.38	7.07
		26		124.154	97.461	0.982	7238.08	13585.18	11491.33	2984.84	7.63	9.62	4.90	405.50	650.05	295.19	7.15
		28		133.022	104.422	0.982	7700.60	14643.62	12219.39	3181.81	7.61	9.58	4.89	433.22	691.23	311.42	7.22
		30		141.807	111.318	0.981	8151.80	15705.30	12927.26	3376.34	7.58	9.55	4.88	460.51	731.28	327.12	7.30
		32		150.508	118.149	0.981	8592.01	16770.41	13615.32	3568.71	7.56	9.51	4.87	487.39	770.20	342.33	7.37
		35		163.402	128.271	0.980	9232.44	18374.95	14611.16	3853.72	7.52	9.46	4.86	526.97	826.53	364.30	7.48

注：截面图中的 $r_1 = 1/3d$ 及表中 r 的数据用于孔型设计，不做交货条件。

表 A-2　不等边角钢截面尺寸、截面面积、理论重量及截面特性

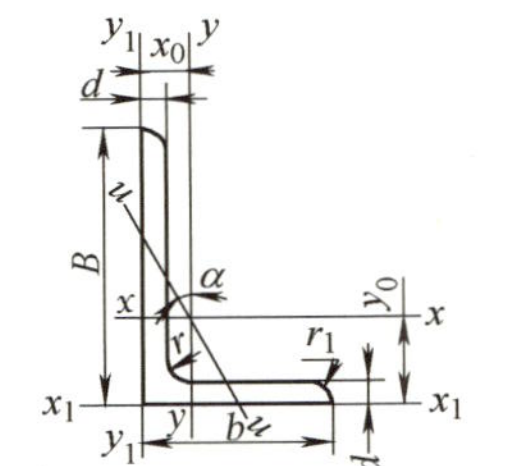

B——长边宽度；
b——短边宽度；
d——边厚度；
r——内圆弧半径；
r_1——边端圆弧半径；
x_0——重心距离；
y_0——重心距离。

型号	截面尺寸/mm				截面面积 /cm²	理论重量 /(kg/m)	外表面积 /(m²/m)	惯性矩/cm⁴					惯性半径/cm			截面模数/cm³			tgα	重心距离/cm	
	B	b	d	r				I_x	I_{x1}	I_y	I_{y1}	I_u	i_x	i_y	i_u	W_x	W_y	W_u		x_0	y_0
2.5/1.6	25	16	3	3.5	1.162	0.912	0.080	0.70	1.56	0.22	0.43	0.14	0.78	0.44	0.34	0.43	0.19	0.16	0.392	0.42	0.86
			4		1.499	1.176	0.079	0.88	2.09	0.27	0.59	0.17	0.77	0.43	0.34	0.55	0.24	0.20	0.381	0.46	1.86
3.2/2	32	20	3		1.492	1.171	0.102	1.53	3.27	0.46	0.82	0.28	1.01	0.55	0.43	0.72	0.30	0.25	0.382	0.49	0.90
			4		1.939	1.522	0.101	1.93	4.37	0.57	1.12	0.35	1.00	0.54	0.42	0.93	0.39	0.32	0.374	0.53	1.08
4/2.5	40	25	3	4	1.890	1.484	0.127	3.08	5.39	0.93	1.59	0.56	1.28	0.70	0.54	1.15	0.49	0.40	0.385	0.59	1.12
			4		2.467	1.936	0.127	3.93	8.53	1.18	2.14	0.71	1.36	0.69	0.54	1.49	0.63	0.52	0.381	0.63	1.32
4.5/2.8	45	28	3	5	2.149	1.687	0.143	4.45	9.10	1.34	2.23	0.80	1.44	0.79	0.61	1.47	0.62	0.51	0.383	0.64	1.37
			4		2.806	2.203	0.143	5.69	12.13	1.70	3.00	1.02	1.42	0.78	0.60	1.91	0.80	0.66	0.380	0.68	1.47
5/3.2	50	32	3	5.5	2.431	1.908	0.161	6.24	12.49	2.02	3.31	1.20	1.60	0.91	0.70	1.84	0.82	0.68	0.404	0.73	1.51
			4		3.177	2.494	0.160	8.02	16.65	2.58	4.45	1.53	1.59	0.90	0.69	2.39	1.06	0.87	0.402	0.77	1.60
5.6/3.6	56	36	3	6	2.743	2.153	0.181	8.88	17.54	2.92	4.70	1.73	1.80	1.03	0.79	2.32	1.05	0.87	0.408	0.80	1.65
			4		3.590	2.818	0.180	11.45	23.39	3.76	6.33	2.23	1.79	1.02	0.79	3.03	1.37	1.13	0.408	0.85	1.78
			5		4.415	3.466	0.180	13.86	29.25	4.49	7.94	2.67	1.77	1.01	0.78	3.71	1.65	1.36	0.404	0.88	1.82

（续）

型号	截面尺寸/mm				截面面积 /cm²	理论重量 /（kg/m）	外表面积 /（m²/m）	惯性矩/cm⁴					惯性半径/cm			截面模数/cm³			tgα	重心距离/cm	
	B	b	d	r				I_x	I_{x1}	I_y	I_{y1}	I_u	i_x	i_y	i_u	W_x	W_y	W_u		x_0	y_0
6.3/4	63	40	4	7	4.058	3.185	0.202	16.49	33.30	5.23	8.63	3.12	2.20	1.14	0.88	3.87	1.70	1.40	0.398	0.92	1.87
			5		4.993	3.920	0.202	20.02	41.63	6.31	10.86	3.76	2.00	1.12	0.87	4.74	2.07	1.71	0.396	0.95	2.04
			6		5.908	4.638	0.201	23.36	49.98	7.29	13.12	4.34	1.96	1.11	0.86	5.59	2.43	1.99	0.393	0.99	2.08
			7		6.802	5.339	0.201	26.53	58.07	8.24	15.47	4.97	1.98	1.10	0.86	6.40	2.78	2.29	0.389	1.03	2.12
7/4.5	70	45	4	7.5	4.547	3.570	0.226	23.17	45.92	7.55	12.26	4.40	2.26	1.29	0.98	4.86	2.17	1.77	0.410	1.02	2.15
			5		5.609	4.403	0.225	27.95	57.10	9.13	15.39	5.40	2.23	1.28	0.98	5.92	2.65	2.19	0.407	1.06	2.24
			6		6.647	5.218	0.225	32.54	68.35	10.62	18.58	6.35	2.21	1.26	0.98	6.95	3.12	2.59	0.404	1.09	2.28
			7		7.657	6.011	0.225	37.22	79.99	12.01	21.84	7.16	2.20	1.25	0.97	8.03	3.57	2.94	0.402	1.13	2.32
7.5/5	75	50	5	8	6.125	4.808	0.245	34.86	70.00	12.61	21.04	7.41	2.39	1.44	1.10	6.83	3.30	2.74	0.435	1.17	2.36
			6		7.260	5.699	0.245	41.12	84.30	14.70	25.87	8.54	2.38	1.42	1.08	8.12	3.88	3.19	0.435	1.21	2.40
			8		9.467	7.431	0.244	52.39	112.50	18.53	34.23	10.87	2.35	1.40	1.07	10.52	4.99	4.10	0.429	1.29	2.44
			10		11.590	9.098	0.244	62.71	140.80	21.96	43.43	13.10	2.33	1.38	1.06	12.79	6.04	4.99	0.423	1.36	2.52
8/5	80	50	5		6.375	5.005	0.255	41.96	85.21	12.82	21.06	7.66	2.56	1.42	1.10	7.78	3.32	2.74	0.388	1.14	2.60
			6		7.560	5.935	0.255	49.49	102.53	14.95	25.41	8.85	2.56	1.41	1.08	9.25	3.91	3.20	0.387	1.18	2.65
			7		8.724	6.848	0.255	56.16	119.33	46.96	29.82	10.18	2.54	1.39	1.08	10.58	4.48	3.70	0.384	1.21	2.69
			8		9.867	7.745	0.254	62.83	136.41	18.85	34.32	11.38	2.52	1.38	1.07	11.92	5.03	4.16	0.381	1.25	2.73
9/5.6	90	56	5	9	7.212	5.661	0.287	60.45	121.32	18.32	29.53	10.98	2.90	1.59	1.23	9.92	4.21	3.49	0.385	1.25	2.91
			6		8.557	6.717	0.286	71.03	145.59	21.42	35.58	12.90	2.88	1.58	1.23	11.74	4.96	4.13	0.384	1.29	2.95
			7		9.880	7.756	0.286	81.01	169.60	24.36	41.71	14.67	2.86	1.57	1.22	13.49	5.70	4.72	0.382	1.33	3.00
			8		11.183	8.779	0.286	91.03	194.14	27.15	47.93	16.34	2.85	1.56	1.21	15.27	6.41	5.29	0.380	1.36	3.04

10/6. 3	100	63	6	10	9. 617	7. 550	0. 320	99. 06	199. 71	30. 94	50. 50	18. 42	3. 21	1. 79	1. 38	14. 64	6. 35	5. 25	0. 394	1. 43	3. 24
10/6. 3	100	63	7	10	11. 111	8. 722	0. 320	113. 45	233. 00	35. 26	59. 14	21. 00	3. 20	1. 78	1. 38	16. 88	7. 29	6. 02	0. 394	1. 47	3. 28
10/6. 3	100	63	8	10	12. 534	9. 878	0. 319	127. 37	266. 32	39. 39	67. 88	23. 50	3. 18	1. 77	1. 37	19. 08	8. 21	6. 78	0. 391	1. 50	3. 32
10/6. 3	100	63	10	10	15. 467	12. 142	0. 319	153. 81	333. 06	47. 12	85. 73	28. 33	3. 15	1. 74	1. 35	23. 32	9. 98	8. 24	0. 387	1. 58	3. 40
10/8	100	80	6	10	10. 637	8. 350	0. 354	107. 04	199. 83	61. 24	102. 68	31. 65	3. 17	2. 40	1. 72	15. 19	10. 16	8. 37	0. 627	1. 97	2. 95
10/8	100	80	7	10	12. 301	9. 656	0. 354	122. 73	233. 20	70. 08	119. 98	36. 17	3. 16	2. 39	1. 72	17. 52	11. 71	9. 60	0. 626	2. 01	3. 0
10/8	100	80	8	10	13. 944	10. 946	0. 353	137. 92	266. 61	78. 58	137. 37	40. 58	3. 14	2. 37	1. 71	19. 81	13. 21	10. 80	0. 625	2. 05	3. 04
10/8	100	80	10	10	17. 167	13. 476	0. 353	166. 87	333. 63	94. 65	172. 48	49. 10	3. 12	2. 35	1. 69	24. 24	16. 12	13. 12	0. 622	2. 13	3. 12
11/7	110	70	6	10	10. 637	8. 350	0. 354	133. 37	265. 78	42. 92	69. 08	25. 36	3. 54	2. 01	1. 54	17. 85	7. 90	6. 53	0. 403	1. 57	3. 53
11/7	110	70	7	10	12. 301	9. 656	0. 354	153. 00	310. 07	49. 01	80. 82	28. 95	3. 53	2. 00	1. 53	20. 60	9. 09	7. 50	0. 402	1. 61	3. 57
11/7	110	70	8	10	13. 944	10. 946	0. 353	172. 04	354. 39	54. 87	92. 70	32. 45	3. 51	1. 98	1. 53	23. 30	10. 25	8. 45	0. 401	1. 65	3. 62
11/7	110	70	10	10	17. 167	13. 476	0. 353	208. 39	443. 13	65. 88	116. 83	39. 20	3. 48	1. 96	1. 51	28. 54	12. 48	10. 29	0. 397	1. 72	3. 70
12. 5/8	125	80	7	11	14. 096	11. 066	0. 403	227. 98	454. 99	74. 42	120. 32	43. 81	4. 02	2. 30	1. 76	26. 86	12. 01	9. 92	0. 408	1. 80	4. 01
12. 5/8	125	80	8	11	15. 989	12. 551	0. 403	256. 77	519. 99	83. 49	137. 85	49. 15	4. 01	2. 28	1. 75	30. 41	13. 56	11. 18	0. 407	1. 84	4. 06
12. 5/8	125	80	10	11	19. 712	15. 474	0. 402	312. 04	650. 09	100. 67	173. 40	59. 45	3. 98	2. 26	1. 74	37. 33	16. 56	13. 64	0. 404	1. 92	4. 14
12. 5/8	125	80	12	11	23. 351	18. 330	0. 402	364. 41	780. 39	116. 67	209. 67	69. 35	3. 95	2. 24	1. 72	44. 01	19. 43	16. 01	0. 400	2. 00	4. 22
14/9	140	90	8	12	18. 038	14. 160	0. 453	365. 64	730. 53	120. 69	195. 79	70. 83	4. 50	2. 59	1. 98	38. 48	17. 34	14. 31	0. 411	2. 04	4. 50
14/9	140	90	10	12	22. 261	17. 475	0. 452	445. 50	913. 20	140. 03	245. 92	85. 82	4. 47	2. 56	1. 96	47. 31	21. 22	17. 48	0. 409	2. 12	4. 58
14/9	140	90	12	12	26. 400	20. 724	0. 451	521. 59	1 096. 09	169. 79	296. 89	100. 21	4. 44	2. 54	1. 95	55. 87	24. 95	20. 54	0. 406	2. 19	4. 66
14/9	140	90	14	12	30. 456	23. 908	0. 451	594. 10	1 279. 26	192. 10	348. 82	114. 13	4. 42	2. 51	1. 94	64. 18	28. 54	23. 52	0. 403	2. 27	4. 74

（续）

型号	截面尺寸/mm				截面面积 /cm^2	理论重量 /(kg/m)	外表面积 /(m^2/m)	惯性矩/cm^4					惯性半径/cm			截面模数/cm^3			tgα	重心距离/cm	
	B	b	d	r				I_x	I_{x1}	I_y	I_{y1}	I_u	i_x	i_y	i_u	W_x	W_y	W_u		x_0	y_0
15/9	150	90	8	12	18.839	14.788	0.473	442.05	898.35	122.80	195.96	74.14	4.84	2.55	1.98	43.86	17.47	14.48	0.364	1.97	4.92
			10		23.261	18.260	0.472	539.24	1 122.85	148.62	246.26	89.86	4.81	2.53	1.97	53.97	21.38	17.69	0.362	2.05	5.01
			12		27.600	21.666	0.471	632.08	1 347.50	172.85	297.46	104.95	4.79	2.50	1.95	63.79	25.14	20.80	0.359	2.12	5.09
			14		31.856	25.007	0.471	720.77	1 572.38	195.62	349.74	119.53	4.76	2.48	1.94	73.33	28.77	23.84	0.356	2.20	5.17
			15		33.952	26.652	0.471	763.62	1 684.93	206.50	376.33	126.67	4.74	2.47	1.93	77.99	30.53	25.33	0.354	2.24	5.21
			16		36.027	28.281	0.470	805.51	1 797.55	217.07	403.24	133.72	4.73	2.45	1.93	82.60	32.27	26.82	0.352	2.27	5.25
16/10	160	100	10	13	23.315	19.872	0.512	668.69	1 362.89	205.03	336.59	121.74	5.14	2.85	2.19	62.13	26.56	21.92	0.390	2.28	5.24
			12		30.054	23.592	0.511	784.91	1 635.56	239.06	405.94	142.33	5.11	2.82	2.17	73.49	31.28	25.79	0.388	2.36	5.32
			14		34.709	27.247	0.510	896.30	1 908.50	271.20	476.42	162.23	5.08	2.80	2.16	84.56	35.83	29.56	0.385	0.43	5.40
			16		29.281	30.835	0.510	1 003.04	2 181.79	301.60	548.22	182.57	5.05	2.77	2.16	95.33	40.24	33.44	0.382	2.51	5.48
18/11	180	110	10	14	28.373	22.273	0.571	956.25	1 940.40	278.11	447.22	166.50	5.80	3.13	2.42	78.96	32.49	26.88	0.376	2.44	5.89
			12		33.712	26.440	0.571	1 124.72	2 328.38	325.03	538.94	194.87	5.78	3.10	2.40	93.53	38.32	31.66	0.374	2.52	5.98
			14		38.967	30.589	0.570	1 286.91	2 716.60	369.55	631.95	222.30	5.75	3.08	2.39	107.76	43.97	36.32	0.372	2.59	6.06
			16		44.139	34.649	0.569	1 443.06	3 105.15	411.85	726.46	248.94	5.72	3.06	2.38	121.64	49.44	40.87	0.369	2.67	6.14
20/12.5	200	125	12		37.912	29.761	0.641	1 570.90	3 193.85	483.16	787.74	285.79	6.44	3.57	2.74	116.73	49.99	41.23	0.392	2.83	6.54
			14		43.687	34.436	0.640	1 800.97	3 726.17	550.83	922.47	326.58	6.41	3.54	2.73	134.65	57.44	47.34	0.390	2.91	6.62
			16		49.739	39.045	0.639	2 023.35	4 258.88	615.44	1 058.86	366.21	6.38	3.52	2.71	152.18	64.89	53.32	0.388	2.99	6.70
			18		55.526	43.588	0.639	2 238.30	4 792.00	677.19	1 197.13	404.83	6.35	3.49	2.70	169.33	71.74	59.18	0.385	3.06	6.78

注：截面图中的 $r_1 = 1/3d$ 及表中 r 的数据用于孔型设计，不做交货条件。

表 A-3　槽钢截面尺寸、截面面积、理论重量及截面特性

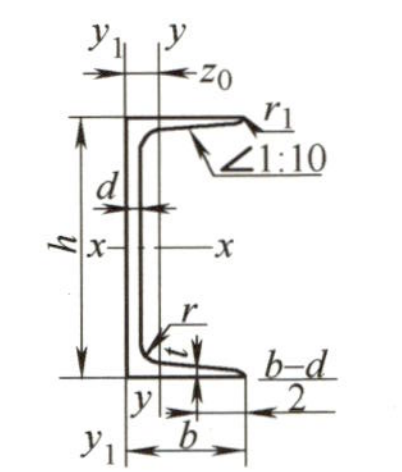

h——高度；

b——腿宽度；

d——腰厚度；

t——平均腿厚度；

r——内圆弧半径；

r_1——腿端圆弧半径；

z_0——yy 轴与 y_1y_1 轴间距。

型号	截面尺寸/mm						截面面积/cm²	理论重量/(kg/m)	惯性矩/cm⁴			惯性半径/cm		截面模数/cm³		重心距离/cm
	h	b	d	t	r	r_1			I_x	I_y	I_{y1}	i_x	i_y	W_x	W_y	z_0
5	50	37	4.5	7.0	7.0	3.5	6.928	5.438	26.0	8.30	20.9	1.94	1.10	10.4	3.55	1.35
6.3	63	40	4.8	7.5	7.5	3.8	8.451	6.634	50.8	11.9	28.4	2.45	1.19	16.1	4.50	1.36
6.5	65	40	4.3	7.5	7.5	3.8	8.547	6.709	55.2	12.0	28.3	2.54	1.19	17.0	4.59	1.38
8	80	43	5.0	8.0	8.0	4.0	10.248	8.045	101	16.6	37.4	3.15	1.27	25.3	5.79	1.43
10	100	48	5.3	8.5	8.5	4.2	12.748	10.007	198	25.6	54.9	3.95	1.41	39.7	7.80	1.52
12	120	53	5.5	9.0	9.0	4.5	15.362	12.059	346	37.4	77.7	4.75	1.56	57.7	10.2	1.62
12.6	126	53	5.5	9.0	9.0	4.5	15.692	12.318	391	38.0	77.1	4.95	1.57	62.1	10.2	1.59
14a	140	58	6.0	9.5	9.5	4.8	18.516	14.535	564	53.2	107	5.52	1.70	80.5	13.0	1.71
14b		60	8.0				21.316	16.733	609	61.1	121	5.35	1.69	87.1	14.1	1.67

（续）

型号	截面尺寸 /mm						截面面积 /cm²	理论重量 /(kg/m)	惯性矩 /cm⁴			惯性半径 /cm		截面模数 /cm³		重心距离 /cm
	h	b	d	t	r	r_1			I_x	I_y	I_{y1}	i_x	i_y	W_x	W_y	z_0
16a	160	63	6.5	10.0	10.0	5.0	21.962	17.24	866	73.3	144	6.28	1.83	108	16.3	1.80
16b		65	8.5				25.162	19.752	935	83.4	161	6.10	1.82	117	17.6	1.75
18a	180	68	7.0	10.5	10.5	5.2	25.699	20.174	1 270	98.6	190	7.04	1.96	141	20.0	1.88
18b		70	9.0				29.299	23.000	1 370	111	210	6.84	1.95	152	21.5	1.84
20a	200	73	7.0	11.0	11.0	5.5	28.837	22.637	1 780	128	244	7.86	2.11	178	24.2	2.01
20b		75	9.0				32.837	25.777	1 910	144	268	7.64	2.09	191	25.9	1.95
22a	220	77	7.0	11.5	11.5	5.8	31.846	24.999	2 390	158	298	8.67	2.23	218	28.2	2.10
22b		79	9.0				36.246	28.453	2 570	176	326	8.42	2.21	234	30.1	2.03
24a	240	78	7.0	12.0	12.0	6.0	34.217	26.860	3 050	174	325	9.45	2.25	254	30.5	2.10
24b		80	9.0				39.017	30.628	3 280	194	355	9.17	2.23	274	32.5	2.03
24c		82	11.0				43.817	34.396	3 510	213	388	8.96	2.21	293	34.4	2.00
25a	250	78	7.0				34.917	27.410	3 370	176	322	9.82	2.24	270	30.6	2.07
25b		80	9.0				39.917	31.335	3 530	196	353	9.41	2.22	282	32.7	1.98
25c		82	11.0				44.917	35.260	3 690	218	384	9.07	2.21	295	35.9	1.92

27a	270	82	7.5	12.5	12.5	6.2	39.284	30.838	4 360	216	393	10.5	2.34	323	35.5	2.13
27b		84	9.5				44.684	35.077	4 690	239	428	10.3	2.31	347	37.7	2.06
27c		86	11.5				50.084	39.316	5 020	261	467	10.1	2.28	372	39.8	2.03
28a	280	82	7.5				40.034	31.427	4 760	218	388	10.9	2.33	340	35.7	2.10
28b		84	9.5				45.634	35.823	5 130	242	428	10.6	2.30	366	37.9	2.02
28c		86	11.5				51.234	40.219	5 500	268	463	10.4	2.29	393	40.3	1.95
30a	300	85	7.5	13.5	13.5	6.8	43.902	34.463	6 050	260	467	11.7	2.43	403	41.1	2.17
30b		87	9.5				49.902	39.173	6 500	289	515	11.4	2.41	433	44.0	2.13
30c		89	11.5				55.902	43.883	6 950	316	560	11.2	2.38	463	46.4	2.09
32a	320	88	8.0	14.0	14.0	7.0	48.513	38.083	7 600	305	552	12.5	2.50	475	46.5	2.24
32b		90	10.0				54.913	43.107	8 140	336	593	12.2	2.47	509	49.2	2.16
32c		92	12.0				61.313	48.131	8 690	374	643	11.9	2.47	543	52.6	2.09
36a	360	96	9.0	16.0	16.0	8.0	60.910	47.814	11 900	455	818	14.0	2.73	660	63.5	2.44
36b		98	11.0				68.110	53.466	12 700	497	880	13.6	2.70	703	66.9	2.37
36c		100	13.0				75.310	59.118	13 400	536	948	13.4	2.67	746	70.0	2.34
40a	400	100	10.5	18.0	18.0	9.0	75.068	58.928	17 600	592	1070	15.3	2.81	879	78.8	2.49
40b		102	12.5				83.068	65.208	18 600	640	114	15.0	2.78	932	82.5	2.44
40c		104	14.5				91.068	71.488	19 700	688	1220	14.7	2.75	986	86.2	2.42

注：表中 r、r_1 的数据用于孔型设计，不做交货条件。

表 A-4 工字钢截面尺寸、截面面积、理论重量及截面特性

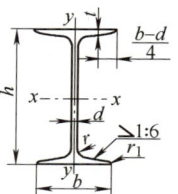

h——高度；
b——腿宽度；
d——腰厚度；
t——平均腿厚度；
r——内圆弧半径；
r_1——腿端圆弧半径；

型号	截面尺寸/mm						截面面积 /cm^2	理论重量 /(kg/m)	惯性矩/cm^4		惯性半径/cm		截面模数/cm^3	
	h	b	d	t	r	r_1			I_x	I_y	i_x	i_y	W_x	W_y
10	100	68	4.5	7.6	6.5	3.3	14.345	11.261	245	33.0	4.14	1.52	49.0	9.72
12	120	74	5.0	8.4	7.0	3.5	17.818	13.987	436	46.9	4.95	1.62	72.7	12.7
12.6	126	74	5.0	8.4	7.0	3.5	18.118	14.223	488	46.9	5.20	1.61	77.5	12.7
14	140	80	5.5	9.1	7.5	3.8	21.516	16.890	712	64.4	5.76	1.73	102	16.1
16	160	88	6.0	9.9	8.0	4.0	26.131	20.513	1 130	93.1	6.58	1.89	141	21.2
18	180	94	6.5	10.7	8.5	4.3	30.756	24.143	1 660	122	7.36	2.00	185	26.0
20a	200	100	7.0	11.4	9.0	4.5	35.578	27.929	2 370	158	8.15	2.12	237	31.5
20b		102	9.0				39.578	31.069	2 500	169	7.96	2.06	250	33.1
22a	220	110	7.5	12.3	9.5	4.8	42.128	33.070	3 400	225	8.99	2.31	309	40.9
22b		112	9.5				46.528	36.524	3 570	239	8.78	2.27	325	42.7

24a	240	116	8.0	13.0	10.0	5.0	47.741	37.477	4 570	280	9.77	2.42	381	48.4
24b		118	10.0				52.541	41.245	4 800	297	9.57	2.38	400	50.4
25a	250	116	8.0				48.541	38.105	5 020	280	10.2	2.40	402	48.3
25b		118	10.0				53.541	42.030	5 280	309	9.94	2.40	423	52.4
27a	270	122	8.5	13.7	10.5	5.3	54.554	42.825	6 550	345	10.9	2.51	485	56.6
27b		124	10.5				59.954	47.064	6 870	366	10.7	2.47	509	58.9
28a	280	122	8.5				55.404	43.492	7 110	345	11.3	2.50	508	56.6
28b		124	10.5				61.004	47.888	7 480	379	11.1	2.49	534	11.2
30a	300	126	9.0	14.4	11.0	5.5	61.254	48.084	8 950	400	12.1	2.55	597	63.5
30b		128	11.0				67.254	52.794	9 400	422	11.8	2.50	627	65.9
30c		130	13.0				73.254	57.504	9 850	445	11.6	2.46	657	68.5
32a	320	130	9.5	15.0	11.5	5.8	67.156	52.717	11 100	460	12.8	2.62	692	70.8
32b		132	11.5				73.556	57.741	11 600	502	12.6	2.61	726	76.0
32c		134	13.5				79.956	62.765	12 200	544	12.3	2.61	760	81.2
36a	360	136	10.0	15.8	12.0	6.0	76.480	60.037	15 800	552	14.4	2.69	875	81.2
36b		138	12.0				83.680	65.689	16 500	582	14.1	2.64	919	84.3
36c		140	14.0				90.880	71.341	17 300	612	13.8	2.60	962	87.4

（续）

型号	截面尺寸/mm						截面面积 /cm^2	理论重量 /(kg/m)	惯性矩/cm^4		惯性半径/cm		截面模数/cm^3	
	h	b	d	t	r	r_1			I_x	I_y	i_x	i_y	W_x	W_y
40a	400	142	10.5	16.5	12.5	6.3	86.112	67.598	21 700	660	15.9	2.77	1 090	93.2
40b		144	12.5				94.112	73.878	22 800	692	15.6	2.71	1 140	96.2
40c		146	14.5				102.112	80.158	23 900	727	15.2	2.65	1 190	99.6
45a	450	150	11.5	18.0	13.5	6.8	102.446	80.420	32 200	855	17.7	2.89	1 430	114
45b		152	13.5				111.446	87.485	33 800	894	17.4	2.84	1 500	118
45c		154	15.5				120.446	94.550	35 300	938	17.1	2.79	1 570	122
50a	500	158	12.0	20.0	14.0	7.0	119.304	93.654	46 500	1 120	19.7	3.07	1 860	142
50b		160	14.0				129.304	101.504	48 600	1 170	19.4	3.01	1 940	146
50c		162	16.0				139.304	109.354	50 600	1 220	19.0	2.96	2 080	151
55a	550	166	12.5	21.0	14.5	7.3	134.185	105.335	62 900	1 370	21.6	3.19	2 290	164
55b		168	14.5				145.185	113.970	65 600	1 420	21.2	3.14	2 390	170
55c		170	16.5				156.185	122.605	68 400	1 480	20.9	3.08	2 490	175
56a	560	166	12.5				135.435	106.316	65 600	1 370	22.0	3.18	2 340	165
56b		168	14.5				146.635	115.108	68 500	1 490	21.6	3.16	2 450	174
56c		170	16.5				157.835	123.900	71 400	1 560	21.3	3.16	2 550	183
63a	630	176	13.0	22.0	15.0	7.5	154.658	121.407	93 900	1 700	24.5	3.31	2 980	193
63b		178	15.0				167.258	131.298	98 100	1 810	24.2	3.29	3 160	204
63c		180	17.0				179.858	141.189	102 000	1 920	23.8	3.27	3 300	214

注：表中 r、r_1 的数据用于孔型设计，不做交货条件。

附录 B　习题简答

附录 B 是本书部分习题的简单求解过程，不是完整的解答过程，供同学们了解主要的步骤。完整的解题步骤、过程可参考本书各章节的例题。

第一章

1-1　合力不一定比分力大。

1-2　不能说平衡状态一定静止，因为静止和匀速直线运动都是平衡状态。若一个力系对物体作用后，并不改变物体原有的运动状态，则该力系称为平衡力系。

1-3　一个是两个力作用在同一个物体上，另一个是两个力作用在两个物体上。

1-4　在两个力作用下处于平衡的杆件称为二力杆。二力杆不一定是直杆。

1-5　错。

1-6　作用在刚体上的力的三要素：①力的大小；②力的方向；③力的作用线。

三力平衡汇交定理：当刚体受三个力作用（其中两个力的作用线相交于一点）而处于平衡时，则此三力必在同一平面内，并且它们的作用线汇交于一点。

1-7　不一定。

1-8　在同一个平面。

1-9　力使物体形状发生改变的效应称为力的内效应。力使物体运动状态发生改变的效应称为力的外效应。两个不同的力系，如果它们对同一个物体的作用效应完全相同，则这两个力系是等效的，它们互称等效力系。在研究某些问题时，不计物体形状、大小，只考虑质量并将物体视为一个点，称为质点。刚体：由无穷多个点组成的不变形的几何形体，它在力的作用下保持其形状和大小不变。

1-10　取比例尺如题 1-10 图 a 所示，作力的平行四边形，量得合力 $\boldsymbol{F}$ 的大小为 13.9kN 以及与 $\boldsymbol{F}_1$ 的夹角 $\beta=8°\sim9°$。取比例尺如题 1-10 图 b 所示，作力的三角形，量得合力 $\boldsymbol{F}$ 的大小为 13.9kN 以及与 $\boldsymbol{F}_1$ 的夹角 $\beta=8°\sim9°$。

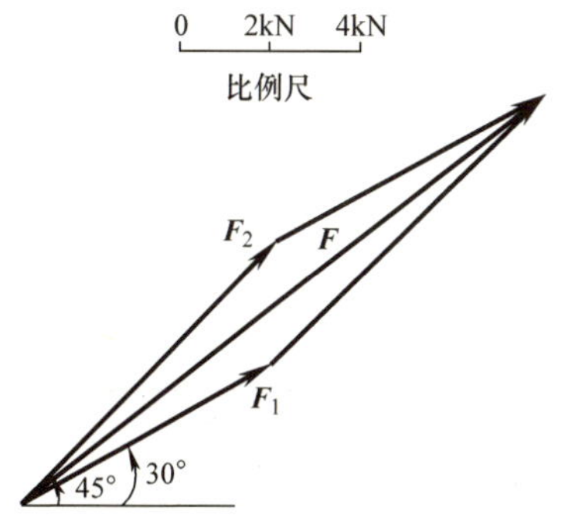

题 1-10 图 a　力的平行四边形法则

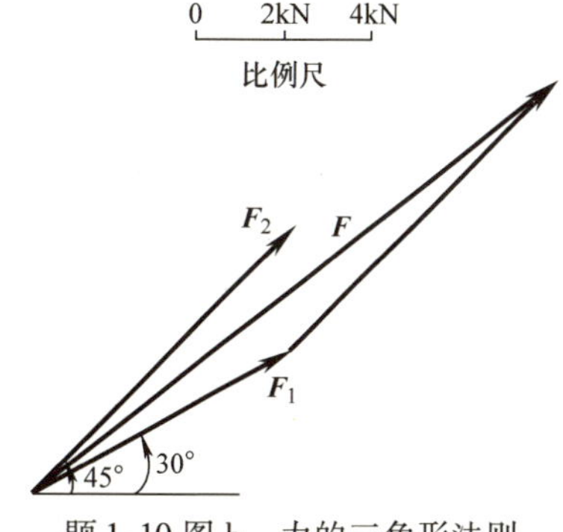

题 1-10 图 b　力的三角形法则

1-11 将力 $\boldsymbol{F}_1$、$\boldsymbol{F}_2$的作用线延长汇交于 O 点，由三力平衡汇交定理可知，力 $\boldsymbol{F}_3$的作用线方向必沿 CO，如题 1-11 图所示。

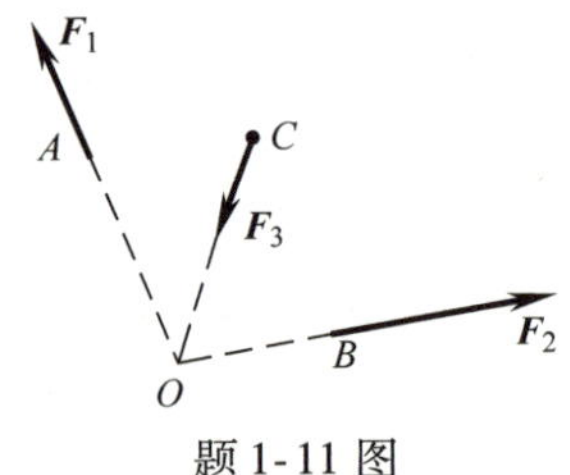

题 1-11 图

1-12 受力图如题 1-12 图所示。

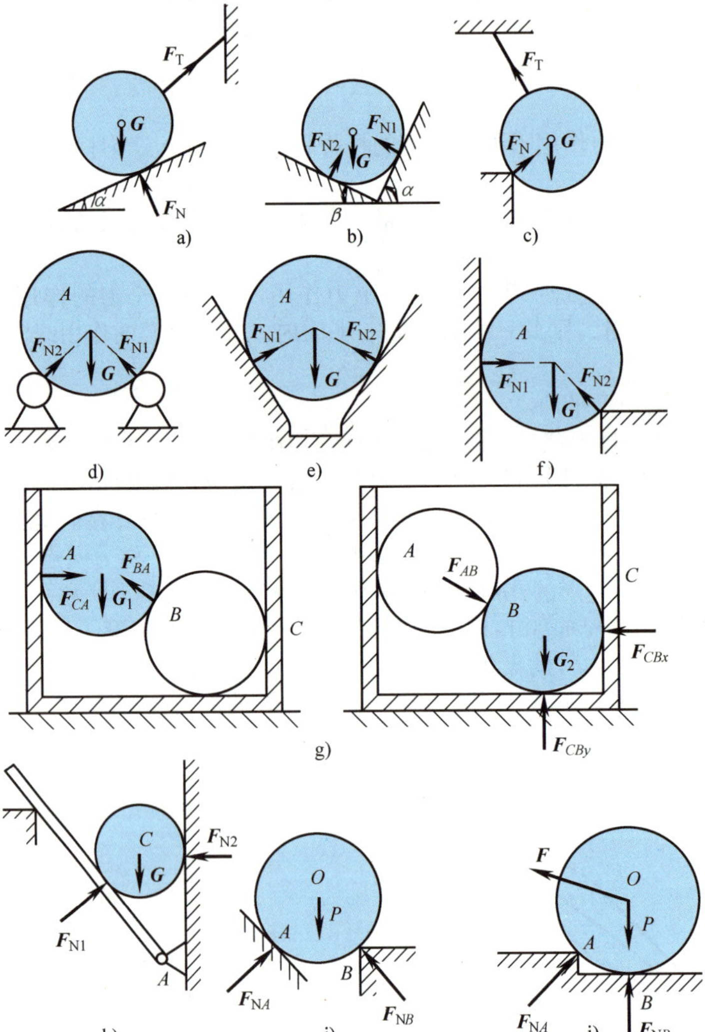

题 1-12 图

1-13　受力图如题 1-13 图所示。

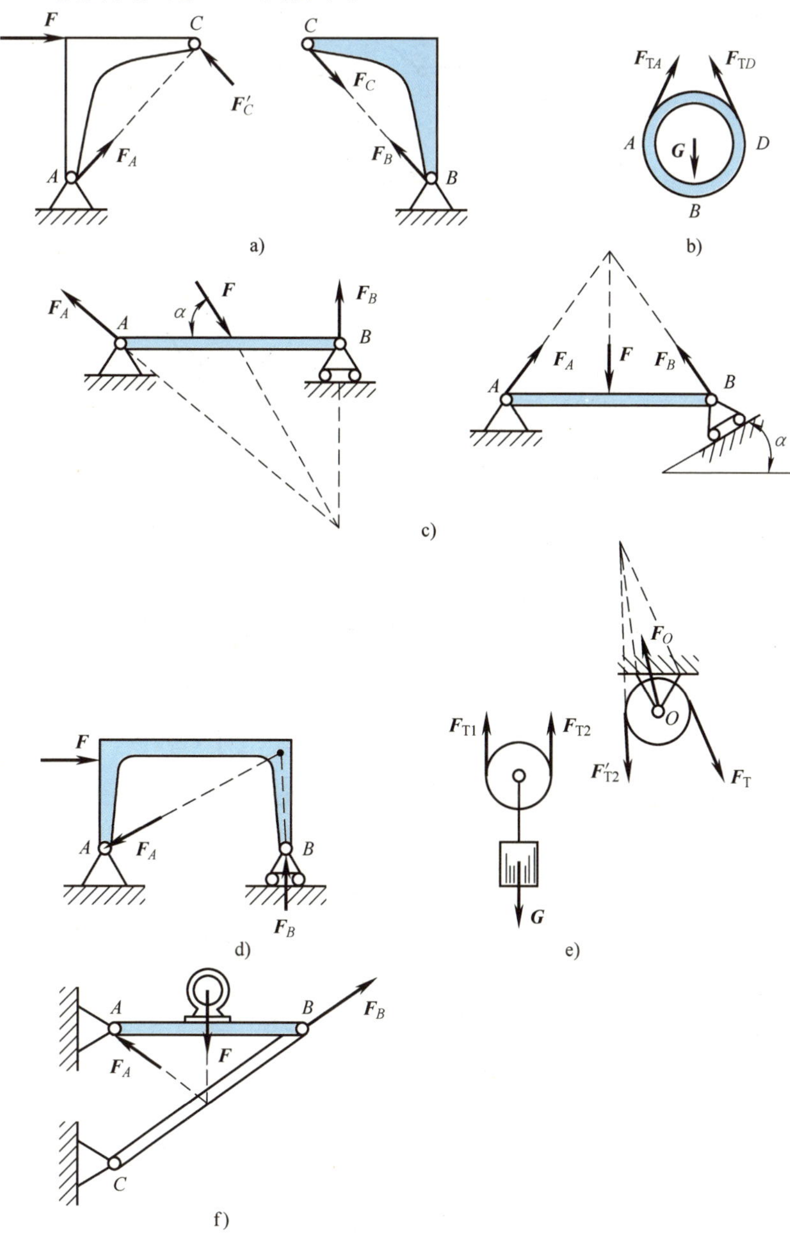

题 1-13 图

1-14　每个物体及整体受力图如题 1-14 图所示。

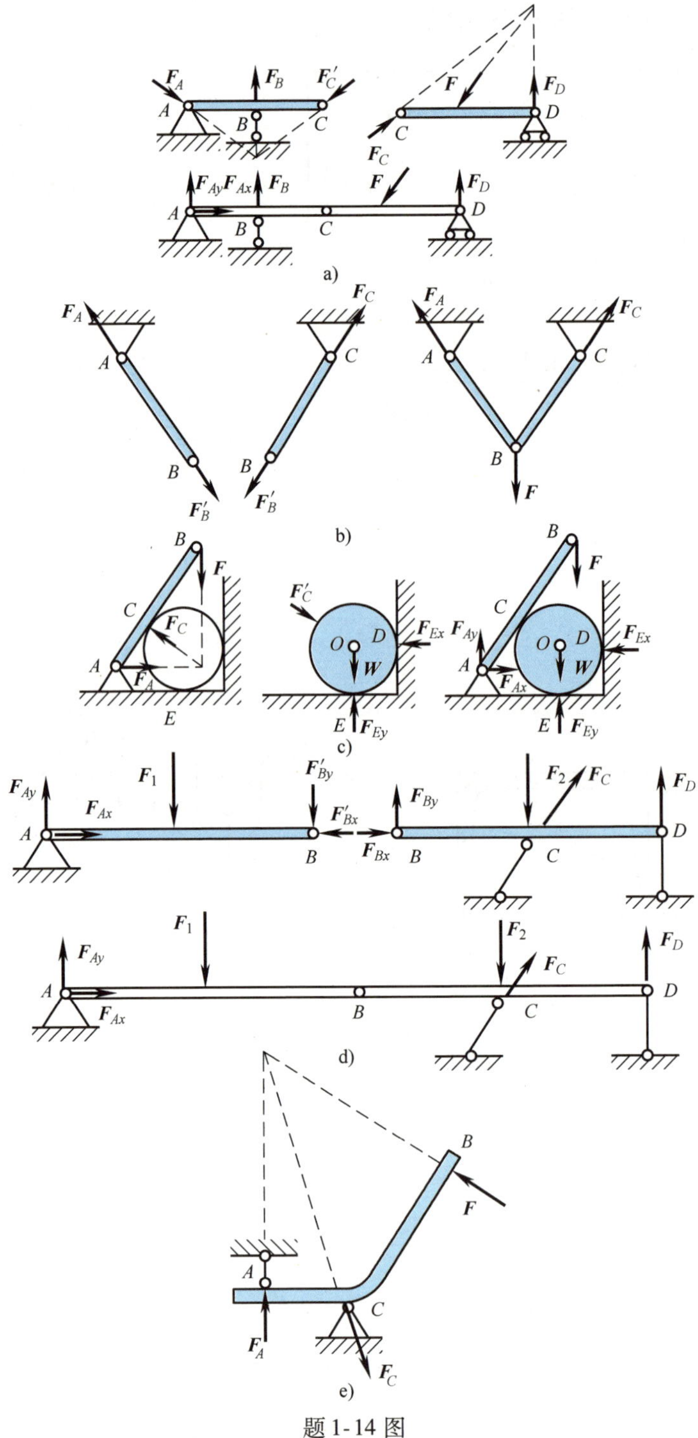

F_A F_B F'_C A B C
F F_D C D F_C
F_{Ay} F_{Ax} F_B F F_D A B C D
a)
F_A A B F'_B F_C C B F'_B F_A A F_C C B F
b)
B F C F_C A F_A E F'_C O D F_{Ex} W E F_{Ey} B F C F_{Ay} A F_{Ax} O D F_{Ex} W E F_{Ey}
c)
F_{Ay} F_1 F_{Ax} F'_{By} F'_{Bx} F_{Bx} A B F_{By} B F_2 F_C C F_D D
F_{Ay} F_1 A F_{Ax} B F_2 F_C C F_D D
d)
B F A F_A C F_C
e)

题1-14图

1-15　a）$\boldsymbol{F}_A$方向错误，应该沿 BA 方向。正确的受力分析如题 1-15 图 a 所示；

b）$\boldsymbol{F}_{NB}$方向错误，应该垂直于 AB 杆；$\boldsymbol{F}_{NC}$方向错误，也应该垂直于 AB 杆。正确的受力分析如题 1-15 图 b 所示；

c）$\boldsymbol{F}_{NA}$方向错误，应该垂直于支撑斜面；$\boldsymbol{F}_{NB}$方向错误，应该从 B 点指向力 $\boldsymbol{F}$、$\boldsymbol{F}_{NA}$作用线的交点。正确的受力分析如题 1-15 图 c 所示；

d）$\boldsymbol{F}_{NA}$方向错误，应该从 A 点指向重力 $\boldsymbol{G}$、绳拉力 $\boldsymbol{F}_{TB}$作用线的交点。$\boldsymbol{F}_{TB}$方向错误，只能拉。正确的受力分析如题 1-15 图 d 所示。

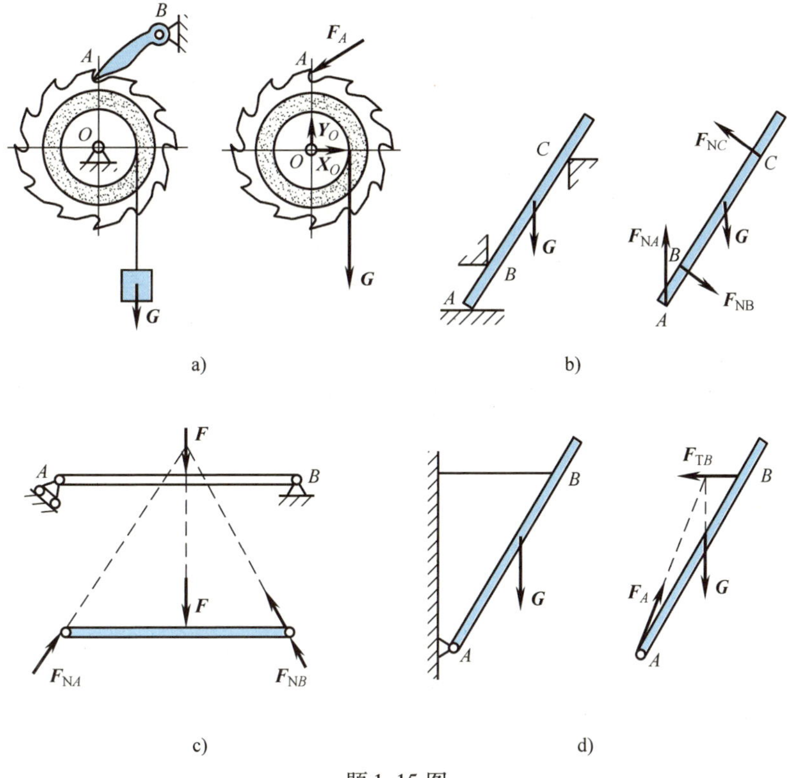

题 1-15 图

1-16　物体 AB 的受力图如题 1-16 图所示。

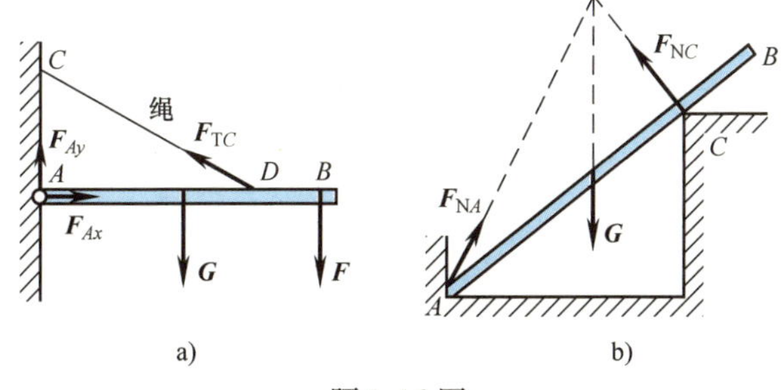

题 1-16 图

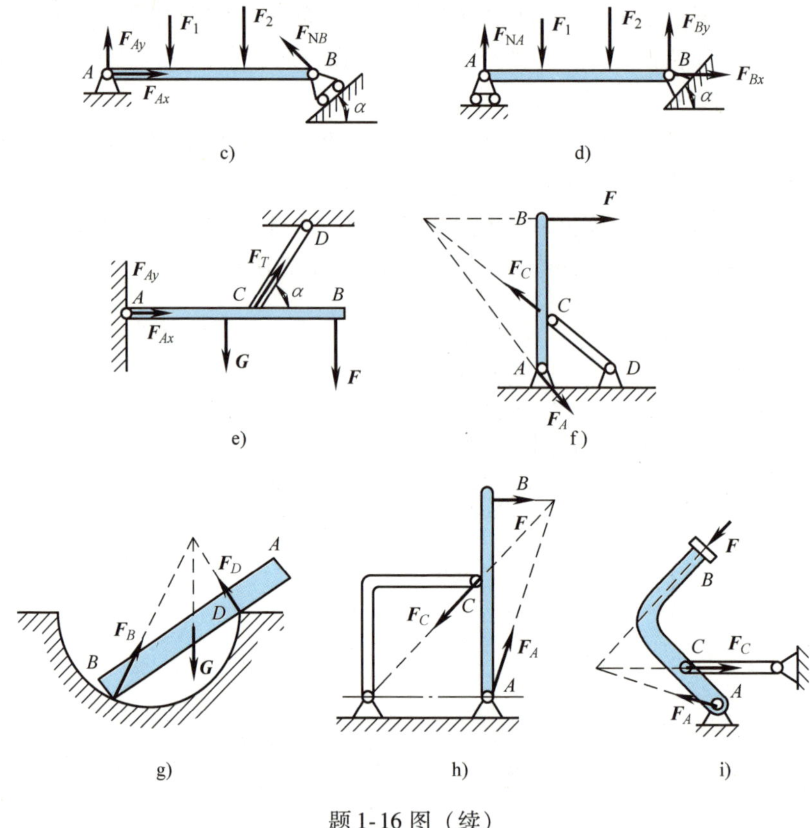

题1-16图（续）

第二章

2-1 OA、OC 代表力 $\boldsymbol{F}$ 的分力大小值，OB、OD 代表力 $\boldsymbol{F}$ 的投影。

2-2 绳拉力等于$\dfrac{F}{2\sin\alpha}$，A、B 二点相距越远，α 越小，绳拉力越大。

2-3 $\boldsymbol{G}$ 和 $\boldsymbol{F}_O$ 组成的力偶与力偶矩 $\boldsymbol{M}$ 平衡，如题2-3图所示。

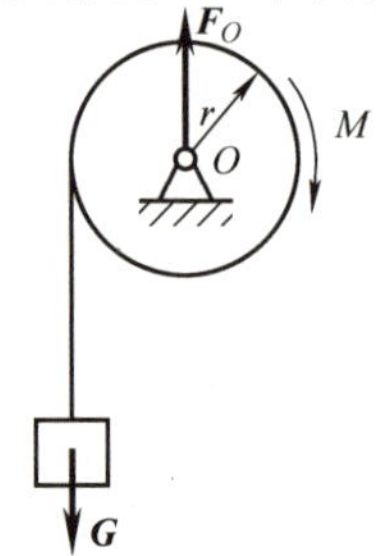

题2-3图

*2-4　可能是一个力，即作用线通过 A、B 点的力。该力系不可能是一个力偶。可能平衡，前提是合力矢为零。

2-6　不能。

2-7　解：1）画圆柱受力图，如题 2-7 图所示，其中重物重力 $\boldsymbol{G}$ 垂直向下，斜面约束力 $\boldsymbol{F}_{NA}$、$\boldsymbol{F}_{NB}$ 分别垂直于各自表面。

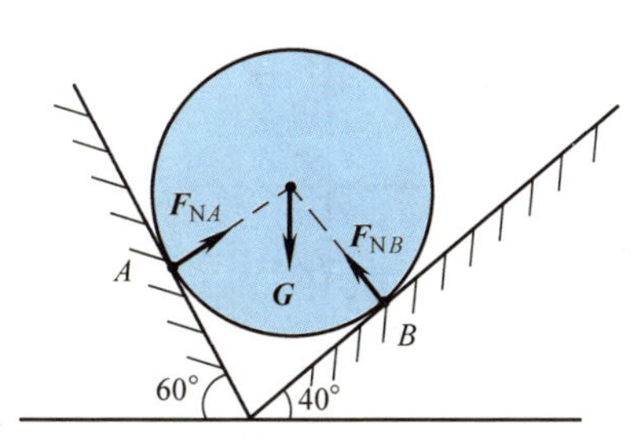

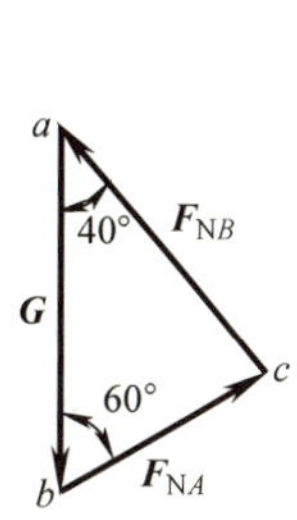

题 2-7 图

2）选比例尺。

3）竖直方向作 ab 代表重力 $\boldsymbol{G}$，在 a 点作与 ab 夹角为 40°的射线 ac，在 b 点作与 ab 夹角为 60°的射线 bc，得到交点 c。则 bc、ca 分别代表 $\boldsymbol{F}_{NA}$ 和 $\boldsymbol{F}_{NB}$。量得 bc、ca 的长度，得到 $\boldsymbol{F}_{NA}=6.5\text{kN}$、$\boldsymbol{F}_{NB}=8.8\text{kN}$。

2-8　解：画受力图如题 2-8 图所示，以 O 为原点建立 Oxy 坐标系，由平衡条件得到如下方程：

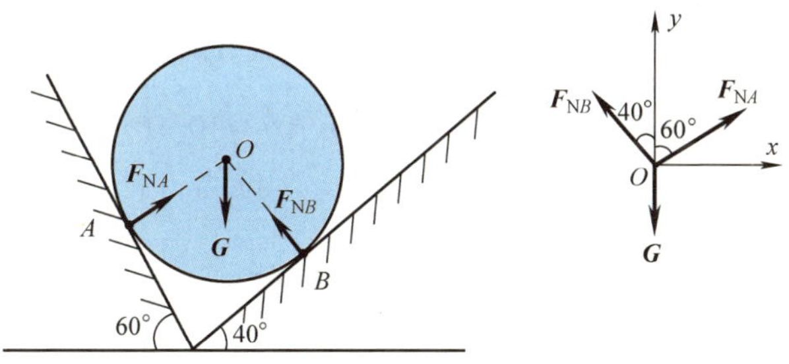

题 2-8 图

$$\sum_{i=1}^{n} F_{ix}=0,\qquad F_{NA}\sin 60^\circ - F_{NB}\sin 40^\circ = 0 \tag{a}$$

$$\sum_{i=1}^{n} F_{iy}=0,\qquad F_{NA}\cos 60^\circ + F_{NB}\cos 40^\circ - G = 0 \tag{b}$$

由式（a）得

$$F_{NB}=F_{NA}\sin 60^\circ/\sin 40^\circ \tag{c}$$

将式（c）代入式（b）得 $F_{NA}=\dfrac{G}{\cos60^\circ+\sin60^\circ/\tan40^\circ}=6.53\text{kN}$，代回式（c）得 $F_{NB}=8.79\text{kN}$。

2-9 解：画 A 处光滑铰链销钉受力图如题 2-9 图所示，其中：重物重力 $\boldsymbol{G}$ 竖直向下；AD 绳索拉力 $\boldsymbol{F}_T$ 沿 AD 方向，大小等于 G；AB 杆拉力 $\boldsymbol{F}_{BA}$ 沿 AB 方向；AC 杆受压，推力 $\boldsymbol{F}_{CA}$ 沿 CA 方向。

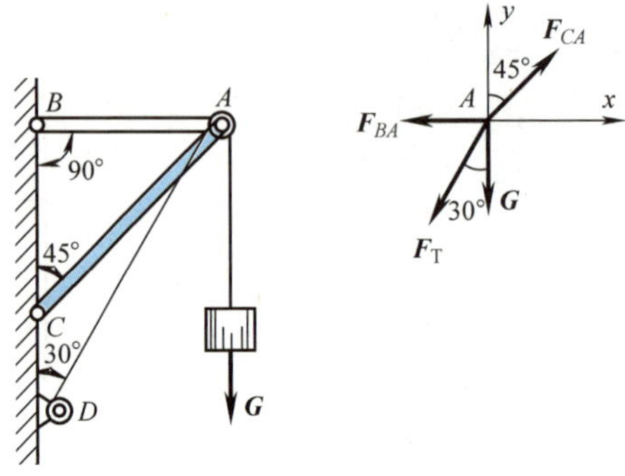

题 2-9 图

以 A 为原点建立 Axy 坐标系，由平衡条件得到如下方程：

$$\sum_{i=1}^{n}F_{ix}=0,\qquad F_{CA}\sin45^\circ-F_{BA}-F_T\sin30^\circ=0 \tag{a}$$

$$\sum_{i=1}^{n}F_{iy}=0,\qquad F_{CA}\cos45^\circ-F_T\cos30^\circ-G=0 \tag{b}$$

由式（b）得 $F_{CA}=\dfrac{G(\cos30^\circ+1)}{\cos45^\circ}=26.4\text{kN}$，代入式（a）得

$$F_{BA}=F_{CA}\sin45^\circ-F_T\sin30^\circ=(26.4\times0.707-10\times0.5)\text{kN}=13.66\text{kN}$$

所以杆 AB 受到的力 $F_{BA}=13.66\text{kN}$，为拉力；杆 AC 受到的力 $F_{CA}=26.4\text{kN}$，为压力。

2-10 解：如题 2-10 图所示，画 A 处光滑铰链销钉受力图，其中 AC、AB 为二力杆，A 点受到 $\boldsymbol{F}_1$、$\boldsymbol{F}_{CA}$、$\boldsymbol{F}_{BA}$ 三个力作用，$\boldsymbol{F}_{CA}$、$\boldsymbol{F}_{BA}$ 分别沿 CA 和 BA。

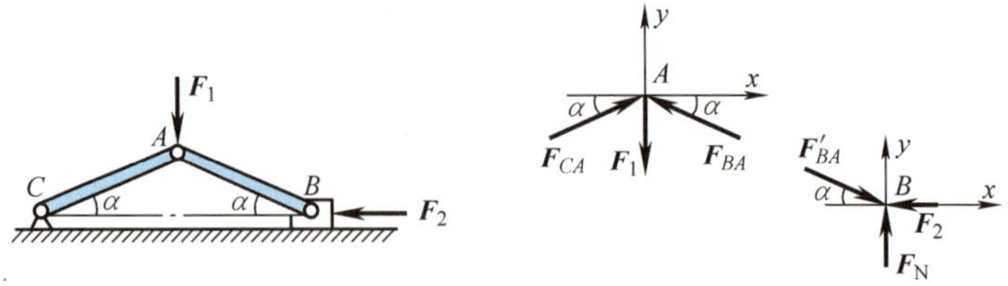

题 2-10 图

再画物块 B 受力图，$\boldsymbol{F}_2$ 水平向左，支撑面约束力 $\boldsymbol{F}_{\mathrm{N}}$ 竖直向上，BA 杆对物块作用力 $\boldsymbol{F}'_{BA} = -\boldsymbol{F}_{BA}$。

以 A 为原点建立 Axy 坐标系，由平衡条件得到如下方程：

$$\sum_{i=1}^{n} F_{ix} = 0, \qquad F_{CA}\cos\alpha - F_{BA}\cos\alpha = 0 \tag{a}$$

$$\sum_{i=1}^{n} F_{iy} = 0, \qquad F_{CA}\sin\alpha + F_{BA}\sin\alpha - F_1 = 0 \tag{b}$$

由式（a）得到 $F_{CA} = F_{BA}$，代入式（b）得

$$F_{BA} = \frac{F_1}{2\sin\alpha} \tag{c}$$

以 B 为原点建立 Bxy 坐标系，由 x 方向力平衡条件得到

$$-F_2 + F'_{BA}\cos\alpha = 0 \tag{d}$$

由式（d）、式（c）得到 $F_2 = F'_{BA}\cos\alpha = \dfrac{F_1}{2\tan\alpha}$，所以增力倍数 $\beta = F_2/F_1 = \dfrac{1}{2\tan\alpha}$。

2-11　解：AB 为二力杆，OA、O_1B 受力如题 2-11 图所示。对 O、O_1 列力矩平衡方程：

$$F \cdot OA\sin30° = M_1, \quad F = 5\mathrm{kN}$$

$$F' \times O_1B = M_2, \quad M_2 = F \times O_1B = 3\mathrm{kN \cdot m}$$

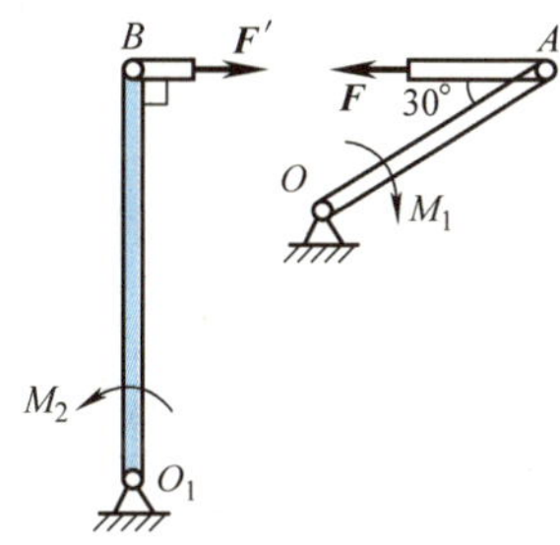

题 2-11 图

2-12　解：画锤头受力图，如题 2-12 图所示。锤头受打击力 $F = 150\mathrm{kN}$，工件的反作用力 $\boldsymbol{F}'$，两侧导轨对锤头的压力 $\boldsymbol{F}_{\mathrm{N1}}$、$\boldsymbol{F}_{\mathrm{N2}}$。由平衡条件得到 $F_{\mathrm{N1}} = F_{\mathrm{N2}}$、$F' = F$。

（$\boldsymbol{F}_{\mathrm{N1}}$，$\boldsymbol{F}_{\mathrm{N2}}$）构成一力偶，力偶矩 $M_1 = F_{\mathrm{N1}}h$；（$\boldsymbol{F}'$，$\boldsymbol{F}$）构成一力偶，力偶矩 $M_2 = Fe$。由平面力偶系平衡条件 $F_{\mathrm{N1}} = F_{\mathrm{N2}} = Fe/h$，得到锤头加给两侧导轨的压力大小为 $F'_{\mathrm{N1}} = F'_{\mathrm{N2}} = Fe/h = 10\mathrm{kN}$，方向与 $\boldsymbol{F}_{\mathrm{N1}}$、$\boldsymbol{F}_{\mathrm{N2}}$ 相反。

2-13　解：取轮子和 AC 为分离体，画轮子和 AC 杆受力图，如题 2-13 图所示，分离体受到：

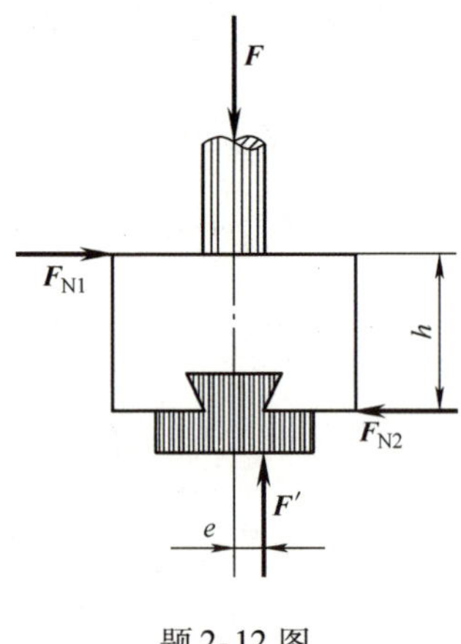

题 2-12 图

机场跑道作用于轮子的约束力 $\boldsymbol{F}_{ND}$，铅直向上；

A 处受到光滑铰链销钉的作用力 $\boldsymbol{F}_{Ax}$、$\boldsymbol{F}_{Ay}$；

BC 杆为二力杆，故分离体 C 点受到 BC 杆作用力 $\boldsymbol{F}_{BC}$沿 CB 方向，假设为拉力。

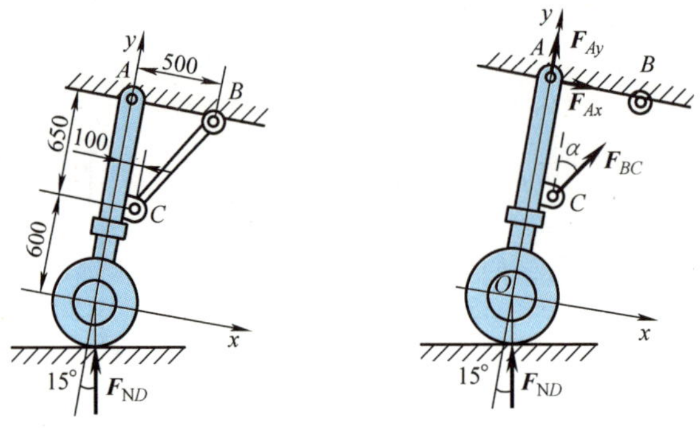

题 2-13 图

由 $\tan\alpha=\dfrac{500-100}{650}$，解得 $\alpha=31.6°$。由平面一般力系平衡条件得到

$$\sum_{i=1}^{n} F_{ix}=0,\qquad F_{Ax}+F_{BC}\sin\alpha-F_{\mathrm{N}D}\sin15°=0$$

$$\sum_{i=1}^{n} F_{iy}=0,\qquad F_{Ay}+F_{BC}\cos\alpha+F_{\mathrm{N}D}\cos15°=0$$

$$\sum_{i=1}^{n} M_O(\boldsymbol{F}_i)=0,\qquad -F_{Ax}\times(600+650)+F_{BC}\cos\alpha\times100-F_{BC}\sin\alpha\times600=0$$

联立上述三式，解得铰链 A 的约束力 $F_{Ax}=-5.57\text{kN}$，$F_{Ay}=-61.4\text{kN}$，BC 杆对 C 点作用力 $F_{BC}=30.4\text{kN}$。所以铰链 B 的约束力 $F_B=F_{BC}=30.4\text{kN}$，方向与 $\boldsymbol{F}_{BC}$ 相同。

2-14　解：画拖车受力图，如题 2-14 图所示，拖车受 6 个力的作用：牵引力 $\boldsymbol{F}$，重力 $\boldsymbol{G}$，地面法向支撑力 $\boldsymbol{F}_{NA}$、$\boldsymbol{F}_{NB}$，摩擦力 $\boldsymbol{F}_A$、$\boldsymbol{F}_B$。

由平面一般力系平衡条件得到：$-F_A-F_B+F=0$，$F_{NA}+F_{NB}-G=0$，以及

$$\sum_{i=1}^{n} M_A(\boldsymbol{F}_i)=0,\quad F_{NB}\times(4+4)-G\times 4-F\times 1.5=0$$

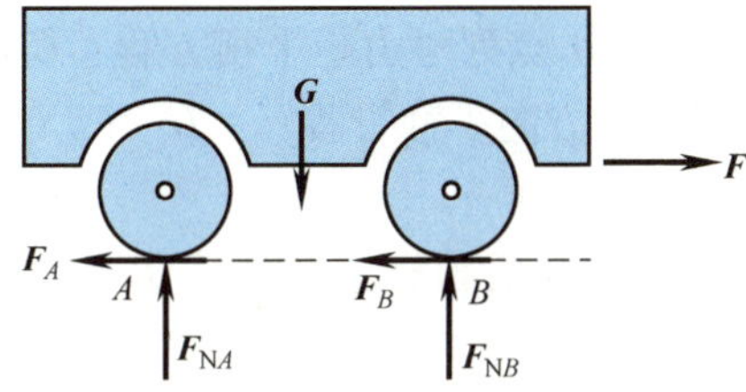

题 2-14 图

联立上述三式，解得 $F_{NB}=134.4\text{kN}$，$F_{NA}=115.6\text{kN}$。所以当车辆匀速直线行驶时，车轮 A、B 对地面的正压力分别为 115.6kN、134.4kN。

2-15　解：以整个起重机为研究对象进行受力分析，对满载和空载情况分别考虑。

1）如题 2-15 图所示，满载时作用在起重机上的力有五个，即最大起重量

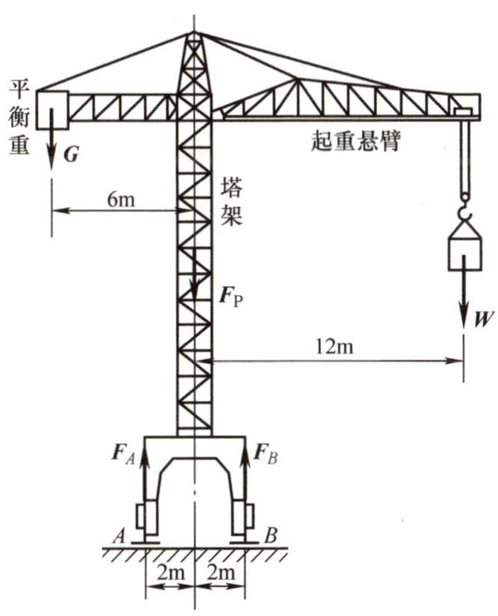

题 2-15 图

$\boldsymbol{W}$、起重机机身自重 $\boldsymbol{F}_{\mathrm{P}}$、平衡重 $\boldsymbol{G}$ 和轨道支承力 $\boldsymbol{F}_A$、$\boldsymbol{F}_B$。这些力构成平面平行力系，不翻倒的临界状态为 $\boldsymbol{F}_A=0$。

对 B 点列写力矩平衡方程：$G\times8+F_{\mathrm{P}}\times2-W\times10=0$，解得 $G=75\mathrm{kN}$。

2）再考虑空载时的情况。这时 $W=0$，不翻倒的临界状态为 $\boldsymbol{F}_B=0$。对 A 点列写力矩平衡方程：$G\times4-F_{\mathrm{P}}\times2=0$，解得 $G=350\mathrm{kN}$。

3）$G=220\mathrm{kN}$，$W=200\mathrm{kN}$。对 A 点列写力矩平衡方程：$G\times4-F_{\mathrm{P}}\times2+F_B\times4-W\times14=0$，解得$F_B=830\mathrm{kN}$。列写竖直方向平衡方程：$-G-F_{\mathrm{P}}+F_A+F_B-W=0$，解得$F_A=290\mathrm{kN}$。

4）$G=220\mathrm{kN}$，$W=0$。对 A 点列写力矩平衡方程：$G\times4-F_{\mathrm{P}}\times2+F_B\times4=0$，解得$F_B=130\mathrm{kN}$。列写竖直方向平衡方程：$-G-F_{\mathrm{P}}+F_A+F_B=0$，解得$F_A=790\mathrm{kN}$。

2-16 解：a）按照约束的性质画静定多跨梁 BC 段受力图如题 2-16 图 a 所示，对于 BC 梁由平衡条件得到如下方程：

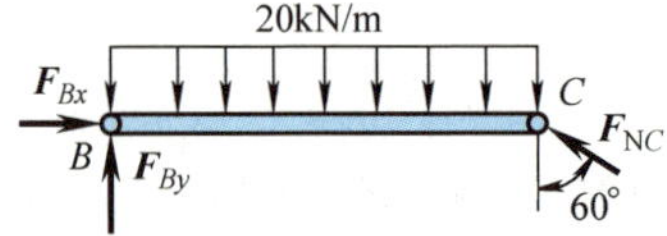

题 2-16 图 a

$$\sum_{i=1}^{n}M_B(\boldsymbol{F}_i)=0,\qquad F_{\mathrm{NC}}\cos60^\circ\times6-\frac{1}{2}\times20\mathrm{kN/m}\times6^2=0,F_{\mathrm{NC}}=120\mathrm{kN}$$

$$\sum_{i=1}^{n}F_{ix}=0,\qquad F_{Bx}-F_{\mathrm{NC}}\sin60^\circ=0,\qquad F_{Bx}=F_{\mathrm{NC}}\sin60^\circ=103.9\mathrm{kN}$$

$$\sum_{i=1}^{n}F_{iy}=0,\qquad F_{By}-20\times6\mathrm{kN}+F_{\mathrm{NC}}\cos60^\circ=0,\qquad F_{By}=60\mathrm{kN}$$

故支座 C 约束力 $F_{\mathrm{NC}}=120\mathrm{kN}$，方向垂直于支承面；中间铰处 B 的压力 $F_{Bx}=103.9\mathrm{kN}$，$F_{By}=60\mathrm{kN}$。

b）按照约束的性质画静定多跨梁 ABC 段、CD 段受力图如题 2-16 图 b 所示，对于 BC 梁由平衡条件得到如下方程：

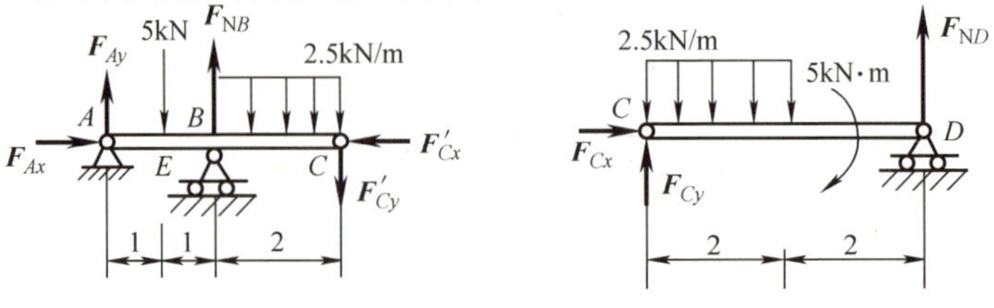

题 2-16 图 b

$\sum_{i=1}^{n} M_C(\boldsymbol{F}_i) = 0$，　$F_{ND} \times 4\text{m} - 5\text{kN}\cdot\text{m} - \frac{1}{2} \times 2.5 \times 2^2\text{kN}\cdot\text{m} = 0$，　$F_{ND} = 2.5\text{kN}$

$\sum_{i=1}^{n} F_{ix} = 0$，　　$F_{Cx} = 0$

$\sum_{i=1}^{n} F_{iy} = 0$，　　$F_{Cy} - 2.5 \times 2\text{kN} + F_{ND} = 0$，　$F_{Cy} = 2.5\text{kN}$

由作用和反作用定律得 $F'_{Cx} = F_{Cx} = 0$，$F'_{Cy} = F_{Cy} = 2.5\text{kN}$。对于 ABC 梁列平衡方程：

$\sum_{i=1}^{n} F_{ix} = 0$，　　$F_{Ax} = F'_{Cx} = 0$

$\sum_{i=1}^{n} M_A(\boldsymbol{F}_i) = 0$，$-5 \times 1\text{kN}\cdot\text{m} + F_{NB} \times AB - (2.5\text{kN/m} \times BC) \times \left(AB + \frac{BC}{2}\right)$

$- F'_{Cy} \times AC = 0$　$F_{NB} = 15\text{kN}$

$\sum_{i=1}^{n} F_{iy} = 0$，　$F_{Ay} - 5\text{kN} + F_{NB} - 2.5 \times 2\text{kN} - F'_{Cy} = 0$，　$F_{Ay} = -2.5\text{kN}$

所以支座 A、B、D 的约束力和中间铰 C 处的压力分别为

$F_{Ax} = 0$，$F_{Ay} = -2.5\text{kN}$，$F_{NB} = 15\text{kN}$，$F_{ND} = 2.5\text{kN}$；$F_{Cx} = 0$，$F_{Cy} = 2.5\text{kN}$。

2-17　a) $F_B = F_C = 0$　b) $F_B = F_C = qd$　　c) $F_B = 0.75qd$，$F_C = 0.25qd$
　　d) $F_B = F_C = 0.5M/d$　e) $F_B = F_C = 0$

2-18　解：画静定刚架整体受力图如题 2-18 图所示，对 A 点列写力矩平衡方程：$F_{By} \times 10\text{m} - 50\text{kN} \times 5\text{m} - (20\text{kN/m} \times 5\text{m}) \times 7.5\text{m} = 0$，得到 $F_{By} = 100\text{kN}$。

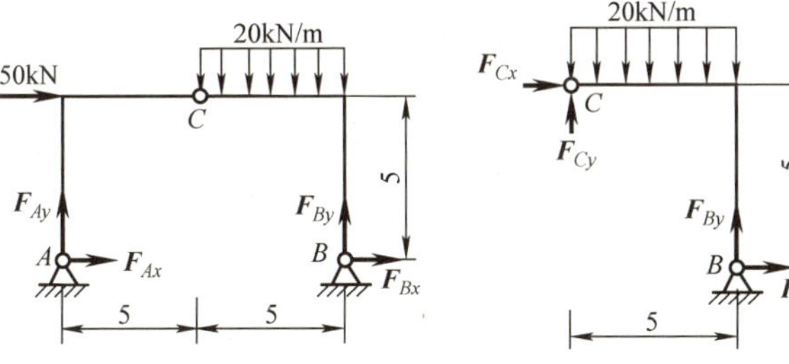

题 2-18 图

刚架右半部分 BC，由平衡条件 $\sum_{i=1}^{n} M_C(\boldsymbol{F}_i) = 0$ 得到 $F_{Bx} \times 5\text{m} + F_{By} \times 5\text{m} - \frac{1}{2} \times 20 \times 5^2\text{kN}\cdot\text{m} = 0$，解得 $F_{Bx} = -50\text{kN}$。由 x、y 方向力平衡，得到 $F_{Cx} = -F_{Bx} = 50\text{kN}$，$F_{Cy} = 0$。

再考虑整体框架 ABC，由 x、y 方向力平衡，得到 A 支座约束力为 $F_{Ax}=0$，$F_{Ay}=0$。

2-19 解：如题2-19图所示，AB 杆为二力杆，画滑块 B、曲柄 OA 受力图，$\boldsymbol{F}_{AB}$、$\boldsymbol{F}_{BA}$ 作用线沿 AB 连线，对于曲柄而言，受到力偶 M 作用，只有轴承 O 的约束力 $\boldsymbol{F}_O$ 和 $\boldsymbol{F}_{BA}$ 构成力偶，才能平衡 M 的作用，故 $\boldsymbol{F}_O$ 平行于 AB 连线且与 $\boldsymbol{F}_{BA}$ 反向。

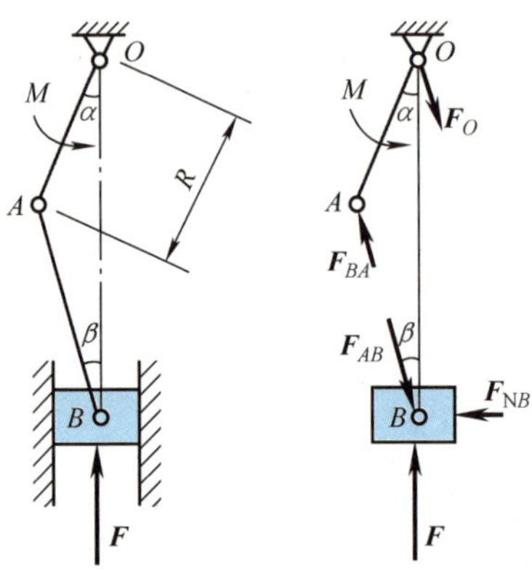

题2-19图

对滑块 B：$\sum_{i=1}^{n} F_{iy}=0$，得到 $F_{AB}=F/\cos\beta$；$\sum_{i=1}^{n} F_{ix}=0$，得到 $F_{NB}=F\tan\beta=17.6\text{kN}$。

因为 $F_{BA}=F_{AB}$，故由 $F_O=F_{BA}$ 得到 $F_O=F_{AB}=F/\cos\beta=315\text{kN}$。

将 F_O 分解为 $F_{Ox}=F_O\sin\beta=17.6\text{kN}$，$F_{Oy}=-F_O\cos\beta=-314\text{kN}$。

由曲柄 OA 力矩平衡条件得到方程 $M-F_O\times OA\sin(\alpha+\beta)=0$，解得 $M=F_O\times OA\sin(\alpha+\beta)=315\times0.23\times\sin23.2°\text{kN}\cdot\text{m}=28.5\text{kN}\cdot\text{m}$。

2-20 解：画整个折梯受力图如题2-20图所示，折梯受到平面平行力系的作用，由对称性可知，$F_{NA}=F_{NB}=G/2$。

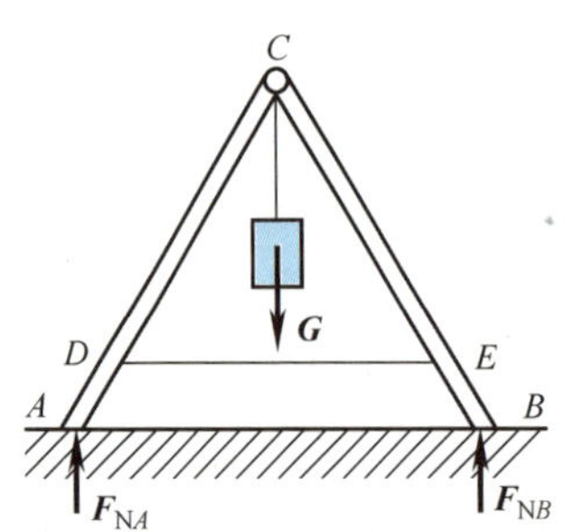

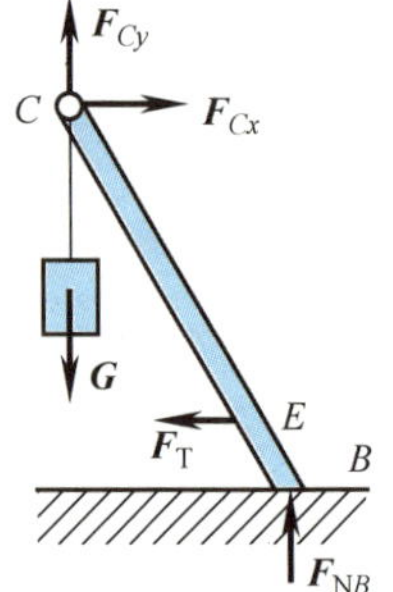

题2-20图

取折梯右半部分 BC 及重物为分离体，受力图如图所示，AC 作用于销钉 C 的力为 $\boldsymbol{F}_{Cx}$、$\boldsymbol{F}_{Cy}$，绳子拉力 $\boldsymbol{F}_{\mathrm{T}}$ 水平向左。由平衡条件得到如下方程：

$$\sum_{i=1}^{n} M_C(\boldsymbol{F}_i) = 0,\quad F_{\mathrm{N}B} \times \frac{AB}{2} - F_{\mathrm{T}} \times CE\cos30^\circ = 0, F_{\mathrm{T}} = 0.333\mathrm{kN}$$

$$\sum_{i=1}^{n} F_{ix} = 0,\quad F_{Cx} = F_{\mathrm{T}} = 0.333\mathrm{kN}$$

$$\sum_{i=1}^{n} F_{iy} = 0,\quad F_{Cy} - G + F_{\mathrm{N}B} = 0,\quad F_{Cy} = 0.433\mathrm{kN}$$

2-21　解：起重机受到平面平行力系作用，受力图如题 2-21 图 b 所示。

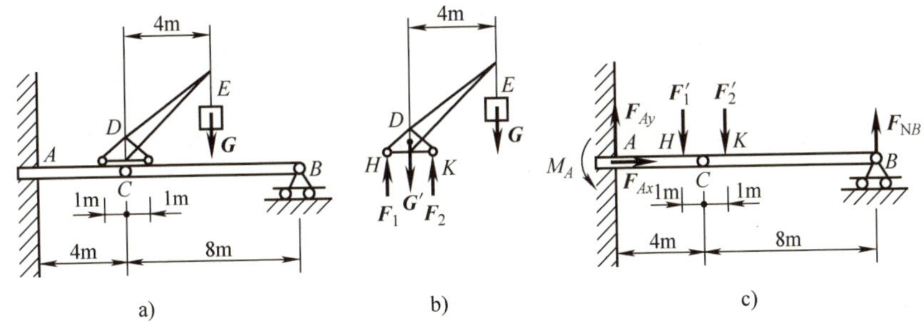

题 2-21 图

$$\sum_{i=1}^{n} M_H(\boldsymbol{F}_i) = 0,\quad F_2 \times HK - G' \times 1 - G \times (1+4) = 0,\quad F_2 = 50\mathrm{kN}$$

$$\sum_{i=1}^{n} F_{iy} = 0,\quad F_1 - G' + F_2 - G = 0,\quad F_1 = 10\mathrm{kN}$$

画 ACB 梁受力图，如题 2-21 图 c 所示，由作用和反作用定律可知 $F'_1 = F_1 = 10\mathrm{kN}$，$F'_2 = F_2 = 50\mathrm{kN}$。取 CB 梁为研究对象，由 $\sum_{i=1}^{n} M_C(\boldsymbol{F}_i) = 0$，得 $-F'_2 \times 1 + F_{\mathrm{N}B} \times 8 = 0$，$F_{\mathrm{N}B} = 6.25\mathrm{kN}$。

取 ACB 梁为研究对象，由 x、y 方向力平衡，得 $F_{Ax} = 0$，$F_{Ay} - F'_1 - F'_2 + F_{\mathrm{N}B} = 0$，$F_{Ay} = 53.8\mathrm{kN}$。

取 AC 梁为研究对象，由 $\sum_{i=1}^{n} M_C(\boldsymbol{F}_i) = 0$，得 $M_A - F_{Ay} \times 4 + F'_1 \times 1 = 0$，$M_A = 205\mathrm{kN \cdot m}$。

2-22　解：a）如题 2-22 图所示，由 A 点力平衡，得到 $F_1 = F_3 = F/\sqrt{2}$。由 D 点力平衡，得到 $F_2 = -\sqrt{2}F'_3 = -F$。

b）由 D 点力平衡，得到 $F'_3 = 0$。由 A 点力平衡，得到 $F_1 = F_3 = 0$，$F_2 = F$。

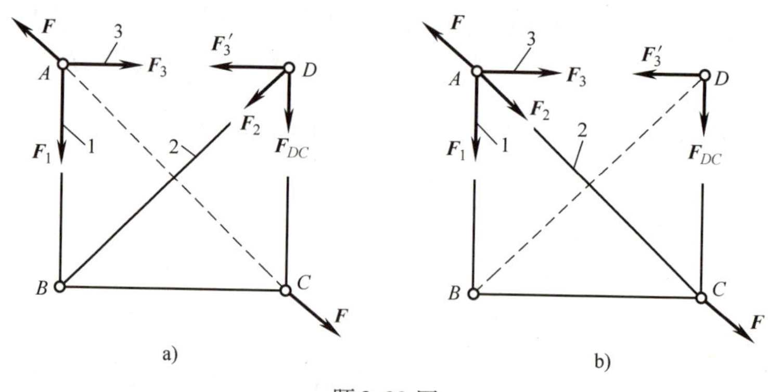

题 2-22 图

2-23 解：a）如题 2-23 图 a 所示，整个桁架对 A 点取力矩平衡，得到 $F_B=F$。由 B 点 x 方向力平衡，得到 $F_5=0$；由 B 点 y 方向力平衡，得到 $F_3=-F_B=-F$。由 $F'_5=0$ 和 C 点力平衡，得到 $F_1=0$，$F_2=-F$。由 D 点力平衡，得到 $F_4=\sqrt{2}F$。

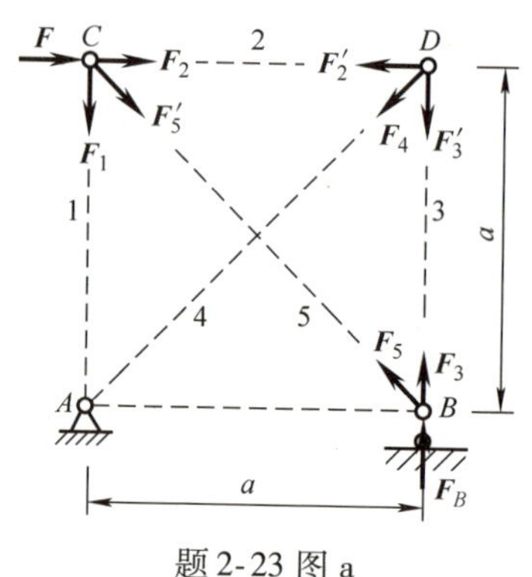

题 2-23 图 a

b）$\alpha=\arctan\dfrac{a/2}{a}=25.6°$，作 A、B、C、D、E 各节点受力图如题 2-23 图 b 所示，对各杆均假设为拉力，从只含两个未知力的节点开始，逐次列出 D、C、E 各节点的平衡方程，求出各杆内力。

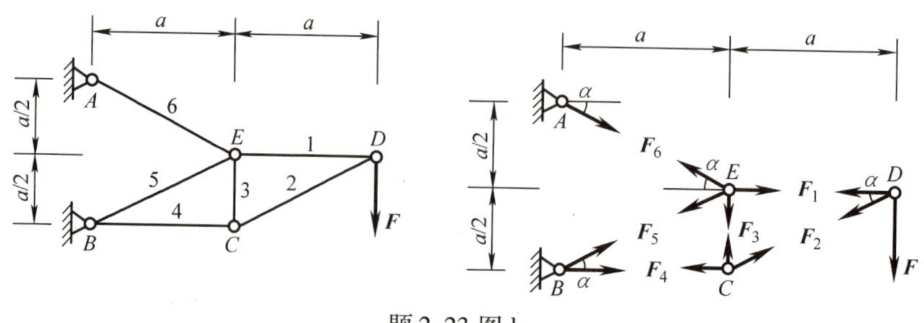

题 2-23 图 b

节点 D：$\sum_{i=1}^{n} F_{iy} = 0$，$F_2 = -F/\sin\alpha = -2.24F$（压）；

$\sum_{i=1}^{n} F_{ix} = 0$，$-F_1 - F_2\cos\alpha = 0$，$F_1 = 2F$。

节点 C：$\sum_{i=1}^{n} F_{ix} = 0$，$-F_4 + F_2\cos\alpha = 0$，$F_4 = F_2\cos\alpha = -2F$（压）；

$\sum_{i=1}^{n} F_{iy} = 0$，$F_2\sin\alpha + F_3 = 0$，$F_3 = -F_2\sin\alpha = F$。

节点 E：$\sum_{i=1}^{n} F_{ix} = 0$，$F_1 - F_5\cos\alpha - F_6\cos\alpha = 0$　　（a）

$\sum_{i=1}^{n} F_{iy} = 0$，$F_6\sin\alpha - F_5\sin\alpha - F_3 = 0$　　（b）

联立式（a）、式（b），解得 $F_5 = 0$，$F_6 = 2.24F$。

2-24　解：a）先求支座约束力，以整体桁架为研究对象，如题2-24 图 a 所示，由 $\sum_{i=1}^{n} M_A(\boldsymbol{F}_i) = 0$ 得到 $-30\text{kN} \times 3\text{m} - 20\text{kN} \times (3\text{m} + 4\text{m}) - 20\text{kN} \times 3\text{m} + F_B \times (3\text{m} + 4\text{m} + 3\text{m}) = 0$，解得 $F_B = 29\text{kN}$。由 $\sum_{i=1}^{n} F_{iy} = 0$ 得到$F_{Ay} = 21\text{kN}$。由 x 方向合力为0，得到$F_{Ax} = -20\text{kN}$。

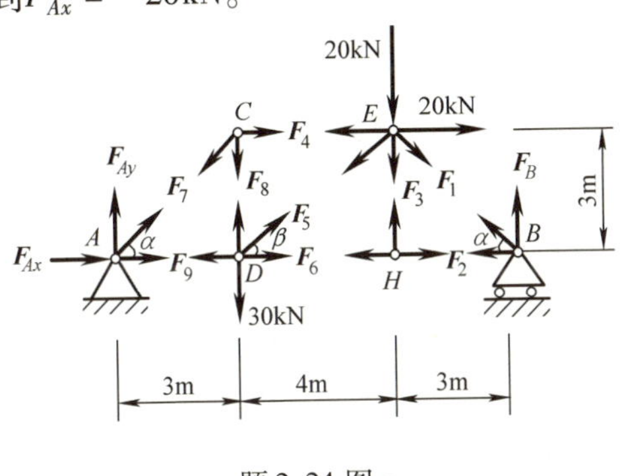

题 2-24 图 a

$\alpha = \arctan\frac{3}{3} = 45°$，$\beta = \arctan\frac{3}{4} = 36.9°$。作各节点受力图，从只含两个未知力的节点开始，逐次列出各节点的平衡方程，求出各杆内力。

节点 A：$\sum_{i=1}^{n} F_{iy} = 0$，$F_{Ay} + F_7\sin\alpha = 0$，$F_7 = -F_{Ay}/\sin\alpha = -29.7\text{kN}$（压）

$\sum_{i=1}^{n} F_{ix} = 0$，$F_{Ax} + F_7\cos\alpha + F_9 = 0$，$F_9 = 41\text{kN}$

节点 C：$\sum_{i=1}^{n} F_{ix} = 0$，$F_4 - F_7\cos\alpha = 0$，$F_4 = F_7\cos\alpha = -21\text{kN}$(压)

$\sum_{i=1}^{n} F_{iy} = 0$，$-F_7\sin\alpha - F_8 = 0$，$F_8 = -F_7\sin\alpha = 21\text{kN}$

节点 D：$\sum_{i=1}^{n} F_{iy} = 0$，$F_8 + F_5\sin\beta - 30\text{kN} = 0$，$F_5 = 15\text{kN}$

$\sum_{i=1}^{n} F_{ix} = 0$，$F_5\cos\beta + F_6 - F_9 = 0$，$F_6 = 29\text{kN}$

节点 H：$\sum_{i=1}^{n} F_{iy} = 0$，$F_3 = 0$；$\sum_{i=1}^{n} F_{ix} = 0$，$F_2 = F_6 = 29\text{kN}$

节点 B：$\sum_{i=1}^{n} F_{ix} = 0$，$-F_2 - F_1\cos\alpha = 0$，$F_1 = -F_2/\cos\alpha = -41\text{kN}$

$\sum_{i=1}^{n} F_{iy} = 0$ 以及节点 E 的平衡方程可用来校核计算结果的正确性。

b）作 C、F、G、D、E 节点受力图如题2-24图b所示，从只含两个未知力的节点开始求解。

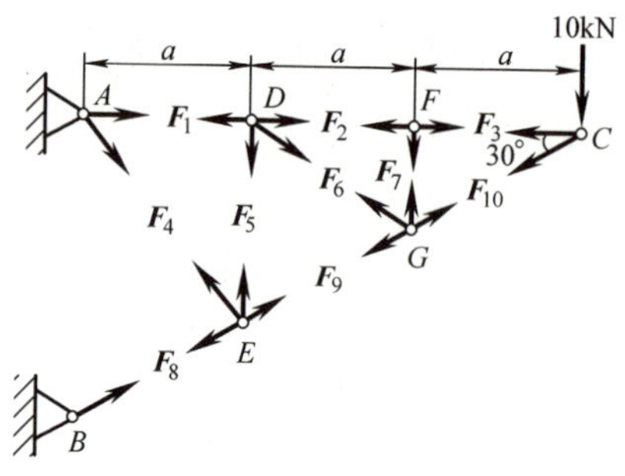

题2-24图b

C 节点求得 $F_{10} = -20\text{kN}$，$F_3 = 17.32\text{kN}$；

F 节点求得 $F_7 = 0$，$F_2 = 17.32\text{kN}$；

G 节点求得 $F_6 = 0$，$F_9 = -20\text{kN}$；

D 节点求得 $F_5 = 0$，$F_1 = 17.32\text{kN}$；

E 节点求得 $F_4 = 0$，$F_8 = -20\text{kN}$。

2-25 解：作 A、B、C 节点受力图如题2-25图所示，从只含两个未知力的节点开始求解。

A 节点求得 $F_1 = 2G$，$F_2 = -1.732G$；B 节点求得 $F_3 = G$，$F_6 = -1.732G$；C 节点求得 $F_5 = -G$，$F_4 = 3G$。

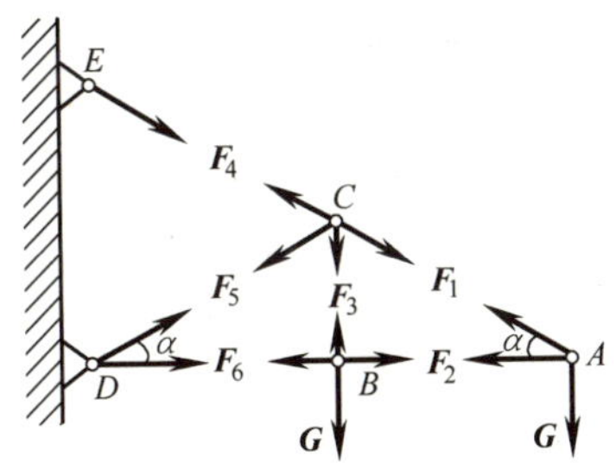

题 2-25 图

2-26　解：先求支座约束力。设各杆长度为 a，以整体桁架为研究对象，由 $\sum_{i=1}^{n} M_A(\boldsymbol{F}_i)=0$ 得到

$$-2F\times1.5a-F\times2.5a+F_B\times4a=0, F_B=1.375F$$

由 $\sum_{i=1}^{n} F_{iy}=0$ 得到

$$F_A-2F-F+F_B=0,\ F_A=1.625F$$

用假想截面将桁架截开，取左半部分，受力图如题 2-26 图 b 所示，由平衡条件得到

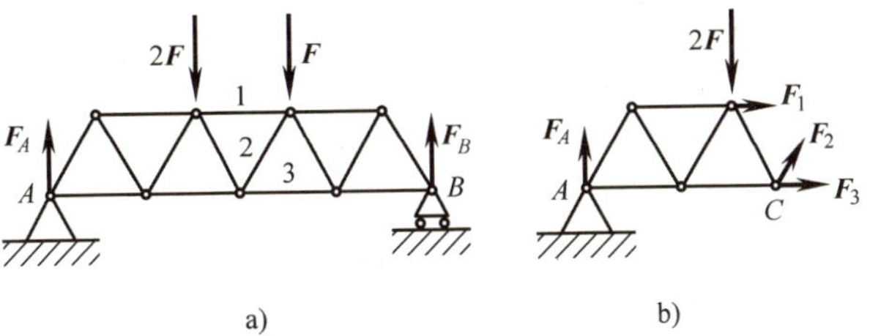

题 2-26 图

$$\sum_{i=1}^{n} M_C(\boldsymbol{F}_i)=0,\ -F_A\times2a+2F\times0.5a-F_1\times a\sin\alpha=0,\ F_1=-2.6F$$

$$\sum_{i=1}^{n} F_{iy}=0,\ F_A-2F+F_2\sin\alpha=0,\ F_2=-(F_A-2F)/\sin\alpha=0.433F$$

$$\sum_{i=1}^{n} F_{ix}=0,\ F_3+F_2\cos\alpha+F_1=0,\ F_3=-F_2\cos\alpha-F_1=2.38F$$

2-27　解：如题 2-27 图所示。G 节点平衡方程求得 $F_{GE}=0$，$F_{GH}=-F$；H 节点求得 $F_{EH}=1.414F$，$F_{HF}=-F$；E 节点求得 $F_1=-F$，$F_{EC}=F$；F 节点 x 方向力平衡得 $F_2=1.414F$；C 节点 y 方向力平衡得 $F_3=2F$。

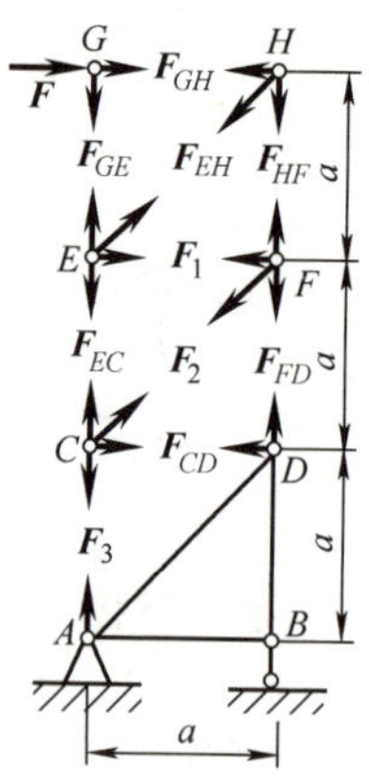

题2-27图

2-28 解：如题2-28图所示，H节点平衡方程求得$F_1=F_{HB}=0$。

以整体桁架为研究对象，x方向力平衡得$F_{Ax}=0$；对B点取力矩平衡：$-F_{Ay}\times 3a+F\times a=0$，得$F_{Ay}=F/3$。

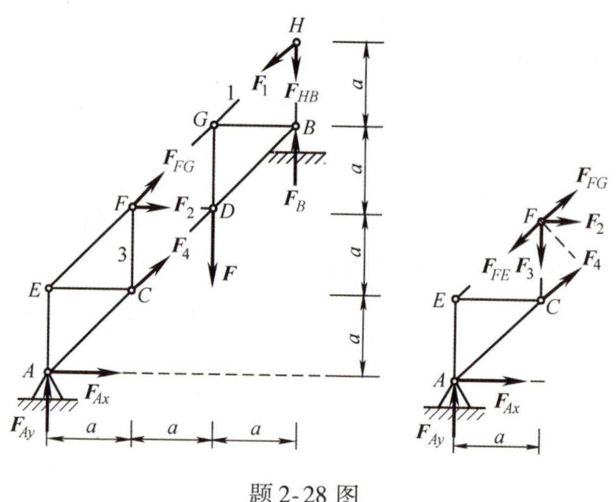

题2-28图

用截面法将2杆、4杆、FG杆截开，取左边部分：

$$\sum M_F(\boldsymbol{F}_i)=0,\quad -F_{Ay}\times a+F_4\times\frac{\sqrt{2}}{2}a=0,\text{得}F_4=\frac{\sqrt{2}F}{3}=0.471F$$

$$\sum F_{ix}=0,\qquad F_4\cos 45^\circ+F_2+F_{FG}\cos 45^\circ=0$$

$$\sum F_{iy}=0,\qquad F_{Ay}+F_4\sin 45^\circ+F_{FG}\sin 45^\circ=0$$

解得$F_2=\dfrac{F}{3}$，$F_{FG}=\dfrac{-2\sqrt{2}}{3}F=-0.943F$。

画节点F受力图，由EF的垂线方向合力为0，得$F_3=-F_2=-0.333F$。

第三章

3-1　动摩擦因数小于等于最大静摩擦因数。

3-2　在不超过最大静摩擦力的情况下，静摩擦力的值可以随主动力变化而变化，与可能产生运动的方向上的力平衡。

3-3　法向约束力和切向约束力的合力称为全约束力，全约束力与法线间夹角的最大值φ_f称为摩擦角。若作用在物块上的全部主动力的合力的作用线在摩擦角φ_f（或摩擦锥）之内，则无论这个力有多大，物块必保持静止，这种现象称为自锁现象。

3-4　增大滑动摩擦力：a）使接触面更粗糙，d）法向压力加大；减小滑动摩擦力：b）加润滑油。

3-5　正压力$F_N = mg + F_P\cos 25° = mg(1+\cos 25°)$，驱动力 $F = F_P\sin 25°$，最大静摩擦力$F_{max} = mg(1+\cos 25°)\tan 20°$。驱动力小于最大静摩擦力，所以物块不动。

3-6　自行车、摩托车、汽车减小滚动摩阻力偶矩的方法是轮胎充足气，路面坚硬。火车减小滚动摩阻力偶矩的方法是采用钢制车轮与铁轨接触方式。

3-7　如题3-7图所示，平带能产生的最大摩擦力为 $F f_s = 300\text{N}$。当V带传递最大拉力时，斜面的摩擦力垂直于纸面方向，斜面的正压力最大（其他情况下，有摩擦力分量沿着斜面向上），单个斜面最大正压力为$\frac{F}{2}/\sin\frac{\alpha}{2} = 2.19\text{kN}$，两个斜面产生的最大摩擦力为 $2\times 2.19\text{kN}\times f_s = 876\text{N}$。

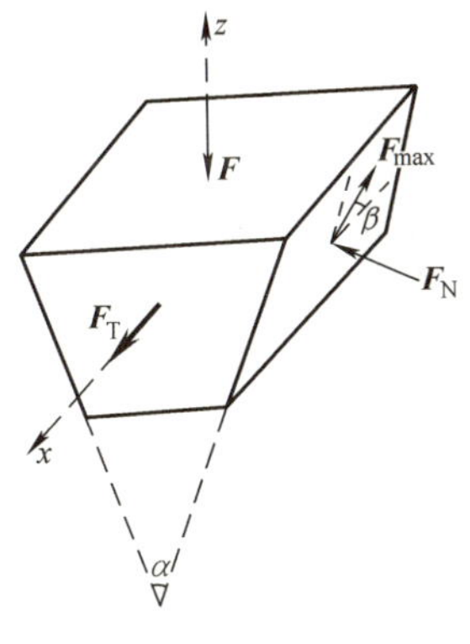

题3-7图

3-8　最大静摩擦力为$F_N f_s = 400\text{N}$，物体所受的摩擦力等于 $mg = 294\text{N}$。

3-9　下滑力和滑动摩擦力组成力偶，力偶矩为 $mg\sin\alpha\times\frac{150\text{mm}}{2}$，滚动摩阻

力矩为 $mg\cos\alpha\delta$，滚动摩阻系数 $\delta = 1.35\text{mm}$。

3-10　画棒料受力图如题3-10图所示，由平面一般力系平衡条件得到：

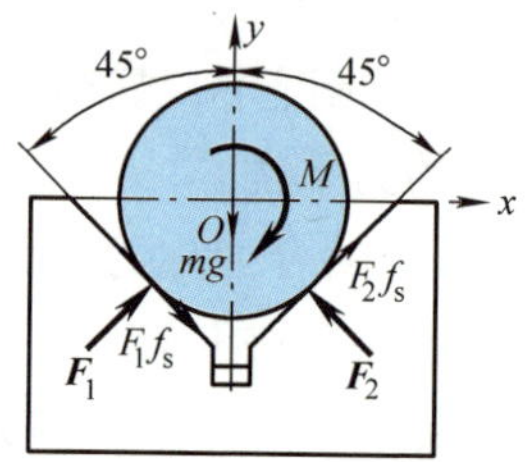

题3-10图

$$\sum_{i=1}^{n} F_{ix} = 0,\ F_1\cos 45° + F_1 f_s\cos 45° - F_2\cos 45° + F_2 f_s\cos 45° = 0$$

$$\sum_{i=1}^{n} F_{iy} = 0,\quad F_1\sin 45° - F_1 f_s\sin 45° + F_2\sin 45° + F_2 f_s\sin 45° - mg = 0$$

$$\sum_{i=1}^{n} M_O(\boldsymbol{F}_i) = 0,\ F_1 f_s \cdot \frac{D}{2} + F_2 f_s \cdot \frac{D}{2} - M = 0$$

联立上述三式，解得静摩擦因数 $f_s = 0.228$。

3-11　如题3-11图所示，画物块 A 的受力图，抽出铁板 B 时，铁板对重物 A 的摩擦力 $F_{BA} = f_2F_{NB}$，由 x、y 方向力平衡条件得到 $F_{BA} - F_T\cos 30° = 0$，$F_T\sin 30° - 5\text{kN} + F_{NB} = 0$。联立以上三式求得 $F_{NB} = 3.46F_T$，$F_T = 1.26\text{kN}$，$F_{NB} = 4.36\text{kN}$，$F_{BA} = 1.09\text{kN}$。

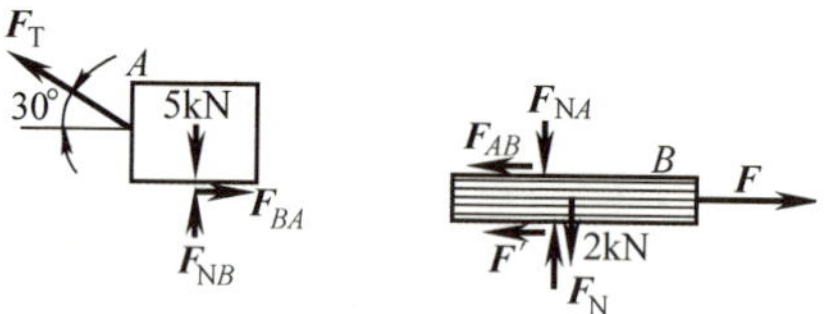

题3-11图

如题3-11图所示，画物块 B 的受力图，由作用和反作用定律可知 $F_{AB} = F_{BA}$，$F_{NB} = F_{NA}$。抽出铁板 B 时，地面对铁板的摩擦力 $F' = f_1F_N = 0.2F_N$，联立 x、y 方向力平衡条件得到 $F - F_{AB} - F' = 0$，$F_N - F_{NA} - 2\text{kN} = 0$，求得 $F_N = 6.36\text{kN}$。抽出铁板 B 所需的最小值力 F 为 2.36kN。

3-12　取制动轮和重物为分离体画受力图如题3-12图所示，由 $\sum_{i=1}^{n} M_O(\boldsymbol{F}_i) = 0$ 得到 $-F_1R + Gr = 0$，即 $F_1 = Gr/R = 0.6\text{kN}$。临界状态时摩擦力 $F_1 =$

$f_s F_N$，即 $F_N = F_1/f_s = \dfrac{Gr}{fR} = 1.5\text{kN}$。

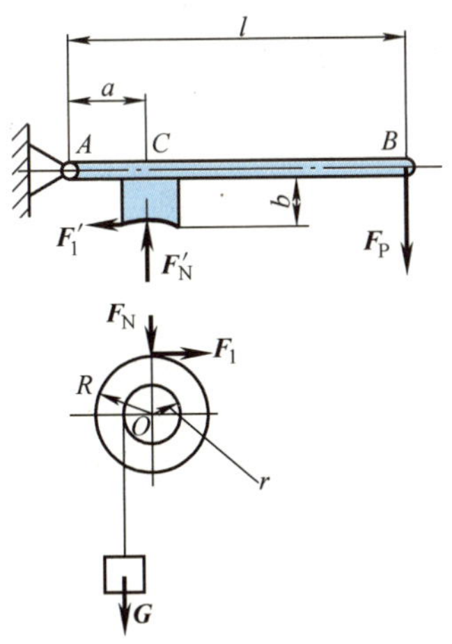

题 3-12 图

讨论手柄，由作用和反作用定律可知：$F'_1 = F_1$，$F'_N = F_N$。由 $\sum_{i=1}^{n} M_A(\boldsymbol{F}_i) = 0$ 得到 $-F_P l - F'_1 b + F'_N a = 0$，将 F'_1、F'_N 以及 l、a、b 的数值代入上式，得到 $F_P = 280\text{N}$。

3-13　木头法向约束力 $\boldsymbol{F}_N$ 和切向摩擦力 $\boldsymbol{F}$ 的合力为全约束力，如题 3-13 图所示，全约束力为水平，斧头就可以自锁，即全约束力与法线间夹角的最大值（摩擦角）$\varphi_f = 8°$，静摩擦因数 $f_s = \tan 8° = 0.141$。

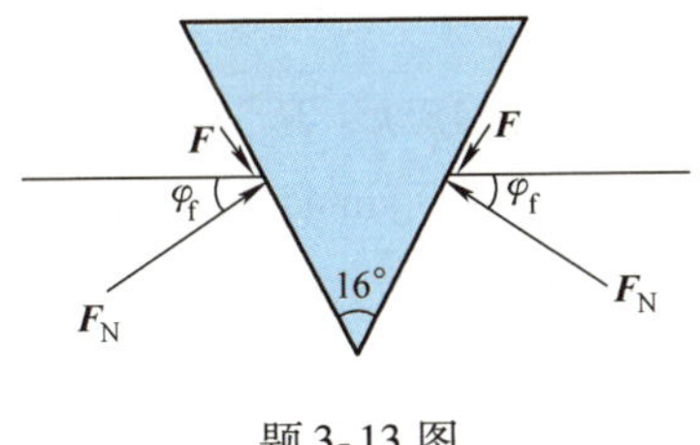

题 3-13 图

3-14　画偏心轮受力图如题 3-14 图所示，偏心轮受到杠杆作用力 $\boldsymbol{F}'$、台面正压力 $\boldsymbol{F}_N$ 和摩擦力 $\boldsymbol{F}$。

当台面正压力 $\boldsymbol{F}_N$ 和摩擦力 $\boldsymbol{F}$ 的合力与 $\boldsymbol{F}'$ 共线时，夹紧工件后不会自动松开，即 $\dfrac{F}{F_N} = \dfrac{e}{r}$，摩擦力 F 应当满足 $F \leqslant f_s F_N$，联立求得 $e \leqslant fr$。

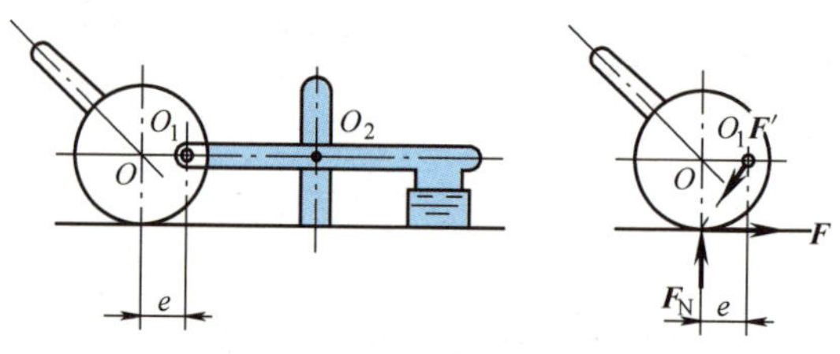

题3-14 图

第四章

4-1 1）5个；2）3个。

4-2 相同。

4-3 均质物体的重心和形心重合，密度变化的非均质物体的重心和形心不重合。

4-4 发生变化。

4-5 不一定。例如，将题4-5图中物体沿着过重心 C 的平面切开，两边不等重。

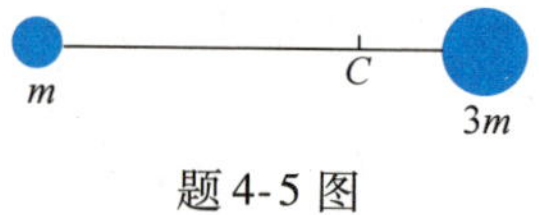

题4-5 图

4-6 $\boldsymbol{F}_1=\boldsymbol{i}+\boldsymbol{k}$，$\boldsymbol{F}_2=\boldsymbol{i}$，$\boldsymbol{F}_3=\boldsymbol{i}+1.2\boldsymbol{j}+\boldsymbol{k}$，单位为kN。合力 $\boldsymbol{F}_R=3\boldsymbol{i}+1.2\boldsymbol{j}+2\boldsymbol{k}$，大小为 $\sqrt{3^2+1.2^2+2^2}=3.8$，与 x 轴夹角 $\alpha=\arccos\dfrac{3}{3.8}=37.9°$，与 y 轴夹角 $\beta=\arccos\dfrac{1.2}{3.8}=71.6°$，与 z 轴夹角 $\gamma=\arccos\dfrac{2}{3.8}=58.2°$。

4-7 $\boldsymbol{F}_1=-F_1\cos 15°\boldsymbol{j}-F_1\sin 15°\boldsymbol{k}$，$\boldsymbol{F}_2=-F_2\cos 45°\boldsymbol{i}-F_2\sin 45°\cos 30°\boldsymbol{j}-F_2\sin 45°\sin 30°\boldsymbol{k}$，$\boldsymbol{F}_3=F_3\cos 45°\boldsymbol{i}-F_3\sin 45°\cos 30°\boldsymbol{j}-F_3\sin 45°\sin 30°\boldsymbol{k}$。

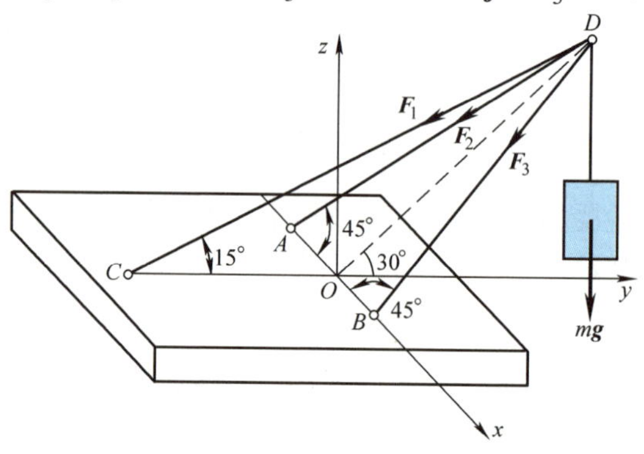

题4-7 图

节点 D：$\sum_{i=1}^{n} F_{ix}=0$，$-F_2\cos 45°+F_3\cos 45°=0$，得　$F_2=F_3$

$\sum_{i=1}^{n} F_{iy}=0$，$-F_1\cos 15°-(F_2+F_3)\sin 45°\cos 30°=0$，得　$F_1=-1.268F_3$

$\sum_{i=1}^{n} F_{iz}=0$，$-F_1\sin 15°-(F_2+F_3)\sin 45°\sin 30°-mg=0$，得

$F_2=F_3=-20.7\text{kN}$(压力)，$F_1=26.2\text{kN}$(拉力)

如题 4-7 图所示。

4-8　$\boldsymbol{M}_1=-3\times 12\boldsymbol{i}$，$\boldsymbol{M}_2=4\times 12\boldsymbol{k}$，$\boldsymbol{M}_3=5\times 10\boldsymbol{k}$。合力偶 $\boldsymbol{M}=-36\boldsymbol{i}+98\boldsymbol{k}$，大小为 $\sqrt{(-36)^2+0^2+98^2}\text{kN}\cdot\text{m}=104.4\text{kN}\cdot\text{m}$，与 x 轴夹角 $\alpha=\arccos\frac{-36}{104.4}=110°$，与 y 轴夹角 $\beta=\arccos\frac{0}{104.4}=90°$，与 z 轴夹角 $\gamma=\arccos\frac{98}{104.4}=20.2°$。

4-9　$\boldsymbol{M}_1=2\boldsymbol{k}$，$\boldsymbol{M}_2=-\boldsymbol{k}$，$\boldsymbol{M}_3=-1.5\boldsymbol{i}$。合力偶 $\boldsymbol{M}=-1.5\boldsymbol{i}+\boldsymbol{k}$，大小为 $\sqrt{(-1.5)^2+0^2+1^2}\text{kN}\cdot\text{m}=1.803\text{kN}\cdot\text{m}$，与 x 轴夹角 $\alpha=\arccos\frac{-1.5}{1.803}=146.3°$，与 y 轴夹角 $\beta=\arccos\frac{0}{1.803}=90°$，与 z 轴夹角 $\gamma=\arccos\frac{1}{1.803}=56.3°$。

4-10　$\boldsymbol{M}_1=100\boldsymbol{i}$，$\boldsymbol{M}_2=100\boldsymbol{i}+100\boldsymbol{k}$，$\boldsymbol{M}_3=100\boldsymbol{k}$，$\boldsymbol{M}_4=200\boldsymbol{j}$。合力偶 $\boldsymbol{M}=200\boldsymbol{i}+200\boldsymbol{j}+200\boldsymbol{k}$，大小为 $\sqrt{200^2+200^2+200^2}\text{N}\cdot\text{m}=346\text{N}\cdot\text{m}$，与 x、y、z 轴夹角 $\alpha=\beta=\gamma=\arccos\frac{200}{346}=54.7°$。

4-11　$\boldsymbol{M}_1=15\times 5\boldsymbol{j}$，即 $75\text{kN}\cdot\text{m}$。$\boldsymbol{M}_2=-20\cos 45°\times 10\boldsymbol{i}$，即 $141.4\text{kN}\cdot\text{m}$，沿 x 反向。

4-12　悬臂架受平面任意力系作用，画受力图如题 4-12 图所示，由 $\sum_{i=1}^{n} F_{iy}=0$，

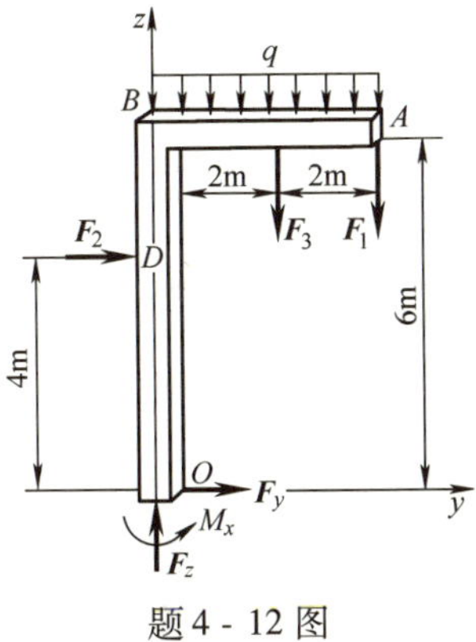

题 4 - 12 图

得$F_y=-6\text{kN}$；由$\sum_{i=1}^{n}F_{iz}=0$，得$F_z=50\text{kN}$。由$\sum_{i=1}^{n}M_O(\boldsymbol{F}_i)=0$，$M_x-F_2\times4\text{m}-F_3\times2\text{m}-F_1\times4\text{m}-q\times4\text{m}\times2\text{m}=0$，得$M_x=144\text{kN}\cdot\text{m}$。

4-13 如题4-13图所示，半圆EAB，面积$A_1=0.5\pi a^2$，重心$C_1\left(-\dfrac{4a}{3\pi},\ 0\right)$；长方形$EBCD$，面积$A_2=6a^2$，重心$C_2(1.5a,0)$；圆孔面积$A_3=-0.25\pi a^2$，重心$C_3(0,0)$；均质板面积$A=(6+0.25\pi)a^2$，重心坐标：$x_C=\dfrac{\sum_{i=1}^{3}A_ix_i}{A}=1.23a$，

$$y_C=\frac{\sum_{i=1}^{3}A_iy_i}{A}=0。$$

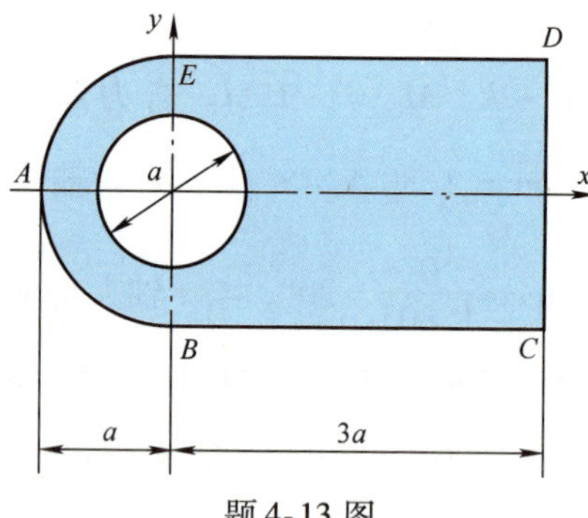

题4-13图

4-14 如题4-14图所示，AB线长度$L_1=32\text{cm}$，重心$C_1(13.86,12)$；半圆BD长度$L_2=\pi\times20\text{cm}$，重心$C_2\left(-\dfrac{40}{\pi},\ 0\right)$；金属线重心坐标：$x_C=\dfrac{\sum_{i=1}^{2}L_ix_i}{L_1+L_2}=-3.76\text{cm}$，$y_C=\dfrac{\sum_{i=1}^{2}L_iy_i}{L_1+L_2}=4.05\text{cm}$。

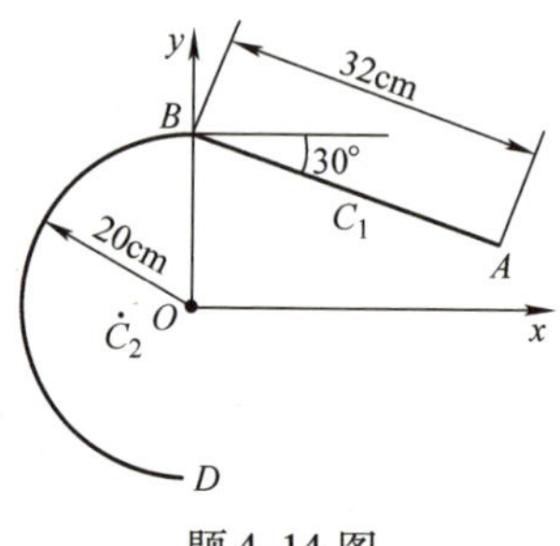

题4-14图

4-15　解：如题4-15图所示，机床受到平面平行力系的作用，包括：地面支撑力 $\boldsymbol{F}_N$，重力 $\boldsymbol{G}$，秤在 A 点垂直向上的作用力 $\boldsymbol{F}$。令 $\angle CBA=\alpha$，在坐标系 Bxy 中，机床重心 $C(BC\times\cos\alpha, BC\times\sin\alpha)$。

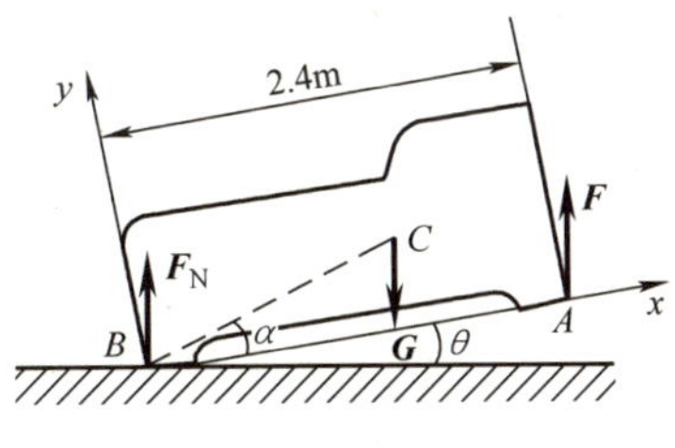

题4-15图

由 $\sum_{i=1}^{n} M_B(\boldsymbol{F}_i)=0$ 得到　$F_1\times2.4\times\cos\theta_1-G\times BC\times\cos(\alpha+\theta_1)=0$

$$F_2\times2.4\times\cos\theta_2-G\times BC\times\cos(\alpha+\theta_2)=0$$

即 $21\times2.4\text{m}=30\times(x_C-y_C\times0)$，$18\times2.4\text{m}\times\cos20°=30\times(x_C\cos20°-y_C\sin20°)$。求解得到 $x_C=1.68\text{m}$，$y_C=0.66\text{m}$。

4-16　解：对7根相同材料的匀质等截面杆进行编号，如题4-16图所示。在 Oxy 坐标系下各杆重心坐标如下表所示（单位为m）。

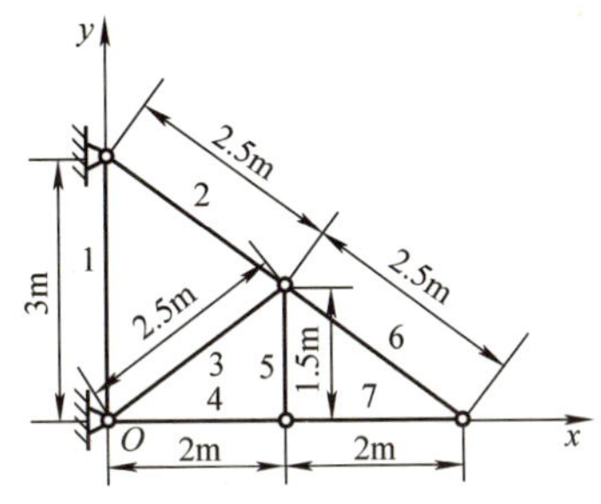

题4-16图

杆号	1	2	3	4	5	6	7
x_{iC}	0	1	1	1	2	3	3
y_{iC}	1.5	2.25	0.75	0	0.75	0.75	0
长度 l_i	3	2.5	2.5	2	1.5	2.5	2

7根杆总长度 $\sum_{i=1}^{7} l_i=(3+2.5+2.5+2+1.5+2.5+2)\text{m}=16\text{m}$。桁架重心位置坐标：

$$x_C=\frac{\sum_{i=1}^{7}x_{iC}l_i}{\sum_{i=1}^{7}l_i}=\frac{0\times3+1\times2.5+1\times2.5+1\times2+2\times1.5+3\times2.5+3\times2}{16}\text{m}=1.47\text{m}$$

$$y_C=\frac{\sum_{i=1}^{7}y_{iC}l_i}{\sum_{i=1}^{7}l_i}=\frac{1.5\times3+2.25\times2.5+0.75\times2.5+0\times2+0.75\times1.5+0.75\times2.5+0\times2}{16}\text{m}=0.94\text{m}$$

第五章

5-1

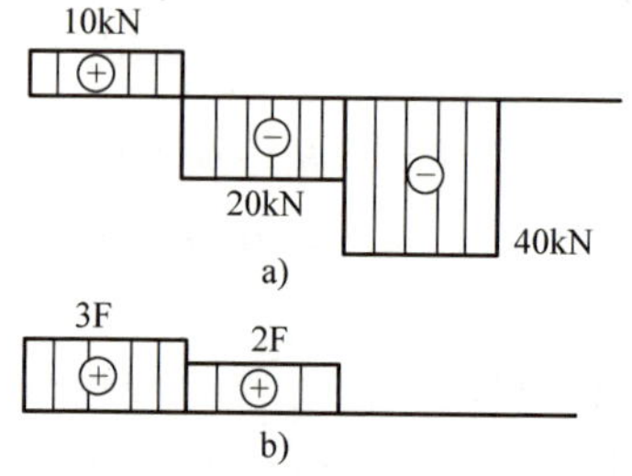

题 5-1 图

5-2 a) $F_{1-1}=2\text{kN}$，$F_{2-2}=0$，$F_{3-3}=-2\text{kN}$。

b) $F_{1-1}=10\text{kN}$，$F_{2-2}=-15\text{kN}$，$F_{3-3}=-18\text{kN}$。

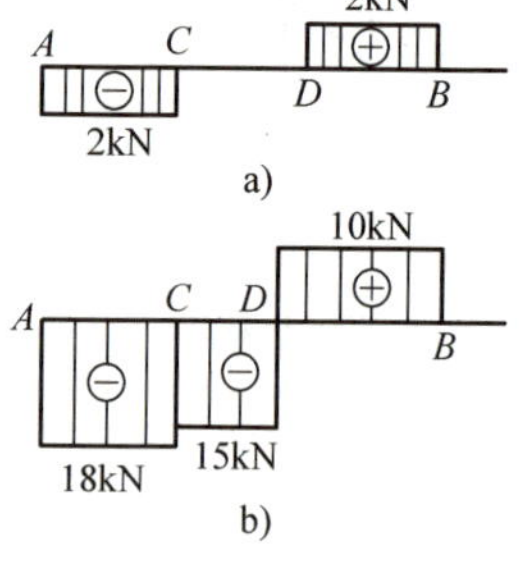

题 5-2 图

5-3 $\sigma_{1-1}=\frac{14000}{4\times20\times10^{-6}}\text{Pa}=175\text{MPa}$，$\sigma_{2-2}=\frac{14000}{4\times10\times10^{-6}}\text{Pa}=350\text{MPa}$。

5-4 $F_{1-1}=-20\text{kN}$，$F_{2-2}=-10\text{kN}$，$F_{3-3}=10\text{kN}$。

$\sigma_{1-1}=\frac{-20000}{200\times10^{-6}}\text{Pa}=-100\text{MPa}$，$\sigma_{2-2}=\frac{-10000}{250\times10^{-6}}\text{Pa}=-40\text{MPa}$，$\sigma_{3-3}=$

$\frac{10000}{300\times10^{-6}}$Pa = 33.3MPa。

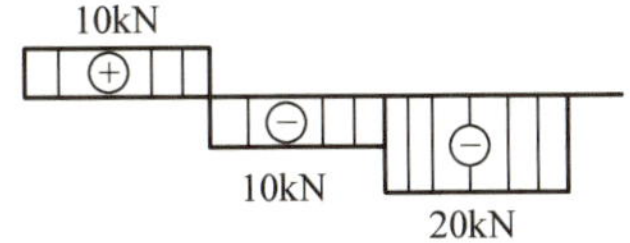

题 5-4 图

5-5　$A_{1-1}=(50-22)\text{mm}\times20\text{mm}=560\ \text{mm}^2$，$A_{2-2}=(50-10)\text{mm}\times20\text{mm}=800\text{mm}^2$，$A_{3-3}=(50-22)\text{mm}\times(15+15)\text{mm}=840\text{mm}^2$。所以零件内最大拉应力发生在 1—1 截面上，$\sigma_{1-1}=\frac{45000}{560\times10^{-6}}\text{Pa}=80.4\text{MPa}$。

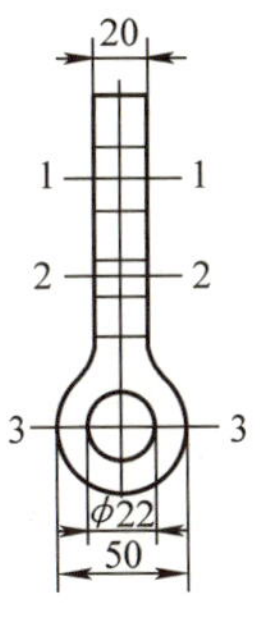

题 5-5 图

5-6　变截面的拉杆变形大，因为中间段横截面面积小，变形大。

5-7　$\Delta l=\sum_{i=1}^{3}\frac{F_i l_i}{EA_i}=\frac{(-20+10-20)\times10^3\times0.1}{200\times10^9\times150\times10^{-6}}\text{m}=-0.1\text{mm}$

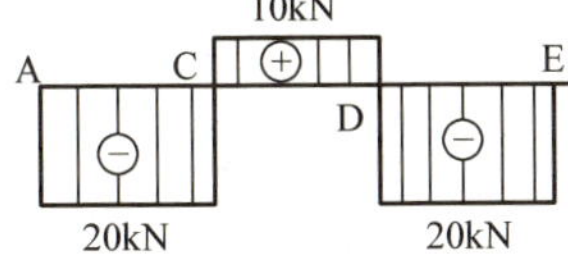

题 5-7 图

5-8　$\Delta l_{AB}=\frac{F_{AB}l_1}{EA_1}=\frac{-30\times10^3\times1}{200\times10^9\times4\times10^{-4}}\text{m}=-0.375\text{mm}$

$$\Delta l_{BC}=\frac{20\times10^3\times0.8}{200\times10^9\times4\times10^{-4}}\text{m}=0.2\text{mm}$$

$$\Delta l_{CD}=\frac{20\times10^3\times0.8}{200\times10^9\times2.5\times10^{-4}}\text{m}=0.32\text{mm}。$$

$$\Delta l = (-0.375+0.2+0.32)\text{mm} = 0.145\text{mm}$$

$$\varepsilon_{AB} = \frac{F_{AB}}{EA_1} = \frac{-30\times10^3}{200\times10^9\times4\times10^{-4}} = -3.75\times10^{-4},\ \varepsilon_{BC} = 2.5\times10^{-4},\ \varepsilon_{CD} = 4\times10^{-4}$$

5-9 低碳钢的应力－应变曲线四个阶段：1. 弹性阶段内，a 点所对应的应力值称为材料的比例极限。2. 屈服阶段，屈服点（应力σ_S）是衡量材料失效与否的强度指标。3. 强化阶段，最高点 e 点所对应的应力称为材料的强度极限。4. 颈缩阶段，到 f 点断裂。

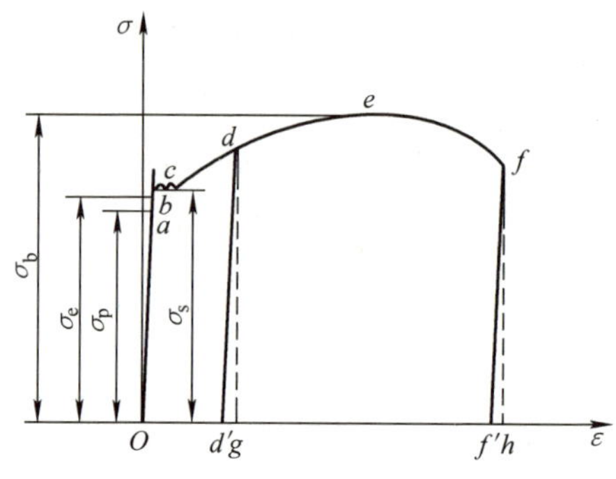

题 5-9 图

5-10 第一种材料强度高，第三种材料塑形好，第二种材料弹性模量大。

5-11 （1）横截面应力相同；（2）强度不同；（3）绝对变形不同。

5-12 假定 AB、CB 两杆均受拉力，对 B 点作用力分别为 F_1、F_2。取节点 B 为研究对象，由平衡方程得到$F_1 = 138.6\text{kN}$，$F_2 = -160\text{kN}$。两杆横截面上的应力分别为$\sigma_1 = \dfrac{138.6\times10^3}{\dfrac{\pi}{4}\times0.04^2}\text{Pa} = 110.4\text{MPa}$，$\sigma_2 = \dfrac{-160\times10^3}{\dfrac{\pi}{4}\times0.08^2}\text{Pa} = -31.8\text{MPa}$。由于 $\sigma_1 < [\sigma]$，$\sigma_2 < [\sigma]$，故此三角架结构的强度足够。

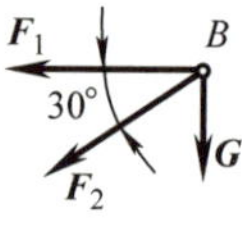

题 5-12 图

5-13 活塞杆拉力 $F = \dfrac{\pi}{4}\times(D^2-d^2)\times p = 8.32\text{kN}$，横截面上的应力 $\sigma = \dfrac{8.32\times10^3}{\dfrac{\pi}{4}\times0.018^2}\text{Pa} = 32.7\text{MPa} < [\sigma]$。

5-14　解：节点 C 受力如题 5-14 图所示，由 x 方向力平衡 $-F_{AC}\cos 30° - F_{BC}\cos 30° = 0$，得$F_{AC} = -F_{BC}$，代入 y 方向力平衡式$F_{AC}\sin 30° - F_{BC}\sin 30° - G = 0$，得$F_{AC} = -F_{BC} = G = 350\text{kN}$。故 AC 杆受拉、BC 杆受压，轴力大小为 $F_{NAC} = F_{NBC} = 350\text{kN}$。

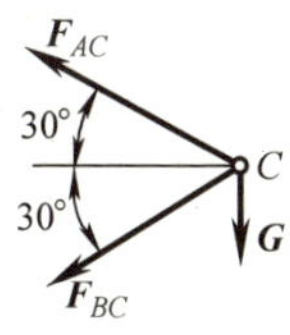

题 5-14 图

1）设计截面，确定槽钢、工字钢号数。分别求得两杆的横截面面积为

$$A_{AC} \geqslant \frac{F_{NAC}}{[\sigma_{AC}]} = \frac{350 \times 10^3}{160 \times 10^6}\text{m}^2 = 21.9 \times 10^{-4}\text{m}^2 = 21.9\text{cm}^2$$

$$A_{BC} \geqslant \frac{F_{NBC}}{[\sigma_{BC}]} = \frac{350 \times 10^3}{100 \times 10^6}\text{m}^2 = 35 \times 10^{-4}\text{m}^2 = 35\text{cm}^2$$

2）AC 杆由两根槽钢构成，故每根槽钢横截面面积为$\frac{1}{2}A_{AC} \geqslant 11\text{cm}^2$，查附录 A 表 A-3 后确定选用 10 号热轧槽钢。BC 杆由一根工字钢构成，故横截面面积为 $A_{BC} \geqslant 35\text{cm}^2$，查附录 A 表 A-4 后确定选用 20a 号工字钢。

5-15　$F = \frac{\pi}{4}D^2 p = 96.2\text{kN}$，螺栓应力 $\sigma = \frac{F/6}{\frac{\pi}{4}d^2} \leqslant [\sigma]$，所以螺栓内径 $d \geqslant 22.6\text{mm}$。

5-16　解：如题 5-16 图所示，$\tan\alpha = 0.75$。设 DC 杆对刚性杆 AB 的拉力为 F_{DC}，将杆 AB 对 A 点列平衡方程：$F_{DC}\sin\alpha \times 1 - F \times 2.5 = 0$，得

$$F_{DC} = 2.5F/\sin\alpha = 4.17F \tag{a}$$

题 5-16 图

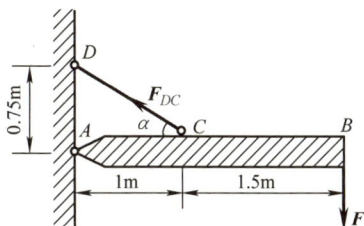

DC 杆对 AB 杆的拉力 F_{DC}，在数值上等于 DC 杆的轴力 F_N，强度要求：

$F_N \leqslant A_{DC}\ [\sigma]\ = \frac{3.14}{4} \times 0.020^2 \times 160 \times 10^6\text{N} = 50.2\text{kN}$，代入式（a）得到许

可的最大载荷 $F = F_N/4.17 = 12\text{kN}$。

5-17 解：(1) 如题5-17图所示，为了使刚梁 AB 受力后保持水平，要求杆1的变形 $\Delta l_1 = \dfrac{F_{N1}l_1}{E_1A_1}$ 等于杆2的变形 $\Delta l_2 = \dfrac{F_{N2}l_2}{E_2A_2}$，即 $\dfrac{F_{N1}\times 1.5}{200\times 10^9\times \dfrac{3.14}{4}\times 0.020^2} = \dfrac{F_{N2}\times 1}{100\times 10^9\times \dfrac{3.14}{4}\times 0.025^2}$，整理得到杆1、2轴力之间的关系为

$$F_{N1} = 0.853F_{N2} \tag{a}$$

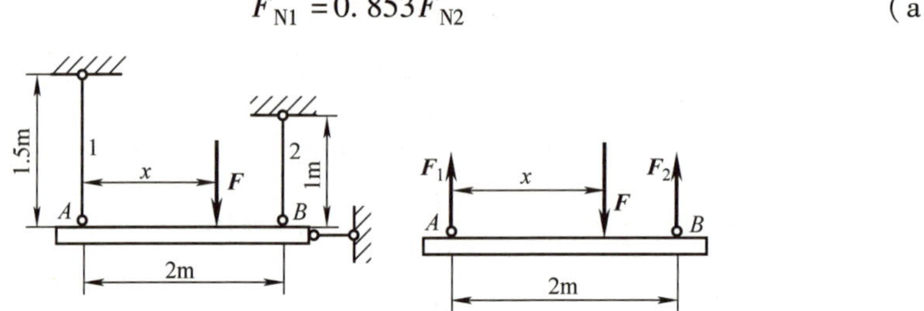

题5-17图

刚梁 AB 的平衡方程：
$$\begin{cases} F_1 + F_2 = F \\ Fx = F_2 \times 2\text{m} \end{cases} \tag{b}$$

拉力 F_1、F_2 分别与 F_{N1}、F_{N2} 在数值上相等，由式（a）、式（b）得到 $x = 1.08\text{m}$，$F_{N1} = F_1 = 0.460F$，$F_{N2} = F_2 = 0.540F$。

(2) $F = 30\text{kN}$ 时，杆1正应力 $\sigma_1 = \dfrac{F_{N1}}{\dfrac{\pi}{4}d_1^2} = \dfrac{0.460F}{\dfrac{\pi}{4}d_1^2} = 43.9\text{MPa}$，杆2正应力 $\sigma_2 = \dfrac{F_{N2}}{\dfrac{\pi}{4}d_2^2} = 33.0\text{MPa}$。

5-18 a）平面平行力系，$3-2=1$ 次超静定；b）平面任意力系，$4-3=1$ 次超静定；c）平面任意力系，$5-3=2$ 次超静定。

5-19 解：设 A、B 处的约束力如题5-19图所示，列平衡方程：

$$F_A - 100\text{kN} - 150\text{kN} + F_B = 0 \tag{a}$$

由于约束的限制，杆件各段变形后总长度保持不变，故变形谐调条件为 $\Delta l_{AC} + \Delta l_{CD} + \Delta l_{DB} = 0$，由此，根据胡克定律，得到变形的几何方程为

$$\frac{F_A\times 0.5}{EA} + \frac{(F_A - 100\text{kN})\times 0.3}{EA} + \frac{(F_A - 100\text{kN} - 150\text{kN})\times 0.4}{EA} = 0$$

整理得 $1.2F_A - 130\text{kN} = 0$，即 $F_A = 108.3\text{kN}$，代入式（a）得到 $F_B = 141.7\text{kN}$。

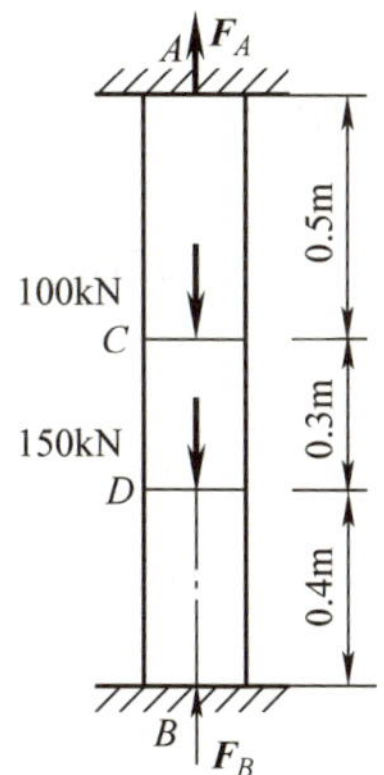

题5-19　图

钢杆各段内的应力：$\sigma_{AC} = \dfrac{F_A}{A} = \dfrac{108.3\times10^3}{10\times10^{-4}}\text{Pa} = 108.3\text{MPa}$，$\sigma_{CD} = \dfrac{F_A - 100\text{kN}}{A} = 8.3\text{MPa}$，$\sigma_{DB} = \dfrac{-F_B}{A} = -141.7\text{MPa}$。

第六章

6-1　由于剪力在剪切面上的分布情况比较复杂，用理论的方法计算切应力非常困难，工程上常以经验为基础，采用近似但切合实际的实用计算方法，假定内力在剪切面内均匀分布。

挤压应力在挤压面上的分布比较复杂，在工程实际中也采用实用计算方法来计算挤压应力。即假定在挤压面上应力是均匀分布的。

6-2　当接触面为平面时，两构件接触面面积为挤压面面积；对于螺栓、销钉、铆钉等圆柱形联接件，接触面为近似半圆柱侧面，计算公式 $\sigma_{bs} = \dfrac{F_{bs}}{A_{bs}}$中，挤压面积（$A_{bs}$）=螺栓的直径×钢板的厚度。

6-3　机械中联接件和被联接件的接触面相互压紧的现象称为挤压。压缩是指物体沿所受压力方向缩短。本题目中，钢柱的上、下表面为挤压面，横截面为压缩面。

6-4　木材挤压强度小，为了不使木材压溃，用金属垫圈扩大挤压接触面积。

6-5　$F \geqslant \dfrac{\pi}{4}d^2 \times \tau_b = 9.04\text{kN}$。

6-6　销钉试件具有两个剪切面，每个面剪力 $F_S = F/2 = 84.5\text{kN}$。圆柱试件的抗剪强度极限$\tau_0=\dfrac{F_S}{\dfrac{\pi}{4}d^2}=\dfrac{84.5\times10^3}{\dfrac{\pi}{4}\times0.012^2}\text{Pa}=748\text{MPa}$。

6-7　传递力矩M时键受力$F=\dfrac{M}{d/2}=2657\text{N}$，剪力$F_S$=挤压力$F_{bs}=F$。$\tau=\dfrac{F_S}{bl}=4.43\text{MPa}$，剪切强度足够；$\sigma_{bs}=\dfrac{F_{bs}}{0.5hl}=11.1\text{MPa}$，挤压强度足够。

6-8　最大力偶矩$M_{max}=\left[\dfrac{\pi}{4}\times(0.005\text{m})^2\tau_0\right]\times0.020\text{m}=145\text{N}\cdot\text{m}$。

6-9　剪切面面积$A_s=\pi dh$，　$[\tau]=\dfrac{F}{A_s}=\dfrac{F}{\pi dh}=0.7[\sigma]$　(a)

拉伸中横截面面积$A=\dfrac{\pi}{4}\times d^2$，　$[\sigma]=\dfrac{F}{A}=\dfrac{F}{\dfrac{\pi}{4}\times d^2}$　(b)

联立式（a）、式（b），求得$d:h=2.8$。

6-10　由于钢材挤压许用应力$[\sigma_{bs}]$大于压缩许用应力$[\sigma]$，所以对冲头按照压缩强度计算其最小直径。由于冲孔的冲剪力$F=400\text{kN}$，故$d\geqslant\sqrt{\dfrac{4F}{\pi[\sigma]}}=34\text{mm}$，取$d_{min}=34.0\text{mm}$。

剪切面是钢板内被冲床冲出的圆饼体的柱形侧面，如题6-10图所示，其面积为$A=\pi dt$。冲孔的冲剪力$F\geqslant A\tau_0$，故当被冲剪圆孔为最小直径d_{min}时，钢板的最大厚度$t\leqslant\dfrac{F}{\pi d_{min}\tau_0}=\dfrac{400\times10^3}{3.14\times0.034\times360\times10^6}\text{m}=10.4\text{mm}$，取$t=10\text{mm}$。

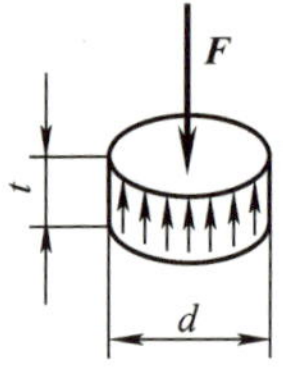

题6-10图

6-11　解：如题6-11图所示，铆接结构左右对称，故可取一边进行分析。现截取右半部分，上下板各受到$F/2$的拉力，每个铆钉受力为$F/3$。

铆钉为m—m、n—n双面剪切，强度条件$\tau=\dfrac{F/3}{\left(\dfrac{\pi}{4}d^2\right)\times2}\leqslant[\tau]$，解得$d\geqslant10.3\text{mm}$。

上、下副板厚度之和为$2t_1$，中间主板厚度为t，由于$2t_1>t$，故主板与铆钉

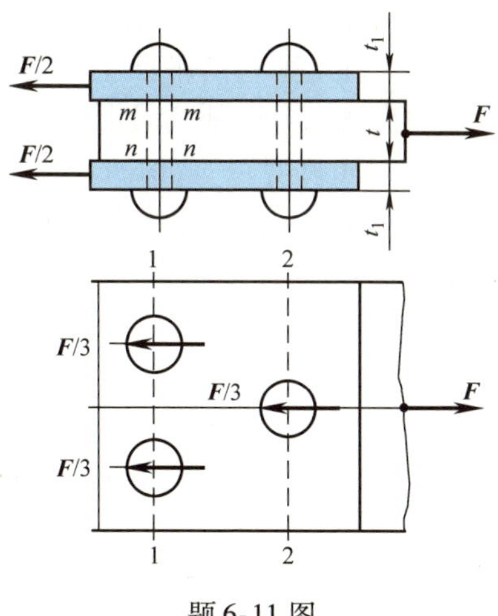

题6-11 图

间的挤压应力较大，主板受到的拉应力大于副板。

按挤压强度公式A_{bs}［σ_{bs}］$=d\cdot t$［σ_{bs}］$\geqslant\frac{F}{3}$，得 $d\geqslant 6.67$mm。

由主板 1－1 截面拉伸强度条件$\frac{\frac{F}{3}\times 2}{(b-2d)\times t}\leqslant[\sigma]$，得 $d\leqslant 15.2$mm；由主板 2－2 截面拉伸强度条件$\frac{F}{(b-d)\times t}\leqslant[\sigma]$，得 $d\leqslant 20.6$mm。

综上得铆钉直径：$10.3\text{mm}\leqslant d\leqslant 15.2\text{mm}$。

第七章

7-1　$M_e=9550\frac{P}{n}$，M_e的单位为 N·m（牛·米）；P 的单位为 kW（千瓦）；n 的单位为 r/min（转/分）。变速器低速轴、高速轴功率相同，扭矩 $=9550\frac{P}{n}$，低速轴 n 小扭矩大，高速轴的扭矩小，所以低速轴的直径要比高速轴的直径大。

7-2　扭转中横截面上的内力矩称为扭矩。对扭矩的正负号规定按右手螺旋法则，四指顺着扭矩的转向握住轴线，大拇指的指向与横截面的外法线方向一致时扭矩为正；反之扭矩为负。

建立坐标系，横坐标 x 平行于杆轴线，表示横截面位置，纵坐标 T 表示扭矩值，将各截面扭矩按代数值标在坐标系上，得此轴扭矩图。

7-3　由于薄壁圆筒壁很薄，可近似认为切应力沿厚度均匀分布。圆轴扭转时横截面上任意点的切应力 τ_ρ 与该点到圆心的距离 ρ 成正比，其方向垂直于半径。

7-4 切应力互等定理：在相互垂直的平面上，切应力成对存在且数值相等，两者都垂直于两个平面的交线，方向则共同指向或共同背离这一交线。

7-5 切应变 γ 的单位为 rad（弧度）。剪切胡克定律 $\tau = G\gamma$，其中 τ 为切应力，G 为剪切弹性模量。该定律应用条件：在弹性范围内。

7-6 切应力与半径成正比，其方向垂直于半径。圆轴扭转切应力公式的应用条件：在剪切比例极限范围内。

7-7 实心圆轴极惯性矩 $I_p = \frac{\pi D^4}{32}$，抗扭截面系数 $W_p = \frac{\pi D^3}{16}$。空心圆轴内外直径之比 $\alpha = \frac{d}{D}$，极惯性矩 $I_p = \frac{\pi D^4}{32}(1-\alpha^4)$，抗扭截面系数 $W_p = \frac{\pi D^3}{16}(1-\alpha^4)$。

7-8 同外径的实心圆杆，其强度、刚度比空心圆杆的好。

圆轴扭转时，横截面上应力呈线性分布，越接近截面中心，应力越小，那里的材料就没有充分发挥作用。做成空心轴，使得截面中心处的材料安置到轴的外缘，材料得到了充分利用。

7-9 $\tau_{1\max} = \frac{T}{\frac{\pi}{16}d_1^3} = 1.728\ [\tau]$，$\tau_{2\max} = \frac{T}{\frac{\pi}{16}d_2^3} = [\tau]$，所以 $1.728d_1^3 = d_2^3$，$d_2 = 1.2d_1$。

7-10 扭转时杆件任意两横截面间相对转过的角位移，称为**扭转角**。相距为 l 的两个横截面之间的扭转角 $\varphi = \int_0^l \frac{T(x)}{GI_p}\mathrm{d}x$。

*7-11 非圆截面轴扭转时横截面不再保持平面而发生翘曲，平面假设不再成立。矩形截面上切应力的分布如题 7-11 图所示，长边 h 中点处切应力最大。

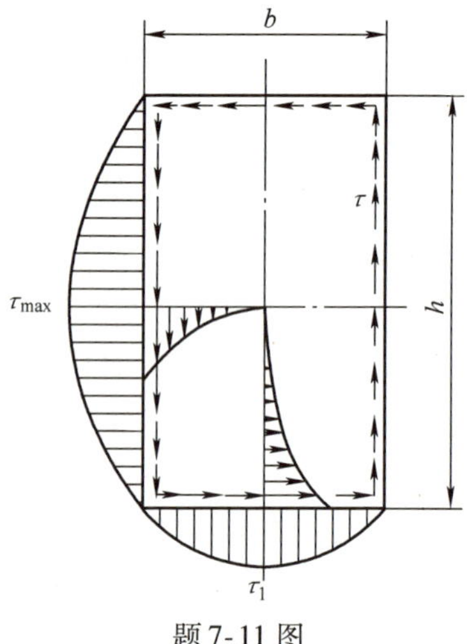

题 7-11 图

7-12

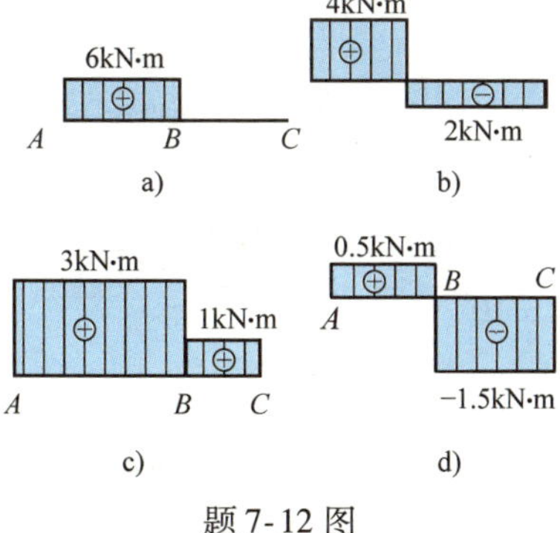

题 7-12 图

7-13 $M_{e1}=9550\dfrac{P_1}{n}=9550\times\dfrac{25}{450}\text{N}\cdot\text{m}=531\text{N}\cdot\text{m}$，$M_{e2}=9550\dfrac{P_2}{n}=2759\text{N}\cdot\text{m}$，$M_{e3}=637\text{N}\cdot\text{m}$，$M_{e4}=743\text{N}\cdot\text{m}$，$M_{e5}=849\text{N}\cdot\text{m}$。画扭矩图如题 7-13 图所示。

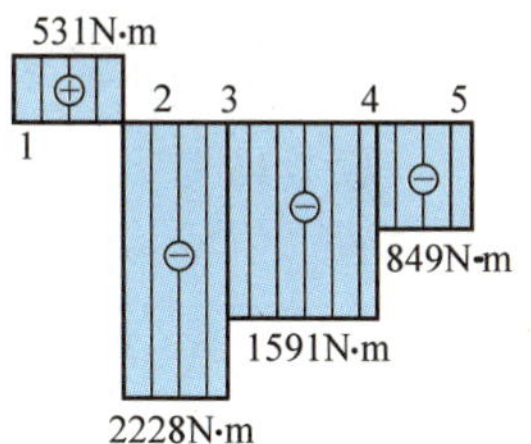

题 7-13 图

7-14 $\tau_A=\dfrac{T}{I_p}\rho_A=\dfrac{3\times10^3}{\dfrac{\pi}{32}d^4}\times0.010\text{Pa}=48.8\text{MPa}$，$\tau_B=\dfrac{T}{I_p}\rho_B=\dfrac{3\times10^3}{\dfrac{\pi}{32}d^4}\times0.020\ \text{Pa}=$ 97.6MPa，$\tau_{\max}=\dfrac{T}{W_p}=\dfrac{3\times10^3}{\dfrac{\pi}{16}d^3}\text{Pa}=122\text{MPa}$。

7-15 $T=M_e=9550\dfrac{P}{n}=1751\text{N}\cdot\text{m}$，$\tau_{\max}=\dfrac{T}{W_p}=\dfrac{1751}{\dfrac{\pi}{16}d^3}\text{Pa}\leqslant[\tau]$，$d\geqslant0.0606\text{m}$。

$\theta=\dfrac{T}{GI_p}=\dfrac{1751}{80\times10^9\times\dfrac{\pi}{32}d^4}\times\dfrac{180°}{\pi}\leqslant[\theta]$，$d\geqslant0.0598\text{m}$。所以取 $d\geqslant60.6\text{mm}$。

7-16 $T_{AB}=M_A=9550\dfrac{P_A}{n}=3411\text{N}\cdot\text{m}$，$T_{BC}=-M_C=-9550\dfrac{P_C}{n}=-682\text{N}\cdot\text{m}$，画扭矩图如题 7-16 图所示。$\tau_{AB\max}=\dfrac{T_{AB}}{W_{ABp}}=\dfrac{3411}{\dfrac{\pi}{16}D_1^3}\text{Pa}=50.7\text{MPa}<[\tau]$，$\varphi'_{AB}=\dfrac{T_{AB}}{GI_{ABp}}=\dfrac{3411}{80\times10^9\times\dfrac{\pi}{32}D_1^4}\times\dfrac{180°}{\pi}=1.04\ (°)/\text{m}\leqslant[\varphi']$。$\tau_{BC\max}=\dfrac{|T_{BC}|}{W_{BCp}}=\dfrac{682}{\dfrac{\pi}{16}D_2^3}\text{Pa}=54.3\text{MPa}<[\tau]$，$\varphi'_{BC}=\dfrac{|T_{BC}|}{GI_{BCp}}=\dfrac{682}{80\times10^9\times\dfrac{\pi}{32}D_2^4}\times\dfrac{180°}{\pi}=1.94(°)/\text{m}>[\varphi']$。

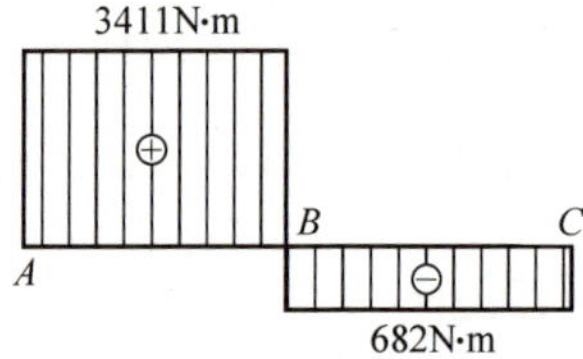

题 7-16 图

7-17 实心端$\tau_{\max}=\dfrac{T}{W_p}=\dfrac{T}{\dfrac{\pi}{16}d^3}\leqslant[\tau]$，$T\leqslant258\text{kN}\cdot\text{m}$；空心端 $\alpha=\dfrac{148}{296}=0.5$，$\tau_{\max}=\dfrac{T}{W_p}=\dfrac{T}{\dfrac{\pi}{16}D^3\times(1-\alpha^4)}\leqslant[\tau]$，$T\leqslant286\text{kN}\cdot\text{m}$。所以此轴允许传递的外力偶矩 $M\leqslant258\text{kN}\cdot\text{m}$。

7-18 AC 段：$\tau_{AC\max}=\dfrac{T_{AC}}{W_{ACp}}=\dfrac{800}{\dfrac{\pi}{16}d_1^3}\text{Pa}=44.7\text{MPa}\leqslant[\tau]$；$CD$ 段：$\alpha=\dfrac{45}{55}=0.8182$，$\tau_{CD\max}=\dfrac{T_{CD}}{W_{CDp}}=\dfrac{1000}{\dfrac{\pi}{16}D^3\times(1-\alpha^4)}\text{Pa}=55.5\text{MPa}\leqslant[\tau]$。

7-19 $\tau_{\max}=\dfrac{T}{W_p}=\dfrac{1.08\times10^3}{\dfrac{\pi}{16}d^3}\leqslant40\text{MPa}=[\tau]$，$d\geqslant51.6\text{mm}$；$\varphi'=\dfrac{T}{GI_p}\times\dfrac{180°}{\pi}=\dfrac{1.08\times10^3}{80\times10^9\times\dfrac{\pi}{32}d^4}\times\dfrac{180°}{\pi}\leqslant0.5\ (°)/\text{m}=[\varphi']$，$d\geqslant63\text{mm}$。设计轴的直径 $d\geqslant63\text{mm}$。

*7-20　$T=M_e=9550\dfrac{P}{n}=531\text{N}\cdot\text{m}$，$\dfrac{h}{b}=1$，查表 7-1 得 $\alpha=0.208$，$W_t=0.208\times0.030^3\text{m}^3=5.62\times10^{-6}\text{m}^3$，$\tau_{max}=\dfrac{T}{W_t}=\dfrac{531}{\alpha hb^2}=94.5\text{MPa}<[\tau]$。

*7-21　$T=M_e=800\text{N}\cdot\text{m}$，$\dfrac{h}{b}=1.5$，查表 7-1 得 $\alpha=0.231$，$\beta=0.196$，$\gamma=0.858$，$W_t=\alpha hb^2$。（1）$\tau_{max}=\dfrac{T}{W_t}=36.1\text{MPa}$；（2）$\tau_1=\gamma\tau_{max}=31.0\text{MPa}$；（3）$I_t=\beta hb^3=7.53\times10^{-7}\text{m}^4$，$\varphi'=\dfrac{T}{GI_t}\times\dfrac{180°}{\pi}=0.762(°)/\text{m}$。

第八章

8-1　a）长方形形心 $C_1(0,50)$，面积 $A_1=100\times60\ \text{mm}^2$；空心圆的形心 $C_2(0,70)$，面积 $A_2=-\dfrac{\pi}{4}\times40^2\ \text{mm}^2$；整个图形形心坐标：$x_C=0$，$y_C=\dfrac{y_{C1}A_1+y_{C2}A_2}{A_1+A_2}=44.7\text{mm}$。

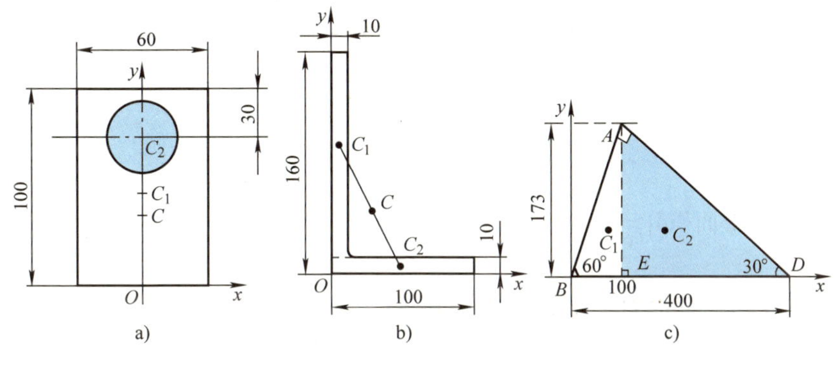

题 8-1 图

b）长方形形心 $C_1(5,85)$，面积 $A_1=10\times150\text{mm}^2$；形心 $C_2(50,5)$，面积 $A_2=100\times10\text{mm}^2$；图形形心坐标：$x_C=\dfrac{x_{C1}A_1+x_{C2}A_2}{A_1+A_2}=23\text{mm}$，$y_C=\dfrac{y_{C1}A_1+y_{C2}A_2}{A_1+A_2}=53\text{mm}$。

c）利用三角形形心离底边 1/3 高度的性质，△ABD 形心坐标：$y_C=\dfrac{173}{3}\text{mm}=$

57.7mm。$\triangle ABE$ 形心 $C_1(66.7, 57.7)$，面积$A_1=\dfrac{1}{2}\times100\times173\ \text{mm}^2$；$\triangle AED$ 形心 $C_2(200, 57.7)$，面积$A_2=\dfrac{1}{2}\times300\times173\text{mm}^2$。利用公式 $x_C=\dfrac{x_{C1}A_1+x_{C2}A_2}{A_1+A_2}$，得 $\triangle ABD$ 形心坐标 $x_C=166.7\text{mm}$。

8-2　a）长方形截面1面积$A_1=bh$，形心C_1在O点；挖去的长方形2面积$A_2=-b'h'$，形心C_2在O点。截面对于x轴的面积矩 $S_x=\sum\limits_{i=1}^{2}A_i y_{Ci}=0$，惯性矩 $I_x=\dfrac{bh^3}{12}-\dfrac{b'h'^3}{12}=9.045\times10^7\text{mm}^4$，惯性半径$i_x=\sqrt{\dfrac{I_x}{A_1+A_2}}=70.9\text{mm}$。

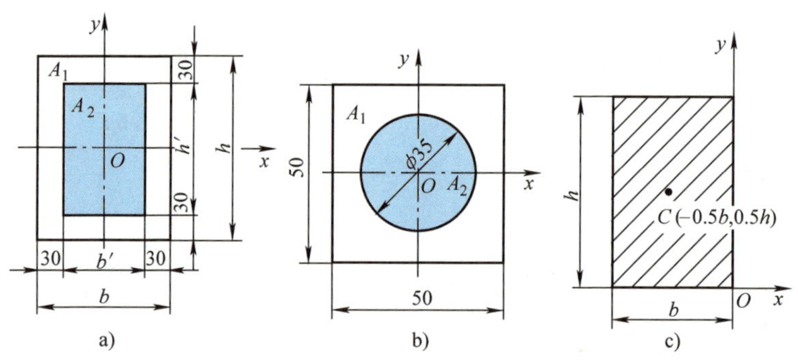

题8-2图

b）正方形面积$A_1=50^2\text{mm}^2$，形心C_1在O点；挖去的圆面积$A_2=-\dfrac{\pi\times35^2}{4}\text{mm}^2$，形心$C_2$在$O$点。截面对于$x$轴的面积矩 $S_x=\sum\limits_{i=1}^{2}A_i y_{Ci}=0$，惯性矩$I_x=\dfrac{50^4}{12}-\dfrac{\pi\times35^4}{64}=4.47\times10^5\text{mm}^4$，惯性半径$i_x=\sqrt{\dfrac{I_x}{A_1+A_2}}=17.1\text{mm}$。

c）正方形面积 $A=bh$，形心 C（$-0.5b$，$0.5h$）。截面对于x轴的面积矩 $S_x=Ay_C=0.5bh^2$，惯性矩$I_x=\dfrac{bh^3}{3}$，惯性半径$i_x=\sqrt{\dfrac{I_x}{A}}=0.577h$。

8-3　计算第一象限的1/4圆，阴影狭长条微面积 $\mathrm{d}A=\sqrt{r^2-y^2}\mathrm{d}y$，$I_{右x}=\int_A y^2\mathrm{d}A=\int_0^r y^2\sqrt{r^2-y^2}\mathrm{d}y=\dfrac{\pi r^4}{16}$。由于对称性，惯性积$I_{xy}=0$，$I_{右x}=I_{左x}=I_{左y}=I_{右y}$。截面对于$x$轴的惯性矩$I_x=I_{右x}+I_{左x}=\dfrac{\pi r^4}{8}$，截面$y$轴的惯性矩$I_y=I_{右y}+$

$I_{左y} = \dfrac{\pi r^4}{8}$。

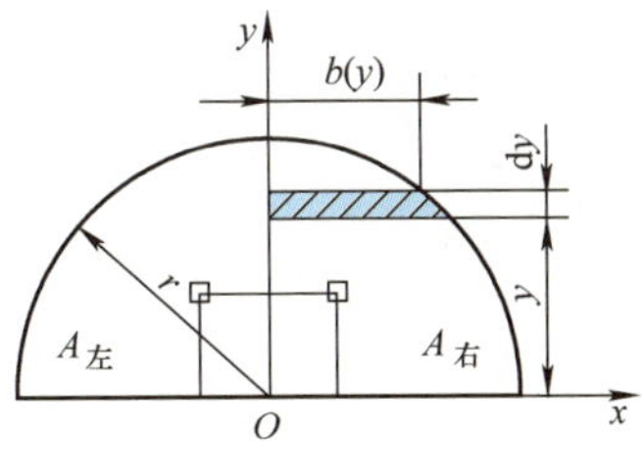

题 8-3 图

8-4　20a 槽钢 $h = 200\text{mm}$，$I_{槽x} = 1780\ \text{cm}^4$。上板形心$C_1$到 x 轴距离 $a = \dfrac{h}{2} + 5\text{mm} = 10.5\text{cm}$，上板面积 $A = 200 \times 10\ \text{mm}^2 = 20\ \text{cm}^2$。截面对 x 轴的惯性矩 $I_x = 2I_{槽x} + 2 \times \left(\dfrac{200 \times 10^3}{12}\text{mm}^4 + a^2A\right) = 7.97 \times 10^{-5}\text{m}^4$。

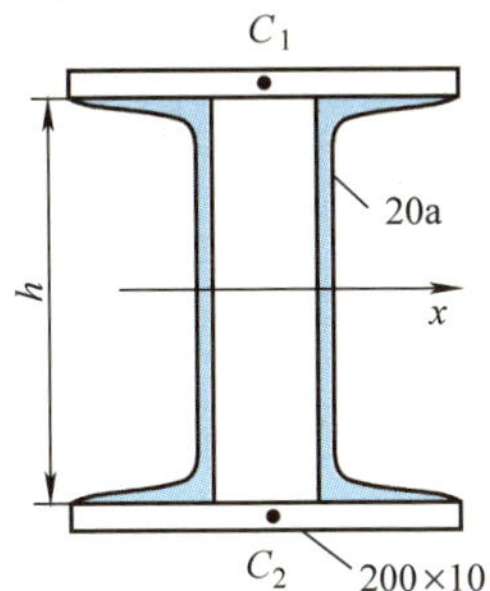

题 8-4 图

8-5　截面对 x 轴的惯性矩 $I_x = \left(\dfrac{10 \times 40^3}{3} + \dfrac{30 \times 10^3}{3}\right)\text{mm}^4 = 2.23 \times 10^{-7}\text{m}^4$，由对称性 $I_y = I_x$。惯性积 $I_{xy} = \int_{A_1} xy\text{d}A + \int_{A_2} xy\text{d}A = \dfrac{1}{2}x^2\Big|_0^{10} \times \dfrac{1}{2}y^2\Big|_0^{40} + \dfrac{1}{2}x^2\Big|_{10}^{40} \times \dfrac{1}{2}y^2\Big|_0^{10} = 7.75 \times 10^{-8}\text{m}^4$。

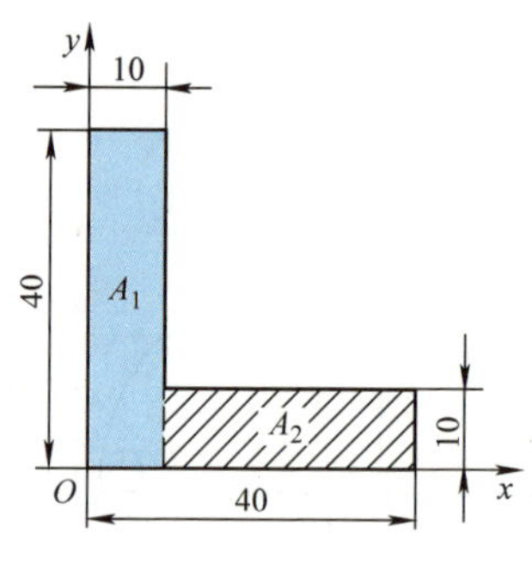

题8-5图

第九章

9-1 如果梁弯曲时各横截面上只有弯矩而无剪力，则称为纯弯曲。梁横截面上既有弯矩又有剪力，称为横力弯曲或剪切弯曲。梁弯曲时从缩短区到伸长区，其间必存在一层既不缩短也不伸长的过渡层，称为中性层。中性层与横截面的交线称为中性轴。

9-2 （1）**平面假设**：当梁的变形不大时，梁变形前的横截面，变形后仍保持为平面，并仍然垂直于变形后梁的轴线。

（2）**单向受力假设**：梁的纵向“纤维”的变形只是简单的拉伸和压缩，各“纤维”之间无挤压作用。

9-3 梁截面上某点对应的纵向“纤维”伸长，正应力为正，是拉；纵向“纤维”缩短，正应力为负，是压。中性轴上各点的正应力为0。

9-4 弯曲正应力分布规律：梁横截面上任一点的正应力 σ，与截面上弯矩 M 和该点到中性轴的距离 y 成正比，与截面对中性轴的惯性矩 I_z 成反比。

中性轴必通过对称横截面的形心。

最大弯曲正应力 $\sigma_{\max}=\dfrac{M}{W_z}$，$W_z$ 为梁的**抗弯截面系数**。

9-5 是。

9-6 弯曲正应力的最大值发生在截面离中性轴最远的位置。弯曲切应力的最大值发生在中性轴上。

9-7 矩形对中性轴的惯性矩$I_z=\dfrac{bh^3}{12}$，抗弯截面系数$W_z=\dfrac{bh^2}{6}$；圆形截面对中性轴的惯性矩$I_z=\dfrac{\pi d^4}{64}$，抗弯截面系数$W_z=\dfrac{\pi d^3}{32}$。圆截面的抗弯截面系数W_z是抗扭截面系数W_p的1/2。

9-8　弯曲切应力 τ 沿矩形截面高度 y 按二次抛物线规律变化，在横截面的上、下边缘处 $\tau=0$。在中性轴上出现最大切应力 $\tau_{max}=\frac{3}{2}\frac{F_S}{bh}$。

9-9　工字形截面梁腹板上的切应力按抛物线规律变化，最大弯曲切应力发生在中性轴上 $\tau_{max}=\frac{F_S}{I_z}\left[\frac{bt}{d}\left(\frac{h}{2}-\frac{t}{2}\right)+\frac{1}{2}\left(\frac{h}{2}-t\right)^2\right]$。当腹板厚度 d 远小于翼缘宽度 b 时，腹板上的切应力可认为均匀分布。工程中近似地计算工字形截面梁的最大切应力 $\tau_{max}\approx\frac{F_S}{d(h-2t)}$。

9-10　对于塑性材料（拉、压许用应力相同），其强度条件为：$\sigma_{max}=\frac{|M|_{max}}{W_z}\leqslant[\sigma]$。对于脆性材料（拉、压许用应力不同），常把梁的横截面做成与中性轴不对称的形状，例如 T 形截面等，强度条件为 $\sigma_{max}^{+}\leqslant[\sigma^{+}]$，$\sigma_{max}^{-}\leqslant[\sigma^{-}]$，$[\sigma^{+}]$表示抗拉许用应力，$[\sigma^{-}]$ 表示抗压许用应力。

9-11　各种截面形状梁的最大切应力 $\tau_{max}=K\frac{F_S}{A}$

梁截面形状	矩形	圆形	工字型	薄壁环形
K	$\frac{3}{2}$	$\frac{4}{3}$	1	2

9-12　提高梁的强度主要措施是：

1）降低$|M|_{max}$的措施：梁支承的合理安排，合理布置载荷。

2）合理放置梁。

3）合理选择梁的截面，用最小的截面面积 A（少用材料），得到大的抗弯截面系数 W_z。

4）对抗拉和抗压强度相等的塑性材料，采用中性轴对称的截面；对抗拉强度［σ^{+}］小于抗压强度［σ^{-}］的脆性材料，采用中性轴偏向受拉一侧的截面形状。

5）采用变截面梁。

9-13　变截面梁各个横截面上的最大正应力都等于许用应力［σ］，称为等强度梁。等强度梁设计依据：截面的抗弯截面系数 $W(x)=\frac{M(x)}{[\sigma]}$。

9-14

	剪力/kN			弯矩/kN·m		
	1-1	2-2	3-3	1-1	2-2	3-3
a	0	0	qa	0	0	$0.5qa^2$
b	-0.15	-0.15	0.3	-0.045	-0.09	-0.09
c	F	0	F	$-Fa$	$-Fa$	$-Fa$
d	qa	qa	qa	$-0.5qa^2$	$-0.5qa^2$	$-1.5qa^2$
e	1.333	1.333	-0.667	0	0.133	0.166
f	-20	-20	-20	-4	6	0

9-15 a）剪力方程$F_S(x)=0$，弯矩方程 $M(x)=\begin{cases}0 & 0\leqslant x<a\\ 10\text{kN}\cdot\text{m} & a<x<2a\end{cases}$。$|F_S|_{max}=0$，$|M|_{max}=10\text{kN}\cdot\text{m}$。

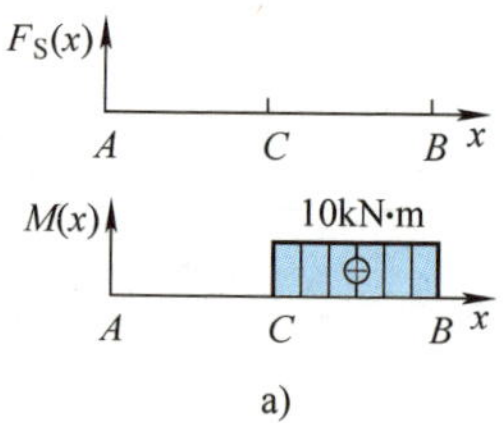

a)

题9-15 图

b）支座约束力$F_A=\dfrac{4}{3}qa$，$F_B=\dfrac{5}{3}qa$。剪力方程$F_S(x)=\begin{cases}\dfrac{4}{3}qa & 0<x<a\\ \dfrac{4}{3}qa-qx & a<x<3a\end{cases}$，弯矩方程 $M(x)=\begin{cases}\dfrac{4}{3}qax & 0\leqslant x\leqslant a\\ -\dfrac{q}{2}\left(\dfrac{4}{3}a-x\right)^2+\dfrac{25}{18}qa^2 & a\leqslant x\leqslant 3a\end{cases}$。$|F_S|_{max}=\dfrac{5}{3}qa$，$|M|_{max}=\dfrac{25}{18}qa^2$。

c）支座约束力 $F_A=0.25F$，$F_B=1.25F$。剪力方程 $F_S(x)=\begin{cases}-0.25F & 0<x<4a\\ F & 4a<x<5a\end{cases}$，弯矩方程 $M(x)=\begin{cases}-0.25Fx & 0\leqslant x\leqslant 4a\\ -F(5a-x) & 4a\leqslant x\leqslant 5a\end{cases}$。$|F_S|_{max}=F$，$|M|_{max}=Fa$。

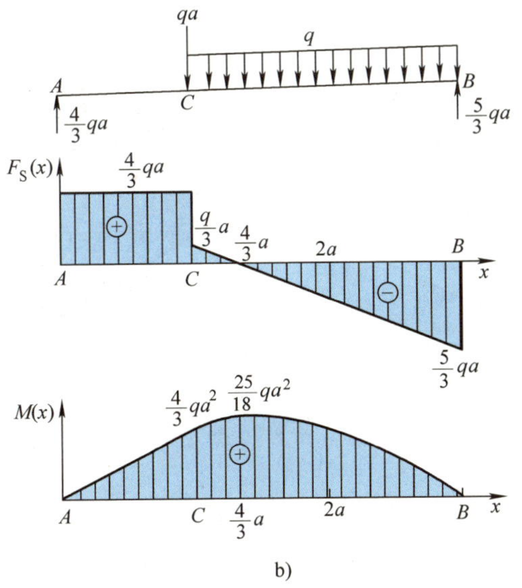

b)

题 9-15 图

d) 支座约束力 $F_A = F/3$，$F_B = F/3$。剪力方程 $F_S(x) =$
$\begin{cases} -0.333F & 0 < x < a \\ 0.666F & a < x < 2a \\ -0.333F & 2a < x < 3a \end{cases}$，弯矩方程 $M(x) = \begin{cases} -0.333Fx & 0 \leqslant x \leqslant a \\ -0.333Fx + F(x-a) & a \leqslant x \leqslant 2a \\ 0.333F(3a-x) & 2a \leqslant x \leqslant 3a \end{cases}$。
$|F_S|_{\max} = 0.666F$，$|M|_{\max} = 0.333Fa$。

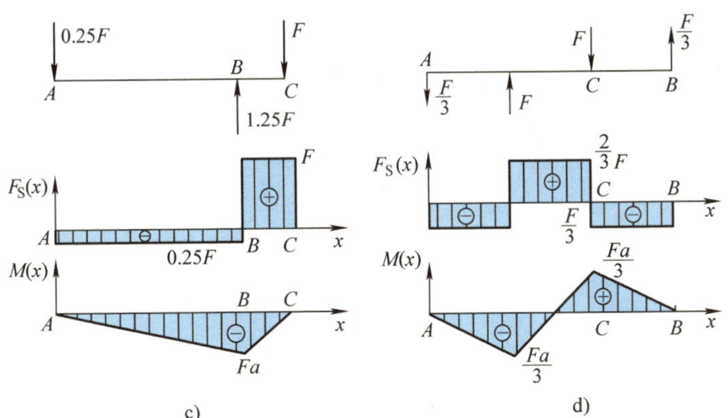

题 9-15 图

9-16

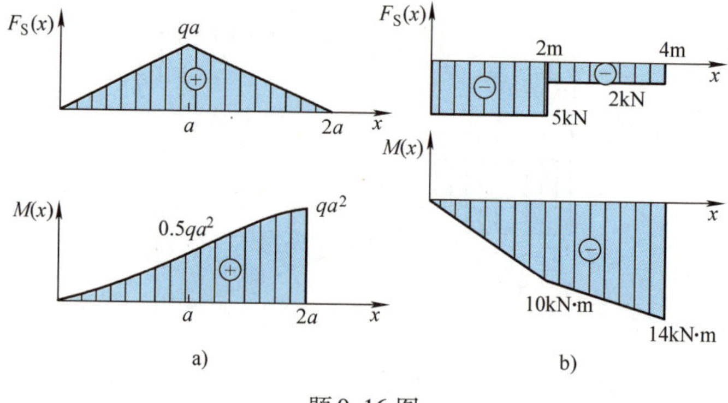

题9-16图

9-17

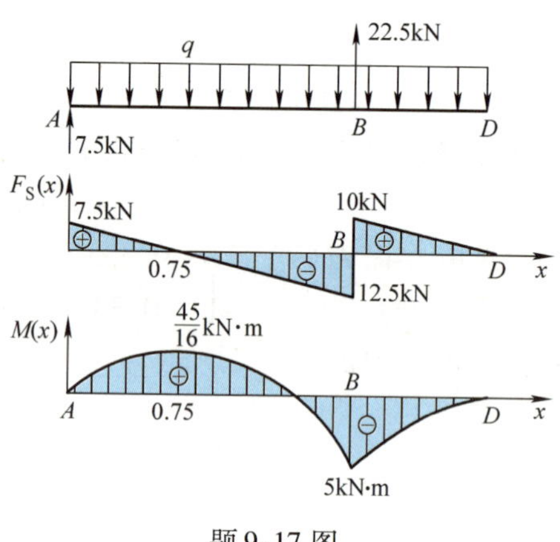

题9-17图

9-18 正确的弯矩图如下：

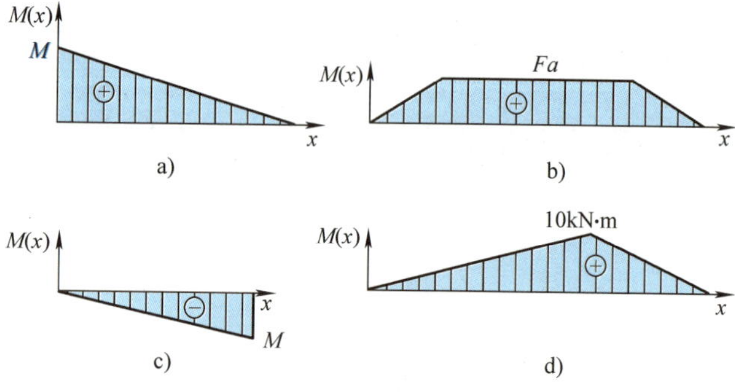

题9-18图

9-19　I_z 计算正确；$W_z=\frac{\pi D^3}{32}-\frac{\pi d^3}{32}$计算错误，正确的 $W_z=\frac{\pi D^3}{32}(1-\alpha^4)$。

9-20　（1）$F_A=1.9F-0.2Fx$，$F_B=0.1F+0.2Fx$。左轮接触截面 $M(x)=F_Ax=-0.2F(x-4.75)^2+361F/80$，右轮接触截面 $M(x+1)=F_B(l-x-1)=-0.2F(x-4.25)^2+361F/80$。所以当 $x=4.75\text{m}$ 或者 4.25m 时，梁内弯矩最大，为 $361F/80$。

（2）当 $x=0$ 时，支座约束力 $F_A=1.9F$ 最大；当 $x=9\text{m}$ 时，支座约束力 $F_B=1.9F$。最大支座约束力附近有最大剪力 $|F_S|_{max}=1.9F$。

9-21　$F_A=5\text{kN}$，$M_C=5\text{kN}\cdot\text{m}$。$I_z=\frac{\pi}{64}(100^4-60^4)\text{mm}^4=4.27\times10^{-6}\text{m}^4$。$C$ 截面处 $\sigma_a=\frac{M_C}{I_z}\times R_a=-58.5\text{MPa}$（压应力），$\sigma_b=\frac{M_C}{I_z}\times R_b=-35.1\text{MPa}$（压应力）。

9-22　最大弯矩发生在 C 截面，$M_C=36\text{kN}\cdot\text{m}$，$\sigma_{max}=\frac{M_C}{W_z}\leqslant[\sigma]=160\text{MPa}$。最大剪力发生在 A 截面，$|F_S|_{max}=18\text{kN}$。

	a	b	c	d
W_z	$\frac{bh^2}{6}$	$\frac{\pi D^3}{32}$	$\geqslant 225\ \text{cm}^3$	$\frac{\pi D^3}{32}(1-\alpha^4)$
截面尺寸	$h=139\text{mm}$	$D=132\text{mm}$	20a 工字钢	$D=188\text{mm}$
τ_{max}/MPa	2.79	1.75	14.5	6.83

9-23　最大弯矩发生在 B 截面，$M_B=20\text{kN}\cdot\text{m}$。$\sigma_{max}=\frac{M_B}{W_x}\leqslant[\sigma]$，$W_x\geqslant\frac{20\times10^3}{160\times10^6}\text{m}^3=125\text{cm}^3$。查附录 A-4 选择 16 工字钢。

9-24　支座约束力 $F_A=0.75q$，拉杆拉力$F_{CD}=2.25q$。1）画弯矩图，最大弯矩发生在 D 截面，$M_D=0.5q$。10 工字钢 $W_x=49\text{cm}^3$，$\sigma_{max}=\frac{M_D}{W_x}=\frac{0.5q}{49\times10^{-6}\text{m}^3}\leqslant[\sigma]=160\times10^6\text{Pa}$，所以 $q\leqslant15.68\text{kN/m}$。2）拉杆 $\sigma_{max}=\frac{F_{CD}}{\frac{\pi}{4}d^2}=$

$\dfrac{2.25q}{\dfrac{\pi}{4}\times 0.015^2\ \text{m}^3}\leqslant[\sigma]=160\times10^6\ \text{Pa}$，所以 $q\leqslant 12.56\text{kN/m}$。综合工字钢梁及拉杆，得 $q\leqslant 12.56\text{kN/m}$。

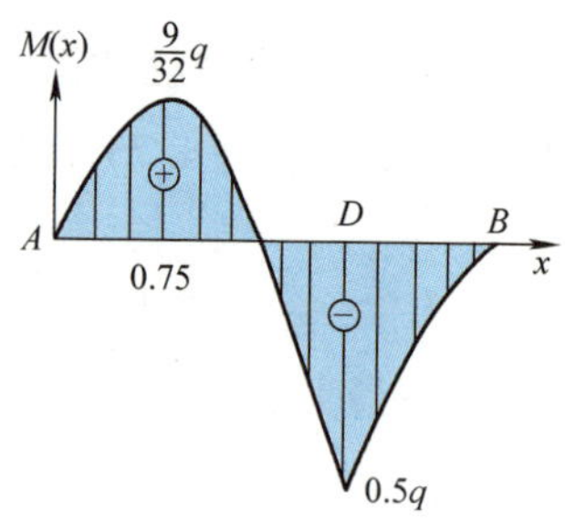

题 9-24 图

9-25 画剪力图和弯矩图：

（1）$M_D=20\text{kN}\cdot\text{m}$，$M_H=22.5\text{kN}\cdot\text{m}$。

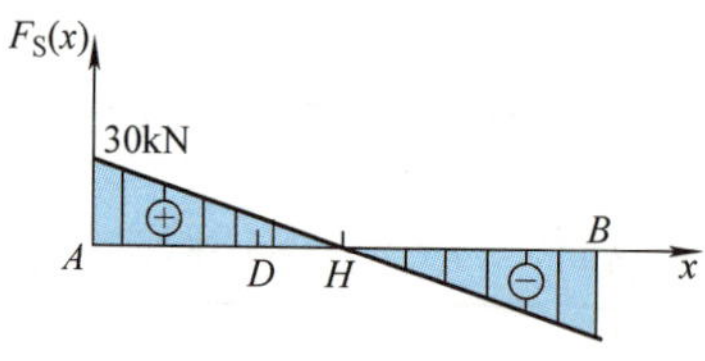

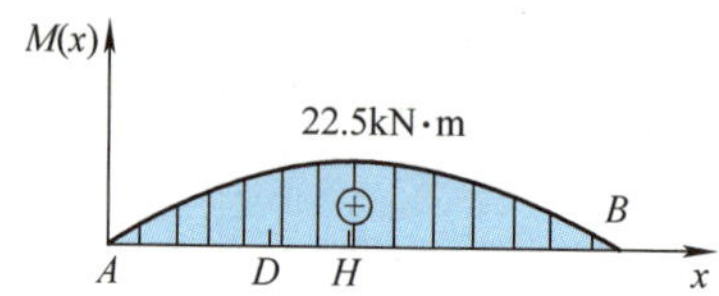

	1点	2点	3点
D 截面正应力/MPa	20.6	0	30.9
H 截面正应力/MPa	23.2	0	34.7

（2）截面的正应力分布图：

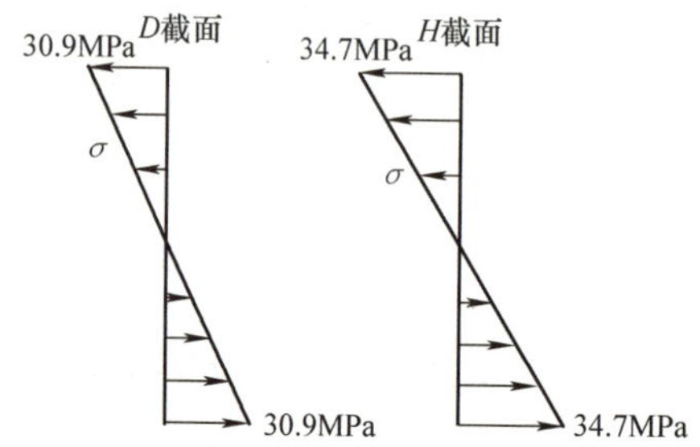

（3）H 截面最外缘为全梁的最大正应力：34.7MPa。

（4）截面 D、H 上的剪力 $F_{DS}=10\text{kN}$，$F_{HS}=0$。最大切应力 $\tau_{D\max}=\frac{3}{2}\times\frac{F_{DS}}{120\times180\text{mm}^2}=694\text{kPa}$，$\tau_{H\max}=0$。

第十章

10-1　当梁发生平面弯曲时，变形后梁的轴线变为一条光滑的平面曲线，称梁的挠曲轴线，也称弹性曲线、挠曲线。如题 10-1 图所示，截面形心线位移的垂直分量称该截面的挠度，用 y 表示；横截面绕中性轴转动产生了角位移，此角位移称转角，用 θ 表示。小变形时 $\theta\approx\tan\theta=y'=\frac{\mathrm{d}y}{\mathrm{d}x}$。

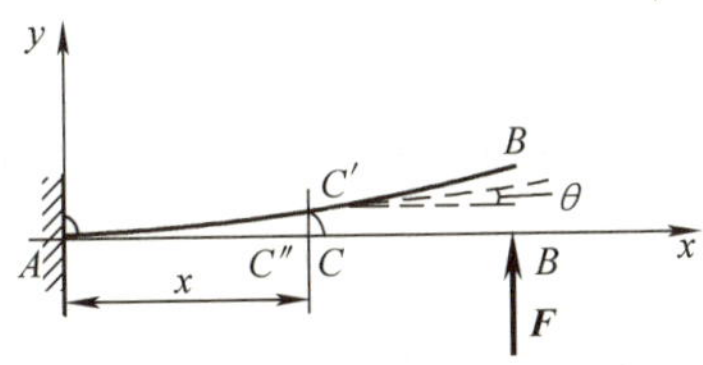

题 10-1 图

10-2　挠度和转角的正负号规定：挠度与 y 轴正方向同向为正，反之为负；截面转角以逆时针方向转动为正，反之为负。

10-3　$\frac{1}{\rho(x)}=\frac{M(x)}{EI}$，平面曲线 $y=f(x)$ 上任一点处的曲率为 $\frac{1}{\rho(x)}=\pm\frac{y''}{(1+y'^2)^{\frac{3}{2}}}$，在小变形的情况下，梁的转角 $y'(=\theta)$ 很小，y'^2 可忽略不计，于是简化得到梁的挠曲轴线近似微分方程 $y''=\frac{M(x)}{EI}$。

10-4　铰支座位移边界条件：挠度 y 为零。固定端支座处位移边界条件：挠度 y 和转角 θ 均为零。

10-5　在任意截面 C 上，$y_{C左}=y_{C右}$，$\theta_{C左}=\theta_{C右}$。

10-6　梁在几个载荷同时作用下产生的转角和挠度，分别等于各个载荷单独作用下梁的挠度和转角的叠加和。任意截面 x 的转角 $\theta(x)=\sum_{i=1}^{n}\theta_i(x)$，挠度 $y(x)=\sum_{i=1}^{n}y_i(x)$。

10-7　根据工程实际的需要，规定梁的最大挠度和最大转角不超过某一规

定值。即梁的刚度条件 $|y|_{max} \leqslant [y]$，$|\theta|_{max} \leqslant [\theta]$，$[y]$ 为许可挠度，$[\theta]$ 为许可转角。

10-8 梁未知约束力的数目超过了静力学平衡方程的数目，某些约束力不能完全由静力学平衡方程求出，这就是超静定梁。超静定次数 = 未知约束力总个数 - 独立平衡方程数。

10-9 超静定梁优点：提高梁的强度和刚度，或满足构造上的需要。

10-10 在静定梁上增加的约束，对于维持构件平衡来说是多余的，因此，把这种对维持构件平衡并非必要的约束，称为多余约束。

解除多余约束，并以相应的多余未知力代替它的作用。把原来的超静定梁在形式上转变成在载荷和多余未知力共同作用下的静定悬臂梁，称为原超静定梁的相当系统。

10-11 超静定梁的变形协调条件：在多余约束处，相当系统和原超静定梁变形（位移、转角）相同。

10-12 AC 段：$M(x) = M, EI\theta = Mx + C_1, EIy = \dfrac{M}{2}x^2 + Cx + D$。边界条件：$x=0$，$y=0$，$\theta=0$。得到 $C=D=0$。$y_C = \dfrac{Ma^2}{2EI}$。

题 10-12 图

10-13 $M(x) = F_A x - \dfrac{q}{2}x^2 = 360x - 180x^2$，$EI\theta = 180x^2 - 60x^3 + C$，$EIy = 60x^3 - 15x^4 + Cx + D$。边界条件：$x=0$，$y=0$；$x=2\text{m}$，$y=0$。求得 $C=-120$，$D=0$。挠曲线方程 $y = -3\times10^{-6}x(x^3 - 4x^2 + 8)\text{m}$。

10-14 $M(x) = M$，$EI\theta = Mx + C$，$EIy = 0.5Mx^2 + Cx + D$。边界条件：$x=0$，$y=0$，$\theta=0$。求得 $C=D=0$。挠曲线方程 $y = \dfrac{Mx^2}{2EI}$，转角方程 $\theta = \dfrac{Mx}{EI}$。端截面转角 $\theta_A = 0$，$\theta_B = \dfrac{Ml}{EI}$。中点 K 挠度 $y_K = \dfrac{Ml^2}{8EI}$，最大挠度 $y_B = \dfrac{Ml^2}{2EI}$。

10-15 a）查表 10-1，B 点 F 力作用使 C 点位移 $y_{CB} = -\dfrac{Fa^2}{6EI}(3l - a) = -\dfrac{5Fa^3}{6EI}$；$C$ 点 F 力作用使 C 点位移 $y_{CC} = -\dfrac{Fl^3}{3EI} = -\dfrac{8Fa^3}{3EI}$。用叠加法得 C 点位移 $y_C = y_{CB} + y_{CC} = -\dfrac{7Fa^3}{2EI}$。

b）查表10-1，均布载荷 q 作用使 C 点位移 $y_{Cq}=-\dfrac{5ql^4}{384EI}=-\dfrac{5qa^4}{24EI}$；力矩 M 作用使 C 点位移 $y_{CM}=\dfrac{Ml^2}{16EI}=\dfrac{qa^4}{4EI}$。用叠加法得 C 点位移 $y_C=y_{Cq}+y_{CM}=\dfrac{qa^4}{24EI}$。

10-16　查表10-1，A 截面挠度 $y_A=-\dfrac{Fb(3l^2-4b^2)}{48EI}=-\dfrac{Fa^3}{6EI}$，$B$ 截面转角 $\theta_B=\theta_D=\dfrac{Fab(l+a)}{6EIl}=\dfrac{Fa^2}{4EI}$。

10-17　解除 B 约束，用力 F_B 代替。查表10-1，均布载荷 q 作用使 B 点位移 $y_{Bq}=-\dfrac{5ql^4}{384EI}$；力 F_B 作用使 B 点位移 $y_{BF_B}=\dfrac{F_Bl^3}{48EI}$。变形协调条件为 $y_B=0$；用叠加法得 B 点位移 $y_B=y_{Bq}+y_{BF_B}$，解得 $F_B=\dfrac{5ql}{8}$。由对称性及力平衡方程可知 $F_A=F_C=\dfrac{ql-F_B}{2}=\dfrac{3ql}{16}$。

10-18　解除 B 约束，用力 F_B 代替。查表10-1，力矩 M 作用使 B 点位移 $y_{BM}=\dfrac{2Ma^2}{EI}$；力 F_B 作用使 B 点位移 $y_{BF_B}=-\dfrac{8F_Ba^3}{3EI}$。变形协调条件为 $y_B=0$；用叠加法得 B 点位移 $y_B=y_{BM}+y_{BF_B}$，解得 $F_B=\dfrac{3M}{4a}$。由平衡方程可知 $F_A=F_B=\dfrac{3M}{4a}$，$M_A=0.5M$。画内力图如题10-18图所示。

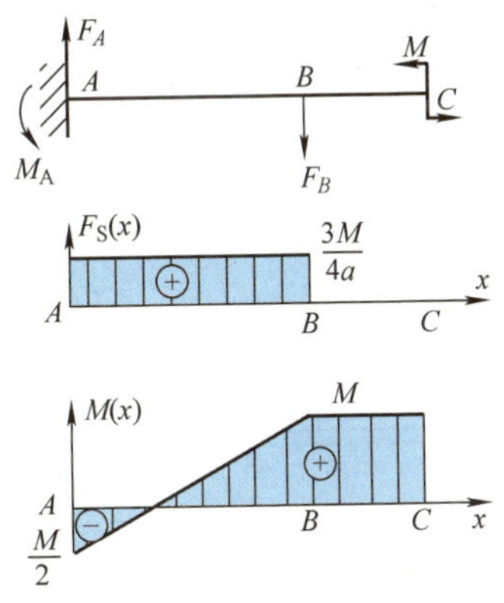

题10-18图

10-19　解除 B 约束，用力 F_B 代替。查表10-1，C 点载荷 F 作用使 B 点位移 $y_{BF}=-\dfrac{F\times4^2}{6EI}\times(3\times6-4)=-\dfrac{448}{EI}$；力 F_B 作用使 B 点位移 $y_{BF_B}=\dfrac{F_B\times4^3}{3EI}$。

变形协调条件为 $y_B=0$；用叠加法得 B 点位移 $y_B=y_{Bq}+y_{BF_B}$，解得 $F_B=21\text{kN}$。由平衡方程可知 $F_A=-9\text{kN}$，$M_A=-12\text{kN}\cdot\text{m}$。

10-20 设 BC 杆拉力为 F，B 点位移 $y_B=-\dfrac{F\times\dfrac{l}{2}}{EA}$。均布载荷 q 作用使梁上 B 点位移 $y_{Bq}=-\dfrac{ql^4}{8EI}$；力 F 作用使 B 点位移 $y_{BF}=\dfrac{Fl^3}{3EI}$。变形协调条件为 $y_B=y_{Bq}+y_{BF}$，解得 $F=\dfrac{3Aql^3}{4(2Al^2+3I)}$。

第十一章

11-1 $\lambda\geqslant\lambda_p$ 的压杆，称为大柔度杆或细长杆，按欧拉公式 $\sigma_{cr}=\dfrac{\pi^2E}{\lambda^2}$ 计算临界应力；$\lambda_s\leqslant\lambda<\lambda_p$ 的压杆，称为中柔度杆或中长杆，按 $\sigma_{cr}=a-b\lambda$ 计算其临界应力；$\lambda<\lambda_s$ 的压杆，称为小柔度杆或短粗杆，按强度问题处理，$\sigma_{cr}=\sigma_s$。

11-2 在截面面积不变的情况下，增大惯性矩，例如将实心圆形截面改变为空心环形截面。尽可能使截面的最大和最小两个惯性矩相等。使压杆长度减小可以明显提高压杆的临界力。若压杆长度不能减小，则可以通过增加压杆的约束点，以减小压杆的计算长度。加固杆端支承，降低长度因数 μ 值。

11-3 临界力 $F_{cr}=\dfrac{\pi^2EI}{(\mu l)^2}$，a）$\mu=1$，$\mu l=5\text{m}$；b）$\mu=0.7$，$\mu l=4.9\text{m}$；c）$\mu=0.5$，$\mu l=4.5\text{m}$。a 情况临界力最小，c 情况临界力最大。

11-4 结构钢 $\lambda_s=62$，$\lambda_p=100$。AB 杆 $\lambda=\dfrac{\mu l}{i}=\dfrac{1\times0.6\sqrt{2}}{d/4}=84.9$，属于中长杆。$\sigma_{cr}=a-b\lambda=(304-1.12\times84.9)\text{MPa}=209\text{MPa}$，$[F_{AB}]=\dfrac{\sigma_{cr}\times\dfrac{\pi}{4}d^2}{[n_{st}]}=87.5\text{kN}$。$CBD$ 杆对 C 点力矩平衡：$F\times0.9=[F_{AB}]\sin45^\circ\times0.6$。$F=41.2\text{kN}$。

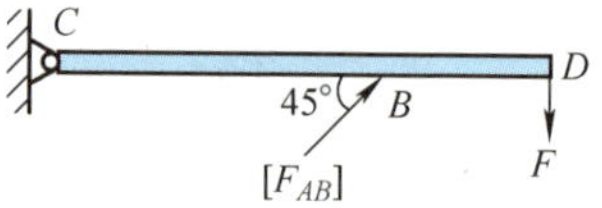

C D 45° B [F_{AB}] F

题 11-4 图

11-5 （1）$F_{cr}=\dfrac{\pi^2EI}{(\mu l)^2}=\dfrac{3.14^2\times200\times10^9\times\dfrac{\pi d^4}{64}}{(1\times1)^2}\text{N}=37.8\text{kN}$；（2）$F_{cr}=$

$\dfrac{3.14^2\times200\times10^9\times\dfrac{hb^3}{12}}{(1\times1)^2}\text{N}=52.6\text{kN}$；（3）$I_y=93.1\ \text{cm}^4$，$F_{cr}=\dfrac{3.14^2\times200\times10^9\times93.1\times10^{-8}}{(1\times2)^2}\text{N}=459\text{kN}$。

11-6　$\lambda_p=\pi\sqrt{\dfrac{E}{\sigma_p}}=99.3$，$\lambda=\dfrac{\mu l}{i}=\dfrac{0.7l}{\sqrt{\dfrac{I}{A}}}=\dfrac{0.7l}{\sqrt{\dfrac{0.03^2}{12}}}$。由 $\lambda_p=\lambda$ 得到 $l=1.23\text{m}$。

11-7　25a 工字钢 $I_y=280\ \text{cm}^4$，$F_{cr}=\dfrac{\pi^2EI}{(\mu l)^2}=\dfrac{3.14^2\times210\times10^9\times280\times10^{-8}}{(0.5\times7)^2}\text{N}=473\text{kN}$，$F=\dfrac{F_{cr}}{[n_{st}]}=158\text{kN}$。

第十二章

12-1　$\tau=\tau_{45^\circ}=\dfrac{\sigma_x-\sigma_y}{2}\sin90^\circ+\tau_x\cos90^\circ=\dfrac{\sigma_x}{2}$，$F=\sigma_x\times\dfrac{\pi}{4}d^2=163\text{kN}$。

12-2

	σ_x	σ_y	τ_x	α	σ_α	τ_α
a	25	45	0	60°	40	-8.66
b	-40	0	20	60°	-27.3	-27.3
c	10	-20	15	-60°	0.49	-20.5
d	50	0	20	45°	5	25
e	0	60	30	210°	-11.0	-11.0

12-3

	σ_x	σ_y	τ_x	σ_1	σ_2	σ_3	α_0	$\tau_{max}=\dfrac{\sigma_1-\sigma_3}{2}$
a	-10	20	20	30	0	-20	26.6°	25
b	-30	-40	-30	0	-4.59	-65.4	40.3°	32.7
c	-10	-40	-20	0	0	-50	26.6°	25
d	60	30	-25	74.2	15.8	0	29.5°	37.1

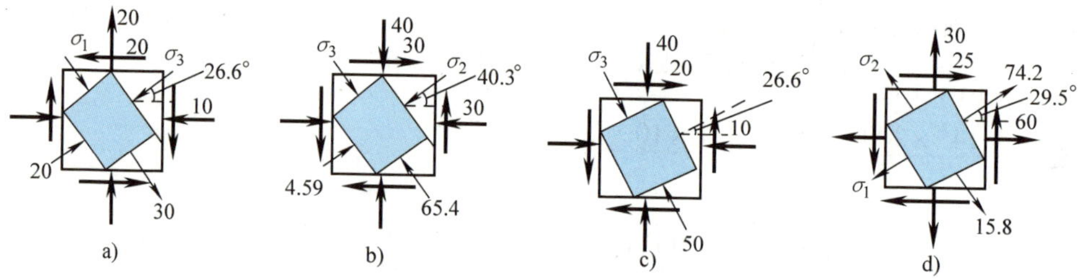

题 12-3 图

12-4

	σ_x	σ_y	σ_z	τ_x	σ_1	σ_2	σ_3	$\tau_{max}=\dfrac{\sigma_1-\sigma_3}{2}$
a	60	0	0	-40	80	0	-20	50
b	120	40	-30	-30	130	30	-30	80

12-5

	σ_x	σ_y	τ_x	σ_1	σ_2	σ_3	α_0	$\tau_{max}=\dfrac{\sigma_1-\sigma_3}{2}$
a	50	0	-20	57	0	-7.0	19.3°	32
b	-40	-20	-40	11.2	0	-71.2	-38.0°	41.2
c	-20	30	20	37	0	-27	19.3°	32

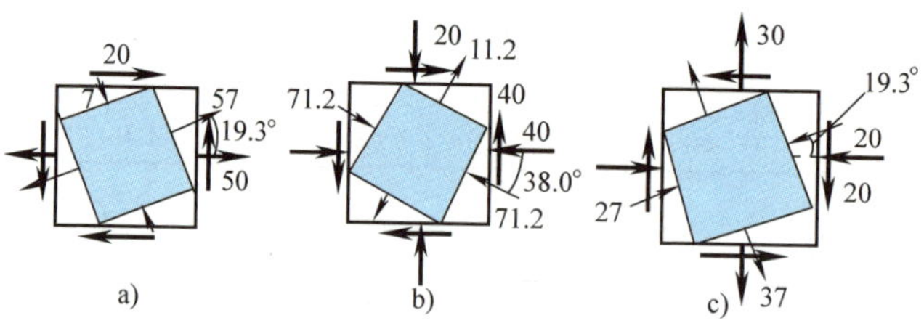

12-6 （1）

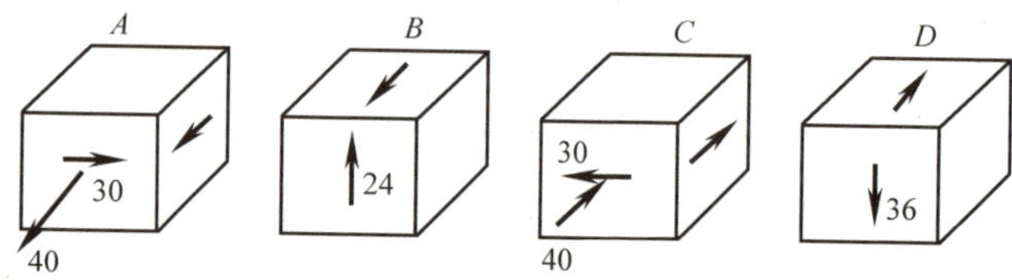

（2）$\left.\begin{array}{l}\sigma_{\max}\\ \sigma_{\min}\end{array}\right\}=\dfrac{\sigma_x+\sigma_y}{2}\pm\sqrt{\left(\dfrac{\sigma_x-\sigma_y}{2}\right)^2+\tau_x^2}=\left\{\begin{array}{l}56.1\\ -16.1\end{array}\right.\mathrm{MPa}$，$\sigma_1=56.1\mathrm{MPa}$，$\sigma_2=0$，$\sigma_3=-16.1\mathrm{MPa}$。$\tau_{\max}=\dfrac{\sigma_1-\sigma_3}{2}=36.1\mathrm{MPa}$。

12-7　（1）$M_{ABC}=250\times0.25\mathrm{kN\cdot m}=62.5\mathrm{kN\cdot m}$，$I=\dfrac{100\times200^3\times10^{-12}}{12}\mathrm{m}^4=6.67\times10^{-5}\mathrm{m}^4$。$\sigma_A=\dfrac{M}{I}y_{AC}=93.7\mathrm{MPa}$，$\sigma_B=\dfrac{M}{I}y_{BC}=46.9\mathrm{MPa}$，$\sigma_C=0$。$\tau_A=0$，$\tau_B=\dfrac{6F_S}{bh^3}\left(\dfrac{h^2}{4}-y_{BC}^2\right)=\dfrac{9F_S}{8bh}=14.1\mathrm{MPa}$，$\tau_C=\dfrac{3F_S}{2bh}=18.8\mathrm{MPa}$。

93.7　A　B　46.9　14.1　C　18.8

（2）

	σ_x	σ_y	τ_x	σ_1	σ_2	σ_3	$\tau_{\max}=\dfrac{\sigma_1-\sigma_3}{2}$
A	-93.7	0	0	0	0	-93.7	46.9
B	-46.9	0	14.1	3.9	0	-50.9	27.4
C	0	0	18.8	18.8	0	-18.8	18.8

12-8　$\sigma_1=0$，$\sigma_2=-\dfrac{F_1}{bl}=-37.5\mathrm{MPa}$，$\sigma_3=-\dfrac{F}{ab}=-167\mathrm{MPa}$。广义胡克定律$\varepsilon_2=\dfrac{1}{E}[\sigma_2-\mu(\sigma_3+\sigma_1)]$。变形协调条件$\varepsilon_2=0$，所以$\mu=0.225$。钢块压缩变形 $\Delta l=\varepsilon_3 l=\dfrac{1}{E}[\sigma_3-\mu(\sigma_1+\sigma_2)]l=-0.0475\mathrm{mm}$。

12-9

	σ_1	σ_2	σ_3	σ_{r3}	σ_{r4}
(1)	70.6	0	-90.6	161.2	140
(2)	50	0	-40	90	78.1
(3)	45	0	-45	90	77.9

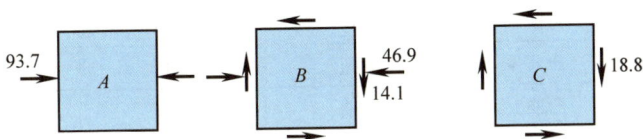

12-10

	(1)	(2)	(3)
σ_{r3}	95	110	110
σ_{r4}	83.6	95.3	98.5

均满足强度要求。

第十三章

13-1

	a	b	c	d
AB	弯曲	压弯	弯曲	弯曲
BC	压弯	弯扭	弯扭	拉弯
CD	弯曲	弯曲	拉弯	弯曲

13-2 组合变形：构件在载荷作用下，同时产生两种或两种以上的基本变形。

若构件的材料符合胡克定律，且变形很小，可认为组合变形中的每一种基本变形都是各自独立的，在计算组合变形时，可运用叠加原理。

13-3 偏心拉压时，将产生拉弯组合变形。横截面上的应力为拉伸正应力和弯曲正应力叠加。强度计算：$\sigma_{\max}=\dfrac{F}{A}+\dfrac{M_e}{W_z}\leqslant[\sigma]$。

13-4 $\sigma_A=\dfrac{M_x}{W_x}-\dfrac{M_y}{W_y}$，$\sigma_B=-\dfrac{M_x}{W_x}+\dfrac{M_y}{W_y}$，$\sigma_C=\dfrac{M_x}{W_x}+\dfrac{M_y}{W_y}$，$\sigma_D=-\dfrac{M_x}{W_x}-\dfrac{M_y}{W_y}$。$M_x=3F$，$M_y=5F$，$W_x=\dfrac{bh^2}{6}$，$W_y=\dfrac{hb^2}{6}$。$\sigma_A=-\sigma_B=\dfrac{6F}{bh}\left(\dfrac{3}{h}-\dfrac{5}{b}\right)$，危险点 C、D 应力状态如题 13-4 图所示，$\sigma_C=-\sigma_D=\dfrac{6F}{bh}\left(\dfrac{3}{h}+\dfrac{5}{b}\right)$。

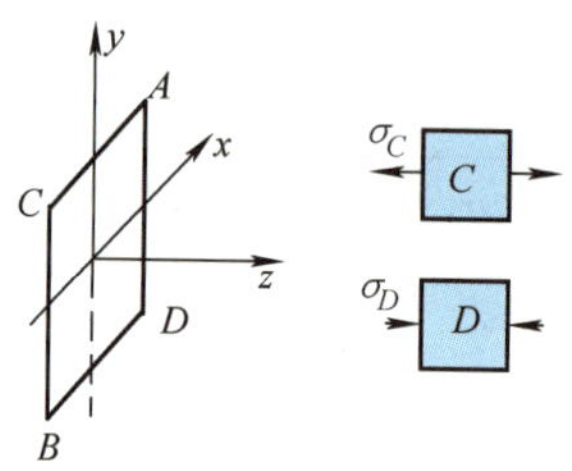

题 13-4 图

13-5　$\sigma_0=\dfrac{F}{4a^2}$，开槽后 $\sigma_1=\dfrac{F}{2a^2}+\dfrac{F\times\dfrac{a}{2}}{\dfrac{2a\times a^2}{6}}=\dfrac{2F}{a^2}$。$\sigma_1=8\sigma_0$，增加了 7 倍。

13-6　悬臂梁根部截面 AB 为危险截面。A 点为危险点，应力状态如题 13-6 图所示，$\sigma_x=\dfrac{F}{\dfrac{\pi}{4}d^2}+\dfrac{\dfrac{1}{2}ql^2}{\dfrac{\pi d^3}{32}}=\dfrac{4}{\pi d^2}\left(F+\dfrac{4ql^2}{d}\right)$，$\tau_x=\dfrac{M_0}{\dfrac{\pi}{16}d^3}=\dfrac{16M_0}{\pi d^3}$。

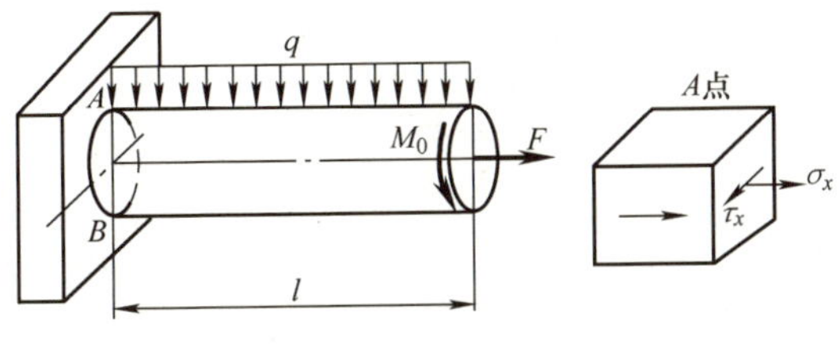

题 13-6 图

13-7　最大应力发生在 A 点，$\sigma_A=\dfrac{F}{\dfrac{\pi}{4}d^2}+\dfrac{F\times 0.06}{\dfrac{\pi d^3}{32}}=54\text{MPa}$。缺口焊好后，$\sigma_{焊好}=\dfrac{F}{2\times\dfrac{\pi}{4}d^2}=2.55\text{MPa}$，为原来的 4.72%。

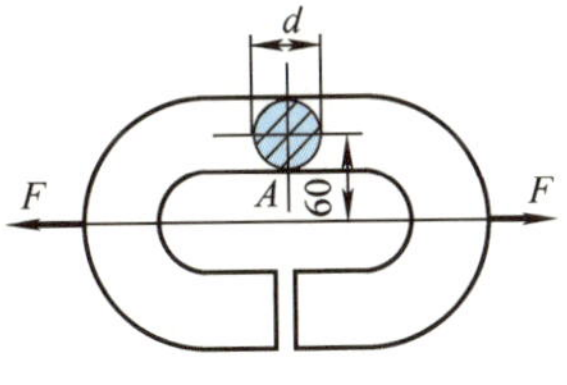

题 13-7 图

13-8　画轴力图、弯矩图如题 13-8 图所示，B 截面为危险截面。$\sigma_{max}=\dfrac{103.9\text{kN}}{A}+\dfrac{45\text{kN}\cdot\text{m}}{W}\leqslant[\sigma]$，先按照弯曲应力 $\dfrac{45\text{kN}\cdot\text{m}}{W}\leqslant[\sigma]$ 求解，得到选 22a 工字钢，代入 $\sigma_{max}=\dfrac{103.9\text{kN}}{A}+\dfrac{45\text{kN}\cdot\text{m}}{W}=170.3\text{MPa}>[\sigma]$。换大一号的 22b 工字钢，代入 $\sigma_{max}=\dfrac{103.9\text{kN}}{A}+\dfrac{45\text{kN}\cdot\text{m}}{W}=161\text{MPa}$，没有超过许用应力的 5%，满足强度要求。

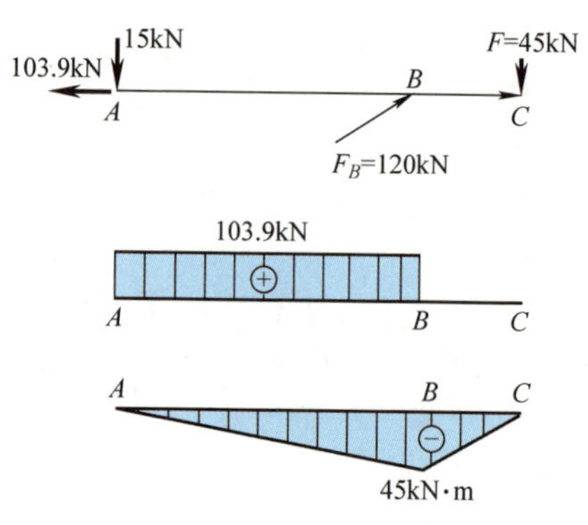

题 13-8 图

13-9 $M_B = 9550 \times \dfrac{P}{n} = 82\text{N}\cdot\text{m}$，$F_1 \times \dfrac{D}{2} - F_2 \times \dfrac{D}{2} = M_B$，$F_1 = 2F_2 = 1093\text{N}$。画 Axy、Ayz 平面的弯矩图，画扭矩图如题 13-9 图所示，B 截面为危险截面，$M_B = \sqrt{120^2 + 328^2}\text{N}\cdot\text{m} = 349\text{N}\cdot\text{m}$，$M_T = 82\text{N}\cdot\text{m}$，轴外边缘应力最大点上 $\sigma = \dfrac{M_B}{\dfrac{\pi}{32} \times d^3} = 55.8\text{MPa}$，$\tau = \dfrac{M_T}{\dfrac{\pi}{16} \times d^3} = 6.53\text{MPa}$。由公式（12-26）得 $\sigma_{r3} = \sqrt{\sigma^2 + 4\tau^2} = 57.2\text{MPa} < [\sigma]$。

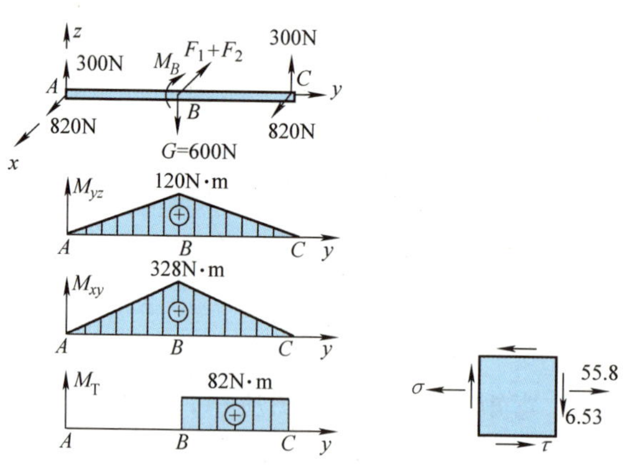

题 13-9 图

13-10 画弯矩图、扭矩图如题 13-10 图所示，C 截面为危险截面，轴外边缘应力最大点上 $\sigma = \dfrac{1312}{\dfrac{\pi}{32} \times d^3}$，$\tau = \dfrac{750}{\dfrac{\pi}{16} \times d^3}$。由公式（12-27）得 $\sigma_{r4} = \sqrt{\sigma^2 + 3\tau^2} =$

$\frac{14919\text{N}\cdot\text{m}}{d^3}\leqslant[\sigma]$，所以 $d\geqslant 0.0571\text{m}$。

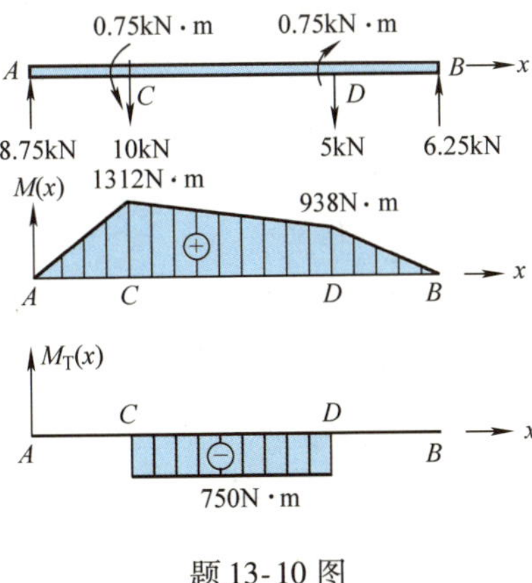

题 13-10 图

第十四章

14-1　计算静载荷作用下 σ_{stmax}，计算动荷因数 K_d，$\sigma_{\text{dmax}}=K_\text{d}\sigma_{\text{stmax}}\leqslant[\sigma]$，许用应力 $[\sigma]$ 是材料在静载荷下的许用应力。

14-2　动载荷应力。

14-3　$K_\text{d}=1+\frac{a}{g}$，钢丝绳起吊力 $F=K_\text{d}G=65.3\text{kN}$。

14-4　脉动循环应力中 $\sigma_{\min}=0$，例如一对啮合的传动齿轮，单向回转，则齿面接触应力按 脉动循环变化。对称循环应力中 $\sigma_{\max}=-\sigma_{\min}$，例如匀速运动的车辆，受弯矩作用的轮轴非轴线上的点受对称循环应力作用。

14-5　把 $\sigma_{\min}$ 与 $\sigma_{\max}$ 的比值称为循环特征或循环特性，即 $r=\frac{\sigma_{\min}}{\sigma_{\max}}$。对称循环应力 $r=-1$。脉动循环应力 $r=0$。

14-6　在交变载荷作用下，构件内应力的最大值（绝对值）如果不超过某一极限，则此构件可以经历无数次循环而不破坏，我们把这个应力的极限值称为持久极限。构件可能承受各种各样的交变应力，其最大应力可以大于、等于、小于持久极限。

14-7　$s=\frac{1}{2}at^2$，$a=0.5\text{m/s}^2$，$K_\text{d}=1+\frac{a}{g}$，$\sigma_{\text{st}}=\frac{8000\times 9.8}{4\times 10^{-4}}\text{Pa}$。吊索动应力 $\sigma_\text{d}=K_\text{d}\sigma_{\text{st}}=206\text{MPa}$。

14-8　物块 A 速度 $v=2\text{m/s}$，相当于从 $h=\frac{v^2-0^2}{2g}=0.204\text{m}$ 高处静止落下。

物块 A 静止时 mg 引起钢索的伸长量$\Delta_{st}=\dfrac{mgl}{EA}=1.103\text{mm}$，$K_d=1+\sqrt{1+\dfrac{2h}{\Delta_{st}}}=20.26$，吊索内最大应力 $\sigma_d=K_d\sigma_{st}=20.26\times\dfrac{2250\times9.8}{12\times10^{-4}}\text{Pa}=372\text{MPa}$。

14-9 $\sigma_{dmax}=\rho v^2=9.85\text{MPa}$。

14-10 $\Delta_{st}=\dfrac{Wl}{EA}=\dfrac{5000\times6}{10\times10^9\times\dfrac{\pi}{4}\times0.3^2}\text{m}=4.246\times10^{-5}\text{m}$，$\sigma_{st}=\dfrac{W}{\dfrac{\pi}{4}\times d^2}=70.8\text{kPa}$。

	h/m	K_d	σ_{dmax}/MPa
(1)	0	2	0.142
(2)	0.5	155	10.9
(3)	1	218	15.4

14-11

	σ_{max}	σ_{min}	r	σ_m	σ_a
a	-30	-90	3	-60	30
b	0	-90	$-\infty$	-45	45
c	30	-90	-3	-30	60
d	60	-30	-0.5	15	45

参考文献

[1]范钦珊，郭光林．工程力学［M］.2版．北京：高等教育出版社，2011.

[2]奚绍中，邱秉权，沈火明．工程力学教程［M］. 第3版．北京：高等教育出版社，2016.

[3]唐静静，范钦珊．工程力学（静力学和材料力学）［M］. 第3版．北京：高等教育出版社，2017.

[4]顾晓勤．工程力学学习指导［M］. 北京：机械工业出版社，2008.